PENSER DIEU

DU MÊME AUTEUR

La traversée de l'image, Paris, Desclée de Brouwer, 1994.

Du diaphane. Image, milieu, lumière dans la pensée antique et médiévale, Paris, Vrin, 1997.

Les architectures de l'image. Monastères de Moldavie, XIVe-XVIe siècles, Milan-Paris-Munich, Jaca Book & Paris-Méditerranée & Hirmer Verlag, 1998, 1999.

Dire et voir. La parole visible du Sophiste, Paris, Vrin, 2008 (prix « Zographos » de la Société des Études Grecques).

Eikôn. *L'image dans le discours des trois Cappadociens*, Paris, P.U.F., 2010.

Images de soi dans l'Antiquité tardive, Paris, Vrin, 2012 (prix « Montyon » de l'Académie Française).

Divines techniques. Arts et langage homérique à la fin de l'Antiquité, Paris, Classiques Garnier, 2016.

BIBLIOTHÈQUE D'HISTOIRE DE LA PHILOSOPHIE

NOUVELLE SÉRIE

Fondateur : Henri GOUHIER Directeur : Emmanuel CATTIN

PENSER DIEU

NOÉTIQUE ET MÉTAPHYSIQUE DANS L'ANTIQUITÉ TARDIVE

par

Anca VASILIU

Ouvrage publié avec le soutien de l'Institut Universitaire de France et du Laboratoire PHIER de l'Université Clermont Auvergne

PARIS

LIBRAIRIE PHILOSOPHIQUE J. VRIN

6, Place de la Sorbonne, V^{e}

2018

Imprimé en France
ISSN 0249-7980
ISBN 978-2-7116-2825-5

www.vrin.fr

PROVOCATION

PENSER DIEU
LA PORTE ÉTROITE DE LA POSSIBILITÉ

Resserrée sur le paradoxe qui jaillit de la juxtaposition des mots, l'expression *penser Dieu* affronte la contradiction. Ni affirmative ni négative, ni même suspensive à l'égard du jugement, elle se contente de contester l'*a priori* de toute possibilité d'effectuation, mettant en question le fait qu'une telle possibilité soit du ressort de l'acte de penser. Si, de la collision brutale des deux mots, s'ouvre toutefois à la réflexion la porte étroite d'une possibilité, cette ouverture ne laisse entrevoir qu'une possibilité sous condition, comme au rabais pour la réflexion; une possibilité *a minima*, renvoyant sur la formule *penser Dieu* la lumière rasante d'une condition de possibilité (selon l'expression consacrée). Il y aurait donc une possibilité *a priori* de penser Dieu (*a priori* puisqu'il s'agit bien d'une possibilité *sous condition*), mais sa détermination à l'égard de l'acte est inversée précisément par la condition posée : cette possibilité ne s'actualise dans l'acte de *penser Dieu* que si elle échappe au contrôle de son origine par la raison. Autrement dit, l'*a priori* du pensable ne relevant pas des possibilités de la pensée dans le cas de Dieu, l'acte lui-même, *penser*, ne peut pas tenir ici du seul pouvoir d'adéquation propre à la pensée. Tout au contraire, l'acte dépend d'une condition extérieure qui s'impose à la pensée, l'obligeant à la prendre comme condition de sa propre possibilité, si la pensée cherche et persiste à penser Dieu.

Le syntagme *penser Dieu* énonce en effet un acte possible, signifié ainsi par un verbe à l'infinitif (correspondant au grec νοεῖν, l'acte de penser, par rapport à l'action intellective, νόησις), et lui associe, en guise de complément d'objet, mais comme en contre-point, un nom, *Dieu*, qui n'est pas un nom propre mais une désignation par défaut. Pris aux mots, le syntagme dit que *penser Dieu* (en anglais on dirait *thinking God*) constitue un acte dont seule la possibilité peut être qualifiée et que celle-ci est conditionnée par l'absence totale de fondement et de contrainte spécifique aux moyens de la pensée (νόησις), cette liberté étant la seule condition pour la possibilité qu'un acte noétique ait lieu en vue de celui qui est désigné sous le nom de Dieu. Envisagé sous l'angle de la possibilité, cet acte est en outre un acte toujours en cours et, comme tel, un acte qui ne peut pas être suspendu. Sous l'infinitif s'entend donc un sens actif, mais se devine en même temps une condition, la possibilité, qui inhibe aussitôt l'impression qu'une action immédiate et directe ait lieu, telle une cause produisant un effet sur l'objet de l'action. *Penser Dieu* n'entraîne pas la connaissance de ce dernier. S'il y a un organe propre de la pensée, l'intellect, cet organe exerce dans ce cas un acte qui n'est pas dépendant de l'agent puisqu'il actualise quelque chose de radicalement hétérogène à la pensée et que ce quelque chose, bien que séparé, ne peut que déterminer lui-même, par retour, l'acte dont il fait l'objet. Ce quelque chose est la possibilité même de penser Dieu, une possibilité qui, *de facto*, ne se révèle qu'*a posteriori*.

Il est vrai qu'en toute circonstance *penser* est simultanément acte et intellection ou cognition en acte, donc acte portant sur ce qui l'appelle ou le motive en l'*actualisant*, en mettant l'acte *en acte*. Mais ici, et c'est le seul cas, la mise en question de cette condition *a priori* de la pensée vise la nécessité qu'un tel acte soit simultanément acte et identité propre de quelque chose qui ne provient pas de cet acte, quand bien même cette chose, étrangère à l'acte, se laisse penser et se rend propre à la faculté qui en fait, peu ou prou, son objet. Il est donc question d'un cas unique et d'une situation particulière selon laquelle un acte, s'actualisant à partir de ce qui ne provient pas de son agent (l'intellect) et n'étant pas appelé par la nécessité de circonscrire un objet de la connaissance, à la fois provient de et porte comme acte sur un « radicalement étranger » sans jamais pouvoir en faire son objet puisque cette « étrangeté » lui demeure irrévocable. Comment définir une telle situation : un acte qui ne produit que la possibilité d'être lui-même produit ? Se résoudre à en faire une projection, une représentation, une idée ou une notion ? Ce « radicalement étranger » se réduirait alors, nécessairement, à constituer l'objet d'une expérience heurtée à sa propre limite et à se transformer en objet pur du langage de la pensée, langage partagé entre les moyens de la vision et les moyens du *logos* (idée, concept, notion). Le saisir comme un intelligible dont le référent serait sans possibilité de constitution, sans être, à proprement parler ? C'est le statut même de l'intelligible qui vacille alors, en intégrant une brèche dans la belle homogénéité réflexive de la pensée qui pense ce qui est et fait être ce qu'elle pense.

La discussion qui suit implique la nécessité de formuler une définition de l'*acte*, en l'occurrence de cet acte spécifique correspondant au verbe « penser », selon la possibilité d'accorder ou non le statut double de vérité à la fois logique et ontologique au syntagme *penser Dieu*. Ce syntagme ne traduit pas une expression toute faite, bien que l'on puisse rencontrer de telles formulations au détour d'un discours ou d'un traité[1]. Mais la discrétion relative de sa place textuelle n'est qu'apparence impuissante à cacher la radicalité de la situation que recèle l'expression. Dans sa construction ramassée, ce syntagme force la langue à donner de la voix à une situation de fait, une situation qui ne permet ni la définition par une argumentation logique ni le détour d'une description ou le chemin plus long d'une narration à même d'en faire état. La juxtaposition de ces deux mots force, autrement dit, la pensée à se laisser surprendre à court de moyens et à découvert d'elle-même, à défaut de tout substitut.

Construit sur les brisées métaphysiques de la noétique tardo-antique dans ses rapports intimes avec l'héritage du platonisme hellénistique et en fin de compte dans ses rapports avec l'héritage d'Aristote (divinité de l'intellect, autoréflexivité de la pensée, statut du premier pensable en tant que premier moteur), *penser Dieu* oblige la pensée à rendre compte d'une situation paradoxale pour elle, devant circonscrire *Dieu* comme « objet

1. Une phrase comportant le verbe « penser » à l'infinitif figure dans le poème de Parménide : αἵπερ ὁδοὶ μοῦναι διζήσιός εἰσι νοῆσαι (fragm. 2, DK28 B2, l. 2). Provenant d'un passage clef du poème, ce vers a donné lieu à de nombreuses controverses entre philologues, comme entre philosophes. Une étude récente (B. Castelnérac, « Note exégétique sur le fragment 2 de Parménide », *Revue des Études Grecques*, 128, 2015/2, p. 291-308) propose une lecture de ce passage partant précisément du sens actif de l'infinitif aoriste passé du verbe « penser » (νοῆσαι), rattaché ici au verbe « être » et ayant pour but d'indiquer les deux alternatives, possibilité ou nécessité, pour penser l'être et le non-être : « Les seules voies possibles de la recherche sont de penser… » (trad. B. Castelnérac) ; citons aussi la trad. de J. Bollack : « quels sont les chemins de recherche qui seuls se laissent penser » (*Parménide, de l'étant au monde*, Lagrasse, Verdier, 2006, p. 107). Évidemment, nous ne recherchons pas un parallélisme entre « penser l'être » et « penser Dieu », mais il est important de retenir à travers cet exemple l'aspect actif particulier que prend l'infinitif, qu'il soit au présent ou au passé, car cet aspect induit une définition plus précise de l'acte noétique lui-même et des rapports induits entre l'acte, l'agent et l'objet (Castelnérac cite d'autres usages archaïques ou platoniciens du verbe noétique à l'infinitif ayant ce même sens actif). Comme le lecteur s'en rendra compte par la suite, notre recherche n'a pas pour but de répertorier une expression et d'établir une typologie de ses usages et de ses contextes. Telle quelle, l'expression nous lance un défi, et la réflexion menée à travers l'analyse d'un certain nombre de textes philosophiques de l'Antiquité tardive et de leurs sources, nous aide à relever ce défi, en montrant du même coup sa pérennité.

propre » de l'acte noétique mais sans le réduire pour autant à la pratique formelle de la pensée et au dit de la langue qui rend compte des « produits » de l'acte de penser. Autrement dit, sans donner aucun gage d'existence d'un référent à travers l'acte de *penser Dieu*, et sans faire non plus de « Dieu » un objet hypothétique, propre aux moyens noétiques et logiques. Partant d'une mise en question, voire d'une contestation qui vise le statut d'organe de l'intellect et sa condition *a priori* de « donné » (la « divinité » supposée du *noûs*), la question de la nécessité d'un acte dont l'objet soit « Dieu », tourne court : il n'y a aucune nécessité externe à l'acte de *penser Dieu*, aucune instance qui réclame la formulation d'une preuve ou l'expression du doute, ni aucune nécessité interne de perfection ou de différence, nécessité qui ferait de Dieu cause finale de la pensée. De ce point de vue cet acte s'avère être inutile et en soi impossible. « Dieu » n'est pas réductible à un « objet de la pensée » puisque fondamentalement il ne peut pas être connu (Dieu n'est pas [un] intelligible) et qu'il ne peut pas non plus constituer le principe de la pensée, étant fondamentalement séparé de celle-ci – à moins de considérer, *more aristotelico*, que *de facto* il s'y identifie. Cependant, cette situation-limite – Dieu n'est pas réductible au pensable, bien que l'intellect soit lui-même « divin » – permet de comprendre le mécanisme interne qui définit dans son cas aussi, le cas radical d'un non-objet de la pensée, l'intellection comme relevant d'un acte pur, séparé, simple, éternel et absolu. Plus précisément, cette confrontation permet de s'interroger sur les conditions qui déterminent l'acte noétique, en assurant, jusqu'au dernier retranchement de la spéculation théorique, son fonctionnement imperturbable et toujours réductible à la seule condition de la raison. Mais peut-on considérer que ces conditions sont internes à la pensée, conséquentes à la condition immatérielle de celle-ci comme l'affirme Aristote, ou qu'elles sont proprement transcendantes, puisque l'acte noétique se trouve dans un cas particulier, lequel, au lieu de le réaliser en l'accomplissant par son objet final (l'objet-pensé), le déréalise essentiellement à travers ce « non-objet » absolu (le complément, « Dieu », se substitue à l'acte-de-penser) ?

Au fond, il s'agit de poursuivre la confrontation par définition platonicienne entre nécessité et transcendance, entre ce qui comporte une finalité intrinsèque et ce qui s'accomplit en transcendant sa condition, une confrontation entre deux conceptions, *téléologique* et *théologique*, de *ce qui est*, dans le contexte d'une définition de la pensée en tant qu'acte. Cet acte comporte un statut bien particulier et bien différent de tous les autres, dès lors qu'il s'actualise en s'assurant lui-même la condition de son effectuation de même que la possibilité de sa transcendance, et en déterminant en outre celui en qui il s'effectue. Cet acte, qui a donc en lui à la fois sa finalité et la condition de son dépassement, n'est, par ailleurs, synonyme ni d'*être* ni de *produire*, bien que ce soit précisément l'acte de penser qui engendre la conscience d'exister et qui préside à tous les actes spécifiques de production. Mais – cela va de soi pour un défi pareil – il s'agit de poursuivre cette confrontation entre nécessité et transcendance au sujet de l'acte noétique dans une situation historique précise. Nous analyserons cette confrontation d'abord chez Philon d'Alexandrie, en contexte exégétique, théologique et anthropologique, puis chez Plotin et dans son sillage immédiat, chez des philosophes et des théologiens du IVe s. (Porphyre, Marius Victorinus, Basile de Césarée), en privilégiant les champs de prédilection où elle a lieu, précisément là où la noétique croise la métaphysique, à savoir: l'acte et la puissance au sein de la *noêsis*; la relation et le lien de réflexivité ou de réciprocité entre l'unité, la pluralité et l'universalité; l'accès à la condition de réalité individuelle désobjectivée par une définition de la substance en rapport avec la matière ou de l'hypostase en rapport avec l'image. Les conditions de la pensée s'esquissent dans ces champs, ou plus exactement infèrent de ces champs privilégiés de la réflexion pour aboutir, dans chacun des cas, à un acte qui reproduit le paradoxe résumé dans le syntagme *penser Dieu*. Il ne s'agit cependant ni de chercher à définir Dieu, ni d'établir les règles d'une science divine, la théologie, dont Dieu ferait l'objet, en en assurant à la limite les moyens. *Penser Dieu*, répétons-le, concerne la possibilité de l'acte lorsque celui-ci porte sur ce qui transcende la faculté. Mais, soulignons-le aussi, entre les questions métaphysiques soulevées par l'acte de *penser Dieu* et la théologie déployée à partir de ce qui est en vue, ce n'est pas seulement une porte étroite que la noétique néoplatonicienne ouvre en créant le relais d'une condition de possibilité. Un long chemin s'ouvre ainsi à la philosophie, chemin qui se poursuit encore de nos jours[1].

L'acte de penser soumet en effet tout à la possibilité d'être pensé sauf sa propre possibilité, celle de constituer l'acte premier, précédant tout agir et toute puissance de la pensée. C'est cette limite à l'égard de l'acte propre que cherche à dépasser la condition *a priori* d'un intellect considéré comme *divin* ou *donné*. Défini comme acte premier, l'intellect serait *divin*, *donné* et comme tel, inconditionnel. Cependant, pour s'exercer l'acte de penser a besoin non seulement d'un organe taillé pour lui et interagissant

1. Pour ne citer qu'un seul exemple contemporain: J.-L. Marion, *Étant donné*, Paris, P.U.F., 2005[2] [1997], p. 251-259 et *Certitudes négatives*, Paris, Grasset, 2010, p. 11-20 et p. 87-137.

avec les facultés de tous les autres organes du vivant, mais aussi d'un substrat conceptuel immanent assurant l'effectuation de cet acte; car l'acte de penser n'agit pas tout seul même lorsqu'il porte sur la pensée elle-même – pas plus d'ailleurs qu'« être » ne se laisse saisir en tant qu'acte à partir de l'infinitif, mais s'actualise comme fondement ontologique à travers la multiplicité des étants singuliers. Pour s'exercer, *penser* réclame donc, outre l'intellect entraîné à actualiser cette capacité, un objet dont l'acte est le producteur ou l'engendrant; ou du moins exige l'existence d'un objet extérieur sur lequel l'acte de penser puisse s'exercer en se l'appropriant, l'objet devenant un objet *pensé* et pouvant ainsi être connu et défini. Il est en outre nécessaire à l'exercice de l'acte de penser que la pensée soit elle-même pourvue d'un concept correspondant à cet objet, si l'acte, qu'il soit en situation de production ou d'appropriation, est bien l'acte effectif de la pensée. Or *penser Dieu* – expression qui ne repose pas d'emblée sur la divinité supposée de l'intellect – est un syntagme qui soulève des contradictions à l'égard de l'acte noétique en raison de l'absence d'objet et de concept référant à l'objet, absence qui provient d'une impossibilité que l'absence elle-même révèle à la pensée.

L'absence radicale de référent, révélant l'impossibilité pour Dieu de constituer un objet de la pensée, libère du même coup la pensée en lui donnant la possibilité de penser sans objet, en l'occurrence de penser Dieu. La pensée qui le pense ne peut rien penser à partir de cette absence totale de référence, mais se trouve néanmoins, à l'instant même de ce constat, en acte de penser la possibilité de (le) penser. Par définition indéfinissable, tout autant qu'irréductible à une idée, Dieu n'est pourtant pas impensable. La négation elle-même définit, malgré elle; elle enchaîne opposition et privation, qui sont encore des référents, là même où, dans sa réalité d'acte, la pensée laisse à l'acte lui-même la possibilité de se produire en s'affirmant comme condition de cette possibilité. Pris aux mots et considéré comme expression de l'actualité, *penser Dieu* dit l'acte, « penser », et dit aussi quelque chose d'autre : « Dieu est pensable ». *Penser Dieu* infléchit cependant l'aspect affirmatif (existentiel) de l'expression « Dieu *est* pensable ». À l'infinitif, l'expression est sous le coup d'une double carence de signification établie et de définition, se trouvant en fin de compte sous le signe d'une différence d'acte par rapport à l'exercice de la connaissance habituellement assignée à l'intellection portant sur un objet. L'acte de penser n'a, dans ce cas, ni concept (notion ou idée) de base ni objet propre, n'a donc ni référent ni référence interne ou externe à la pensée, et ne peut donc formuler une définition ou mener une démonstration. Il peut en revanche s'affirmer comme acte en prenant garde de ne pas se réduire lui-même à la révélation d'une identité avec lui-même. S'il a en effet la réalité d'un acte véritable, « penser » ne peut pas s'identifier au contenu intelligible de la pensée (penser n'est pas agir par repérage de l'idée ou de la forme qui convient pour penser une chose déterminée), mais doit demeurer transitif en s'adossant un complément lorsqu'il se trouve dépourvu d'objet identifiable. *Penser Dieu* dit alors que l'acte de penser ne se réduit pas à penser une idée, une forme ou une représentation sensible de Dieu, mais qu'il se détermine comme acte singulier parce qu'il a la possibilité (première ou ultime) de supporter un complément qui le différencie radicalement de lui-même et qui le qualifie ainsi par rapport à celui-ci. La singularité de cet acte répond à la singularité de ce complément. Dieu n'est pas pensable comme toute chose qui, étant pensable, n'est pas que pensable puisqu'elle est aussi, en elle-même, quelque chose. Dieu, en revanche, est le seul qui n'est *de facto* que pensable. Mais il est aussi le seul qui, en tant que pensable, met la pensée à l'écart d'elle-même non parce que la pensée ne s'identifie jamais essentiellement à l'objet pensé, mais parce que dans ce cas la pensée, pensant Dieu comme irréductible à quoi que ce soit, se met elle-même en cause et épouse cette condition. Dieu est le *seul* dont la pensée *seule* est en mesure de le saisir.

Nombreuses sont les expressions anciennes de cette condition unique réservée à l'acte noétique en réponse à la condition d'unicité de ce qui transcende à la fois penser et être : νοήσει μετὰ λόγου περιληπτόν (*Timée* 28a1) et en écho à cette expression : νῷ μόνῳ ληπτός (Alcinoos, *Didaskalikos*, 165, 5) ; ou encore : μόνῳ θεατὴ νῷ (*Phèdre* 247c7), νοητὸν δ' εἶναι νῷ μόνῳ (*Lois*, X, 898e2)[1]. Mais *saisir* Dieu ou l'Un, l'*appréhender*, le *réfléchir* de manière spéculative ou le *contempler* oblige la pensée à agir d'une manière qui la détourne de la réduction de son acte à l'exercice proprement dit des facultés de la raison ; l'oblige, en d'autres termes, à penser en définissant à partir de ces modalités (*saisir*, *appréhender*, *réfléchir* au sens de *faire se refléter*) l'acte premier ou l'acte en soi

1. Nous citons quatre des occurrences les plus connues parmi ces passages des textes de Platon ou des platoniciens où il est affirmé que seul l'intellect peut saisir ou contempler Dieu ineffable (ἄρρητος), ou la réalité divine du lieu supracéleste, ou l'être éternel qui ne naît jamais, ou l'âme divine et universelle. On y reviendra. À cette spécialité exclusive de l'intellect fait aussi référence une autre formule qui exclut cependant l'acte au profit d'une insistance sur la singularité qui répond à l'unicité : s'entretenir « seul à seul » (μόνῳ μόνον ou μόνου πρὸς μόνον), formule employée par Numénius (fragm. 2, 12) et souvent par Plotin (*Ennéades* [désormais *Enn.*] I, VI, 7, 9, V, I, 6, 11, VI, IX, 11, 51) ; cette expression ne manque pas non plus chez Basile de Césarée (*Sur le Saint-Esprit*, XVIII, 45) et revient de manière non-littérale chez Grégoire de Nazianze (*Oratio* 2, 7, 1-5) pour décrire la rencontre de l'intellect singulier et du Bien ou du Dieu unique.

de penser. Dans ces conditions, le syntagme *penser Dieu* tout en étant vide d'objet est loin d'être muet; il prend sens en faisant résonner précisément ce vide référentiel et ce décentrement de la faculté noétique révélés par la collision surprenante des deux mots.

Dieu ne devrait donc pas pouvoir être pensé ou intelligé puisque la pensée ne dispose pas de concept correspondant; et ne devrait pas non plus être défini ou connu comme un objet possible même en l'absence d'un référent empirique, puisque Dieu est tout sauf un objet et ne peut par conséquent être pensé sous le mode d'un objet possible, en en faisant une représentation ou en lui assignant l'étiquette d'une notion abstraite dans le cadre d'une démarche hypothétique. Or Dieu est pensable, et ne l'est pas comme une abstraction hypothétique mais comme la possibilité même de *le* penser. Si Dieu est pensable sans se réduire à ce qui est pensé, il n'est pensable qu'en tant qu'il est la condition même de l'acte de *le* penser. En revanche, si on n'accepte pas que la vacuité de l'expression se réduise à signifier une impossibilité logique, nous sommes alors contraints d'accepter la position théologique traditionnelle et de considérer que le syntagme signifie en effet l'exercice d'un acte propre à un organe *donné*, pourvu structurellement du concept correspondant à la non-objectité spécifique et unique de Dieu. *Penser Dieu* signifierait alors la réduction de l'acte noétique à la seule possibilité d'une connaissance réservée à ce cas unique, mais rejoignant par ailleurs une forme expérimentale (saisie, vision, toucher ineffable) et non une démarche intellective rationnelle, propre à l'acte noétique. S'agit-il dans ce cas d'une connaissance de type naturel, d'une connaissance intuitive ou empirique? Ou est-ce plutôt de l'ordre d'une remémoration, d'une reconnaissance, d'une récupération partielle de la connaissance dont aurait disposé l'âme intellective lorsqu'elle ne se trouvait pas dans un corps? Les deux alternatives sont déjà formulées par Platon dans le *Théétète*, le *Phédre*, le *Phédon*.

Sous l'infinitif de ce syntagme, *penser Dieu*, semble toutefois s'esquisser une autre modalité d'envisager l'acte noétique, différente des alternatives citées, assignant toutes deux une visée cognitive à l'intellection. Sous *penser Dieu* s'actualise le principe d'actualité de toute intellection, principe qui n'est pas soumis à la nécessité de valider la pensée par la cognition de ce qui en fait l'objet. L'expression met en acte l'acte de penser tout court sans le faire porter sur une réalité différente puisque l'intellection, qui donne toujours réalité à ce qui est intelligé, n'intellige et n'assigne aucune réalité dans le cas de Dieu mais « réalise » simplement la condition de sa propre actualité ou réalité rationnelle face à ce qui n'a aucune réalité conditionnée par la pensée. La pensée actualise ainsi son principe de rationalité avant de penser quoi que ce soit de différent. Certes, on peut encore considérer comme divin (*theion*) l'intellect qui détient le pouvoir de tout penser, y compris la pensée. C'est la leçon métaphysique de la noétique d'Aristote. Ce pouvoir est compris dans la puissance de la pensée d'être-pensée à l'intérieur de l'acte qui pense toute chose parce que l'intellect a en lui la possibilité de penser toute chose sans exclure la pensée elle-même qui est sa propre essence, et, selon Alexandre d'Aphrodise, sa propre forme aussi. Cependant, la pensée qui se pense elle-même se pense nécessairement comme une « représentation » de la pensée; l'acte réflexif fait fond sur la nature intelligible du *noûs*. Pliée sur elle-même, la pensée ne peut nullement se penser comme principe de l'acte premier et comme condition de possibilité pour ce qui transcende l'acte, sauf si, tout en restant dans le périmètre noétique, elle ne se pense précisément pas elle-même mais pense le radicalement différent : ce dont elle n'a aucune notion et dont elle ne peut nullement faire « *son* objet ». Par contre, se pensant (en) elle-même en tant que « pensée », elle en fait une « représentation », une « projection » ou une « notion », séparée artificiellement d'elle-même aussi longtemps que la pensée est pensée comme quelque chose qu'elle-même produit : pensée ou intellection de ce qui est pensé ou intelligé. En termes plotiniens : la pensée se confond *avec* ou s'identifie *à* l'intelligibilité des intelligibles. Mais cette réflexivité produit nécessairement une objectivation de la pensée et exclut d'emblée la possibilité de saisir quelque chose qui ne soit ni produit ni même conditionné formellement par la pensée. – Qu'elle soit empruntée à Aristote ou à Alcinoos, la solution de Plotin, à cet égard, consistera à introduire un terme moyen, le « premier *noêton* », qui partage son unicité avec l'Un et sa nature intelligible avec le *noûs*, afin de rendre ainsi possible la pensée de l'Un.

Mais insistons encore sur la difficulté exemplaire de la situation. Pour réfléchir l'étrangeté absolue de l'acte sans le réduire à une essence ou à une substance intelligible auto-produite ou auto-engendrée – n'est-il d'ailleurs pas étrange, *a-topon*, que d'assigner une *ousia* à la pensée? À moins de considérer que cette *ousia* du *noûs* n'est rien d'autre que l'*eidos* de l'acte pur –, pour penser donc l'acte sans en faire la fonction téléologique d'un organe particulier (telle la vue pour les yeux) et sans le détacher ou le séparer de lui-même selon le modèle du couple agent-produit (moteur-mouvement), quels seraient alors les moyens les plus adéquats, entre la divinisation d'un intellect-moteur et la réduction de la *noêsis* à un paradigme formel dans lequel l'acte et la puissance s'excluent mutuellement puisqu'elles s'identifient de fait?

Le syntagme *penser Dieu* peut, me semble-t-il, en fournir deux. Le premier moyen consiste à choisir pour cet acte un complément d'objet qui soit à la fois autre que la pensée elle-même et sans référent immanent. L'acte est ainsi préservé à la fois de l'effet de circularité de la réflexivité (penser la pensée) et de l'aliénation propre à toute transitivité, étant donné que l'acte de penser porte dans ce cas (et montre ainsi qu'il peut donc porter) sur quelque chose qui ne subit aucune affection en tant qu'objet de la pensée. *Penser Dieu* ne porte ni sur la nature de la pensée ni sur un intelligible particulier, fut-il le premier *noêton*, puisque Dieu n'est ni pensable en tant que forme ou universel, ni réductible à une détermination catégoriale ou à une définition en tant qu'objet de la pensée. Du coup, *penser Dieu* est l'actualisation de l'acte le plus pur ou le plus simple de penser.

Le second moyen consiste à réduire toute consécution inhérente à l'acte par le maintien à l'infinitif de son expression en tant qu'action – ce qui revient à une réduction de toute possibilité de conjugaison et donc de toute relation, temporalisation, localisation, application modale ou autre sorte de conditionnement par les catégories ontologiques ou linguistiques. L'absence de transitivité propre au mode in-finitif, adjointe à la non-objectité de ce sur quoi porte l'acte intransitif et infinitif, conduisent à circonscrire un autre « donné », qui ne soit pas conditionné par la nécessité d'un être substantiel, par la circonscription d'une *ousia* ou d'une forme déterminée. Est-ce alors l'intellect qui est « donné », ou bien l'acte de *penser Dieu*, lequel, n'étant tout simplement pas réductible à une possibilité inhérente de l'intellect mais constituant une/la réalité en acte de celui-ci, révèle, lui, la condition même de l'intellect, révèle précisément la *condition de possibilité* de celui-ci ? Une condition précisément, non une cause, car *penser Dieu* est la possibilité inscrite comme puissance dans l'intellect, mais comme une puissance transcendante, ne constituant ni une détermination substantielle ou formelle de celui-ci, ni une cause à proprement parler de la pensée. Peut-on considérer alors que *penser Dieu* serait la « forme » (*eidos*) même de la pensée, la forme de son acte pur ou simple (*noeîn*), forme immanente à sa nature d'acte et l'accomplissant en même temps à travers tout ce qui est pensé (*noêsis*)? Non, car cela conduirait une nouvelle fois vers une objectivation de Dieu sous la divinisation de l'intellect et implicitement vers une téléologie. Dieu deviendrait la forme la plus accomplie de la pensée, se réduirait à constituer l'entéléchie de la pensée. Cependant, *penser Dieu* comme *forme absolue* de la pensée signifie, quoi qu'il en soit, la possibilité de concevoir un acte sans détermination causale, même formelle, et sans finalité, un acte dont la condition de possibilité constitue aussi son propre fondement et détermine à la fois et simultanément la *possibilité* et l'*acte* lui-même, en l'occurrence, l'acte de penser.

L'expression, loin de signifier la connaissance de ce qui fait l'objet de l'acte, et loin de certifier ainsi l'existence de Dieu, répondrait plutôt au besoin de saisir la condition métaphysique du *noûs* dans son irréductibilité à la *noêsis*, condition de possibilité de l'intellection dont l'actualité ou l'effectivité serait en outre propre à chaque individu. De cette actualité ou effectivité en chacun tiendraient, par conséquent, non seulement la condition de possibilité de l'intellection, mais aussi la possibilité de considérer cet acte comme un acte propre à chaque être pensant. Cet acte ne serait donc ni l'apanage d'un intellect séparé ni celui d'une pensée déterminée exclusivement par son assignation à un vivant particulier, mais un acte qui, à chaque fois qu'il s'exerce, actualise sa condition là où il s'exerce : son actualité absolue coïncide avec la puissance de s'actualiser sans être limité par les conditions du particulier ou de l'instant. Un acte qui actualise donc la réalité même de la pensée comme une réalité qui ne coïncide pas avec la faculté noétique particulière mais qui détermine en revanche le propre de chaque être humain : la possibilité de penser inscrite dans chaque être, possibilité étendue, globale, entendue comme capacité de manifester la rationalité universelle, y compris la rationalité de l'irrationnel, mais non en termes de nécessité ou de finalité puisqu'il s'agit bien de possibilité actualisée à l'infini, non d'un pouvoir activé comme entéléchie de la nature noétique elle-même. Porphyre exprime cette actualisation en termes d'effet : « l'homme est purifié (καθαίρεται μὲν ἄνθροπος) par la pensée de Dieu (ἐννοίᾳ θεοῦ) » (*À Marcella*, 11, 11-12). La pensée « purifiante » de Dieu dans l'homme, selon les termes de Porphyre, ne correspond pas à une notion, à un concept (*noêma*) ou à une représentation de Dieu (*phantasma*) ; elle n'est ni « donnée » ni le produit advenu dans la pensée grâce à un exercice spécifique des facultés (imaginative, cognitive). Si on peut comparer cette présence noétique à une « statue divine » intérieure ou du moins à un « reflet » ou à une « trace » imprimée dans l'intellect, il faut aussitôt lui reconnaître un statut non objectif et une hétérogénéité (plus précisément une radicale étrangeté) à l'égard de ce en quoi cette pensée de Dieu s'actualise comme telle, en manifestant sa présence par son effet. Porphyre témoigne ainsi d'une conception selon laquelle Dieu, bien qu'il soit le complément et non l'agent de la pensée, agit toutefois en mettant en acte l'acte de penser propre à l'homme. La pensée ne correspond pas à une pure expérience intellective réduite à saisir les intelligibles ou à avoir affaire aux formes, comme elle ne traduit pas non plus de manière empirique les sensations en donnant de la conscience et de la réflexivité à un sens commun. La pensée de Dieu agit sur l'homme qui pense Dieu comme une actualité qui situe l'homme dans sa réalité en le mettant en son plein droit; selon Porphyre : en état de pureté à l'égard de soi. La pensée de Dieu peut agir ainsi dans la mesure où elle constitue une puissance transcendante à l'égard de celui pour lequel elle est acte et sur lequel elle agit; elle est transcendante dans la mesure où elle est en même temps génératrice et conditionnelle de ce dernier, et autogénératrice en tant que pensée inconditionnelle, propre à Dieu – pour ne pas le nommer.

Si on définit ainsi le principe d'actualisation noétique comme condition de possibilité de l'acte et non comme une cause ni comme une condition *a priori* du *noûs*, l'intellection se trouve du coup détachée de la nécessité de la connaissance objective et de sa réduction *de facto* aux opérations d'imagination, de raisonnement et de jugement. L'infinitif par lequel l'acte noétique se définit, se conjugue en même temps avec l'infini, l'indéterminé, l'illimité, le séparé, le transcendant; il s'y conjugue et peut aussi s'y unir, puisqu'il est différent comme l'acte est nécessairement différent de ce sur quoi il porte. L'infinitif est par définition vide de toute détermination ou restriction. *A fortiori* se tient-il à l'écart de toute nécessité de détermination dans le cas du verbe *penser*, acte dont l'objet lui-même est écarté de tout ce qui fait l'objectité de son référent : chose ou nom ou image de celle-ci. Faisant, dans ce cas particulier, corps commun avec « Dieu », avec l'indéterminable absolu, l'infinitif *penser* ne peut pas en faire une représentation comme dans tous les autres cas de réflexion noétique, car la représentation implique un acte second et s'ouvre sur le discursif et sur l'image (on connaît au bout d'un raisonnement ce qu'est une chose selon sa définition, son nom et son rôle, son reflet mimétique et sa représentation). Or, dans le cas de Dieu aucun acte second (représentation, nomination, définition) ne peut avoir lieu. L'infinitif verbal demeure donc séparé, en affirmant sa possibilité mais aussi un écart où rien ne se produit, même pas une représentation sans référent (un bouc-cerf); il peut par conséquent constituer le moyen unique par lequel la pensée se montre capable de ne jamais détacher la possibilité-de-l'acte de sa propre condition-de-possibilité en tant que pensée. En d'autres termes : de ne jamais être autrement qu'en acte, et d'être l'acte le plus pur de l'intellect lorsqu'il pense Dieu, c'est-à-dire le radicalement différent. Encore une fois, cette « pureté » de l'acte signifie la parfaite identité de l'acte avec lui-même, avec son essence (ousiologique) et avec sa forme (eidétique), identité que seul le radicalement différent peut lui assurer. Le retour réflexif sur la transcendance actualise ainsi, simultanément, ce qui est différent, l'acte immanent de l'intellect. L'apparente stérilité d'un infinitif qui ne produit rien s'avère être la condition qui permet l'actualisation sans répit de l'acte, et qui fait aussi de cette actualisation la possibilité unique de saisir, de manière réflexive, l'identité transcendante de l'acte.

C'est bien cette détermination comme condition de possibilité, appuyée par l'indéterminable absolu conditionnant (grammaticalement) l'acte infinitif, qui permet donc de saisir et d'exprimer ce fait paradoxal, à savoir que l'inconditionnel lui-même, Dieu ou l'Un, constitue la possibilité en même temps que l'actualisation de l'acte de penser. On peut également en saisir les conséquences. L'actualisation a lieu sans que cet acte soit à jamais achevé, sans qu'il soit en entéléchie lorsqu'il actualise sa possibilité (puisque la possibilité ne peut pas constituer une cause finale), enfin, sans que se produise, au sens strict, l'accomplissement de l'acte de penser en un « objet propre » de la connaissance, puisque Dieu ne peut pas devenir un objet connu bien qu'il soit pensable, voire « pensé ». Toute entéléchie induit une séparation qui produit à son tour une limite des perfections; or, ici, la limitation ou la fin des perfections est impossible, puisque de l'acte noétique pur, comme de Dieu, il n'y a que la perfection et non la fin. La perfection n'est pas de l'ordre de l'être, comme la forme-âme qui accomplit la matière, car il s'agit d'une perfection de la possibilité qui constitue une forme accomplie en elle-même de ce qui conditionne et détermine l'acte lui-même de penser, sans avoir besoin de s'identifier, afin de s'accomplir, à l'*ousia* du *noûs*. Autrement dit, la perfection est ici condition de l'acte et non finalité, comme pour l'être. *Penser Dieu* pose donc la condition de possibilité d'un acte qui ne soit pas compris dans le périmètre de l'être, bien qu'il s'agisse d'acte et nécessairement de quelque chose qui agit ou du moins soutient l'acte à proprement parler.

Par conséquent, c'est le divin (*theos*) lui-même, le pensable inconditionnel, coordonné à un infinitif, qui fait sortir l'acte noétique d'une finalité feinte dont l'expression serait sa propre réflexivité en termes de perfection circulaire : la pensée qui se pense elle-même et se réfléchit comme autoreprésentation. Sans se mettre à sa place pour jouer le rôle d'acte et d'agent à la fois, Dieu constitue la condition de possibilité non pour penser la pensée mais pour *réfléchir le pensable*, c'est-à-dire penser l'acte en tant qu'acte intransitif. Penser sans conditionner, puisque pour une fois c'est la pensée elle-même qui est conditionnée par ce qu'elle pense et qui lui est étranger, au lieu d'être celle qui conditionne tout ce qu'elle pense parce qu'elle le pense en le ramenant à sa propre condition. Pour une fois, ce n'est donc pas la pensée qui conditionne la réalité de son objet, mais c'est la pensée elle-même qui se trouve conditionnée et obligée de « se pencher » en dehors de sa limite afin de s'identifier elle-même en s'identifiant à tout autre chose qu'elle.

Le syntagme *penser Dieu* n'est donc ni un oxymore (penser l'impensable) ni une réduction de Dieu à un « objet propre » de la pensée, à un intelligible ou à une représentation noétique. *Penser Dieu* ne définit pas Dieu, n'en fournit aucune connaissance, mais qualifie l'acte comme un *tout* qui englobe celui qui agit et ce sur quoi il porte. Plus précisément, l'expression ne qualifie pas l'acte mais le signifie comme irréductible essentiellement puisqu'il est *tout* effectif et actuel dans chaque intellect et à chaque moment. Car ce sur quoi porte l'acte noétique est identique à l'agent, bien que cette identité n'ait pas sa finalité dans l'autodétermination conséquente du conditionnant, ni dans l'effet par lequel ce dernier se laisserait saisir comme cause. Au contraire, cette identité de fond conditionne le décentrement et réalise ainsi la possibilité de penser la transcendance en l'identifiant en soi-même comme ce qui fait la différence et permet l'acte même, à chaque fois unique, pur et simple, de penser. On contemple alors, selon la formulation de Porphyre, par une non-intellection supérieure à l'intellection : θεωρεῖται δὲ ἀνοησίᾳ κρείττονι νοήσεως (*Sentence* 25). Ou encore, selon le même auteur, c'est sur le mode de la non-intellection que l'on pense l'identité de tout en tout (πάντα μὲν ἐν πᾶσιν) dans ce qui se trouve au-delà (de l'être) : ἐν δὲ τῷ ἐπέκεινα ἀνεννοήτως (*Sentence* 10). Cette possibilité n'est en outre assurée que dans la condition individuelle qui fait de l'infinitif un acte propre, en réalisant ainsi, à chaque fois, cette possibilité dans son unicité et sa perfection. Car l'acte de penser n'appartient ni à l'être universel (παντελῶς ὄντι...), qui ne pense pas selon Platon (μηδὲ φρονεῖν, *Sophiste* 249a1), ni à l'Un qui, parfait en lui-même, est au-delà de l'être et du penser selon Plotin (οὐκ ἄρα νοήσει, et plus loin : ἀλλ' ἐπέκεινα οὐσίας ὄν τι καὶ τοῦ νοεῖν ἐπέκεινα εἶναι, *Enn.* V, VI [24], 2, 16 et 6, 30). Si *penser* est bien l'acte qui parfait la potentialité du *noûs*, l'acte en lui-même, *penser*, n'appartient pas au *noûs* en qui il s'exerce, mais à chaque vivant qui s'accomplit en prenant part *à* et conscience *de* ce qui en lui-même le dépasse[1].

1. Rappelons la phrase avec laquelle J.-L. Marion conclut *Certitudes négatives* et qui, perspective phénoménologique mise à part, peut servir ici de préambule : « Une pensée se mesure exactement aux paradoxes qu'elle endure et qu'elle appelle. » (*Certitudes négatives*, *op. cit.*, p. 318).

INTRODUCTION

INTELLECTUALISME. LE *TIMÉE* ET *MÉTAPHYSIQUE* Λ

ὁ νοῦς γὰρ ἡμῶν ἐστιν ἐν ἑκαστῳ θεός [1]

Y a-t-il une idée de Dieu ? Que les idées elles-mêmes soient à un moment donné considérées comme « divines » et qu'elles correspondent aux « pensées de Dieu », soit. Par rapport à Dieu, dit Alcinoos, l'idée est sa pensée même : ἡ ἰδέα ὡς μὲν πρὸς θεὸν νόησις αὐτοῦ (*Didaskalikos*, 163, 14-15) ; Atticus aussi (fragm. 9, 5) parle d'un Dieu démiurge et père qui, pourvu de pensées plus vieilles que les choses (τοῦ θεοῦ νοήματα πρεσβύτερα τῶν πραγμάτων), pense et crée le monde en le rendant

1. « [...] notre *noûs* [intellect/penser] est un dieu en chacun », Euripide, Fragm. 1018 N2. C. Wildberg (« Piety as Service, Epiphany as Reciprocity. Two Observations on Religious Meaning of the Gods in Euripides », *Illinois Classical Studies*, 24-25, 1999-2000, p. 235-256) considère que pour Euripide *noûs* ne signifie pas l'intellect ou l'intelligence au sens philosophique, mais a plutôt un sens à la fois général et concret : « a whole way of thinking, a person's general frame of mind and intention » (p. 254-255). Cette réciprocité entre le divin et l'humain, conséquente à un acte d'épiphanie et conduisant à la possibilité d'union entre « pensée » et « dieu », est au cœur de notre étude. Wildberg cite à l'appui de l'authenticité du fragment d'Euripide un passage des *Troyennes* (v. 948-950). Mais on peut penser aussi au v. 886 des *Troyennes*, qualifiant Zeus de nécessité de la nature ou d'intellect des mortels, ainsi qu'au v. 560 d'*Hélène* : Ὦ θεοί : θεὸς γὰρ καὶ τὸ γιγνώσκειν φίλους, où l'activité cognitive, connaissance ou reconnaissance des amis, est elle-même appelée « dieu ». On reviendra sur le v. 886 des *Troyennes* (*infra* n. 2 p. 33) et plus généralement sur l'interprétation de cette réciprocité entre homme et Dieu qui s'appuie sur la communauté de l'intellect, en retenant pour l'instant le caractère à la fois *individuel* et *divin* assigné par Euripide à l'acte noétique.

semblable (προσάγειν τὴν ὁμοιότητα) à ses pensées[1]. Mais peut-on considérer alors que *Dieu lui-même pense* ? Et peut-on par conséquent établir un rapport ou trouver un fond commun entre Dieu et les idées, les formes, les intelligibles, les notions et les représentations ? Peut-on, en un mot, établir un rapport d'identité ou du moins d'isomorphisme entre ce qui constitue à la fois l'essence et les moyens propres à l'intellect de l'homme et ce qui seraient l'essence et les moyens d'un supposé « intellect de Dieu » ? Ou bien l'assignation d'une pensée à Dieu ne serait-elle que la conséquence de la recherche d'une possibilité pour l'homme de penser ce qui est à la fois impensable et transcendant par rapport à l'être – l'Un, le Bien, Dieu ? Ou encore, à défaut d'un rapport, qui suppose une réalité commune ou une nature partagée, peut-on stipuler qu'il s'agit d'une intelligibilité séparée lorsque la pensée pense l'inconnaissable et l'inconditionnel en en faisant quelque chose de pensable et en dévoilant par là même la condition foncière de l'acte noétique ? Sachant que même à travers la négation l'intellection agit toujours par réduction à soi – réduction de tout à sa portée –, en donnant de la réalité la dimension exacte de ce qui peut être appréhendé à l'aune de l'une de ces trois dimensions de la chose pensable :

1. Pour le contexte historique et pour les questions philosophiques soulevées par la définition des idées comme « pensées de Dieu » dans la philosophie antique classique et tardive, voir A. Rich, « The Platonic Ideas as Thoughts of God », *Mnemosyne*, 7, 1954, p. 123-133 et J. Dillon, « The ideas as Thoughts of God », *Études platoniciennes*, 8, 2011, p. 31-42, ainsi que le livre récent de M. Bonazzi, *À la recherche des idées. Platonisme et philosophie hellénistique d'Antiochus à Plotin*, Paris, Vrin, 2015. La définition des idées ou des formes comme « pensées de l'éternel penseur » (J. Dillon, « The ideas as Thoughts of God », art. cit., p. 32) dont l'origine serait dans le *Timée*, traverse aussi bien le platonisme dit « d'école » que les débats stoïciens sur la question (selon M. Bonazzi, *À la recherche des idées*, *op. cit.*, p. 50-61, cette définition serait en réalité d'origine stoïcienne), jusqu'à Augustin qui l'exprime clairement (« sunt namque ideae principales formae quaedam vel rationes rerum… quae in divina intelligentia continentur », dans *De diversis quaestionibus*, 46 [*De ideis*], 2) et par qui cette définition connaîtra la fortune de sa longue postérité latine médiévale et pré-moderne. Sur l'origine timéenne et sur la fortune latine de cette définition des idées comme « pensées de Dieu », voir C. Auvray-Assayas, « Species », *in* B. Cassin (dir.), *Vocabulaire européen des philosophies*, Paris, Seuil/Le Robert, 2004, p. 1199-1206. Sur la contestation de l'origine stoïcienne (attribuée par Dillon et Bonazzi à Antiochus d'Ascalon), voir la recension du livre de M. Bonazzi par F. Ferrari dans *Rivista di filosofia Neo-Scolastica*, 2016/3, p. 727-734. Pour les « pensées de Dieu » dans le *Didaskalikos* (153, 5-7, 163, 14 et 32-34, 164, 40-42, 169, 39-41), voir J. Whittaker, Alcinoos, *Enseignements des doctrines de Platon*, Paris, Les Belles Lettres, 1990 (« Notes », p. 98). Sur cette origine voir aussi A. Michalewski, *La puissance de l'intelligible. La théorie plotinienne des formes au miroir de l'héritage médioplatonicien*, Leuven, Leuven Univ. Press, 2014, p. 66-67 et p. 91-93, et M. Bonazzi, *À la recherche des idées…*, *op. cit.*, p. 107-115. Pour les pensées du Dieu démiurge dans le fragm. 9 d'Atticus, voir *infra* n. 1 p. 106.

l'expérience, la nécessité et la possibilité. Ou doit-on considérer que l'intellect, du fait même de penser ce qui ne relève pas de l'immanent, s'avère ne pas être *de* l'homme mais tenir *dans* l'homme de sa condition de *noûs* transcendant ? On peut, certes, considérer que l'inconditionnel, tel qu'il est pensé, n'est pas nécessairement quelque chose ou quelqu'un sous l'appellation de Dieu, du Bien ou de l'Un. Qu'il ne s'agit donc pas de quelque chose de « naturel » mais de la transcendance de la « chose en soi » ou de « l'idée même de l'idée », ou encore, pour dire vite, de l'idéalité pure de l'idéalisme kantien. Les qualités essentielles en seraient en tout cas communes : invariabilité, statut intelligible exclusivement, unicité et identité auto-référente et auto-identique, opposés à l'indéfinissable apparaissant, phénoménal, sensible, changeant. Potentialité et actualité seraient en outre simultanées, puisque, comme dans le cas de Dieu, la pensée pense simultanément potentialité absolue et actualité absolue. Mais cette raison est-elle suffisante pour réduire Dieu à l'idée ? Moyennant cette opération, la raison non seulement ne trouve pas Dieu, mais demeure, en outre, soumise à sa propre prééminence en même temps qu'enfermée dans la suffisance de sa propre circularité. Si la pensée est elle-même « divine », penser Dieu revient à penser la pensée sous un mode essentiel (comme quiddité). Ou doit-on considérer, au contraire, que la réduction à l'idée n'est que l'expression d'une stratégie d'évitement de la « divinisation » de l'intellect et de son inhérente « substantivisation » sous l'hypostase d'un *noûs* essentiellement divin ?

La réduction de Dieu à l'idée de Dieu conduit par conséquent à deux apories : soit à admettre qu'il n'y a rien en dehors de ce qui peut être pensé en remontant de la chose à la forme et à l'idée qui comprend le tout en le réduisant à sa condition, Dieu étant alors immanent au tout et réductible à l'idée ; soit à saisir la possibilité que l'idée ne soit précisément pas le stade ultime dès lors qu'elle est « idée », *i.e.* forme et perfection adaptée de ce qui n'a pas de forme et qui comporte une perfection sans normes ni conditions, à savoir la perfection qui incombe à Dieu, à l'Un ou au Bien. Penser Dieu obligerait alors la pensée à penser l'irrationnel, à penser ce qui est irréductible à l'idée (ou forme, concept, représentation), en conduisant ainsi à la suspension du jugement et du principe de (non)contradiction, voire, en conduisant l'intellect à la suspension de l'intellection et donc à sa propre négation. Penser Dieu revient dans ce cas à penser quelque chose dont la réalité est telle qu'elle ne peut que suspendre d'emblée la pensée. Les dangers évidents encourus dans ce cas seraient évités en stipulant la séparation radicale de cet acte de tous les autres faits et de toutes les données propres à l'intellect, séparation qui enlèverait à cet « objet » impossible de la pensée quelque accès que ce soit à la condition de réalité, fût-ce celle des choses ou celle des vérités éternelles.

Formulons encore autrement la question de départ. Si on admet que l'intellect est « divin » et que les idées sont les « pensées de Dieu », l'homme peut-il encore exercer sa faculté intellective pour penser Dieu ? Ou bien la pensée, se pensant elle-même, pense-t-elle nécessairement son actualité (ou son acte) comme seule expression du divin ? Ou encore, la possibilité même de la pensée de se penser elle-même est-elle la condition *sine qua non* de la pensée pour penser Dieu ? Dès lors qu'elle ne peut penser Dieu qu'en pensant ainsi, de manière autoréflexive, la pensée pense-t-elle une « idée » de Dieu ? Si la pensée est réellement divine, il n'y a pas alors dans la pensée une « idée de Dieu » (*eidos theou*), mais seulement une correspondance parfaite, voire une identité absolue entre « penser » et « Dieu ». Ou alors, ce n'est pas par une « idée de Dieu » que la pensée pense Dieu, mais à travers un moyen d'intellection second : en prenant l'*idée* soit pour un modèle (*paradeigma*) soit pour un concept, une image, une représentation (*ennoia*, *phantasma*, *species*). La pensée éviterait ainsi d'attribuer à l'inconditionnel la condition d'une forme, sous-jacente à l'idée (*eidos*). Mais elle n'évitera pas pour autant d'en faire une chose pensable, donc de soumettre Dieu à la condition d'un « objet » *ad-hoc* de la pensée (notion opératoire, argument, preuve, représentation).

En outre, si l'origine de la théorie des idées comme « pensées divines » se trouve dans le *Timée*, et que l'on suit cette « leçon », à savoir que le regard du démiurge se tourne vers les idées et demeure fixé afin de les prendre pour modèle de son ouvrage cosmique, alors Dieu serait, par l'entremise des idées ou paradigmes divins, la cause formelle de l'univers. Dieu ne serait d'ailleurs que cette « cause divine », nécessairement d'ordre formel, prééminente par rapport à la fabrication et opposée à la cause par nécessité (qui serait à la fois une cause matérielle et efficiente). Le Démiurge serait par conséquent totalement séparé de ce qu'il fait être, et, se tenant à l'écart du devenir comme de l'étant, il ne serait pas la cause efficiente du monde qui est, mais uniquement la raison divine du fait que le monde est. C'est bien cette raison appelée « causalité divine » par Platon, et qu'Atticus désigne comme « les causes partielles que chaque chose est telle qu'elle est (παραίτια δὲ καὶ τοῖς ἄλλοις τοῦ εἶναι τοιαῦθ' ἕκασθ' οἷάπερ ἐστί), selon sa ressemblance (κατὰ τὴν πρὸς αὐτὰ ὁμοιότητα) » avec la *noêsis* de Dieu (fragm. 9, 5), que l'homme est appelé à rechercher et à penser grâce au pouvoir d'intellection dont est pourvue selon Timée la partie supérieure de l'âme, la faculté rationnelle de chacun, accompagné par son *daimôn*[1]. Penser traduirait dans ce cas la recherche de la transcendance sous l'espèce de la « cause divine », recherche qui ne serait elle-même que la cause finale, l'accomplissement, le *telos* de l'homme heureux. Pour emprunter encore les termes d'Atticus en écho à ceux du *Timée* : des idées divines dépendent la sagesse et la science qui sont la finalité de l'homme et sa vie bienheureuse (τὸ ἀνθρώπινον τέλος καὶ ἡ μακαριστὴ βιοτὴ, *ibid.*). Mais cette déduction laisse supposer aussi que Dieu lui-même pense; qu'il serait pourvu d'une pensée, bien qu'il soit simple (sans composition) et séparé de tout acte et de toute substance. En son hypostase de démiurge, Dieu s'identifie à la pensée, une pensée à la fois pourvue d'idées et créatrice elle-même de réalités; l'intellect de l'homme ne serait que le reflet ou l'image ou la copie homotétique de cette « pensée de Dieu ». Or, puisqu'il s'agit d'un reflet, cette « pensée de Dieu » se traduit dans l'homme aussi en termes d'acte infinitif et pur, en l'occurrence, en *penser Dieu*, sujet et objet étant confondus.

Ce serait, certes, présomptueux de prétendre apporter des réponses à de telles questions, suppositions et apories. Même les prendre comme hypothèses de travail, serait méconnaître nos forces. Nous les formulons ici plutôt comme des repères. Ces questions sont censées orienter *notre* lecture de quelques textes de la philosophie antique et tardo-antique, textes dans lesquels nous ne trouvons pas l'énonciation exacte de ces questions mais où nous en trouvons l'origine, puisque c'est à partir de leur fond de réflexion théorique sur la science du monde et des dieux que ces questions ont pris place, peu à peu, chez les scoliastes, puis chez les philosophes qui en sont les héritiers. La plupart des textes que nous allons scruter sont consacrés à une analyse des ressorts dont dispose la pensée confrontée à ce qui la transcende radicalement. La pensée s'actualise ainsi elle-même, à travers cette confrontation, dans la nécessité de penser la transcendance et d'en rendre compte en distinguant ce qui lui appartient (les *noêta*, les paradigmes, les idées, les concepts et les représentations) de ce qui la fonde sans s'y identifier (le principe, l'unité et la totalité, le moteur immobile, Dieu). La pensée est dans tous les cas considérée soit comme une médiation, soit comme l'unique témoin d'une séparation dont elle est aussi la seule à montrer les raisons ou l'origine. Dans le premier cas elle agit en abstrayant l'homme de sa condition; dans le second, elle renseigne sur cette condition. Mais avant d'aborder ces textes, en commençant par rappeler ceux qui sont fondateurs pour cette problématique – pour cette confrontation, en somme, entre une théorie noétique stipulant la « divinité » de l'intellect et une

1. On reviendra, textes à l'appui, sur cette hypothèse de lecture.

philosophie de l'irréductibilité de la transcendance à l'être et à la pensée –, précisons brièvement encore un choix.

À l'exception notable d'Aristote, dans les textes anciens cette problématique (du *noûs* et du divin) apparaît le plus souvent en contexte cosmologique. Même quand elle est intimement redevable au modèle aristotélicien, la noétique figure dans des textes consacrés à la cosmologie, intégrant et articulant dimension anthropologique et visée théologique, comme si le *Timée* prenait toujours le pas sur la *Métaphysique*[1]. Or, le revers de cette emprise cosmologique sur la noétique est la tentation soit de lire le *Timée* lui-même en clef métaphysique, soit de considérer, au contraire, que dans sa partie noétique (Λ 7-10) la *Métaphysique* constitue une réponse au défi lancé par Platon à la fin du *Timée*. On verrait alors, à travers cette hypothétique « réponse aristotélicienne », si la divinité de l'intellect (ou partie rationnelle de l'âme), thèse commune aux deux textes, correspond à la révolution rationnelle entamée par Anaxagore et dont Euripide et Platon témoignent en premier, et si Platon, recourant au mythe du Démiurge, n'entendait pas donner à cette révolution rationnelle une tournure

1. Voir S. Menn, *Plato on God and Nous*, Carbondale, Southern Illinois Univ. Press, 1995 et S. Delcomminette, « Qu'est-ce que l'intelligence selon Platon ? », *Revue des Études Grecques*, 127, 2014/1, p. 55-73, sur la signification proprement platonicienne du *noûs*. Pour une position différente, soutenant la prééminence cosmologique contre une interprétation métaphysique de la divinité de l'intellect dans le cas de Platon, voir G. Van Riel, *Plato's Gods*, Farnham, Ashgate, 2013 (p. 61-118, sur le *Timée*). Comme dans le cas d'Euripide (*supra* n. 1 p. 21), *noûs* doit s'entendre dans le sens large de « penser », d'exercer l'intellection, le discernement, l'intuition. Cependant, chez Platon l'intellection apparaît comme une faculté de l'âme qui s'acquiert par éducation, s'affine à l'usage, s'accomplit par la connaissance et n'a d'existence qu'au moment où elle s'exerce et non indépendamment. Qu'il soit ou non divin, l'intellect n'est pas donné comme prêt à l'emploi. Les trois auteurs cités ont des positions divergentes concernant le rôle qui revient à l'âme par rapport à l'intellect : le *noûs* est-il une faculté liée à l'âme (le « pilote de l'âme », *Phèdre* 247c7-8) ou est-il indépendant ? Le point est crucial autant pour comprendre le rôle causal de l'intellect (efficient ou strictement formel) chez Platon (S. Delcomminette, « Qu'est-ce que l'intelligence selon Platon ? », art. cit., p. 69 n. 16), que pour saisir la fracture doctrinale opérée par Plotin au sujet de la tripartition *Un-Noûs-Psuchê*. Pour une approche radicalement différente de ce que recouvre *noûs* et *noêsis* chez Platon, avec un déplacement de la question sur le terrain de la dialectique et une analyse conséquente du vocabulaire de la pensée comme *dianoia* et comme *phronêsis*, voir M. Dixsaut, *Platon et la question de la pensée*, Paris, Vrin, 2000 (en part. p. 45-151). Je n'entends pas faire ici une synthèse de ces questions, ni trancher en faveur de l'une ou l'autre des interprétations, mais signaler la possibilité de mieux cerner la complexité du *noûs* platonicien à partir de certains passages de la fin du *Timée* et des échos de ces passages chez Aristote (dans *Métaphysique* [désormais *Mét.*] Λ 7, 9, 10) et dans l'héritage médio- et néoplatonicien de ce qu'on appelle couramment la théorie platonicienne de l'intellection et des idées.

proprement théologique, en jetant ainsi les bases d'une théologie « moderne » par rapport à la tradition mythologique. Malgré ses critiques, la théologie aristotélicienne du livre Λ serait alors le prolongement métaphysique de cette révolution. Plusieurs siècles plus tard, c'est en renouant avec cette « modernité » que, dans le contexte des débats trinitaires du IVe s., la noétique retourne sur son terrain de prédilection, la métaphysique. Une seconde révolution semble avoir eu lieu alors, par opposition à l'égard du transfert, devenu quasi automatique à l'époque hellénistique et tardive, depuis la question du *noûs* vers le domaine de la cosmologie et donc de la physique, domaine dans lequel la question noétique s'entrelaçait avec les questions liées au mode opératoire et finalement à la divinité première ou seconde du démiurge. Mais ce retour comporte aussi un changement de cap : certains des problèmes spécifiques de la métaphysique deviennent des questions propres à la théologie dite *rationnelle* ou *scolastique*. Le choix que nous ferons plus loin consistera à ne pas aborder les rapports intimes de la noétique avec la cosmologie, même quand les textes choisis proviennent d'un traité ou d'un débat sur le cosmos ou la création, mais à essayer de définir toujours l'intellect et l'acte noétique en recourant au vocabulaire, aux thèmes et aux enjeux métaphysiques. Mais rappelons, pour l'heure, certains des lieux communs qui sont à l'origine du débat. Rappelons-les, même s'il s'agit de textes bien connus, sachant qu'aucun retour aux sources n'est innocent, qu'il n'a en effet jamais lieu sans dévoiler une prise de position.

Homoiôsis
Réponse à la démesure

« Fuir au plus vite d'ici là-bas / ἐνθένδε ἐκεῖσε φεύγειν ὅτι τάχιστα ». L'injonction ne nous vient pas de Plotin ou d'un néoplatonicien tardif, mais c'est Platon lui-même qui la met dans la bouche de Socrate dans un dialogue, le *Théétète*, que la postérité lira comme un traité sur la science par une mise à l'épreuve de ses limites, de ses buts et de ses moyens. « Fuir *pour* se rendre semblable à Dieu (φυγὴ δὲ ὁμοίωσις θεῷ), dans la mesure du possible (κατὰ τὸ δυνατόν) »[1]. La formule ὁμοίωσις θεῷ est des plus

1. *Théétète* 176a7-b3 puis 176c2 *sq.*; le choix de traduction m'appartient. Elliptique, l'expression grecque induit une identification de la fuite à la *homoiôsis*. En forçant la distinction et en faisant de la fuite un moyen au service de la similitude, c'est l'acte même qui prend sens (aux dépens du substantif), bien qu'au prix d'une finalité ou d'une intention qui n'apparaît pas littéralement dans le texte. Pour le thème de la « fuite », voir aussi *Lois* IX,

célèbres, non moins, d'ailleurs, que l'ajout du contre-point, κατὰ τὸ δυνατόν, qui permet aux exégètes de discuter encore de la pertinence ou non d'une lecture « sceptique » de la position philosophique du Maître[1].

854c2-4 : « fuir sans se retourner (φεῦγε ἀμεταστρεπτί) » la compagnie des méchants au profit « du beau et du juste que toute homme doit honorer (τὰ καλὰ καὶ τὰ δίκαια πάντα ἄνδρα τιμᾶν) ». On retrouve aux mots près cette injonction de « fuir » (φεύγωμεν) chez Plotin dans le Traité 1 (*Enn.* I, VI), 8, 16-17. Plotin interprète la fuite (ἡ φυγή) comme une remontée (ἀναξόμεθα) et lui associe une référence homérique (*Iliade*, II, 140, *Odyssée*, IX, 29 et X, 375 et 483). Le contexte est celui de la définition du beau, Plotin s'appuyant plus particulièrement sur le *Banquet* et le *Phèdre* dans le passage où il lance l'injonction de la fuite d'ici-bas là-haut. Il reprend d'ailleurs cette image de la fuite comme retour vers son lieu d'origine dans le Traité 5 (*Enn.* V, IX), 1, 20. Mais, contrairement au passage du *Théétète*, chez Plotin cette fuite vers un ailleurs est censée faire sortir l'homme de l'emprise du monde immanent pour le conduire dans la « patrie des idées », dans le monde intelligible, sans induire une « ressemblance à Dieu » conséquente à ce mouvement. Plotin entérine ainsi une opposition entre le monde sensible et le monde des intelligibles, là même où Platon cherche par la ressemblance à orienter la pensée en en faisant une relation. Platon définit ainsi la possibilité d'un lien entre le physique et le noétique sur le fond double d'une conception cosmique unitaire et d'une éthique. Pour Plotin, en revanche, la ressemblance, activée au cours de la procession depuis les hypostases premières du *noûs* et de l'âme vers l'existence individuelle, n'est pas opérante dans le processus inverse, celui du retour, car elle garantirait encore l'identité individuelle alors que le but de la conversion enclenchée par « la fuite vers là-haut » est d'intégrer la « patrie des idées » en récupérant la dimension universelle et atemporelle qui définit le monde intelligible. La ressemblance est donc un processus asymétrique chez Plotin ; elle participe de la procession mais pas de la remontée, car elle n'est pas un acte qui tient de la volonté de l'individu comme la décision de la « fuite ». Ajoutons une brève réflexion marginale sur cette articulation entre un mouvement spécifique et la possibilité de ressembler à Dieu. Il est évident que le modèle platonicien de « divinité » (ou « du meilleur ») réservée à l'homme n'est pas le guerrier (le héros homérique) mais le philosophe. La fuite n'est pas pour éviter le combat ; elle représente une alternative au combat. Le choix du philosophe contre celui du guerrier marque l'opposition entre deux modèles politiques. Force et ruse sont remplacées par les vertus de l'intelligence (connaissance et recherche des principes), vertus qui actualisent dans l'homme la capacité de ressembler, autant que possible, à un dieu différent des dieux du combat.

1. Sur la question controversée d'un « scepticisme » présent *in nuce* dans les *Dialogues*, plus explicite dans les interprétations des *Dialogues* propres au platonisme hellénistique et manifeste dans les controverses entre (médio-)platoniciens et stoïciens, voir M. Bonazzi (*À la recherche des idées..., op. cit.*, p. 111-115) au sujet du statut des idées, notions ou représentations (*ennoiai*) par rapport à la connaissance des formes dont serait pourvue l'âme séparée. L'auteur ne discute pas la formule κατὰ δυνατόν, mais présente la divergence des positions « innéiste » et « empiriste » concernant la possibilité de la connaissance certaine et les limites conséquentes à l'incarnation de l'âme, celle-ci ne gardant dans l'homme que la trace de cette connaissance certaine (la vision des formes) dans ce qui sera appelée la *phusikê ennoia* par Alcinoos. Ce dernier commente le passage complet du *Théétète* (*Didaskalikos* 181, 19-26, après l'avoir brièvement évoqué en 153, 5-9), tandis que plus tard le contre-point κατὰ τὸ

Resterait, selon ce contre-point, une marge à l'égard de la possibilité, une marge où se dessine implicitement la limite d'une impossibilité là même où se découvre à l'homme, au travers d'un acte à double détente, la condition même de sa transcendance. Le possible et l'impossible se mesurent en effet à cette condition. Or cette condition est celle de la possibilité d'une ressemblance – ressemblance qui n'est cependant pas formelle, comme celle d'une identité d'emprunt, à la manière d'une image à l'égard de son modèle, mais constitue une ressemblance *intentionnelle*, issue d'une recherche et soutenue par une disposition propre à la nature de l'homme, en l'occurrence, par le privilège que lui assure le statut originaire de l'âme. Ainsi, l'acte premier, l'acte qui se traduit par le mouvement, *phugein*, échappée rapide, à visée sûre et unique, s'accomplit dans un acte second qui n'implique plus un changement topique (*d'ici là-bas*) mais se contente de réaliser dans l'homme, dans la puissance intime que recèle sa capacité réflexive, ce que manifeste dans l'ordre de l'être l'intention première exprimée comme mouvement: ὁμοίωσις δὲ δίκαιον καὶ ὅσιον μετὰ φρονήσεως γενέσθαι [1]. Dans l'évidence d'une manifestation qui se définit comme mouvement, l'acte traduit ainsi une puissance par définition non évidente en l'actualisant et en la révélant simultanément.

Homoiôsis apparaît donc comme un acte en cours qui commence avec l'emportement d'une fugue (expression première du désir) et se réalise (attestant ainsi d'une possibilité en raison même du désir exprimé) à mesure que la pensée, à travers laquelle s'actualise la ressemblance homotétique, rend l'homme juste et saint (ou *bienheureux*). Orienté de manière univoque, tel que l'indique le mouvement de la fuite d'ici là, le désir s'actualise comme possibilité effective de viser le « meilleur »; il actualise, en d'autres termes, le véritable processus qui est celui d'un accomplissement intérieur, et dont la conséquence se montre sous le mode d'une « ressemblance divine ». Celle-ci laisse se découvrir à terme, par une réflexion de la pensée sur elle-même, ce qui est déjà inscrit, déjà existant comme disposition réflexive dans la pensée ou dans la faculté rationnelle de l'âme. La ressemblance apparaît par conséquent comme la condition

δυνατόν n'est pas repris dans la plupart des références néoplatoniciennes à la formule ὁμοίωσις θεῷ.

1. *Théétète*, 176b2: « ressembler [à Dieu] en devenant juste et saint [bienheureux] dans/par la pensée ». Alcinoos cite une première fois ce passage (*Didaskalikos*, 153, 5-9) mais, tout en restant fidèle au processus noétique qui y conduit (πρὸς τὸ θεῖον ὁμοιώσεως), ne mentionne pas la « fuite ». En revanche, le (médio)platonicien utilise (dans d'autres passages) le mouvement de l'âme ou de l'intellect de se tourner vers (*epistrephein*) ce qu'il/elle regarde, en l'occurrence le divin. Ce mouvement du regard assure la félicité de l'âme (εὐπαθεῖν).

d'une *double* révélation, à la fois de sa propre possibilité et du modèle qu'elle prend. Cette révélation fait suite à une séparation topique, entre *ici* et *là*, manifestant la scission et un parcours interne, tous deux engendrés par le désir de ressemblance avec *autre* que soi ; et cette séparation-scission et ce parcours sont à leur tour conséquents à une fuite qui est ici l'expression du désir devenu acte. Aboutissement d'un enchaînement d'effets à la suite d'un acte qui à la fois meut et ne meut pas, ou meut sans mouvoir puisqu'il agit sur celui qui tient dans ce processus le rôle double d'agent et d'objet de l'acte, la ressemblance découverte en soi se révèle donc être aussi une possibilité de connaître en soi *autre* que soi, de découvrir, en d'autres termes, une relation et une transcendance au sein même de l'identité. C'est la connaissance (γνῶσις) devenue sagesse (σοφία), don de l'esprit, qui assure la condition de ce processus par lequel l'homme réalise sa ressemblance potentielle avec ce qui est meilleur, tel un dieu, en vertu d'une différence intrinsèque de condition.

Ailleurs, et sans qu'il soit explicitement question du divin, Platon ajoute à la ressemblance engendrée par l'acquisition de la science, une proximité parentale (*sungeneia*) de la pensée, voire de l'âme dans sa faculté de réflexion, parenté reconnue à l'égard de l'objet de la science lorsque celui-ci tient de cette espèce de réalité considérée comme immuable, invisible, pure, parfaite[1]. À condition de fuir le corruptible autant que l'injustice, de s'exiler d'une patrie où sévit le contraire de l'immuable et du bien, de prendre donc la route en ayant la conscience de cet acte, l'homme découvre en lui-même la possibilité de s'accomplir en atteignant la ressemblance, et même une certaine parenté, avec ce qui transcende sa condition, le divin, Dieu. L'homme rejoint ainsi – dans sa pensée rationnelle (ici, la *phronêsis*, ailleurs Platon mentionnera le *noûs*)[2],

1. *Phédon* 79a-e. Socrate pose l'existence de deux espèces de réalité (δύο εἴδη τῶν ὄντων, 79a6), corruptible et immuable, et plus loin, discutant l'état de l'âme dans le corps, demande vers quoi celle-ci se dirige pour se réaliser en elle-même et par elle-même (αὐτὴ καθ' αὑτὴν, 79d1 et 4) ; l'âme retrouve la plus grande ressemblance et parenté (ψυχὴ ὁμοιότερον εἶναι καὶ ξυγγενέστερον, 79e2) en se dirigeant vers cette espèce de réalité qui conserve son identité avec elle-même et n'est pas soumise au changement. Or, l'âme en état de recherche de ce qui est immuable, éternel et pur, et découvrant sa parenté avec cela (ὡς συγγενὴς οὖσα αὐτοῦ, 79d3), est « ce que nous appelons pensée » (αὐτῆς τὸ πάθημα φρόνησις κέκληται, 79d7). L'association *homoiôsis-sungeneia*, pour caractériser cette fois-ci le *noûs*, est employée aussi dans la *Lettre VII* 342d1-2 : dans l'exercice de la science c'est le *noûs* qui, grâce à la parenté et à la ressemblance (συγγενείᾳ καὶ ὁμοιότητι), s'approche le plus (ἐγγύτατα) de l'objet recherché, en l'occurrence la connaissance de la forme ou du modèle premier du cercle.

2. Dans le *Phédon* (69a9-b6 et 79a-e) c'est encore par le terme *phronêsis* que Platon désigne, comme dans le *Théétète*, la pensée comme la partie la plus noble de l'homme. Dans le *Timée*, en revanche, le vocabulaire de l'intellect et de l'intelligence, *noûs-noeîn*, est

et par le truchement de la science, du jugement droit et de la vertu – la part divine de l'homme désignée comme possibilité de « ressemblance avec Dieu ». Mais l'homme ne connaît pas pour autant Dieu, pas plus d'ailleurs qu'il ne se connaît lui-même au départ. La décision du premier élan n'est pas motivée par la recherche d'une connaissance divine ; l'élan de la course provient d'un désir d'écart, d'une nécessité de se détourner de ce qui ne peut pas être « Dieu » ou le « Bien », c'est-à-dire n'est pas perçu et jugé comme étant juste et bon. C'est donc le jugement du juste et du bon qu'il faut avoir acquis pour que l'homme mette fin à une distance, à un égarement, à un éloignement, et retrouve au plus vite le lieu de son état véritable, celui d'une proximité qui permet de réfléchir en lui-même sa part divine, en devenant dans et par sa pensée même « heureux », car en tout ressemblant à celle-ci. Se réalisant à partir de cette connaissance du juste et du bon, la pensée peut, dès lors, espérer être elle-même juste et bonne, *homoiôsis theôi*.

Est-ce dire alors que Dieu lui-même serait doué d'une pensée que la pensée de l'homme, déterminée par cet élan et éclairée par cette détermination (du juste et du bon), est à même de réfléchir, en s'en rendant aussi proche par similitude qu'il lui est possible selon sa condition ? On peut trouver une réponse de Platon à cette question en se reportant au mode opératoire du démiurge du *Timée*, à condition d'accepter que divinité et intelligence se rencontrent à l'œuvre et qu'elles s'identifient sous la figure mythique de l'artisan du cosmos. Le démiurge fabrique le monde et se prend pour modèle. Il détourne pour ce faire son regard de ses mains, afin que les yeux puissent rester fixés sur la beauté éternelle, à l'écart d'une œuvre qui sera soumise au devenir et aux lois du nécessaire malgré la divinité de son artisan (28a6-b3). Ce détour du regard, qui vaudra à Platon les critiques par Aristote du modèle artisanal et du rôle des « idées »[1], décrit en réalité, de manière quasi phénoménologique, la double condition du monde et de son agent.

privilégié, surtout lorsqu'il est question de décrire l'action du démiurge comme un acte noétique. En 51e, passage concernant la distinction entre connaissance et persuasion, *noûs* constitue la part commune entre les dieux et les hommes, bien qu'il s'agisse d'une mince frange pour ces derniers (νοῦ δὲ θεούς, ἀνθρώπων δὲ γένος βραχύ τι, 51e6).

1. *Mét.* A, 9, 991a23 et M, 5, 1079b25-29. Au sujet du regard comme acte, visée et mouvement dans le passage 28a-b du *Timée*, décisif pour le statut des paradigmes dans la « pensée divine » et pour la constitution du *noûs* humain, voir A. Vasiliu, *Dire et voir. La parole visible du* Sophiste, Paris, Vrin, 2008, p. 295-326.

Selon le *Timée*, le monde a deux causes et une double nature. Il est vrai qu'il naît par l'action de la nécessité (τοῦ κόσμου γένεσις ἐξ ἀνάγκης, 48a1), mais, œuvré en même temps par l'intelligence (διά νοῦ δεδημιουργημένα, 47e4), il bénéficie du caractère divin de celle-ci puisque l'intellect domine la nécessité (νοῦ δὲ ἀνάγκης ἄρχοντος, 48a2). Bien que le monde soit soumis au devenir et qu'il soit essentiellement à l'écart de son artisan, rien de ce qui le compose, jusqu'à la dernière couleur qui participe aux mélanges chromatiques, n'échappe au contrôle du démiurge. L'homme, en revanche, ne peut pas faire l'expérience de la division des parties en même temps que de la (re)composition du tout (selon l'exemple du mélange des couleurs), car cette possibilité, dit Timée, est réservée à Dieu. En tant que démiurge, celui-ci tient l'unité et la division du multiple simultanément dans sa pensée, tandis que l'homme ne peut penser que sous le mode d'une recherche des principes comme causes à partir de ce qui en provient, en somme, sous l'espèce de la production (46d7-e6). Or c'est elle, cette possibilité de distinction et d'unification de l'un et du multiple issu de la division de l'unité (possibilité inspirée par la cosmologie empédoclienne?), et non la prééminence de l'ordre transcendant sur la loi du nécessaire, qui fait précisément la différence entre les natures, celle humaine et celle divine (τὸ τῆς ἀνθρωπίνης καὶ θείας φύσεως... διάφορον)[1]. Cette différence concernerait donc la condition noétique et se traduirait dans la distinction des modalités cognitives spécifiques réservées à l'exercice humain de la pensée (celles décrites ailleurs à l'aide d'une ligne sectionnée), mais ne serait pas conséquente à une relation de domination et de puissance, relation inhérente à l'acte de production ou d'engendrement.

En réalité, la différence ne fait que répercuter sur le plan noétique la distinction selon l'ordre des genres entre ce qui est soumis au devenir et ce qui, par essence, ne l'est pas. Pour connaître simultanément le tout et l'unité ultime dans l'Un, une condition est en effet requise, celle de la séparation, condition impossible pour ce qui ne relève pas de la perfection immuable de l'Un, de l'être paradigmatique ou du divin, mais est au contraire engendré et reste soumis au devenir. Ce faisant, la différence des natures montre qu'à l'homme revient toutefois une possibilité seconde, une possibilité dérivée non de la capacité divine de distinction de l'unité dans le multiple, mais bien de la situation de prééminence noétique, à condition de ne pas entendre cette situation de manière topique et de ne pas la tenir non plus pour responsable de la différence des natures[2]. L'homme

1. Je résume le passage 68c5-d7 à partir du mélange et de la distinction des couleurs.

2. Inspiré peut-être d'Anaxagore, le thème de la divinité de l'intellect (θεῖον... νοῦν) dans l'homme, en même temps que l'affirmation de la royauté (νοῦς ἐστι βασιλεὺς ἡμῖν οὐρανοῦ τε

peut dans ces conditions rechercher partout la « cause divine », et doit d'ailleurs poursuivre cette recherche car celle-ci engendre en lui « la vie heureuse, autant que celle-ci est possible à notre nature / τὸ μὲν θεῖον ἐν ἅπασιν ζητεῖν κτήσεως ἕνεκα εὐδαίμονος βίου, καθ' ὅσον ἡμῶν ἡ φύσις ἐνδέχεται »[1]. La vie bienheureuse est celle qui rapproche les hommes des dieux. Notons qu'à la différence du passage du *Théétète* cité plus haut, où l'homme devient juste et bienheureux (*hosios*) par ressemblance dans sa pensée avec Dieu, ici l'homme acquiert la vie heureuse (*eudaimonos biou*) lorsqu'il cherche non pas la ressemblance mais le divin comme cause de lui-même en entier. On acquiert cette vie, dit Platon, en pratiquant la recherche de la « cause divine », en d'autres termes, en se détournant de la nécessité et en poursuivant, à l'instar du démiurge, l'ordre parfait et la causalité universelle qui transcende la finalité inscrite dans la nature sensible[2]. Cette recherche constitue un exercice propre du *noûs*, et ceux qui

καὶ γῆς) et de la prééminence du *noûs* en tant qu'« ordonnateur de l'univers, de tout ce qui se manifeste visiblement jusqu'aux astres et à la révolution céleste » (τὸ δὲ νοῦν πάντα διακοσμεῖν αὐτὰ φάναι καὶ τῆς ὄψεως τοῦ κόσμου), revient dans le *Philèbe* (22c5-d1 et 28c6-e6). La métaphore de la royauté de l'intellect connaîtra la fortune chez Plotin ; elle croise la métaphore plus militaire du *hêgemonikos* (guide, gouverneur ou commandant) empruntée au *Phèdre* et utilisée dans le domaine noétique par les stoïciens et par Philon d'Alexandrie. On y reviendra.

1. *Timée* 68e7-69a2.

2. Plus haut Timée avait parlé de la nécessité, par amour du *noûs* et de la science (νοῦ καὶ ἐπιστήμης ἐραστὴν ἀνάγκη), de rechercher les causes de nature raisonnable qui sont premières (τῆς ἔμφρονος φύσεως αἰτίας πρώτας μεταδιώκειν, 46d7-e1). On peut rapprocher le v. 886 des *Troyennes* d'Euripide évoqué plus haut (n. 1 p. 21) de la distinction platonicienne entre cause par nécessité et cause divine, avec la conséquence pour le *noûs* humain de rechercher cette dernière pour que l'homme soit heureux, comme un dieu, heureux car vainqueur par la raison de la déraison du désir (le nom d'Aphrodite commence comme ἀφροσύνης, dit Euripide, *ibid.*, v. 990) et des lois de la nature soumise au destin immanent. Hécube prend la parole devant Ménélas au moment de la décision de celui-ci de tuer Hélène : « O toi, support [véhicule] de la terre et qui sur la terre as ton siège (Ὦ γῆς ὄχημα κἀνι γῆς ἔχων ἕδραν), qui que tu sois, insoluble énigme (ὅστις ποτ' εἶ σύ, δυστόπαστος εἰδέναι), *Zeus, loi inflexible de la nature ou intelligence des humains* [*des mortels*] (Ζεύς, εἴτ' ἀνάγκη φύσεος εἴτε νοῦς βροτῶν), je t'adore. [...] » Ménélas réplique : « Qu'entends-je ? Voilà une prière [aux dieux] d'un genre tout nouveau ! (εὐχὰς ὡς ἐκαίνισας θεῶν) » (v. 884-888, trad. fr. L. Parmentier et H. Grégoire légèrement mod., dans *Euripide*, t. IV, Paris, Les Belles Lettres, 1942 ; je souligne le v. 886). L'hésitation d'Euripide entre un Dieu du destin et un Dieu identifié à l'intellect des hommes, lourde de possibles allusions à Anaxagore et à Diogène d'Apollonie (*op. cit.*, p. 20-25 et n. 3 p. 64), présente cette « nouveauté théologique » qui consiste à prier un dieu sans nom, encosmique et possiblement identifié à l'intellect, bien que l'intellect soit identifié ici à celui des mortels. Ainsi, chez Euripide comme chez Platon, l'intellect est à la fois divin et humain, telle une puissance commune dans laquelle les deux natures peuvent se rejoindre pour dépasser l'opposition ou la séparation. Cependant, la

en sont pourvus (ce « petit nombre » dont Platon avait parlé quelques pages plus haut)[1] ont à leur disposition la possibilité de partager ainsi un bien commun avec la nature divine.

La pensée dont le divin démiurge serait doué, et que l'homme a lui-même la possibilité de reproduire dans un élan qui le conduit à la fois à ressembler à Dieu et à découvrir en lui-même sa part de divinité, est décrite par l'image du regard détourné : ne pas laisser son regard errer au travers de la contingence à l'œuvre dans le monde, ne pas chercher non plus à saisir et à maîtriser le déploiement du multiple (sachant qu'à l'homme, contrairement à Dieu, n'est donné ni de connaître le tout ni de saisir l'unité qui transcende l'ensemble des parties), mais fixer le regard sur le plan (l'ordre-*taxis*, la mesure-*metria*, le modèle-*paradeigma*) selon lequel le monde est, comme de l'intérieur, œuvré. Fixer donc son regard sur ce qui ne se voit pas, puisque cela même qui ne se voit pas (ce dont l'expérience sensible est impossible, tels que, par analogie, les inextricables mélanges chromatiques) est bien ce qui fabrique sans cesse ce qui se montre, le monde phénoménal, pourvu de visibilité. L'homme doit/devrait donc agir comme le démiurge divin, bien que par nature il ne puisse pas se séparer de son état. Cependant, parce que l'acte du démiurge s'ouvre à l'homme, qu'il est, plus précisément, *en vue* du monde et de l'homme, l'homme peut dès lors chercher à ressembler au divin, en suivant cette logique du geste et cette traduction de l'acte comme mouvement qui indiquent une réciprocité, ou du moins décrivent une possibilité commune, inscrite dans la nature mais réservée à l'action du *noûs* seul. Cette possibilité exclusive du *noûs* est commune, telle une *dunamis* partagée, mais elle s'actualise différemment, de manière théorétique ou de manière productive, selon la condition de chacune des natures, celle de l'homme et celle du divin.

Osons cette glose du passage du *Timée* que nous venons de résumer. Le démiurge apparaît comme un dialecticien aussi parfait qu'aveugle, capable de distinguer et de réunir dans sa pensée les catégories de l'être et du non-être sans y voir une différence conséquente sur le plan des étants et des natures. Dieu ne conçoit pas des existences, autrement dit; même en

postérité médio- et néoplatonicienne en a fait un lieu de l'opposition des contraires : nécessité/raison. Plutarque (*De anima procreatione* 27, 1026 B et *De Iside* 45, 369 B) critique Euripide en citant précisément ce vers des *Troyennes* et d'autres passages d'Euripide pour dénoncer une vision dualiste là où l'intellect devait au contraire jouer le rôle d'une médiation en vue de l'unité animée de l'univers (voir F. Jourdan, « Plutarque développe-t-il une pensée dualiste ? », in *Dualismes. Doctrines religieuses et traditions philosophiques*, *Chôra*, Hors-série, 2015, p. 207 et p. 209 pour le vers euripidien).

1. *Timée* 51e6 (ἀνθρώπων δὲ γένος βραχύ τι, cité n. 2 p. 30-31).

créant, il s'en tient nécessairement à ce qui est, comme lui, immuable et parfait. L'homme, pour peu qu'il lui soit donné d'être lui aussi un praticien de ces catégories, doit en revanche considérer que celles-ci sont non seulement conséquentes à l'œuvre du démiurge, mais qu'elles recèlent en outre une finalité qui tient de la possibilité du monde et de sa propre nature de s'auto-transcender. L'homme doit alors aller vers l'actualisation en lui de cette puissance noétique, doit rechercher la causalité divine, selon les termes de Platon, en se situant non pas hors mais dans cette différence des natures que lui-même stipule et qui est la seule lui permettant l'actualisation de la *noêsis*. Sur cette capacité de l'intelligence fait fond la réalisation de sa propre prééminence dans la réalité qui est la sienne, la réalité du monde de la nécessité et du devenir. La ressemblance partagée avec Dieu tient à cet exercice de l'intellect; elle est considérée comme imparfaite en tant qu'elle n'est que ressemblance, puisqu'elle relève d'un point de départ différent et qu'elle ne vise pas à terme la résorption de la différence dans une identité feinte ou réelle. Mais la transposition conditionnelle de la ὁμοίωσις θεῷ en εὐδαίμονος βίου laisse entendre aussi que, pour Platon, cet aspect noétique et métaphysique de l'acte (en l'occurrence, des conditions de la mise en acte de la ressemblance homotétique) n'est pas dépourvu d'une dimension éthique[1].

La pensée du divin est un acte déterminé par la condition de démiurge : elle n'est là que pour penser le plan de l'œuvre, non pour définir un organe et une faculté propre à Dieu, puisque celui-ci est séparé de tout, y compris de la pensée. En revanche, la pensée de l'homme doué d'intelligence est déterminée par la condition même de cette intelligence : condition « de ce qu'il y a de plus divin en nous, le désir d'intellection »(τὸ θειότατον τῶν ἐν ἡμῖν φρονήσεως)[2] et qui engage la pensée à s'actualiser en cherchant la cause divine dans l'immanence de l'univers. L'intelligence est donc une faculté réservée à l'homme, bien qu'elle soit actualisée, dans ce contexte, par un acte qui transcende la nature de l'homme. C'est comme en miroir que l'homme ressemble alors au démiurge : à l'instar de celui-ci, il se détourne des données que lui fournissent les facultés de l'expérience

1. Faute de place et par peur de la dispersion, nous n'aborderons pas ici ce volet, pourtant essentiel, de la condition propre à l'homme de penser Dieu. Nous renvoyons pour cette perspective éthique conjointe à la métaphysique, bien que le point de départ soit le statut du Bien (chez Platon et dans la critique d'Aristote) et que le terrain prioritaire de l'analyse ne soit pas le *Timée* mais la *République*, à l'article de C. Steel, « "The Greatest Think to Learn is the Good". On the Claims of Ethics and Metaphysics to be the First Philosophy », *in* W. Goris (Hrsg.), *Die Metaphysik und das Gute*, Leuven, Peeters, 1999, p. 1-25.

2. *Timée* 88b2.

immédiate au profit de ce qui devrait pouvoir le ramener vers le modèle éternel, même si son accès est restreint et déterminé selon sa nature et ses capacités. Si Dieu pense, il ne pense qu'en raison de son œuvre : il doit la concevoir et doit en outre maîtriser sa différence en laissant transparaître la causalité double du cosmos, celle de la nécessité et celle conforme à sa nature première, en l'occurrence à la divinité de son artisan. L'homme, en revanche, pense en dépit de son appartenance au monde, la pensée lui permettant de s'en détourner et de répondre à la différence par la recherche de la vie heureuse qui lui assure la ressemblance avec les dieux. Bien sûr, en pensant, et en pensant précisément en dépit de la nécessité qui régit le monde, l'homme ne se situe pas *ailleurs*, mais contrarie l'entropie immanente du « grand vivant » en en dégageant la causalité transcendante. L'acte noétique lui assure ainsi une prééminence analogue à celle du démiurge ; sauf que pour l'homme cette analogie n'est pas formelle et prédéterminée mais opératoire *a posteriori* : il la pense et la vit, en activant par la ressemblance la seule réponse que lui laisse la démesure de la différence qu'il saisit[1].

La fin du discours de Timée est consacrée – en guise de conclusion à l'ensemble du discours, précise l'orateur (89e3) – au statut de l'intellection et de ce qui intellige, sous l'appellation, ici, d'âme intellective, la principale des trois espèces d'âme décrites (κυριωτάτου παρ' ἡμῖν ψυχῆς εἴδους[2]). Rappelons quelques *topoi* de ce passage qui demeure des plus obscurs, malgré la popularité de ses images. Le caractère prééminent de cette espèce d'âme ne provient pas de sa nature (semblable au deux autres espèces et à l'âme universelle) mais du rôle que cette âme joue auprès de celui qui la possède. Bien que supérieure, cette âme n'est donc pas autonome et séparée du contexte dans lequel elle est appelée à jouer le rôle principal. Hormis cette espèce d'âme, Dieu donne à chacun un *daimôn* (δαίμονα θεὸς ἑκάστῳ δέδωκεν) qui habite « avec nous » (οἰκεῖν μὲν ἐμῶν) dans la partie supérieure du corps, là même où se trouve aussi l'âme noétique. Le don divin du *daimôn* a deux mises : représenter l'irréductible singularité de l'individu et assurer la capacité de l'homme d'agir par la raison. Le *daimôn* est donc à la fois le miroir de l'homme en tant

1. La démesure ne traduit pas seulement l'attrait destructif de l'*hubris* ; elle signifie aussi la conscience de la radicalité que recèle ce que nous avons pris l'habitude d'appeler la « différence ontologique ». À cette démesure répond, par un bon exercice noétique – à égale distance de la *mania* et de l'*agnosie* ou de l'*amathia*, de la folie et de l'ignorance (les deux maladies de l'âme, *Timée* 86b3-4) –, le désir de retourner à une ressemblance qui ne sera jamais une identité de l'homme avec Dieu mais qui rendra néanmoins l'homme heureux.

2. *Timée* 89d6-90d7, occ. 90a3, trad. fr. A. Rivaud, Paris, Les Belles Lettres, 2002 [1925].

qu'individu, et l'altérité de son être, la puissance qui se constitue en condition de possibilité pour que sa voisine dans la partie supérieure de l'homme, l'âme raisonnable, puisse s'accomplir en laissant se dévoiler ainsi la parenté (*sungeneia*) de ce vivant, l'homme, avec le ciel. Suit l'image inversée de la plante : puisque l'âme naît du ciel et qu'elle se tient dans la partie supérieure du corps humain, Dieu a donné à l'homme d'être suspendu par la tête à des racines qui s'enfoncent dans le haut; l'homme est donc une plante non pas terrestre mais céleste (φυτὸν οὐκ ἔγγειον ἀλλὰ οὐράνιον)[1]. C'est à cette espèce particulière de vivant que le démiurge assure la compagnie d'un « génie » appelé ici, comme ailleurs, *daimôn*[2].

Retenons que le démiurge ne fabrique pas mais donne à l'homme le *daimôn* individuel. Celui-ci ne s'identifie pas avec l'âme intellective mais cohabite avec l'homme et entretient avec l'âme une relation réciproque, conséquente à l'attachement de l'homme à la science (περὶ φιλομαθίαν) et à la recherche des pensées vraies (περὶ τὰς ἀληθεῖς φρονήσεις)[3]. L'exercice d'une *phronêsis* orientée vers les choses immortelles et divines (ἀθάνατα καὶ θεῖα), rappelant la recherche de la cause divine mentionnée plus haut (69a1-2), engendre dans l'homme la possibilité de « toucher la vérité » (ἀληθείας ἐφάπτηται) et de devenir lui-même immortel, selon ce qui est possible à la nature humaine (ἀνθρωπίνῃ φύσει ἀθανασίας ἐνδέχεται [4]), l'immortalité faisant ici écho à la possibilité de ressembler à Dieu. Mais une bonne pratique des facultés noétiques de l'âme ne se réduit pas à offrir à l'homme seul les bénéfices. Le *daimôn* lui-même en jouit. Il entre en jeu, en en faisant l'objet et en constituant aussi, simultanément, une ou la condition même de l'acte. À mesure que l'homme s'emploie à pratiquer la recherche des choses divines, il entretient également avec soin le *daimôn* (ἀεὶ θεραπεύοντα τὸ θεῖον ἔχοντά), dont il partage en lui-même le lieu (εὖ κεκοσμημένον τὸν δαίμονα σύνοικον ἐν αὑτῷ) et qu'il tient

1. *Timée* 90a7.

2. La présence du *daimôn* en chacun (ἑκάστου δαίμων), de même que la manifestation du *daimôn* par la voix qu'entend parfois Socrate (*Phédon* 107d7, *République* X 617e1, etc.), serait un topos emprunté peut-être à Héraclite (ἦθος ἀνθρώπῳ δαίμων, B119 DK), si, du moins, on admettait l'assimilation de l'âme rationnelle dans son acte intellectif individuel avec l'*éthos*, le caractère. Le fragment d'Euripide stipulant l'identité divine du *noûs* dans chacun prendrait alors le même sens que le *daimôn* et relèverait de la même tradition, dite « pythagoricienne » (selon M. Detienne, *La notion de* daimon *dans le Pythagorisme ancien*, Paris, Les Belles Lettres, 1968). Nous reviendrons sur la présence d'un dieu-*daimôn* dans l'homme et sur la distinction qui s'impose chez Platon entre le *daimôn* et la divinité du *noûs*.

3. *Timée* 90b7.

4. *Timée* 90c1-3.

pour un dieu[1]. Cette pratique double, de la pensée et du soin apporté au *daimôn* personnel, rend l'homme heureux (εὐδαίμονα εἶναι). – Notons que la redondance sonore *daimôn–eudaimona* ne fait que mettre davantage l'accent sur le préfixe qui indique le « bien », véritable trait d'union entre l'acte de penser (la recherche de la cause divine) qui singularise chaque être en le ramenant vers l'accomplissement de lui-même, et la visée par laquelle l'individu aspire sortir de sa condition pour rejoindre la cause divine du monde et de son propre être, visée qui le mène à la vie heureuse et à la ressemblance implicite avec Dieu. – Mais le soin apporté au *daimôn* personnel n'est pas exclusif; il doit être porté, semblablement, à l'égard de tout et de chaque partie de l'ensemble. Dans le même esprit doit s'opérer le choix des pensées et des mouvements, sachant que celles qui « nous » révèlent « notre parenté » avec le divin (ἐν ἡμῖν θείῳ συγγενεῖς εἰσιν κινήσεις) sont les pensées consacrées au tout et aux mouvements circulaires (τοῦ παντὸς διανοήσεις καὶ περιφοραί, 90c7-d1), en l'occurrence, la pensée de l'universel et l'étude du trajet des astres. La pensée rejoint ainsi, dans son acte, la perfection du mouvement régulier, en même temps qu'elle se déploie comme une vue d'ensemble. Elle atteint de cette manière ce qui manifeste dans l'immanent le plan divin, les moyens ou les expressions par lesquels la pensée est à même de saisir la cause divine de l'univers. À terme, ce choix conduit à une parfaite adéquation dans l'acte noétique entre son agent et son objet, adéquation qui se manifeste par l'actualisation de la ressemblance homotétique.

La conclusion de ce passage, promise elle aussi à un bel héritage, enjoint à celui qui pense de se rendre semblable à l'objet de la pensée selon sa nature première (τῷ κατανοουμένῳ τὸ κατανοοῦν ἐξομοιῶσαι κατὰ τὴν ἀρχαίαν φύσιν, 90d4-5). Ayant ainsi atteint par la ressemblance une sorte d'unité de l'acte et de l'objet, à l'instar du démiurge qui tient son regard fixé sur le paradigme parfait de son ouvrage non encore né (28a6-b3), l'homme obtiendra pour lui-même la perfection ultime de la vie que les dieux ont octroyée aux hommes. Certes, l'homme ne devient pas dieu, ni n'acquiert l'immortalité, mais vivra néanmoins le présent et l'avenir selon la perfection de sa nature première[2]; or cette perfection échappe à la finalité du devenir puisqu'elle est reliée par la similitude à son principe qui relève, lui, de la causalité première ou divine. La possibilité d'un rapport homotétique est inscrite dans la faculté de l'âme intellective dès lors que celle-ci est apparentée au divin et habitée par celui-ci. Un lien, à défaut de

1. *Timée* 90c4-6.
2. *Timée* 90d6-7.

l'unité parfaite, est ainsi assuré du côté du vivant. Mais ce lien, manifesté par la réflexivité puisqu'il se réalise de manière essentiellement noétique, ne garantit pas pour autant la symétrie et donc une réciprocité conséquente qui s'établirait entre dieu et l'homme grâce à la similitude homotétique. C'est au contraire un lien univoque et une structure asymétrique qui se dessine. Inhérentes au projet démiurgique, l'univocité du lien et l'asymétrie se reportent à l'ensemble; elles sont déterminantes sur le plan proprement ontologique sous l'appellation spécifique de participation[1], et conditionnelles sur le plan noétique sous le mode désigné ici comme similitude ou ressemblance homotétique. Cependant, autant l'univocité du lien et l'asymétrie apparaissent comme inhérentes au projet cosmologique, autant leur imperfection comporte la possibilité que son effet soit en quelque sorte «corrigé». Cette possibilité est comme une sorte de *dunamis*, de puissance dynamique qui trouve une modalité dialectique pour rattraper le défaut apparent de l'ouvrage cosmique à travers des actes, des mouvements propres à l'âme, conduisant à rechercher la perfection au sein même de ce qui se découvre comme imparfait. La ressemblance de l'homme avec Dieu, répercutée dans la recherche de la cause transcendante, tient précisément le rôle de cette *dunamis*.

Comment se manifestent les actes (penser et actualiser la *homoiôsis*) censés pallier l'asymétrie structurelle ? D'une part, ils se manifestent par le mouvement de l'âme rationnelle ou intellective qui nourrit sans cesse les pensées à la recherche d'une vision du tout et de la perfection des êtres supérieurs – en deux mots, par la connaissance des universaux et des mouvements célestes. Cet exercice de l'âme rationnelle assure à l'homme la reconnaissance d'une parenté avec les êtres supérieurs et le divin. Il s'agit, en somme, de l'intelligence adonnée aux sciences privilégiées à

1. Au sujet de cette asymétrie, appuyée sur la causalité et révélant le sens dynamique de l'ontologie timéenne, voir trois études de F. Ferrari : « Separazione asimmetrica e causalità eidetica nel *Timeo* », *in* L. M. Napolitano-Valditara (dir.), *La sapienza di* Timeo. *Riflessioni in margine al Timeo di Platone*, Milano, Vita et Pensiero, 2007, p. 147-172; « Dinamismo causale e separazione asimmetrica in Platone », *in* F. Fronterotta (dir.), *La scienza e le cause a partire dalla* Metafisica *di Aristotele*, Naples, Bibliopolis, 2010, p. 33-72; « Asimmetria e non-reversibilità nella metafisica di Platone », *in* R. Radice et G. Tiengo (dir.), *Seconda navigazione. Omaggio a Giovanni Reale*, Milano, Vita e Pensiero, 2015, p. 219-232. En considérant que le démiurge n'est rien d'autre que la métaphore à usage didactique de la fonction active et efficiente de l'être, F. Ferrari interprète la cosmologie du *Timée* comme une « ontologie dynamique », fondée sur une structure asymétrique et articulant des entités hétérogènes, en opposition avec la théorie ontologique d'un monde unique proposée dans le *Parménide*. Voir en particulier le dernier article cité, p. 225-227. Nous retrouverons cette asymétrie dans le traitement de la réciprocité entre Dieu et l'homme chez Philon, dans un commentaire de la création où l'exégèse de la Genèse croise celle du *Timée* (voir *infra*).

l'Académie (mathématiques, astronomie, recherche des principes). De l'autre, par le soin avec lequel l'homme entretient son *daimôn*, soin (*therapeia*) qui lui assure le « contact » avec le divin. C'est la pratique d'un culte dans l'intimité de la faculté rationnelle, pratique par laquelle l'homme acquiert la science du divin (théologie et éthique à la fois). Il y a donc, du côté de l'homme, un élan qui le détourne de la perfection suffisante d'un monde accompli selon les causes nécessaires, à la recherche d'un lien pouvant le conduire vers la perfection séparée, la perfection en soi du paradigme vers lequel se tourne le démiurge lui-même. Mais, tandis que le démiurge demeure immobile dans la perfection de l'identité avec lui-même et dans la séparation (rendue ici par le regard détourné et fixé sur le modèle), l'homme ne peut que tendre par le moyen de la ressemblance (*exomoiôsai*) vers cette perfection *en soi* qui se reflète dans la vie parfaite donnée par les dieux (θεῶν ἀρίστου βίου, 90d5-7); cette vie correspond à la nature première de l'homme et à la possibilité de son accomplissement (*telos*). Il s'ensuit que, pour ce faire, l'univers doit comporter lui-même une asymétrie, asymétrie qui *de facto* est garante de sa possibilité d'exister, puisqu'elle est la condition même d'une structure dynamique, ouverte à la relation. Il faut du coup admettre que le cosmos n'est pas parfait, bien qu'il soit l'œuvre du divin démiurge se prenant lui-même pour paradigme de son ouvrage, et que la seule raison pour laquelle le cosmos n'est pas parfait est que son imperfection structurelle constitue la condition même pour son accomplissement. Mais force est d'admettre alors que le paradoxe de cette imperfection qui constitue la condition de possibilité de la perfection, fait partie du modèle divin (à moins que le démiurge soit inhabile et son modèle véritablement défaillant, ce qui est absurde si le démiurge est un dieu).

Notons, par ailleurs, les modalités par lesquelles se manifeste la recherche de la causalité divine. Qu'il s'agisse de « *toucher* la vérité », ou de « *voir* les formes », ou de pratiquer le rituel d'un culte divin par l'intermédiaire de la statue d'un dieu que l'homme porte en lui-même avec l'égard dû à un dieu, c'est le vocabulaire du contact qui est le plus souvent employé, comme pour certifier la possibilité que le lien, bien qu'univoque, garantisse néanmoins une relation directe, corporelle, sensible, avec ce qui n'est ni corporel ni sensible (l'intelligible, les idées, l'un, Dieu). La conséquence de cette relation se reporte sur le sensible; celui-ci dispose d'un statut qui lui permet d'entretenir un rapport avec l'altérité. Le sensible est ainsi, comme par retour, validé ontologiquement; il existe donc, en étant inséparable de ce qui le fait exister même s'il n'a ni la stabilité ni la perfection de l'être immuable, de la forme ou du principe. Il n'est pas l'opposé de ce dont il provient, puisqu'il en provient, et il n'est pas non plus

« rien » puisqu'il se trouve en rapport, et qu'il peut même entretenir une relation directe, de contact, avec ce qui « est absolument ». Le monde sensible, soumis au devenir et à la loi du nécessaire, se définit alors comme le complément d'objet de l'acte démiurgique : il est ce que porte en elle la pensée du divin en train de fabriquer le cosmos. L'homme lui-même demeure d'ailleurs dans la condition de ce statut octroyé au sensible par la relation de ressemblance avec ce dont il provient; il est comme le complément d'objet pour l'acte par lequel Dieu, en instance de démiurge, pense la réalité du monde telle qu'elle est en train de s'accomplir. Le sensible, le devenir et l'homme lui-même se reflètent ainsi dans une pensée qui s'identifie à l'acte démiurgique et qui est, elle, immuable et divine. Cependant, l'homme bénéficie d'une possibilité supplémentaire par rapport à l'ensemble du sensible, possibilité qui justifie la position prééminente à laquelle il doit sa ressemblance potentielle avec le démiurge : il peut se mouvoir lui-même par la pensée à l'intérieur du « grand vivant », à la recherche, à travers l'âme rationnelle, de ce qui accomplit et transcende la finalité inscrite dans sa nature, comme dans la nature de toutes les choses sensibles et de tous les vivants. En un mot, l'homme, par le mouvement vers la cause divine et par sa saisie (de l'ordre de l'appréhension, du toucher, voire du contact), reflète lui-même la pensée, pensée dans laquelle il se reflète en même temps comme produit de cette même cause dite « divine ».

Symptomatiquement, Platon conclut le *Timée* en revenant sur ce lien établi par la ressemblance : un lien par défaut, censé garantir l'identité, l'unité et la séparation ou l'autonomie de ce qui demeure en soi, et assurer en même temps à ce qui en provient un statut et un accès à son principe, sans reléguer au domaine instable et inconsistant des ombres ce qui est soumis au devenir. La fin module cependant le lexique. Le choix d'une terminologie différente pour désigner la ressemblance semble à la fois éclairer et infléchir la fonction de ce lien noué à travers la similitude. La *homoiôsis* est en effet remplacée ici par le terme *eikôn*. Image iconique de l'intelligible, le sensible reçoit en outre lui-même l'appellation de « dieu » : εἰκὼν τοῦ νοητοῦ θεὸς αἰσθητός – « [c'est une] image de l'intelligible [le] dieu sensible » (92c7). Certes, on peut y lire un chiasme : Platon ferait glisser le divin du côté du sensible pour laisser à l'intelligible la possibilité de jouer la part belle dans le processus démiurgique, la part du paradigme, sans doubler le démiurge ou se confondre avec sa divinité. Aussi peut-on faire remonter le *daimôn* au statut d'un dieu dans l'homme, en l'occurrence le véritable « dieu sensible ». Ou encore, donner au terme *eikôn* la valeur d'une réalité seconde à l'égard de l'être unique, parfait et inconnaissable en soi. La suite de ce passage final du *Timée* n'aide pas au choix herméneutique. Le discours se clôt sur l'unicité du sensible en tant que « seul engendré », sans revenir sur sa divinité, ni sur le statut de son modèle – si tant est que le sensible est « image » soit puisqu'il est engendré (image du père), soit parce qu'engendré il reflète *de facto* ce que le démiurge prend pour modèle (les idées). Tous les visibles se tiennent dans le grand vivant visible; le ciel, avec le monde entier dans l'ordre des choses qui deviennent, constitue l'étant unique engendré (οὐρανὸς ὅδε μονογενὴς ὤν, 92c8-9). Le ciel s'approche le plus, par la perfection des mouvements et par sa position, de l'ordre supérieur des formes et des idées que le démiurge tient pour modèle, mais le ciel entoure le monde et cet ensemble constitue un tout nécessairement unique. Il est difficile de ne pas se rappeler ici la présence paradoxale de cette même expression, μο(υ)νογενές dans le fragment BVIII 4 du *Poème* de Parménide, qualifiant ainsi ce qui *est*: l'étant unique engendré et pourtant sans naissance (ἀγένητον), sans fin et entier.

On reconnaîtra dans les textes analysés plus loin nombre de reprises et de modulations de ces thèmes perçus comme des *topoi* du platonisme : 1) la *homoiôsis*, entendue à la fois comme similitude, réflexivité, gage de parenté, réponse conditionnelle au désir d'union, recherche d'une perfection dans l'acte réflexif par lequel la perfection peut s'accomplir comme relation et garantir ainsi l'immuabilité pour ce qui demeure en soi, sans existence immanente et sans possibilité de connaissance; 2) le *daimôn* ou, à défaut, la statue divine intérieure dont chaque homme est pourvu et avec lequel/laquelle interagit la partie supérieure de l'âme, celle dévolue à l'exercice de la raison, sans assigner, du fait même de cette présence du *daimôn* personnel distincte de l'âme incorporée, un statut divin à celle-ci ou au *noûs* comme tel; 3) la prééminence du noétique sur l'ontologique, dans un contexte dans lequel le modèle cosmologique privilégié est celui d'une structure dynamique et d'une nature hétérogène, l'unité étant garantie précisément par le mouvement de la pensée réunissant, par la recherche de la cause « divine » (transcendante), le parfait immortel et le devenir de ce/celui qui paye son tribut à la contingence. Dans ce contexte le processus démiurgique pourrait être décrit ainsi : a) actualiser les formes en tant que paradigmes par la pensée autoréflexive ou autocontemplative du démiurge et b) faire-être le monde par un acte de fabrication à partir de ce modèle d'actualisation. Ces deux actes, noétique et productif, sont suivis par leurs effets : l'engendrement du devenir et, simultanément, de la possibilité d'un rachat de la cyclicité naturelle par le sursaut d'une vie vertueuse, comportant la recherche de la cause « divine » (avec le retour conséquent) et la mise en accord des mouvements propres avec la structure universelle parfaite (la cyclicité temporelle du devenir étant ainsi perçue comme image de la cyclicité éternelle du cosmos). Enfin, un dernier *topos*, 4) la description quasi *chorégraphique* (toucher, orientation du regard, retour de l'effet sur la cause) des conditions qui président à la réalisation du projet démiurgique et qui accompagne également vers le meilleur aussi bien les pensées de l'homme que sa « fugue » à la recherche de la vie heureuse. On reconnaîtra plus loin différents aspects de ces thèmes dans des textes qui ne relèvent pas nécessairement du commentaire du *Timée* ou de la tradition du platonisme académique, et qui les adaptent à des contextes théoriques qui parfois n'ont plus aucun rapport avec la cosmologie.

DU DIVIN EN SOI. RÉFLEXIVITÉ PROPRE ET UNIVERSELLE

L'autre versant de la possibilité de penser ce que la pensée ne peut pas, *a priori*, réduire au pensable, se dessine dans la partie dite « théologique » de la *Métaphysique* d'Aristote, partie consacrée à l'étude du principe en tant que pensée : ἀρχὴ γὰρ ἡ νόησις[1]. Est-ce véritablement un autre versant de la possibilité, ou bien une compréhension différente du même processus de réflexivité (noétique et cosmologique) qui esquisse une causalité formelle du monde dans le *Timée*, mais qui demeure chez Platon dépendant de sa traduction en termes de ressemblance, étant du coup déterminée, surdéterminée peut-être, par sa transposition conséquente en une production d'images ? Marquons encore un arrêt bref sur un point théorique inspiré du *Timée*, avant de rappeler, sans autre prétention que celle d'une simple introduction au débat, certains passages phares des chapitres 7 et 9 du livre XII de la *Métaphysique*.

J'ai mentionné plus haut, en troisième position dans l'énumération des quelques *topoi* platoniciens, la prééminence de la perspective noétique aux dépens de l'ontologie (plus précisément de l'ousiologie) qui ressort de l'exposé de Timée. On peut considérer que cette perspective serait induite

1. *Mét.* 1072a30. Dans cette introduction à la problématique de la divinité de l'intellect qui m'a conduite à réfléchir sur la/les condition(s) de possibilité présidant à la définition de l'acte noétique et à sa mise en situation d'apparent impasse lorsqu'il s'agit de penser ce qui dépasse la pensée, je ne tente pas de réduire la cosmologie du *Timée* à une sorte de pré-métaphysique (autrement dit, d' « aristotéliser la théologie de Platon », pour emprunter le titre d'un des chapitres du livre de G. Van Riel, *Plato's Gods*, *op. cit.*), mais de montrer au contraire les proximités platoniciennes qui demeurent dans certains passages de la noétique aristotélicienne, notamment dans *Mét.* Λ.

par le genre du discours : *eikos muthos*. Mais ce n'est pas une raison suffisante, me semble-t-il, quelle que soit l'importance du dessein didactique qui a poussé Platon au choix de la voie du mythe. Le passage 90c-d du *Timée*, évoqué plus haut, met en rapport la parenté divine de l'homme (θείῳ συγγενεῖς) – que l'on peut entendre comme le fait d'être engendré par le divin ou d'être de la même espèce que lui –, et la possibilité de faire se rejoindre à partir (*ek*) de leur ressemblance celui qui est en acte de penser et ce sur quoi porte la pensée (τῷ κατανοουμένῳ τὸ κατανοοῦν ἐξομοιῶσαι κατὰ τὴν ἀρχαίαν φύσιν, 90d4-5)[1]. Cette possibilité de rapprochement homotétique entre l'actif et le passif de la noèse se fie à la « nature première » de celui qui exerce l'acte noétique, en l'occurrence l'homme en train d'étudier l'harmonie et les rotations du tout (διὰ τὸ καταμανθάνειν τὰς τοῦ παντὸς ἁρμονίας τε καὶ περιφοράς, 90d3-4) et qui prouverait par cet acte qu'il partage la même espèce avec le tout et avec le divin. La ressemblance (*homoiôsis*) joue cependant un rôle contradictoire : elle s'érige en lien et signale implicitement une différence là où c'est une unité forte, une unité de nature qui devrait être sous-jacente à un seul et même acte. Mais peut-être faut-il prendre la ressemblance non pour un lien de fortune, dans la perspective de prouver une parenté, mais pour le signe que

1. Remarquons, ici aussi, une apparente reprise de la construction réflexive de l'acte noétique dans plusieurs passages du traité sur la contemplation de Plotin. Mais il ne faut pas se méprendre ; dans ce contexte la similitude textuelle, relevant plutôt de la classe des « faux amis », montre un écart significatif entre Platon et le « platonisme » de Plotin. Il s'agit de l'unité réflexive entre l'acte et l'objet de la contemplation, unité productrice de surcroît, dont il est question dans le Traité 30 (*Enn.* III, VIII), 3, 17-22 et 5, 25-37. Hormis la différence de vocabulaire (Plotin utilise *theorein* au lieu de *noein*, ainsi que *logos* et *phusis* pour définir l'âme intellective), il y a une distinction structurelle qui sépare la réflexivité noétique platonicienne de la réflexivité contemplative plotinienne. Plotin critique la théorie du « premier moteur » et l'hylémorphisme (T. 30, 2) et propose une analyse de l'acte contemplatif dont l'objet est identique à l'acte, raison pour laquelle la contemplation est aussi un acte de production (*poiêsis*) ou de génération (*genêsis*). Il définit ainsi la possibilité de produire sans nécessité de mouvement. C'est dans les chap. 7-8 que le dessein plotinien apparaît clairement et se distingue nettement de la réflexivité noétique à l'œuvre dans le *Timée*. Pour Plotin, la réflexivité n'est pas assortie de la ressemblance (*homoiôsis*) et ne signifie pas un lien, mais exprime, au contraire, l'unité parfaite de ce qui se tient immobile, demeurant à l'intérieur de la sphère des formes. Le caractère circulaire de la réflexivité plotinienne, la place centrale de la forme (*eidos*) et la fonction de cause finale de celle-ci en tant qu'objet de la contemplation sont explicites en 7, 5-7 : « les générations partent d'un acte de contemplation pour aboutir à une forme qui est un autre objet de contemplation. » (*Troisième Ennéade*, Paris, Les Belles Lettres, 1999, trad. É. Brehier mod.). Voir sur ces aspects de la contemplation dans le T. 30, A. Vasiliu, *Images de soi dans l'Antiquité tardive*, Paris, Vrin, 2012 (p. 105-117 et p. 127-141). Je reviendrai sur la réflexivité plotinienne à partir des Traités 5 et 7 (*infra*, deuxième partie).

la parenté elle-même et la nature première ne sont pas ici des réalités propres (comme les déterminants ou les propriétés substantielles d'un individu) mais désignent seulement les conditions formelles d'une possibilité, en l'occurrence la possibilité de définir l'âme rationnelle dans un homme donné. Selon la nature de ce dernier, seule la similitude peut installer un lien sans affection ni réduction entre l'acte et l'objet pensé; l'unité véritable (ou l'identité en soi) n'est, elle, possible qu'en dehors de ce qui est engendré et naturel. L'âme rationnelle (cette partie supérieure de l'âme qui fait l'objet de l'analyse dans ce passage du *Timée*) obéit ainsi à elle-même en rendant la différence foncière entre un acte qu'elle exerce selon sa nature et ce sur quoi cet acte porte, de sorte que l'âme rationnelle soit conduite à reconnaître sa propre ressemblance dans ce qui *de facto* la transcende. Dans ce cas, la *homoiôsis* semble jouer le rôle d'un gage conditionnel : elle fait preuve de ce qu'elle réunit, en montrant autant le lien que l'hétérogénéité qui subsiste selon l'ordre ou le principe de la nature.

La répétition de *kata* indique-t-elle en outre quelque chose de particulier dans ce contexte? Comme préposition, aussi bien avec *noein* qu'avec *manthanein*, elle pourrait signaler le caractère appliqué de l'acte de réfléchir; elle donnerait comme une assise objective au fait de tenir quelque chose sous observation, de pouvoir se pencher sur, d'examiner et de saisir quelque chose qui est propre à la faculté d'intelliger et d'apprendre, faculté dont l'exercice est lui-même approprié (*kata*...) à la nature première, *i.e.* la nature divine. La possibilité de cette *application* à l'objet est due aux mouvements des pensées : ces mouvements suivent, à l'instar de la circularité des mouvements célestes, les révolutions (circularité ou périodicité) du devenir. Cependant, si les pensées sont le fruit, et la preuve en même temps, de la parenté divine, leurs mouvements, en revanche, tiennent de la nature de l'âme et en sont les manifestations. Les mouvements de la pensée sont donc les expressions des agissements de l'âme et peuvent donc, à ce titre, prendre pour modèle la perfection des mouvements célestes perpétuels de l'âme des astres, tout autant qu'ils peuvent suivre la circularité des mouvements du devenir des âmes incarnées, mouvements qui impliquent naissance et finitude. C'est pourquoi les « révolutions relatives au devenir », tant qu'elles sont dans la tête (ἐν τῇ κεφαλῇ) et qu'elles la « troublent », demandent à être « redressées » (ἐξορθοῦντα) pour pouvoir les accorder avec l'harmonie de l'ensemble et retrouver ainsi, dans la mesure et dans l'ordre, la ressemblance selon laquelle s'accomplit la nature première de la raison. L'acte noétique est donc prééminent sur le nécessaire parce qu'il court-circuite la finalité de ce dernier (fait sortir ce qui est engendré de la clôture immanente) et qu'il a la possibilité conséquente de rejoindre la cause divine, en ayant détourné (ou redressé) les mouvements de l'âme de leurs implications corporelles (la nourriture et les mouvements passionnels) vers une application de ces mouvements *à* ou vers une inscription *dans* la perfection de l'ensemble. Il s'ensuit que l'harmonie et la rotation des astres seraient alors considérées comme des « mouvements » pour celui dont l'âme rationnelle s'efforce de leur ressembler, alors qu'elles sont en elles-mêmes une structure et une forme de mouvement immobile, vu qu'elles ne subissent ni n'induisent aucun changement.

Deux conclusions nécessaires à notre démarche se dégagent de ce passage. D'une part, l'acte noétique est présenté comme le seul acte qui ne produit rien, *stricto sensu* ; le seul acte qui obéit donc à un régime séparé de la réalité effective des choses, la séparation étant marquée par l'unique effet dont le *noûs* est cause, la ressemblance homotétique. Mais d'autre part, du fait même d'induire cette ressemblance, l'acte noétique produit tout de même quelque chose qui participe de la réalité immanente; en l'occurrence, il induit le mouvement qui est propre à l'âme, âme dont la raison constitue la partie supérieure[1]. L'âme a donc, elle, une réalité propre, confirmée par la possibilité de se mouvoir, et la ressemblance est comme une puissance inscrite dans la nature première de l'âme, puissance d'orienter le mouvement en accord ou en désaccord avec l'ensemble des parties[2]. L'acte noétique de l'âme, issu de sa puissance directrice, communique ainsi avec le mouvement de l'âme; communique ou plutôt traduit le mouvement de l'âme à travers la ressemblance. Appelons cette dernière l'expression exacte de la *puissance réflexive commune* à l'âme et à la *noêsis*, en un mot : la *dunamis* de l'âme intellective. Si, en laissant de côté le *daimôn*, l'« habitant » de cette partie supérieure de l'âme dans l'homme, on réduit la réflexion au périmètre dessiné par le rapport entre l'âme, le *noûs* et le mouvement, on comprend que le rôle prééminent de l'acte noétique indique l'accomplissement (par le *noûs*) d'une perfection (*telos*) qui n'est pas celle des choses s'accomplissant selon leur nature (la nécessité), mais celle qui transcende leur accomplissement naturel et nécessairement la

1. Il faudrait, dans ce cas de la ressemblance et du mouvement, éviter le vocabulaire de la production au profit de celui de l'induction, plus adéquat au domaine de l'intellection.

2. On y reconnaît la leçon sur l'âme présentée dans la palinodie de Socrate dans le *Phèdre*. Comme on reconnaît aussi le terme « redresser » (ἐξορθοῦντα), cité plus haut, rappelant le même mot, ou presque, par lequel Socrate désigne le devoir, vain cette fois-ci, de « remettre droit » (ἐπανορθοῦσθαι) les créatures hybrides lorsqu'on se met à interpréter les mythes anciens – activité laborieuse que Socrate refuse ne la considérant pas digne de la philosophie (*Phèdre* 229d4).

possibilité inscrite dans leur finitude. On peut supposer que le *noûs* accomplit ainsi la perfection de l'être en séparant ou en détournant l'âme du mouvement propre au devenir (la détourne, autrement dit, de l'entropie); ou alors, qu'il s'agit au contraire d'une perfection qui n'a aucun fondement ontologique puisqu'elle est strictement formelle, égale avec le modèle premier et avec cette unité ultime vers laquelle est « aspiré » le tout. Mais dans les deux cas l'accomplissement vient avec l'amorce d'un détour: le pivotement ou le retournement de l'âme sur elle-même à la recherche de la « cause divine ». En d'autres termes, *penser Dieu* (si on traduit ainsi la recherche de la « cause divine » selon le *Timée*) parfait l'âme en actualisant la puissance réflexive qui s'y trouve, mais abstrait en même temps l'âme de sa condition naturelle individuelle en l'actualisant comme *noûs* (âme rationnelle universelle).

La mise en mouvement de l'âme rationnelle ou intellective par un acte qui conduit à la ressemblance avec la chose pensée, laisse entendre que la perfection vers laquelle aspire ainsi l'âme est celle que le démiurge confère à l'ensemble cosmique, « seul et unique en son genre » (92c9). L'âme pense par un acte de perfection qui correspond à la perfection de l'ensemble, ce qui veut dire qu'elle ne produit rien ni n'affecte rien mais se réduit elle-même pour s'identifier, par ressemblance, à ce qui est pensé; pour s'identifier donc elle-même grâce au seul moyen qui lui convient et que Platon appelle *homoiôsis*, et s'identifier ainsi non à la perfection du paradigme sur lequel seul le démiurge garde fixé son regard, mais à la perfection de l'œuvre, du cosmos, le « grand vivant », tel qu'il est lui-même réalisé par *homoiôsis*. L'âme s'identifie au mouvement et le mouvement est l'expression de la vie, individuelle et universelle; cependant, la perfection de l'âme et du mouvement se réalise par ressemblance avec ce qui est fondamentalement immobile et n'a pas la vie mais est vie, puisque le paradigme est parfait, indivisible et éternel. L'accomplissement de l'identité avec soi, et du soi avec le tout, est donc transcendant par rapport à ce qui s'actualise en accomplissant les données immanentes à sa nature. De même, la vie bonne (*ariston biou*), perfection de la vie humaine selon les dieux (90d6), ne s'accomplit que par similitude avec les mouvements célestes en suivant le mouvement qu'entraîne à travers la pensée la science de ces mouvements (géométrie, astronomie). La réflexion n'a donc pas de véritable objet à réfléchir, quand bien même elle serait appliquée à l'étude d'un objet particulier. Elle a, en revanche, le pouvoir d'entraîner l'homme vers le meilleur, à condition que celui-ci se détourne de sa nature et qu'il « redresse » les mouvements qui ne concordent pas avec cet accomplissement.

Tout laisse donc à penser que la perfection de la réflexion consiste en une extrapolation de l'acte noétique lui-même, conduisant vers l'identité avec l'être ou avec l'unicité du principe, et non en une réduction à l'objet pensable (réfléchi). Notons toutefois que si la réflexion, qui est l'acte noétique parfait, ne reflète rien, il n'est cependant pas dit qu'elle se reflète alors elle-même en accomplissant la perfection qui incombe à sa propre nature. Cette réflexivité noétique entraîne la recherche de l'identité noétique et ne se fige pas sur elle-même mais sur sa finalité qui est la recherche du transcendant[1]. Mais l'hétérogénéité sous-jacente à la ressemblance suggère-t-elle alors une réciprocité entre l'âme-mouvement et le *noûs*-acte, relation mutuelle (*pros allêla*) qui serait à la fois l'expression et la condition de possibilité de la perfection cosmique ? Le *noûs* assurerait dans ce cas la finalité de l'âme, tandis que le mouvement de celle-ci donnerait au *noûs* la possibilité d'actualiser et de réaliser la perfection au sein même de l'imperfection qui repose sur l'asymétrie entre ce que regarde et ce que fabrique l'artisan du monde.

Nous reviendrons sur l'hypothèse de cette réciprocité, conséquente à une immanence mutuelle qui conditionne l'acte démiurgique, dans l'analyse de quelques textes de la postérité du platonisme. Contrairement à la réflexivité, l'hypothèse d'une réciprocité entre l'acte noétique et sa traduction comme mouvement propre de l'âme laisse supposer qu'au-delà de la structure formelle décrite dans le mythe de Timée, faisant la part belle au rapport entre les idées en elles-mêmes et les idées comme paradigmes de l'ouvrage cosmique, se devine encore un horizon de substantialité primordiale ; qu'il y aurait donc comme un fond élémentaire, une *ousia*, qui serait la réalité première dont émergeraient les *eidê* et qui assurerait la condition nécessaire à l'engendrement[2]. Qu'il y aurait, en d'autres termes, une

1. Alcinoos exprime de façon radicale cette finalité platonicienne du *noûs* : celui-ci est le seul capable de saisir Dieu dans son ineffabilité (Ἄρρητος δ' ἐστὶ καὶ νῷ μόνῳ ληπτός), c'est-à-dire par complète abstraction (νόησις ἡ κατὰ ἀφαίρεσιν τούτων, 165, 5-32). L'auteur du *Didaskalikos* considère ce processus comme le premier mode de penser Dieu, suivi du mode par analogie et du mode anagogique (la remontée depuis la beauté corporelle à la beauté des âmes et de là au beau dans les mœurs et les lois, pour arriver enfin au « vaste océan du beau », selon la description du *Banquet*, 210a-d).

2. Il y aurait peut-être un parallélisme avec la position des « amis des formes » discutée dans le *Sophiste* (247d8-249d4), un parallélisme à même d'éclaircir la position de Platon dans cette fin quelque peu ambiguë du *Timée*. Sous l'espèce d'une relation mutuelle (πρὸς ἄλληλα) ou d'une complémentarité réalisée comme simultanéité (συναμφότερα), la réciprocité entre acte et passion propre à l'âme qui à la fois *est* et *connaît*, ou encore la réciprocité entre le mouvement et le repos, apparaît non comme un effet immanent de la division séparant des principes contraires, mais bien comme une structure opératoire permettant à la fois d'affirmer l'être et de le connaître sans le réduire à une « forme » ou à un « objet ». Voir A. Vasiliu,

altérité nécessaire face à l'acte noétique, quelque chose d'irréductible au pensable et à la divinité de l'intellect, dont Platon ne se serait pas entièrement défait en présentant un monde issu de la contemplation de ce qui est éternellement parfait. Mais restons pour l'instant dans le périmètre noétique et voyons l'usage fait par Aristote de la réflexivité comme perfection de la pensée *en soi*.

Quel est le défi auquel l'expression *penser Dieu* soumet notre réflexion ? Soit cet acte est possible puisque la pensée comporte en elle une « idée de Dieu ». Mais Dieu est irréductible à l'idée : il n'est pas un intelligible ni n'est intelligible; il n'est pas une forme ni n'a une forme. Par conséquent, penser à partir de l'idée de Dieu n'équivaut pas à penser effectivement Dieu mais un substitut. Tout au plus, penser Dieu signifie avoir (ou se donner) une notion, un concept, une représentation. « Dieu » reste dans ce cas un vocable désignant l'un des objets de la pensée. Soit le syntagme *penser Dieu* est considéré comme tenant d'une théorie de la divinité de l'intellect : penser Dieu équivaut alors à *penser la pensée*. Mais si l'intellect est divin, l'acte de penser Dieu en tant que pensée de la pensée réduit nécessairement Dieu au divin. Or réduire Dieu au divin équivaut, *grosso modo*, à une réduction à l'étant. Dieu et le démiurge sont alors une seule et unique identité immanente à la divinité du paradigme dont le monde est la copie. Il y a, stipule-t-on, une immanence mutuelle entre le divin démiurge et le paradigme noétique de son œuvre, et le monde reflète cette immanence dans l'ordre de l'étant. *Penser Dieu* comme *penser la pensée*, exprime alors avec un autre terme (et donc à travers une autre sorte de substitution) le fait de *penser l'être*.

Nous sommes partis en posant l'aporie de la possibilité de penser l'impensable, en distinguant penser de connaître, en admettant la difficulté extrême de l'équivalence parménidienne penser-être, et en cherchant ce en quoi l'acte noétique peut nous renseigner sur lui-même lorsqu'il est soumis au défi de ne pas pouvoir déterminer son « objet » et de ne pas être non plus déterminé ou affecté par celui-ci (Dieu, Un, Bien). En quoi ou comment la pensée s'autodéfinit-elle en pensant l'impensable ? Mais peut-être que le syntagme de départ signale, plus âprement dit, une négation radicale de Dieu en tant que Dieu, s'il s'agit en effet de comprendre que *penser Dieu* ne nous laisse que ces alternatives à la réflexion : soit rabattre Dieu sur la représentation, en se faisant représenter l'inconnaissable sous un nom d'emprunt (l'« idole »); soit rabattre Dieu sur la condition de la

« Platon et l'invention aristotélicienne du dualisme platonicien », dans *Dualismes…*, *op. cit.*, p. 141-163, occ. p. 155-160.

transcendance, s'il doit y avoir « quelque chose d'autre » que ce qui peut être senti et pensé. En somme, rien de bien nouveau : la représentation, ou « idée de Dieu », nous conduit à la nécessité d'une théologie, tandis que la condition de la transcendance nous ramène à la métaphysique et à la nécessité qui l'anime, celle de démontrer l'existence de ce qui est *tout autre* (« cause première » ou « être premier »). Bien sûr, je réduis ici l'enjeu à sa plus simple expression, afin de fixer le lieu de croisement où apparaît cette alternative aporétique selon les modalités qui se trouvent dans les textes fondamentaux de la pensée antique. Il nous faut cependant chercher, encore dans les textes antiques, une modalité d'éviter l'enfermement dans le paradoxe. En l'occurrence, voyons si on peut saisir l'acte noétique comme un acte dont le rapport agent-objet détermine différemment le régime de la cause et de l'effectuation.

L'équivalence penser-Dieu est établie par Aristote. Les passages de la seconde partie du livre XII de la *Métaphysique* consacrés à ce sujet sont célèbres. Revenons-y toutefois pour quelques précisions concernant la construction de l'argumentation[1]. Dans un passage central du chapitre 7 le Stagirite pose deux conditions à cette équivalence, la première, dans l'ordre textuel, reposant sur la seconde, selon une stratégie qui suit le but de la démonstration. La première condition demande à ce que la pensée soit considérée comme pensée *en soi*, celle-ci s'identifiant à la pensée de ce qui est le meilleur en soi (ἡ δὲ νόησις ἡ καθ' αὑτὴν τοῦ καθ' αὑτὸ ἀρίστου)[2].

1. Pour le texte grec, Aristotle, *Metaphysics*, éd. Loeb (LCL 287), Cambridge (MA), Harvard UP, 1935. Pour la traduction française, Aristote, *Métaphysique*, trad. fr. J. Tricot, Paris, Vrin, 1991, t. 2 et Aristote, *La Métaphysique*, trad. fr. M.-P. Duminil et A. Jaulin, Paris, GF, 2008. De l'immense littérature secondaire je ne citerai que le classique *Aristotle's* Metaphysics *Lambda. Symposium Aristotelicum*, ed. M. Frede, D. Charles, Oxford, Clarendon Press, 2000 (en part. A. Laks, « *Metaphysics* Λ 7 », p. 207-244 ; J. Brunschwig, « *Metaphysics* Λ 9 : A Short-Lived Thought Experiment », p. 275-306 et A. Kosman, « *Metaphysics* Λ 9 : Divine Thought », p. 307-326), ainsi que S. Fazzo, *Commento al Libro* Lambda *della* Metafisica *di Aristotele*, Naples, Bibliopolis, 2014 (en part. p. 45-61, p. 91-95, p. 101-103, p. 144-148 et p. 159-171 de l'étude introductive et p. 301-340 ainsi que p. 372-382 du commentaire). Tout récemment, F. Baghdassarian, *La question du divin chez Aristote. Discours sur les Dieux et la science du principe* (Louvain-la-Neuve, Peeters, 2016), propose une analyse fine de l'*ousia* des intelligibles par soi et de l'auto-intellection dans les chap. 7 et 9 de *Métaphysique* Λ, en part. p. 150-152 et p. 239-286. Précisons, pour notre part, qu'il s'agit de rappeler ces hauts lieux de la réflexion sur la divinité de l'intellect et sur la substance intelligible, et non de prendre position dans les débats d'école concernant leur interprétation.

2. *Mét.* 1072b18-19. Le passage 1072b18-31 concerne la nature de la pensée en tant qu'acte (*energeia*) et s'inscrit à la suite de la définition qui fait de l'acte noétique, et non du Bien, le principe (ἀρχὴ γὰρ ἡ νόησις, 1072a30). Or, rappelons-le, la décision d'accorder à l'acte noétique et non au Bien le privilège d'être principe est prise après l'évocation brève d'une alternative qui décrit le mouvement de la pensée en termes de mouvement de l'âme

Selon la seconde condition, c'est Dieu qui apparaît comme le « meilleur vivant éternel (φαμὲν δὴ τὸν θεὸν εἶναι ζῷον ἀΐδιον ἄριστον) »[1]. La démonstration qui nous intéresse a lieu entre ces deux conditions. Elle semble suggérer aussi bien une hiérarchie du meilleur dans l'ordre des objets de la pensée, qu'une quasi identité, ou du moins une immanence mutuelle entre l'acte noétique *le meilleur* et Dieu. Rappelons simplement les points d'articulation de ce passage (1072b18-31) en espérant saisir ainsi l'enjeu de l'opération.

La pensée en soi se définit comme la meilleure pensée de ce qui est le meilleur (ἡ μάλιστα τοῦ μάλιστα). Elle repose donc autant sur elle-même, puisqu'elle est considérée comme *en soi*, que sur *le meilleur* qui est son objet-de-pensée et qui est lui-même en soi et séparé de tout. La conséquence de cette articulation entre être en soi, donc séparé *a priori*, et prendre pour objet quelque chose qui est aussi un objet en soi, donc s'appuyer sur quelque chose qui contrarie l'état premier de séparation, aboutit à la définition réflexive de l'acte noétique : en pensant le meilleur le *noûs* se pense alors lui-même (αὑτο δὲ νοεῖ ὁ νοῦς, 1072b20). Malgré le caractère réflexif, l'acte noétique porte toutefois sur un objet différent de l'acte lui-même : pensant, la pensée ne peut que viser et penser le meilleur

(désir) : « Nous désirons une chose parce qu'elle nous semble bonne, plutôt qu'elle ne nous semble bonne puisque nous la désirons. » (1072a29-30). Le mouvement (*kinêsis*) est acté par le désir du meilleur, or le désir naît de l'opinion que telle chose est bonne ; de même le *noûs* est mû par le *noêton*, et ces mouvements, de la pensée ou de l'âme, sont actualisés par quelque chose qui en soi n'est pas en mouvement. On peut voir que ce type d'argumentation s'apparente à une anabase (nous l'évoquions plus haut en rappelant le *Banquet* sur lequel s'appuie Alcinoos en décrivant le troisième mode de la connaissance divine) et que cette anabase a, en outre, une justification immédiate éthique, bien que la démarche ne soit pas déterminée par cette perspective. Cependant, si on suit la démonstration, l'agent de l'acte noétique est l'intelligible et par conséquent, pareillement à ce qui se passe au bout de la chaîne du mouvement universel, c'est à l'intelligible que revient le rôle d'être moteur et d'agir comme le « moteur immobile », ce « quelque chose » qui a une double réalité éternelle puisqu'il est essence et acte à la fois (ἀΐδιον, καὶ οὐσία καὶ ἐνέργεια οὖσα, 1072a25-26). On dirait, en allant un peu vite, que la recherche du meilleur est ici un mouvement qui correspond à la recherche de la « cause divine » par l'homme doué d'intelligence dans le *Timée*. Sans faire référence à Platon, M. Frede suggère lui aussi que le Stagirite aurait pour but de faire remonter à travers une hiérarchie d'objets de la pensée vers ce « moteur immobile » qui serait Dieu et qui agirait en tant qu'objet ultime du désir (*Aristotle's* Metaphysics *Lambda*, *op. cit.*, p. 28). C'est bien le sens de l'anabase, et le point de départ (comme le point de vue de l'analyse, d'ailleurs) se trouve alors, nécessairement, dans le *noûs* de l'homme. Mais est-ce en tant qu'objet du désir ou en tant que substance séparée que « Dieu » agit comme un « moteur immobile » ?

1. *Mét.* 1072b29-30.

en soi[1]. Du fait même de porter sur cet objet, à la fois suprême et séparé, le *noûs* devient ainsi intelligible (*noêton*) à lui-même (κατὰ μετάλεψιν τοῦ νοητοῦ), se rapportant à lui-même par un acte qui lui est propre mais qui n'est pas fermé sur la réflexivité pure puisqu'il s'appuie sur quelque chose, qualifié à la fois d'acte et d'essence, qui est nécessairement différent jusqu'à un certain point de la pensée, différent jusqu'à ce que la pensée se l'approprie en s'appropriant ainsi elle-même. L'acte noétique implique donc deux actes : l'un comporte nécessairement un objet propre (l'intelligible) saisi comme une altérité substantielle, tandis que l'autre est nécessairement réflexif puisqu'il vise à identifier le meilleur et que, l'identifiant comme pensée en soi, il se retourne sur ce qui est ainsi pensé et s'y identifie ; l'acte s'identifie alors au patient. Autrement dit, se pensant lui-même le *noûs* « se » devient à lui-même intelligible par un acte qui fait de l'acte noétique un acte de réception et de participation impliquant au moins un acte d'estrangement à son propre égard, sinon une altérité substantielle à proprement parler qui assure le relais de la pensée vis-à-vis d'elle-même.

Admettons toutefois la difficulté de comprendre comment le *noûs* peut « toucher » son objet par un acte d'appréhension de lui-même (νοητὸς γὰρ γίγνεται θιγγάνων καὶ νοῶν) et réaliser ainsi une identité totale (*tauton*) entre lui et l'intelligible ou le pensable (ὥστε ταὐτὸν νοῦς καὶ νοητόν, 1072b22). En pensant le meilleur en soi, la pensée se pense aussi elle-même et s'identifie à cet intelligible par lequel elle s'est approprié ce qu'elle a reçu en elle-même. Force est de comprendre que cette réception est capitale, car c'est elle qui permet de saisir l'articulation entre l'acte noétique en tant qu'acte (*energeia*) et l'*ousia* de l'objet auquel s'identifie la pensée (τὸ γὰρ δεκτικὸν τοῦ νοητοῦ καὶ τῆς οὐσίας νοῦς. ἐνεργεῖ δὲ

1. Le parallélisme avec le mouvement du désir de la chose bonne, tel qu'il est esquissé plus haut par le Stagirite, permet de suppléer au caractère elliptique de cette partie de la démarche. Se pensant la pensée traduirait ainsi le « désir » du meilleur. Mais ce « désir », ou ce mouvement (si on comprend l'*energeia* comme une *kinêsis*), tout en visant autre chose ne peut s'accomplir que par ce qui est « le meilleur » dans/selon l'ordre de ce qu'il meut ou de ce dont il est l'acte, à savoir « désir » de l'âme ou « pensée » de la pensée. On retrouve cette même difficulté d'articuler identité et transcendance formulée dans *De anima* III, 4 (429 b5-10), difficulté aboutissant à la même réflexivité de l'intellect dans l'acte de penser (αὐτὸς δὲ αὑτὸν τότε δύναται νοεῖν), bien que l'intellect soit obligé de devenir chacune des choses qu'il connaît lorsqu'il est en acte de savoir (ἕκαστα γένηται ὡς ὁ ἐπιστήμων λέγεται ὁ κατ' ἐνέργειαν). Ici aussi Aristote affirme la séparation de l'intellect (νοῦς χωριστός), mais ajoute une distinction entre l'acte noétique (νοεῖν) et une certaine puissance (δυνάμει πως) dans laquelle demeure, malgré tout, l'intellect, comme s'il y avait une *ousia* irréductible à l'acte et dans ce cas, une prééminence de la puissance. Plus loin, dans le chap. 10 du même livre sur l'âme, Aristote reprend le parallélisme entre intellect et désir (νοῦς καὶ ὄρεξις) pour illustrer le principe de fonctionnement du premier moteur, le moteur immobile (433a21 *sq.*).

ἔχων..., 1072b23-24). Mais Aristote ajoute une précision en formulant la première retombée de cette condition. C'est plutôt cet acte par lequel le *noûs* reçoit et s'approprie l'intelligible en s'y identifiant, qui est meilleur par rapport au fait simple de penser, dès lors que se découvre ainsi ce que le *noûs* a en lui de divin (ὁ νοῦς θεῖον ἔχειν). L'exercice de l'acte noétique n'est donc pas la pensée en soi par elle-même; en revanche, l'acte noétique se découvre dans la dignité d'une pensée en soi lorsqu'il exerce la capacité de recevoir et d'appréhender le meilleur en soi. C'est à travers l'actualisation de ce pouvoir, que j'appellerai *pouvoir d'auto-transcendance*, que le *noûs* s'auto-révèle et qu'il se montre comme « divin ». Le *noûs* ne semble pas être lui-même divin; il est divin à la mesure exacte de sa capacité de recevoir le « meilleur en soi » et de se l'approprier comme intelligible. Serait-ce alors le « meilleur en soi » que l'on doit considérer comme « divin » ?

C'est à ce moment qu'Aristote introduit la seconde condition de cette équivalence entre *penser* et *Dieu*. L'intelligibilité conséquente à la réception du meilleur est de nature double : elle reflète le meilleur et elle s'identifie en même temps à l'acte de penser en faisant d'une pierre deux coups, puisqu'elle définit l'acte autant que l'*ousia* du *noûs*. Cette *ousia* est celle de l'objet de la pensée et, dans le cas du « meilleur », elle est « divine ». Bien que pensée en soi, la pensée semble encore déterminée par l'objet de la pensée. Ce n'est donc pas l'exercice noétique qui conditionne l'objet-pensé par réduction à la possibilité *a priori* du pensable, mais au contraire, c'est par l'intelligible qui répond et s'actualise dans l'appropriation de l'objet que l'acte noétique s'identifie lui-même, en soi, et s'accomplit dans la possession de quelque chose de « divin ». Le Stagirite qualifie ensuite Dieu[1]. Dans l'exercice de la pensée, le plus plaisant et le meilleur est l'acte de la contemplation ou de la pensée théorétique (ἡ θεωρία). Si l'homme ne peut l'exercer que par moment, Dieu, en revanche, est celui qui a éternellement le pouvoir de cet acte et qui l'exerce mieux que tout autre. Or l'acte de penser est vie (νοῦ ἐνέργεια ζωή) et Dieu s'identifie à cet acte (*energeia*) en soi. Dieu vit, et pense donc, éternellement et parfaitement. Ainsi Dieu est le « vivant éternel parfait »; il a de cette manière la vie (ὥστε ζωὴ) et l'existence lui appartient éternellement (ἀΐδιος ὑπάρχει τῷ θεῷ). Dieu est donc tout ceci (τοῦτο γὰρ ὁ θεός).

L'équivalence penser-Dieu, telle qu'elle se dégage de ce passage du chapitre 7 de *Métaphysique* Λ, repose d'une part sur la réflexivité propre à l'intellect et de l'autre sur la double condition à laquelle Aristote soumet sa

1. *Mét.* 1072b25-30.

définition de Dieu : existence et pensée, les deux parfaites et éternelles. La réflexivité répond dans le périmètre noétique et avec les moyens propres de la pensée à cette définition *immanentiste* de Dieu : se pensant elle-même et s'identifiant ainsi à l'intelligible, la pensée reçoit, en s'appropriant ce dernier, une existence et une perfection divine. Mais la réflexivité comporte elle aussi une condition : une *ousia* sous-tend l'acte noétique, une *ousia* à la fois fondamentale et formelle. On comprend dès lors, en revenant sur le début de ce passage, que c'est lorsqu'elle tend vers le meilleur que la pensée se trouve *de facto* en soi, car elle s'identifie alors à l'intelligible et s'approprie ainsi le meilleur, découvrant aussi bien son fondement ousiologique que son caractère divin. Notons, cependant, que cette réflexivité de la pensée ne peut en aucun cas donner à l'acte noétique le rôle d'un agent ou d'une cause en vue d'un mouvement extérieur à la pensée. Si elle n'est pas fermée sur elle-même, la réflexivité de la pensée est néanmoins un acte de la perfection propre; elle n'a pas ni n'engage une extériorité (telle la connaissance d'un objet *autre*), mais entretient un rapport que l'on pourrait qualifier d'immanence mutuelle avec Dieu, sur le fond de cette identité partagée aussi bien par le *noûs* que par Dieu entre l'acte de penser et celui de la vie. Or cette identité entre pensée et vie, ou penser et vivre, identité sur laquelle semble faire fond ce que j'ai appelé plus haut, faute de mieux, l'équivalence entre *noûs* et *theos*, se dévoile comme une *identité d'être*, une identité essentielle partagée de manière existentielle aussi bien par l'intellect que par Dieu. Revenons-nous ainsi, par un autre chemin, à l'équivalence parménidienne ?

Aristote n'a cependant pas dit dans le chapitre 7 son dernier mot sur la réflexivité de la pensée. Il y revient dans l'avant-dernier chapitre du livre Λ, en se focalisant cette fois-ci sur la divinité du *noûs*[1]. Des choses qui sont apparentes, phénoménales, l'intellect semble être le plus divin (τῶν φαινομένων θειότατον). Pourquoi ? Parce qu'en pensant par lui-même il se manifeste de la sorte? Ou bien parce qu'il dépend d'un autre principe duquel il emprunterait sa divinité autant que son pouvoir de manifestation propre? Mais son essence ne serait alors qu'une puissance (δύναμις) par rapport à un acte allogène. En outre, sur quoi porte l'acte de penser? Que pense la pensée (τί νοεῖ), qu'il s'agisse, sous couvert de cet acte, du *noûs* entendu essentiellement ou de la pensée elle-même (εἴτε νοῦς ἡ οὐσία αὐτοῦ εἴτε νόησις, 1074b22) ? Est-elle divine parce que la pensée se pense

1. Ce sont principalement les passages 1074b15-35 et 1075a1-5 et 9-10 du chap. 9. Visant strictement la complémentarité thématique des chap. 7 et 9, on ne prendra pas parti dans la controverse sur l'ordre de leur rédaction.

elle-même (αὐτὸς αὑτὸν) ou en raison d'un autre objet pensé (ἤ ἕτερόν τι) qui serait, lui, divin ? En distinguant *noûs*, *noein*, *noêsis* et *noêton* (intellect, acte de penser, pensée, intelligible), Aristote répond par l'argumentation suivante. L'objet de la pensée divine ne peut pas être tantôt une chose et tantôt une autre ; une même et seule chose constitue toujours l'objet de la pensée *en soi*. Il importe peu que cet objet à penser soit le Bien (τὸ νοεῖν τὸ καλὸν) ; il suffit de comprendre que cet objet ne peut pas être la première chose venue, car, de toute évidence (δῆλον), la pensée divine pense ce qu'il y a de plus divin et de plus digne (τὸ θειότατον καὶ τιμιώτατον νοεῖ). Mais la pensée est-elle elle-même ce qu'il y a de meilleur ? Non, elle n'est pas ce qu'il y a de meilleur (οὐκ ἂν εἴη τὸ ἄριστον ἡ νόησις), car la pensée peut aussi bien penser le pire. Par conséquent, la divinité relève de l'intellect lui-même et repose exclusivement sur/en celui-ci. « L'intellect se pense lui-même, puisque ceci est le propre de ce qui est souverain, et la/sa pensée est pensée de la pensée / αὑτὸν ἄρα νοεῖ, εἴπερ ἐστὶ τὸ κράτιστον, καὶ ἔστιν ἡ νόησις νοήσεως νόησις. »[1].

Cette conclusion, qui consiste à faire reposer la divinité sur la capacité de réflexivité propre au *noûs* et à faire de la réflexivité la preuve de la souveraineté et de la séparation dont est pourvu l'intellect en tant qu'il est en soi, révèle en même temps la condition de possibilité qu'Aristote réserve à la pensée. Se pensant, la pensée pense alors le divin. La pensée ne réduit pas Dieu aux moyens du pensable, à une idée ou à un *noêton*, mais comporte une possibilité qui lui permet de refléter le divin en se reflétant elle-même comme pensée en soi, souveraine et séparée[2]. Mais ce n'est pas l'acte lui-même, ni la pensée elle-même qui peuvent accomplir cette réflexion, bien que l'acte noétique en soit la cause efficiente. L'acte lui-même et la pensée, *noein* et *noêsis*, sont trop proches de ce qui s'apparente au mouvement (κίνησις) et au changement (μεταβολή)[3], et donc trop éloignés de l'immobilité et de la perfection qui qualifient la sphère du divin. Que reste-t-il alors pour servir de support à ce reflet actif, à la fois geste et dépôt ? Quel est le fond à même de soutenir tout seul cette

1. J'ai glosé le passage 1074b24-35 et cité la conclusion.

2. Dans *De anima* III, 5, en distinguant l'intellect qui devient toute chose (νοῦς τῷ πάντα γίνεσθαι) de l'intellect qui produit toute chose (τῷ πάντα ποιεῖν), Aristote définit ce dernier comme séparé (χωριστὸς), sans mélange (ἀμιγὴς), impassible (ἀπαθὴς) et dont l'ousia serait acte (τῇ οὐσίᾳ ὢν ἐνέργεια), acte essentiel ou acte pur, en d'autres termes. Cet intellect est immortel et éternel. La définition de l'intellect agent du *De anima* 430a14-25 rejoint ainsi la définition de Dieu, acte en soi, parfait et éternel, de Λ 7.

3. *Mét.* 1074b27-28. L'argument du changement qui invalide l'attribution de la divinité à partir de l'objet de la pensée, corroboré avec celui de la composition, contraire à la simplicité, revient en 1075a7 *sq.*

possibilité réflexive exhibant à l'adresse de ce qui se reflète ainsi, à la pensée qui se pense comme pensée, qu'elle n'est pas *que pensée*, immanente à une faculté humaine, mais qu'elle est en outre divine ? Et d'ailleurs, est-elle divine cette pensée qui se pense elle-même, ou est-ce la « pensée de Dieu » qui se reflète ainsi elle-même, en elle et hors d'elle en même temps ? Si tant est que Dieu, ce « vivant éternel parfait », soit doué de pensée comme il est doué de vie. Pourquoi, en outre, le Stagirite avait-il commencé en affirmant que l'intellect est le plus divin parmi les choses manifestées phénoménalement ?

Aristote répond en divisant. En perspective, les distinctions noétiques, une fois établies, révèlent le but de l'opération : la possibilité de saisir la substance simple et séparée, et, au fond, de saisir l'*ousia* divine à partir de ce qui s'accomplit comme acte noétique, comme si l'acte noétique était celui qui conférait, en la révélant, une *ousia* au divin ou au meilleur. L'acte noétique et l'objet de la pensée sont *a priori* l'un à l'autre différents (ἄλλο τὸ νοεῖν καὶ τὸ νοεῖσθαι) ; ou encore, affirme-t-il, ils ne sont pas identiques (οὐδὲ γὰρ ταὐτὸ τὸ εἶναι νοήσει καὶ νοουμένῳ) [1]. Mais, dès lors qu'ils sont différents, auquel des deux revient alors la possibilité d'être ce qu'il y a de meilleur (πότερον αὐτῷ τὸ εὖ ὑπάρχει) ? Cette différence est en effet spécifique à chaque science. Or, dans le cas des sciences théorétiques (τῶν θεωρετικῶν) – serait-ce une allusion à la contemplation évoquée plus haut comme étant l'acte le plus plaisant et le meilleur[2] ? –, c'est la pensée elle-même qui est l'objet de la pensée (ὁ λόγος τὸ πρᾶγμα καὶ ἡ νόησις). Devenant objet-à-penser, la pensée devient aussi ce qu'il y a de meilleur. La différence s'efface dans ces conditions et l'identité entre l'objet de la pensée et l'acte prend place au sein du *noûs*. Le *noûs* est alors divin, mais divin dans le sens phénoménal, propre aux choses qui sont : il est divin puisqu'il est le meilleur de ce qui peut être pensé. Il faut en outre retenir que la différence invoquée ici par Aristote n'est pas de l'ordre de l'actualité et de la puissance, de l'actif et du passif, mais qu'elle est considérée comme proprement substantielle, *ousiologique*. C'est bien « autre chose » et non un état différent de la même chose, l'acte de penser par rapport à ce qui est pensé. La preuve en est donnée par le seul cas où la situation est contraire, le cas des sciences théorétiques : l'objet de la pensée étant la

1. *Mét.* 1074b38-1075a1.

2. *Mét.* 1072b24. Le même cas spécifique, appelé science des choses théorétiques (ἡ γὰρ ἐπιστήμη ἡ θεωρητικὴ), est évoqué dans *De anima* III, 4 (429b30-430a9) pour illustrer l'identité entre *noûs* et *noêta* (en puissance) et entre sujet pensant et objet de la pensée (τὸ αὐτό ἐστι τὸ νοοῦν καὶ τὸ νοούμενον) dans l'acte noétique, et le même argument y est invoqué, celui de l'immatérialité du *noûs* (ἄνευ ὕλης).

pensée elle-même, et cet objet, la pensée, étant immatériel, la différence disparaît et les deux s'identifient au *noûs*, la pensée et son objet ne faisant alors plus qu'un (οὐχ ἑτέρου οὖν ὄντος τοῦ νοουμένου καὶ τοῦ νοῦ, ὅσα μὴ ὕλην ἔχει, τὸ αὐτὸ ἔσται, καὶ ἡ νόησις τῷ νοουμένῳ μία). Le *noûs* humain (ἀνθρώπινος νοῦς), de même que tout ce qui comporte une composition (τῶν συνθέτων), ne connaît cette possibilité que dans la fugacité de quelques rares moments (ἔν τινι χρόνῳ), et encore cette possibilité ne serait-elle donnée qu'à peu d'hommes à en croire Timée[1], tandis que la pensée divine, cette pensée qui pense et se pense ainsi, a cette possibilité éternellement (δ' ἔχει αὐτὴ αὑτῆς ἡ νόησις τὸν ἅπαντα αἰῶνα)[2].

Cette capacité de *se* penser est donc la condition de l'intellect divin et elle identifie dans le cas du divin *intellect* et *intellection* puisque rien d'étranger, aucune altérité, ne peut être pensée par un intellect qui est en soi parfait et donc indivisible et éternel. Mais dans le cas de l'intellect humain l'exercice de l'acte noétique s'identifie à l'intellection du meilleur, donc de la pensée divine qui est *l'autre* de la pensée humaine. Un estrangement s'impose alors, et la condition pour l'intellect humain de penser le divin repose non sur l'identité avec son *ousia* intellective mais sur la reconnaissance que cette *ousia* ne lui est pas immanente mais le transcende fondamentalement. Si l'on retient cette leçon des deux chapitres noétiques de *Lambda*, force est alors de reconnaître que la démonstration aristotélicienne repose en réalité sur un schéma semblable à celui de la définition de l'âme rationnelle ou intellective du *Timée*, à savoir que la condition de réalisation de celle-ci repose non en elle, ni dans la co-présence du *daimôn*, mais sur le lien et sur l'homogénéité entre cette partie supérieure de l'âme individuelle et l'âme universelle en laquelle substance et acte sont identiques et éternels.

Penser et *Dieu* ne font essentiellement qu'un, et penser Dieu constitue la révélation à la pensée de sa propre divinité en même temps que de la condition selon laquelle elle accède à celle-ci. Ce n'est pas la divinité elle-même qui est soumise à condition, mais la pensée. Celle-ci peut saisir sa divinité seulement quand elle constitue, par réflexion, l'expression phénoménale de ce qui est *le* divin, le *noûs*, divin dans le partage d'une *ousia* divine que la pensée elle-même confère au *noûs* lorsqu'en se pensant elle-même elle révèle cette *ousia* à la fois comme « le meilleur » et comme existante, phénoménalement parlant. Pour exprimer cette apparente circularité,

1. *Timée* 51e6.

2. Il s'agit de la fin du chap. 9 (1075a3-5 et 8-11) que je glose et, par moment, traduit de manière littérale. Voir aussi F. Baghdassarian, *La question du divin chez Aristote...*, *op. cit.*, p. 283-286.

l'infinitif du verbe s'avère alors le plus proche : hors du temps, hors de toute temporalité que supposerait une action appliquée spécifique à un objet (connaître, délibérer, juger), « penser » comporte l'acte et la puissance simultanément et suppose son identification à l'*ousia* unique.

Qu'il s'agisse d'une approche théologique censée établir une représentation à travers la puissance créatrice des idées, ou d'une intégration de la noétique à une recherche proprement métaphysique, la conjonction entre *penser* et *Dieu* ne suppose pas prioritairement un processus cognitif. Elle n'engage pas une démonstration de l'existence de Dieu et, partant, elle ne fonde pas une science divine, mais fait retour sur les conditions selon lesquelles la pensée s'approprie ce qui la transcende. Le défi n'est pas moins grand que celui d'une épistémologie du divin, et il est de surcroît double. Redéfinissons-le à partir de la lecture des quelques passages de la *Métaphysique* que nous venons de rappeler. Il consiste, d'une part, à articuler ce qui est séparé ; à trouver l'articulation non pas comme entre des contraires, mais à l'image d'un pont qui relie sans jamais toucher l'autre rive ; à articuler, encore autrement dit, ce qui ne peut jamais avoir de contact puisqu'il s'agit d'une radicale et irréductible étrangeté mutuelle. Sur ce point la position d'Aristote diverge de celle de Platon qui parle, lui, de contact, de la possibilité de toucher, d'une sorte d'appréhension par la pensée qui est de l'ordre de la vision directe et de la saisie. – Cette divergence est encore un héritage de la « théorie de Formes », de cet accès aux Formes que Platon réserve aux seules âmes désincarnées, tout en octroyant à l'âme rationnelle l'accès à la beauté, seule Forme que l'homme peut saisir dans sa condition corporelle. – Mais, d'autre part, ce défi est peut-être encore plus audacieux. Il consiste à attribuer d'emblée une pensée à ce qui est principe de penser. Ce qui est principe de penser pense nécessairement puisqu'il possède l'accomplissement de la potentialité de penser, bien qu'en pensant il ne puisse que se penser lui-même. Ce qui est principe de penser n'a, par ailleurs, nul besoin de s'actualiser comme pensée, et de s'aliéner donc à travers la pensée de quelque chose de pensable, puisqu'il est parfait en soi et souverain. Pourtant, ce qui est parfait en soi est bien ce qui pense à la fois le monde et la pensée, sans les séparer, en faisant de cette dernière la possibilité de refléter le monde et de réfléchir en même temps sur elle-même en tant qu'acte et principe universel. C'est ainsi que pense ce qui est parfait et souverain, et c'est parce qu'il pense les deux à la fois, le monde et la pensée, qu'il est dit que lui-même « pense », étant pourvu du meilleur, c'est-à-dire de l'intellect divin. Le parfait s'accomplit ainsi au-delà ou en dehors de sa perfection en soi; il s'accomplit dans l'intramondain en faisant de la pensée non pas un lieu, comme le monde qui s'y reflète, ni un moyen, comme une science appliquée, mais en en faisant une condition pour parfaire la boucle d'une perfection, celle du monde, qui resterait autrement inachevée. Faire de la pensée en tant que « penser du divin » une condition de possibilité et non seulement l'instrument divin de la création, équivaut en outre à un aveu d'existence essentielle et conduit en conséquence à donner à l'*être* l'actualité, l'effectivité ou la réalité de la *vie*. C'est affirmer, en d'autres termes, que le divin pense, que Dieu, en tant que divin, pense aussi, en vivant et en pensant divinement, *i.e.* éternellement, et que le monde en tant qu'il est pensé s'y identifie, étant à ce titre, lui aussi, éternellement.

Dès lors, et pour un long moment de l'histoire de la philosophie, définir la pensée devient l'enjeu majeur. Si l'« homme heureux » de Platon pense, pense-t-il comme un dieu ? Si Dieu pense, pense-t-il éternellement comme le meilleur des hommes arrive à penser par moment, ou sa pensée ne connaît-elle que la contemplation muette et aveugle du ciel des idées ? La réciprocité qui transparaît à travers ces deux questions semble indiquer la nécessité de transgresser le clivage classique entre la perspective axiologique et l'autoconscience du meilleur (Aristote) et la perspective paradigmatique et transcendantale des idées (Platon). Le statut de la pensée se définit par/dans la confrontation de la pensée avec sa propre limite exprimée par le syntagme ambivalent *penser l'impensable* sous le vocable de Dieu, de l'Un ou du Bien. L'héritage, à la fois du *Timée* et de *Métaphysique* Λ 7 et 9, de ce qui est désigné de part et d'autre comme « divinité de l'intellect » s'avérera capital pour Plotin et pour le néoplatonisme. Mais la condition intramondaine du divin, partagée par le meilleur en soi et par la possibilité autoréflexive du *noûs*, deviendra en contexte néoplatonicien condition de la transcendance de l'acte noétique (de même que pour les actes d'« être » et de « vivre » qui se constitueront par la suite en triade avec « penser »). En outre, toute analogie avec l'intellect humain qui transparaît dans les passages cités de *Métaphysique* Λ va se résorber pour laisser la place, chez Plotin, à la réflexion pure entre l'Un et l'intelligible premier. Les quelques textes plotiniens (extraits principalement des Traités 5 et 7) analysés plus loin, illustreront la manière dont Plotin construit une nouvelle métaphysique en faisant se fondre la théorie noétique du *Timée*, la divinité des idées et de l'âme rationnelle, et les arguments du Stagirite en faveur de la divinité du *noûs* et de la *noêsis* exprimée sous le mode de la réflexivité, mode que Plotin prendra à son compte pour en faire le concept opératoire définissant le rapport entre l'Un et l'intellect.

Il faudrait donc retenir, pour la suite qui sera donnée à ces questions, deux aspects qui reviendront de manière récurrente, bien que sur des terrains textuels de genres différents. Le premier concerne la nature de la réflexivité. Entendue comme un acte et comme une propriété essentielle, la réflexivité fait office de dénominateur commun dans l'étayage de ce double défi énoncé plus haut. Mais la réflexivité ne joue ce jeu que si elle fait fond sur la réciprocité, or la réciprocité réclame un fondement ontologique comme nécessité *a priori* de la relation. D'où l'obligation de saisir cette espèce particulière d'*ousia* qui serait propre, selon Aristote, au *noûs* et aux intelligibles, propre, en somme, à l'intériorité noétique aristotélicienne, et qui se devine aussi dans le *Timée* sous la réciprocité esquissée entre l'âme rationnelle et le *daimôn*. Le second aspect précise une différence dans l'approche de la réflexivité. La réflexivité platonicienne, sous l'expression de la *homoiôsis* et sous la description quasi phénoménologique du retournement et de la fugue, ne s'identifie pas à la réflexivité noétique dont le Stagirite fait à la fois le principe et la structure fonctionnelle de l'acte noétique. Mais la proximité est évidente par-delà les perspectives différentes, cosmologique et métaphysique, dans lesquelles la réflexivité est engagée à définir les vertus de l'âme rationnelle ou l'excellence de la pensée divine.

Les textes qui seront soumis à l'analyse dans les pages qui suivent n'ont pas pour ambition de proposer une histoire de la noétique à partir de cette définition singulière de la divinité de l'intellect. Ni le choix des textes ne se présente comme exhaustif ou comme le plus emblématique. Peut-être le lecteur l'a-t-il déjà compris : il s'agit de surprendre, sous un certain type de montage philosophique, quelques unes des réponses données à une question sans réponse – sans réponse puisque, dans ce cas précisément, la pensée se passe des mots.

PREMIÈRE PARTIE

RÉCIPROCITÉ ET RÉFLEXIVITÉ NOÉTIQUES

CHAPITRE PREMIER

LA CONDITION DE RÉCIPROCITÉ. NOÉTIQUE ET CRÉATION À PARTIR D'UNE PAGE DE PHILON D'ALEXANDRIE

… ὡς ἅμα λεχθῆναί τε καὶ νοηθῆναι τὰς φύσεις αὐτῶν,
οὕτως μὲν ἐν ἅπασι τοῖς καλοῖς διέφερεν ἐπ' αὐτὸ τὸ πέρας φθάνων
τῆς ἀνθρωπίνης εὐδαιμονίας [1]

LIMITE QUI LIBÈRE, LIMITE QUI SÉPARE (PRÉAMBULE)

Entre Dieu et l'homme : une limite qui libère, une limite qui engage la félicité humaine, qui s'accomplit en ce « bonheur » (*eudaimonia*) dont parlait aussi Platon dans le *Timée* quand la nature des choses peut à la fois être *dite* et *pensée* – je glose ainsi cette phrase de Philon d'Alexandrie qui me sert ici d'épigraphe. L'expression ἅμα λεχθῆναί τε καὶ νοηθῆναι

1. Philon d'Alexandrie, *De opificio mundi*, 150 : « … qu'en même temps la nature des choses soit énoncée et pensée; ainsi excellait-il en tout ce qui est beau, atteignant aux limites de la félicité humaine. » (*Les Œuvres de Philon d'Alexandrie* t. 1, éd. et trad. R. Arnaldez, Paris, Cerf, 1961, p. 242-243). Le passage est extrait de la fin du commentaire de Gen. 2, 19 concernant le pouvoir donné à Adam de nommer les vivants créés. La simultanéité des deux actes, de l'intellection et du langage, correspond à cette faculté pure, « non corrompue », de la raison dont est douée l'âme d'Adam : « Ἀκράτου γὰρ ἔτι τῆς λογικῆς φύσεως ὑπαρχούσης ἐν ψυχῇ… » (*ibid.*). Aussi peut-on considérer que la limite dont parle Philon se situe à la frontière entre le corporel et l'incorporel, là où se tient l'âme douée de raison, mais l'argument de l'exégète ne repose pas ici sur la présence ou la nature du corps, mais exclusivement sur les facultés de l'âme qui servent à constituer l'homme en assurant les conditions de la félicité, en l'occurrence la prééminence sur le créé et la possibilité de la connaissance.

(*énoncer* et *réfléchir* simultanément[1]) résume à elle seule, à travers l'union instantanément accomplie du *logos* et du *noûs*, la rencontre entre immanence et transcendance telle qu'elle est instituée dans la faculté de raisonner de l'homme « créé ». Ou du moins elle indique la nature de cette rencontre selon les deux sources textuelles, biblique et platonicienne, dont se nourrissent les pages du *De opificio mundi*. Car, bien que défendant une perspective unilatérale, « créationniste », l'exégète de la cosmologie biblique cherche aussi à faire fond sur les traditions philosophiques dont il ne rejette ni les théories physiques, ni la logique, ni l'éthique, ni les doctrines transmises par les mythes fondateurs du vivant, de l'homme et du cosmos. C'est donc à l'aune de cette double filiation qu'il faut mesurer ce que Philon dit en affirmant la possibilité de *penser* et d'*énoncer*, actes qui reflètent l'unité intentionnelle et témoignent ainsi d'un partage *intellectuel* entre l'homme et son altérité immanente (le monde) ou transcendante (Dieu). L'homme peut en effet à la fois réfléchir la nature des choses, leur expression et leur finalité, peut montrer la maîtrise de leur présence grâce à l'appréhension universelle dont est capable l'intellect, et peut en l'affirmant reconnaître la transcendance de leur principe comme une limite commune et réciproque. De cette limite « heureuse », une limite qui ne concerne que l'homme car le Dieu de Philon n'a pas de limite mais se limite lui-même pour faire place à la création, la ligne de démarcation fraie donc son passage au moyen d'un seul et même acte qui vise l'unité avec ce sur quoi il porte, mais qui signifie en même temps l'aboutissement des puissances de la parole et de l'intellect, puissances par lesquelles l'homme se définit lui-même.

On comprend dès lors que la limite (*peras*) évoquée par Philon révèle les deux aspects d'une relation. Se dévoile, d'une part, la nécessité propre à l'homme de s'identifier au sein de sa condition ; l'accomplissement de cette nécessité ouvre à l'homme la possibilité de vivre dans la félicité (*eudaimonia*) d'une puissance dont il est le seul de sa condition à jouir. En nommant les vivants et en les connaissant, l'homme s'identifie ainsi lui-même et vit dans/avec la prééminence de cette puissance que lui accordent les capacités conjointes de penser et de l'exprimer. Mais la limite révèle, d'autre part, la séparation inhérente à la définition de l'identité. Quand il est dit de l'homme qu'il est « à l'image de Dieu » afin de ne pas scinder la divinité réservée à Dieu, de quoi l'homme peut-il être l'image, puisque

1. La forme verbale utilisée ici, l'infinitif aoriste passif, signale que la dimension narrative n'est pas absente dans l'herméneutique philonienne du récit de la création ; comme il est difficile de rendre en français le sens précis d'un passé a-temporel infinitif et passif, je transpose les deux verbes à l'infinitif.

Dieu n'a ni corps ni forme ? L'image qui revient à l'homme n'est, *de facto*, que celle fournie par *la parole* et *la pensée* de Dieu, *parole* et *pensée* que l'homme, une fois créé, a en effet en lui-même. La relation d'identité avec soi s'avère ainsi être conditionnée par une relation avec l'altérité, elle-même saisie par la pensée et réfléchie par les mots. Si l'homme peut être heureux d'énoncer et de penser la nature des choses dont il partage la condition, c'est précisément pour la raison comprise dans ce second aspect de la relation : l'être humain est traversé par une frontière qui lui permet de connaître la différence entre ce qui est et ce dont ce qui est (pro)vient, en reconnaissant que cette différence, inhérente à sa condition, constitue elle-même la condition de possibilité pour l'homme de penser tout, y compris ce dont il ne partage pas la condition et qui est impensable, à savoir Dieu. À terme, la limite qui révèle l'homme à l'homme court au long de la séparation assumée entre *puissance* (*dunamis*) et *possibilité* (*dunatos*), en clair : entre la *divinité de la pensée* (à l'image de la pensée divine) et la possibilité de *penser l'impensable*, de *penser Dieu*.

Du côté du démiurge ce sont l'acte noétique et celui de l'expression discursive qui prennent en charge l'acte de la création. Le premier est dit en être la cause formelle, tandis que le second endosse le rôle de la cause efficiente, de la réalisation, comme si le verbe (non la main) était l'instrument universel. C'est bien de l'union de la pensée et de la parole que naît alors l'« image de Dieu ». Celle-ci constitue la condition de l'homme, signifie un lien qui unit en préservant la distinction des natures, et représente en même temps le premier objet que cherche à saisir la pensée – la pensée de l'homme heureux, fruit de la cause divine et de la possibilité d'atteindre sa limite en pensant l'impensable comme sa cause ou son principe. Cependant, quelques siècles plus tard, dans le néoplatonisme tardo-antique, comme dans le christianisme byzantin et médiéval latin, ce n'est plus la possibilité de toucher la limite entre Dieu et l'homme qui indique et signifie la condition de la félicité. Au contraire, la limite est dorénavant considérée comme une séparation qui doit être, de part et d'autre, supprimée. C'est la recherche de l'unification entre intellection et intellect-agent, ou entre âme individuelle et âme universelle, ou encore entre l'homme et Dieu sous le mode de la *theôsis* remplaçant la *homoiôsis*, qui représente désormais l'idéal de la perfection, tandis que la limite, sous le signe de la liberté assumée, demeure le lieu périlleux d'exercice de la conscience.

QUESTION ET ALTERNATIVES

Revenons dans ce contexte à la question de départ. Si Dieu, l'inconditionnel, pense l'homme en le créant, quelles sont du côté de l'homme les conditions pour penser Dieu? Si tant est que *penser Dieu* soit un acte intellectif, un acte d'appréhension propre au *noûs* appuyé sur les possibilités de la raison.

Si on accepte que penser Dieu est bien un acte propre de l'intellection, deux alternatives s'ouvrent alors au raisonnement. Prenons-les comme hypothèses de travail. 1) Soit Dieu n'est pas pris au sens d'altérité radicale de l'homme et peut en conséquence constituer l'objet d'un raisonnement (*logismos*) dès lors que tout ce qui *est* partage avec l'homme la condition minimale requise pour faire l'objet de la pensée. Dans ce cas, même en le considérant comme l'objet « premier » ou « le meilleur » du raisonnement, et même en en faisant à ce titre le principe de l'intellection, Dieu serait toutefois l'un parmi d'autres objets du raisonnement. *Penser Dieu* désignerait alors un exercice de type démonstratif destiné à prouver par la logique l'existence de Dieu. Ou bien, en réduisant Dieu au principe pour en préserver d'une autre manière le caractère transcendantal, on lui attribuerait une fonction causale absolue, semblable à celle qu'Aristote allègue au « premier moteur ». *Penser Dieu* serait compris dans la science concernant à la fois tout ce qui est et chaque chose qui est en tant qu'elle est – Dieu étant « cause première », « cause efficiente », peut-être « cause finale » aussi, et participant en outre de la « nature » du tout, à la fois comme puissance essentielle et comme principe, forme substantielle et acte de vie. Bien que transcendant, Dieu ne serait pas dans ces conditions une altérité radicale puisqu'il partagerait la condition *d'être* avec tout ce qui est, même si on admettait que tout ce qui est en provient, selon une perspective dite « créationniste ». 2) Soit, en opposition avec la première alternative, Dieu est considéré comme l'altérité radicale de l'homme, mais une altérité qui peut être pensée puisqu'elle serait elle-même douée d'une pensée *isomorphe* à celle de son altérité, l'homme. La pensée constitue alors une forme de partage, un « bien commun » entre les altérités, Dieu et l'homme en l'occurrence, qu'elle appartienne à l'un et qu'elle se réfléchisse dans celui qui n'en dispose pas naturellement, ou qu'elle appartienne par nature aux deux, du moins sous une certaine condition ou pour un certain laps de temps. Mais force est de reconnaître que ce serait alors l'unique situation où la condition d'altérité n'interdit pas la mise en commun d'un bien ou d'une forme avec ce dont cette altérité est, par principe en tout et radicalement, séparée.

Dans le premier cas, il faut admettre, du moins *ab absurdo*, l'hypothèse de l'hétérogénéité essentielle de Dieu. Dans le second, on partirait de la double prémisse que c'est nécessairement l'homme qui se définit comme un être hétérogène et que *penser* et *être* ne s'identifient pas nécessairement, tel que Parménide l'avait affirmé, ou du moins ne s'identifient pas sans condition. L'homme serait doué d'un raisonnement de l'ordre d'une faculté capable de transgresser la condition de l'actant et de s'effectuer à travers une relation qui intègre aussi la possibilité de l'absence radicale d'objet pensable, ou encore la condition de transcendance absolue de l'objet du raisonnement, condition qui permet à l'objet de ne pas *être* nécessairement pour pouvoir être pensé. Autrement dit, la pensée peut alors penser *ce qui n'est pas*. Or cette possibilité et cette condition, l'homme les partagerait dans ce cas avec la pensée que Dieu lui-même se fait de l'homme en s'auto-transgressant, dans un retrait à l'égard de sa propre condition, sur le fond de ce qui serait une puissance et une donnée formelle communes de la pensée. Mais encore faut-il s'entendre sur la nature, l'étendue et les termes mis en relation par l'*isomorphisme* de la pensée, ce « bien commun » posé entre Dieu et l'homme. S'entendre, au fond, sur le fait de savoir si ce « bien commun » ne reviendrait pas à imposer une condition *a priori* comme une limite nécessaire aux termes mêmes qu'il relie.

Si on considère, en revanche, que penser Dieu n'est tout simplement pas une donnée possible de la raison, alors Dieu non seulement ne peut pas constituer un « objet logique » ou un « objet pensable » (voire réductible à un « objet » de la pensée et du langage), mais le « nom » lui-même ne nomme rien, quel que soit le régime dans lequel on voudrait inscrire la nomination de Dieu[1]. Comme propre, ce « nom » demeure une référence vide (personne ne répond en effet à une telle appellation) et comme « simple concept » il est soit aussitôt invalidé parce que Dieu est unique et non universel, soit réduit à une « simple représentation » – ce que Porphyre appelle ψιλὴ ἐπίνοια dans l'*Isagoge*[2]. En outre, il désignerait ce qui ne peut pas être pensé non parce que Dieu est en effet aussi bien au-delà de

1. Certes, il ne s'agit pas d'un nom qui circonscrit et assigne une détermination par les propriétés à une identité individuelle, mais du nom qui signifie au contraire ce qui ne peut être ni circonscrit ni déterminé, bien que Dieu ne puisse être réduit non plus à cette prédication par des attributs négatifs. Mais la question du nom de Dieu n'est évoquée ici que de manière tangentielle, puisqu'il s'agit de la pensée comme acte et de son expression comme produit de l'acte, *i.e.* le raisonnement et le langage (*logismos* et *logos*).

2. Voir A. de Libera sur la question des « simples concepts », dans l'étude introductive à l'*Isagoge* de Porphyre, Paris, Vrin, 1998, p. LVII *sq*.

l'universalité du concept qu'au-delà de la pensée elle-même, mais en raison de l'impossibilité de la pensée de s'exercer, de penser quelque chose qui dépasse la possibilité d'être pensé tant que le référent se réduit au nom lui-même – nom qui ne peut dans ce cas ni être le concept d'un genre (signifier le référent noétique d'un universel), ni être le nom propre d'un existant déterminé (avoir un référent ontique, réel). Comment penser alors un « objet » irréductible aux conditions mêmes de la pensée : ni concept opératoire ni nom particulier d'un être ou d'une chose ? Si Dieu n'est pas une « donnée » inscrite en tant que *puissance* et donc comme *possibilité* dans la condition même de la pensée, on ne peut alors que parler par détour, à travers des expériences de limite de la perception, des projections et des représentations liées à des pratiques du « sacré » (*hieros*) qui instituent traces, reflets et idoles comme tenant en puissance du « divin » (*theion*), mais on ne touche pas pour autant à la possibilité foncière et effective de penser Dieu. À moins de laisser parler les mythes et de voir sous les masques qu'ils agitent une pluralité qui structure l'univers à travers des principes, des causes et des actions ; une pluralité qui déploie des séries d'oppositions et qui se doit de revenir éternellement sur elle-même, se repliant en un seul et unique principe, celui de l'Un ou de la Monade transcendante, ou encore du néant d'où tout recommence à jamais.

LA CONDITION DE RÉCIPROCITÉ (PRÉMISSES THÉORIQUES)

Admettons les alternatives proposées par cette question de départ – *quelles sont les conditions pour penser Dieu ?* –, question aussi audacieuse en apparence qu'elle est ingénue au fond, et engageons-nous sur la voie selon laquelle la condition d'altérité n'exclut pas la possibilité qu'un partage soit conséquent à la même relation qui révèle aussi la distinction d'identités. Bien que Dieu soit l'altérité radicale de l'homme, ce dernier partage en effet un « bien commun » avec son altérité ; la nature humaine, et non Dieu, se définit dès lors comme hétérogène. C'est l'une des deux voies ouvertes au raisonnement. Prenons en outre Philon d'Alexandrie comme une lumière inaugurale sur cette voie, en partant avec lui de l'idée que Dieu est pensable à la mesure exacte de la capacité de raisonnement de l'âme dans sa partie hégémonique appelée *noûs*, et qu'il s'identifie à la puissance première (*dunamis protê*) et à la perfection finale (*telos*) qui se manifestent à travers l'acte du raisonnement appelé *logismos*. Le choix de Philon n'est évidemment pas innocent au regard de ces prémisses. Situé au croisement de deux paradigmes culturels, le monde judéo-biblique et le monde hellénique, Philon nous apparaît aujourd'hui comme l'un des premiers penseurs à avoir conçu le lien entre Dieu, pensée et puissance de raisonnement comme étant le lien constitutif entre Dieu et l'homme[1]. Selon l'interprétation philonienne, la possibilité absolue de *penser Dieu* se trouverait inscrite au cœur de l'anthropogonie biblique. C'est donc là que se situe aussi l'idée d'un double lien infrangible, d'un *double bind* entre théologie et rationalité d'une part, entre théologie et science des principes ou « philosophie première » ou encore science transcendantale d'autre part. Il ne s'agit pas de *prouver* l'existence de Dieu, ni d'en *définir* l'essence ou l'identité, autrement dit de connaître Dieu en tant que Dieu du point de vue de la théologie rationnelle utilisant encore les catégories de la métaphysique. Nous posons cependant comme défi que c'est là, dans la rencontre de ces deux approches, noétique et cosmologique, de l'anthropogonie, qu'il faudrait essayer de saisir dans son double nœud le processus qui conduit l'homme à penser Dieu et qui en assure la possibilité et la condition. Ce processus, que la tradition philosophique ne semble pas avoir jusque là mis en lumière, tient au fonctionnement réflexif du raisonnement et s'identifie à la raison de l'homme, à ce qui fait au fond qu'un homme pensant Dieu ait aussi le savoir qu'il est homme, et qu'il acquière ainsi sa connaissance à la jointure précise entre l'individu et l'espèce, cet homme-ci qui se saisit lui-même en pensant et l'humanité, unité du multiple qui se tient à la fois *dans* et *en face de* l'individu. Penser Dieu situerait ainsi l'homme (je dis bien l'homme et non Dieu qui ne connaît pas ces catégories) à la frontière de lui-même. Se tenant à la jointure infiniment réversible du particulier et de l'universel, entre ce qu'il est (cet homme-ci) et ce qui l'identifie sans le réduire comme individu (car seul l'homme existe tandis que l'humanité par laquelle l'homme s'identifie n'a pas d'existence propre), l'homme saisit alors que ce qu'il n'est pas et qui n'existe pas en dehors de la réalité individuelle, conditionne cependant sa constitution même d'individu. L'homme découvre en son sein un lieu constitutif bien qu'atopique (le *noûs*) et un pouvoir d'acte (*noêsis*) qui l'arrache à lui-même lorsqu'en pensant l'universel et le meilleur il réalise qu'il est en train de penser l'altérité comme si celle-ci pensait elle-même en lui, en s'identifiant à l'acte et à l'essence même de l'intellect.

1. D. T. Runia parle du « caractère séminal » des textes de Philon à cet égard (« A brief history of the term *kosmos noêtos* from Plato to Plotinus », *in* J. J. Cleary (ed.), *Traditions of Platonism*. Essays in Honour of John Dillon, Farnham, Ashgate, 1999, p. 151-171, occ. p. 154.

Il est cependant fondamental pour la compréhension de ce double mécanisme de ne pas réduire l'analyse au seul point de vue de l'homme. Il faut tenir autant que possible les deux, l'homme et son altérité radicale, Dieu, l'un *avec* l'autre comme un *ensemble* ou comme une *communauté* (*koinônia*) – bien que ce dernier terme soit ambigu en raison de sa proximité avec le lexique de la participation et de l'induction conséquente d'un supposé fondement ontologique commun à l'unité intentionnelle de l'acte. En outre, à défaut de pouvoir définir cet ensemble, Dieu demeurant inconnaissable, en saisir ne serait-ce que l'articulation permet de voir à l'œuvre l'impossible binôme : le sujet qui pense Dieu, l'homme en l'occurrence, et l'objet de sa pensée, Dieu, se trouvent, si on suit la description philonienne de la relation instituée par la création, dans la posture d'une relation inversée qui fait que Dieu pense l'homme nécessairement avant que l'homme, le seul à qui est réservée cette faculté, ne puisse lui-même penser Dieu. Autrement dit, la création biblique met en relation un actant et l'objet de son acte, appelons-les un *sujet* et un *objet*, qui sont inséparables en raison même de leur réciprocité au sein de l'unité d'acte et de lieu que forme cet ensemble noétique, et qui, de surcroît, animent la relation en s'échangeant entre eux leur place. Chacun, à tour de rôle, fait fonction de *sujet* et d'*objet* de l'acte commun de penser, car chacun, à tour de rôle, réfléchit l'autre et se révèle ainsi lui-même grâce à cette mise en situation. Leur réciprocité est donc dynamique. Bien sûr, la relation n'est nullement déterminée dans ce cadre par les catégories du temps et du lieu. De même, elle n'est nullement symétrique et la perspective, nécessairement unilatérale, selon laquelle on considère cet acte commun à Dieu et à l'homme rend compte de l'asymétrie : « penser » désigne et signifie le seul point de vue de l'homme. Cependant, pour pouvoir penser Dieu, il faut non seulement savoir que le point de vue sur l'acte commun de penser est bien sûr celui de l'homme, mais que, toutefois, selon ce même point de vue, celui qui agit ainsi le premier est nécessairement Dieu. Dans cet ensemble composé d'un *acte unique* et d'une *puissance partagée*, l'acte est certes premier, mais Dieu, qui agit, ne s'identifie pourtant pas à l'acte, comme le premier moteur ne s'identifie pas au mouvement mais agit en demeurant immobile, selon le paradigme bien connu de la *Métaphysique*.

Quel intérêt y a-t-il à réfléchir à partir de cette mise-en-situation de l'ensemble constitué par Dieu et l'homme à travers un *acte unique* et une *puissance partagée* ? La réciprocité esquissée par ce schéma ouvre, me semble-t-il, la possibilité de saisir l'indéfectible nœud entre théologie rationnelle et philosophie première d'une autre manière que celle dont se sert la métaphysique ancienne et que l'on appelle couramment ontothéologie. Une manière différente parce que l'accent n'étant pas mis sur une science unilatérale de Dieu sous l'espèce de l'être et des catégories de la connaissance universelle (substance, propriétés, relation), l'attention se déplace depuis l'objet vers la faculté dont l'homme est doué et qui sollicite par sa structure une forme de réciprocité dans son exercice même, réflexif par définition. Or, selon cette modalité propre à l'acte noétique, l'acte de *penser Dieu* ne peut pas relever d'une puissance unique propre à l'homme, comme dans le cas de tous les autres objets de la pensée, soit que le référent comporte une condition semblable à celle de l'homme, soit qu'il s'agisse d'objets purement logiques, comme les nombres ou les rapports mathématiques. Cet acte relève, lui, de la puissance inscrite dans une nécessaire *communauté* de pensée entre l'homme et Dieu, une communauté qui n'est pourtant ni essentielle ni formelle, mais, à ce stade, purement *théorique*. La communauté se tient au fond de la réciprocité; cependant, la réciprocité, qui manifeste la communauté, ne se dévoile que sous une condition unique et particulière. La condition de réciprocité, qui ne suppose nullement l'égalité ou la symétrie des termes, ne s'actualise comme expression de la communauté d'acte et comme exigence *sine qua non* d'une *puissance partagée* que dans un seul cas, le cas de la parfaite distinction: lorsque l'homme pense l'altérité radicale, Dieu, ou ses figures de substitut, celles de l'étranger ou de l'aimé, les «figures» par excellence du parfait inconnu[1].

LE DÉDOUBLEMENT DE L'IMAGE INTÉRIEURE ET L'*ISOMORPHISME* (PRÉMISSES HISTORIQUES)

Le commentaire qui suit, consacré à un autre passage que celui déjà cité du *De opificio mundi* de Philon, puise son inspiration dans quelques études récentes qui suggèrent et développent de manière complémentaire les hypothèses de travail que je viens d'esquisser.

Le premier appui, historique autant que théorique, est fourni par l'étude de Marguerite Harl consacrée à la figure de Socrate en Silène. Sous le topos

1. Sont bien sûr exclues de cette définition de la réciprocité toutes les formes économiques de l'échange. Penser Dieu ne suppose nullement que l'homme cherche à établir un *deal* avec Dieu. Il y a en revanche dans cette réciprocité une forme «dialogale» particulière (particulière puisque strictement mentale et différée, confiée au silence, comme la prière), ainsi qu'une «donation» inscrite au fond de cet acte unique et exprimée à travers ce que j'appelle ici la puissance partagée. Peut-être faudra-t-il analyser ailleurs cette «donation» radicale propre à l'acte unique de penser Dieu et voir si elle est en effet incompatible avec la condition de réciprocité, comme l'affirme J.-L. Marion (*Étant donné*, *op. cit.*, p. 109 *sq.*).

de cette comparaison du philosophe à un dieu porteur de dieux, l'étude cible les usages du substantif *agalma* et du verbe *agalmatophoreô* (porter intérieurement une statue) dans l'œuvre de Philon et dans la tradition patristique inscrite dans le double sillage de Platon et de Philon : Clément d'Alexandrie, Origène, Eusèbe de Césarée, Méthode d'Olympe et Didyme d'Alexandrie[1]. Un écho de ce vocabulaire et de son usage dans l'interprétation de la création de l'homme se retrouve en contexte cappadocien, chez Basile de Césarée et chez son frère Grégoire, et aussi en contexte latin, chez Marius Victorinus, précurseur d'Augustin et surtout très proche de la tradition grecque à la fois platonicienne, plotinienne et chrétienne. Chez ces derniers auteurs ce n'est pas le terme *agalmatophoreô* qui prévaut, mais plus largement une récurrente réduplication du rapport *agalma-eikôn* en « image d'image », nœud de la définition de l'homme en image-de-Dieu. Cette expression, considérée successivement comme pythagoricienne, médio-platonicienne, gnostique et anti-gnostique, est commune à la réflexion néoplatonicienne (Plotin, Porphyre, Proclus l'utilisent) et à l'exégèse biblique alexandrine, cappadocienne et latine (de Clément, Grégoire de Nysse et Victorinus à Jean Scot Erigène). Son origine platonicienne semble néanmoins incontestable. Outre les références au *Timée* discutées par Harl en contextes cosmologique et noétique, on la trouve aussi dans le *Sophiste*, à travers l'analyse des genres de production d'image, le genre divin produisant avec chaque chose son image en même temps (266c-d). Mais ne faudrait-il pas mettre cette expression de dédoublement d'image aussi en rapport avec l'expression aristotélicienne *eidos eidôn* (forme des formes) qualifiant ainsi le *noûs* et l'activité réflexive et créatrice de la pensée dans *De anima* III et dans *Métaphysique* Λ ?

Avant d'y répondre, dans le chapitre suivant, précisons que chez Philon, la définition de l'« homme noétique », portant en lui à la fois une statue divine et son image, serait alors un argument en faveur d'une compréhension aristotélicienne du mécanisme platonicien de dédoublement, une compréhension fondée sur la relation acte-puissance et tenant

1. M. Harl, « Socrate – Silène. Les emplois métaphoriques d'ἄγαλμα et le verbe ἀγαλματοφορέω : de Platon à Philon d'Alexandrie et aux Pères grecs », *Semitica et classica*, 2, 2009, p. 51-71. Pour ce vocabulaire spécifique, mais avec une interprétation différente, voir aussi F. Alesse, « Il luogo del *nous* : alcuni aspetti dell'antropologia di Filone Alessandrino », *in* A. M. Manzatti, F. Calabi (a cura di), *La rivelazione in Filone di Alessandria : natura, legge, storia*, « Biblioteca di Adamantius », Rimini, Pazzini ed., 2004, p. 105-122, en part. p. 117-120 ; P. Graffigna, « Un hapax di Filon d'Alessandria : ἀγαλματοφορέω », *Maia*, XLIII, 1991, p. 143-148 ; D. T. Runia, « Verba philonica, ἀγαλματοφορεῖν, and the authenticity of the "De resurrectione" attributed to Athenagoras », *Vigiliae Christianae*, XLVI, 1992, p. 313-327.

chez Platon de la possibilité de connaître, voire d'appréhender en soi-même, les formes. Dans ce cas, l'exégèse philonienne, de même que l'expression récurrente de dédoublement d'images (dédoublement signalé par un décalage terminologique significatif, tel le reflet d'une statue ou l'image d'une empreinte), ne relèveraient pas d'une compréhension dualiste mise sur le compte de la doxa platonicienne, prônant la séparation entre le sensible et l'intelligible ou le corps et l'esprit, et engendrant une interprétation processionnelle du dédoublement. L'usage philonien relèverait d'une autre relation sous-entendue à travers la réduplication, et nécessairement d'une autre signification de la distinction que celle issue d'une pensée dualiste pour laquelle le monde immanent ne serait qu'une copie du monde parfait des idées, de ce *kosmos noêtos*, selon l'expression que Philon serait le premier, semble-t-il, à employer, en adaptant les deux *topoi*, *noêton* et *aisthêton*, de la *République* et le *noêton zôion* du *Timée*. Il s'agirait, chez l'exégète alexandrin, d'un modèle strictement noétique, d'inspiration autant platonicienne qu'aristotélicienne, et d'un usage subtil de la différence sur les plans conjoints des *noêta*, des *logoi* et des images (statue, reflet, empreinte), ces dernières étant considérées à la fois comme intelligibles, comme discursives et comme sensibles selon le registre dans lequel elles sont utilisées ou saisies[1].

Mais, quoi qu'il en soit des sources philologiques ou philosophiques et des grilles de lecture moniste ou dualiste, l'intérêt qui me porte vers ces expressions (*agalmatophoreô* et *eikôn eikonos*) n'est pas prioritairement historique mais derechef philosophique. J'y vois une tentative de sortir d'un certain schématisme primaire de la pensée dualiste; en l'occurrence: remplacer une philosophie fondée sur des couples de contraires, héritière des cosmologies physicistes et revenue avec la tentative de faire du platonisme une « théologie », par une réflexion sur la nature de l'homme, et plus particulièrement, par une réflexion sur la nature de ce que serait une

1. Sur les sources platoniciennes, voir les études citées de Runia et Dillon, et sur les échos aristotéliciens chez Philon (notamment *Métaphysique* Λ, *Éthique à Nicomaque* et le problématique *De philosophia*), voir F. Calabi, « Le repos de Dieu chez Philon d'Alexandrie », *in* S. Inowlocki et B. Decharneux (éd.), *Philon d'Alexandrie, un penseur à l'intersection des cultures gréco-romaine, orientale, juive et chrétienne*, Turnhout, Brepols, 2011, p. 185-204, en part. p. 199-200. Sur la noétique philonienne et ses sources, *id.*, « Inttelleto e senzazione tra filosofia ed exegesi in Filone di Alessandria », *in* E. Canone (ed.), *Anima-Corpo alla luce dell'Etica. Antichi e Moderni*, Firenze, Leo Olschki, 2015, p. 83-96. Et sur le rapport entre *logos* et ressemblance, autour de l'héritage philonien de la formule platonicienne *homoiôsis theôi* et de son aura néo-pythagoricienne, *id.*, « Filone di Alessandria e Ecfanto. Un confronto possibile » *in* M. Bonazzi, C. Lévy, C. Steel (eds.), *A Platonic Pythagoras. Platonism and Pythagoreanism in the Imperial Age*, Turnhout, Brepols, 2007, p. 29-61, en part. p. 35-36.

« pensée de Dieu », une pensée de la transcendance assimilée à la condition propre de la pensée et du raisonnement de l'homme. Je reviendrai sur quelques aspects de ce changement de paradigme qui semble s'opérer chez Philon.

Un autre appui, aussi historique que théorique, nous est fournit par une conférence de George Boys-Stones consacrée à la théologie stoïcienne : *How Does the Stoic God Think?* Boys-Stones reprend en 2012 le thème abordé par Francesca Alesse dans une conférence de 2011 (« Dio, anima e intelligibili nella Stoa »[1]) et tente d'aller au-delà de l'histoire des idées et des doctrines stoïciennes en proposant une hypothèse de travail opposée aux hypothèses téléologiques formulées par Gretchen Reydams-Schils dans deux articles (2005, 2006) sur presque le même sujet, à savoir : le *logos* divin, les *logoi*, les *spermata* et les *skhêmata*, enfin le *logismos* divin et humain[2]. Dans ce contexte, ce qui m'intéresse en premier lieu est la manière d'aborder la question formulée d'emblée par Boys-Stones dans le titre de sa conférence : « comment pense Dieu ? » que ce dernier soit *le dieu* des Stoïciens ou Dieu tout court. Avec sa mise en perspective problématisée des traditions platonicienne, stoïcienne et chrétienne de la « figure » du démiurge divin du monde, et donc du sens de la création et du statut du créateur/fabricateur de l'homme et du monde, c'est bien cette conférence qui m'a permis de saisir le lien entre certaines occurrences conceptuelles et certaines récurrences thématiques dans la pensée chrétienne qui se sert de la notion d'image, en particulier chez les Cappadociens et chez Victorinus, et une pratique de la rationalité sur le plan de la théologie que montrent les études récentes sur la noétique

1. Publiée dans *Chôra*, 9-10, 2011/2012, p. 365-381.

2. La conférence de G. Boys-Stones a eu lieu en mai 2012 au Centre Léon-Robin (Conférences sur le Stoïcisme). Elle fait suite à une autre conférence soutenue par Boys-Stones sur Numénius et la théologie de la dyade dans le séminaire « L'âme et ses discours » dans une séance où F. Alesse a elle aussi abordé le thème de Dieu, de l'âme et de l'intelligible dans la philosophie de la Stoa. Quant à l'usage des *logoi spermatikoi* et du *logismos* chez Plotin, F. Karfik a donné une conférence dans le même cadre (« L'âme *logos* de l'intellect et le *logismos* de l'âme. À propos des *Ennéades* V, 1 [10] et IV, 3 [27] », *Chôra*, 9-10, 2011/2012, p. 67-80). Les articles de G. Reydams-Schils auxquels réfère la conférence (non encore publiée) de Boys-Stones sont : « Le sage face à Zeus. Logique, éthique et physique dans le stoïcisme impérial », *Revue de métaphysique et de morale*, 2005, p. 579-596 et « The Roman Stoics on the Divine Thinking and Human Knowledge », *in* S. Gersh and D. Moran (eds.), *Eriugena, Berkeley and the Idealist Tradition*, Notre-Dame, Univ. Notre-Dame Press, 2006, p. 81-94. Ajoutons une étude plus ancienne de G. Reydams-Schils sur le même thème : « Stoicized Readings of Plato's *Timaeus* in Philo », *Studia Philonica*, 7, 1995, p. 85-102. J'évoque avec ces quelques références bibliographiques tout un contexte de rencontres qui ont nourri les réflexions proposées dans ce chapitre.

stoïcienne comparée à la noétique de Plotin. Le terme d'*isomorphisme*, que j'ai utilisé dès le départ pour qualifier le rapport entre la pensée créatrice de Dieu et la capacité de l'homme à penser Dieu, est emprunté à Boys-Stones et je m'en servirai dans ma propre démonstration.

Revenons maintenant à l'étude citée de Harl pour en résumer cette fois-ci la thèse et en développer les conséquences. L'homme « porte » en lui l'intellect comme s'il portait une statue divine. Il se porte en même temps envers l'intellect comme envers une statue cultuelle, vénère cette statue comme s'il vénérait un dieu à travers elle, et ce dieu, bien qu'il ne soit pas en lui parce que l'homme ne dispose que de la statue, reçoit de l'homme, à travers l'exercice de son intellect, le culte qui est dû à l'image d'un dieu[1]. Cette image se trouve dans l'homme et, dans la vénération portée à la statue divine, elle se confond, elle aussi, avec l'intellect. Il y a par conséquent dans l'homme une relation de ressemblance intime en même temps qu'une réciprocité active, et au fond une dialectique, entre *agalma* (équivalent de la statue divine) et *eikôn* qui en est le reflet et qui est amenée à s'identifier à l'homme dans la mesure où ce qui fait de l'homme *un homme* est bien la capacité noétique et réflexive de son âme. L'activité de l'âme, de l'ordre de la réception et du mouvement, se détermine comme une actualisation à la fois de la puissance de penser réservée à l'âme rationnelle et de la puissance de celle-ci de s'auto-refléter dans l'acte de penser propre au *noûs*. Or l'acte et la puissance de l'âme sont illustrés ici, de part et d'autre, par la statue divine qui est l'*objet* de l'exercice intellectuel, et par l'*eikôn* qui montre simultanément le *mode* réflexif et la *forme* doxologique qui caractérise cet exercice tel qu'il s'effectue dans l'âme : un culte et une offrande pour le « dieu » intime que l'homme porte en lui sous le mode d'un « objet de la pensée » et d'une image, l'image correspondant, dans sa fidélité de ressemblance, à la capacité de l'homme de raisonner à partir de cet objet et d'en faire acte par le langage. L'homme ne s'y identifie pas totalement, mais ne peut pas non plus s'en séparer. La thèse est centrale à l'anthropologie biblique et rejoint en même temps une partie fondamentale de la philosophie de Platon et de Plotin consacrée au statut de l'âme et à l'acte de penser.

Cette thèse, soutenue par moult arguments textuels de Platon à Didyme d'Alexandrie, présente aussi un corollaire. C'est l'autre face du raisonnement. En empruntant à la philosophie classique cette structure de l'âme et du *noûs* de l'homme, Philon se donne implicitement les conditions

1. On reconnaît des échos du *Phèdre* 251a5-7 et du *Timée* 90c1-6 (le soin cultuel du *daimôn*, voir *supra*).

nécessaires à l'établissement d'une analogie avec les moyens par lesquels Dieu lui-même pense et, pensant l'homme, s'y reflète. Cet effet analogique sera d'ailleurs davantage exploité par nombre de philosophes néo-platoniciens et chrétiens qui s'en inspirent (nous y reviendrons). Il y aurait par conséquent, dans le démiurge lui-même, non seulement une idée ou un paradigme du monde et de l'homme, mais aussi une disposition réflexive qui préside à la création : en créant l'homme « à son image », Dieu ne pense-t-il pas selon la possibilité de penser dont il gratifie sa créature ? Car c'est bien en pensant l'homme d'une manière à la fois formelle et efficiente qu'*homme*, *acte-de-penser* et *Dieu* lui-même en fin de compte, viendraient à être. Dieu se trouverait donc en situation de penser l'homme comme l'homme lui-même pense*ra*, sauf que Dieu pense *avant* que l'homme ne puisse penser lui-même (certes, l'antériorité et la postériorité sont au demeurant des conventions temporelles réclamées par le récit, sans détermination concernant l'acte divin). Seraient créées ainsi une disposition réflexive et une puissance de raisonnement à même de conduire l'homme à connaître la « statue » qui est en lui et qui est, dit Philon en suivant de près le *Timée*, l' « œuvre la plus ressemblante et la plus divine »[1]. Par conséquent, l'homme est « divin » à double titre : à titre d'« image » (de Dieu) et en outre parce qu'il porte en lui quelque chose d'encore « plus divin » qui est la pensée que Dieu a lui-même déposée dans l'homme en s'y reflétant. Cette expression, « plus divin », désignerait la capacité de l'homme de distinguer et de saisir en lui la divinité ou la déité à la fois en tant qu'objet de la pensée et en tant que modèle de lui-même, déposé en lui par celui qui, par ailleurs, non seulement ne s'identifie pas à cet homme dont il est le modèle absolu, mais n'est même pas *un homme* puisqu'il est Dieu, l'altérité radicale de l'homme. En termes analogiques, l'augmentatif dans l'homme serait le reflet inverse d'une diminution de la part de Dieu, qui, se mettant à penser, se retire en quelque sorte de lui-même pour faire une place conséquente à celui qu'il crée comme sa radicale altérité en même temps que son image.

1. On peut en effet comparer des expressions platoniciennes telles : « Quand le Père qui l'a engendré vit que cela, doué de mouvement et de vie, était une statue des dieux éternels (τῶν ἀιδίων θεῶν γεγονὸς ἄγαλμα), il se réjouit et, dans sa joie, il réfléchit aux moyens de le rendre *encore plus semblable* à son paradigme (μᾶλλον ὅμοιον πρὸς τὸ παράδειγμα ἐπενόησεν ἀπεργάσασθαι) » (*Timée*, 37c6-9, je souligne), à des expressions propres à Philon qui qualifient ainsi l'intellect ou l'âme humaine « la statue divine la plus sacrée de toutes (τὸ ἄγαλμα τὸ πάντων ἱεροπρεπέστατον), dont on pourrait tirer par analogie une notion d'être incréé et éternel qui tient les rênes de l'univers » (Philon, *De Decalogo* 59-60). M. Harl cite aussi d'autres passages semblables de Platon, de Philon et de la postérité néoplatonicienne et chrétienne (« Socrate – Silène ... », art. cit., p. 60-63).

L'homme porterait donc une identité doublée d'une non-identité : il serait simultanément *lui* et le dépositaire d'un absolu *non-lui* car *plus-que-lui*, le lieu de manifestation d'une altérité radicale que l'homme peut néanmoins penser grâce à ce qu'il a de « plus divin » en lui. Pour les platoniciens, la statue intérieure « incarne » cette altérité, tandis que son image en ouvre l'accès : la statue est elle-même essentiellement *autre* que l'homme qui la porte, et en même temps elle est l'image (*agalma* ou *eikôn*) de celui qui n'est pas homme mais Dieu[1]. Philon, dans le sillage de la tradition biblique, articule cette altérité divine inscrite dans l'homme avec l'identité d'image (*eikôn*) assignée à l'homme entier, *à l'image et à la ressemblance de Dieu* (κατ' εἰκόνα θεοῦ καὶ καθ' ὁμοίωσιν, Gen. 1, 26). L'homme apparaît par conséquent comme une « image d'image », et cet emboîtement ne signifie nullement une forme dégradée mais la possibilité structurelle de se penser ainsi, d'actualiser de manière réflexive, comme identité, son hétérogénéité foncière. Cette possibilité ne s'actualise toutefois qu'à une condition près : en exerçant la capacité distinctive et réflexive qui constitue « la partie la plus divine ». L'homme est donc « image d'image » lorsqu'il actualise sa capacité réflexive intime et que cette capacité réflexive ne bloque pas le système mais devient au contraire le moteur même de la réflexion, avec ses fonctions noétiques, doxologiques et poiétiques. La condition *sine qua non* est de ne pas laisser la réflexivité se fermer sur elle-même (de manière solipsiste ou narcissique), mais d'en faire le mécanisme intime de la création à l'instar de celui dont l'homme porte à la fois la statue et son reflet. Cette condition se trouve inscrite dans la puissance d'instituer toujours un décalage entre le *sujet* et l'*objet* de la réflexivité : voir quelque chose d'autre dans le « même » ou à partir du « même » ; voir, penser, louer (mettre en paroles) et à son tour créer. La possibilité de penser Dieu est conditionnée par cette puissance qui n'appartient ni à l'homme ni à Dieu mais provient de la reconnaissance d'une communauté d'acte et de la réciprocité inhérente à la puissance réflexive partagée par les deux. Cependant, si la réciprocité tient du partage de la puissance, l'acte, en revanche, est unique et donc commun : il *est Dieu* dans l'homme. En lui-même Dieu ne s'identifie pas à l'acte ; il s'identifie,

1. Pour cette raison, à savoir cette altérité marquée par la présence de la statue de Dieu dans l'homme, il me semble préférable de parler d'*isomorphisme* dans ce contexte plutôt que de parenté, *sungeneia*, entre Dieu et l'homme, car la parenté, bien que le vocable ait joué un rôle notable en contexte gnoséologique platonicien, supposerait un principe commun dont proviendraient à la fois Dieu et l'homme ; or c'est justement ce que Philon évite en utilisant l'image de la statue intérieure comme un moyen de distinction et de différence.

par contre, à l'acte divin *de l'homme*, en l'occurrence à l'acte de penser lorsque l'homme est en train de penser Dieu.

Autrement dit, *penser Dieu* identifie nécessairement l'*objet* à l'acte de penser, à une *noêsis* non encore transitive, appliquée ou référentielle, à une *noêsis* auto-référentielle, si on préfère cette expression. Bien qu'il soit dans l'homme et qu'il soit, pour ainsi dire, prêt à l'emploi, cet acte comme tel est hétérogène par rapport à l'homme ; à l'homme ne revient que la possibilité de l'*actuer*, car l'homme a en lui cette puissance qui va avec l'acte et qui lui permet d'actualiser ce qui en réalité ne provient pas de lui puisque cet acte, selon les philosophes auxquels réfère Philon, n'est pas immanent mais divin[1]. Ainsi, la capacité noétique de l'homme réalise dans ce cas une perfection non-entéléchique puisqu'elle accomplit un acte dont l'objet est irréductible à la capacité immanente de penser. Et c'est sous cette condition, à la fois unique et unilatérale, que *penser* s'identifie alors à *être*, en faisant de cette identité non une essence ou une substance commune, mais bien un acte commun de la transcendance de l'essence ou de la nature dans laquelle cet acte se réalise. Cette identification se produit dans l'homme mais elle ne le concerne qu'indirectement puisque dans l'homme elle vise en réalité *Dieu*. En dehors de cette mise en situation de réciprocité réflexive, non seulement pour l'homme Dieu *n'est pas*, mais l'homme à son tour demeure un vivant *inconnu* pour Dieu, parfaitement dissemblable si l'homme choisit de ne pas *actuer* la possibilité inscrite dans sa capacité de penser – choix dont l'homme a d'ailleurs l'entière liberté.

En outre, dans cette asymétrie se dessine aussi la distinction entre pensée et connaissance divine sur laquelle on reviendra nécessairement. Si Dieu *connaît* l'homme puisqu'il est lui-même le modèle de l'homme-image en même temps qu'il est essentiellement différent de celui-ci, l'homme, en revanche, *pense* Dieu puisque celui-ci est dit être en lui et que l'homme le porte sans en être l'identité absolue ; il le porte comme une « statue » qu'il ignore ou à laquelle, au contraire, il rend grâce. Il y a dans les deux cas un auto-dépassement, car Dieu, connaissant l'homme, l'investit, lui donne ce que lui-même, Dieu, n'est pas (l'humanité), tandis que

1. Philon, inspiré par le *Timée*, semble se rallier à la théorie de la divinité de l'intellect dans l'homme, et donc à l'hétérogénéité de celui-ci, lorsqu'il affirme : « Quant à la puissance rationnelle (τοῦ λογισμοῦ), [...] certains disent qu'elle s'y ajoute de l'extérieur, étant divine et éternelle (διὰ τοὺς φάσκοντας θύραθεν αὐτὸν ἐπεισιέναι θεῖον καὶ ἀίδιον ὄντα). » (*De opificio*..., 67). Cette puissance rationnelle de l'âme correspond à ce que Philon avait nommé quelques passages plus haut « l'intellect éminent, sorte d'âme de l'âme (ᾧ νοῦν ἐξαίρετον ἐδωρεῖτο, ψυχῆς τινα ψυχὴν) », dont Dieu gratifie l'homme, la meilleure de ses créatures (*ibid.*, 66). Nous y reviendrons.

l'homme reçoit et porte en lui ce qui ne l'identifie pas mais le mesure, en revanche, à ce qui fait sa différence (l'acte de penser Dieu et Dieu lui-même comme agent en même temps qu'objet de cet acte). La radicale différence et la radicale séparation se résorbent toutes deux en un *isomorphisme* de l'acte, sans qu'il y ait diminution par la relation, ni *a fortiori* confusion ou possibilité de substitution. L'*isomorphisme* de l'acte se réduit à constituer la condition de possibilité que l'acte soit en réalité unique comme acte, et que seule la puissance d'actualisation soit donc partagée. De cette puissance partagée, l'expression la plus adéquate serait la réflexivité, parce que la réflexivité est exempte de la nécessité de partager un fondement substantiel et qu'elle montre en même temps une asymétrie au sein même de la réciprocité du lien.

De toute évidence, c'est le modèle empirique de l'artisan concepteur et fabricateur autoréflexif, tel le démiurge cosmique du *Timée*[1], qui se retrouve dans l'exégèse philonienne de la création biblique de l'homme[2] et qui serait responsable de cette théorie de la réflexivité et de l'isomorphisme. La distinction et la confrontation entre le modèle artisanal de fabrication et celui d'une création par engendrement du monde et de l'homme (noétique et hulétique) n'interviendra qu'à partir des exégèses chrétiennes de la cosmologie biblique. Cependant, n'accordant pas un statut ontologiquement clair aux idées ou aux principes qui président à la création, ce modèle artisanal n'offre pas une définition précise de ce qui anime l'acte du démiurge lui-même. Soit sa pensée est pourvue de modèles (« paradigmes » ou « représentations ») issus d'une contemplation qui « active » ou « actualise » les idées en les faisant éclore, soit on doit imaginer que les

1. On rejoint ici une thèse développée par D. O'Brien dans « Plato and Empedocles on Evil », *in* J. J. Cleary (ed.), *Traditions of Platonism. Essays in Honour of John Dillon*, Farnham, Ashgate, 1999, p. 3-27, en part. p. 12.

2. Nombreuses sont à cet égard les études. Voir en particulier celles de D. Runia et de R. Radice dont je cite quelques références : R. Radice, *Platonismo e creazionismo in Filone di Alessandria*, Milano, Vita e Pensiero, 1989 ; *id.*, « Observations on the Theory of the Ideas as the Thoughts of God in Philo of Alexandria », *in* D. T. Runia, M. D. Hay, D. Winston (eds.), *Heirs of Septuagint. Philo, Hellenistic Judaism and Early Christianity. Festschrift for Earle Hilgert*, Atlanta, Scholars Press, 1991, p. 126-134 ; *id.*, « Modelli di creazione in Filone di Alessandria », *in* C. Moreschini et G. Minestra (a cura di), *Lingua e teologia nel Cristianesimo antico*, Brescia, Morcelliana, 1999, p. 39-58 ; D. T. Runia, *Philo of Alexandria. On the Creation of the Cosmos according to Moses. Introduction, Translation and Commentary*, Leiden, Brill, 2001 ; *id.*, *Philo of Alexandria and the* Timaeus *of Plato*, Leiden, Brill, 1986. Pour un premier écho du modèle artisanal de la création chez les exégètes chrétiens de la création biblique, voir I. Jurasz, « Dieu comme *dêmiurgos* et *poiêtês* des auteurs chrétiens du IIe s. », *Chôra*, 13, 2015, p. 217-249.

« réalités cosmologiques » elles-mêmes meublent dans leur ensemble la pensée de l'artisan. Est-ce une « représentation de lion » ou un « vrai lion » rugissant dans la pensée du démiurge qui est en train de créer le lion? – se demandait dans sa conférence Boys-Stones. La question, peut-être ironique, n'est certes pas naïve. On la retrouve telle quelle dans le questionnement de Philon sur l'herbe, la verdure et le verdoiement qui se trouveraient dans la pensée de Dieu concevant l'idée d'herbe et en créant l'herbe proprement dite[1]. Il s'ensuit que la pensée divine serait alors le siège des intelligibles en même temps que d'un principe substantiel sensible et dynamique qui se développerait naturellement dans toutes les réalités qui en procèdent, en changeant et en se restructurant conformément à la logique et à la finalité inscrites dans sa constitution, soit à la manière des semences conceptuelles, des *logoi spermatikoi*, soit à la manière d'une reconnaissance universelle des formes (comme on dira avec Némésius citant Porphyre que l'âme renferme l'existence des choses de toutes les espèces et que, pour cette raison, l'âme se voit elle-même quand elle reconnaît les choses que l'homme voit[2]). Cette interprétation, « spinoziste » *avant la lettre* ou tout simplement téléologique, que dénonçaient déjà Basile de Césarée (par l'argument dit *de la volonté*[3]) et Grégoire de

1. *De opificio...*, 129; *Legum allegoriae* I, 23-24. D'où, peut être, l'écho en contrepoint chez Basile de Césarée qui renverse la position entre Dieu et l'homme en critiquant l'herméneutique allégorique: « quand j'entends parler d'herbe je pense à de l'herbe », dans la IXe Homélie (80C) de l'*Hexaéméron*, et son long développement dans plusieurs passages de la Ve Homélie du même livre, sur le thème de l'herbe et de la verdure des plantes en puissance dans les semences comme les espèces sont en puissance dans le *noûs* du Créateur.

2. Némésius, *De natura hominis* VII (passage cité n. 1 p. 95).

3. Basile de Césarée, *Sur l'origine de l'homme*, I, 16, 1-7 : « "Créons l'homme à notre image et à notre ressemblance". Nous possédons l'un par la création (Τὸ μὲν τῇ κτίσει ἔχομεν), nous acquérons l'autre par la volonté (ou *par la faculté délibérative* : τὸ δὲ ἐκ προαιρέσεως κατορθοῦμεν). Dans la première structure, il nous est donné d'être nés à l'image de Dieu (συνυπάρχει ἡμῖν τὸ κατ᾽ εἰκόνα γεγενῆσθαι Θεοῦ); par la volonté [*par choix délibératif*] se forme en nous l'être à la ressemblance de Dieu (ἐκ προαιρέσεως ἡμῖν κατορθοῦται τὸ καθ᾽ ὁμοίωσιν εἶναι Θεοῦ). Notre existence en soi possède en puissance la faculté délibérative, mais c'est par l'action que nous nous le procurons (Τοῦτο δὲ τὸ κατὰ προαίρεσιν, δυνάμει ἡμῖν ἐνυπάρχει : ἐνεργείᾳ δὲ ἑαυτοῖς ἐπάγομεν). Si en nous créant, le Seigneur n'avait pas pris à l'avance la précaution de dire "Créons" et "à la ressemblance" ("Ποιήσωμεν" καὶ "καθ᾽ ὁμοίωσιν"), s'il ne nous avait pas gratifiés de la puissance de devenir à la ressemblance (εἰ μὴ τὴν τοῦ γενέσθαι καθ᾽ ὁμοίωσιν δύναμιν ἡμῖν ἐχαρίσατο), ce n'est pas par notre pouvoir propre que nous aurions acquis la ressemblance en Dieu (οὐκ ἂν τῇ ἑαυτῶν ἐξουσίᾳ τὴν πρὸς Θεὸν ὁμοίωσιν ἐδεξάμεθα). Mais voilà qu'il nous a créés en puissance capables de ressembler à Dieu (Νῦν μέντοι δυνάμει ἡμᾶς ἐποίησεν ὁμοιωτικοὺς Θεῷ). » (SC 160, Paris, Cerf, 1970, trad. fr. A. Smets et M. Van Esbroeck mod.).

Nysse (contre la finalité en soi du monde)[1], est défendue et développée par Reydams-Schils en contexte stoïcien, éthique et théologique[2], tandis que la thèse d'une pensée de Dieu qui fonctionnerait uniquement par des concepts et des représentations (*noêmata*, *phantasmata*) est défendue par Boys-Stones, qui s'appuie à son tour sur le platonisme foncier de la cosmologie et de la théologie stoïciennes.

Encore une fois, c'est sur le statut ambivalent des idées et des formes (*eidê*) chez Platon lui-même que repose cette controverse, mais ce n'est pas ici le lieu pour en débattre ni pour trancher entre les deux options de l'interprétation, « nominaliste » ou « réaliste », pour employer une dichotomie médiévale. Il me semble toutefois important de retenir que c'est bien à ce croisement précis de théories noétiques et de doctrines cosmologiques que se situent les quelques textes de Philon sur lesquels on se penchera plus loin. Et plus important encore, de retenir qu'au-delà de la lettre et du genre de ces quelques textes de la pensée hellénistique et leur postérité tardo-antique, c'est bien dans ce contexte que se définissent le lien et les distinctions entre métaphysique et théologie, une relation de partage tout autant qu'un rejet mutuel sur lesquels les débats nourrissent encore la philosophie.

1. Grégoire de Nysse, *De hominis opificio*, XVI : « Nous découvrirons ceci : autre chose [est] ce qui est à l'image (ὅτι ἕτερον μέν τι τὸ κατ' εἰκόνα γενόμενον), autre chose ce qui se montre maintenant dans le malheur (ἕτερον δὲ τὸ νῦν ἐν ταλαιπωρίᾳ δεικνύμενον). "Dieu fit [l'homme]", dit l'Écriture, "l'homme, il le fit à l'image de Dieu". La création de celui qui est selon l'image a atteint alors sa finalité. (Τέλος ἔχει ἡ τοῦ κατ' εἰκόνα γεγενημένου κτίσις) » (SC 6, Paris, Cerf, 2002[2], trad. fr. J. Laplace mod. et complétée). Le texte grec continue avec une phrase qui a été omise dans la traduction française, mais pas dans les versions latines : Εἶτα ἐπανάληψιν ποιεῖται τοῦ κατὰ τὴν κατασκευὴν λόγου, phrase que Jean Scot traduit en mettant en avant un terme grec : « Deinde ΕΠΑΝΑΛΗΨΙΝ, id est adiectionem facit, secundum constitutionem sermonis. ». Il s'agit d'un point clef de la démonstration, à savoir que la création selon l'image ne doit pas être conçue comme une finalité atteinte dans le créé, n'est pas téléologique, mais qu'elle constitue seulement la condition par laquelle celui qui réalise cet acte rehausse vers lui, aspire littéralement vers le haut le créé – pour exprimer les choses selon la constitution ou selon le statut du *logos*, précise le Cappadocien (τοῦ κατὰ τὴν κατασκευὴν λόγου) – et c'est là que le créé touche ainsi à sa perfection ultime. Les deux commentaires cappadociens de la création de l'homme sont à comparer avec l'exégèse philonienne analysée plus loin. Sur les parallélismes entre ce traité de Grégoire de Nysse, l'homélie de Basile de Césarée (citée *supra*) et l'exégèse de Philon au sujet de Gen. 1, 26 et 2, 7, mais aussi sur les critiques des Cappadociens à l'adresse de Philon (qu'ils ont lu et que reprend également leur adversaire, l'arien Eunome), voir Ch. Kannengiesser, « Philon et les Pères sur la double création de l'homme » et J. Daniélou, « Philon et Grégoire de Nysse », dans *Philon d'Alexandrie*, Paris, CNRS, 1967, p. 277-297 et p. 333-346.

2. Voir les trois articles cités *supra*, n. 2 p. 74.

L'HOMME *NOÉTIQUE*

Le passage 69 du *De opificio mundi* de Philon semble capital pour saisir à l'œuvre les fils croisés entre platonisme, stoïcisme et tradition biblique, ou entre philosophie appelée « première » (science des principes ou métaphysique) et une certaine forme de théologie rationnelle (qui ne connaît pas encore son nom). Le fil de l'exégèse philonienne se noue autour de cet intellect *commun* à Dieu et à l'homme créé par image interposée. Je cite ce passage en le divisant en trois parties afin de pouvoir le commenter selon ses principales articulations logiques :

> [1] Après tous les autres êtres, comme il a été dit, Moïse déclare que l'homme fut créé à l'image et à la ressemblance de Dieu (*cf.* Gen. 1, 26). C'est tout à fait bien dit (πάνυ καλῶς), car il n'y a rien de sorti [né] de la terre (οὐδὲν γηγενὲς) qui ressemble plus à Dieu que l'homme (ἐμφερέστερον... ἀνθρώπου θεῷ). Mais cette ressemblance (δ' ἐμφέρειαν), que personne ne se la représente (μηδεὶς εἰκαζέτω) par les traits du corps (σώματος χαρακτῆρι) : Dieu n'a pas la figure humaine, et le corps humain n'a pas la figure de Dieu [ni Dieu anthropomorphe : οὔτε γὰρ ἀνθρωπόμορφος ὁ θεὸς, ni corps d'homme déiforme : οὔτε θεοειδὲς τὸ ἀνθρώπειον σῶμα] [1].

Remarquons d'emblée l'usage du terme *eikazô* (εἰκαζέτω) comme marqueur différentiel; il signale la mise-à-distance nécessaire entre la ressemblance qui unit l'homme à Dieu et les *kharaktêri*, l'aspect propre du corps qui est bien « objet » de la création *mais sans participer à la ressemblance* (*homoiôsis*). Il n'y a pas d'opposition entre le corps et ce qui est dans la ressemblance de Dieu tant que l'on ne se trompe pas d'objet de l'acte. *Eikazô*, qui suppose une projection, une conjecture, une manière d'imaginer la réalité d'une chose à partir de ses aspects, et qui partage sa racine avec *eikôn*, signale dans ce contexte que ni « forme » (*morphê*) n'est un moyen idoine pour penser Dieu, ni « concept » (*eidos*) divin ne convient pour définir l'homme si l'homme était réduit à son corps. Or ce vocabulaire de la forme morphologique et de la forme éidétique (conceptuelle), les signifiants avec lesquels opère *eikazô*, ne peut pas servir à la définition de l'homme selon Gen. 1, 26 puisque cette définition s'inscrit dans un autre registre de réalité et donc de langage, un registre qui n'a pas affaire à la forme, à l'aspect ou à l'espèce conceptuelle. Dans quel registre de réalité et

1. *De opificio...*, 69. Tous les passages cités suivent *grosso modo* la traduction de R. Arnaldez (retouches ou gloses signalées par une mise entre crochets).

de langage doit-on inscrire alors la définition de l'homme-image de Dieu ? La réponse de Philon est sans ambiguïté et sans appel :

> [2] L'image s'applique ici à l'intellect, le guide de l'âme (εἰκὼν λέλεκται κατὰ τὸν τῆς ψυχῆς ἡγεμόνα νοῦν). C'est bien sur le modèle de cet unique et universel intellect [C'est en relation avec, *pros ton*, cet unique et universel] qu'a été copié [ramené vers l'image, *ap-eikonisthê*], comme d'après un archétype, celui de chaque homme particulier (πρὸς γὰρ ἕνα τὸν τῶν ὅλον ἐκεῖνον ὡς ἂν ἀρχέτυπον ὁ ἐν ἑκάστῳ τῶν κατὰ μέρος ἀπεικονίσθη), [étant] dieu en quelque sorte (τρόπος τινὰ θεὸς ὢν) de qui le porte (τοῦ φέροντος) et le tient comme une image [statue] divine (καὶ ἀγαλματοφοροῦτος αὐτόν).

Ce passage, lourd de sens et de difficultés, peut se lire soit en mettant l'accent sur la première phrase, sans doute la plus connue, et dans ce cas l'image de Dieu dans l'homme s'identifie à la partie directrice de l'âme, *i.e.* au *noûs*[1] ; soit il peut se lire sans discontinuer jusqu'au bout, et alors on entre non seulement dans le dédoublement entre l'image et la statue, *eikôn* et *agalma*, signalé et analysé par Harl[2], mais aussi dans une autre série de dédoublements tout aussi importants à mes yeux. Trois sortes de dédoublements apparaissent ici successivement : 1) dédoublement entre la copie (*eikôn*) et le ressemblant (*empherês*) ; il s'agit en l'occurrence, dans le premier passage, d'une ressemblance portée par le ressemblant comme inscrite en lui par naissance, et non du principe de l'*homoiôsis*, la ressemblance homologique qui préside et définit l'acte de création ; 2) dédoublement entre l'ensemble ou la totalité (*holon*) de l'universel et l'individu ou le singulier (*hekastô*) ; enfin 3) dédoublement entre Dieu et l'archétype

1. *Cf.* au passage ᾧ νοῦν ἐξαίρετον ἐδωρεῖτο, ψυχῆς τινα ψυχὴν (*De opificio...*, 66, cité n. 1 p. 78). Pour le rôle du *noûs* dans ce contexte, ses sources platonico-stoïciennes et son héritage immédiat, voir F. Alesse, « Il luogo del *nous*... », art. cit.

2. *De opificio...*, 62-63. Sur les significations du terme *eikôn* chez Philon et ses racines platoniciennes, voir H. Wilms, Εἰκών. *Eine begriffsgeschichtliche Untersuchung zum Platonismus* (*I. Philon von Alexandreia*), Münster, Verlag der Aschendorffschen Verlagsbuchhandlung, 1935. Selon Wilms, l'image iconique platonicienne partagerait avec le sensible un statut ontique inférieur ; opposée à l'intelligible, elle serait une forme dégradée de l'Idée, alors que dans la période médio- et néo-platonicienne l'*eikôn* aurait recouvert peu à peu le statut de l'Idée et se serait quasi identifiée à l'*eidos* sous l'influence conjointe du stoïcisme, du péripatétisme et du christianisme. Cette récupération de la notion d'*eikôn* par assimilation à l'*eidos* dessine un schéma qui n'est pas faux en ce qui concerne la pensée néoplatonicienne et chrétienne, mais projette une compréhension unilatérale et scolaire sur la philosophie de Platon lui-même. Notamment dans le *Sophiste*, le *Timée*, le *Phèdre* et le *Théétète*, Platon met en place une conception logique et une dialectique ontologique fixant les rapports entre l'image sensible, la production de visibilité propre au langage et l'image noétique elle-même, forme intelligible de la chose pensée.

divin – dédoublement qui ne recoupe pas la distinction *agalma-eikôn* car cette dernière est précisément *conséquente* à celle entre Dieu et l'archétype divin.

Il est préférable de parler dans tous ces trois cas de *dédoublement*, plus précisément de *couples* conceptuels de complémentaires, et non de distinction, parce que l'exégèse met bien l'accent sur la nature du lien et non sur la différence. Or ces dédoublements disent quelque chose autant de l'homme que de Dieu dans leur relation insécable définie sous le vocable *pros ti…*, « en vue de… ». Dieu apparaît comme l'Intellect unique et universel (il aurait donc le statut de *Noûs* que lui assigneront plus tard Numénius et Plotin), Intellect qui joue le rôle de l'archétype d'après lequel se réalise l'autre image qui est l'intellect humain. Si on prend le chemin à rebours, l'intellect humain offrirait l'image de l'Intellect archétypal, unique et universel qui correspond à l'intellect de Dieu *lorsqu'il crée l'homme*[1]. Il y a donc bien une image de Dieu vis-à-vis de lui-même, une image de son identité de Dieu non *en soi* mais en tant que démiurge de l'homme, une identité qui correspond à l'instance de l'acte. Toutefois, si l'acte et non la puissance correspondait à l'identité absolue de Dieu, alors cette image du *Noûs* serait-elle aussi une image de Dieu *en soi*? Cette image correspond au *Noûs* unique et universel, et elle est appelée en outre archétype puisqu'elle est apte à être copiée, litt. apte à être « ramenée vers une *image* » d'elle-même, *ap-eikonisthê*, dans le *noûs* de chaque individu

1. C'est la fin du fragment 12 (15-22) de Numénius qui s'en rapproche le plus : un Dieu démiurge appelé intellect (*noûs*), envoyé vers le bas par le Dieu roi, « qui regarde et se tourne vers chacun d'entre nous en l'animant de ses radiations… » (Numénius, *Fragments*, éd. et trad. E. Des Places, Paris, Les Belles Lettres, 1973). D'autres proximités entre Numénius et Philon, signalées par F. Calabi, plaident pour une connaissance de Philon et de la tradition alexandrine par le philosophe platonicien du IIe s. (F. Calabi, « Le repos de Dieu… », art. cit., p. 192 et n. 32). Voir aussi C. Lévy, « La dyade chez Philon d'Alexandrie » (*in* M. Bonazzi, C. Lévy, C. Steel (eds.), *A Platonic Pythagoras. Platonism and Pythagorism in the Imperial Age*, Turnhout, Brepols, 2007, p. 11-28) autour de l'idée de la divinité de l'homme (ou de l'humanité) héritée par Philon du pythagorisme de l'Ancienne Académie (p. 16-17) et qui serait attestée aussi chez Numénius. Parmi les recherches récentes concernant les rapprochements entre Philon, Numénius et Plotin (en particulier sur le destin de l'âme), voir T. Alekniené, « L'énigme de la "patrie" dans le Traité 1 de Plotin : héritage de l'exégèse philonienne ? », *Recherches augustiniennes et patristiques*, 35, 2007, p. 1-46. Notons toutefois que ce n'est pas l'éventuelle transmission textuelle entre le platonicien juif d'Alexandrie et le platonicien d'Apamée intéressé, comme il le déclare lui-même, par la pensée biblique, qui importe en premier lieu. L'intérêt de souligner cette proximité est de montrer une mouvance commune au sein du « platonisme » des deux premiers siècles, un courant qui cherche dans la lecture des *Dialogues* des arguments en faveur d'une interprétation théologique des principes, ainsi que des moyens textuels d'autorité qui puissent se distinguer de l'interprétation stoïcienne, voire s'y opposer.

homme. Cette copie est à son tour une image de Dieu, mais cette fois-ci à l'égard de l'homme; elle est simultanément assignée à l'homme et donnée à son usage intellectif, offerte à l'entendement de ce qui n'est pas l'homme séparément mais Dieu *en image* dans la pensée de l'homme. En outre, cette *image d'image* (image de l'image de Dieu ou reflet du *noûs* divin) qui se retrouve dans le *noûs* de chaque homme, correspond à son identité en soi telle que cette identité en soi de l'homme est conçue par et dans le *noûs* divin. Cette image revient à l'homme et se trouve en effet dans chaque homme. Cependant chaque homme, à la différence de Dieu, ne s'y identifie pas entièrement, et ce indépendamment de la distinction opératoire entre l'acte et la puissance, déterminante dans le cas de Dieu en instance de démiurge.

Cette identité imparfaite, sur laquelle Philon revient plus loin, explique pourquoi l'unité noétique parfaite entre Dieu et l'archétype divin ne se retrouve que partiellement dans le couple noétique humain signifié par *agalma-eikôn*. L'imperfection qui caractérise l'identité de l'homme à l'égard de l'archétype divin est le gage de son autonomie en tant qu'individu. Elle ne signifie pas une forme dégradée conséquente au statut d'image, car l'image n'a pas ici le sens d'une *copie*, nécessairement d'une « réalité » plus faible que son modèle. Au contraire, l'image revêt le sens fort de l'unité, du lien et du partage, puisqu'elle correspond au plan noétique sur lequel se déroule le premier acte divin de « démiurgie » de l'homme. Et c'est évidemment cette unité noétique qui permet déjà de parler d'un « bien commun » entre l'homme et Dieu. La condition pour l'homme de (pouvoir) penser Dieu fait naturellement fond sur cette communauté assurée par le statut réciproque d'image – chacune des entités en relation étant ou devenant l'image de l'autre. L'image se détermine donc comme une relation de réciprocité mise en acte dès lors que la relation est déjà présente dans l'œuvre, dans la pensée de l'homme qui est l'image produite par la pensée de Dieu en instance de création. Mais on voit bien que cette relation de réciprocité ne suppose nullement une condition d'égalité ontologique, ni d'ailleurs de parfaite symétrie formelle entre les termes de la relation.

De là, deux conséquences. Pour Philon l'intellect en tant que partie directrice de l'âme (τῆς ψυχῆς ἡγεμόνα νοῦν) ne se trouve pas dans chaque homme, car, unique et indivisible, l'*hêgemôn* correspond à Dieu et s'y identifie selon la définition du principe d'unicité et d'universalité propre à la fonction de démiurge cosmique[1]. Cet intellect unique, universel et gouverneur de l'âme est l'organe spécifique par lequel Dieu pense l'homme[2]. Mais Dieu ne pense pas chaque homme. En revanche, chaque homme peut penser Dieu, car son intellect est l'image (*eikôn*) de cet intellect *unique*, *universel*, *hégémonique* et *archétypal* qui est en quelque sorte « son » Dieu (τρόπος τινὰ θεὸς ὤν); or ce « Dieu » n'est pas Dieu mais l'*agalma* de Dieu, le référent/récipiendaire de la pensée de l'homme

1. L'emprunt évident d'un vocabulaire platonicien et stoïcien n'oblige pas Philon à suivre aussi, *à la lettre*, les théories philosophiques respectives, cosmologiques et noétiques. Bien que chez Philon l'option pour l'image stoïcienne de l'intellect-*hêgemôn* semble prévaloir sur la métaphore platonicienne de l'intellect-roi du ciel et de la terre (*Philèbe* 28c7-8 : νοῦς ἐστι βασιλεὺς ἡμῖν οὐρανοῦ τε καὶ γῆς) qui sera privilégiée par Plotin (*Enn.* V, III, 4.1 [T. 49]), l'interprétation de la métaphore du gouverneur pour signifier l'identité entre l'intellect et l'intellection semble cependant une « lecture platonicienne » commune à Philon et à Plotin. Il s'agit d'une identité qui a prééminence sur l'âme (plus précisément sur la faculté du raisonnement) et qui permet d'assimiler l'acte de création à l'acte de penser, et l'objet intelligible à l'exercice d'une intellection à laquelle l'intelligible s'identifie en se déployant. Pour la métaphore de l'intellect-roi, avec la possibilité de la réflexivité (ou connaissance de soi) inscrite dans le modèle noétique néoplatonicien et, en l'occurrence, réservée au seul intellect *pur*, voir D. P. Taormina, « Plotino et Porfirio sul messaggero e il re. Nota sulla conoscenza di sé secondo Plotino, Trattato 49, 3, 44-4, 1 », *in* D. P. Taormina (dir.), *L'essere del pensiero. Saggi sulla filosofia di Plotino*, Napoli, Bibliopolis, 2010, p. 245-266. Mais la source platonicienne la plus proche du passage philonien serait, selon moi, non celle de la métaphore royale mais celle de la conjonction universelle entre l'âme et l'intellect divin dans *Lois*, X, 897b1-3 et c5-7; l'image du *noûs* « pilote de l'âme » du *Phèdre* 247c6-7 se retrouve dans une conjonction élargie selon laquelle l'intellect guide non seulement l'âme mais toutes les choses qui en infèrent « vers leurs propre rectitude et leur félicité (ὀρθὰ καὶ εὐδαίμονα παιδαγωγεῖ πάντα) ». On retrouve chez Philon non seulement cette conjonction entre le *noûs* divin et l'âme devenue elle-même divine par l'adjonction de l'intellect divin, mais aussi l'effet de cette conjonction comme félicité de l'homme (voir *De opificio*..., 66-67, cités n. 1 p. 78, et *ibid.*, 150, analysé au début de ce chapitre).

2. À la différence du démiurge cosmique du *Timée*, le Dieu dont Philon décrit l'acte de création dans *De opificio*..., 16, 19, 69, inscrit dans sa création noétique son propre acte noétique sous le mode d'un *agalma*, forme de la perfection de la *noêsis*, dont l'actualisation est la pensée sous le mode du reflet. L'acte noétique est donc la condition de possibilité de la « chose » créée, Dieu conditionnant ainsi le passage de l'acte à l'être essentiel (*ousia*) et de la *noêsis* à la *gênêsis*. Quand elle n'est pas purement exégétique, la démarche de Philon tient ainsi de la philosophie des formes plutôt que de l'analogie avec la structure artisanale dont se servent habituellement les cosmologies. Comme chez Plotin (Traité 7), de l'Un au *Noûs* la séparation demeure entière car ce qui détermine la seconde hypostase est la possibilité d'un « premier *noêton* » inscrit comme hypostase pensable de l'Un, hypostase qui se « tourne » vers l'Un et le « voit », et qui engendre de ce fait les *noêta* multiples, constituant l'*ousia* du *Noûs*. Je reviens sur ce passage de Plotin dans la deuxième partie de l'étude, mais retenons d'ores et déjà ce platonisme particulier de Philon que l'on retrouve dans la noétique plotinienne, bien que l'on ne puisse pas parler de transmission directe ou d'influences d'école.

tournée vers Dieu. Cette pensée de l'homme adressée à Dieu est alors non seulement possible mais aussi nécessairement réflexive tout autant qu'elle est divine puisqu'elle est à l'image de la pensée réflexive de Dieu. En même temps, elle est tout aussi nécessairement doxologique, puisqu'elle est adressée à « autre » que soi en soi et que cet « autre » est l'image du « gouverneur » divin. D'où la nécessité d'introduire la distance de l'*agalma*-porté en soi-même, de cette « statue » qui signifie la transcendance comme non-identité glissée entre deux *mêmes* : le soi divin et le porteur-respectueux du soi divin (ἀγαλματοφοροῦτος αὐτόν), objet et acte d'une seule et unique « réalité d'image » (*eikôn ontôs*, en termes platoniciens).

Autrement dit, les dédoublements sont nécessaires pour faire comprendre le mécanisme de *réciprocité-réflexivité* inscrit dans la terminologie de l'image et de la ressemblance. Comme dans le cas de *eikazô*, utilisé quelques lignes plus haut, l'image ne remplace pas l'identité, de même que la forme (*morphê* ou *eidos*) ne convient pas à la détermination de l'objet : ne convient ni à Dieu ni à l'homme. Le seul à qui le vocabulaire de la forme convient est le corps animé, or à ce stade ni l'homme ni Dieu *a fortiori* ne se présente comme un vivant corporel, disposant de facultés de perception et d'expression. La séparation introduite par le corps, ce « mur mitoyen » entre Dieu et l'homme comme l'appellera Grégoire de Nazianze[1], n'intervient qu'à la suite du second acte de création. Mais à ce stade Dieu et l'homme constituent des structures noétiques et des actes qui correspondent à ces structures noétiques. Ils correspondent, en d'autres termes, à de purs actes de pensée[2]. Cependant, ces actes de pensée, constitués en un univers noétique ou « monde intelligible (*kosmos noêtos*) » qui sera le paradigme incorporel du monde sensible (*aisthêton*)[3], sont néanmoins des actes *individuels* même s'ils visent la condition de

1. *Lettre* 101, I, 48 (*Lettres théologiques*, éd. et trad. par P. Gallay avec M. Jourjon, SC 208, Paris, Cerf, 1974).

2. Je renvoie à nouveau à l'article de D. T. Runia (« A brief history... », art. cit., p. 154-158) au sujet du syntagme *kosmos noêtos* et du rôle majeur joué par Philon dans la définition de l'être et du monde intelligible sur le modèle platonicien du vivant intelligible (*Timée*) et du lieu intelligible (*République*).

3. *De opificio*..., 16 et 19. Le contexte est celui de la démiurgie du monde, non de l'homme, et la référence au *Timée* est transparente. Ici aussi Philon insiste sur la précession d'un modèle noétique qui n'a aucun fondement corporel, bien qu'il serve de modèle pour le monde sensible. C'est dans ce contexte que Philon emploie, le premier selon Runia, l'expression *kosmos noêtos* opposé à *aisthêtos*, en critiquant Platon qui emploie les notions d'intelligible et de sensible en les situant et en les déterminant comme « lieux », *topoi*, dans la *République*.

l'être, non l'être lui-même, et, pour l'homme spécifiquement, le genre propre et le lien.

Pour conclure sur ce passage : se dessine entre Dieu et l'homme un rapport de *réflexivité* – Dieu pense l'homme, l'homme pense Dieu –, mais cette réflexivité n'est pas pour autant symétrique dès lors que Dieu qui pense l'homme se reflète en celui-ci, tandis que l'homme qui pense Dieu raisonne, en fait l'*objet* de son raisonnement mais sans l'*objectiver* évidemment, puisqu'il ne se reflète pas lui-même dans Dieu. L'homme ne projette pas en Dieu son image, alors que Dieu « dépose » en l'homme son *agalma*. C'est parce que Dieu dépose son *agalma* dans l'homme comme s'il déposait son ombre ou son reflet en la/le laissant habiter dans l'homme comme dans un miroir dans lequel Dieu se serait reflété (de manière certes atemporelle), que l'homme peut voir en lui-même une image de Dieu. Cependant, l'homme ne projette pas pour autant son image à lui dans Dieu, n'anthropomorphise pas, autrement dit, celui dont l'homme n'est que dépositaire de l'image. De même, apparaît entre Dieu et l'homme une *réciprocité* : Dieu est bien l'*objet* de la pensée de l'homme, et l'homme, l'*objet* de la pensée de Dieu – mais l'*objet* n'est pas le même parce que pour Dieu l'*objet* est l'espèce-homme, tandis que pour l'homme c'est l'unicité du gouverneur divin et universel qui constitue l'*objet* de sa pensée et de sa vénération en même temps (τρόπος τινὰ θεὸς ὤν, en quelque sorte *son dieu*). Si donc la réflexivité et la réciprocité déclinent la nature spécifique du *lien en acte* entre Dieu et l'homme (sous le double statut d'espèce et d'individu pour ce dernier), l'*isomorphisme* de l'acte de penser définit en revanche le *lieu commun* de la possibilité même qu'il y ait un lien.

Et une dernière remarque, *last but not least*, sur ce passage : le vocable « Dieu », quasi absent dans cette seconde section, est mentionné trois fois dans les deux phrases de la première section (le début du paragraphe 69) où le syntagme biblique « cité » (κατ' εἰκόνα θεοῦ καὶ καθ' ὁμοίωσιν) demande un éclaircissement préalable à la démonstration sous-jacente au commentaire qui suit. La « citation » implique une infidélité; elle doit remplacer le sujet d'une action à la première personne, doit mettre en quelque sorte le sujet en retrait, afin de ménager une place pour le commentaire (voire pour le commentateur) du texte. Pour passer du style direct au style indirect, le pronom (ἡμετέραν) est donc remplacé par le nom (θεοῦ)[1]. La conséquence immédiate est la nécessité de souligner ce changement en re-situant le *sujet* du récit et l'*objet* de l'action dans leur contexte. D'où la mise en avant de la distance entre Dieu et l'homme.

1. *Gen.* 1, 26 : « ποιήσωμεν ἄνθρωπον κατ' εἰκόνα ἡμετέραν καὶ καθ' ὁμοίωσιν... ».

Philon utilise à cette fin une négation forte (μηδεὶς) associée au verbe εἰκάζω (en l'occurrence, l'injonction de ne pas se figurer Dieu) pour préciser la nature de la distance. Son choix est justifié par le danger que le vocable de la « ressemblance » (*homoiôsis*), présent dans le syntagme cité, ne produise le contraire de la distance requise en signifiant une représentation sous des traits corporels et en produisant ainsi la plus inique des confusions : l'idolâtrie. Dieu deviendrait anthropomorphe tandis que l'homme recevrait un corps déiforme. En revanche, une fois le commentaire amorcé, dans la seconde section du passage, Dieu n'est nommé qu'une seule fois et en outre avec une expression modalisée (τρόπος τινὰ θεὸς ὤν). Pour quelle raison Philon change-t-il ainsi de traitement au cours d'un commentaire serré qui a toujours le même référent textuel ?

La raison la plus évidente tient au double sens de la ressemblance : une fois qu'elle a signalé la *différence* (ne pas se figurer Dieu sous les traits corporels d'un homme signifie ne pas confondre la *homoiôsis* avec le rapport mimétique modèle-copie), la ressemblance doit assurer aussi un *lien* (l'homme est bien à l'image et à la ressemblance de Dieu) ; or ce lien réclame une *modalisation* en même temps qu'une *réduction* à l'objet de la *homoiôsis* (l'image de Dieu correspond à son *agalma* qui est l'intellect unique et universel de l'homme). Les trois étapes de la démarche sont claires : 1) interdiction et différence, 2) lien et condition, 3) modalité et réduction. Mais il peut y avoir aussi une seconde raison, dérivée de la première. Après avoir souligné le décalage « ontologique » entre ce qui constitue à ce stade un genre ou une espèce (l'humain) et celui qui ne connaît ni genre ni espèce puisqu'il est unique (Dieu), le commentaire se déplace vers l'unité conditionnée par la réciprocité noétique. Alors que ni la synonymie ni l'homonymie ne convient dans le cas de Dieu et de l'homme, et que le nom n'est donc pas opérant pour désigner à ce stade des entités individuelles, la réciprocité inscrite dans la pensée peut, elle, pallier cet inconvénient en fixant les termes de la relation. Or, pendant que s'établit le lien entre les deux entités fixées chacune sur son propre statut, la réduction de ces entités à de purs actes noétiques résout aussi le danger de « réalisme » anthropomorphique vers lequel la ressemblance pouvait entraîner la pensée « solitaire » d'une créature corporelle radicalement séparée de son agent. On comprend alors qu'il ne peut y avoir, à ce stade, ni nom ni réduction du raisonnement à un acte de langage. C'est bien *l'image seule* qui accomplit les fonctions du nom et du raisonnement au sein de la réciprocité de l'acte noétique. Cependant, par « image » (*eikôn*) il faut entendre non un intermédiaire visible, mais uniquement le reflet ou le rayonnement en tant qu'attribut spécifique par lequel l'intellect (*agalma* divin) est saisi comme *actualisation* de cette *puissance sans nom* qui est à ce stade Dieu lui-même[1].

Continuons la lecture avec la troisième section de ce premier passage philonien consacré à l'exégèse de la création de l'homme :

> [3] Le rôle que joue le guide suprême dans le monde entier (ὃν γὰρ ἔχει λόγον ὁ μέγας ἡγεμὼν ἐν ἅπαντι τῷ κόσμῳ), il semble en effet que l'intellect humain le joue dans l'homme (τοῦτον ὡς ἔοικε καὶ ὁ ἀνθρώπινος νοῦς ἐν ἀνθρώπῳ). Il est lui-même invisible alors qu'il voit tout (ἀόρατός τε γάρ ἐστιν αὐτὸς τὰ πάντα ὁρῶν); il a une essence inconnaissable [cachée, non-manifeste], alors qu'il comprend [participe à] l'essence des autres (êtres [?]) (ἄδηλον ἔχει τὴν οὐσίαν τὰς τῶν ἄλλων καταλαμβάνων). Par les arts (τέχναις), par les nombreuses sciences (ἐπιστήμαις πολυσχιδεῖς), il ouvre dans de multiples directions toutes les grandes routes, et il marche à travers les terres et les mers, scrutant ce que recèle l'un et l'autre élément.

Je ne commenterai pas la dernière phrase de ce passage (69), phrase qui amorce les chapitres suivants (70-88) de cette partie du *De opificio mundi* consacrée à la création de l'homme, avant le repos du septième jour. Ces chapitres développent une « anthropologie » biblique et philosophique longuement scrutée par les philologues et par les historiens de la philosophie parce qu'elle mêle divers éléments empruntés à Platon (des quasi citations du *Phèdre* et des rappels du *Timée*, du *Théétète*, des *Lois*), aux Stoïciens (Zénon), ainsi qu'à des courants et lexiques philosophiques éclectiques (causalité qui suit le modèle aristotélicien, éléments de vocabulaire sceptique, courants rabbiniques dans l'interprétation). L'éditeur et traducteur du texte philonien renvoie scrupuleusement à toutes ces traditions doctrinales et à tous les textes-sources supposés. Sans m'y attarder, je signalerai de ces pages consacrées à l'homme, à sa nature, à sa place et à son rôle dans l'univers créé et vivant, deux brefs passages : la fin

1. Au stade où Dieu se reflète dans l'homme en tant que *noûs* gouverneur et en fait sa ressemblance, il n'y a d'« humain » que la pensée comme seule expression d'une altérité à l'égard de Dieu. Autrement dit, il n'y a ni facultés ni médiation par le langage, l'acte noétique étant le seul mode qui exprime le lien et qui en est également le lieu ; ce lien et ce lieu d'expression empruntent le vocabulaire de l'image, car l'image constitue un lieu d'expression et affirme en même temps le lien indéfectible avec le « modèle » dont elle est image. L'image saisit une expression et affirme simultanément sa dépendance de ce dont elle constitue le dépôt d'expression, dépendance qui est sa condition de possibilité sans qu'il y ait un échange dans la réciprocité qu'elle établit ainsi avec son modèle et *a fortiori* sans qu'il y ait confusion et possibilité conséquente de substitution, comme dans le cas d'un rapport mimétique. L'image (*eikôn* et/ou *agalma*) vient donc avant la détermination du lien par le *logos*, car ce dernier introduit d'emblée l'échange et la temporalité propre au langage.

du paragraphe 71 et le paragraphe 76. Le premier parce que Philon revient et insiste sur la distinction et le redoublement de l'image et de la ressemblance, le second parce qu'il est question du miroir dans la saisie par la vue de la distinction entre l'espèce, le genre et l'individu.

> Enfin, comme toute image n'est pas fidèle à l'exemplaire archétype (οὐ σύμπασα εἰκὼν ἐμφερὴς ἀρχετύπῳ παραδείγματι) et que beaucoup en sont dissemblables (πολλαὶ δ' εἰσὶν ἀνόμοιοι), il [Moïse] a précisé le sens en ajoutant au mot « image » (εἰκών) le mot « ressemblance » (καθ' ὁμοίωσιν), pour signifier (εἰς ἔμφασιν) une réplique exacte [une empreinte scrupuleusement prise : ἀκριβοῦς ἐκμαγείου] qui se présente comme une gravure nette [qui présente la figure claire d'une marque : τρανὸν τύπον][1].

> D'autre part, il [Dieu-démiurge] a très bien fait, ayant donné au genre le nom d'homme (τὸ γένος ἄνθρωπον), d'en distinguer les espèces en disant que Dieu l'avait créé mâle et femelle, bien que les particuliers n'eussent pas encore pris forme (μήπω τῶν ἐν μέρει μορφὴν λαβόντων), puisque les espèces les plus proches (sont contenues) [subsistent] dans le genre (τῶν εἰδῶν ἐνυπάρχει τῷ γένει) et qu'elles apparaissent comme dans un miroir (ὥσπερ ἐν κατόπτρῳ διαφαίνεται) à ceux qui sont capables d'une vue perçante (τοῖς ὀξὺ καθορᾶν δυναμένοις)[2].

Retenons du premier passage que le retour sur la distinction *eikôn-homoiôsis* se sert cette fois-ci des termes « paradigme » pour qualifier l'archétype, ainsi que d'« empreinte » (*ekmageion*) et de *tupos*, marque/figure, pour court-circuiter l'éventuelle dissemblance par laquelle l'image résisterait à la ressemblance. Dans les commentaires ultérieurs, ces derniers termes, *empreinte* et *type*, vont jouer un rôle grandissant en faisant glisser l'image du côté de l'empreinte pour signifier un rapport plus étroit avec un support matériel et donc une fixation et une limitation de ce que l'image pouvait avoir comme puissance d'autonomie et comme expression de l'acte réflexif partagé avec la pensée. Le recours à l'empreinte signale donc une réduction de l'image à l'objet (naturel ou artefact) et, conséquemment, le déplacement de l'image depuis le plan noétique vers sa détermination comme objet visuel. La forme-image « tombe » ainsi dans le visible. C'est aussi ce vocabulaire de l'empreinte et du type qui servira à préciser le référent concret, « objectif », qu'il faudra désormais donner au dédoublement terminologique « image d'image » : *eikon eikonos*, *tupos tuporum*, *katoptrou katoptron* et, dans un contexte plus particulier, *eidolou eidôlon*, ainsi que les traductions *imago imaginis* et *speculum speculorum*.

1. *De opificio*..., 71.
2. *Ibid.*, 76.

Ces syntagmes, selon qu'ils apparaissent en contextes philosophiques et théologiques chrétien ou gnostique (à partir du IIe s.), signifient tantôt une réduplication, un dédoublement de l'ordre de celui évoqué plus haut, dédoublement opératoire plus spécialement en contexte cosmologique, dans le sillage du rôle joué par *eikôn* dans le *Timée*, tantôt une forme de dégradation ontologique qui régresserait jusqu'à l'effacement complet de toute ressemblance de la copie à l'égard de son modèle *princeps* (sens platonicien obvie pour définir le produit d'une technique de la *mimêsis*) [1].

Quant au second passage, retenons aussi, comme pierre d'attente, le regard dans le miroir pour saisir la différence des espèces à l'intérieur du genre, de même que la différence des individus à l'intérieur d'un ensemble. Or l'usage du miroir, par une vue pointue, précise Philon (*oxu kathoran*, rappelant l'importance des réglages de l'acuité visuelle dans *République* VII), signale que les traits caractéristiques, qu'ils soient ceux de l'individu ou ceux du genre ou de l'espèce, sont, comme les propriétés accidentelles, des aspects difficiles à saisir; qu'ils sont à vrai dire à la limite de l'imperceptible en raison même de leur évidence sensible, aussi éloignée que la forme corporelle d'un individu de l'essence et de l'*eidos* que sous-tend le genre ou l'espèce. La connaissance des traits caractéristiques est dans ce cas malaisée, comme tout ce qui est né de la terre opaque, et le recours à une médiation devient dès lors nécessaire. Si l'être créé est dès le début une entité de l'ordre d'une structure noétique commune au genre, l'individuation de chaque participant à cette structure noétique commune au genre et à l'intellect divin (par la présence de l'*agalma* divin au fond de la *nature humaine*) se constitue, en revanche, dans le passage à l'acte (dans la création) au niveau intime du *daimôn* (expression propre de l'âme individuelle). Or, topos hellénistique et médio-platonicien bien connu, le *daimôn* n'est accessible qu'à travers un miroir, instrument de la perception de soi réfléchie. Sinon, le corps seul est certes visible, mais il n'induit qu'une impression (littéralement, une empreinte) de visibilité synonyme de vivant non différencié à l'intérieur de son espèce ou de son genre, situation réitérée même quand l'homme sensible viendra à être créé et qu'il sera qualifié de « beau » et de « bon » (on y reviendra).

Autrement dit, le corps seul n'a de soi et ne donne de soi qu'une perception-impression sensitive, mais ne produit pas une connaissance rationnelle des principes et du statut de l'être en question sans l'usage d'un

1. Pour les usages de cette expression de dédoublement de l'image chez Plotin et Porphyre, voir A. Vasiliu, *Images de soi…*, *op. cit.*, p. 185-194. J'analyse ici d'autres occurrences.

instrument de médiation. Outre le miroir, l'objet désignant le moyen théorique, contemplatif, de médiation et de réflexivité, c'est l'expression rationnelle et discursive, le *logismos* propre à l'âme, qui sert le plus souvent de médiation à la connaissance. Or ici, l'instrument par lequel s'actualise et opère le *logismos*, la puissance rationnelle, se réduit pour l'instant à l'*eikôn* : se réduit en effet à appréhender/intelliger l'image intellective (*eikôn*) du *noûs* divin (signifié par l'*agalma*)[1]. Avant le langage, c'est cette image qui ouvre la première la possibilité du raisonnement, à partir de la structure réflexive conditionnée par la réciprocité fondatrice entre la pensée de Dieu *en vue de l'homme* et la pensée de l'homme qui *pense Dieu* puisque cette pensée à la fois a en elle et est (s'identifie à) l'image de la pensée de Dieu. La non-identité constitue la condition de possibilité de cette réciprocité entre Dieu et l'homme, et l'expression de cette réciprocité apparaît dans la structure réflexive et autoréflexive de la pensée. Elle apparaît, plus exactement, dans le mode par lequel l'acte noétique se manifeste lorsqu'il agit sans se séparer de l'objet. Mais ce qui importe à ce stade, et que Philon justifie avec précision, est de faire comprendre au lecteur de Gen. 1, 26 le lien infrangible tout autant que paradoxal entre la pensée et l'image : la pensée divine est une image qui génère la possibilité même de la pensée. Cette détermination en tant qu'*image déposée* dans l'homme signale la différence et la définit comme négation de l'identité, négation qui porte tout autant sur la forme que sur la nature essentielle ou substantielle, mais qui n'interdit pas le lien assuré par la possibilité de la pensée.

La puissance partagée

Ayant dans l'esprit la perspective dans laquelle Philon allait engager son commentaire du texte biblique, revenons maintenant au passage final [3] du paragraphe 69 cité *supra*, reprenant l'analogie dressée dans la première phrase et son développement dans la seconde phrase. « Le rôle que joue le guide suprême dans le monde entier (ὃν γὰρ ἔχει λόγον ὁ μέγας ἡγεμὼν ἐν ἅπαντι τῷ κόσμῳ), il semble en effet que l'intellect humain le joue dans l'homme (τοῦτον ὡς ἔοικε καὶ ὁ ἀνθρώπινος νοῦς ἐν ἀνθρώπῳ). » Deux remarques s'imposent d'emblée.

1. Cette distinction entre *logismos* et *noûs*, faculté rationnelle de l'âme et intellect, avait déjà été soulignée par Philon dans les paragraphes 66 et 67 (cités n. 1 p. 78), avant l'exégèse de Gen. 1, 26 (paragraphe 69), comme une sorte de préparation à l'interprétation de l'épisode biblique de la création.

D'une part, l'analogie micro/macrocosme, promise à un bel avenir et dénoncée en même temps pour son immanentisme foncier par les théologiens chrétiens à partir du IVe s. (Grégoire de Nysse, par exemple, dans *De hominis opificio* XVI), se construit ici exclusivement dans le registre noétique. Il n'y a d'analogie que sur le plan d'une gouvernance intellectuelle, et encore, si elle apparaît clairement dans la structure de l'affirmation de Philon concernant le *logos* de l'activité noétique divine, le lien établi est cependant aussitôt affaibli par la réserve qu'introduit *eoike*, « il semble que... », terme qui joue, comme *eikazô* plus haut, un rôle de marqueur différentiel au sein même de l'analogie dressée par la construction de la phrase. Il est clair, dès lors, que l'analogie constitue ici une manière d'argumenter qui d'une part doit introduire la distinction à l'égard de la comparaison qui serait induite par une mauvaise compréhension et un mauvais usage de la terminologie biblique de la ressemblance, et de l'autre, doit signifier une forme d'identité comprise dans sa construction, parce que l'analogie impose un rapport proportionnel et une similitude de relation entre les termes rapportés, et que ce rapport est identique même si les termes mis en rapport ne le sont pas. L'analogie joue donc le rôle d'opérateur de distinction dans la définition de l'identité. L'identité entre Dieu et l'homme apparaît dans l'identité du rapport noétique que chacun entretient avec soi et avec l'altérité. Quant à la distinction mise en évidence par l'analogie, elle se définit à l'égard de la ressemblance, afin que celle-ci ne produise ni confusion ni altération ni subordination ontologique ou existentielle, mais qu'elle soit située là où elle doit marquer la non-identité objective entre l'homme et Dieu.

D'autre part, le terme *hapanti*, la totalité topologique, opère à son tour une réduction du caractère unique et universel (*hen* et *holôn*) du *noûs* divin hégémonique, réduction ou adaptation au caractère propre et notamment à l'étendue de l'objet sur lequel (se) porte la puissance du *noûs* divin, à savoir le tout (*to pan*) ou l'ensemble (*hapas*) de son pouvoir. La gouvernance assurée par l'*hêgemôn* se déploie dans le créé et ce déploiement comporte une étendue et un *logos*, une raison immanente à ce déploiement dans l'ensemble du créé. Le mot-clef est lâché : c'est lui qui donnera un contenu à la pensée de Dieu et qui définira en même temps le lien analogique faisant de l'homme un intellect dont le *logos* (ici raison et expression à la fois) permet à l'homme de penser Dieu en même temps que de se gouverner soi-même. Les allusions transparentes au *Phèdre* et au *Phédon*, que Philon ajoute quelques lignes plus loin dans son commentaire, éclairent sans laisser planer de doutes les repères philosophiques tout autant que les dépassements effectués par cette exégèse biblique.

Mais l'argument évoqué pour étayer l'analogie me semble plus digne d'attention que les *topoi* platoniciens qui suivent. Quel est cet argument, selon Philon ? « [Il] est lui-même invisible alors qu'il voit tout (ἀόρατός τε γάρ ἐστιν αὐτὸς τὰ πάντα ὁρῶν); [il] a une essence inconnaissable [cachée, non-manifeste], alors qu'il participe à l'essence des autres (ἄδηλον ἔχει τὴν οὐσίαν τὰς τῶν ἄλλων καταλαμβάνων). » C'est la deuxième phrase du passage cité (69 [3]). Le sujet reprend vraisemblablement le *noûs* divin *hêgemôn* dont le *noûs* humain est à la fois porteur et réplique ; c'est donc l'unité des deux qui est ainsi qualifiée d'invisible (*aoratos*) et d'omnivoyante (*panta horôn*). Celui qui voit mais n'est pas visible, celui en qui la réciprocité immanente « voir – être-vu » n'exprime pas l'articulation naturelle de la faculté et du statut de corps d'un vivant, se trouve nécessairement hors champ de la réalité propre aux êtres animés. Il est soit mort (visible sans voir), soit dieu (invisible et sans nécessité immanente de voir), soit un être divin, tel un roi, un gouverneur qui exerce de son regard le pouvoir sans qu'il soit lui-même nécessairement aperçu (comme le « premier moteur » qui meut sans être mû, si on peut risquer une telle comparaison, ou comme le gardien invisible d'une « prison panoptique », si on peut risquer encore une autre comparaison). Les deux premiers cas étant d'emblée exclus, reste le troisième, celui de l'être divin qui exerce son pouvoir à travers l'acte de voir. De même pour la seconde qualification : être non-manifeste (*adêlon*) par soi-même mais « participant » des autres. Cette situation, doublement qualifiée, serait donc commune au *noûs* hégémonique divin et au *noûs* de l'homme, maître de soi-même et comprenant en lui tout ce sur quoi il exerce sa maîtrise[1]. Sauf que l'homme dont le *noûs* exerce ainsi son pouvoir n'existe pas comme tel ; il se confond par participation avec l'ensemble et se distribue comme un

1. Dans *De natura hominis* VII Némésius définira et attribuera à Porphyre cette capacité à la fois autoréflexive et visuelle de l'âme rationnelle de voir tout puisqu'elle comprend en elle tout. « Porphyre dit, dans son traité de la sensation, que la vision n'est produite ni par un cône, ni par une image (οὔτε εἴδωλον), ni par toute autre chose, mais que *l'âme, mise en rapport avec les objets visibles, ne fait que se voir elle-même dans ces objets* (ἀλλὰ τὴν ψυχὴν αὐτὴν ἐντυγχάνουσαν τοῖς ὁρατοῖς ἐπιγινώσκειν ἑαυτὴν), qui ne sont pas autre chose qu'elle, (100) *puisque l'âme renferme toutes choses, et que tout ce qui est, n'est rien d'autre que l'âme contenant les étants de toute espèce* (οὖσαν τὰ ὁρατὰ τῷ τὴν ψυχὴν συνέχειν πάντα τὰ ὄντα). Or, puisqu'il prétend qu'il n'y a qu'une âme raisonnable pour toutes choses (μίαν γὰρ βουλόμενος πάντων ψυχὴν τὴν λογικὴν), c'est avec raison qu'il dit que *l'âme se voit en tout* (γνωρίζειν ἑαυτὴν ἐν πᾶσι τοῖς οὖσιν). » (*Nemesii Emeseni De natura hominis,* edidit M. Morani, Leipzig, Teubner, 1987, je souligne). Voir aussi *Nemesius. On the Nature of Man*, trad. angl. R. W. Sharples et P. J. Van der Eijk, Liverpool, Liverpool UP, 2008, p. 106. Le passage présente des proximités avec la théorie noétique qui se dégage de l'exégèse de Philon (que Némésius cite par ailleurs), de même qu'avec Plotin et Victorinus.

bien commun à tous les êtres individuels. En outre, il n'agit que *par délégation* : par les arts et par les sciences.

On comprend, en somme, qu'on ne voit pas l'humanité en tant que telle, car c'est bien d'elle qu'il s'agit selon la seconde qualification ; on ne voit que des hommes qui participent de l'humain dès lors qu'ils réfèrent à eux-mêmes. L'humanité n'a d'existence que dans la mesure où c'est d'elle que relève chaque individu homme qui réfère à lui-même – ce qui semble conforter d'ailleurs une thèse d'Aristote que Plotin lui-même suivra[1] et que l'on retrouve aussi chez Grégoire de Nysse[2]. L'autoréférence de l'individu n'est cependant pas solipsiste chez Philon, comme elle ne le sera pas non plus chez Grégoire[3], parce que l'objet de cette référence est simultanément l'identité propre et l'identité du genre (ou de l'espèce), cet « autre » que soi en soi, cette *agalma*, image du *noûs* divin auquel l'homme singulier rend grâce dans la mesure où il sait qu'il porte en lui cette « statue » (cette sorte d'« image de l'universel ») sans s'y confondre totalement. Cet argument conforte donc la partie qui concerne l'« homme » dans l'analogie de Philon. Mais agit-il de la même manière au sujet du *noûs* de Dieu ? Non, car cette double qualification est difficilement conciliable avec la condition du *noûs* de Dieu. L'analogie est en réalité faussée comme pour dissimuler, de manière subtile, la subsistance d'une fracture et la nécessité conséquente de changer de registre. Cette seconde partie de l'analogie ne peut en effet fonctionner de la même manière puisqu'il faudrait alors admettre qu'il y aurait en Dieu genre commun et multiplicité d'individus, non seulement unicité et transcendance de l'universalité. Donc le sujet (« il ») de l'analogie réfère à une communauté du *noûs* gouverneur et de son image, les deux ayant leurs correspondants exacts dans l'intellect humain et dans la partie rationnelle de l'âme dans l'homme (*agalma-eikôn*). Cet ensemble, paradigme et image, est nécessairement second par rapport à la pensée de Dieu et ne réfère en réalité qu'à l'homme et à l'articulation du *noûs* et du *logos* en celui-ci.

Cependant, cette articulation est précisément celle qui conditionne dans l'homme la possibilité de répondre en actualisant à la fois le rapport de réciprocité et la possibilité conséquente de *penser Dieu*. Car si l'individu

1. *Enn.* V, VII, 1 [T. 18], en l'occurrence : la discussion sur l'existence de l'idée d'individu tant par rapport à l'être individuel en lui-même (Socrate en soi, αὐτοσωκράτης), que par rapport à son âme et à son image. Ce premier passage du traité aborde précisément la question du genre et de l'espèce selon la possibilité de connaissance de l'individuel. Le passage plotinien semble faire écho à la fois à Platon (*Parménide* 133c) et à Aristote (*Mét.* Λ, 5, 20-23).

2. *De hominis opificio*, fin du chap. XVI.

3. Voir aussi chez J.-L. Marion, *Certitudes négatives*, *op. cit.*, p. 68-71.

pense Dieu, c'est bien en réponse à Dieu qui pense l'humain en y déposant l'image exacte de cette pensée. L'acte noétique est bien unique tandis que la puissance de penser est alors nécessairement partagée, donnée en partage comme possibilité commune d'un seul et même acte : *penser*[1]. En revanche, si la puissance est partagée à l'égard d'un acte unique et si cette unicité de l'acte et ce partage conséquent de la puissance assurent la condition de réciprocité entre le sujet pensant et l'objet pensé, cette réciprocité s'accomplit toutefois sans nécessité formelle de symétrie. Selon l'exégèse de Philon, le sujet et l'objet partagent la condition de réciprocité sur le fond commun de leur statut, Dieu et l'homme noétique étant à ce stade non seulement des réalités immatérielles, mais encore des réalités non transcendantes l'une à l'égard de l'autre, chacune renvoyant nécessairement et uniquement à l'autre. L'objet pensé n'est toutefois pas strictement le même. L'identité de l'objet pensé est décalée ou différée, car chacun des « acteurs » en relation de réciprocité pense l'autre sous un mode différent : soit comme réduction à sa pensée, car, dès lors que Dieu crée l'homme, ce dernier est nécessairement « objet » de la pensée de Dieu et la réduction est alors équivalente à une irréductibilité foncière, puisque l'homme n'est ni Dieu ni non-Dieu, mais uniquement *image de la pensée de Dieu* ; soit comme conditionnant l'acte dont l'homme qui pense ne serait que le sujet porteur de ce qui le dépasse, car penser Dieu équivaut pour l'homme à la possibilité de penser l'impensable. « Dieu », en tant que sujet de l'acte, pense alors l'altérité de l'objet (l'« humain ») sous le mode de l'intelligible dont l'intelligibilité s'actualise pour lui perpétuellement. L'« homme » en revanche, en tant que sujet et objet de l'acte commun de penser, ne peut penser l'altérité de l'objet (« Dieu ») qu'en tant que déterminant son identité et constituant la condition de sa propre pensée. Pour l'homme Dieu est pensable comme puissance de cette pensée *actuelle*, de cette pensée *in actu* dans chaque homme, que l'homme soit en train de penser précisément Dieu ou qu'il soit en train de penser tout court, en exerçant l'articulation du *noûs* et du *logos* par sa capacité de répondre à une sollicitation qui ne vient pas de lui.

Par conséquent, Dieu connaît l'homme sous sa condition universelle, et connaît donc chaque homme en tant qu'il participe de la condition de son genre, tandis que l'homme ne peut pas connaître Dieu mais peut en

1. Nous retrouvons en effet l'argument spécifique de l'intellection des immatériels évoqué par Aristote (*De anima* 430a3-4 [τῶν ἄνευ ὕλης τὸ αὐτό ἐστι τὸ νοοῦν καὶ τὸ νοούμενον] et *Mét.* Λ 1075a3-5 [οὐχ ἑτέρου οὖν ὄντος τοῦ νοουμένου καὶ τοῦ νοῦ, ὅσα μὴ ὕλην ἔχει, τὸ αὐτὸ ἔσται, καὶ ἡ νόησις τῷ νοουμένῳ μία]) comme possibilité de réaliser l'identité entre l'acte d'intelliger et l'objet pensé dans le cas de la pensée du meilleur.

revanche le penser. Il le pense, en effet, comme reflet de sa propre puissance de penser et en même temps comme expression de son pouvoir de perfection au-delà de son *entéléchie* (en termes aristotéliciens), puisque l'homme pense Dieu comme condition de possibilité de la pensée et non comme une entité pensable propre à sa faculté. Irréductible à l'être et intransitif, Dieu n'est donc pas un *noêton*, un intelligible ou un pensable adéquat à la pensée de l'homme, mais assure néanmoins l'accomplissement et la perfection de l'acte noétique. Plus tard, cette perfection intégrera la notion de forme et la faculté noétique endossera le rôle de lieu conditionnant l'immortalité de l'homme selon la lecture scolastique d'Aristote. Mais pour Philon, comme pour Alexandre d'Aphrodise, Plotin et Marius Victorinus, cette perfection se trouve dans l'homme individuel tout en demeurant *comme étrangère* à lui, et elle conditionne non son immortalité singulière mais la possibilité d'un acte noétique par lequel l'homme pense à la fois Dieu et son propre lien avec celui-ci ou, du moins, avec un principe universel.

Pourquoi cet ensemble noétique subtil, simultanément réciproque et asymétrique, est-il néanmoins second selon Philon ? Par rapport à quoi est-il second ? Il est second par rapport à l'image de Dieu, Dieu à son tour *n'étant qu'image "selon l'homme"*, d'après la condition d'appréhension inscrite dans l'âme rationnelle et dans l'intellect de l'homme. De Dieu l'homme n'a en effet que l'image, la *sienne*, comme connaissance essentielle. Et cet ensemble est second aussi parce que la pensée divine se trouve en acte, qu'elle se déploie, participe de ce qu'elle produit, et qu'à ce titre elle est conforme au *logos* et non plus réduite au projet conceptuel de création. Il s'ensuit que l'*energeia* est dans ce cas postérieure et non antérieure à la *dunamis*, l'acte postérieur (ou du moins concomitant) et non antérieur à la puissance, ou, comme le dira Victorinus au même sujet de l'homme-image de Dieu (bien que la référence soit ontologique et non noétique), *esse* est antérieur à *agere*[1]. L'homme, par conséquent, a et porte

1. *Adversus Arium*, I, A, 20, 1-16 : « Moïse rapporte ce que Dieu a dit : "Faisons l'homme selon notre image et selon notre ressemblance". C'est Dieu qui dit cela. "Faisons" suppose qu'il s'adresse à un coopérateur (*cooperatori dicit*), nécessairement au Christ. Et il dit : "Selon l'image". Donc l'homme n'est pas l'image de Dieu, mais il est "selon l'image" (*secundum imaginem*). Car seul Jésus est image de Dieu (*imago dei*), mais l'homme est "selon l'image", c'est-à-dire image de l'image (*imago imaginis*). Mais il dit : "Selon notre image". Donc Père et Fils sont une seule image (*imago una*). Si le fils est l'image du Père et si l'image en soi (*ipsa imago*) est le Père, ils sont donc consubstantiels par l'image (*imagine ergo* ὁμοούσιοι). Car l'image en soi est substance (*Ipsa enim imago substantia est*). En effet un et simple sont là-bas l'être et l'agir (*esse et operari*). Or substance et espèce (*substantia et species*) sont bien ainsi. Mais l'image étant substance, Père et Fils sont consubstantiels, le Père étant, selon l'être

en lui l'*agalma* de la *dunamis* en même temps qu'il est l'*eikôn* de l'acte (de l'*energeia*) dont il est aussi le produit – qu'il soit créé : « homme », ou engendré : « fils ». Se produit donc une inversion qui correspond au changement de perspective : l'acte pur, simple et unique de Dieu est nécessairement antérieur à la puissance partagée avec l'homme ; en revanche, la puissance est antérieure à l'acte de l'homme qui pense Dieu. Cet homme est l'homme intelligible, doué de *noûs* gouverneur et d'âme rationnelle, tous deux à l'image de Dieu. Mais cette inversion signifie aussi que le modèle de l'analogie, nécessairement bancal dans ce cas, est remplacé ici par celui de la réciprocité qui unit les termes en laissant la place à l'expression du décalage, de la différence et de l'autonomie.

L'HOMME *BEAU ET BON*

Dans son étude sur les usages philosophiques et exégétiques des termes *agalma-agalmatophorein*, Marguerite Harl signale aussi une autre occurrence significative du verbe dans le même texte de Philon. On ne s'attardera pas sur cette seconde occurrence[1], mais il est important d'insister sur un point. Elle apparaît dans le contexte de la création de l'homme sensible (Gen. 2, 7), composé de corps et d'âme, et animé par le souffle de celui qui le façonne. Une fois soulignée la distinction « de grande envergure » (διαφορὰ παμμεγέθης) entre l'homme créé à l'image de Dieu (Gen. 1, 26) défini plus haut, et l'homme fait de terre et de pneuma décrit à présent[2],

(*patre exsistente secundum quod est esse*), aussi agir (*etiam quod est agere*), le Fils étant, selon l'agir, aussi être, chacun des deux ayant son individualité grâce à ce qu'il est le plus (*unoquoque habente id quod sit iuxta quod maxime est*), l'être étant pourtant antérieur à l'agir (*antiquius exsistente quod est esse ab eo quod est agere*). » (*Traités théologiques sur la Trinité*, texte établi par P. Henry, trad. fr. P. Hadot, Paris, Cerf, 1960). Comme dans le cas des commentaires de Gen. 1, 26 de Basile de Césarée et de Grégoire de Nysse cités *supra* n. 3 p. 80 et n. 1 p. 81, je cite le commentaire de Victorinus non seulement pour la référence ponctuelle à l'antériorité de l'*esse* sur *agere*, mais aussi à titre de comparaison avec l'exégèse philonienne de l'anthropogonie biblique. On reviendra dans la deuxième partie sur le rapport acte-puissance chez Plotin et chez Victorinus.

1. *De opificio*..., 137.

2. *De opificio*..., 134 : « Moïse dit ensuite : "Dieu façonna l'homme en prenant une motte de terre et il souffla sur son visage un souffle de vie" (Gen. 2, 7). Il montre par là très clairement (ἐναργέστατα) la différence de tout au tout (διαφορὰ παμμεγέθης) qui existe entre l'homme qui vient d'être façonné ici (πλασθέντος ἀνθρώπου) et celui qui avait été précédemment engendré à l'image de Dieu (κατὰ τὴν εἰκόνα θεοῦ γεγονότος πρότερον). Celui-ci, qui a été façonné, est sensible (αἰσθητὸς) ; il participe désormais à la qualité (μετέχων ποιότητος) ; il est composé (συνεστὼς) de corps et d'âme ; il est homme ou femme, mortel par

Philon affirme que le second, l'homme sensible, est « *en vérité* beau et bon »[1]. L'Alexandrin développe trois arguments en faveur de cette qualification : 1) la terre primordiale dont l'homme est façonné est de bonne qualité[2]; 2) la sélection de la matière de même que la conception de la forme sont adéquates, et le travail est mené à terme avec le plus grand raffinement, comme s'il s'agissait de faire de l'homme « un temple … pour l'âme rationnelle (οἶκος γάρ τις ἢ νεὼς ἱερὸς ἐτεκταίνετο ψυχῆς λογικῆς), la plus ressemblante à Dieu des images divines, que l'homme devait porter en lui (ἣ ἔμελλεν ἀγαλματοφορήσειν ἀγαλμάτων τὸ θεοειδέστατον) »[3]; enfin 3) l'artisan de la statue et du temple qui l'abrite est doué dans tous les arts, a la science de chaque partie du corps et possède en outre l'art de l'harmonie et de la cohésion de l'ensemble[4].

Mais est-il, cet homme « en vérité beau et bon » (ἀληθείᾳ καλὸς καὶ ἀγαθὸς), encore à l'image et à la ressemblance de Dieu ? Quel rapport entretient-il avec le *noûs* gouverneur de l'homme, *noûs* divin qui est, lui, au-delà de toute qualification ? En d'autres termes, cette métaphore artisanale de la création « matérielle » de l'homme qui ne correspond plus à l'idée (*idea*), au genre (*genos*) et à la substance ou essence propre (*ousia*) qui sous-tend le sceau divin (l'empreinte : *sphragis*, *ekmageion*), mais qui se range maintenant du côté de la qualité (*poion*), de l'étendue (*megêthos*) et du composé (*sunthêtos*), permet-elle de connaître, avec cette seconde

nature. Celui-là, fait à l'image [de Dieu] (κατὰ τὴν εἰκόνα), c'est une idée (ἰδέα τις), un genre (γένος) ou un sceau (σφραγίς); il est intelligible (νοητός), incorporel (ἀσώματος), ni mâle ni femelle, incorruptible de nature (ἄφθαρτος φύσει). »

1. *De opificio…*, 136.

2. On trouve chez Victorinus (*Ad. Arium*, I, B, 62, 11-14) un bel écho de cette référence à la qualité de la terre dont est façonné l'homme sensible. Le théologien latin parle de « fleur de la terre » (*summitates terrae et florem*), métaphore dont Grégoire de Nysse aussi se servira dans *De hominis opificio*, chap. V (137 A-C).

3. « Il était en vérité, lui, réellement beau et bon (ὁ γὰρ ἀληθείᾳ καλὸς καὶ ἀγαθὸς οὗτος ὄντως ἦν). » Le premier argument de Philon en faveur de la beauté primordiale de l'homme est donc la qualité unique de la terre primordiale, suivi de l'argument de l'homme-temple pour l'âme rationnelle, l'image-statue de Dieu. « La seconde remarque, c'est qu'il n'y avait pas apparence (ἔοικεν) que Dieu voulût façonner avec un céleste soin cette statue à forme humaine (ἀνθρωποειδῆ… ἀνδριάντα πλάττειν) en prenant une motte quelconque de terre ; tout au contraire, il la fit en triant le meilleur de la terre entière, le plus pur de la matière pure (καθαρᾶς ὕλης τὸ καθαρώτατον), à l'extrême du raffinement le plus grand, ce qui convenait le mieux à sa construction; car c'est une demeure, un temple qu'il bâtissait pour l'âme rationnelle (οἶκος γάρ τις ἢ νεὼς ἱερὸς ἐτεκταίνετο ψυχῆς λογικῆς), la plus ressemblante à Dieu des images divines, que l'homme devait porter en lui (ἣ ἔμελλεν ἀγαλματοφορήσειν ἀγαλμάτων τὸ θεοειδέστατον). » (*De opificio…*, 136-137.

4. *De opificio…*, 138. On y reconnaît encore des échos du *Timée* (le soin de chaque partie, l'harmonie, etc.).

série de catégories, encore quelque chose de la pensée proprement dite de Dieu? Peut-on penser un Dieu qui serait « beau et bon », à l'instar de l'homme que Dieu façonne, métamorphosé pour l'heure en démiurge sculpteur?

Non, Dieu n'est ni beau ni bon au titre de *poion*, de la qualité ou de la participation à la qualité (μετέχων ποιότητος)[1]. Aucune détermination ne correspond à titre de qualité au mode par lequel Dieu pense l'homme et se reflète aussi dans la manière dont l'homme pense Dieu. La structure discursive du raisonnement (*logismos*) est la seule qui peut servir de lieu de rencontre et de modèle formel pour ce que j'ai appelé plus haut l'*isomorphisme* noétique entre Dieu et l'homme. En revanche, on peut comprendre l'homme ainsi qualifié (*beau* et *bon*) comme étant une conséquence logique, une inférence du rapport institué entre le genre (*genos*) et l'individu (*hekaston*), tant qu'il s'agit dans ce rapport d'une relation de réflexivité objective censée rendre accessibles les traits constituants de l'individu : chaque homme est beau par une participation propre et directe au beau – participation qui, dans le sillage de Platon, serait de l'ordre d'une connaissance ou reconnaissance du beau à travers le *logos*[2]. Pour être saisie, cette relation de réflexivité objective a cependant besoin d'une médiation de type *katoptrique* qui puisse en assurer l'expression. Il ne s'agit pas d'un miroir à proprement parler, mais d'une intercession assurée par le langage. Une médiation discursive et prédicative sert dans ce cas de structure réflexive, parce que ce type de médiation est à la fois signifiante et référée, et que du signifié elle assure simultanément la révélation « véritative » et la définition du lien propre institué par des attributs : *en vérité* il est beau et bon. L'homme se découvre alors comme étant « qualifié », mais sans que ses propres traits constitutifs le soient en eux-mêmes et sans que lui-même le voie ainsi. C'est uniquement par effet de retour qu'une telle qualification peut advenir, une fois que l'homme a inscrit son identité individuelle dans la relation réflexive à l'égard du genre et que celle-ci le révèle dans le propre de son identité, l'actualise comme individu et le conduit à pouvoir penser l'autre (le cas échéant, Dieu) dans la mesure où il se pense lui-même et aussi *comme* il se pense lui-même.

Est inhérent à ce rapport de réflexivité actualisée par l'acte de fabrication le fait que l'homme « qualifié » ou l'homme sensible ne soit pas pour autant connaissable en lui-même. Il ne peut en effet être saisi qu'en tant qu'*altérité de Dieu*. Il ne peut être connu qu'en se dévoilant comme tout

1. *De opificio*..., 134.

2. *Phèdre* (250d) ou *Théétète* (185e3-4 : « ὁ γὰρ καλῶς λέγων καλός τε καὶ ἀγαθός »).

entier *l'autre* (de Dieu), tandis que son identité imparfaite ou du moins *différée*, engagée dans la réciprocité de l'exercice noétique commun, est comme avalée, contenue telle une puissance en attente et prête à s'actualiser à son terme. La conséquence va d'ailleurs plus loin. En tant qu'altérité objectivée, l'homme « qualifié » ne reflète plus la pensée de Dieu puisqu'il en provient par séparation. Bien qu'il soit « produit » avec une habileté divine (« μετὰ τῆς ἀνωτάτω σπουδῆς / avec un soin céleste », dit le texte[1]), l'homme sensible ne partage pas nécessairement l'acte immédiat de penser, comme dans l'hypostase noétique de son genre (l'humain) identifiée formellement à la pensée de Dieu, puisque cet homme-là, l'homme noétique, n'était que le « concept » d'un genre et pouvait donc faire l'« objet » d'un acte de pensée pure. Pour cette raison, bien qu'il soit « qualifié » et disposant d'un corps parce qu'il a été « fabriqué », cet homme second n'a pas pour autant une forme idéale propre. *A fortiori*, la puissance réflexive qui incombe à celle-ci ne s'actualise pas d'emblée en lui. D'ailleurs l'expression « à l'image et à la ressemblance » ne joue plus un rôle de première importance, le relais étant ici assuré par l'*agalma* et, davantage même, par *eidos*. Ce dernier terme, composé avec *theos* (*theoeidestaton*), désigne la nature de la ressemblance dans laquelle se tient l'*agalma*, la statue divine, figurant l'âme située dans le saint des saints du temple, métaphore de la constitution hylétique et pneumatique de l'homme « qualifié », l'homme « beau et bon *en vérité* ». Il s'ensuit que l'homme ne peut apparaître alors comme « beau et bon » ni au titre de son statut de produit nécessairement vrai et parfait de la création divine, ni en tant qu'image de Dieu. Pourquoi ? Et à quoi correspondent en réalité les qualités ou attributs préférentiels de cet *autre* à l'égard de Dieu ?

Il est important de noter que la ressemblance dans laquelle se trouve non l'*agalma* divine mais bien l'homme hylétique par rapport à Dieu, est ici désignée comme *mimêsis*, non plus comme *homoiôsis*. Si pour *agalma* la ressemblance est d'ordre eidétique ou homotétique, pour l'homme « qualifié » elle est d'ordre mimétique. Le texte de Philon prend par endroit (comme chez Grégoire de Nysse plus tard sur le même sujet[2]) les accents précieux d'une rhétorique dont le verbe s'assimile à des pratiques artistiques : le démiurge divin est sculpteur, fait du modelage et, pourvu d'un « pinceau fleuri » (ἠνθογράφει), ajoute de belles couleurs (εὔχροιαν)

1. *De opificio...*, 137.

2. *De hominis opificio,* V : « L'homme est une copie de la royauté de Dieu (ὁμοίωμα τῆς θείας βασιλείας ὁ ἄνθρωπος) ». Le passage 137 A-C présente des similitudes frappantes avec le texte de Philon (voir A. Vasiliu, *Images de soi...*, *op. cit.*, p. 204-212).

comme ferait un peintre de statues ou de vases anthropomorphes[1]. La démarche est cependant claire dans son développement discursif. L'homme « qualifié » est une reproduction iconique et une copie : *mimêma* apparaît deux fois dans le même passage, une fois accompagné de *apeikonisma* (ἀπεικόνισμα καὶ μίμημα)[2]. Le paradigme de cette reproduction iconique est le *logos*, *logos* d'un Dieu fabricateur et artiste. De ce *logos* l'homme sensible est une copie fidèle, mise au service de la royauté du raisonnement et de l'âme hégémonique (βασιλέα λογισμὸν, τῷ ἡγεμονικῷ)[3].

Mais au service de la raison de *qui* l'homme est-il qualifié ainsi, de « beau » et de « bon » ? N'est-il pas pourvu de ces attributs ou vertus précisément parce qu'en étant asservi au *logos* et au *logismos* qui sont en lui, il est nécessairement aussi son propre sujet de réflexion et qu'à ce titre il a, lui aussi, une puissance de raisonnement et donc de création, assortie à cette raison hégémonique propre – toutes deux, puissance réflexive et raison hégémonique, étant évidemment distinctes de celles de Dieu ? Dans ce cas, l'homme possède les qualités de « beau » et de « bon » *par lui-même*, en raison (et à la mesure exacte) de l'exercice de son raisonnement et de la fonction doxologique de sa pensée dirigée vers Dieu, et non parce qu'il constitue, en tant que résultat « objectif » d'un acte second de création, un reflet du raisonnement divin ou parce qu'il serait le fruit du « talent artistique » de son créateur.

1. *De opificio...*, 138.

2. *De opificio...*, 139 : « Mais il est évident qu'il [l'homme fait de corps et de *pneuma*] était aussi le meilleur en son âme. Car Dieu semble ne s'être servi pour le fabriquer d'aucun autre modèle pris dans le devenir (ἐν γενέσει), mais uniquement, comme je le disais, de son propre Logos (τῷ ἑαυτοῦ λόγῳ). Aussi Moïse dit-il que c'est une reproduction iconique et une copie (ἀπεικόνισμα καὶ μίμημα) de ce Logos qu'est devenu l'homme vivifié par le souffle au visage (εἰς τὸ πρόσωπον); là est le lieu des sensations (τῶν αἰσθήσεων ὁ τόπος) dont le Créateur a animé le corps; ayant établi la royauté du raisonnement (βασιλέα λογισμὸν), il donne à la partie rectrice de l'âme (τῷ ἡγεμονικῷ) d'être assistée par elles dans la perception des couleurs, des sons, des saveurs, des odeurs et des autres qualités semblables, qu'elle n'était pas capable de saisir par elle-même sans la sensation. Mais il est nécessaire que d'un modèle de toute beauté (παγκάλου παραδείγματος), la copie soit de toute beauté (πάγκαλον εἶναι τὸ μίμημα). Or le Logos de Dieu vaut mieux que la beauté même, qui est beauté dans la nature (φύσει κάλλος), car il n'est pas orné par la beauté, étant lui-même, pour dire vrai, la parure de cette beauté et la plus belle (οὐ κοσμούμενος κάλλει, κόσμος δ' αὐτός, ... εὐπρεπέστατος ἐκείνου). » (trad. mod.). Philon joue sur l'équivocité *kosmos-kosmeô* et sur la substitution entre l'objet et le sujet de l'action qui rend le beau manifeste.

3. *De opificio...*, 139.

Force est de reconnaître toutefois que l'on se heurte ici à la même ambiguïté que celle qui révèle la structure défectueuse de l'analogie évoquée plus haut. Si le *noûs* de l'homme est le « maître » de l'homme (leçon du *Phèdre*, pour dire vite), le *noûs* divin, en revanche, est le « maître » du monde (leçon du *Timée*)[1]. Par conséquent, l'homme « qualifié » est la copie de la statue qu'il porte en lui et qui est l'image divine du *noûs* de Dieu. D'où il est aisé de comprendre que sur le visage de l'homme, lieu des sensibles (τῶν αἰσθήσεων ὁ τόπος), se rend visible la copie du raisonnement et de la raison hégémonique. *Transparaît* plus précisément, à l'orée du visage, une reproduction de la maîtrise autoréflexive de l'homme qui est l'image de la puissance divine actualisée dans la création de l'homme. En termes de beauté, puisque l'homme est qualifié de « beau », l'homme n'est pas la reproduction de la beauté de Dieu car Dieu n'est pas beau (ne comporte pas de qualités). En revanche, l'homme est le maître et l'acteur de la disposition qui permet à la beauté de se produire en lui. De cette beauté, l'homme hylétique incarne la reproduction et l'expression ; il en est, plus exactement, la plus belle des copies et la plus fidèle des expressions. Donc l'homme visible fait montre d'une beauté qui se fabrique en quelque sorte en lui-même à partir d'un paradigme intellectuel comprenant à la fois un modèle formel et un raisonnement dirigé vers ce modèle. L'homme sensible est par conséquent simultanément maître de lui-même et assujetti, à l'image du raisonnement réflexif et de la grâce que l'homme noétique rend à la statue divine qu'il porte en lui et qui fait de lui à la fois un reflet et un pendant de cette statue.

Tandis que l'homme intelligible se conçoit comme une identité différée et à ce titre hétérogène à l'égard du *noûs* divin (autrement dit, comme une image de l'altérité radicale *propre à Dieu*), qu'il se fait porteur de sa puissance (*agalma*) et qu'il s'identifie en même temps au reflet (*eikôn*) de l'acte inhérent à cette puissance, l'homme « qualifié », *i.e.* l'homme sensible, se présente lui dans la condition spécifique d'une altérité de Dieu *propre à l'homme*, en étant sous le coup d'une double séparation et aussi d'une liberté de choix dont l'homme intelligible ne dispose pas *a priori*, à l'instar du *noûs* divin. Quelle est cette double séparation constitutive de l'homme en l'altérité de Dieu : 1) séparation entre le produit et le producteur ; 2) séparation aussi entre le statut de producteur ou de fabricateur et celui d'un Dieu puissance de conception et de création. Le démiurge n'est pas Dieu mais une actualisation hypostatique de Dieu ; il est donc second par rapport à l'autoréflexion de l'*Un* divin, universel,

1. J'assimile dans les deux cas l'intellect et l'âme.

archétypal et hégémonique principe de création dont est issu l'homme intelligible. Il faut donc opérer une substitution entre *objet* et *sujet* pour que l'identité, l'acte et la relation puissent retrouver une consécution logique entre la rationalité (*noûs* et *logos* réunis) qui est le fait de l'homme, son mode opératoire par lequel l'homme pense Dieu puisque Dieu le pense ainsi, et l'image qui est dans la puissance de Dieu, contenue dans la pensée divine *en vue* de l'homme et *pour* l'homme. Une image purement conceptuelle, il va de soi, et qui recèle le contenu de la réflexion de Dieu. Ce contenu n'est pas manifeste dans l'image-*eikôn* du genre universel appelé « homme » (l'humain), mais devient visible, à l'œil exercé, dans chaque individu qui se perçoit lui-même, se déploie et s'automanifeste dans sa participation singulière au genre auquel il appartient[1]. Mais il est évident que pour Philon ces deux créations sont complémentaires et non opposées, chacune achevant l'autre dans la finalité qui lui incombe : l'une dans la possibilité pour l'homme de *penser Dieu*, l'autre pour faire de l'homme *l'altérité de Dieu* ; une altérité parfaite, mais qui garde nécessairement la complémentarité puisque celle-ci est inscrite comme « puissance commune » dans l'*isomorphisme* de la pensée.

On peut lire tantôt explicitement tantôt en transparence le travail de l'exégète biblique en regard avec le *Timée* et avec la noétique et la métaphysique aristotéliciennes, selon une pratique de référence aux « classiques » courante à l'époque de Philon et perpétuée jusqu'à Plotin et Porphyre. Rappelons, pour exemples, Alcinoos, dont la présentation des doctrines platoniciennes comprend aussi de nombreuses références à la théorie du premier moteur, au statut des intelligibles par rapport aux idées et aux paradigmes, à la définition de Dieu comme intellect et à la création par autorefléxivité de la pensée divine[2] ; ou Atticus, plus soucieux de

1. Précisons que cette autoperception et cette automanifestation de l'homme ne doivent pas s'entendre comme une expression de la « conscience » (*suneidêsis*) dont serait ainsi pourvu l'homme « qualifié » (bon et beau). Comme le montre J. Pigeaud (« Le problème de la conscience chez Philon d'Alexandrie », *Studia Patristica*, XV, part I, 1984, p. 486-488), la conscience comme telle ne serait présente dans l'homme, selon Philon, qu'à partir du stade de l'individu charnel dont la « chair vive », dans la passion commune de l'âme et du corps, permet à l'homme de situer encore différemment que sous le signe de l'image sa non-identité en tant qu'humain dans la saisie de la finitude. Le texte philonien de référence pour Pigeaud est *Quod Deus sit immutabilis* (123).

2. *Didaskalikos* 163, 11-164, 42 pour la théorie des idées et la noétique d'inspiration aristotélicienne, l'allusion au premier dieu comme moteur immobile (ἀκίνητον) et cause de l'activité éternelle de l'intellect (ὁ πρῶτος θεός, ἄιτιος ὑπάρχων τοῦ ἀεὶ ἐνεργεῖν τῷ νῷ τοῦ σύμπαντος οὐρανοῦ, 164, 22-26), ainsi que la référence à Dieu comme « père et cause de tout, ordonnateur de l'intellect céleste et de l'âme du monde en rapport à lui-même et à sa pensée »

séparer Platon d'Aristote, et dont l'interprétation de la cosmologie et du rôle des idées est particulièrement proche de l'exégèse biblique et de l'anthropologie de l'Alexandrin[1]. Marguerite Harl cite nombre d'autres références de ce platonisme dit « stoïcisant » qui passe en revue tous les dialogues importants (non seulement le *Timée* et la *République*), mais qui est également imprégné de la physique, des théories de l'âme, des modes de constitution de l'individu et des principes logiques de la connaissance. L'archéologie textuelle n'est cependant pas le but poursuivi dans cette analyse des enjeux philosophiques inscrits dans une page du commentaire de la Genèse par Philon d'Alexandrie. On aura compris qu'en prenant Philon comme guide, c'est la racine de cette double ou triple articulation entre noétique, théologie-cosmologie et métaphysique qui fait l'objet de l'analyse – double ou triple articulation qui est à l'œuvre dans la définition de l'homme et qui est déterminante sur la longue durée de la philosophie elle-même.

(πατὴρ δέ ἐστι τῷ αἴτιος εἶναι πάντων καὶ κοσμεῖν τὸν οὐράνιον νοῦν καὶ τὴν ψυχὴν τοῦ κόσμου πρὸς ἑαυτὸν καὶ πρὸς τὰς ἑαυτοῦ νοήσεις, 164, 40-42). De même, *Didaskalikos* 167-168, concernant le démiurge qui a engendré le monde dans la pensée d'abord (167, 27) et comme un monde qui convient à l'intellect et à la pensée (νοῦ καὶ φρονήσεως οἰκείαν ὑπάρχουσαν, 168, 6-7), allusion explicite au *Timée* 34a2-3. Sur les proximités doctrinales et lexicales entre Alcinoos et Philon d'Alexandrie, voir J. Whittaker, Alcinoos, *Enseignements des doctrines de Platon, op. cit.*, « Introduction », p. XII et nombreuses références dans les « Notes complémentaires ».

1. Atticus, fragm. 9, 5 : « Comprenant, en effet, que c'est par rapport à elles [les natures premières, principes, archétypes, πρώτας καὶ ἀρχικωτάτας φύσεις] que Dieu est de toute chose le père, le démiurge, le maître, le tuteur ; reconnaissant, d'après ses œuvres, que cet artisan avait d'abord conçu (νοῆσαι) ce qu'il devait œuvrer (δημιουργήσειν), puis, qu'une fois le modèle conçu (νοηθέντι), il y rendait conformes [ressemblantes] les choses (προσάγειν τὴν ὁμοιότητα), tout de même Platon embrassa du regard les pensées de Dieu plus anciennes que les choses (τὰ τοῦ θεοῦ νοήματα πρεσβύτερα τῶν πραγμάτων) : les modèles du devenir (τὰ τῶν γενομένων παραδείγματα), incorporels et intelligibles, qui restent toujours identiquement les mêmes, qui existent en soi souverainement et primordialement, et sont pour le reste causes partielles (παραίτια) que chaque chose est telle qu'elle est, selon sa ressemblance avec eux (κατὰ τὴν πρὸς αὐτὰ ὁμοιότητα)… » (texte établi et traduit par E. Des Places, Paris, Les Belles Lettres, 1977). Pour des proximités entre cette interprétation d'un intellect divin démiurge pourvu de pensées et la critique par Porphyre de la doctrine des idées divines, voir M. Zambon, *Porphyre et le moyen-platonisme*, Paris, Vrin, 2002, p. 156 *sq.*

PENSER DIEU :
ACTE NOÉTIQUE OU SCIENCE TRANSCENDANTALE ?

Sans aller plus loin ni dans les recherches de généalogie textuelle, ni dans l'exégèse philologique, ni dans la perspective de longue durée de la confrontation des doctrines et des genres philosophiques, mais en poussant toutefois l'hypothèse de lecture proposée jusque dans ses derniers retranchements, on éclairerait alors une structure conceptuelle précise qui répond à la question posée au départ. *Penser Dieu* serait en effet, du moins pour Philon, une donnée de la raison. La condition de possibilité y serait en tout cas inscrite. C'est aussi à l'intérieur de cette structure conceptuelle précise que s'opère le changement de paradigme anthropologique imposé par une philosophie centrée sur la détermination d'un statut propre du corps vivant et sur la définition de l'identité de tout homme, identité à la fois composite et unique puisqu'elle recèle une relation réflexive entre le genre et l'individu et que cette liaison apparaît comme spécifique à chaque singularité. Il y a cependant plusieurs voies qui s'ouvrent à partir de cette structure conceptuelle à cheval entre noétique et théologie, ainsi qu'à partir du nœud problématique des rapports entre l'homme et Dieu, nœud anthropologique que met en lumière le passage de l'exégèse philonienne que l'on vient d'analyser.

Je ne m'engagerai pas immédiatement sur ces voies; il est plutôt temps de conclure. Rappelons d'abord quels sont les fils qui se nouent dans la démonstration sous-jacente à ces quelques lignes d'un commentaire biblique. D'abord, 1) les fils qui dessinent la structure noétique – l'intellect hégémonique, le raisonnement et son expression, le langage –, fils qui s'enroulent autour de la relation constitutive entre l'altérité et l'identité, la première étant fondatrice de la seconde. Dieu et l'homme sont, à tour de rôle, chacun l'altérité de l'autre, bien que le sens de la relation constitutive soit univoque, dicté par l'unique rapport de détermination possible, celui entre l'archétype et les images qui en proviennent. Par la suite, 2) il a été question de ces fils qui tissent le lien, aussi puissant qu'invisible, entre Dieu et l'homme sur la base d'une relation de réciprocité, et qui en fixent aussi les moyens grâce à la médiation de l'image portée (*agalma*), du reflet de celle-ci (*eikôn*) ou de l'empreinte (*ekmageion*), et de la possibilité, pour l'homme, d'intérioriser ces moyens jusqu'à y faire corps commun. Et enfin, 3) ont été évoqué des fils qui se déroulent et qui s'enroulent, comme pour signifier en quelque sorte la circularité de la transmission et pour assurer ainsi la possibilité, inscrite à la racine de l'humain, d'actualiser en chacun la puissance des vertus universelles à travers la prise de conscience des moyens qui révèlent l'identité dans l'homme « qualifié ». Si, pour Philon, l'homme « qualifié » (ou sensible) est le seul de la triade (Dieu, homme-noétique, homme hylétique) qui a besoin d'une révélation de sa propre identité puisqu'il ne se connaît pas d'emblée, cette ouverture à la singularité n'a véritablement lieu que si elle ouvre en même temps un accès à ce qui tient, sous-tend, caractérise et dépasse les traits particuliers. La prémisse nécessaire à cet égard est celle d'une absence de rupture. D'où la reprise d'un vieux *topos* philosophique, l'idée d'un lien ininterrompu avec un intellect divin et gouverneur unique dont les différentes sortes d'images permettent la connaissance et se montrent comme conditions pour un partage réciproque sans fin.

On reconnaît aisément Numénius et Plotin d'un côté, certains théologiens chrétiens du IVe s. (Marius Victorinus, Grégoire de Nysse) de l'autre, comme étant les héritiers proches de cette synthèse philosophique réalisée dans l'exégèse de Philon. À moins que ma propre lecture du texte philonien soit elle-même infléchie par la lecture de textes philosophiques ultérieurs à l'Alexandrin. Mais, ne l'ai-je pas déjà dit, la démonstration, ici, ne vise pas à établir une filiation historique de thèmes et de doctrines. Quoi qu'il en soit, l'idée d'un intellect unique et séparé ou d'une âme qui n'est pas entièrement « descendue » et qui devient gage de la perfection et de la complétude en puissance de l'homme, ainsi que la condition de la réciprocité en pensée entre Dieu et l'homme, a fait son chemin chez les philosophes néoplatoniciens, autant que chez les théologiens grecs et latins[1]. Son histoire est connue et les controverses à son sujet aussi; on ne

1. Victorinus cite la doctrine des deux âmes, l'une intelligible et totalement séparée, l'autre à la fois séparée et descendue dans le sensible, en la rapportant à la création de l'homme à l'image et à la ressemblance de Dieu : « J'ajoute encore en secret, un grand mystère (*Adhuc dico in occulto mysterium magnum*). De même que la trinité la plus divine qui est trinité une (*trinitas unalis*), en tant qu'elle est par soi (*per se*), a produit, par mode de rayonnement (*effulgenter*), l'âme dans le monde intelligible, constituant, en son hypostase et substance propre (*in subsistentiam et propriam substantiam*), cette âme que nous appelons substance au sens propre du mot (*quam proprie dicimus substantiam*), de même l'âme, trinité une, elle aussi, mais seconde (*trinitas unalis secunda*), a achevé la manifestation dans le monde sensible (*explicavit imaginationem in sensibili mundo*), parce que cette âme, tout en restant là-haut (*ipsa anima, semper sursum sit*), a engendré des âmes qui viennent en ce monde (*mundanas animas gignens*). C'est donc cela aussi qui est "selon l'image et la ressemblance". » (*Ad. Arium*, I, B, 64, 1-8). Dans un passage précédant celui-ci, Victorinus parle de la circularité du mouvement (*cyclicam dico quod a* σημείῳ *in* σημεῖον) qui part du Père et revient au Père, lors de la manifestation du divin dans son universalité (*in apparentia istius motionis et divinitatis universae*), et fait du regard et du dédoublement de l'image (*imago imaginis*) les moyens de l'union (*Visio enim ibi unitio est*), union noétique propre à l'homme autant dans la condition de l'homme créé que dans celle du Fils (*ibid.*, I, B, 61, 1-10).

s'attardera pas là-dessus. Il y a cependant un autre aspect, corollaire à celui-ci, qui s'éclaire grâce à cette exégèse et qui est, à mes yeux, tout aussi digne d'être retenu pour ses implications philosophiques dans la longue histoire des idées.

Philon situe son commentaire biblique sur le plan épistémologique, non sur celui d'une cosmologie. Il prend ainsi la liberté de décliner les moyens donnés et de fixer les conditions de possibilité qui peuvent constituer les prémisses d'une science transcendantale. La transcendance étant inscrite dans la rationalité, et l'horizon métaphysique traversant et instituant la pensée de l'homme, l'hétérogénéité de ce dernier se résorbe alors de contingence en condition de la différence. Principe et condition de possibilité, l'hétérogénéité de l'homme devient dès lors le lieu spécifique de la limite qui libère, « limite de la félicité humaine (τὸ πέρας φθάνων τῆς ἀνθρωπίνης εὐδαιμονίας) », dit Philon[1]. C'est la limite équivoque de la perfection face à la démesure, la limite qui libère le bonheur, l'*eudaimonia* de l'âme rationnelle évoquée par Platon, devenue ici la limite qui permet l'autonomie puisqu'elle est une cime, une perfection en elle-même, et en même temps une limite qui révèle les barrières et fixe le cadre du rapport identité-altérité. Certes, on peut aussi « situer » cette limite dans l'âme et voir dans l'*eudaimonia* dont parle ici Philon un écho de la condition de l'âme heureuse chez Platon, la condition de l'âme qui accomplit sa nature rationnelle en habitant dans le corps mais en ne partageant pas la nature de celui-ci. Cependant, Philon met en avant la parole et l'intellection comme moyens d'attester que la félicité n'est pas un état de l'âme qui actualise les deux moyens inscrits dans sa puissance, mais qu'elle correspond à la condition de l'homme qui fait usage de la parole dans son monde en nommant les créatures et en les connaissant. L'homme prend ainsi conscience de la limite et de la différence. La félicité de pouvoir « énoncer et penser » est comme le *rayonnement* de l'homme noétique dans l'homme « beau et bon », la condition de la pensée divine dans l'homme qui pense Dieu. Sur la maîtrise de cette différence se construit toute l'épistémologie décrite en termes d'image et de réflexivité de l'intelligence : science de l'homme, science de la science de Dieu.

1. *De opificio…*, 150 (cité *supra*); sur cette interprétation de l'*eudaimonia* voir aussi n. 1 p. 63. Plus loin je fais allusion à *Quis rerum divinarum heres sit*, un autre texte tout aussi fondamental pour suivre le développement philonien de la problématique abordée dans ce chapitre.

CHAPITRE II

L'IMAGE DIVINE ET SON REFLET. RÉFLEXIVITÉ, INCORPORATION ET RÉVERSIBILITÉ, DE PLATON À PORPHYRE

Intéressons-nous à présent à ce qui semble être un détail : la construction d'une expression rencontrée, entre autres, chez Philon d'Alexandrie. En effet, le lecteur de textes philosophiques d'époque hellénistique et tardo-antique rencontre quelquefois cette expression : « image de l'image ». On peut y passer vite en considérant qu'il s'agit d'une reprise de la métaphore artisanale, dans un raccourci entre acte de production et effet de similitude ayant un résultat deux fois inférieur à un modèle supposé, ou s'y attarder en s'interrogeant sur les raisons d'utiliser un pareil syntagme en contexte philosophique et en cherchant les sources et les connexions ailleurs que dans le sillage d'une série de copies en procession.

Partons d'une question qui ne cesse de se poser depuis Platon : désigne-t-on toujours par le terme *image* quelque chose qui se voit ? La condition de visibilité se réduit-elle à constituer le propre de l'objet visuel et celui-ci, à son tour, donne-t-il lieu nécessairement à une image, ou bien l'image se distingue-t-elle par quelque chose de plus, de moins ou de différent d'un objet visuel ? L'expression « image de l'image » sème le doute en disloquant par l'effet de la réduplication la ferme conviction qu'une image n'est que *ça* : le spectacle offert aux yeux par quelque chose qui se montre en image, en étant ou en prétendant être aussi ailleurs et peut-être autrement. Sous différentes variantes lexicales construites avec *eidôlon*, *eikôn*, *eidos*, *katroptron*, *ekmageion*, *tupos*, etc., ou avec leurs équivalents latins, variantes qui comportent toutes un terme pourvu de la potentialité du dédoublement, l'expression *eidôlou eidôlon* ou *katoptrou katoptron* (*imago imaginis* ou *speculi speculum*) est une expression construite elle-même par dédoublement, *même (à partir) du même*, mais en partant d'une identité d'emblée définie comme *image*, *reflet* ou *trace*. Un dédoublement par déclinaison met donc en jeu un terme dont le sens premier est déjà lui-même inducteur d'une réduplication par reproduction, par réflexion ou par impression d'un sceau; la réduplication indique donc une différence qui tient en un changement de support[1]. En effet, que l'image se produise naturellement, tel un reflet, une ombre, une empreinte ou quelque autre trace, par le jeu de la lumière et de la matière à partir d'une chose visible *a priori*, ou qu'elle soit produite artificiellement, peinte ou façonnée pour qu'à dessein soit montré quelque chose visiblement, l'image est nécessairement *image* ou *reflet de* quelque chose qui se laisse voir à partir de soi-même ou à partir d'une autre chose. Dans «image de l'image», l'image est par conséquent à la fois l'image de ce qui lui sert de modèle et elle-même, à son tour, modèle en acte et donc agent de visibilité potentielle pour quelque chose qui est *à son image* : *une image d'image*.

Prise aux mots, l'expression donne le vertige: elle signifie en toute lettre que le *même*, tout en restant ce qu'il est, peut «donner» de lui un *autre même*..., à la manière d'une autre expression bien connue, *lumen de lumine*. Ainsi, même quand il n'est à son tour qu'un *autre «même»*, c'est-à-dire le *semblant* d'un autre dont la similitude seule atteste le fait d'être, ce «*même*» peut engendrer un *autre «pareil»* et s'avérer ainsi, simultanément, agent et patient d'un seul et même acte, en l'occurrence l'acte de la vue. Mais est-ce bien de l'acte de voir qu'il s'agit à travers cette contradiction entre les termes, *autre* (ἕτερον) et pourtant *même* ou *pareil* (τοιοῦτον), contradiction pour laquelle Théétète, contraint de définir l'image, avait déjà subi, dans le *Sophiste* (240a 8), les foudres de l'Étranger d'Élée? Si les mots indiquent toujours une seule et même chose,

1. Étant donné que la réduplication du terme comporte une déclinaison et parfois une préposition, une telle formule ne peut pas être rangée dans la catégorie des figures de style connues sous les noms de l'anaphore et de l'épanaphore; ἐπαναφορά est en effet une répétition de mot ou de syntagme, mais à l'identique et souvent en début de phrase, et est utilisée en prose, dans l'art oratoire en particulier (à la recherche d'un effet persuasif ou obsessif), tandis que l'anaphore est propre à la poésie (produisant par la répétition une musicalité ou un effet incantatoire). Si notre expression emprunte à ces figures de style l'idée que la répétition est nécessairement un signe de relation et qu'elle induit une symétrie référentielle comme forme spécifique de cette relation, à la différence de l'épanaphore et de l'anaphore, elle introduit cependant l'idée que la répétition par déclinaison indique ici un changement intérieur qui conditionne la possibilité d'une relation au sein même de l'identité. De fait, l'expression « image de l'image » semble plutôt issue d'une recherche logique en contexte métaphysique, qu'empruntée à un manuel de rhétorique.

à l'exception des cas d'homonymie, l'expression est alors soit absurde (car elle indique par un mot identique deux référents distincts), soit réduite à signifier une impuissance du langage : le fait que la langue heurte une limite et qu'elle revient dans ce cas sur elle-même en répétant, tel l'écho, son dernier mot. La redondance cacherait-elle une vérité dans ses plis ? Ou alors, par le choix de dédoubler un terme qui désigne une copie ou une trace et qui signifie ainsi l'existence d'un paradigme en arrière-fond, l'expression montre *en abîme* la structure inexorablement duale d'une identité qui affirme son unité lorsqu'elle agit, s'exprime ou apparaît : d'une monade, une *image de l'image* n'est pas un indice affaibli de l'identité mais le signe de sa négation potentielle en tant que monade. Sous l'apparence d'un exercice de reproduction préparant les candidats aux techniques du métier d'artiste, l'expression *image de l'image* pourrait bien ne rien donner à voir mais rendre compte en fait d'une recherche de formule adéquate pour une réalité d'ordre métaphysique.

PROVENANCE, PRÉÉMINENCE

En ses différentes variantes de dédoublement : *eikôn eikonos, eidôlou eidôlon, eidos eidôn, katoptrou katoptron, imago imaginis, speculum speculi* – qui ne sont pas toutes strictement équivalentes mais comportent toutefois une parenté forte par le choix d'un terme spécifique de la réflexivité formelle – l'expression « image de l'image » ou « image d'image » ou encore « forme des formes » est en effet un syntagme employé de manière glosée par Platon et tel quel par Aristote, qui l'emploie toutefois avec parcimonie et restreint ses usages aux champs de la noétique et de la métaphysique. L'expression prend de l'importance chez Philon d'Alexandrie, qui l'utilise en toutes lettres et la met en valeur dans des points stratégiques de son herméneutique (voir par exemple εἰκὼν εἰκόνος dans *De opificio...*, 25), avant de devenir un syntagme récurrent et visiblement lexicalisé chez des auteurs néoplatoniciens (Plotin, Porphyre, Proclus) et chrétiens (Clément d'Alexandrie, Marius Victorinus, Grégoire de Nysse, Jean Scot Erigène). Certes, dans la série des expressions citées, la répétition d'un même mot ne dit pas la même chose quand le syntagme est construit avec l'un des termes qui désigne l'« image » (*eikôn*, *eidôlon*) ou le reflet *katoptrique* et donc la ressemblance comme corollaire de l'image, quand il s'agit par conséquent d'une terminologie induisant le dédoublement et comprenant dès l'origine le multiple, et quand le syntagme énonce deux fois la « forme » (*eidos*) en signifiant ainsi le contraire de ce qu'elle affirme, puisqu'elle induit une multiplicité et assigne un acte à ce dont il s'agit de prouver, au contraire, l'unicité et l'immuabilité inhérentes. Car la forme ne se dédouble pas, comme elle ne peut pas non plus être forme d'elle-même, étant donné qu'elle est toujours forme de ce qui précisément n'est pas la forme mais l'objet de la forme. Le rapport envers ce dernier est univoque : un plan carré ne renvoie jamais à la forme du cercle; même en le considérant une adaptation du cercle, le plan carré renvoie au carré. L'univocité disparaît toutefois quand la forme est associée à ce qui foncièrement ne l'a pas (la matière, selon Aristote). De même pour un principe; le principe est principe de ce qui en provient et qui, naturellement, n'est pas principe, bien que ce qui n'est pas principe mais provient du principe puisse à son tour devenir principe (comme un fils peut à son tour devenir père sans perdre nécessairement la condition de fils). Aristote parle cependant de « forme des formes » (*eidos eidôn*) et de « principe des principes » (*arkhês arkhê*) soit pour signifier une prééminence, soit pour dénoncer l'erreur du raisonnement qui conduit à une recherche sans fin du principe[1]. Mais, hormis les cas de la « forme » et du « principe », que peut-on saisir d'emblée d'une formule construite sur la répétition lexicale ?

La répétition par déclinaison d'un même mot admet deux possibilités de lecture de la relation grammaticalement établie : quelque chose de *pareil* provient du *même*, ce « même » étant dans ce cas désigné deux fois au singulier, ou alors, parmi plusieurs *mêmes* l'un a la prééminence sur les autres. La provenance peut laisser entendre qu'une dégradation accompagne la relation de descendance, ou du moins qu'une dépendance se signale à travers la relation de provenance, tandis que la prééminence implique l'existence du multiple et signifie la souveraineté de l'un. Cependant, le mouvement contraire (descendant/ascendant) de ces deux possibilités de lecture, *provenance* ou *prééminence*, ne légitime pas l'installation d'une opposition ni l'association automatique d'un revers, comme si la provenance impliquait nécessairement une prééminence sur ce qui en provient. Si la répétition met en place une relation et si cette relation n'est pas causale (comme le déplore le Stagirite en imputant aux théologiens et aux physicistes de réduire l'existant aux êtres sensibles et à leurs seuls modes d'être[2]), cette relation signale alors la possibilité qu'une

1. Les *loci* les plus connus pour la prééminence d'une forme sur toutes les formes : *De anima* 432a1-2, et pour la critique du principe supérieur à tous les principes ou « principe des principes » : *Mét.* 1075b26-27.

2. *Mét.* 1075b26-27 : « Si d'ailleurs l'on veut qu'il n'y ait pas d'autres êtres en dehors des êtres sensibles, il n'y aura ni premier principe, ni ordre, ni génération, ni mouvements

différence subsiste ou survienne à l'intérieur d'une identité, sans que l'identité soit nécessairement scindée en deux parties contraires. C'est donc d'une possibilité de différence ou de distinction, voire d'une possibilité d'hétérogénéité au sein du *même* qu'il convient de s'enquérir pour saisir la mesure exacte de l'expression dans les deux cas les plus courants de la répétition citée : « image de l'image » et « forme des formes »[1].

Le plus souvent, le contexte dans lequel sont utilisées ces expressions est consacré à la définition de la relation entre des étants appartenant à des niveaux de réalités ontiques qu'il convient de distinguer et de relier simultanément. Dans ce contexte, « image de l'image » signale une relation qui n'est ni une relation d'égalité ou d'identité entre deux items, ni prioritairement une relation de similitude (bien que l'image soit en principe définie par la similitude mimétique ou homotétique qui la relie à son modèle), ni même une relation plus faible comme celle entre des corrélatifs, mais bien une relation de détermination mise en place lors d'un acte spécifique. L'engendrement, la production ou la création, hormis le fait que quelque chose qui n'était pas vienne à être à la suite de l'un de ces actes, induit en outre une relation de détermination à l'égard de leur « fruit » qui garantit simultanément la différence et le lien. Sans être causale, car elle ne vise ni l'être ni les propriétés, la détermination signalée par le genre de

célestes, mais il y aura principe de principe à l'infini (ἀλλ' ἀεὶ τῆς ἀρχῆς ἀρχὴ), comme on le voit chez les théologiens et chez tous les physiciens (ὥσπερ τοῖς θεολόγοις καὶ τοῖς φυσικοῖς πᾶσιν). » (trad. J. Tricot).

1. Des expressions semblables, construites sur le dédoublement d'un terme et induisant un rapport de prééminence ou de provenance à l'intérieur du « même », pourraient, davantage avec d'autres mots qu'*image* ou *forme*, préciser la signification donnée à cette insertion implicite de l'hétérogène dans l'unité formellement homogène d'une entité individuelle. Ainsi, pour définir l'éminence de l'intellect dont l'homme est le seul de tous les vivants à bénéficier, intellect qui est de même nature que l'âme et néanmoins différent, Philon utilise le syntagme : « sorte d'âme de l'âme (ψυχῆς τινα ψυχὴν) », expression aussitôt explicitée par comparaison avec la pupille qui est « l'œil de l'œil (ὀφθαλμοῦ… ὀφθαλμὸν εἶναι) ». « Enfin, après tout le reste [des animaux que Dieu vient de créer], comme cela a déjà été dit, il faisait l'homme, qu'il gratifiait d'un intellect éminent (τὸν ἄνθρωπον, ᾧ νοῦν ἐξαίρετον ἐδωρεῖτο), sorte d'âme de l'âme (ψυχῆς τινα ψυχὴν), telle la pupille dans l'œil (καθάπερ κόρην ἐν ὀφθαλμῷ); effectivement, ceux qui étudient avec plus d'exactitude les propriétés des choses, disent que la pupille est l'œil de l'œil (ὀφθαλμοῦ λέγουσιν ὀφθαλμὸν εἶναι). » (*De opificio…*, 66). Le passage précède l'exégèse de la création de l'homme qui commence par la détermination de l'intellect de l'homme en tant qu'image du Démiurge divin, puisque Philon vient d'affirmer que « la puissance rationnelle […] s'y ajoute de l'extérieur [survient], étant divine et éternelle (ἐπεισιέναι θεῖον καὶ ἀΐδιον ὄντα) » (*ibid.*, 67). « L'image [il s'agit de εἰκόνα θεοῦ] s'applique ici à l'intellect, le guide de l'âme (εἰκὼν λέλεκται κατὰ τὸν τῆς ψυχῆς ἡγεμόνα νοῦν) » (*ibid.*, 69). Voir *infra* pour d'autres occurrences de ce type d'expression de dédoublement chez Aristote, Plotin, Porphyre, Victorinus, Grégoire de Nysse et Jean Scot.

répétition lexicale citée concerne la condition commune de deux étants mis en rapport réciproque par le statut que leur confère cette condition. Prenons un exemple : si un père engendre un fils (naturellement « image » du père), une détermination seconde se met en place en dehors du rapport causal propre à l'acte d'engendrement; or cette détermination est révélatrice de leur condition commune qui n'est pas seulement celle d'une communauté d'espèce biologique mais aussi celle d'un partage de la condition d'image. Le père dispose d'une image (son portrait) et d'un fils; celui-ci, dans sa condition de fils, est *image du père*, mais n'est ni le père lui-même ou son double, ni l'image de Pierre ou de Paul, si son père s'appellait ainsi. Le fils est l'image du père en tant que *père*; par conséquent, le fils, en tant qu'image de son père, est *de facto* l'image de *l'image de père* de son père et dispose donc de la puissance d'être le révélateur de celui-ci par sa propre image interposée. Le fils révèle donc l'image du père en tant que *père*, non celle de l'homme comme tel qui l'a engendré (le fils n'est pas le « portrait » de son père). La communauté de la condition d'image signifie ainsi la réciprocité du lien (ici, la réciprocité de la paternité et de la filiation), tandis que la déclinaison indique l'ordre asymétrique d'une relation de réciprocité où l'un est agent l'autre patient : l'un donne l'autre reçoit, l'un est image à la fois en puissance et en acte, l'autre est image en puissance et ne s'actualise comme image de la condition du père qu'à partir du moment où il est en mesure d'engendrer à son tour.

« Image de l'image », comme d'ailleurs « forme des formes », serait donc l'expression qui met en lumière une communauté de condition (d'image ou de forme) et qui signifie que cette communauté de condition comporte la possibilité d'une relation de réciprocité sans nécessité de symétrie ni d'échange proportionnel; en d'autres termes, sans nécessité de réduire la relation au modèle seul de l'analogie. Ce ne serait alors ni la symétrie ni l'échange proportionnel mais bien la possibilité de réciprocité qui assurerait en premier lieu la condition de réalité d'une relation, et donc la possibilité d'unité d'un ensemble comportant à la fois *multiplicité* d'identités individuelles en acte et *hétérogénéité* en puissance de la singularité des identités. Notons cependant que la communauté de l'espèce (dans le cadre d'un ensemble d'identités individuelles) et la réciprocité du lien (comme condition d'unité indépendante du critère d'homogénéité du genre) indiquent deux niveaux différents de lecture/définition de la réalité ou de l'identité d'un étant. Le premier niveau tient en effet de la logique du genre, tandis que le second relève des conditions de possibilité communes entre la forme et l'être. Deux approches qui ne s'excluent pas, mais qui demeurent néanmoins à une certaine distance l'une de l'autre.

À regarder de plus près les contextes d'utilisation d'une telle expression, on constate que les occurrences de cette dernière se partagent à égalité les plans d'analyse de l'intellection, les recherches de définition de la relation corps-âme et la terminologie consacrée aux techniques de production. C'est dans ces trois directions qu'« image de l'image » semble avoir quelque chose de particulier à énoncer. L'apparent dédoublement terminologique dénoterait ainsi la possibilité d'inscrire une séparation ou du moins signalerait la possibilité d'une hétérogénéité au sein d'une identité, et signifierait à la fois la réciprocité, la réflexivité et la procession comme moyens de réaliser l'unité du « même » en évitant ainsi la fermeture en monade et l'interdiction de la connaissance de l'individuel. Pour cette raison l'usage de ce syntagme se situe souvent en relation directe avec des théories cosmologiques dualistes ou monistes, l'expression ayant tantôt des significations issues des théories et des figures appelées « gnostiques », tantôt, au contraire, faisant office de critique à l'égard de la thèse des principes opposés comme structure fondatrice du réel[1]. Mais, quel que soit le contexte particulier de son usage, l'expression comme telle est dans tous les cas aussi mystérieuse qu'exemplaire. La comparaison avec l'expérience sensible dans l'analyse de l'intellection, le modèle typologique de la production et les enjeux métaphysiques dans lesquels les philosophes font intervenir la notion d'image comme substitut de réalité dans le cas de ce qui se situe au-delà de celle-ci, semblent jouer un rôle majeur dans le choix des expressions de la répétition et du recours à la réflexivité propre au lexique de l'image.

1. C'est le cas de l'usage de l'expression *eidolou eidôlon* par Plotin (*Enn.* II, IX [T. 33], 10, 25-27) : « De cette illumination [de l'âme qui n'est pas descendue dans un corps mais qui est la raison de la descente des autres âmes] est née une image dans la matière (ἐκεῖθεν εἴδωλον ἐν τῇ ὕλῃ γεγονέναι). Puis ils [les Gnostiques, cités par Plotin] façonnent une image de cette image (τοῦ εἰδώλου εἴδωλον πλάσαντες) qui traverse ici-bas ce qu'ils appellent la matière, ou la matérialité (ὑλότητος), quelque nom qu'ils veuillent lui donner, […] ; alors ils engendrent l'être qu'ils appellent le démiurge ; […] puis ils font venir de lui le monde jusqu'aux dernières images (τὸν κόσμον παρ' αὐτοῦ ἄγουσιν ἐπ' εἰδώλων // παρ' αὐτοῦ ἕλκουσιν ἐπ' ἔσχατα εἰδώλων), afin d'injurier avec violence le démiurge qui les a dessinées (γράψας). » (trad. É. Bréhier mod. ; variante d'édition selon P. Henry et H. R. Schwyzer). L'expression est « citée » par Porphyre (*La Vie de Plotin*, I) ; voir A. Vasiliu, *Images de soi*…, *op. cit.*, p. 185-194.

DÉPENDANCE, AUTONOMIE

Entre deux items appelés du même nom en raison du partage de la même condition s'établit donc un rapport qui qualifie ces deux items à partir de leur condition commune, tout en les distinguant à partir de cette même condition. L'un serait ainsi déterminé par l'autre dans sa condition, simultanément propre et commune. En allant un peu vite en besogne, on a qualifié de *dédoublement* ce rapport. Pourtant, étant donné que la condition qui en ressort n'est pas celle d'une *ousia* commune, comme dans le cas du genre ou de l'espèce, *ousia* qui se verrait ainsi constituer d'emblée la réalité entière de plusieurs identités, étant donné donc qu'il ne s'agit pas d'une *ousia* unique dont participerait le multiple, ni même du partage d'une qualité commune, mais bien d'une condition signifiée par la notion d'image, étant donné qu'image signifie donc une *condition* (voire une disposition) mais non une qualité ou une substance, la définition de ce rapport comme dédoublement ne semble pas tout à fait justifiée. L'image n'est pas une « chose » mais la condition d'appréhension de la chose ainsi déterminée : image *de*… (quelque chose, *i.e.* le référent de l'image) ou image *pour*… ou *au lieu de*… (la chose à laquelle se substitue l'image). Mais que signifie alors le dédoublement d'une condition imposée à un objet considéré lui-même à partir du second degré de réalité d'un autre objet ? Le sens obvie, prenant appui sur l'exemple des techniques de la copie, est celui d'une (re)production en série, atteignant une forme « dégradée », éloignée du modèle, pâlie par déperdition des qualités, mais encore visible, puisqu'une image demeure quelque chose de visible *a priori* et qu'elle renvoie toujours à un paradigme ou à un archétype même quand elle en présente un aspect affaibli, comme une copie faite à partir d'une autre copie. C'est à partir de ce sens obvie de l'expression que le rapport entre deux items pareils a été mis en cause comme un processus de dégradation conduisant sans possibilité de retour de l'un au multiple.

Cependant, l'expression ne désigne pas nécessairement une production sans aucune part de création, telle la production conséquente à l'une des techniques de la *mimêsis*, ni ne signifie que la dégradation qualitative inhérente à toute forme de répétition y soit absolument entendue et qu'elle détermine la seule signification qui peut en être retenue. Rappelons que pour Platon créer des choses est un acte double, un acte pourvu d'un art sachant produire et reproduire en même temps ce qu'il crée[1]. Or les

1. Hormis le *Timée* qui met en œuvre à l'échelle du cosmos cet acte de création double, du monde et de son image-paradigme à partir de l'idée, le *Sophiste* est le dialogue platonicien le plus éclairant à la fois pour le débat théorique sur le dédoublement par image et techniques

conséquences de cet acte démiurgique et poïétique double, tel que Platon le décrit dans le *Timée* et le *Sophiste*, sont d'une part la possibilité de la division et donc la possibilité de la distinction des identités, des natures et des réalités, et de l'autre la possibilité de concevoir l'universel inscrit, projeté, imprimé, façonné et donc lisible ou visible dans le singulier de chaque identité individuelle comme « image » *de l'image*, image de la *condition d'image* que revêt chaque chose particulière. L'expression *image de l'image* peut donc tout autant signifier l'acte de production comme *mimêsis* adossée à des *tekhnai* appropriées (*eikastique* ou *phantastique*), qu'elle peut montrer une relation de possession, de provenance, de dépendance ou de prééminence, relation entendue par le rapport entre les deux cas de déclinaison du même nom désignant l'image de la chose créée. Ce n'est en fin de compte qu'en raison de la mauvaise part de réalité ou de vérité assignée à l'image par une certaine *doxa* (celle du « platonisme scolaire »[1]) qu'une image *de l'image* ne pourrait en effet jouir que d'un sort encore plus mauvais que celui d'une image *première*, l'image tout court, l'image *sensible* que Platon désigne le plus souvent sous le vocable *eidôlon*.

Rien n'interdit par conséquent de renverser la lecture la plus courante de l'expression, surtout si un autre usage des expressions « redondantes » apparaît aussi dans les textes anciens, discréditant à bon escient la tendance tenace d'y voir la formulation du dernier degré d'une procession. En acceptant de quitter cette ornière, on pourrait alors y voir la possibilité de substituer au « même » un *autre* « même » qui partage la condition d'image mais ne dépend pas nécessairement du premier de la même manière que le premier terme dépend lui-même d'un terme antérieur, tels l'ombre ou le reflet dépendants d'un corps qui projette son ombre ou qui se reflète dans l'eau. Une *image* de l'image n'est pas nécessairement *moins* image que celle dont elle serait l'image, mais pourrait au contraire abstraire de l'image première d'une chose son image *essentielle*. À la différence de l'ombre et du reflet qui, par nature, ne sont pas détachables de ce dont ils

de reproduction (εἴδωλον εἰδωλοποιικὴ, *Sophiste* 266d3-4), et pour la question de la « réalité seconde » d'une image (εἰκὼν ὄντως, 240b10) ou d'un faux (τὸ ψεῦδο ὄντως ὄν, 266e1). Sur ces questions, les passages les plus importants du *Sophiste* sont ceux consacrés aux définitions de l'image (239d-240b) et ceux de la division et du dédoublement de la réalité entre les choses œuvrées (ἔργα) et l'image de chaque chose existante (εἴδωλον ἑκάστῳ), dédoublement conséquent aux actes de production divine et humaine (266a *sq.*). Dans la partie « divine » de la production des images sont citées les images qui se produisent naturellement (comme les ombres ou les reflets) ou qui s'autoproduisent (φαντάσματα αὐτοφυῆ, 266c1).

1. Expression empruntée à J. Pépin qui l'utilise de nombreuses fois dans *Théologie cosmique et théologie chrétienne*, Paris, P.U.F., 1964.

proviennent, et qui ne sauraient pas subsister en l'absence du corps qui les produit (si un corps disparaît, son ombre disparaît aussi), leur image de second degré affiche un lien, appelé similitude, mais demeure néanmoins séparée, autonome à l'égard du paradigme originel[1]. Sans jouer le rôle d'une *forme* des formes ni se substituer à un principe de la similitude, cette image, à la fois ressemblante et essentiellement autonome à l'égard de son modèle, pourrait même montrer un surcroît de visibilité par rapport à l'image qui vient en premier, l'image naturelle ou la copie directe, le reflet ou l'ombre de la chose initiale, supposée absente du champ de la vision. Ainsi, le dessin d'une ombre peut être plus précis que l'ombre elle-même, la peinture d'un reflet peut prendre du relief ou afficher des couleurs plus intenses que celles étalées par un reflet sur la surface de l'eau ou dans un miroir. Mais la différence n'est pas de l'ordre de la qualité; elle est essentielle puisque cette « image » se présente de manière autonome et signifie *aussi* par elle-même et non exclusivement par rapport à son référent.

De la relation indiquée par l'expression « image de l'image » on pourrait alors dire qu'elle s'établit entre un état de *dépendance* et un état d'*autonomie* ou de *séparation* déterminés à travers une condition commune, celle d'image. De cette condition, valide autant en présence qu'en l'absence du modèle supposé, relèvent des étants qui sont à la fois pareils et différents, se distinguant entre eux tant qu'ils se trouvent en relation de réciprocité et en raison même de l'existence de cette relation. Asymétrique puisque mise sous le signe de la dépendance pour l'un et sous le signe de la séparation pour l'autre des deux items identifiés et actualisés sous la condition commune d'image, cette relation de réciprocité apparaît en même temps comme condition de possibilité à la fois pour la similitude des deux items et pour leur relation de réflexivité. Aussi bien la similitude

1. Rappelons deux exemples paradigmatiques de détachement entre l'ombre et ce qui produit l'ombre. Dans la « caverne » de la *République* les prisonniers ignorent à la fois les objets et le dispositif qui leur permet de voir les ombres, donc ne savent pas qu'ils ont affaire à des ombres tant que les ombres sont pour eux « détachées » de tout lien causal avec ce qui les produit; ce n'est que la saisie de la cause (par la connaissance du dispositif de production) qui permet de qualifier d'ombre ce qui était perçu. Le potier Butadès, qui passe pour l'inventeur de la statuaire selon Pline l'Ancien, réalise une copie en glaise d'après l'ombre dessinée par sa fille sur le mur sur lequel cette ombre se projetait quand son amant était avec elle. Dans les deux cas, l'ombre, une fois « détachée » de son porteur ou de son dispositif de production, est considérée comme quelque chose d'autre qu'une image : elle devient, en tant qu'image autonome, la « réalité » de la perception (ou l'expression du sensible) dans l'exemple platonicien, et elle est censée devenir portrait modelé et donc « substitut » ou « double » de l'individu dans l'histoire que raconte Pline l'Ancien (*Histoire naturelle*, livre 35) sur les origines de la statuaire en Grèce.

que la réflexivité sont en effet réciproquement et simultanément déterminantes de la condition d'image *propre* à chacun des deux items en relation, bien que, *de facto*, cette condition d'image leur soit *commune*. Or, aussi bien la similitude que la réflexivité relèvent d'un statut double défini par cette distinction entre un état de *dépendance* qui est la conséquence d'un rapport causal entre une image et son modèle, et un état de *séparation* ou d'*autonomie* qui tient de la possibilité de l'image de constituer une réalité propre, qu'il s'agisse d'une réalité seconde (une « réalité d'image », *eikôn ontôs*) ou de la réalité d'un être qui, défini au départ comme « image », se réalise en s'autonomisant de son statut d'image et nécessairement du modèle (comme le fils par rapport au père). Plotin définit en ces termes le statut double de la ressemblance (*homoiôsis*) : une ressemblance dépendante et une ressemblance autonome du paradigme, la première fondée sur la dépendance par similitude d'un archétype « monolithe », indivisible et séparé, la seconde fondée sur l'identité (*tauta*), en récupérant la part d'identité « détachable » de son modèle, ou du moins celle qui n'exige pas sa présence immédiate[1]. Mais, il faut aussitôt ajouter que si la similitude homotétique recouvre ce statut double qui se laisse déceler dans le rapport différent entre deux sortes d'images conséquentes aux deux espèces de ressemblance, espèces conséquentes à leur tour à la différence de rapport à l'égard d'un paradigme, d'un principe ou d'un modèle premier, la réflexivité en revanche, à la fois propre et réciproque, exige une autre modalité d'approche du rapport entre les images du premier et celles du second ordre. Car la ressemblance, sous les deux espèces évoquées, tient toujours exclusivement de la relation qu'exhibe l'image, tandis que la réflexivité est interne à l'image, tient de sa structure même et détermine sa définition comme condition de l'appréhension des choses – qu'il s'agisse des choses premières ou de celles de second degré

1. *Enn.* I, II [T. 19], 2, 4-10 : « Mais indiquons d'abord qu'il y a deux sortes de ressemblance (ὁμοίωσις διττὴ) : la ressemblance qui exige un élément identique (ταὐτὸν) dans les êtres semblables ; elle existe entre les êtres dont la ressemblance est réciproque parce qu'ils tirent leur ressemblance du même principe ; la seconde sorte de ressemblance existe entre deux choses dont l'une est devenue semblable à une autre, qui est elle-même première (πρῶτον) et dont on ne peut dire par réciprocité qu'elle est semblable (οὐκ ἀντιστρέφον πρὸς ἐκεῖνο οὐδὲ ὅμοιον αὐτοῦ λεγόμενον) ; ce second type de ressemblance n'exige pas la présence d'une espèce identique (ταὐτὸν εἶδος) dans les deux, mais plutôt d'une [espèce] différente (ἕτερον), puisque la ressemblance s'est opérée de la deuxième manière (κατὰ τὸν ἕτερον τρόπον ὡμοίωται). » (trad. fr. É. Bréhier mod., Paris, Les Belles Lettres, 1997). Plotin n'utilise pas ici l'expression « image de l'image », mais la description des deux espèces de ressemblance l'évoque clairement.

dont l'image est non seulement image mais aussi gage de l'étantité et de la possibilité même d'appréhension.

Liée à la ressemblance et déterminée par l'existence d'une réciprocité, la réflexivité permet toutefois de dépasser l'image. Plus exactement, elle opère le dépassement du stade de l'aspect afin de circonscrire l'image à une définition de l'identité. La réflexivité garde cependant la structure duale de la relation simultanée de *dépendance* et de *séparation* qui caractérise l'ensemble de la théorie antique de l'image et dont l'expression « image de l'image » serait la formulation la plus ramassée. Concernant de manière structurelle l'image, la réflexivité décrit ou définit en même temps les modalités de son approche, puisqu'une image ne constitue le reflet de son modèle que si elle est en même temps saisie comme un moyen de dépassement de cet état de reflet. La réflexivité rend ainsi possible la séparation et permet de saisir simultanément ce qui fait l'identité d'une image et ce qui la rend différente, la définissant comme une altérité constitutive, une altérité *en soi* face à son modèle.

Or l'argument de cette distinction entre *dépendance* et *séparation* sur le fond d'une condition commune (en l'occurrence, celle d'être « lieu des formes ») est précisément celui dont Aristote se sert pour définir la relation entre les facultés sensitives de l'âme (dépendantes d'un organe) et l'intellection (séparée de tout organe), afin de démontrer que la possibilité de devenir chacun des objets pensés (ἕκαστα γένηται), de même que la capacité autoréflexive de la pensée, sont conséquentes à sa séparation[1]. Pour le Stagirite les deux états conditionnels, l'identité et la réflexivité, vont ensemble et sont du seul ressort de l'intellection, laquelle est dans ce cas simultanément acte par elle-même et en puissance, d'une certaine façon (ἐνεργεῖν δι' αὑτοῦ... καὶ τότε δυνάμει πως)[2], tandis que la sensation demeure objectivement dépendante et, bien que réceptrice directe des formes, la possibilité de devenir leur image, leur trace ou leur reflet n'est que transitive pour elle et non autoréférente comme pour l'intellection qui s'y identifie. En clair : la vue ne se connaît pas elle-même en mettant en acte par la vision la visibilité des choses (sauf accidentellement, quand un œil se

1. *De anima* 429b 5-10 : « La faculté sensitive, en effet, n'est pas indépendante d'un organe corporel, tandis que l'intellect est séparé. – Lorsque celui-ci est devenu chacun de ses objets (ἕκαστα γένηται) au sens précis où l'on est dit savant, et cela en acte (ὡς ὁ ἐπιστήμων λέγεται ὁ κατ' ἐνέργειαν) – ce qui arrive lorsqu'il peut passer à l'acte de lui-même (ἐνεργεῖν δι' αὑτοῦ) –, il demeure même alors, en puissance à un certain égard, non pas toutefois de la même manière qu'avant d'avoir appris ou d'avoir trouvé. Et il peut alors se penser lui-même (αὐτὸς δὲ αὑτὸν τότε δύναται νοεῖν). » (trad. fr. É. Barbotin, Paris, Les Belles Lettres, 1989). De même, *Mét.* 1072b 19-25, 1074b 34-35 et 1075a 1-3 (voir *supra* « Introduction »).

2. *De anima* 429b7-8.

regarde dans un miroir et se voit en train de voir[1]), tandis que c'est par nature que la pensée se pense aussi elle-même du fait même de penser. Certes, Aristote ne s'appuie pas sur les vertus de l'image dans ce contexte, jugée sans doute trop « platonicienne », mais évoque pour les relations d'identité et de réflexivité le rapport entre les facultés et les formes. Retenons, avant d'y revenir, que, malgré l'absence du lexique de l'image, l'approche aristotélicienne est néanmoins essentielle pour comprendre les fonctions qui seront assignées par Plotin à la réflexivité, à la ressemblance et au statut dont relève chez lui l'image, aussi bien dans la noétique que dans la distinction des natures ou des réalités.

IMAGE, DEUX FOIS LA MÊME ?

En effet, quel statut revêt ici l'image dont les différents noms sont à chaque fois répétés par déclinaison ? Plus précisément, que signifie la condition d'image lorsque deux choses revêtant cette condition se trouvent en situation de réciprocité comme si chacune était pour l'autre à la fois surface miroitante et reflet produit ? Nomme-t-on d'ailleurs du même nom d'image (ou de reflet, de forme, de trace ou d'empreinte) deux sortes d'images lorsqu'on dit de l'image de l'une qu'elle est (*à*) *l'image* d'une autre ? Ou s'agit-il, au contraire, de deux choses différentes dont chacune se présente en tant qu'*image* à sa façon : l'une comme image *de l'autre*, l'autre comme image *en soi*, puisque ce dont cette dernière est image n'est pas nommé ? Eu égard au fait qu'il s'agit chaque fois du même mot deux fois énoncé et que le syntagme ne relève pas d'un cas patent d'homonymie, de synonymie ou de paronymie, ce mot devrait alors désigner une même et unique chose, en l'occurrence la même et unique image (copie, reflet, forme, trace, etc.), chaque fois que ce mot est répété. Cependant, précisément parce qu'il y a répétition, ne faudrait-il pas alors supposer soit qu'il s'agit de deux choses reliées par un nom unique bien que les choses désignées ainsi soient distinctes, ce qui revient à un cas particulier d'homonymie : Socrate et le portrait de Socrate sont et ne sont pas le même Socrate, car le portrait, en tant qu'image de Socrate, est à la fois dépendant (de son référent) et autonome de Socrate lui-même ; soit qu'il faille supposer l'existence d'une différence intégrée et assumée comme une césure au sein même d'une seule et unique chose énoncée sous l'identité conditionnelle commune d'image. Deux images se contiendraient alors l'une l'autre et

1. Le cas est évoqué par Aristote dans *De sensu* 437a 27-29. Voir *infra* n. 4 p. 128-129.

parviendraient à montrer une seule et même image, bien que celle-ci soit le résultat d'une relation de réflexivité entre les deux.

La possibilité d'un partage hétérogène à l'intérieur de la chose unique visée par l'expression n'est toutefois pas à exclure, si on admet que la répétition indique par les deux termes une différence progressant par la similitude vers sa réduction et son absorption dans l'unité d'un être homogène en puissance. « Image de l'image » signifierait alors que la chose à laquelle réfère le terme « image » n'est ni unifiée ni de structure « monolithe », mais relève plutôt d'une réalité composite. L'expression indiquerait dans ce cas la réalité d'un étant qui n'est pas entièrement solidaire de lui-même ni homogène, dès lors qu'à partir de sa condition actuelle un *autre pareil* peut encore faire, comme le premier, office d'image: une image seconde, comme la « trace » reproduite de la chose-image première, entièrement image par elle-même, mais sans recouvrir la nature entière de la chose dont elle est issue en tant qu'image. La chose dont est issue cette image seconde ne joue pas le rôle du modèle mais uniquement celui de l'agent, d'une cause efficiente en quelque sorte, car, tel un sceau qui réalise une impression, cette chose n'est à son tour que porteuse d'une image et non le paradigme de celle-ci. Certaines expressions taillées sur le même modèle de dédoublement d'image mais utilisant deux termes différents à la place d'un seul, confortent cette hypothèse d'interprétation. Ainsi, en utilisant ce genre d'expression à deux termes sémantiquement proches bien que lexicalement différents, tel « empreinte de l'image (εἰκόνος ἐκμαγεῖον) », Philon d'Alexandrie définit les deux réalités d'un étant (l'homme, en l'occurrence) sans recourir aux services de la similitude et en évitant de cette manière le piège du dédoublement tendu par les arts de la *mimêsis*[1].

Le vocabulaire de l'empreinte semble emprunté par Philon à Platon (*Théétète* 191c7, *Timée* 72c5). Comme chez celui-ci, le terme désigne l'impression reçue et qui demeure prise dans le support de sa réception. Il s'agit, en contexte platonicien, des impressions reçues par l'âme ou des figures qui se reflètent et s'impriment sur la surface luisante du foie en rendant visibles des phénomènes sans cause ni référence immédiate[2].

1. Dans *Quis rerum divinarum heres sit* 231 (« L'héritier des biens divins ». Sur *Genèse* 15, 1-18, trad. fr. M. Harl, Paris, Cerf, 1966). On trouve aussi d'autres occurrences et d'autres variantes de ce type d'expression structurées sur le dédoublement de l'image mais avec un décalage lexical entre deux sortes d'images mettant en place la tension d'une réciprocité et d'une réflexivité entre les deux. Voici un autre exemple de même ordre : κατ᾽ εἰκόνα δὲ τετυπῶσθαι θεοῦ (« [l'homme céleste] frappé à l'image de Dieu »), dans *Legum allegoriae* 31 (trad. fr. C. Mondésert, Paris, Cerf, 1962).

2. La référence est celle des miroirs antiques dans lesquels le reflet s'imprime, « se prend » à proprement parler, dans la surface de métal.

En s'appuyant sur ce même sémantisme, Philon construit toutefois une réalité bien différente de celle décrite par Platon à l'aide du lexique de la trace et de l'impression. Obtenue par l'impression explicite d'une image, l'empreinte n'est pas physique et ne retient pas une impression phénoménale directe mais, selon l'expression utilisée par Philon, l'empreinte est uniquement la «trace» d'une projection immatérielle de l'image. Provenant d'une image, l'empreinte serait donc quelque chose comme une *essence formelle* de celle-ci. L'image n'est pas en entéléchie en tant qu'image et ne révèle pas non plus la perfection de ce dont elle est l'image, tant que l'image n'est pas elle-même actualisée par la réception qui l'accomplit. On retrouve, certes, la typologie de la «métaphore» de la production platonicienne, mais selon l'interprétation et l'usage noétique fait par Aristote[1]. Par conséquent, si ce qui reçoit un sceau est à la fois porteur de l'empreinte du sceau et du signe ou de la forme imprimé(e) de celui-ci (selon l'expression philonienne), ce qui reçoit le sceau reçoit *de facto* deux fois l'image : l'image imprimée de l'image qui fait fonction de sceau, en clair : une *image de l'image*, mais avec une césure subtile marquée entre les deux. Ainsi, la relation signalée par l'effet de répétition dévoile davantage sa signification grâce à cette césure sémantique intime qui indique une tension et une *dunamis* de l'image, une puissance capable de s'actualiser à partir de sa réception et d'agir en faisant image de quelque chose qui demeure différent d'elle-même. Du même coup, la définition même de l'image s'éloigne du simple mécanisme de la similitude dans laquelle on l'enferme habituellement et qui la subordonne à l'existence *sine qua non* d'un modèle.

Mais un raisonnement négatif pourrait aussi, *a contrario*, inférer de cette même répétition. Quelque chose qui «n'est pas» (réellement ou existentiellement parlant), advient à l'être grâce aux vertus de l'image. Du non-être quelque chose viendrait à stipuler l'être grâce à cette «réalité seconde» de l'image, elle-même une sorte de négation de la «réalité *vraie*» ou *réelle* de ce qui incontestablement *est*. Cette double négation produit ainsi, ou du moins connote une détermination de ce

1. *De anima* 430a1-2. Dans ce contexte Aristote fait peut-être allusion aussi à un passage du *Philèbe* (39a *sq.*) où Platon définit la mémoire par la rencontre entre les sensations et les réflexions, et compare l'âme avec un livre à la réalisation duquel coopèrent simultanément un écrivain et un peintre, les images de ce dernier étant celles qui sont pensées et formulées, non celles fournies par la vision immédiate et les autres sensations (39b9-c2). Sur l'héritage platonico-aristotélicien du rapport empreinte-image dans la noétique et la théologie tardo-antique, notamment chez Plotin, Proclus et Pseudo-Denys, avec le *Théétète* et *De anima* en arrière fond, voir J. Pépin, «Linguistique et théologie dans la tradition platonicienne», *Langages*, 65, 1982, p. 91-116, occ. p. 104-109.

qu'implicitement elle affirme. L'image endosse encore son rôle platonicien de moyen par lequel l'être et le non-être sont mis en relation (*Sophiste*, 240a-b). *Faire image* de l'image indique dans ce cas qu'un acte pourrait faire advenir à l'être ce qui n'est pas et n'a pas *a priori* vocation d'être; qu'un acte serait donc à même de relier ainsi ce qui est à ce qui n'est pas, un acte qui éviterait en même temps la réversibilité ou l'annihilation réciproque des contraires. Ainsi, ce qui n'est pas serait toutefois non seulement pensable comme indétermination pure, mais serait encore à même de fournir une « réalité d'image » à défaut d'un raisonnement, puisque ce dernier ne fait qu'enfermer le néant dans la contradiction ou dans son auto-annihilation pure et simple. Cet acte propre à l'image se définit soit comme création (*poiêsis*) à partir d'une image comme à partir de ce qui est dépourvu d'être mais en assure la condition de possibilité formelle (image vraisemblable, nombre ou figure géométrique seraient ici équivalents), soit comme conjecture (*apeikonisma*) à partir de ce qui demeure enfermé dans son identité monadique laissant à l'image ou au reflet le soin de fournir une « réalité d'image » en l'absence de toute autre intelligibilité; en clair : en l'absence du *logos*. Mais dans les deux cas le lien actualisé par l'image est nécessairement un lien de second degré. Chaque chose comporte une image propre qui accompagne l'être de son ombre, comme si chaque chose devait s'accompagner de son revers pour prouver son être par la seule voie possible, par la négation qui *affirme* ou *montre* ce que la chose n'est pas. Autrement dit, entre ce qui est et ce qui n'est pas, la distance, mesurée en termes d'image, s'étalerait entre deux modalités concomitantes d'appréhension de l'image : celle-ci est témoin de la visibilité naturelle d'un étant, mais fait en même temps office de faux-semblant à l'égard de la réalité de son *ousia*, de l'être substantiel qui ne comporte évidement pas d'image appropriée et qui, de lui-même, ne fournit ni sa condition formelle ni ses qualités.

Dans aucune des deux situations signalées comme lectures possibles de l'expression du dédoublement – soit deux étantités distinctes reliées par le partage d'une condition commune (selon l'exemple du père et du fils), soit deux images semblables mais différenciées typologiquement, signifiant la nature composite d'un étant (telle une empreinte et l'image qu'elle fournit) –, une *image de l'image* ne tient le rôle vain d'une copie défaillante d'une réalité elle-même affaiblie, à l'instar d'une peinture reproduisant le lit réalisé par un menuisier copiant à son tour la forme parfaite du lit « universel », selon l'exemple bien connu des « trois espèces de lit » de la *République* (597b9). À la lumière des hypothèses d'interprétation formulées à partir des contextes platoniciens et aristotéliciens où elle trouve son origine, l'expression « image de l'image » s'avère être plutôt la formulation synthétique de la relation de réciprocité, ainsi que l'indice du rôle joué par celle-ci comme mise en condition nécessaire afin que la puissance réflexive, inscrite dans l'identité avec soi-même (*kath'auton*), soit en mesure d'actualiser cette puissance comme condition propre de l'étant.

CONDITION POUR LA RÉCIPROCITÉ ET LA RÉFLEXIVITÉ

Chaque fois que le lexique de l'image remplace la référence habituelle à l'identité par le pronom *autos*, une mutation intime à l'égard de l'identité est également signalée : la puissance réflexive qui tient en un tout l'unité individuelle (par *auto*-référence et *auto*-perception) s'actualise en agent potentiel lorsqu'une image de l'image remplace explicitement le pronom et l'inflexion ou la surenchère introduite par la préposition *kata*. L'image qui (pro)vient d'une image ne montre pas une similitude à l'égard d'un modèle, car elle est « même » à partir du « même » et non une *copie* qui engendre une relation d'altérité. En revanche, elle présente la possibilité de conversion de l'image en une condition de médiation ou de passage et fait de la répétition un « acte » propre de l'image qui empêche la fermeture monadique de l'identité dans une auto-réflexion. L'effet de dédoublement terminologique peut induire l'impression d'un bégaiement (*imago imaginis*, *speculi speculum*)[1], d'un mimétisme sonore censé donner à l'ipséité une expression plus explicite, et peut-être même une apparence, ou du moins un caractère phénoménal à même de manifester l'identité comme « propre », au-delà de l'identité *en soi* de chaque chose ou de chaque être vivant. Mais cette phénoménalisation n'est pas son but principal. Le *propre* par rapport à *soi* crée une tension au sein de l'identité que le pronom seul, *autos*, même dans une répétition comme celle dont se sert le Stagirite, ne peut pas rendre explicite.

1. Ces expressions sont empruntées à Victorinus (*Ad. Arium* I, A, 20, 1-16 ou I, B, 61, 1-10) et à Jean Scot dans la traduction latine du traité *De hominis opificio* de Grégoire de Nysse (XII, 161C-D ou 164A-B ; pour la version latine d'Erigène : édition du ms. de Bamberg B.IV. 13 publiée par M. Cappuyns « Le "De imagine" de Grégoire de Nysse traduit par Jean Scot Erigène », *Recherches de théologie ancienne et médiévale*, 32, 1965, p. 205-262, occ. p. 224, 16-22 ou p. 225, 7-10. On trouve chez ces auteurs plusieurs occurrences de ce genre d'expression construite par réduplication de l'image ou du reflet, et elles sont toutes concentrées autour de deux thèmes : la création de l'homme et la connaissance de soi. Voir *infra* les passages cités n. 1 p. 138-139.

Cette autre compréhension possible de la relation à l'œuvre dans l'expression « image de l'image » remonterait donc à Aristote, du moins autant qu'à Platon. À la place d'une connaissance qui va de l'altérité vers l'identité sur la base d'une réduction du lien tenu et unilatéral de la similitude, cette expression traduirait un exercice spécifique commun à la faculté perceptive et à l'intellection, une forme d'actualisation auto-référente et auto-perceptive (αὐτὴ αὑτῆς) de la puissance réceptive[1], une actualisation double, à la fois du *propre* et du *commun*, mais une actualisation asymétrique en même temps, puisque le Stagirite démontre qu'elle s'accomplit différemment dans le cas des facultés sensitives et dans le cas de l'intellection. La seule réciprocité parfaite est celle qui a lieu entre l'intellect séparé et l'objet intelligible, l'intellection devenant chacune des choses pensées et l'intellect ayant ainsi la possibilité de se penser *aussi* et *ainsi* lui-même (αὐτὸς δὲ αὑτὸν τότε δύναται νοεῖν)[2] par le même et unique acte qui est, dans le cas de l'intellect, identique à son essence. Cette situation particulière à l'intellect qui s'identifie aux intelligibles et donc se connaît en même temps qu'il connaît, serait de fait commune à toutes les facultés, sauf que dans le cas des facultés sensibles l'objet est soumis à une séparation de lui-même, tandis que pour l'intellection cette opération n'a pas lieu, l'objet s'identifiant avec l'acte lui-même de la pensée. Mais chez certains auteurs antiques tardifs, comme Némésius d'Emèse par exemple, la nécessité d'une telle séparation semble balayée au profit d'une totale identification dans le cas de la vue avec les facultés propres de l'âme. Par un prolongement quelque peu forcé de ce qu'Aristote lui-même affirme dans *De anima* sur la possibilité d'avoir deux objets sensibles, l'objet de la vision et le principe actif lui-même de la vision, dans un acte d'auto-perception doublement adapté, Némésius décrit l'acte de la faculté visuelle comme une connaissance par laquelle l'âme se connaît elle-même dans tout ce qu'elle perçoit[3]. On pourrait dire, dans le sillage de cet exemple extrême d'interprétation où l'héritage du Stagirite se fond dans la pensée de Plotin et de Porphyre, que l'âme ne se voit pas elle-même comme si elle voyait quelque chose (un objet ou un être) en s'objectivant ainsi elle-même, mais *voit* qu'elle voit, *connaît* qu'elle connaît, saisit l'image de sa propre image, laquelle n'est elle-même qu'une image partielle de l'intellect, en l'occurrence une image de l'acte noétique[4].

1. *De anima* 425b13.

2. *De anima* 429b9.

3. *De natura hominis* VII. Texte cité n. 1 p. 95.

4. On retrouve le mécanisme d'autoréflexion propre à la faculté visuelle, processus brièvement évoqué par Aristote dans *De sensu* 437a27-29 (l'œil regardant un miroir se voit

De là résulte une inversion de la signification « platonicienne » que revêt une lecture du rapport d'image à image sous le mode d'une production : il ne s'agit pas d'un affaiblissement mais, au contraire, d'une forme propre d'excellence, l'image seconde prenant le pas sur toutes les images spécifiques et réalisant une sorte de synthèse qui conditionne l'accès à la connaissance de l'objet dont elle est l'image de l'image ou l'image de toutes les l'images réunies. Comme dans l'analogie célèbre avec la main [1], l'image apparaît tel un moyen universel qui permet l'accès à l'identité et qui conditionne par conséquent la possibilité de connaître tout, y compris ce qui ne comporte pas d'intelligibilité, comme le singulier ou la matière. Son rôle à l'égard du singulier n'est pas seulement passif, puisqu'un être singulier, étant lui-même réceptacle du sceau d'une image, peut agir avec et à partir de l'image par abstraction ou par séparation et remonter au principe de l'image, en l'occurrence à l'*eidos* ou au genre universel, afin de connaître et de se connaître lui-même en même temps. Les deux situations décrites plus haut, celle qui suppose comme paradigme un objet unique et homogène et celle qui serait conséquente à la possibilité de l'objet-paradigme de se séparer ou de se détacher de lui-même, se retrouvent d'ailleurs dans les deux types d'expressions doubles forgés par Aristote : dans l'expression « la pensée est pensée de la pensée » (ἡ νόησις νοήσεως νόησις) la réflexivité est inhérente à l'indivisibilité entre l'acte et l'objet de la pensée [2], tandis que dans l'universalité de la forme (εἶδος εἰδῶν) [3], à laquelle est analogue l'universalité de l'instrument, le détachement est non seulement la condition de possibilité d'un acte conséquent à la réciprocité, mais détermine aussi la nature immanente de l'objet sur lequel porte cet acte.

lui-même en train de voir), analysé par Alexandre d'Aphrodise (*In De sensu*, 16.8-16) comme possibilité qu'un acte porte sur deux choses simultanément, et repris par Plotin (*Enn.* IV, V [29], 8, 17-23) dans l'analyse du rôle de la sympathie et de la similitude dans la vision. Voir A. Vasiliu, « Toucher par la vue. Plotin en dialogue avec Aristote sur la sensorialité de l'incorporel », *Les Études Philosophiques*, 2015/4, p. 555-580, occ. p. 570-571.

1. *De anima* 432a1-14 : « Aussi l'âme est-elle analogue à la main : comme la main est instrument d'instruments (ἡ χεὶρ ὄργανόν ἐστιν ὀργάνων), l'intellect à son tour est forme des formes (ὁ νοῦς δὲ εἶδος εἰδῶν), tandis que le sens est forme des qualités sensibles (ἡ αἴσθησις εἶδος αἰσθητῶν). Mais puisque nul objet [...] ne peut exister en dehors des grandeurs sensibles, c'est dans les formes sensibles que les intelligibles existent, tant ce qu'on appelle les "abstractions" que toutes les qualités et attributs des objets sensibles. [...] et d'autre part, lorsque l'on pense, la pensée s'accompagne nécessairement d'une image (φάντασμά τι θεωρεῖν), car les images sont en un sens des sensations (τὰ γὰρ φαντάσματα ὥσπερ αἰσθήματά ἐστι), sauf qu'elles sont sans matière. » (trad. É. Barbotin).

2. *Mét.* 1074b35.

3. *De anima* 432a2.

Or, si on prend en compte cette hypothèse de rapprochement des expressions du dédoublement, il y aurait alors non seulement une inversion du sens de la lecture du syntagme « image de l'image », mais aussi une autre conséquence. Du parallélisme entre des formulations aristotéliciennes comme « instrument d'instruments » (ὄργανόν ἐστιν ὀργάνων) ou « forme des formes » (εἶδος εἰδῶν) et le syntagme « image de l'image » (εἰκὼν εἰκόνος ou εἰδώλου εἴδωλον) résulte que même lorsque la similitude, la réflexivité et la puissance de l'acte (sensitif ou noétique) n'apparaissent pas d'emblée dans le contexte de son usage, la signification de la réduplication par déclinaison n'est pas celle d'une dégradation et nécessairement d'une suréminence (*procession*, *prééminence*), mais bien celle d'un rapport entre *dépendance* et *autonomie* dans le cadre d'une relation qui conduit à la connaissance de l'objet particulier par un recours à l'universel. Autrement dit, si la relation d'individu à l'espèce se présente à travers une répétition du nom (homme-humanité ou cheval-chevalinité), nom qui signifie de manière unilatérale le lien, le cas spécifique de répétition par déclinaison de l'image transforme la linéarité d'un rapport de dépendance ou d'appartenance en une réciprocité et une réflexivité inhérentes à la condition d'appréhension de l'ensemble sous la condition commune d'image. Non seulement l'image éclaire alors ce type de relation, relation qui est le véritable *sujet* de l'expression « image d'image », mais permet en outre de comprendre la nature de l'*objet* qui est en jeu. Qu'il s'agisse d'*eidôlon*, d'*eikôn* ou de *katoptron*, de l'image on retient alors non l'aspect objectif de « produit mimétique », ni la similitude du reflet, ni les distinctions précises signalées par l'usage différencié des termes *eidôlon* et *eikôn*, mais bien le caractère réflexif et la réciprocité qu'assure la condition d'image, *elle seule*, entre les entités qui, de part et d'autre, sont considérées comme inaccessibles autrement : image d'un être unique et indivisible séparé dont l'individu singulier est l'image, tout en étant lui-même séparé, et donc inconnaissable comme singulier, bien qu'il soit porteur de l'image *de l'autre* (du père ou du genre) inscrite dans la constitution de sa propre identité.

En deux mots : ni l'universel ni le singulier n'étant accessibles en eux-mêmes, c'est nécessairement une communauté d'image induite par un acte de réflexion – l'image de l'un telle qu'elle se reflète dans l'autre en le « formant à son image » (*eikonizô*) – qui permet d'en ouvrir l'accès. L'acte de réflexion est donc celui qui « produit » l'image en la faisant apparaître, et qui actualise en même temps la relation. Toute image est dans ce cas *aussi* une image de l'acte qui la « produit », acte par lequel s'accomplit ou s'actualise la puissance d'auto-manifestation et la réflexivité inhérente de son agent. Or cette relation ainsi déterminée – relation de réflexivité réciproque de l'acte et de l'agent –, préserve l'identité essentielle tout en conditionnant, simultanément, la possibilité d'en avoir la connaissance par la formation d'une image individuelle, *image* de l'image donnée.

L'IMAGE ET SES ACTES (*AGALMATOPHOREIN, ENEIKONIZEIN*)

Exprimés par des créations verbales spécifiquement philosophiques et dont les occurrences sont contemporaines avec l'usage du syntagme « image de l'image », deux actes propres à l'image viennent étayer les significations et les implications noétiques et métaphysiques décrites. L'un, ἀγαλματοφορήσειν, provient de l'héritage « socratique » et platonicien : « porter en soi-même la statue d'un dieu ». Mettant en jeu l'intériorisation de l'image sous l'espèce précise de l'image-statue de culte (*agalma*), le terme connaît un usage particulier chez Philon et chez les Pères grecs[1]. L'autre, ἐνεικονίζειν, « s'entre-refléter *iconiquement* », dont les usages ne semblent pas remonter au-delà du IIe s., apparaît en contexte néoplatonicien et chrétien, notamment dans les écrits de Porphyre et de Basile de Césarée[2]. Cette fois-ci le verbe, composé à partir du terme

1. M. Harl, « Socrate – Silène... », art. cit. Deux passages philoniens où ce terme est employé (*De opificio...*, 69 et 137) sont analysés dans le chap. précédent.

2. Ce terme tardif, exprimant la réception intime d'une réflexion d'image (ἐνεικονίζω), apparaît chez Porphyre, dans le commentaire du *Parménide* (si ce texte anonyme est bien de lui) : τις ἰδιότης ὑποστάσεως ἐνεικονιζομένη μὲν τὴν ἁπλότητα τοῦ ἑνὸς (*In Parm.*, XI, 15-23 [P. Hadot, *Porphyre et Victorinus*, t. II, Paris, Études Augustiniennes, 1968]), ainsi que dans la *Lettre à Marcella*, 11 : ἐμψύχῳ ἀγάλματι τῷ νῷ ἐνεικονισαμένου ἀγάλλοντα τοῦ θεοῦ (« la statue du Dieu vivant dans la belle disposition de l'intellect dans lequel celle-ci se réfléchit », p. 112). À la différence du contexte néoplatonicien où la réflexion est une forme de dégradation par l'individualisation hypostatique qui réfléchit la simplicité de l'Un en permettant la saisie, chez Basile de Césarée, qui utilise la même expression dans la description des relations intra-trinitaires pour définir à la fois la communauté de l'essence divine et l'individualisation par les actes propres des hypostases, l'acte réflexif *eneikonizô* est réciproque et constitue précisément l'attestation de l'unité et de l'égalité des hypostases dans la Trinité. « Car on n'additionne pas, en allant de l'un au multiple (ἀφ' ἑνὸς εἰς πλῆθος) [afin de réaliser une synthèse par les nombres : κατὰ σύνθεσιν ἀριθμοῦμεν] ; [...] Car "Moi, Dieu, je suis le premier (πρῶτος) et je suis le dernier (καὶ ἐγὼ μετὰ ταῦτα)". Or, d'un second Dieu, on n'a pas encore [...] entendu parler. De fait, lorsqu'on vénère un Dieu de Dieu (Θεὸν γὰρ ἐκ Θεοῦ προσκυνοῦντες), on confesse le [caractère] propre des hypostases (τὸ ἰδιάζον τῶν ὑποστάσεων ὁμολογοῦμεν) et l'on reste fidèle à la doctrine de la Monarchie divine [...], parce qu'en Dieu le Père et en Dieu le Monogène, on ne contemple pour ainsi dire qu'une seule forme se réfléchissant dans la déité qui ne connaît pas de différence (διὰ τὸ μίαν ἐν Θεῷ Πατρὶ

désignant l'image vraisemblable (*eikôn*), est employé pour décrire comment l'Un se retrouve dans l'être ou l'*ousia* divine dans les hypostases : le premier se reflète dans le second sous le mode d'un acte productif puisque le reflet s'imprime et demeure comme image en ce dernier en le déterminant. Sont ainsi créées une image en même temps qu'une relation de réciprocité asymétrique, or cette image et cette réciprocité assurent ensemble la possibilité d'une réflexivité propre, possibilité qui s'ajoute à la condition commune d'image. Cette réflexivité est conséquente à la séparation dans laquelle se tient ce qui donne l'image en se reflétant (l'Un dans son rapport à l'être ou l'*ousia* divine dans le cas des hypostases), et cette séparation se porte garante simultanément de la non-affectation de l'Un ou de la non-division de l'*ousia* divine, ainsi que de la possibilité de réflexivité pour l'être ou pour les hypostases dépositaires de l'image de l'Un ou de l'*ousia* divine. Précisons en outre que les deux verbes, *agalmatophorein* et *eneikonizein*, sont liés thématiquement et qu'ils voisinent parfois dans les textes.

La présence d'une statue intérieure dans l'homme et d'un reflet qui l'accompagne en témoignant que cette statue, présence d'un dieu par image interposée, reçoit l'honneur qui lui est dû, est un thème platonicien bien-connu : Socrate porte en lui, tel un Silène, plusieurs statues (*Banquet* 215a-b) ; emporté par l'inspiration, Socrate décrit le culte rendu par l'âme initiée à la statue divine qu'elle (re)connaît grâce au reflet, celui-ci se trouvant dans l'âme puisqu'il accompagne la statue qui s'y trouve, et permettant ainsi à l'âme de contempler le Beau (*Phèdre* 251a-b) ; le monde est né comme une statue des dieux éternels (τῶν ἀιδίων θεῶν… ἄγαλμα) et l'intellect de l'homme, avec lequel un *daimôn* cohabite (τὸν δαίμονα σύνοικον ἐν αὐτῷ), est lui-même à l'image de cette statue (*Timée* 37c 6-7 et 90c 5). Le fait de porter en soi la statue d'un être divin, à laquelle l'homme rend honneur en faisant montre de sa vénération à l'égard de la divinité, correspond à un double acte, de réflexivité et de science divine, car c'est ainsi que l'homme se connaît lui-même et connaît en même temps ce qu'il n'est pas : il connaît son altérité radicale et reconnaît en même temps en celle-ci son propre et vénérable modèle. Cette statue,

καὶ Θεῷ Μονογενεῖ τὴν οἱονεὶ μορφὴν θεωρεῖσθαι, τῷ ἀπαραλλάκτῳ τῆς θεότητος ἐνεικονιζομένην). » Basile de Césarée, *Traité sur le Saint-Esprit*, XVIII, 45 [149 B-C] (trad. fr. B. Pruche, SC 17bis, Paris, Cerf, 2002, trad. mod.). Pour une analyse des occurrences porphyriennes, M. Chase, « La subsistence néoplatonicienne, de Porphyre à Théodore de Raithu », *Chôra*, 7-8, 2010, p. 37-52 , et M. Harl, « Socrate – Silène… », art. cit., p. 62 ; pour un commentaire de l'usage basilien, A. Vasiliu, Eikôn. *L'image dans le discours des trois Cappadociens*, Paris, P.U.F., 2010, p. 202-204.

située dans l'âme ou identifiée au *noûs*, apparaît comme une sorte de « statue animée », qui vit et se meut, mais qui ne se laisse pas identifier directement et doit s'accompagner d'un reflet pour que l'homme qui la porte puisse s'en saisir et la rendre en quelque sorte « visible », en vue de la contemplation de l'âme. La statue n'est pas identifiable ni visible d'ailleurs séparément, puisqu'elle n'est pas de forme humaine mais constitue une image des « formes divines » dont la pensée ou l'âme humaine donnerait l'image (le reflet ou l'*eikôn*) la plus ressemblante ou, plus précisément, la plus vraisemblable en tant que réceptacle et dépositaire simultanément de la statue et de son image ou son reflet.

En utilisant à plusieurs reprises le verbe *agalmatophorein* et en jouant sur la terminologie des formes (ἀνθρωποειδῆ... ἀνδριάντα πλάττειν; [...] ἀγαλματοφορήσειν ἀγαλμάτων τὸ θεοειδέστατον), Philon d'Alexandrie reprend à son compte le thème platonicien et l'utilise dans l'exégèse du premier livre de la Genèse[1]. L'image dont l'image d'un homme porte la ressemblance, et par laquelle un homme s'identifie aussi comme homme, est une « statue », synonyme d'image divine, qui se reflète dans l'intellect et se confond avec son acte, le « penser » de la pensée. La séparation de toute nécessité d'un organe propre rend l'intellection identique à son *ousia*, à son identité essentielle, que Philon traduit en termes de « création première », création d'un être noétique pur, dépourvu de corps[2]. L'être correspond alors au *noûs-noêin*, et l'absence de toute médiation à l'égard de cet « être » de pensée rend à l'image un rôle primordial, celui d'actualiser la réflexion et d'assurer ainsi une réciprocité, sans qu'il s'agisse toutefois d'une image visible, modelée comme s'il s'agissait de (re)produire un corps. Cette image est « divine » à la mesure exacte de ce qu'elle est, à savoir un « lieu noétique » dans lequel se rencontrent ce qui se reflète et ce qui reçoit le reflet. Elle est donc purement noématique, étant identique à la forme qu'elle reçoit, ainsi qu'à l'acte dont elle devient à son tour « moteur » ou « agent » par la réciprocité, puisqu'elle est *produit* (*noêma*, pensée) de l'acte (*noêin*), mais que ce produit est à son tour le *reflet* de l'intelligible (*noêton*), contenu et essence première de l'intellect. L'acte qui s'actualise ainsi correspond à l'identité en acte entre la faculté de penser et la nature intelligible de ce qui est intelligé, or cette identité se révèle grâce à l'image. L'image de cette *agalma* noétique est appelée ensuite *eikôn* et c'est elle qui servira, selon Philon, à réaliser l'impression de la ressemblance divine

1. *De opificio...*, 136-137; plusieurs occurrences ainsi que des gloses sur ce vocabulaire dans les chap. 69, 134 et 139. D'autres occurrences dans d'autres textes philoniens sont commentées par M. Harl, « Socrate – Silène... », art. cit.

2. *De opificio...*, 69. Voir le chap. précédent.

dans l'homme, selon un dédoublement dont l'expression met cette fois-ci en jeu la présence d'un support matériel, comme la cire pour imprimer l'image d'un sceau (εἰκόνος ἐκμαγεῖον)[1].

L'interprétation de l'image comme un acte spécifique, un acte par lequel l'image « réalise » comme *image* (*eikonizô*) ce qui en reçoit le reflet, apparaît dans la postérité immédiate, philosophique et patristique, de cette tradition platonicienne de la statue intérieure et de l'intellect de l'homme considéré comme un temple pour la statue divine. Le résultat de cet acte de l'image n'est pas une copie mais l'incorporation d'une forme, le modelage ou la structuration de ce qui n'a pas de forme, assorti d'une détermination conditionnelle en tant qu'image de ce qui a été ainsi réalisé. Mais cette condition d'image ne comporte aucune nécessité de visibilité inhérente à une image première. L'un des usages de ce verbe, parmi les plus éclairants pour cet aspect, est celui fait par Basile de Césarée dans la définition de la structure trinitaire. Les hypostases de la Trinité partagent une essence commune, l'*ousia* divine, et se déterminent individuellement par des actions propres (l'engendrement, la procession) et par un acte commun, celui de s'entre-réfléchir réciproquement sans se séparer et se différencier (… τῷ ἀπαραλλάκτῳ τῆς θεότητος ἐνεικονιζομένην)[2]. Cependant, cette image qui assure la relation *entre* les hypostases et se reflète *dans* la déité des trois, n'offre aucune visibilité d'elle-même mais joue le rôle d'une condition commune et d'une sorte de réciprocité – communauté et relation de réciprocité qui sont les gages d'une déité essentielle unique partagée par les trois hypostases inséparables. Quant à la visibilité, elle est inhérente aux actions propres (engendrement, procession), lesquelles présentent les hypostases sous les « visages » (*prosôpa*) des rôles spécifiques assignés à chacune, rôles différents qui individualisent les hypostases. Ce vocabulaire n'est cependant pas réservé à la théologie chrétienne. L'exemple basilien permet de comprendre comment évolue et se transforme l'un des thèmes de la pensée de tradition platonicienne au contact avec les systèmes théologiques naissants, mais aussi avec la noétique de tradition péripatéticienne qui nourrit à son tour les théologies. L'image devient un acte qui « réalise » ou « actualise » la condition d'appréhension de l'être, en ramenant vers l'image ce qui n'a aucune intelligibilité propre ; or cette condition d'appréhension, appuyée sur la réciprocité et la réflexivité inhérentes à l'image, définit l'image comme prioritairement conceptuelle et en fait un moyen qui demande une intériorité et la transforme en image du « soi ». D'où la

1. *Quis rerum…*, voir n. 1 p. 124.

2. Basile de Césarée, *Traité sur le Saint-Esprit*, XVIII, 45 (149B), p. 406 ; voir n. 2 p. 131-132.

particule « en » avec *eikonizô*, ou l'association fréquente de la terminologie de l'*eikôn* avec celle de l'empreinte ou du sceau qui suppose d'emblée une réception dans l'intimité d'un support à même de se laisser affecter, modeler, former par un reflet.

Un dernier exemple, emprunté à Porphyre, permet de mieux saisir cette compréhension *active* de l'image et du dédoublement, conduisant vers une définition qui signifie et montre en même temps la puissance réflexive et le pouvoir de détermination que les textes de l'Antiquité tardive attribuent à l'image[1]. Dans la plupart des textes de référence pour le statut de l'image, parmi les écrits néoplatoniciens ou chrétiens antiques, l'image n'est pas présentée comme référentielle pour une chose (dont elle est image), mais subvertit la relation référentielle en produisant elle-même la chose qui la sous-tend. L'image produirait-elle alors, par nécessité, son propre modèle? Dans la *Lettre à Marcella*, Porphyre attribue à l'image, sous l'identité double de l'*agalma* et de l'acte iconique (*en-eikonizô*), le rôle d'incorporation du principe même qui l'actualise comme image, en l'occurrence, comme lieu où se réalisent la réciprocité et la réflexion entre l'homme et Dieu sous le signe de deux images intimes et indéfectiblement liées. Faisant de son esprit le temple (ἐν τῇ γνώμῃ τὸ ἱερόν) dans lequel se trouve la statue vivante de l'intellect (ἐμψύχῳ ἀγάλματι τῷ νῷ), Porphyre ajoute que cette statue est digne d'honneur, Dieu y ayant imprimé son « image iconique » (ἐνεικονισαμένου [τοῦ θεοῦ])[2]. Comme s'ils étaient synonymes,

1. Bien que l'analyse porte sur d'autres auteurs que ceux évoqués ici, et concerne prioritairement des textes théologiques et sophistiques décrivant le pouvoir des images de culte, les articles de J. A. Francis (« Seeing God(s): Images and the Divine in Pagan and Christian Thought in the Second to Fourth Centuries AD », *Studia Patristica,* LIX/7, 2011, p. 5-9) et de J. Elsner (« Image and Ritual: Reflections on the Greco-Roman Appreciation of Art », *Classical Quaterly,* 46, 1996, p. 515-531) montrent eux aussi le rôle *actif* des images qui produisent elles-mêmes le caractère divin des lieux qu'elles consacrent, au sens propre du terme, en les transformant en lieux de culte. Mais les recherches de nature anthropologique des deux chercheurs cités sont focalisées sur le rôle de l'image dans les cultes et le rituel, tandis que notre étude est orientée vers le statut noétique et la fonction philosophique de l'image dite « divine ». Il est cependant évident que dans les deux approches un problème commun est posé, à savoir le mode par lequel un dieu se manifeste visuellement tout en attestant la divinité « vraie » de l'image ou de la statue qui le représente ou qui se substitue à la présence du dieu lui-même. Ce problème théorique est désigné par Elsner comme « visual theology » (art. cit., p. 518). Voir aussi P. C. Finney, *The Invisible God: The Earliest Christians on Art*, Oxford, Oxford Univ. Press, 1994, en part. les chap. V et VII.

2. *Lettre à Marcella*, 11, trad. fr. E. Des Places, Paris, Les Belles Lettres, 1982, p. 112. Voir aussi n. 2 p. 131-132. Porphyre revient dans le chap. 19, p. 117, sur la « métaphore » de l'intellect-temple, appelé νεώς cette fois-ci (avec, peut-être, un jeu sur la proximité entre *neôs* et *noûs*). Si *hieron* peut signifier seulement un lieu sacré, *neôs* (*naos*) indique clairement un édifice faisant fonction de temple.

l'intellect et son pouvoir d'intellection et de jugement (*gnômê*), se superposent à ces deux *images* : une statue animée qui est la projection conceptuelle de l'homme et dont l'image ou le reflet est à son tour la projection de Dieu. La première projection relève d'un acte qui incombe à l'homme et dont Dieu est récepteur (l'intellection et l'honneur rendu à Dieu), tandis que la seconde projection relève d'un acte divin (Dieu imprime son image) dont l'homme est cette fois-ci le récepteur. L'image-statue et l'image-reflet-iconique comportent la même condition commune d'image, mais elles relèvent de deux référents distincts, Dieu et l'homme : une image avec deux référents, dont infèrent deux actes. La rencontre de ces deux actes a lieu dans le périmètre d'un lieu unique, l'intellect, à la fois temple et statue, lieu et objet, unifié et séparé de toute autre détermination, sauf celle qui ne vient pas de lui et qui est de l'ordre de l'image, mais d'une image *active*, qui « forme » ce/celui qui la reçoit tel un sceau qui s'imprime dans un support idoine. L'unicité du lieu est garante de l'acte et de la puissance de l'intellection. Porphyre l'appelle « indépendance », « liberté de Dieu » que Dieu accorde au sage (…θεὸς θεοῦ δίδωσιν ἐξουσίαν)[1]. En revanche, continue aussitôt Porphyre, de l'homme lui-même relève « la purification conséquente à l'acte de penser Dieu (καθαίρεται μὲν ἄνθρωπος ἐννοίᾳ θεοῦ) ».

Porphyre insiste sur cet échange de projections entre l'image d'une présence (*agalma*) et celle d'un reflet (*eikôn*), en parlant plus loin de Dieu qui se reflète lui-même comme dans un miroir, bien qu'il ne soit pas visible corporellement (αὐτὸς ἐνοπτρίζεσθαι πέφυκεν, οὔτε διὰ σώματος ὁρατὸς)[2]. Est ainsi posée la condition de possibilité de la science divine, Porphyre la décrivant comme le fruit d'une réciprocité entre l'homme et Dieu sous l'espèce d'un lien et d'une détermination : une puissance commune et un acte unique, avec deux agents dont chacun fait l'objet de l'acte de l'autre, bien que l'un des deux ne soit pas affecté par cet acte, la détermination d'une différence visant comme effet sa résorption une fois la mise en acte accomplie. Selon les termes de Porphyre : connaître les dieux implique d'être-connu par eux (θεοὺς γιγνώσκονταί τε γιγνωσκομένοις θεοῖς)[3]. De cette rencontre et de ce lien naît ainsi une identité, présentée

1. *Lettre à Marcella*, 11, la traduction par « liberté » appartient à Des Places.

2. *Ibid.*, début du chap. 13, p. 113. On peut y voir soit une description « réaliste » à proprement parler, telle la statue du dieu cachée dans le temple (*neôs*), invisible directement, et dont la présence est attestée par la mise en scène d'un reflet aquatique (ce dispositif scénographique est attesté par des textes décrivant des œuvres et des lieux, chez Philostrate par exemple) ; soit considérer qu'il s'agit d'un moyen de signifier le caractère sacré caché d'un lieu physique que seule la présence d'une statue identifie comme lieu sacré (*hieron*).

3. *Ibid.*, fin du chap. 21, p. 118.

encore sous le mode d'une répétition par déclinaison : « l'homme serait Dieu dès lors qu'il est digne de Dieu (ἄξιος ἄνθρωπος θεοῦ θεὸς ἂν εἴη) »[1]. L'identité ne serait toutefois pas *ousiologique*, mais la conséquence nécessaire de la réciprocité et de la réflexivité de la condition commune d'image donnée par la statue-image (*agalma-eikôn*) qui se tient dans l'homme et qui, essentiellement, n'est pas l'homme mais la projection ou l'impression de Dieu dans celui-ci. La conséquence est elle-même double : l'image ou l'empreinte produit d'une part une hétérogénéité, l'image apparaissant donc comme une « réalité » et non comme un aspect, et de l'autre, l'image constitue une condition de possibilité pour la connaissance par la réciprocité conséquente à la séparation du *noûs*, l'image ayant dans ce cas à la fois une fonction et un statut noétique. Nous avons donc affaire d'une part à la *réalité d'image* de la réalité divine elle-même (*agalma*), et de l'autre, à *l'acte de penser* comme étant lui-même l'image conceptuelle de la réalité divine et un moyen de saisir en même temps cette image en se reportant à sa propre condition réflexive (*eneikonizô*).

RÉVERSIBILITÉ ?
L'IDENTITÉ ET SON REFLET

La possibilité de connaître l'identité comme *en soi* (*kath' auton*) d'une chose est conditionnée par le recours à une puissance réflexive, puissance inscrite dans la possibilité de la similitude de se retourner aussi sur « soi », la similitude s'appropriant alors sa propre similitude comme si, en ramenant le principe à son propre jeu, elle avalait en elle la possibilité de toute altérité afin de réduire tout écart jusqu'à l'unification. En même temps, cette puissance « homotétique », relevant du principe platonicien bien connu, lorsqu'elle s'exprime sous la condition commune d'image, s'exerce aussi comme puissance de la séparation, de l'autonomie de tout support, réduisant ainsi la puissance à être « acte », à faire fonction d'agent de sa propre puissance de constituer une forme ou une image essentielle, à être, en fin de compte, son propre modèle. L'image d'une image signifie, nous l'avons vu dans les textes de Philon ou de Porphyre, la possibilité de ramener un étant à l'image en désobjectivant ainsi l'identité par le reflet,

1. *Ibid.*, fin du chap. 15, p. 115. La ὁμοίωσις θεῷ du *Théétète* 176b1 devient identification à Dieu chez Porphyre. A-Ph. Segonds (notes, p. 159) considère certaines assertions porphyriennes des « citations » de la tradition pythagoricienne. Mais ne pourrait-on pas y voir aussi un rapprochement avec l'affirmation de Philon (*De opificio...*, 69) que l'intellect est en quelque sorte dieu dans l'homme, pour qui le porte comme une « statue divine » ?

avant de laisser agir les leviers propres de l'intellection, le raisonnement et le langage, lesquels retransforment l'identité de reflet en « objet de pensée » et la définissent comme unicité individuelle par des rapports entre les conditions du propre et celles du commun.

Si on réduit la répétition par déclinaison à une structure linéaire et inductive, suggérant la procession comme une fuite en avant ou comme une régression à l'infini, on se trouve alors presque naturellement amené à supposer que l'expression « image de l'image » ne serait qu'une interprétation tardive et synthétique de l'exemple galvaudé des trois lits, la représentation du lit faisant office d'image de l'image du lit fabriqué à l'image du concept ou de la forme de lit. Mais cet exemple platonicien standard s'appuie sur un processus précis, celui de la production, et donc sur la séparation inhérente au niveau de chacun des objets auxquels réfère chacune des « images ». Une interprétation différente est toutefois possible, à condition de situer contextuellement l'expression, d'analyser les ramifications et d'accepter les possibilités spéculatives – de mise sur un sujet pareil. C'est la raison pour laquelle nous avons concentré l'analyse du syntagme davantage sur le contexte de la pensée que sur un catalogue des occurrences de l'expression[1].

1. Voici toutefois deux autres exemples d'usage de l'expression, l'un grec, emprunté à Grégoire de Nysse, l'autre latin, dû à Marius Victorinus. Comme il n'y a pas de filiation entre ces auteurs de la seconde moitié du IVe s., et que les deux utilisent le syntagme dans un contexte exégétique proche de celui de Philon mais avec une argumentation différente et une réception à chaque fois spécifique de la tradition platonicienne, on peut ainsi prendre la mesure de l'étendue et de la richesse des interprétations qui se servent de cette expression. Chez Grégoire la formule est intégrée à une présentation analogique des facultés de l'homme et de la théorie des formes (le Bien et le Beau) auxquelles l'homme a ou non accès. Victorinus, dans le contexte d'une exégèse de l'Incarnation, présente le rapport entre le Père et le Fils sous le modèle des actes conjoints de l'âme et du *noûs*, et des conditions communes de la vie et de la vision, la principale fonction de cette dernière étant d'assurer le lien. Grégoire de Nysse, *De hominis opificio*, XII, 164A-B : « Si donc l'un est réellement le Bien […], l'esprit reçoit sa beauté de la création à l'image du Bien, et lui-même détient l'être du Beau ; et la nature, qui est par l'esprit, est comme une *image d'image* / Εἰ οὖν ἓν μὲν κατὰ τὸν θεωρηθέντα λόγον τὸ ὄντως ἀγαθόν : ὁ δὲ νοῦς τῷ κατ' εἰκόνα τοῦ καλοῦ γεγενῆσθαι, καὶ αὐτὸς ἔχει τὸ καλὸς εἶναι : ἡ δὲ φύσις ἡ ὑπὸ τοῦ νοῦ συνεχομένη, καθάπερ τις εἰκὼν εἰκόνος ἐστί. » (trad. fr. J. Laplace, Paris, Cerf, 2002[2] [1944], trad. mod. p. 132). Dans la traduction de Jean Scot Erigène, l'expression καθάπερ τις εἰκὼν εἰκόνος ἐστὶ est rendue : « ueluti quaedam imago imaginis est » (éd. M. Cappuyns, « Le "De imagine" de Grégoire de Nysse… », art. cit., p. 225, 7-10), tandis que Denys le Petit avait traduit : « quasi quaedam imago esse probatur imaginis » (P. L. 365A). Dans d'autres passages du même texte (XII, 161C-D), Grégoire utilise l'expression : « miroir de miroir » (οἷόν τι κατόπτρου κάτοπτρον γινομένην), traduite par « ueluti quoddam speculi speculum factam », pour désigner la nature administrée par l'esprit (« οἰκονομουμένην ὑπ' αὐτοῦ φύσιν ἔχεσθαι τοῦ νοῦ λογιζόμεθα / administratam a se

Deux conséquences pourraient être esquissées à partir de cette enquête brève autour d'une expression, deux pistes de recherche qui restent à creuser dans le sillage de ces hypothèses de lecture. L'une porte sur la « théorie » antique du beau; la possibilité de sa définition semble reposer sur le même processus que celui qui conduit à formuler l'intellection de l'identité selon des expressions telles qu'« image d'image », « reflet d'un reflet » ou encore « forme des formes ». Le beau se révèle en effet dans la nécessité d'une imitation: constituant lui-même une imitation de son principe, lui aussi réflexif en tant que forme, le beau comporte par nature une image, celle du bien dont le beau est l'image, depuis Platon, le beau n'étant beau *en soi* que dans la mesure où « il » se laisse connaître comme « image du bien »; en clair: dans la mesure où le beau fait connaître par son biais le bien[1]. Comme dans le cas d'une image de l'image, du *même* au *même* il n'y a pas d'imitation linéaire puisqu'il n'y a aucune possibilité de « production » à proprement parler; et il n'y a pas non plus de réversibilité puisque la réciprocité est asymétrique et que la réflexivité est structurelle à l'image, relève de l'« acte » spécifique de celle-ci, mais ne rebondit pas d'une image à l'autre au risque d'annihiler la distinction qui demeure nécessaire d'une image à l'autre. Toute chose comprend le beau en

naturam habere animum arbitramur »). Quant à Victorinus (*Ad. Arium*, I, B, 61, 1-10), il emploie l'expression *imago imaginis* dans une tentative de définition noétique de la Trinité : « Après que le mouvement circulaire s'est éveillé – je dis bien, circulaire, puisque ce mouvement, partant d'un point, revient à ce même point (*cyclicam dico quod a* σημείῳ *in* σημεῖον), c'est-à-dire partant du Père, revient au Père – lors de la manifestation de ce mouvement et de la totalité du divin (*in apparentia istius motionis et divinitatis universae*), du Logos, du Fils, à ce moment-là, par la volonté de Dieu, s'est réalisée une image (*extitit iussione dei imago*), "selon l'image et la ressemblance de Dieu", une image de l'image (*imago imaginis*), c'est-à-dire du Fils. Car le Fils est image du Père, comme on l'a montré. Et la raison en est que le Fils est vie (*Hos autem est, quoniam filius vita est*). L'âme a donc été créée comme image de la vie (*Imago igitur vitae, anima effecta est*). Et l'âme, avec son *Noûs* propre, qui lui vient de celui qui est le *Noûs*, est puissance de vie intellectuelle (*potentia vitae intellectualis est*); elle n'est pas le *Noûs* lui-même, mais quand elle regarde vers le *Noûs*, elle est, pour ainsi dire, elle-même le *Noûs* (*non* νοῦς *est, ad* νοῦν *quidem respiciens quasi* νοῦς *est*). Car là-bas, toute vision est union (*Visio enim ibi unitio est*). » (trad. P. Hadot). L'expression *imago imaginis* est d'ailleurs utilisée à plusieurs reprises par Victorinus (*ibid.*, I, A, 20, 1-16); nous en détaillerons les contextes dans le chap. suivant. Le syntagme « image de l'image » est en effet relativement souvent employé dans ce type d'argumentation. M. Harl (« Socrate – Silène... », art. cit.) et J. Pépin (« L'épisode du portrait de Plotin », dans Porphyre. *La vie de Plotin*, Paris, Vrin, 1992, vol. II, p. 301-334) citent d'autres auteurs de la même période qui emploient les différentes variantes de cette expression de dédoublement de l'image ou du reflet katoptrique.

1. Le passage de Grégoire de Nysse, cité *supra*, constitue une illustration tardive de la réception de ce *lieu propre* de la pensée platonicienne.

puissance et tend à l'accomplir en le rendant manifeste à partir de ce que la chose *est* elle-même, comme si la forme conduisait nécessairement la chose à s'autorévéler en actualisant une puissance propre ; autrement dit, en actualisant sa part d'universalité dont le singulier reconnaît l'image en se connaissant lui-même à la fois comme image de cette image en lui et à travers son acte même d'ordre cognitif, acte réflexif par excellence.

L'autre conséquence concerne l'aspect métaphysique que recèle cette formule de dédoublement, « image d'image », aspect métaphysique aussi bien dans le choix terminologique de l'image qui évite la rupture épistémologique entre expérience et pensée, que dans la structure réflexive qui met en scène un processus fondé sur l'homologie, afin d'éviter l'inhérence d'une procession sous-jacente à la provenance ou à l'engendrement. Ainsi, afin d'éviter toute temporalité inhérente à une vision processionnelle de la provenance ou de l'engendrement, les actes propres assignés à l'image dans le sillage de cette expression sont désignés par des verbes qui n'indiquent aucune séquentialité mais signifient, au contraire, une concomitance ou une simultanéité assortie d'une parfaite intériorité : tenir ce qui est incorporé (*agalmatophorein*) ou se refléter intérieurement (*eneikonizô*) sans rien donner à voir puisqu'il s'agit d'un pur acte de penser. Or cet acte correspond à l'identité essentielle du *noûs* agissant sans être soumis aux conditions discursives du *logismos*, du raisonnement qui provient du *noûs* mais ne s'y identifie pas, ni ne peut en être le reflet parfait. Les deux verbes, « refléter » et « porter », conjugués de manière réflexive dans l'articulation d'une image divine et de son reflet, ainsi que l'expression du dédoublement entre une image et l'autre, décrivent la nature et montrent le mode de fonctionnement à travers lequel cet acte de pure noèse agit et se définit en même temps comme support et comme objet de l'acte lui-même.

CHAPITRE III

L'ARGUMENT SUBSTANTIEL. LA PREUVE PAR L'IMAGE CHEZ MARIUS VICTORINUS

Dans le sillage de l'expression « image de l'image », dont nous venons de décliner les significations dans le jeu de réflexivité-réciprocité entre réceptacle et contenu selon la double relation noétique et essentielle entre l'homme et Dieu, voyons maintenant à l'œuvre un usage inattendu de l'image elle-même. Un usage qui apparaît comme inattendu seulement si on ne tient pas compte des implications métaphysiques et théologiques de la terminologie de l'image et de la *homoiôsis*, ainsi que des inférences de ce lexique sur la possibilité de penser Dieu et d'en fixer précisément les conditions, sans donner une définition de Dieu ni chercher à transformer l'acte en objet de la connaissance divine. Cet usage, entièrement approprié à la tâche donnée, ne surprend en réalité que par l'emploi obligé en latin d'un seul mot pour désigner un champ sémantique pour lequel on s'attendait à trouver plusieurs termes. C'est cette situation particulière qui nous intéresse ici. Elle est révélatrice d'une part de l'héritage prodigieux de la noétique plotinienne et du rôle que Plotin assigne à la réflexivité, à la ressemblance homotétique et à l'image dans la relation entre l'Un, les intelligibles et les facultés de l'âme[1], et d'autre part, de la tentative propre aux premières formulations d'une théologie chrétienne d'inscrire philosophiquement les paradoxes nicéens de la Trinité et de la double nature[2],

1. Nous aborderons quelques aspects de la noétique plotinienne dans la deuxième partie de cette étude.

2. On prendra appui principalement sur deux de ces théologies de la seconde moitié du IVe s., l'une grecque l'autre latine (celle de Basile de Césarée et celle de Marius Victorinus, à peu près contemporaines), en abordant, ici et dans les chapitres suivants, certains thèmes où

en les pensant à partir des thèmes classiques de la métaphysique comme l'acte et la puissance, la substance et l'étant existant, la ressemblance et l'image, mais en réinvestissant le plus souvent le lexique platonicien et aristotélicien ainsi hérité.

Sous le seul terme d'*imago*, remarquablement fréquent dans les textes théologiques de Marius Victorinus[1], se cachent en effet deux images, correspondant à deux réalités différentes appelées du même nom. Il ne s'agit pas d'une homonymie involontaire, ni de deux sens du même mot. Ces deux images correspondent à deux sortes de réalité, ou plutôt à deux niveaux distincts d'une seule réalité : la réalité d'un existant *substantiel* commun à deux modes différents de définir l'existence, selon l'être en soi ou selon l'être sous l'hypostase du vivant. Ces deux niveaux ne sont donc pas des niveaux sémantiques, ne relèvent pas de deux modes catégoriques de signifier la même chose, selon l'essence et selon les propriétés, mais constituent des niveaux ontologiques à proprement parler, qu'il convient de distinguer avec soin, bien que leur nom soit le même puisque les deux niveaux ontologiques dont il est question sous l'appellation unique d'*imago* font tous les deux état d'une unité d'origine, l'unité d'un principe commun d'existence (*hup-archè*). Victorinus a donc besoin de deux images, comme lorsqu'on parle de l'âme en désignant du même nom les deux âmes (mortelle et immortelle) à l'égard du corps (toujours mortel). Cependant, à une ou deux exceptions près, le théologien latin ne relie pas les deux images en une seule et même expression de l'ordre de celle évoquée dans le chapitre précédent. Au contraire, il convient ici de les distinguer. Il y a par conséquent deux images, comme il y a deux manières d'envisager le lien entre l'homme et Dieu : selon le Fils image du Père par engendrement ou selon l'homme (universel) image du Démiurge divin par

l'appropriation du lexique et les croisements avec l'approche néoplatonicienne sont les plus parlants. Mais, il va de soi que nous n'avons pas l'ambition d'une lecture systématique des aspects abordés (de l'acte et de la puissance ou de la substance et de l'hypostase). Nous poursuivons principalement l'enquête dont les enjeux sont formulés au tout début (« Provocation ») et dont l'illustration est donnée dans l'analyse d'un passage du *De opificio mundi* de Philon d'Alexandrie (*supra*, chap. I) : une enquête sur la possibilité de penser Dieu, et de penser ainsi l'objet transcendantal en termes de philosophie antique, en évitant les conditions *a priori* des théologies (définition de Dieu monade, preuve de l'existence, vertus de la piété et du rituel) et en ciblant en revanche les ressources fournies et les conditions imposées par les théories noétiques (j'entends : les moyens de l'intellection, les facultés rationnelles et théorétiques de l'âme, la réflexivité selon l'image et selon le langage).

1. Le terme est aussi fréquent dans l'échange fictif de lettres avec Candidus que dans le traité *Contre Arius*. Ces textes sont regroupés par P. Henry et P. Hadot sous le titre *Traités théologiques sur la Trinité* (SC 68, Paris, Cerf, 1960). Nous citons cette édition et cette traduction, parfois avec des modifications signalées.

création. L'une est appelée *imago* et désigne l'image-ombre, évanescente, périssable, trompeuse comme le reflet, un vrai-faux inséparable pourtant du corps dont lui, le faux corps, le corps reflété, révèle la réalité de l'existant. L'autre, appelée aussi *imago*, désigne l'image substantielle, *eikôn ontôs*, réalité de l'image et d'image, qui permet de faire le lien entre être et agir, ou entre vivre et intelliger, un lien faisant office à la fois de médiation et de lieu de séparation, comme un mur mitoyen au sein de ce qui ne peut que demeurer ensemble malgré la distinction des actes ou des natures. Seule l'expression *imago imaginis*, utilisée par Marius Victorinus dans un passage qui sera analysé plus loin, suggère qu'entre les deux sortes d'images la différence, bien soulignée d'ailleurs, n'induit pas une opposition de contraires mais signifie la possibilité d'une dépendance réciproque de l'ordre d'une inflexion, d'une réflexion ou d'une irradiation.

Remarquons d'abord que l'usage récurrent du terme *imago* intervient dans les traités théologiques de Marius Victorinus dans des cas précis comportant une situation de frontière, aussi bien entre les facultés, qu'entre deux entités dont *imago* fournit le seul lien possible. Le terme apparaît donc dans l'analyse des situations de frontière interne ou externe à l'homme ou à Dieu, mais qui sont tout autant des situations de retour à une unité et à une connaissance possibles. Là où le lien exprime une causalité, la relation est, certes, irréversible (*non retrorsum causa*)[1]. Mais dès que l'image « substantifie » la relation, dès qu'elle l'« incarne » et qu'elle détermine sa nature, la relation acquiert la dimension de la réciprocité, implique une reconfiguration de la puissance et de l'acte et induit d'emblée la possibilité d'un lien avec ce qui demeure autrement accompli en soi et séparé. Cette instrumentalisation de l'image laisse entendre que pour Victorinus *imago* ne désigne pas une frontière infrangible, une limite, un point de non-retour et la piètre fin d'une saisie par défaut, mais qu'elle dessine, au contraire, les contours transparents d'une relation qui permet d'entretenir le dialogue et qui offre une certaine forme (et même une forme certaine) de connaissance. *Imago* désigne donc chez Victorinus deux choses reliées sous le chapeau d'un seul nom, ce dont on a l'image et l'image à proprement parler. En outre, le recours à l'image et la présence même de celle-ci signale que cette situation de « deux en un » est propre à la région des limites et que la fonction spécifique assignée à l'image dans ce contexte frontalier est aussi celle d'éviter, par la possibilité de l'image et de ce qui incombe à celle-ci (ressemblance homotétique, vision), une mise en

1. *Ad. Arium*, I, A, 19, 41.

opposition des termes en relation ou une substitution réciproque, voire une confusion.

Si *imago* est ici un seul nom pour désigner deux images différentes entre elles-mêmes comme deux entités distinctes, et non seulement différentes à cause de leurs référents distincts, et si cet emploi à double tête semble volontaire de la part de Victorinus, ce terme n'est pas en revanche le seul mot auquel le théologien latin réserve cette condition. *Imago* est peut-être le terme le plus explicite pour cette condition particulière en raison du statut double de l'image, mais il fait partie de toute une constellation terminologique qui relève de la même condition et joue à dessein sur la même ambiguïté. Un traitement quasi semblable est réservé à des termes comme « reflet » (*refulgentia* ou *effulgentia* – équivalent de ἀπαύγασμα, précise Hadot[1], mais qui peut aussi traduire l'effet de l'illumination ou de l'irradiation, ἐλλάμψις), « caractère » (*character*) ou « type » (*typum*)[2]. Quelle est la condition commune de ces termes ? Selon Candidus, l'interlocuteur fictif de Victorinus[3], ils désignent tous, avec quelques autres encore, les modes de la génération qui sont autant de modes d'altération, de mutation

1. *Porphyre et Victorinus*, *op. cit.*, t. II, p. 675.

2. Pour une analyse du sens particulier d'inscription ou d'empreinte des termes « caractère » et « type », sens emprunté à Platon (*Théétète* 192a, 193b, 194b-c, 196a, *République* 377b, *Timée* 50b-51b) et largement exploité dans le langage théologique néoplatonicien et chrétien en rapport avec le vocabulaire de l'image, voir J. Pépin, « Linguistique et théologie… », art. cit., en part. p. 104 *sq.* L'auteur ne fait pas une enquête exhaustive mais analyse des occurrences principalement chez Plotin, Basile de Césarée, Proclus, Pseudo-Denys, Jamblique et la tradition théurgique. Victorinus ne figure pas dans cette étude. Sur les rapports étroits entre empreinte et image-portrait révélant les traits uniques de la personne, voir A. Vasiliu, *Images de soi…*, *op. cit.*, chap. IV.

3. Candidus *vs* Victorinus ! On ne peut pas s'empêcher de se demander si Candidus, personnage semble-t-il fictif, inventé pour servir d'interlocuteur et éclairer par le dialogue les positions du rhéteur-théologien, est une allusion à un certain interlocuteur gnostique d'Origène, Candide le Valentinien, avec lequel Origène aurait eu une discussion au sujet de la génération du Fils par le Père (selon Jérôme et Rufin), ou une invention de toutes pièces de Marius Victorinus. La proximité du sujet entre les deux échanges des IIIe et IVe s. (entre Marius et Candidus et entre Origène et le Valentinien Candide) est assez troublante. Mais on peut aussi légitimement se demander si les deux noms choisis par notre auteur, Candidus *vs* Victorinus, ne sont pas une manière rhétorique, voire allégorique, d'opposer qualité et puissance de l'*Agnus*, figure symbolique de tout chrétien : *blancheur* (pureté) opposée à *victoire* (pouvoir sur le mal, sur la « bête »), de manière à faire la part belle à la nécessité de ferrailler, ne serait-ce qu'intellectuellement, avec les ennemis de la foi « orthodoxe », cachés parfois sous la lumière éclatante d'une irréfutable argumentation philosophique. Mais ceci n'est qu'une simple glose. Je n'ai aucun argument historique en faveur d'une telle hypothèse. De surcroît, Marius Victorinus n'est pas un adepte de l'exégèse allégorique dans ses commentaires de péricopes bibliques.

et de changement selon la position critique de Candidus[1], donc des termes qui ne conviennent pas à Dieu, car, selon la position de l'arien, Dieu n'engendre pas selon ces modes, ne pouvant pas connaître d'altération, de mutation ou de changement. Donc Dieu ne rayonne pas, n'a pas d'image et n'imprime quoi que ce soit qui échapperait à son identité fermée sur sa propre perfection ou infinité inconnaissable. En un mot, Dieu ne sort pas de son identité en soi et avec soi ni quand il crée ni quand il engendre. De deux choses l'une, alors : soit Dieu ne crée pas ni n'engendre puisqu'il n'y a pas d'altérité possible à Dieu, soit il passe par des procédés différents de ceux dont parlent les théologiens chrétiens quand ils défendent la consubstantialité entre le Père et le Fils. Mais en passant par des procédés différents, par le mouvement, l'acte et la volonté par exemple, Dieu crée la substance du Fils sans concéder à s'identifier lui-même comme substance[2]. En rhétoricien rompu, Victorinus s'invente une opposition et propose des points critiques spécifiquement « ariens » pour mieux définir sa position en faisant semblant de répondre à la radicalité transcendante défendue par son interlocuteur Candidus. Cependant, il faudrait retenir les points clefs de la position qu'aurait soutenue un théologien arien pour comprendre l'argumentation « orthodoxe » de la riposte de Victorinus.

Prenons l'image comme premier exemple d'inadéquation pour définir l'engendrement par Dieu selon la doctrine d'Arius. Victorinus présente dans la *Lettre de Candidus* les points critiques de la position arienne à l'égard de l'orthodoxie nicéenne, et répond ensuite à ces points de manière abrégée dans la lettre adressé à Candidus, et de manière développée dans le traité *Contre Arius*. Dans les deux réponses l'image lui sert et de *preuve* et d'*argument*. Dans le premier cas l'image est une « preuve d'existence » pour ce qui ne peut pas être connu autrement; elle prend place dans l'analyse de l'engendrement et de la structure trinitaire à partir du statut des existants, la référence *princeps* pour l'image comme preuve d'existence se trouvant dans le *Timée*. Dans le cas second, l'image entre dans la démonstration de la consubstantialité comme un « argument » qui associe l'acte et la substance, l'existant et l'essence, l'être et la *species*, sur le modèle dialectique de la puissance et de l'acte. Une application similaire se retrouve chez Plotin, qui fait de l'image l'enveloppe de visibilité ou de luminosité des choses, comme une sorte de présence hypostatique participante au principe substantiel des choses. Ces deux fonctions de l'image vont ensemble et ne peuvent pas être séparées, bien qu'elles relèvent en

1. *Candidi epistola*, I, III, 4, 1-7.

2. *Ibid.*, III, 8, en part. 18-20 : « Effectum namque dei est omnis substantia. Deus igitur non est substantia. Per Deum enim substantia. »

réalité de deux genres d'image (*eikôn-imago* et *eidos-species*) aussi distinctes que leurs fonctions sont différentes sur le plan ontologique et métaphysique.

IMAGE, REFLET, CARACTÈRE, TYPE SELON CANDIDUS. LES PRÉMISSES CRITIQUES

L'image est aussi différente de ce dont elle est l'image (*multum enim differt imago ab imaginali*) que serait la substance d'un croquis de la qualité de ce dont le croquis présente l'aspect (*ut substantia, ista iuxta qualitatem solum adumbratum fantasma*)[1]. On remarquera que ce dont l'image est image n'est pas nommé explicitement « modèle » comme dans tous les cas de création. En outre, l'image ne correspond pas à une réalité substantielle, selon Candidus, car elle tient sa substance, autant que son existence, ailleurs qu'en elle-même : *In alio enim aliquo substantiam habet imago et non ab se subsistit neque secundum quod ipsa est neque in quo est.* Il s'ensuit que l'image est un effet ou une conséquence entraînée par ce dont elle est l'image (*consecutio etenim est imago illius cuius imago est*), et qu'elle n'est pas, à ce titre et pour cette raison, engendrée par Dieu (*non ergo imago id est quod genitum a deo*)[2]. Dieu n'est pas une cause, et n'est pas non plus un modèle que reproduirait l'image, car il serait alors perpétuellement lié à cette image et donc séparé de sa perfection[3].

L'image n'est donc pour Candidus ni substance ni substantielle en elle-même. Sa situation est en quelque sorte parallèle à la situation de Dieu, car, pareillement à celui-ci, l'image n'est pas elle-même substance, ni ne comporte une telle propriété. Cependant, à la différence de Dieu, la substance n'est pas un effet de l'image, comme il est dit que la substance est *par Dieu*. À l'inverse, c'est elle, l'image, qui est un effet de la substance et de la subsistence des choses substantielles existantes. L'image serait

1. *Candidi epistola*, I, III, 6, 1-7 : « Similiter autem et iuxta imaginem. Multum enim differt imago ab imaginali. Illud ut substantia, ista iuxta qualitatem solum adumbratum fantasma. In alio enim aliquo substantiam habet imago et non ab se subsistit neque secundum quod ipsa est neque in quo est. Non ergo imago id est quod genitum a deo. Consecutio etenim est imago illius cuius imago est. » Il y aurait dans ce passage un écho du *Timée* 52c qui expliquerait l'usage du terme *fantasma* (P. Hadot, *Porphyre et Victorinus*, *op. cit.*, t. II, p. 677-678).

2. *Candidi epistola*, III, 6, 3-7 (trad. mod.).

3. Signalons que le terme « modèle » ne figure pas dans le texte de Candidus ; il faudrait peut-être garder dans la traduction le caractère implicite de l'expression puisqu'il s'agit justement de ne pas attribuer à Dieu des noms qui ne conviennent pas à son essence ni ne sont propres à ses actes.

ainsi située à l'autre bout de l'échelle des causes – Dieu, substance, image –, et serait en même temps disposée symétriquement avec Dieu par rapport à la substance (à la réalité ontologique de l'existant), comme si elle était une forme de résorption (de détachement, de séparation ou d'abstraction) du déploiement substantiel, et donc un dispositif de retour au point de départ. Sauf que, si en elle-même l'image est appelée *imago*, en revanche, à l'égard de la substance et de toute réalité subsistente dont l'image serait l'effet, l'image n'est pas appelée *imago* mais *fantasma*, « représentation » qui présente des propriétés spécifiques de l'accidentel (les traits, les volumes) par des procédés apparentés au dessin ombré. Or *imago* et *fantasma* ne sont ni synonymes ni homonymes, ne disant pas la même chose et ne référant pas non plus à la même chose. La première, *imago*, se situe en marge de la substance comme une sorte de revers de visibilité naturelle de celle-ci, tandis que la seconde, *fantasma*, tente d'extraire la visibilité de son lien d'origine pour la présenter en la transcrivant, telle l'esquisse d'un dessin, nécessairement sur un autre support.

En conséquence, l'image se situe, pour Candidus, au troisième ou au quatrième rang dans l'ordre de la saisie des choses, comme dans le platonisme d'école, selon qu'elle est différée à l'égard de la substance telle une ombre par rapport à un certain être ou objet sensible, ou qu'elle est la copie *représentative* de cette ombre en tant qu'apparence visuelle de l'objet. Dans le cas du troisième rang elle est encore appelée *imago* (bien qu'elle soit de l'ordre d'une ombre ou d'un reflet). Dans le cas du quatrième ordre de réalité, celui du dessin, elle est en revanche appelée *fantasma* et qualifiée d'« obombrée » (*adumbratum fantasma*). Le principal argument arien que présente ici Victorinus avant de le réfuter, est que l'image doit être considérée comme une conséquence logique et non comme un produit ou un fruit de toute chose existante (résultat d'une *consecutio* et non d'une *genesis*)[1], parce que toute chose existante et tout vivant présentent un aspect que l'image est à même de saisir. En revanche l'image n'a aucune possibilité de se situer dans un rapport semblable à l'égard de Dieu, car celui-ci ne présente aucune forme de séparation ou de propriété accidentelle à l'égard de lui-même, forme ou propriété qui serait accessible aux possibilités de l'image. Toute chose sensible *subsistente* présente la possibilité d'une *imago* et d'un *fantasma*, seul Dieu ne peut en bénéficier en raison de l'absence pour lui d'un statut substantiel propre qui le qualifierait de modèle et lui conférerait des propriétés spécifiques. Aussi Dieu n'a-t-il

1. *Cf.* passage cité *supra* (*Candidi epistola*, III, 6, 3, 6-7) : Dieu n'engendre pas une image, l'image n'est que la *consecutio* de la substance, c'est-à-dire de ce dont elle est l'image.

ni image, ni possibilité d'avoir une ombre ou un reflet. Seul le terme moyen, la substance, permet l'image (et l'ombre, et le reflet), tandis que l'image (*imago*) permet à son tour d'effectuer un retour en miroir sur la non-substantialité de Dieu, et disqualifie ou dé-réifie en même temps le rôle de celui-ci à l'égard de la substance, puisqu'elle nie toute possibilité pour Dieu de jouer d'un seul coup le rôle d'un « géniteur » et d'un « modèle ». C'est ce dernier rôle qui est affirmé par les théologiens « orthodoxes » comme étant propre à Dieu et impropre aux choses existantes, lesquelles n'engendrent pas l'image mais bénéficient naturellement de visibilité et possèdent la possibilité, toute naturelle aussi, d'avoir un reflet ou une ombre attachée. En véritable rhétoricien, Victorinus « reconstitue » la position arienne en accord avec ce que seront les points précis de sa réfutation au sujet du statut et du rôle de l'image.

Un raisonnement du même ordre est proposé au sujet du reflet : il pourrait être substantiel mais non substance (*substantialis non substantia*), telle une lueur qui s'échappe ou jaillit de la lumière : *luminali quasi fugiens aut eructatus splendor refulgentia est*[1]. Et si le reflet était une substance, elle ne serait pas la même (*non eadem*) que celle de la « splendeur », tandis que l'image n'a pas de substance propre du tout, et n'est pas non plus substantielle, mais tiendrait seulement d'une substance qui se trouve ailleurs. L'altérité substantielle du reflet par rapport à la splendeur se transforme en une forme d'aliénation dans le cas de l'image, plus exactement en une forme de « déterritorialisation », qui signale que l'image est d'emblée conçue par Candidus selon le mode d'une copie de l'aspect totalement autonome de ce que mettrait à la portée de la vue cet aspect. Manque de clarté ou ambiguïté volontairement entretenue par Marius Victorinus, car soit l'image copie une qualité en en changeant le substrat et elle a dans ce cas une substance et une existence propres différentes de celle dont provient la qualité copiée ; c'est le cas du *fantasma* ou celui d'une esquisse, d'un portrait en relief ou d'un dessin obombré. Soit l'image se confond avec l'aspect ou l'apparence de la chose, et alors elle n'a pas de substance ni en elle-même ni en ce qu'elle copie puisqu'elle s'identifie par une relation de conséquence (consécution) logique à ce dont elle est l'image, en jouant ainsi, telle une ombre ou une trace, le rôle d'un révélateur de visibilité de ce qui par elle se laisse voir sans sortir nécessairement

1. *Candidi epistola*, III, 4, 14-17. P. Hadot souligne à juste titre que le choix de ces métaphores de l'engendrement, qui supposent une émanation ou une division de la substance, relève d'une critique ponctuelle des métaphores employées dans les écrits gnostiques (*Porphyre et Victorinus*, *op. cit.* t. II, p. 675).

de sa substance propre, ni de sa *subsistence*[1]. Mais Candidus refuse cette alternative en précisant que si Dieu avait la possibilité d'engendrer, alors ce qui serait engendré ne serait pas de l'ordre de l'image, car il y aurait dans ce cas une image propre de Dieu, ce qui est inadmissible aux yeux du théologien arien. Mais Dieu n'engendre pas, selon l'arien, surtout pas selon les modes du reflet, de l'image, du caractère, du type, mais seulement selon les modes de la procession, du mouvement, de l'acte et de la volonté. La critique arienne est dirigée à la fois contre les métaphores gnostiques habituelles (l'image, la lumière, le reflet), et contre les chrétiens « orthodoxes » pour qui le Fils est l'image du Père à la fois par engendrement et par identité substantielle (*homoousion*).

Tout ceci est bien connu, galvaudé par l'inlassable réitération de la doxa platonicienne au sujet de l'image. Le raisonnement sur la substantialité différée ou la non-substantialité propre de l'image est d'ailleurs répété à propos du « caractère » (*character*). Celui-ci est défini comme signe extérieur (*signaculum*) de la substance, imprimé telle une marque dans un support auquel le *character* ne s'identifie pas substantiellement, mais dont il sert seulement de signalement. L'appropriation d'un support à travers le signe qui y est figuré, imprimé ou entaillé, ne rend pas le caractère propre à ce support substantiel, car le caractère n'est rien en lui-même, n'est pas considéré comme une propriété, et tout ce qu'il montre en tant que signalement provient de ce en quoi il est reçu. En outre, ceci ne concerne évidemment pas Dieu. *Character enim signaculum est substantiae et ipse per semet nihil et in alio, qui figuretur. Nihil igitur a deo.* Le caractère n'est donc pas engendré par Dieu, et ne peut pas *a fortiori* être consubstantiel à Dieu[2]. Contrairement au lexique moderne dans lequel le terme « caractère » a un sens vague et multiple, nous savons que dans le lexique ancien il figurait parmi les termes « techniques », avec un sens philosophique précis, provenant de la réflexion stoïcienne sur la substance et les propriétés. Remarquons ici, sans entrer dans les détails, que si le terme latin calque le sens du terme grec correspondant (χαρακτὴρ), en revanche, la définition donnée par Candidus s'écarte volontairement des deux sens du

1. Comme il me semble qu'il s'agit ici plutôt d'un effet ou de la conséquence logique d'une cause, je ne suis pas Hadot (*Porphyre et Victorinus*, *op. cit.*, t. II, p. 678) qui traduit *consecutio* par « accompagnement », en voyant derrière le terme latin le terme grec παρακολούθημα, la condition du plus extérieur des accidents, *cf.* Plotin (*Enn.* VI, III, 3, 6), Jamblique et Platon (*Sophiste* 266c, τὸ παρακολουθοῦν εἴδωλον ἑκάστῳ).

2. *Candidi epistola*, III, 6, 8-12 : « Character enim signaculum est substantiae et ipse per semet nihil et in alio, qui figuretur. Nihil igitur a deo. Etenim quod deus generat, oportet id consubstantialis esse. Sed character non est substantialis. Non igitur generatio a deo. »

« caractère propre » (propriété spécifique et propriété essentielle) qui sont exprimés dans les traités théologiques grecs par les termes ἴδιον et ἰδιάζον, ces deux notions étant habituellement associées au « caractère », au sens de trait particulier spécifique et de trait particulier commun, dans la définition des trois existants hypostatiques de la Trinité nicéenne[1].

Quant au « type », le raisonnement de Candidus est plus complexe. Le type (*typum*) est défini selon un mouvement d'avancée et de recul propre à l'esprit, qui tantôt « tend sa nature, tantôt [...] se recueille en lui-même (*natura suam nunc intendit, nunc in semet ipsum residit*). *Istius modi motum typum nominant* »[2]. La génération suggérée par Candidus dans ce cas n'est pas celle qui concerne le rapport entre le Père et le Fils, mais celle qui lie l'Esprit au Père, le mouvement décrit étant celui de l'Esprit de Dieu. *Deus enim spiritus est.* Comme l'arien avait expliqué auparavant que l'engendrement par Dieu ne pouvait pas s'envisager selon le mode de l'image ou du reflet, mais que le mouvement convenait mieux à sa définition, le type est ici décrit comme une sorte de mouvement et non selon la définition habituelle – celle d'une impression et d'une sorte particulière d'image, telles les images divines de l'Ancien Testament (tente, arche, manne, etc.), considérées habituellement comme des « types » (parfois anti-types, *i.e.* symboles), c'est-à-dire comme des préfigurations de la manifestation divine par l'Incarnation. Cette définition du type risquait de tomber encore soit dans le piège d'une affection de la perfection divine, soit dans celui d'une inconsistance substantielle de ce qui serait ainsi engendré (*imago*, *fantasma*). Mais la définition paradoxale du *typum* comme *motum* ne résout pas la difficulté qu'éprouve le contradicteur de Victorinus, car, si le signe et l'image sont évités, il demeure néanmoins une

1. Ce vocabulaire associant les notions de « caractère » et de « propriété » est souvent employé par Basile de Césarée dans le *Traité sur le Saint-Esprit*, les *Homélies sur l'Hexaéméron* et le *Contre Eunome*. Il s'agit d'un vocabulaire considéré de source stoïcienne. Voir B. Pruche, *Traité sur le Saint-Esprit*, *op. cit.*, p. 405 n. 8 et p. 406 n. 6 : « ἰδιάζον [τῶν ὑποστάσεων] et ἰδιότης [τῶν προσώπων] ne sont pas synonymes : le premier désigne le caractère propre [ou propriété essentielle] des hypostases en rapport avec la substance unique, le second désigne la propriété spécifique, ou qualité accidentelle, de chaque personne saisie selon son visage. » (en référence au chap. XVIII, 45 [149C]). C'est un point important de la doctrine des hypostases chez Basile et nous y reviendons dans la troisème partie de cette étude. Le Cappadocien revient aussi dans les Homélies consacrées au récit de la création sur cet aspect de « propriété essentielle » ou d'identité « propre » (ἰδία) de chacune des hypostases, afin de montrer le caractère trinitaire de la création (*Sur l'origine de l'homme*, I, 4, 22 [260D], *op. cit.*, p. 174-175).

2. *Candidi epistola*, III, 9, 1-4 : « Dicunt quidam generationem esse a deo iuxta nominatum typum. Deus enim spiritus est. Spiritus autem naturam suam nunc intendit, nunc in semet ipsum residit. Istius modi motum typum nominant. »

difficulté insurmontable qui provient du passage de Dieu-esprit à Dieu-fils. Comment comprendre ce transfert ? Comme une sortie de soi d'une partie ou du tout au tout ? Si c'était une partie, le transfert produirait une diminution, et si c'est du tout au tout, la génération du Fils serait inutile[1].

L'esprit, cependant, « se tend », se soulève, s'insurge en lui-même (*insurgente in se spiritu*)[2] comme quelque chose qui serait parfaitement autonome (*tantummodo aliud*) et sans reflet (*sine aliqua effulgentia*), c'est-à-dire sans aucun lien qui pourrait induire par la relation une nécessité corporelle ou substantielle. La conséquence est double : l'esprit provient de ce qui n'est pas [existant] (*quae non fuerunt*) et il est fait, non engendré (*factum est ergo, non natum*) ; il n'y a donc pas de consubstantialité dans son cas non plus (*non consubstantiale*). De Dieu il n'y a donc pas de génération (*A deo igitur nulla generatio*)[3]. L'esprit serait alors un « produit pur » de Dieu : il provient de ce qui n'est pas [un existant] et ne comporte pas de nécessité substantielle ni corporelle, bien qu'il soit de l'ordre d'un mouvement semblable à la respiration : tantôt il se tend, sort, s'élance, tantôt il se retire en soi-même (*ipsum residit*)[4]. Il y a là, semble-t-il, l'amorce d'une équation de l'intermédiaire que Victorinus définira dans sa réponse, à savoir celle entre « vie » et « esprit » ou « vivre » et « intelliger ». Mais ne brûlons pas les étapes. Retenons que la définition du *typum* sort de l'ordinaire puisqu'elle met ici en relation l'esprit avec le mouvement et ne réduit pas la connaissance de l'esprit à une « lecture » de preuves, de signes ou d'inscriptions de la manifestation divine dans l'ordre de la réalité immanente. *Typum* est considéré comme une sorte d'acte – un acte double ou réversible (signe de vie et d'esprit) –, et cette approche, inspirée selon Hadot du « mouvement substantiel » défini par les Stoïciens et qui se retrouve aussi chez Plotin, rejoint la définition et le rôle que Victorinus assignera à l'*imago* dans sa réponse à Candidus[5].

1. *Ibid.*, 9, 6-11.

2. *Ibid.*, 9, 14-18 : « Sed enim insurgente in se spiritu apparuit tantummodo aliud sine aliqua effulgentia. Id est manifestum, quoniam, quod secundum est, ex his est, quae non fuerunt. Factum est ergo, non natum et idcirco non consubstantiale. A deo igitur nulla generatio. »

3. *Ibid.*, 9, 14-18.

4. *Ibid.*, 9, 3.

5. La définition de l'image et du mouvement substantiel, de source stoïcienne selon Hadot (*Porphyre et Victorinus*, *op. cit.*, t. II, p. 763), apparaît aussi chez Plotin : « Tous les êtres d'ailleurs tant qu'ils subsistent, produisent nécessairement autour d'eux, de leur propre essence, une réalité qui tend vers l'extérieur et dépend de leur pouvoir actuel ; cette réalité est comme une image des êtres dont elle est née… » (*Enn.* V, I, 6, 30-34) ; voir aussi *Enn.* IV, V, 7, 13-17. Cette conception de l'image, émanée telle une odeur ou une lueur des corps et

L'IMAGE ET LES EXISTANTS. PREMIÈRE RÉPONSE DE VICTORINUS : *LA PREUVE PAR L'ACTE*

Victorinus répond donc à Candidus. Au sujet de l'image il reprend les trois points clefs que soulève la critique de la théologie arienne résumée par le contradicteur fictif : 1) le problème de l'existant/non-existant; 2) la question de la substantialité, non-substantialité et consubstantialité; enfin, 3) l'identité de l'Esprit au sein de la relation avec le Père et le Fils. L'image, comme d'ailleurs le reflet ou le *typum*, s'inscrit dans l'espace de frontière entre les paires terminologiques désignant l'existant et la substance-*subsistence*. La réponse se déploie dans la *Lettre de Marius Victorinus à Candidus* et dans le traité *Contre Arius*. Voyons-la dans l'ordre proposé par l'édition et la traduction de Henry et Hadot.

Dans la lettre *ad Candidum* Victorinus fait un long exposé sur la question de l'existant : le « non-existant », le « véritablement existant », le « seulement existant » et les « modes propres » de l'existant. La question de l'existant et de l'existentialité est l'une des plus ardues. Marius Victorinus a acquis la réputation d'être l'un des auteurs les plus complexes et les plus originaux à ce sujet, peut-être parce que le problème de l'existant et de l'existentialité est un héritage du grec, un héritage de langue et de pensée que Victorinus est en train de transférer dans le vocabulaire latin. Un nœud problématique du grec, à savoir celui de *hupostasis* et de *huparxis* en relation avec *ousia*, *ontôs* et *on* – autrement dit, la « substance essentielle » et la « substance *subsistente* » (ou « existant vrai ») –, que Victorinus transpose dans un latin qui fera date dans la pensée occidentale, avec ce que seront les ajouts sémantiques et les glissements herméneutiques et logiques opérés successivement par Augustin, Boèce et Jean Scot. Mais Marius Victorinus est le premier, peut-être, à réfléchir en latin sur les rapports qui se tissent entre néoplatonisme et christianisme précisément autour de ces termes fondateurs de l'ontologie et de la métaphysique. Il met pour cela à contribution la doctrine des genres de l'être et les hypothèses en provenance du *Sophiste* et du *Parménide*, les versions et interprétations latines

considérée comme l'expression d'un mouvement substantiel, apparaît aussi chez Victorinus sous l'expression *corporale lumen, corporalis effluentiae per reflexionem figurata* (*Ad. Arium*, I, A, II, 19, 13-14). Serait-ce comme une réminiscence du mouvement de la *pneuma*, de la respiration universelle, idée stoïcienne dont les traces se retrouvent aussi chez Plotin et chez Basile de Césarée ?

classiques, de Cicéron et de Sénèque, ainsi que l'argumentation théologique qui s'était imposée dans les débats avec l'arianisme[1].

Il n'est pas aisé de résumer cette doctrine de l'être et de l'existant, dont certains termes sont d'ailleurs cités par Victorinus en grec, selon une mode récurrente chez les penseurs latins, de Cicéron à Jean Scot. Retenons seulement les points qui touchent au rôle qui sera confié à l'image dans ce contexte. Ceux-ci se situent dans la distinction entre le « véritablement existant », ὄντως ὄν, qui provient d'un non-existant transcendant à l'existant, donc prééminent, non opposé comme la matière, et les « existants seulement existants », ὄντα, qui sont multiples alors que le premier est *un* et *seul* et *toujours lui-même*, *i.e.* existant en tant qu'existant (*unus et solus, ipsum unum*)[2]. Cependant, il faut comprendre que pour Victorinus il y a *deux* « un et seul et toujours même » *existant*(*s*) » : un existant plénier (*universale enim* ὄν) et un existant supérieur au genre suprême (*super genus generale* ὄν), chacun des « deux un » étant qualifiés comme *unus et solus*[3]. Et ce double premier existant est relié aux seconds existants et sert en même temps d'intermédiaire à l'égard de la plénitude du non-existant d'où il provient. Cet intermédiaire, unique bien que double en tant qu'existant (sous rapport d'existentialité), est le Fils appelé Logos. Il est issu de l'engendrement, non d'une création *ex nihilo*. L'existentialité (*exsistentialitas*) constitue la condition première du Fils du non-existant[4]. Provenant du non-existant, l'existentialité préexiste au sein du non-existant comme si le non-existant était enceint de l'existant un, seul et parfait sous le mode de la plénitude (ou totalité) et de l'universel. Victorinus sort de l'aporie dans laquelle se trouve la contestation du *nihil* et du *nullum*, du rien et du néant comme déterminants de l'altérité divine, en faisant appel au mécanisme classique de la potentialité et de l'actualisation. Ce faisant, il appelle et définit la génération « manifestation de ce qui est caché » (*absconditi vero manifestatio generatio est*)[5]. Dieu est non-

1. *Ad Cand.*, III, 2, 10-16, 27. Voir P. Hadot, *Porphyre et Victorinus*, *op. cit.*, t. II, p. 704-731.

2. *Ad Cand.*, III, 12, 1. Voir aussi P. Hadot (*Porphyre et Victorinus*, *op. cit.*, t. II, p. 718) sur les rapprochements entre ces existants, notamment l'existant premier et seul (*monos on*) et des passages semblables chez Proclus et Syrianus.

3. *Ad Cand.*, III, 15, 1-5.

4. *Ibid.*, III, 7, 1-7.

5. *Ibid.*, III, 14, 3, 6-16 : « Dieu qui est au-dessus de l'existant (*Deus, qui supra* ὄν *est*), l'a-t-il procréé (*produxit*) à partir de ce qu'il est lui-même comme il est lui-même (*ab eo quod ipse est, sicut ipse est*), ou à partir d'un autre ou à partir du néant (*an ab alio an a nullo*) ? [...] Car il n'y a rien eu avant Dieu. Et il ne convient pas de dire qu'il vient d'un autre Dieu (*Nihil enim ante deum fuit neque ut deo ex altero par*). [...] Ca si c'est l'existant qu'il a procréé, il est plus

existant puisque « supra existant », et donc caché dans cette condition de prééminence de l'existant. Mais, ce qui est caché vient à partir de lui-même à la manifestation par la génération du véritable existant (le Logos). Cet existant est l'acte de la puissance cachée en Dieu, un acte qui est autant une *manifestation* qu'une *révélation*, une expression et un dévoilement (ou un déploiement) de l'ordre de la génération (ou de l'engendrement). La puissance est supérieure à l'acte, mais l'acte lui est néanmoins proche, voisin (*vicinus*), car les deux se trouvent en effet dans un lien de contiguïté, lien dont la nature est celle du rapport entre l'intérieur et l'extérieur d'une même et unique réalité.

> L'acte engendre au-dehors ce qui était à l'intérieur (*etenim foris operatio generat... quod fuit intus*). Et qu'est-ce qui était à l'intérieur en Dieu (*intus in deo*)? Rien d'autre que l'existant (*Nihil aliud quam* τὸ ὄν), le véritable existant (*verum* τὸ ὄν), mais bien plutôt le préexistant (*magis autem* προόν), qui est au-dessus de l'existant genre suprême et des véritablement existants (*quod est supra generale* ὂν *genus, quod supra* ὄντως ὄντα), qui ne devient existant que lorsque la puissance se met en acte (ὂν *iam operante potentia*)[1].

La séparation qui se produit habituellement lors d'un engendrement n'a pas vraiment lieu dans ce cas, unique à vrai dire, puisque ce qui est engendré reste attaché au géniteur et que le géniteur est dans l'engendré non comme le genre demeure dans l'espèce (de manière logique ou formelle), mais comme la puissance demeure dans l'acte qui la manifeste, c'est-à-dire de manière physique et essentielle (ou substantielle). L'acte est à son tour caché dans la puissance tant qu'il ne se manifeste pas en tant qu'acte, et exprime, en s'actuant, le propre de la puissance, à savoir l'existant véritable, genre universel puisque plein (comme enceint) de la totalité de l'acte qui le rend manifeste à travers lui. En réalité, c'est la puissance elle-même qui s'actualise sans faire appel à aucun intermédiaire. Le rapport est celui d'une parfaite réciprocité et d'une parfaite réversibilité.

vrai de dire que celui qui est au-dessus de l'existant a engendré l'existant en le tirant de lui-même, que de dire qu'il l'a tiré du néant (*Si enim* τὸ ὂν *produxit, verum est dicere, quoniam a semet ipso, qui super* τὸ ὂν *est, generaverit quam de nihilo*). Car ce qui est au-dessus de l'existant est existant caché (*Quod enim supra* ὂν *est, absconditum* ὂν *est*). Mais la manifestation de ce qui est caché, c'est cela la génération, s'il est vrai de plus, que l'existant en puissance engendre l'existant en acte (*Absconditi vero manifestatio generatio est, siquidem et potentia* ὂν *operatione* ὂν *generat*). Car rien n'est engendré sans cause. Et si Dieu est cause de toute chose, il est cause aussi de la génération de l'existant, étant au-dessus de lui, et néanmoins en contact [voisin, mitoyen] avec lui (*quippe cum super* τὸ ὂν *sit, vicinus cum sit* τῷ ὄντι), en tant que son père et son générateur (*et ut pater eius et genitor*). »

1. *Ad Cand.*, III, 14, 3, 21-27.

L'existant n'est rien d'autre que la puissance se mettant en acte (ὂν *iam operante potentia*)[1]. Le problème du *ex nihilo* semble ainsi résolu, et la conservation de l'unité substantielle aussi, mais la résolution choisie n'est pas, on en convient, une véritable sortie de l'aporie. La manifestation qui tient lieu d'engendrement de l'existant par le non-existant est une forme d'« automanifestation » ou d'« autoactuation ». Les termes appartiennent aux annotations de P. Hadot[2] et sont en effet éclairants pour le contexte théorique dans lequel s'inscrit la démarche de Victorinus, car ils renvoient précisément au vocabulaire trinitaire nicéen. Cette terminologie, qui marque l'autoréférence à travers l'acte, est utilisée explicitement par un autre défenseur de la doctrine « orthodoxe » contre les ariens, Athanase d'Alexandrie : « le Fils est lui-même la Sagesse, le Verbe, la Puissance propre du Père (αὐτοσοφία, αὐτολόγος, αὐτοδύναμις ἰδία τοῦ Πατρός ἐστιν) »[3]. On reviendra sur le contexte et le détail du passage où il est question de l'automanifestation du Père dans/par le Fils chez Athanase. Retenons pour l'instant que Victorinus suggère lui-même ce mode d'expression réflexif : l'autoactuation (*processit in esse suum proprium ... ipsum agere*), à partir de la volonté de Dieu qui jaillit comme acte (*exsiluit igitur dei voluntate actio*)[4].

La sortie de l'aporie n'est toutefois pas assurée par le recours à la « solution » aristotélicienne de la puissance et de l'acte, même si le théologien s'appuie visiblement non sur Aristote directement mais sur la lecture particulière de la puissance et de l'acte proposée par Plotin (dans les Traités 5 et 25). En tout cas, cette « solution » philosophique ne semble pas satisfaire le théologien, puisque Victorinus fait aussitôt appel à une forme seconde de résolution qui met en scène l'image. L'image intervient dans ce cas sur le même plan que l'acte et, du coup, recouvre le même statut que

1. *Ibid.*, 3, 24.

2. *Porphyre et Victorinus*, *op. cit.*, t. II, p. 715.

3. *Kata Ellênôn*, 46 : Le Fils, qui « est la puissance du Père, et sa Sagesse, et son Verbe » – dit Athanase – « ne l'est pas [ainsi] par participation (οὐ κατὰ μετοχὴν), ce ne sont pas des qualités (*dunamis*, *sophia*, *logos*) qui lui surviennent du dehors comme il en est de ceux qui participent au Verbe lui-même, et sont par lui doués de sagesse, de puissance et de raison ; mais il est lui-même la Sagesse, le Verbe, la Puissance propre du Père (αὐτοσοφία, αὐτολόγος, αὐτοδύναμις ἰδία τοῦ Πατρός ἐστιν), lui-même la lumière, la vérité, la justice, la vertu (αὐτοφῶς, αὐτοαλήθεια, αὐτοδικαιοσύνη, αὐτοαρετή) et en même temps il est l'empreinte, le reflet [l'éclat], l'image (χαρακτὴρ καὶ ἀπαύγασμα καὶ εἰκών). Et pour parler en bref, il est le fruit parfait du Père (καρπὸς παντέλειος τοῦ Πατρὸς ὑπάρχει [de la génération existentielle du Père]), il est le seul Fils (μόνος ἐστὶν Υἱός), l'image tout à fait semblable du Père (εἰκὼν ἀπαράλλακτος τοῦ Πατρὸς). » (trad. fr. P. T. Camelot, SC 18bis, Paris, Cerf, 1983, p. 207-209). Il y a aussi une référence plotinienne dans ce vocabulaire ; j'y reviendrai.

4. *Ad Cand.*, III, 4, 22, 8-13.

l'acte. Elle est l'image de l'existant-en-puissance « actué ». Le référent de l'image est l'existant, et son statut, celui qui correspond à l'acte, puisque c'est l'acte qui fait apparaître ce que recèle la puissance. L'image est donc l'acte même de l'existant, l'acte de sa manifestation en tant qu'existant. Or l'avantage de cette mise en avant de l'image est que la monstration qu'elle propose en tant qu'image de l'existant ne risque pas de déposséder la puissance de sa perfection, celle-ci demeurant ainsi toujours en elle-même.

> À cause de cela, l'existant en acte est l'image de cet existant-là (*Huius gratia* ὄν, *quod operatione est, imago est illius* τοῦ ὄντος), qui, ayant plus de puissance, sans s'avancer hors de lui-même (*nullum progressum*), demeure toujours en soi (*semper in semet manens*)[1].

L'image apparaît donc comme une opération ou comme l'équivalent d'une opération. Elle fait et signale en même temps ce qu'elle fait, à savoir l'acte de faire passer l'existant en puissance vers l'existant en acte. De quel existant rend-elle l'acte, existant auquel elle sert aussi d'image à travers ce même acte ? Lequel des existants, plus précisément, bénéficie de ce rôle double assumé par l'image, rôle d'expression et rôle de signifiant de part et d'autre de la puissance qui contient l'existant comme l'essence recèle le phénoménal ? L'existant qui a la puissance parfaite, celui qui est absolument parfait, qui est plénier et préexiste à tout (*ante omnia*), aussi bien aux existants vrais qu'aux autres qui sont simplement existants (*quae vere sunt et quae sunt*). Il n'est pas clair si cet existant est pour Victorinus le Fils-Logos uniquement, comme il est affirmé au début du passage sur l'existant engendré[2]. Il me semble, au contraire, qu'il faut comprendre, au-delà des

1. *Ad Cand.*, III, 15, 10-12. Citons tout le passage car la suite de la démonstration y prendra également appui : « Jésus-Christ est donc Fils et Fils seul engendré (*solus natus*), parce que le préexistant n'a rien engendré d'autre (*quoniam illud* προὸν *nihil aliud genuit*) que l'existant avant toutes choses (*quam* ὂν *ante omnia*), l'existant absolument parfait (*omnimodis perfectum* ὂν), qui ne peut coexister avec un autre (*quod non potest esse cum altero*) et cela, parce que ce qui est absolument parfait, n'a pas besoin d'un autre (*altero non eget*). Car unique et seul existant est l'existant plénier (*Universale enim* ὂν *unum est et solum* ὂν), unique et seul existant est l'existant qui est au-dessus de l'existant genre suprême (*et super genus generale* ὂν *unum est et solum* ὂν). Mais puisque cet existant dont nous parlons n'est pas l'existant qui a la puissance parfaite (*quod potentiam perfectam habet*), l'existant dont nous parlons est né de la puissance (*potentia natum*), "avant toutes choses" (*ante omnia*), avant les véritablement existants et avant les existants (*quae vere sunt et quae sunt*), premier existant, de qui, par qui, en qui sont tous les existants (*a quo sunt omnia quae sunt, et per quem et in quo*). À cause de cela… ».

2. *Ibid.*, III, 15, 1 *sq.*

allusions aux versets johanniques et pauliniens évoqués par Hadot[1], que l'existant parfait, dont l'acte est image de sa puissance et donc de sa perfection, est autant le Père que le Fils, puisque le Fils est une manifestation de la puissance du Père et qu'il n'est pas hors de lui mais demeure en lui, en sa puissance, quand bien même il est son actualisation, ou la forme de son auto-actuation. Le Fils est en puissance dans le Père, non déployé tant qu'il subsiste dans le Père, et déployé comme Fils lorsqu'il est engendré et qu'il naît de la puissance du Père. En outre, Victorinus qualifie ce premier existant qui vient avant les « véritablement existants » et avant les « existants », à l'aide des trois particules qui caractérisent la triple relation entre l'actualisation et la potentialité de l'existant plénier (*universale*) et de l'existant général universel (*super genus generale*)[2], actualisation qui devient image de cet existant-là (*illius*), seul et unique (*unum et solum*) puisque unité dans la puissance parfaite. Or les trois particules – *a quo, per quem, in quo... sunt omnia quae sunt*[3] – sont les traductions latines des trois conjonctions grecques *ek, dia, en*, qui servent à définir la nature essentielle commune des trois hypostases[4]. L'image permet ainsi de ressaisir le mécanisme de la puissance et de l'acte sur un plan qui unit le processus physique à l'expression logique. Et elle permet de modifier aussi ce même mécanisme de la puissance et de l'acte en opérant une série de précisions qui produisent un changement au sein même de l'identité de son objet unique par l'introduction d'actes dérivés de la manifestation, comme le mouvement ou la procession, à même d'éclairer le déploiement de la nature de chaque genre d'existants et d'établir conséquemment les catégories du genre, de l'espèce et des propriétés impliquées dans ce processus.

La conjonction du Père et du Fils à travers l'artifice d'une dialectique puissance-acte s'éclaire un peu plus loin dans le texte de la lettre de Victorinus à Candidus, à la fin du long développement sur le Logos-Fils. Et avec cette conjonction s'éclaire aussi le recours au rapport intérieur-extérieur et à l'image. Évoquons deux passages conclusifs de la lettre à Candidus qui précisent justement ces recours peu habituels dans une démonstration qui se veut strictement philosophique.

1. *Porphyre et Victorinus*, *op. cit.*, t. II, p. 718-19. Réf. *Col.* 1, 15-18 et à Jean pour le terme *Monogène*.

2. *Ad Cand.*, III, 15, 5-6.

3. *Ibid.*, III, 15, 9.

4. Victorinus déploie une longue analyse de ces particules dans *Ad. Arium* (I, 36-37). L'analyse de la relation par les particules est une caractéristique de la logique stoïcienne généralisée à l'époque impériale. Une dizaine d'années après Victorinus, Basile écrit son traité *Sur l'Esprit Saint* partant aussi d'une analyse de ces particules.

Le premier passage conclut le développement sur le Fils Logos et Monogène[1]. La dialectique *puissance-acte* se transforme ici en une dialectique *être-agir* par la volonté de Dieu. Le Logos, Dieu en Dieu (*in deo ipse deus*) est acte-même dès lors qu'il exprime et s'actualise ainsi, plus précisément s'autoactualise en tant que volonté, intelligence et vie (*ipse et voluntas, ipse intellegentia, et actio et vita*), et ce à partir d'un mouvement unique qui s'engendre lui-même et qui est l'être (*ex se genito motu ab eo quod est esse*)[2]. L'être, s'engendrant lui-même produit son *être propre* (*processit in esse suum proprium*) – nous avons ici le dédoublement de un(s) seul(s) et même(s) : *unum ergo et simplex haec duo*, évoqué aussi plus haut –, et cet être propre, *procédé* de l'être, est acte, et apparaît lui-même en tant qu'acte qui a lui-même tout effectué (*esse suum proprium, id est, in quod est agere, apparuit ipsum agere, quod quidem effecit omnia*)[3]. Victorinus établit une parfaite réciprocité entre « agir » et « être », de manière à ce qu'il y ait une parfaite correspondance entre ce qui est engendré et l'engendrant, et que la différence ainsi produite, et qui permet de produire ou d'effectuer tout (*omnia*), soit en même temps en dehors de toute possibilité d'altérité ou de différence entre l'identité et les propriétés : ni autre dieu (*alter* ou *aliud*), ni distinction entre dieu et déité (*deus-deitas*, comme plus tard chez Gilbert de la Porrée). Ainsi, le même se meut en même et revient au même, non pour s'enfermer mais pour se révéler comme tel.

Le chapitre conclusif réaffirme cette équivalence entre « être en soi » (*ipsum esse*) et « agir en soi » (*agere ipsum*), sur laquelle repose la *consubstantialité* (ὁμοούσιον), qui est en réalité une substantialité commune (*quod substantiale est*)[4]. Cette forme de dédoublement intime de l'être, dédoublement entre l'être et l'acte sur le modèle d'une actualisation

1. *Ad Cand.*, III, 22-23.

2. *Ad Cand.*, III, 22, 10-18 : « Ainsi donc, le Λόγος qui en Dieu est Dieu lui-même (*in deo ipse deus*) et aussi volonté, intelligence, acte et vie (*ipse et voluntas, ipse intellegentia, et actio et vita*), s'est avancé d'un mouvement qui s'engendre lui-même, à partir de l'être (*ex se genito motu ab eo quod est esse*), vers son être propre (*processit in esse suum proprium*), c'est-à-dire que, s'avançant vers l'agir, l'agir lui-même est apparu et cet agir, en vérité, a fait toutes choses (*id est, in quod est agere, apparuit ipsum agere, quod quidem effecit omnia*). Mais lui, il est engendré à partir de l'être, pour l'agir (*Ipsum vero natum est ab eo quod esse in id quod est agere*), ayant, en l'agir, aussi l'être (*habens in eo quod est agere et esse*). Comme cet être-là a à la fois l'agir et l'être, de même cet agir-ci a aussi l'être (*Sicut illud esse et agere hoc est esse, sic hoc agere habet et esse*) ; mais cet agir-ci lui-même est l'être, comme cet être-là est cela même qu'est l'agir (*ipsum autem agere hoc est esse, ut illud esse hoc est quod agere*). Ces deux sont donc un et simple (*Unum ergo et simplex haec duo*). »

3. *Ad Cand.*, III, 22, 12-14 et 18 (trad. mod.).

4. *Ibid.*, III, 23, 3-5.

réciproque de puissance, est illustrée par le rapport entre l'intérieur et l'extérieur : soit de manière indéterminée *hoc est intus et hic foris*, soit en fixant les « lieux » entre le sein du Père (*in gremio patris*) et ce qui l'entoure se tenant auprès de Dieu (*circa deum*). Lorsque l'acte « apparaît » (*apparuit*), celui-ci montre au dehors le Fils, alors que le même est Dieu quand il demeure en Dieu (*in deo ipse deus qui sit, actione autem qui sit filius*)[1]. Mais il faut souligner que cette relation ne comporte aucune séparation, selon Victorinus, puisqu'elle repose sur la simultanéité ou l'ubiquité (*ubicumque est et esse est et actio, et isto modo pater est et filius et deus et* λόγος)[2] – simultanéité et ubiquité qui sont des formes dérivées de l'identité divine, plus exactement, des expressions de sa manifestation. On se souvient qu'un mode de réciprocité simultanée semblable est esquissé sous la forme du mouvement dans la lettre de Candidus à propos du *typum* et de l'esprit (*spiritus*)[3]. Et c'est à un rapport du même ordre que fera allusion, à peu près deux décennies plus tard, Grégoire de Nazianze lorsqu'il définira, dans un contexte anthropologique, certes, non dans un débat trinitaire, le mur mitoyen entre l'homme et Dieu, mur qui prend place dans l'esprit (*noûs*), et non dans la chair comme le voulaient les disciples d'Apollinaire[4]. Ce mur sépare, dans l'intimité même de l'esprit, ce qui est l'identité inamissible de l'être de ce qui exprime le propre de l'être intime en l'actualisant à travers la pensée et le *logos*. Le « mur intermédiaire (μεσότοιχον) » signifie une différence, car il est question chez le Cappadocien du rapport entre humanité et divinité. Mais la distinction qu'il réalise est sans détachement, sans diminution et sans opposition, puisque cela même qui se montre, comme à travers une frontière ou un seuil, pour faire fonction d'expression grâce à l'intermédiaire de la médiation, cela même ne peut qu'être en même temps l'expression d'une forme d'identité (*ta auta*) avec ce qui est réellement l'existant, avec ce qui demeure en fin de compte à la racine commune de l'*esse* et des existants soit « vraiment existants », soit « seulement existants »[5].

Aussi l'acte par lequel le Fils se constitue comme Fils tout en étant *dans* le Père même lors de son déploiement existentiel, est-il semblable à cette forme de médiation immédiate (ou non médiate), établie sur la base d'une absence de toute différence spécifique qui serait propre à l'un mais pas à l'autre. L'unité prévaut autant dans le cas de la Trinité que dans le cas de la

1. *Ibid.*, III, 23, 6-8.
2. *Ibid.*, III, 23, 9-10.
3. Cf. *supra, Candidi epistola*, III, 9, 6-15.
4. Grégoire de Nazianze, *Lettre théologique*, 101, I, 48.
5. *Cf.* les distinctions opérées par Victorinus au long de la Lettre *Ad Cand.* (voir *supra*).

relation entre humanité et divinité (*i.e.* dans le cas du Fils). Certes, elle se pose différemment comme unité dans la théologie trinitaire et dans la christologie. Cependant, l'illustration par le rapport *intus/foris* et l'usage pour ce même but de l'argument de l'image sont des moyens spécifiques pour signifier la nature propre de cette unité. Si la substance est unique et les relations intra-trinitaires sont spécifiques, donc distinctives (ce sera la définition trinitaire défendue quelques années plus tard par Grégoire de Nysse et Basile de Césarée), reste néanmoins à déterminer l'inscription de l'existant dans cette même unité. C'est lui qui fait office de lien et qui signale en même temps le plan sur lequel l'infracassable noyau de l'être se donne en partage au Fils, à l'Esprit et à l'homme, selon un ordre que Victorinus décline depuis l'*existant plénier* (équivalent du non existant car « supra existant »), au *vraiment existant* (comme genre universel) et au *seulement existant*, partagé en existences particulières, individuelles et singulières. L'existentialité divine devient, avec le théologien latin, le correspondant nécessaire de la substantialité, les deux – *existentialité* et *substantialité* – se trouvant prises dans un jeu dialectique de réciprocité qui court-circuite, par moment, l'ordre ontologique fixé par la procession et le retour. Si l'inspiration grecque ne fait aucun doute, il est important de rappeler que Victorinus n'est pas un simple passeur de la théologie grecque en latin. Il joue un rôle de créateur et, plus que cela, il fait en effet figure de fondateur à la fois d'une métaphysique et d'un lexique propre à la pensée latine.

Un dernier exemple extrait de la lettre à Candidus éclaire la position doctrinale de Victorinus. Il s'agit d'un court exposé sur l'Esprit qui s'ajoute à la défense de l'engendrement du Logos et qui éclaire, en fixant la position et le statut de l'Esprit, la relation entre le Père et le Fils. Une fois de plus, les affirmations du théologien ne constituent pas la conclusion d'une démonstration ; elles proviennent d'une proposition de sortie aporétique du même ordre que dans le cas, largement illustré, de la puissance et de l'acte. À l'extrême fin de la lettre à Candidus Victorinus revient donc sur la Trinité après avoir traité de la génération, des existants, de la substance et du mouvement. Le dernier point esquissé avant la prière finale (V, 31) concerne l'acte de l'Esprit. Le théologien s'oppose au rôle et au statut de l'Esprit tels qu'ils sont fixés par Candidus : rôle exclusif de sanctification et d'enseignement (*spiritus in sanctificationem est et tantummodo qui doceat*), et statut de créature, semblable à toutes les créatures (*ipse factus est sicut omnia in creatura*)[1]. Selon Victorinus, l'Esprit a pour mission de

1. *Ad Cand.* V, 31, 5-7.

rassembler la Trinité. Cet acte lui est propre et le différencie du Fils. Mais l'Esprit sied néanmoins avec le Fils, exactement comme le Fils a, certes, son action propre, mais sied néanmoins avec le Père. Les actions qui distinguent l'Esprit et le Fils l'un de l'autre et en même temps chacun du Père, n'ont pas raison de l'unité trinitaire, car celle-ci tient de l'être, *esse*. Ces actions sont en outre des modes d'actuation de ce qui ne sort pas du lieu propre de l'être, puisque le Fils comme l'Esprit se trouvent l'un *avec* l'autre et *avec* le Père en une même et seule place. Or cette manière d'exprimer le fait de *tenir ensemble*, comme *circonscrits* l'un à l'autre (contenu et contenant), est en effet, de même que la simultanéité et l'ubiquité évoquées plus haut, encore l'une des expressions propres à la manifestation de l'identité divine : toujours *une*, *seule* et *même*[1].

Les précisions qui font la suite de ce passage me semblent présenter un intérêt encore plus grand : si les « trois » forment en réalité deux dyades au sein de la Trinité, comme l'avait laissé entendre Victorinus, le Père et le Fils d'une part, le Fils et l'Esprit de l'autre, caractère dyadique qui n'est d'ailleurs pas singulier dans les théories trinitaires de l'époque[2], l'unité est en revanche assurée autant sur le plan de l'être que sur celui de la nature de l'acte propre à chacun. En deux mots, l'unité est clairement affirmée comme étant à la fois *substantielle* et *existentielle*. Cette unité exemplaire repose sur un partage non-différencié des propriétés essentielles (divinité et majesté, *una divinitas et non multifida maiestas*) et sur une position commune concernant la relation entre identité et différence. Cette dernière est exprimée par le refus simultané du contraire et de l'abstrait ou du retrait (« ni ἀντίθεα ni ἄθεια »). Le retranchement ou l'absence, comme l'opposition ou le contraire – deux formes de négation que Victorinus cite

1. *Ad Cand.* V, 31, 2-3 et 7-10 : « [...] j'ai exposé, avec l'aide de l'Esprit-Saint, toute la procession, la descente et le retour (*omnis progressio et descensus et regressio*) et j'ai traité de l'unité qui est triple et de la trinité qui est une (*de tripliciter unitate et de unali trinitate*). [...] Mais cet Esprit-Saint, par son acte propre, diffère du Fils tout en étant lui-même le Fils (*Qui quidem spiritus sanctus propria sua actione differt a filio, filius cum ipse sit*), comme le Fils, par son acte propre, est différent du Père, étant pourtant lui-même le Père (*sicuti filius actione est differens a patre, ipse qui sit pater iuxta*), selon l'être (*id quod est esse*). » (trad. légèrement mod.).

2. Hadot évoque ce trait dyadique chez Athanase (*Porphyre et Victorinus*, *op. cit.*, t. II, p. 730). M. Simonetti décrit une double dyade dans la doctrine trinitaire de Victorinus (dans *Dictionnaire encyclopédique du christianisme ancien*, Paris, Cerf, 1990, t. II, p. 1563-1564), double dyade qui se retrouve aussi dans les hymnes et qui serait d'inspiration néoplatonicienne. On trouve aussi chez Basile de Césarée cette tendance à définir les relations intratrinitaires par au moins une dyade interne, celle entre le Père et le Fils. L'archéologie de cette structure dyadique, remontant peut-être à Numénius (livre IV ou V, fragm. 11, 12-20), reste à faire.

d'ailleurs en grec (jeu des négations entre les plans logiques et ontologiques qui n'est pas sans rappeler le *Sophiste*) –, sont évidemment des impossibilités à l'égard de l'essence et de l'existence divine. Donc, la différence au sein de l'identité communautaire de la Trinité ne peut pas se situer dans une relation d'opposition ni dans l'une ou l'autre des formes de retranchement, comme dans une forme dégradée, déchue, une copie éloignée, un reflet faible et inconsistant de l'aspect d'un étant. L'unité repose, au-delà de la communauté des propriétés essentielles (divinité et majesté), sur l'unité entre la substance et l'existence. Si cette unité fait fond sur l'*esse*, sur l'être, le rapport proprement dit établi entre l'une et l'autre, entre substance et existence, est cependant le même que celui décrit auparavant à l'aide de la dialectique de la puissance et de l'acte[1].

La partie la plus frappante dans ce contexte est la nomination des identités de la Trinité : ce sont des identités *pareilles*, déterminées comme identiques sur le plan de existence : *idem exsistentium.* La traduction française ne le mentionne pas explicitement. Il me paraît, cependant, important de le mentionner (et même de le souligner), car nous avons là l'une des attestations de la manière particulière dont le théologien latin comprend comme *existentiae* les hypostases de la Trinité grecque. Il traduit (ou transpose) ainsi le terme grec, en déterminant la condition *commune* en même temps qu'*individuelle* de chaque hypostase définie comme « existant ». Le terme *exsistentia* et ses dérivés (*exsistentialiter,* etc.) reviennent à plusieurs reprises sous la plume de Victorinus dans le *Contre Arius*. *Exsistentia* fait visiblement partie de son vocabulaire théologique et, si le terme est employé parfois en alternance avec *substantia*, l'apparente indistinction sémantique entre ces deux notions n'est pas une preuve de confusion ponctuelle[2], mais plutôt le signe d'une quasi équivalence conceptuelle qui affleure par moment dans la lettre même du texte. Sans s'attarder trop sur ce terme, rappelons simplement que Victorinus semble partager avec Calcidius l'introduction au IVe s. d'un sens nouveau assigné au terme classique *exsisto*, *exsistere* (se dresser, s'élever, naître, se manifester, se montrer), un sens qui le rapproche du même genre de spécialisation théologique que subit le grec *hupostasis* en passant d'un sens purement

1. *Ad Cand.* V, 31, 10-13 : « Selon cet exposé, de ces trois, qui sont un et même [existentiel] (*Et sic istorum trium unum et idem exsistentium*), une est la divinité (*una divinitas*), indivise la majesté (*et non multifida maiestas*), et il n'y a ni ἀντίθεα ni ἄθεια (*neque* ἀντίθεα *neque* ἄθεια) ; mais trois qui sont un, un qui est trois, trois fois trois qui sont un même et un seul [qui sont et même, et un, et seul] (*sed tria unum et unum tria et ter tria unum et idem et unum et solum est*) » (trad. légèrement mod.).

2. *Cf.* P. Hadot, *Porphyre et Victorinus*, *op. cit.*, t. II, p. 760.

physique à un sens théologique et métaphysique[1]. On trouve en effet le terme *exsisto*, avec ce même sens existentiel nouveau que lui assigne aussi Victorinus, dans la traduction latine d'un passage clef du *Timée* 29a9-b2[2].

Le terme *existunt* ne renvoie pas dans la traduction latine du *Timée* au grec ὑπαρχόντων, mais s'insère dans le texte platonicien comme une glose. Il tente de rendre ainsi explicite une expression (ou une pensée) qui paraît elliptique chez Platon. Selon Calcidius, Platon voulait dire que : « … le monde qui est l'œuvre du démiurge, est modelé d'après celui qui *existe* toujours de manière identique et que l'on suppose être l'image d'un autre. » Calcidius, considéré comme proche dans sa traduction et dans son commentaire autant du *Didaskalikos* d'Alcinoos que d'un supposé commentaire perdu de Porphyre au *Timée*, focalise l'attention de son lecteur sur cet échelon ontologique supplémentaire, dont l'existence est suggérée par l'assertion platonicienne « il est absolument nécessaire que… (πᾶσα ἀνάγκη) », et lui ajoute une détermination supplémentaire qui vise à expliquer la possibilité de saisir à travers l'existence même de cet échelon parfait l'existence nécessaire d'un autre, encore au-delà de la perfection. Le monde parfait, qui correspond au « vrai existant » pour Victorinus, se présenterait ainsi comme l'image de celui qui n'est pas déterminable en tant que parfait, ou en tant qu'existant, puisqu'il est au-delà de ces déterminants, et que sa prééminence ne permet de concevoir

1. À ce sujet, voir F. Romano et D. P. Taormina (a cur.), *Hyparxis e Hypostasis nel neoplatonismo*, Florence, Olschki, 1994 ; J.-F. Courtine, « Note complémentaire pour l'histoire du vocabulaire de l'être – les traductions latines d'οὐσία et la compréhension romano-stoïcienne de l'être », dans *Concepts et catégories dans la pensée antique*, Paris, Vrin, 1980, p. 33-87 ; V. Carraud, « L'invention de l'existence. Note sur la christologie de Marius Victorinus », *Quaestio*, 3, 2003, p. 3-25 ; A. Vasiliu, Eikôn. *L'image…, op. cit.* ; M. Chase, « La subsistence néoplatonicienne… », art. cit. ; J.-C. Bardout, *Penser l'existence. L'existence exposée. Époque médiévale*, Paris, Vrin, 2014, étude qui commence avec Victorinus et se poursuit jusqu'à l'aube de la modernité. Pour la datation du *Timée* de Calcidius, voir C. Moreschini, *Calcidio. Commentario al Timeo di Platone* (Milan, Bompiani, 2003) et B. Bakhouche, Calcidius, *Commentaire au* Timée *de Platon* (texte établi, traduit et annoté, Paris, Vrin, 2011), qui fait remonter ce texte au IVe s. Calcidius serait ainsi un contemporain de Victorinus.

2. « Mais s'il en est ainsi (τούτων δὲ ὑπαρχόντων) [à savoir : que le monde soit né de la contemplation du modèle éternel par le Démiurge, qu'il soit donc en conformité avec un objet d'intellection et de réflexion, et qu'il soit identique], il est aussi absolument nécessaire que ce monde-ci [qui prend acte ainsi] soit l'image de quelque autre monde (πᾶσα ἀνάγκη τόνδε τὸν κόσμον εἰκόνα τινὸς εἶναι). » (trad. A. Rivaud, avec insertions). Version de Calcidius : « … opificem deum uenerabilos exempli normam in constituendo mundum secutum – quippe hic generatorum omnium speciosissimus, ille auctor maximus – operisque sui ratione prudentiaque his quae semper eadem existunt accomodatus imago est, opinor, alterius. » (éd. Moreschini, p. 38-39).

aucun lien de génération ou de création entre les deux. Mais cet échelon, à la fois premier et (peut-être) déjà second, qui est la réalité éternelle et identique selon laquelle le monde a été créé, est déterminé comme « existant » et joue alors le rôle d'une « hypostase » qui se tient devant nous et qui montre, *comme en image* (*eikôn-imago*), ce que pourrait être une « encore autre » réalité (*alterius*), indéterminable. L'existant est ainsi à la fois une forme substantielle déterminée et l'acte de celle-ci, c'est-à-dire une (dé)monstration qui ne vise pas seulement sa propre corporéité ou réalité d'existant, mais aussi le lien déterminant avec une autre réalité, laquelle n'a pas d'existence immanente ni de possibilité d'être connue autrement que par l'image qui apparaît avec l'existant parfait du monde conçu et créé par le démiurge. Quant à l'image, elle constitue dans ce cas l'unité exemplaire entre la dimension signifiante de cet existant et la dimension significative. Elle devient ainsi, à elle seule, signification pure, forme réflexive de révélation.

Ce petit détour permet d'éclairer le cœur de l'aporie et le rôle central assigné à l'image dans ce contexte. Nous sommes ici à la racine de ce dédoublement entre le non-existant parce que supra existant (*proon*), et l'existant parfait et vrai (*ontôs on*) à partir duquel sont crées les autres existants : le genre suprême, unique et seul, et les « seulement existants » (*onta*) qui sont multiples. Cette racine semble commune à la pensée de Calcidius et à celle de Victorinus, pour autant que leur vocabulaire *existunt-existentia* soit aussi commun. Elle nourrit une conception ontologique et cosmologique qui cherche les arguments permettant de démontrer que le transfert entre le non-existant et l'existant parfait n'est pas la conséquence d'une opération *ex nihilo*. Le passage n'a pas lieu, tout simplement, parce qu'il s'agit du « même », bien que la frontière soit radicale à l'égard du néant supposé de la transcendance du premier. Cependant, à partir de l'existant vrai et parfait qui est la puissance transcendante « enceinte » de la totalité, prend acte l'universel, et ce mode d'actualisation, ou d'auto-actualisation de la puissance, se réitère pour tous les existants dès lors que leur condition est commune tout autant que leur principe est commun. Cette condition commune exige un fonctionnement alternatif entre l'être en puissance et l'acte de sa manifestation. Par contre, si la condition existentielle semble commune à tous les existants, la substance des existants n'est pas commune en dehors des « formes existentielles » de la Trinité qui sont les seules « formes existentielles » à la fois différentes et consubstantielles. C'est encore l'image qui permet de comprendre le second saut ontologique qui a nécessairement lieu entre l'existant de la structure trinitaire, qui est identique, un et seul (chacun), et le reste des existants, les existants tout court, ceux du multiple, qui sont des singuliers, des individus, mais ne sont jamais identiques (immuables) puisque leur statut substantiel est soumis aux lois de la nature.

Par deux fois donc le théologien chrétien, à la différence du commentateur du *Timée*, se voit obligé de recourir en alternance à la « solution » dialectique de la puissance et de l'acte, ainsi qu'à l'« artifice » de l'image, de manière à préserver une fois la transcendance absolue de l'*un* supra existant, puis, une seconde fois, la transcendance de l'*être* substantiel pur, vrai, identique et sempiternel. Et par deux fois, le transfert qui s'opère est conçu comme étant de l'ordre d'une transposition ou changement de support : support existentiel hypostatique et consubstantiel pour l'existant trinitaire, support existentiel corporel et nécessairement individuel pour les existants multiples. Dans le premier cas, la substance est commune tandis que l'acte propre de chaque existant n'est pas partagé puisqu'il est individuel : un est le Fils, un est l'Esprit, bien que leur substance, leurs propriétés essentielles et leur lieu soient les « mêmes ». Victorinus parle dans l'*Adversus Arium* de la « division des opérations (*divisiones operationum*) » comme seule différence propre de Dieu (*differt autem deus*), bien que ce soit Dieu qui « opère tout en tous (*in omnibus omnia operans*) »[1]. Dans le second cas, celui des « seulement existants », substance et condition existentielle sont toutes deux communes, mais uniquement à l'intérieur du genre, non entre les individus, et non plus dans une communauté avec le principe avec lequel le genre peut entrer en communion, mais nécessairement sans s'y identifier. Grégoire de Nysse dira dans *De hominis opificio* (V et XVI) que l'homme (genre universel) partage la substance (ou nature essentielle) de Dieu, mais n'a pas accès à l'existence divine des hypostases car celle-ci est éternelle. Et il dira aussi, comme Basile de Césarée d'ailleurs, toujours au sujet de la création de l'homme[2], que la nature substantielle et l'image de l'homme appartiennent à Dieu, et que seule l'existence est propre à l'individu humain, cette dernière relevant de l'actualisation de la ressemblance homotétique inscrite comme possibilité dans chaque individu.

Mais revenons encore à lettre de Victorinus. L'existant apparaît chez lui comme la condition à la fois commune et individuelle des identités divines de la Trinité qui sont des identités substantielles individuelles. Cette condition correspond, dans le passage final de la lettre à Candidus, mais aussi dans d'autres passages du *Contre Arius*, à une situation qui est

1. *Ad. Arium*, I, A, 18, 51-52.
2. *Homélies sur la création de l'homme*, I, 16.

autant existentielle qu'apparitionnelle à proprement parler. Situé dans la manifestation commune d'une identité divine qui ne connaît pas d'altérité ni de contraire ni de différence dans les propriétés essentielles, et qui est de l'ordre de l'être (*einai*, *esse*), chaque existant *partage tout* et *montre tout* de cette identité, mais *à la manière d'une image* qui renvoie chaque fois à l'autre, tout en montrant l'identité présente de l'existant. L'image s'identifie à l'acte, et l'acte est toujours simultanément existentiel et substantiel ; en un mot, il est hypostatique. Victorinus avait longuement expliqué dans les chapitres de sa longue lettre à Candidus que l'existant « supra-existant » engendre l'existant « vraiment existant » et que celui-ci est en même temps l'acte de la puissance qui le contient et qui l'engendre. L'existentiel fait ainsi l'objet de l'engendrement et en même temps, *simultanément*, il est identique à son engendrant par le lien de l'identité substantielle qui fait de lui à la fois l'acte de la puissance et son image. Il y a, par conséquent, une double dyade (acte-puissance) dans la version victorine de la Trinité, mais il y a en même temps une identité assurée par l'image hypostatique, image individuelle, toujours identique à elle-même, unique et singulière, montrée existentiellement et fondée substantiellement. Existentiellement elle ne peut pas être partagée, puisqu'elle appartient à l'existant propre (le Père, le Fils, l'Esprit), mais substantiellement (essentiellement) elle est commune. Ce dernier aspect rapproche considérablement la Trinité défendue par Victorinus de celle prônée une dizaine d'années après par Basile de Césarée[1].

Ainsi, si Boèce, confronté à ce vocabulaire un siècle et demi plus tard traduit, dans sa version de l'*Isagogê* de Porphyre, *huparchein* par *esse* et *hupostasis* par *substantia*, Victorinus choisit en revanche, comme Calcidius, une version différente, appuyée théologiquement sur un platonisme déjà approprié, déjà adapté à servir la cause chrétienne par la pensée trinitaire grecque. Victorinus, comme Calcidius, et comme Cassiodore un peu plus tard[2], transporte le sémantisme néoplatonicien de l'hypostase dans le registre de l'existant : *existentia* ou *subsistentia*. En contexte théologique Boèce choisit lui aussi ce dernier terme ; ses exposés sur la Trinité et sur les deux natures du Christ réunissent en transpositions latines les cinq notions ontologiques du vocabulaire grec : l'essence (*ousia-substantia*),

1. *Traité sur le Saint-Esprit*, XVIII, 45 [149 B-C], cité *supra* n. 1 p. 150. Je reviendrai sur les proximités et les divergences concernant la Trinité entre les deux théologiens.

2. Cassiodore, *Liber De anima* chap. XIII ; *id.*, *Historia Ecclesiastica* VI, chap. XIX et XXI.

l'être (*einai-esse*), l'existence (*huparxis-subsistentia*), l'hypostase (*hupostasis-persona*) et l'image (*eikôn-imago*)[1].

L'*IMAGE SUBSTANTIELLE*. SECONDE RÉPONSE DE VICTORINUS : L'ARGUMENT DE L'IDENTITÉ DIFFÉRÉE

Voyons maintenant le statut et le rôle de l'image dans le contexte de quelques passages du premier livre du *Contre Arius*. Le traité anti-arien de Victorinus contient en effet plusieurs chapitres entiers qui mettent l'image au centre du débat en en faisant un véritable et redoutable « argument théologique ». On se limitera toutefois à un seul exemple, extrait des chapitres 19 et 20 du livre I du traité, un exemple riche d'enjeux pour le rôle de l'image, car ces chapitres, qui se présentent comme le commentaire d'un passage de la Seconde Épître aux Corinthiens (4, 4), concernent en effet autant l'image de Dieu que le statut du Verbe et de l'Esprit. Le commentaire part de l'appellation du Christ « image de Dieu (ὅς ἐστιν εἰκὼν τοῦ Θεοῦ) »[2] et développe des définitions et des applications de la notion d'image à la fois dans la théologie trinitaire et dans l'anthropologie, en associant le passage de l'épître de Paul au verset biblique de Genèse 1, 26. L'intérêt de ce passage est double. D'une part il associe les deux images distinctes, bien qu'appelées du même nom d'*imago*, qui avaient fait l'objet de la critique de Candidus. De l'autre, il fait sortir la compréhension de l'image du sillage latin habituel, « psychologique », en montrant qu'il y a plusieurs plans sur lequel intervient l'argument de l'image; qu'il y a notamment un plan proprement ontologique, ouvert sur l'argument de la visibilité de l'existant, un plan différent donc de celui de l'image invisible, inscrite dans l'âme humaine sous la forme de la triade active *esse*, *vivere*, *intelligere*. Cette dernière, longuement analysée par l'historiographie moderne comme définition de la notion d'image en raison de ses sources néoplatoniciennes, du

1. Dans les *Opuscula sacra*, *subsistentia* est fréquemment employé pour rendre « hypostase », mais avec l'ajout de *persona*, terme que Victorinus refuse d'utiliser dans sa théologie trinitaire (voir *infra* chap. « *Hupostasis*... »).

2. *II Cor.* 3-4 : « Si cependant notre Évangile demeure voilé (κεκαλυμμένον), il est voilé pour ceux qui se perdent, pour les incrédules, dont le dieu de ce monde a aveuglé l'intelligence (τὰ νοήματα τῶν ἀπίστων), afin qu'ils ne perçoivent pas l'illumination (φωτισμὸν) de l'Évangile de la gloire du Christ (τῆς δόξης τοῦ Χριστοῦ), lui qui est l'image de Dieu (ὅς ἐστιν εἰκὼν τοῦ Θεοῦ). » (vers. TOB). Version citée par Victorinus : « ...ut not splenderet illis inluminatio evangelii gloriae Christi qui est imago dei. »

parallélisme avec Augustin[1] et de son héritage dans la pensée occidentale, a occulté du moins partiellement l'autre plan, ontologique et hypostatique, qui montre un parallélisme frappant avec les positions défendues par les théologiens orientaux (hellénophones) au sujet de l'image, et qui explique en quelque sorte la position singulière de Victorinus dans le contexte de la pensée chrétienne latine.

Les deux chapitres s'inscrivent dans un long excursus qui occupe toute une partie du premier livre du traité (I, A, II), un parcours à travers plusieurs passages de l'Évangile de Jean et des Épîtres de Paul, une lecture de textes « sacrés » (*sacra lectio*) censée rassembler les arguments que Victorinus oppose à Arius. Le passage de II Cor. 4, 4, dans lequel l'image joue le rôle central, est censé répondre à la question de l'engendrement du Christ par Dieu et non par des « non-existants ». *Quod Christus de deo, non ex his quae non sunt*[2]. Il fait suite à un chapitre qui montre que la consubstantialité des existants de la Trinité fait fond sur l'Esprit autant sur le plan de l'action que sur celui, déclaré, de la substance. *Omnia ergo tria actione* ὁμοούσια *et substantia* ὁμοούσια, *quod omnia tria spiritus*[3] – une affirmation étonnante, forte, et quelque peu contradictoire en même temps, car le théologien venait d'établir que « la différence propre de Dieu » réside dans la « division des actes », bien que Dieu « opère tout en tous »[4]. Mais l'acte, c'est-à-dire chacun des actes propres à chacun des existants, est acte de la puissance, or l'être en soi, *ipsum esse*, est cause de cet acte, de même que la substance commune vient en réalité du Père, donc l'Esprit, qui vient du Père, est à la fois substance commune, puissance, acte propre et acte commun aux trois existants. Selon qu'il est distinct par son acte propre il a la même substance, et selon qu'il est acte, il exprime la puissance commune aux trois.

Cette combinatoire, fastidieuse en apparence, prépare en réalité la défense de l'image comme argument à la fois de la divinité du Christ en tant que fils engendré de Dieu, et de la consubstantialité entre le Fils et le Père.

1. P. Hadot, « L'image de la Trinité dans l'âme chez Victorinus », *Theologia Augustiniana*, Berlin, Akademia Verlag, 1962, p. 409-442; D. N. Bell, « *Esse, Vivere, Intelligere* : the Noetic Triad and the Image of God », *Recherches de Théologie Ancienne et Médiévale*, Louvain, 52, 1985, p. 5-43.

2. *Ad. Arium*, livre I, A, II, 19, 3.

3. *Ibid.*, 18, 55-56.

4. *Ibid.*, 18, 51-53 (cf. *supra*). On peut rapprocher cette assertion d'une définition de l'identité comme *tout en tout* (πάντα μὲν ἐν πᾶσιν) formulée par Porphyre (*Sentence* 10), identité qui n'est pas définie par l'opération, comme chez Victorinus, mais par le dépassement de l'acte et de la puissance au-delà de l'être, mode par lequel l'un contient le multiple sans se trouver séparé ou divisé. On y reviendra.

C'est l'image qui prend cette fois-ci la place et le rôle de l'Esprit. « L'image est image de ce dont elle est image (*Imago enim, imaginalis imago*). » Selon Pierre Hadot le terme *imaginale* est emprunté à Candidus et serait d'origine arienne[1]. Victorinus l'emploie ponctuellement, et le remplace plus loin par la périphrase *is cuius imago*. L'image, donc, *est* et *provient* en même temps, comme le Christ est Fils et simultanément image de Dieu parce qu'il provient de Dieu. Bien qu'elle soit seconde par rapport au principe, et qu'elle diffère de lui par sa substance (*et alliud secundum substantiam ab eo quod imaginale est*)[2], l'image comporte néanmoins une substance propre. La différence substantielle de l'image se situe par rapport au principe, à l'égard duquel l'image est « substance seconde ». La relation causale est la raison d'une division d'ordre substantiel que Victorinus sera obligé d'éclaircir par la suite. Il doit cependant l'affirmer, dans ce premier temps du commentaire, car l'usage de l'image comporte d'emblée une ambiguïté flagrante : elle se dit de la même manière pour l'image de Dieu et pour l'image des choses sensibles (*in sensibilibus*), la première risquant d'être confondue avec la seconde qui est de l'ordre de l'ombre (*umbra*) ou du reflet de la lumière corporelle figurés par réflexion dans l'air ou dans l'eau (*in aere aut in aqua per quoddam corporale lumen, corporalis effluentiae per reflexionem figurata*)[3].

Cette dernière expression regorge d'allusions. Que signifie, en effet, *corporale lumen* redoublé par la *corporalis effluentiae*? Est-ce une allusion à la théorie optique aristotélicienne, au diaphane qui se trouve,

1. P. Hadot, *Porphyre et Victorinus*, *op. cit.*, t. II, p. 761.

2. *Ad. Arium*, I, A, 19, 5-11 : « Si le Christ est "image de Dieu", le Christ est de Dieu (*Si imago dei Christus, de deo Christus*). Car l'image est image de ce dont elle est image (*Imago enim, imaginalis imago*) ; or ce dont elle est image, c'est Dieu ; le Christ est donc image (*imaginalis autem deux, imago ergo Christus*). – Mais l'image est image de ce dont elle est image ; ce dont elle est image est donc originel (*Sed imago, imaginalis imago est, et quod imaginale est, principale*) ; et elle-même est seconde (*imago autem secunda*), et elle est quelque chose de différent en substance de ce dont elle est image (*et alliud secundum substantiam ab eo quod imaginale est*). – Oui, mais nous ne concevons pas l'image de là-bas de la même manière que l'image dans les choses sensibles. En effet, l'image d'ici-bas nous ne la concevons même pas comme une substance (*Sed non sic intellegimus ibi imaginem, sicuti in sensibilibus. Hic enim nec substantiam intellegimus imaginem.*). »

3. *Ad. Arium*, I, A, 19, 12-14 : « Car elle [l'image des choses sensibles] est une sorte d'ombre qui s'esquisse dans l'air ou dans l'eau, par l'intermédiaire d'une sorte de lumière corporelle, grâce à la réflexion de l'émanation corporelle… ». Hadot y voit une réminiscence de Sénèque (t. II, p. 761). Mais on peut y voir aussi une réminiscence plotinienne, plus vraisemblable, peut-être, pour Victorinus. Voir n. 5 p. 151-152, la citation plotinienne de V, I, 6, 30-34, à propos du *typum* et du mouvement substantiel.

comme structurel, dans les corps et qui rend possible la réception de la lumière incorporelle en prenant l'aspect d'une sorte de luminosité propre à la visibilité des choses (propre, au fond, à leurs couleurs) et en produisant ainsi un effet qui s'apparente à une illumination des corps, théorie reprise par Plotin dans le traité sur la vue (*Enn.* IV, V [T. 29], 7, 13)[1] ? Est-ce la réminiscence d'autres passages plotiniens (*Enn.* V, I [T. 10], 6, 30 sur les trois hypostases premières) où il est question de l'image qui rend visible à l'extérieur, dans un acte second, la vie interne surabondante d'un corps lumineux, sans que le rayonnement (περίλαμψιν ἐξ αὐτοῦ), ainsi figuré, soit séparé de lui[2] ? Ou est-ce une allusion à la nature de la matière lumineuse des incorruptibles définie par Plotin dans *Enn.* III, VI (T. 26) ? Chez Victorinus il est cependant question de corps sensibles qui illuminent, non de corps divins (astres) lumineux. Ou serait-ce plutôt la preuve d'un emprunt gnostique, car des images de cet ordre (*corporale lumen*), de même que le vocabulaire de la luminosité et de la réflexion sont familiers dans la cosmologie gnostique, et qu'en outre l'expression *imago imaginis*, utilisée quelques paragraphes plus loin par Victorinus, peut elle aussi provenir, directement ou indirectement, des écrits gnostiques ? Professant à Rome au milieu du IVᵉ s., le rhétoricien et le théologien Victorinus pouvait aisément entrer en contact avec les milieux gnostiques ou du moins avoir une certaine connaissance de leurs textes.

Toutes ces questions sont sans doute pertinentes, et peut-être que toutes ces allusions et ces références mêlées ont nourri la réflexion du théologien latin. On ne s'attardera pourtant pas ici sur cette partie du commentaire malgré l'intérêt qu'il y aurait à montrer la proximité frappante entre les arguments et les termes utilisés par Victorinus et ceux de Plotin au sujet du rapport entre *ousia* comme principe (*archê*) et l'acte second (*energeia*) qui en provient sans en être séparé (ἐνέργεια δευτέρα οὐκ ἀφισταμένη τῆς προτέρας, *Enn.* IV, V [T. 29], 7, 16). J'ai évoqué ailleurs, plus longuement, certaines sources de ce rapport entre l'acte par principe (propre à l'*ousia*) et un acte second inséparable dans le cas de la lumière[3]. Ici, pour les besoins de la démonstration, il suffit de retenir, avec les arguments de Victorinus, que l'image sensible n'a pas de mouvement propre, n'a ni

1. Plusieurs passages du chap. 7 du Traité 29 présentent des proximités de lexique et de conception avec le chap. 19 du premier livre de l'*Ad. Arium* de Victorinus. Pour une analyse des questions spécifiques de la faculté de la vision et du statut de la lumière dans ce troisième traité consacré aux apories de l'âme (*Enn.* IV, V [T. 29]), voir A. Vasiliu, « Toucher par la vue… », art. cit.

2. *Enn.* V, I, 6, 28.

3. A. Vasiliu, « Toucher par la vue… », art. cit.

corps, ni sens, ni intelligence, et qu'en dehors du support trouble (*turbato*) dans lequel apparaît ce qu'elle figure (*in quo figuratum*), cette image n'est rien et n'est nulle part (*nihil et nusquam est*)[1]. De toute évidence, le théologien a ici en vue l'image naturellement visible des existants : l'ombre, le reflet catoptrique, l'impression fugace de l'aspect visuel des êtres corporels vivants, en un mot, ce qui brille et se reflète, se voit donc, mais n'a pas pour autant de support propre consistant et constant. Cette image n'a donc pas de substance. Par contre, l'image de Dieu réfère à un autre mode de « dire image » (*alio modo dicimus*), car celle-ci est en effet l'inverse de celle-là : premièrement elle « est » (*primum esse*), elle « est par soi » (*per semet esse*), et, en tant que telle, elle est tout à la fois « pensante » (*intellegens*), « vivante » (*viventem*), « vivifiante » (*vivefacientem*) et « semence de tous les existants » (*semen omnium quae sunt*)[2]. Or l'image qui comporte toutes ces propriétés est bien le Logos (λόγος).

On retrouve, certes, la triade conceptuelle *esse*, *vivere*, *intelligere* mentionnée plus haut, sauf qu'ici elle ne représente pas le dernier mot de Victorinus sur la nature et l'objet propre de l'image qui, en tant que substance seconde, est néanmoins appelée à défendre, voire à démontrer la consubstantialité du Fils, image de Dieu. C'est parce que l'image est dans l'identité avec le *logos* qu'elle peut être qualifiée ainsi. Or l'image, en tant que *logos*, est acte de la puissance du Père et donc, bien qu'elle soit substantiellement seconde sur le plan de la causalité, elle est néanmoins identique avec la substance du Père et inséparable de lui, puisqu'elle ne vient pas du néant, n'est pas *eikôn* d'une *autre* réalité (comme dans le passage du *Timée* 29a-b cité à propos de l'argument de l'existant)[3], mais elle est bien l'image (*imago* ou *eikôn*) de cette réalité-ci qui est l'existant propre du Père. À ce titre elle ne peut pas, de toute évidence, être distincte et détachable de la puissance qu'elle rend manifeste en tant qu'acte de celle-ci. L'image est acte puisque l'acte lui-même est défini comme une image. L'image joue, dans ce cas, le même rôle que l'Esprit dans l'exemple cité quelques passages plus haut. L'image, autant que le Logos et que l'Esprit, est intime à ce dont elle provient, à savoir qu'elle se trouve dans la puissance du Père et sous-tend la substance de celui-ci comme substance commune dans laquelle elle pré-existe, étant intérieure à celle-ci bien qu'elle soit en même temps seconde comme l'effet est nécessairement second à l'égard de sa cause. En raison du rapport de causalité, qui n'est pas

1. *Ad. Arium*, à la suite du passage 19, 14-17 cité, n. 3 p. 169.

2. *Ad. Arium*, 19, 17-20. On notera l'emploi du terme de semence qui renvoie, lui aussi, au vocabulaire stoïcien des *logoi spermatikoi*.

3. Voir *supra* à propos d'un passage conclusif de la lettre de Victorinus à Candidus.

réversible (*non retrorsum causa*)[1], l'image est donc seconde. Mais, en tant qu'acte ou expression de la puissance, elle est dans une relation *intus/foris*, et donc dans une réciprocité avec la substance commune de ce dont elle est image. On peut l'appeler, pour cette raison, une « identité différée » : elle s'identifierait à une sorte de « présence hypostatique » propre, à la fois en attente dans chacun des existants et manifestée avec eux lorsque ceux-ci rendent l'existence manifeste sensiblement. On éviterait ainsi le terme « second » (second être, *secundum esse*) qui ne convient pas dans le contexte trinitaire, car, Victorinus lui-même en convient, ce terme induit l'idée d'une consécution temporelle qui diviserait et subordonnerait les uns aux autres les existants[2]. Il faudrait donc comprendre que le Fils, bien que *Fils* par rapport au *Père*, est non seulement consubstantiel, mais, en tant que *logos* et εἰκὼν τοῦ Θεοῦ, il est concomitant, intime et sied en un seul et même lieu avec le Père.

Sur le plan de l'acte, l'image comporte les propriétés énumérées (*pensante*, *vivante* et *vivifiante*), propriétés qui ne sont pas les siennes mais celles de la puissance dont elle est l'acte. Elle correspond alors premièrement à l'Esprit, non au Logos – *pensant*, *vivant*, *vivifiant* sont en effet les attributs de l'Esprit –, et dans ce cas la définition de l'image rejoint ici celle du *typum*, esquissée plus haut, qui tantôt se tend, se manifeste, et tantôt se retire en lui-même. Ce mouvement intime proviendrait, selon Hadot, de l'idée stoïcienne du mouvement substantiel[3]. Mais celui-ci apparaît aussi chez Plotin (*Enn.* V, I [T. 10], 6, 30 *sq.*), et c'est plutôt à cette référence, tirée du contexte des trois hypostases plotiniennes, qu'il faudrait se reporter si on veut comprendre plus clairement ce que Victorinus (sous couvert de Candidus) entendait en qualifiant le *typum* de *motum*[4]. La proximité avec ce passage de Plotin est d'autant plus explicite que le contenu et le lexique sont proches, presque communs. En effet, on retrouve ici des expressions comme ἐκ τῆς αὐτῶν οὐσίας (ce qui provient « de l'essence elle-même », *ipsum esse*) ou εἰκόνα οὖσαν οἷον ἀρχετύπων (« image qui est semblable aux principes »), ou encore des termes comme *hupostasis* et *dunamis*, qui seront transposés en latin par Victorinus et qui expriment cette même conception concernant des existants dont la réalité substantielle intime est inséparable d'une forme de manifestation de leur présence, laquelle tend vers l'extérieur et se présente comme une image du principe

1. *Ad. Arium*, 19, 41.
2. *Ad. Arium*, 19, 39-43.
3. P. Hadot, *Porphyre et Victorinus*, *op. cit.*, t. II, p. 763.
4. Voir n. 2 p. 150.

de l'existant[1]. Ce mouvement à la fois intime, substantiel, et qui va et vient *dans* et *autour* de l'existant, se montrant comme une conséquence et comme une preuve de l'existence du vivant, correspond à une transposition de la dialectique puissance-action. Celle-ci est saisie sur le plan double de l'acte, qui spécifie le rapport et qualifie les termes mis en relation, ainsi que sur le plan de la substance qui, se manifestant, s'auto-révèle à travers son expression. La particularité fondamentale de cette expression, issue d'auto-révélation, est qu'elle correspond à une image qui ne change pas nécessairement de support pour être image, car elle ne fait que montrer, *révéler*, la présence propre de l'existant. Plotin parlait, lui, de *parousia* : ἐκ τῆς παρούσης δυνάμεως, d'acte présent à partir duquel on perçoit l'image de l'hypostase semblable aux principes[2]. Mais Victorinus n'emploie pas le vocabulaire de la « présence ». Pour lui, l'image dont il est ici question est liée à l'être comme l'ombre est liée indéfectiblement au corps dont elle provient, qu'elle soit ombre attachée ou projetée. Cette situation double, dialectique (ou logique) et physique (voire métaphysique) correspond, selon Victorinus, à l'identification explicite de l'image avec un acte et de l'acte avec une image de ce qui est en puissance et se tient en soi-même : *imago est actio*[3].

1. Je résume le passage de l'*Enn.* V, I (T. 10), 6, 30-33 d'où sont tirés aussi les passages grecs cités.

2. *Ibid.*

3. *Ad. Arium*, I, A, II, 19, 23-39 : « Et pourquoi le Logos est-il "image de Dieu" (*Et quare imago dei* λόγος) ? Parce que Dieu est dans le secret ; car il est en puissance (*Quoniam deus in occulto, in potentia enim*) ; mais le Logos est au grand jour, car il est acte (λόγος *autem in manifesto, actio enim*). [...] C'est pourquoi l'acte est l'image de tout ce qui est dans la puissance, spécifiant chacune des choses qui sont dans la puissance et existant par soi-même (*Propter quod, omnium quae sunt in potentia, imago est actio, unicuique eorum quae in potentia sunt speciem perfeciens, et exsistens per semet*) : car aucune substance ne vient du néant (*a nihilo enim nulla substantia*). En effet, tout être possède une espèce inséparable de lui, ou plutôt l'espèce même est la substance même (*Omne enim esse inseparabilem speciem habet, magis autem ipsa species, ipsa substantia est*), non que l'espèce soit antérieure à l'être, mais parce que l'espèce définit l'être (*non quo prius sit ab eo quod est esse, species, sed quod definitum facit species illud quod est esse*). [...] Et, en effet, l'être est cause de l'être de l'espèce, en tant que l'être de l'espèce est l'être, et, pour cette raison, l'être, c'est le Père, l'espèce, le Fils (*Etenim quod est esse causa est esse speciei esse in eo quod est esse, et ideo quod est esse, pater est, quod species, filius*). En revanche, parce que ce qui est l'être donne, à l'espèce, ce qui est l'être, et que l'être de l'espèce est l'image de cet être qui, en tant que cause, est le premier être, l'être est donc, pour tous deux, consubstantiel, et le second être est image du premier être (*Rursum quod ipsum quod est esse praestat speciei ipsum quod est esse, esse autem speciei imago est eius quod est esse, quod est iuxta causam primum quod est esse,* ὁμοούσιον *ergo esse ipsis duobus et secundum esse imago est primi esse*)... ».

Sur le plan de l'être substantiel, en revanche, l'image, définie en dehors de sa fonction d'acte ou d'actualisation – définie autrement dit de manière « réaliste » et non « nominale » –, comporte une identité propre et cette identité, que j'ai qualifiée d' « identité différée » et définie comme une sorte de « présence hypostatique », est celle d'un vrai existant (*ontôs on*). Elle correspond pour Victorinus au Fils-Logos, bien que l'image soit à la fois acte commun et acte propre de chacun des trois existants ou de chacune des hypostases. L'existant qui est image est certes second par rapport à ce dont il est image. Ceci exprime le rapport de causalité univoque : l'engendrement, en l'occurrence, puisqu'il s'agit du Fils. Mais, comme ce dont elle est image est substance et non néant ou non-existant, l'image est, au même titre que le Fils et le *logos*, substantielle et inséparable de ce dont elle est image. Ainsi, si le Père est dans le secret de la puissance (*deus in occulto, in potentia enim*)[1], le Logos-image est alors sa manifestation, ce qui revient à dire que le Christ constitue simultanément l'*être-même* de Dieu et l'*acte-même* du Père dans sa mise au monde du Fils, sans séparer pour cela la fonction *logos* de la fonction *eikôn*, et sans séparer non plus le Christ de Dieu. L'un demeure dans l'autre tout en *se* et en *le* manifestant : « je suis dans le Père et le Père est en moi », *patre in filio est et filius in patre*..., dit le Christ dans les Évangiles, et Victorinus le cite d'ailleurs[2]. Aussi, de tout ce qui est potentiel, l'image est-elle alors l'être propre de l'acte qui « spécifie les choses ». Propre au Fils et au *logos*, l'image en est l'acte propre, mais, comme elle n'est pas réservée au seul existant-Fils puisqu'elle serait alors facteur de division, elle correspond substantiellement à tous les trois existants et assure (ou démontre) la consubstantialité sur le plan de l'acte commun et sur le plan déclaré (ou manifesté) de la substance. Cette identité substantielle nécessaire de l'image la met ainsi de plain pied avec l'existant ou l'hypostase, et pourrait, encore une fois, s'envisager comme une forme de « présence », une présence de visibilité propre à l'existant ou à l'hypostase. Mais le théologien latin ne va pas jusque là.

L'image de Dieu s'inscrit en outre dans la dialectique de l'être inséparable de l'espèce (*esse-species*)[3], ce qui fait dire à Victorinus que l'image correspond à l'être de l'espèce, laquelle est image de l'être même (*esse autem speciei imago est eius quod est esse*). La nécessité de préserver d'une part une relation d'engendrement, c'est-à-dire une provenance de l'être et non du rien, et de l'autre de préserver l'unité substantielle de la

1. *Ad. Arium*, I, A, II, 19, 23 (*cf.* n. 3 p. 173).
2. *Ad. Arium*, I, A, II, 19, 51.
3. *Ad. Arium*, I, A, II, 19, 23-39.

Trinité, et même l'unité de l'acte, bien que l'acte soit propre à chacun des existants, pousse le théologien latin vers un retranchement stratégique de la démonstration sur les bases de l'argument de l'image, en en faisant nécessairement une image substantielle, en même temps qu'une image existentielle et vivante. Hadot suggère l'origine porphyrienne du raisonnement sur l'être et l'espèce (*esse-species*)[1], et cite, par ailleurs, des exemples grecs qui, parallèlement à Victorinus, qualifient l'image-eikôn de ζῶσα σοφία, ὑποστατική, λόγος ἐνεργὴς καὶ υἱός, αὐτὴ οὐσιωμένη ou encore εἰκὼν ζῶσα αὐτοουσία (Acace contre Marcel d'Ancyre)[2]. Ajoutons aux exemples cités par Hadot quelques références supplémentaires : une terminologie semblable apparaît aussi chez Athanase d'Alexandrie[3], tandis qu'après les années 360, au moment des débats anti-ariens des Cappadociens (les controverses de Grégoire et de Basile avec Eunome), la détermination de l'image se polarise autour de la notion d'hypostase et de la relation « iconique » exprimée soit comme « entre-réflexion » (*eneikonizein*) entre les hypostases chez Basile de Césarée[4], soit comme « image d'image » (*eikôn eikonos*) pour définir le statut référentiel de l'homme chez Grégoire de Nysse (*De hominis opificio*, XII). Cette dernière expression est utilisée aussi par Victorinus. Nous la retrouvons au chapitre suivant et nous en dirons un mot dans ce contexte-là[5].

Enfin, un dernier exemple du même passage consacré à la notion d'image, vise à établir son statut et son rôle dans le rapport entre Dieu et l'homme. Il fait aussi intervenir une notion jusque là absente du débat sur l'image, à savoir la ressemblance. Ce texte, qui se présente comme un commentaire biblique, fait suite immédiate aux deux paragraphes analysés plus haut[6]. Il sort assez brutalement de la problématique abordée jusque là, en situant cette fois-ci l'image dans l'immanent et en faisant glisser la doctrine du *homoousion* vers le thème de la ressemblance de l'homme à l'égard de Dieu. La Trinité semble laissée dans un arrière plan, puisque seule la relation Père-Fils occupe le terrain de la réflexion à partir du commentaire du passage biblique de *Genèse* 1, 26. En revanche, l'image continue à être abordée sur le plan de la substance, et l'homme apparaît en

1. P. Hadot, *Porphyre et Victorinus*, *op. cit.*, t. II, p. 763.

2. *Ibid.*, p. 761.

3. *Kata Ellênôn*, 46, cité n. 3 p. 155.

4. *Traité sur le Saint-Esprit*, XVIII, 45 [149 B-C], cité n. 1 p. 150. Nous avons vu que cette terminologie de la réflexion réciproque et intime apparaît aussi chez Porphyre.

5. *Ad. Arium*, 20, 7.

6. Il s'agit de tout le chap. 20 (1-67). Je ne commente ici qu'un passage du début (20, 1-16) ; la suite concerne principalement la définition de l'âme et elle est beaucoup plus connue que le passage du début.

quelque sorte comme un fils du Fils, plus précisément un *fils différé* et comme *situé* par rapport au Fils de Dieu qui, lui, demeure en Dieu. Cette fois-ci la notion opératoire d'« identité différée », que j'ai définie plus haut, n'est plus de l'ordre de l'image qui manifeste la puissance en restant attachée à la substance du sujet montré, mais signale un changement de support nécessaire au nouveau rôle assigné à l'image. L'homme n'est pas l'image de Dieu comme le Christ est l'image du Père. L'homme est seulement « selon l'image » : κατ' εἰκόνα, *homo non imago dei, sed secundum imaginem*[1]. Être *selon…*, *secundum*, décline la situation de l'identité qui avait été établie jusque là, et que le théologien latin avait encore précisée à la fin du chapitre 19 en soulignant que les existants de la Trinité ne *possèdent* pas la substance, l'être et l'image comme s'il s'agissait de propriétés ou d'attributs, mais qu'ils le *sont* : *non enim habet, sed ipsum est*[2]. Or la situation existentielle introduite par cette nouvelle conjonction non seulement infléchit l'ipséité fondatrice de l'être, mais change aussi le rôle spécifique de l'acte, et plus particulièrement celui de l'acte propre de l'Esprit qui jouait le rôle de copule, c'est-à-dire d'acte propre commun aux trois existants : ... *omnia tria spiritus*[3]. Par conséquent, l'introduction de la conjonction (*sed*) attire la nécessité de trouver une solution pour préserver intacte l'identité-unité trinitaire dans un acte considéré comme propre au seul Père, démiurge de l'homme en l'occurrence.

Pour résoudre cette difficulté, le théologien latin va emprunter aux théologiens et aux philosophes grecs deux solutions. La première consiste à donner au Démiurge un « coopérateur » en la personne du Christ. *Faciamus cooperatori dicit, necessario Christo*[4]. Il suit en cela une tradition commune à l'exégèse biblique, alexandrine et sans doute philonienne, à laquelle Athanase d'Alexandrie est lui-même redevable[5]. Cette solution de lointaine inspiration platonicienne, rappelant un passage bien connu du *Théétète* (189e-190a) transmis le plus vraisemblablement par intermédiaires stoïciens à Victorinus, consiste à distinguer l'acte, la parole et le *noûs* à l'intérieur d'un même et seul sujet. Le Christ, en tant que *logos*, accompagne le Père, tandis que l'Esprit, qui n'est certes pas nommé mais qui est présent en tant qu'acte essentiellement, opère dans l'action de la création, et ainsi, l'un et l'autre coopèrent avec le Père pour créer l'homme,

1. *Ad. Arium*, 20, 5.
2. *Ibid.*, 19, 48.
3. *Ibid.*, 18, 55-56.
4. *Ibid.*, 20, 3-4.
5. Cf. *Kata Ellênôn*, 46, cité n. 3 p. 155.

par le verbe (*dicit ista : faciamus*) et par l'effectuation (*operari*). À la fin de ce passage Victorinus reprend l'équation entre *esse* et *agere* longuement débattue auparavant, et insiste sur leur identité-unité qui assure la consubstantialité entre le Père et le Fils, mais en montrant une fois de plus l'antériorité de l'« être » sur l'« agir », comme prééminence du Père, bien que le Fils soit aussi « être »[1].

Cette solution consiste donc à affirmer la Trinité par le biais de la communauté du binome *esse-agere*, qui qualifie ainsi, par l'opération, *i.e.* par l'Esprit, la consubstantialité menacée par l'apparition de la créature, laquelle a partie liée avec Dieu par l'intermédiaire de l'image, donc fait courir le risque de confusion avec le Fils εἰκὼν τοῦ Θεοῦ, et introduit, en outre, un genre nouveau de relation grâce à un sens nouveau de la conjonction *secundum.* Il va de soi que *secundum quod est esse* ou *secundum quod est agere* ne décrit pas, en effet, le même rapport que *secundum imaginem.* Ce dernier ne se plie pas sur le même type de prééminence et donc ne met pas de plain pied l'homme avec l'ensemble des trois existants, mais, au contraire, situe nécessairement ce dernier à l'écart des premiers. En revanche, il introduit une nouvelle forme de réciprocité entre les termes, une réciprocité qui n'apparaissait pas dans le cas de la relation entre les hypostases. Cette réciprocité est propre à l'image et à la ressemblance, parce que l'image ressemblante suppose nécessairement un modèle, et que le modèle se retrouve dans l'image grâce à la ressemblance,

1. *Ad. Arium,* I, 20, 1-16 : « Moïse rapporte ce que Dieu a dit : "Faisons l'homme selon notre image et selon notre ressemblance" (*faciamus hominem secundum imaginem nostram et secundum similitudinem*). C'est Dieu qui dit cela. "Faisons" suppose qu'il s'adresse à un coopérateur, nécessairement au Christ (*faciamus cooperatori dicit, necessario Christo*). Et il dit : "Selon l'image" (*secundum imaginem*). Donc l'homme n'est pas l'image de Dieu mais il est "selon l'image" (*Ergo homo non imago dei, sed secundum imaginem*). Car seul Jésus est image de Dieu, mais l'homme est "selon l'image", c'est-à-dire image de l'image (*Solus enim Iesus imago dei, homo autem secundum imaginem, hoc est imago imaginis*). Mais il dit : "Selon notre image" (Sed dicit : *secundum imaginem nostram*). Donc Père et Fils sont une seule image (*Ergo et pater et filius, imago una*). Si le Fils est l'image du Père et si l'image en soi est le Père, ils sont donc *consubstantiels* par l'image (*Si imago patris filius est et ipsa imago pater, imagine ergo* ὁμοούσιοι). Car l'image en soi est substance (*Ipsa enim imago substantia est*). En effet, un et simple sont là-bas l'être et l'agir (*Unum enim et simplex ibi et esse et operari*). Or substance et espèce sont bien ainsi (*Ita autem sunt et substantia et species*). Mais l'image étant substance, Père et Fils sont ὁμοούσιοι, le Père étant, selon l'être, aussi agir (*patre exsistente secundum quod est esse, etiam quod est agere*), le Fils étant, selon l'agir, aussi être (*filio autem exsistente secundum quod est agere, etiam quod est esse*), chacun des deux ayant son individualité grâce à ce qu'il est le plus (*unoquoque habente id quod sit iuxta quod maxime est*), l'être étant pourtant antérieur à l'agir (*antiquius exsistente quod est esse ab eo quod est agere*). »

en affirmant et en montrant ainsi sa prééminence de modèle. Et la réciprocité est propre à l'image encore pour une autre raison, à savoir que la relation d'identité dialectique puissance-acte qui constituait le fondement de l'unité trinitaire, n'a pas lieu dans ce cas, l'homme n'étant ni acte de Dieu, ni expression de son acte en tant que Fils, mais seulement une créature de Dieu, une œuvre, un produit vivant, certes, mais tenant son principe *d'ailleurs* que de lui-même.

L'autre solution envisagée par Victorinus, empruntée à son tour à la tradition grecque, vise directement l'image. Elle consiste à séparer le Fils *image de Dieu* de l'homme *selon l'image* par une distance qui introduit et qualifie la différence, tout en reliant les deux images par une dérivation de l'une à/vers l'autre. Cela donne l'expression : *imago imaginis*[1]. Nous avons montré dans le chapitre précédent qu'il ne s'agit pas d'une dérivation ou d'une subordination du même ordre que la procession, car il n'y pas de dégradation ontologique, comme entre une première copie et la copie de la copie, selon l'exemple platonicien du « lit » (*Rép.* 596b). L'expression « image d'image » signale toutefois, chez Victorinus, une différence radicale, d'ordre substantiel. La première image, le Fils en tant que *imago patris*, n'est substantiellement pas distincte du Père – *pater et filius imago una ... imagine ergo* ὁμοούσιοι, car cette image est elle-même substance, *substantia autem cum sit imago* –, tandis que l'homme à l'image du Père (*secundum imaginem nostram*), constitue une image qui n'est pas substantielle mais qualitative. Celle-ci est donc de l'ordre d'une propriété reçue en partage. Elle représente la qualité imaginale de l'essence commune et de l'existence propre des existants ou hypostases divines, qualité qui relève du premier de ces existants, lequel s'identifie à l'être et a prééminence sur l'acte. Cette image, de l'ordre de la qualité ou de la propriété, correspond directement à ce que Philon appelait l'homme « beau et bon », l'homme sensible. Elle n'est donc pas le fruit d'un dédoublement, comme dans le cas du premier non-existant qui s'auto-réfléchit pour que la puissance manifestée puisse engendrer l'être des existants, car l'homme reçoit l'image et partage la nature de celle-ci, mais existentiellement il est autonome par rapport à Dieu, étant non éternel. Contrairement à Philon, Victorinus n'a pas une lecture différenciée de la création de l'homme entre un homme noétique et un homme corporel. La ressemblance, la réflexivité, la réciprocité et l'image se distribuent donc autrement les rôles dans le rapport établi entre l'homme et Dieu, compte tenu, nécessairement, du déploiement

1. *Ad. Arium*, I, 20, 7.

trinitaire du divin et surtout du rapport entre le Père et le Fils, à la fois *imago-eikôn* et *logos* du Père.

Nous avons vu que cette expression, *imago imaginis*, a son histoire dans la pensée d'expression grecque où elle apparaît soit comme εἰκὼν εἰκόνος soit comme εἰδώλου εἴδωλον, la première étant beaucoup plus fréquente que la seconde. Utilisée dans les milieux platoniciens et chrétiens à partir du Ier s., l'expression εἰκὼν εἰκόνος apparaît dans le milieu exégétique alexandrin (Philon, Clément, Origène) qui y voit un rapport de *logos* à Logos, du logos de l'homme au Verbe de Dieu, l'un à l'image de l'autre qui est à son tour Image de Dieu. Mais on retrouve l'expression aussi chez Irénée de Lyon et Hippolyte en contexte anti-gnostique, ainsi que chez Eusèbe de Césarée et Grégoire de Nysse dans des argumentations théologiques et philosophiques qui ne relèvent pas de la polémique avec des hérésies dualistes[1]. Et elle figure aussi chez Proclus dans le commentaire du *Timée* au passage 29b2. Nous avons vu aussi que l'autre expression, εἰδώλου εἴδωλον, apparaît chez Plotin et chez Porphyre. Le premier l'utilise dans le contexte de la critique des gnostiques (*Enn.* II, IX [T. 33], 10, 25-32), où elle serait, d'après Jean Pépin, une presque citation que Plotin ferait d'un traité de gnose (*Zostrianos*) consacré à l'image de la *Sophia* et des reflets que celle-ci produit dans le monde sensible, lesquels sont comme un « reflet du reflet » modelé dans la matière (τοῦ εἰδώλου εἴδωλον πλάσαντες)[2]. Et cette même expression est « citée » par Porphyre dans le premier chapitre de la *Vie de Plotin* lorsqu'il raconte l'épisode du refus du portrait par Plotin, en mettant cette expression (εἰδώλου εἴδωλον συγχωρεῖν αὐτὸν) dans la bouche de Plotin comme argument contre une image qui redoublerait celle qui déjà entoure l'être et qui représente le corps physique (ἡ φύσις εἴδωλον ἡμῖν περιτέθεικεν)[3].

1. Pour les références, voir J. Pépin, « L'épisode du portrait de Plotin », art. cit., occ. p. 325-330. Pour Grégoire de Nysse, voir *De hominis opificio*, XII, 161d-164b; deux expressions apparaissent ici : κατόπτρου κάτοπτρον et εἰκὼν εἰκόνος. Leur proximité plaiderait en faveur de la traduction par « reflet de reflet », bien qu'il soit nécessaire de saisir le contenu figuratif de/dans ce reflet, et non le reflet en tant que tel. Signalons aussi que, chez Irénée de Lyon (*Contre les hérésies*, IV, 19, 1), il s'agit encore d'une utilisation de l'expression en contexte anti-gnostique, comme *eidôlou eidôlon* chez Plotin, et que la traduction latine (la seule conservée) rend l'expression par *typos typorum*, vocabulaire qui rappelle celui utilisé par Grégoire de Nazianze dans les *Discours théologiques* à propos des œuvres d'art anciennes et de l'enseignement que l'on peut tirer d'elles comme des signes et des anti-types avant-coureurs de ce qui sera avec l'Incarnation la révélation de l'œuvre divine.

2. Texte cité par J. Pépin, « L'épisode du portrait de Plotin », art. cit., p. 329.

3. Porphyre, *La Vie de Plotin*, I.

Il n'y a aucune référence dans les commentaires de Hadot à cette expression. Qu'elle soit de source exégétique alexandrine ou de source plotinienne, elle n'est sans doute pas spécifiquement gnostique ni spécifiquement chrétienne, mais provient de la réflexion induite par l'usage platonicien complexe de la terminologie de l'image à la fois en contexte cosmologique et comme moyen logique, pour définir le statut du langage en rapport avec les genres de l'être. Mais tout ceci n'éclaire pas encore avec précision ni les sources de Victorinus ni la compréhension hardie du verset biblique qu'il propose à travers cette expression.

La suite du chapitre est consacrée aux définitions de la notion de ressemblance et de la nature de l'âme. C'est cette dernière qui a fait l'objet de plusieurs études, sans doute en raison des rapprochements avec la théorie de l'âme développée par Augustin. L'âme humaine, selon Victorinus, est l'image de la substance et c'est d'elle qu'il est dit être *selon l'image* de Dieu. L'âme est rationnelle, et la raison est elle-même à l'image du Logos qui est l'image de Dieu. Quant à la substance spécifique de l'âme, celle-ci s'identifie à la vie (*anima autem vivit quod vitam substantiam habet*)[1]. L'âme, en somme, puisqu'elle est à l'image de Dieu, est image de tous les actes propres et communs des hypostases, en étant image *par la vie* (car elle se meut par soi, dit Victorinus, sans doute en souvenir du *Phèdre*)[2], image *par la raison*, et image *par son être même* d'âme. La ressemblance, en revanche, est une qualité de la substance. Elle assure, ou plutôt sous-tend la perfection de l'âme, qui est dite parfaitement rationnelle, et sert à mesurer l'effort de l'homme à se parfaire dans le monde, c'est-à-dire à racheter par la foi le « péché originel ». Victorinus semble se ranger tout au long de cette deuxième partie du chapitre 20 de son *Adversus Arium* du côté des positions traditionnelles de la patristique latine, alors que la démarche de la première partie, proprement philosophique, présente un caractère grec prononcé et montre une préférence nette pour des arguments proches des écrits de Plotin et de Porphyre.

Concluons brièvement sur les fonctions de l'image dans la théologie de Victorinus, avant de revenir dans les chapitres suivants sur d'autres aspects de la philosophie à l'œuvre chez cet auteur en quête de conditions pour une pensée adéquate à la tâche donnée, celle de défendre la possibilité de penser Dieu à l'intérieur d'une doctrine théologique particulière, en l'occurrence, le christianisme nicéen. Dans ce contexte, l'argument de l'image s'avère décisif à plus d'un titre. Il entre en jeu dans les débats sur

1. *Ad. Arium*, I, A, II, 20, 35-36. Je résume la suite du chap. 20.
2. *Ibid.*, 20, 47. Écho de l'âme auto-motrice, *Phèdre* 245c6.

l'engendrement des existants et sur la relation *esse-agere* et *esse-species*. Ce sont par conséquent deux images qui soutiennent à tour de rôle l'argumentation, le théologien ayant besoin simultanément d'une image-*preuve* d'existence pour la réalité de l'être premier et d'une image-*présence* qui puisse traduire la relation puissance-acte par ce qui manifeste l'être même, dans son identité, en l'entourant et en y restant attachée. Mais aucune de ces deux images ne se confond avec l'image des choses sensibles, qui n'a ni réalité ousiologique ou formelle, ni lieu propre dans le contexte néoplatonicien dans lequel s'inscrit le traité de Victorinus. S'il est question de manifestation, de visibilité révélée et de regard (*visio*), l'objet de ces actes n'est pas l'image mais l'existant lui-même, bien que ce dernier soit déterminé comme « image ». Abordée sous l'angle théologique et sous la double fonction que lui assigne Victorinus, l'image ne constitue qu'un lieu purement théorique où se jouent à la fois la réalité même de l'être et la condition d'y accéder par la pensée.

L'image endosse cependant aussi un autre rôle philosophique, non plus proprement théologique ou métaphysique, mais anthropologique. Chez Victorinus, comme chez Philon, l'image définit la possibilité de penser l'homme et conditionne en même temps cette possibilité de celle, étroitement complémentaire, de penser Dieu. L'homme est *image de l'image* ou *image d'image*; autrement dit, l'homme n'a d'image que si Dieu se fait en lui image. Mais, contrairement à Dieu qui ne s'y identifie pas, l'homme se trouve, lui, dans une situation d'identité ambiguë, entre une image identifiée à sa présence existentielle et une image qui identifie l'homme à la possibilité de sa perfection noétique et aux vertus de l'âme. Dans les deux situations, l'image fait fonction d'acte et dans les deux elle est en outre dotée d'une consistance ontologique. De même, dans les deux cas, l'image signifie la différence qui ne s'abolit pas, l'écart entre l'image de la créature et l'image de son Créateur. Si cette conception de l'image s'élabore à partir de la doctrine trinitaire chez le théologien latin, une distinction fondamentale doit toutefois être reconnue entre cette dernière image, propre à l'homme, et le statut des deux autres images, statut déterminé par leur rôle au sein de la Trinité. La consubstantialité propre aux hypostases, pour laquelle les deux images servent de preuve et d'argument, cède la place à un lien de ressemblance propre à l'homme. Ce lien se définit d'abord comme une relation de réflexivité essentielle; c'est la condition de l'intellection propre à l'homme, condition qui recoupe la condition du Logos dans la définition de la Trinité. Mais, secondairement, ce lien assure aussi la réciprocité entre l'existence de l'homme et l'image de Dieu, une réciprocité qui se présente nécessairement comme asymétrique, bien qu'elle soit gage d'un fond commun d'être, un fond qui ne provient pas de la consubstantialité, dans le cas de l'homme, mais de l'acte d'existence et de vie que l'homme partage avec le Fils.

Cependant, contrairement à Philon, Victorinus ne se dévoile pas d'emblée comme un héritier du *Timée* et/ou de la *Métaphysique*. Il professe un platonisme et un aristotélisme filtrés, en choisissant les moyens logiques nécessaires à la défense des doctrines et à la lecture exégétique de certains passages des Écritures. Mais cette distance à l'égard de la philosophie classique fait aussi sa force spéculative et son originalité. Il donne à la thématique de l'image une vigueur métaphysique, en réinvestissant des usages galvaudés ou de simples métaphores. Nous reviendrons sur nombre des textes victorins déjà évoqués en choisissant des approches thématiques différentes. Retenons pour l'heure, en guise de pierre d'attente, la réciprocité entre l'image et l'acte, ainsi que la définition, héritée de Plotin, de la ressemblance inhérente à cette réciprocité et qui sert sous la plume de Victorinus à réarticuler le rapport entre l'intellect et les facultés de l'âme[1]. Le théologien ne parle pas en théologien à cet égard, mais cette fois-ci en métaphysicien. Il desserre l'étau de la réflexivité, opérante dans la Trinité, et resitue, en passant par l'image, le lien que l'intellection entretient avec l'objet de l'intellection, Dieu en l'occurrence, en assurant à l'intellect la possibilité d'accomplir son acte d'intellection au sein d'une espèce d'unité *ad-hoc* avec l'âme et avec le *logos*. Cette unité est donc conditionnée par l'objet unique et singulier de l'intellection. C'est en pensant Dieu que l'intellect se réalise lui-même en se trouvant unifié sur le plan de l'acte avec l'âme et avec l'expression. Cette unité, à la fois essentielle et existentielle, ne permet plus au *noûs* de s'identifier à lui-même et de ramener tout à sa propre condition, puisqu'en effet elle se réalise en débordant l'intellect.

1. Rappelons l'une des principales sources de cette noétique particulière : l'acte de penser (διανοουμένη) est propre à l'âme qui se tient un discours (*logos*) à elle-même ou qui dialogue avec elle-même, tandis que dans la langue (dans l'émission vocale des verbes et des noms) se réfléchit, comme dans un miroir ou dans l'eau, la pensée ; celle-ci correspond à la pensée reflétée en image, la première des trois sortes de pensée (*Théétète*, 189e5-190a1, 206d1-4, 208c4-5). Plotin parlera, lui, de l'âme qui reçoit une image de l'acte noétique, tandis que Porphyre désignera l'acte de penser comme une image de Dieu. Nous reviendrons dans les chapitres suivants sur les conceptions de Plotin et de Porphyre concernant l'acte noétique, le rapport avec les facultés de l'âme et la fonction de l'image et de la ressemblance. Il faudrait en attendant retenir que c'est dans cette filiation que se situent les considérations de Victorinus sur l'âme qui est image de l'acte noétique et elle-même acte (à la fois de vie et de vision), l'image étant acte (monstration, manifestation) et l'acte une image de ce qui demeure en puissance.

DEUXIÈME PARTIE

L'ACTE ET LA PUISSANCE DE LA *NOÊSIS*

CHAPITRE IV

PENSER. CONDITION DE POSSIBILITÉ ET DÉTERMINATION DE L'ACTE SELON PLOTIN ET SELON MARIUS VICTORINUS

Imagines dico potentias per omnia lineis animae defluentes[1]

En cherchant à reconstituer une définition plotinienne de l'acte noétique à partir de quelques passages des Traités 5 et 7 (*Ennéade* V, IX et IV) on arrive, non sans la difficulté inhérente à toute lecture des écrits plotiniens, à circonscrire les opérations par lesquelles Plotin assure dans ce contexte l'unité entre l'intellect, l'acte de penser, un certain « intelligible premier » et la totalité des intelligibles dans leur multiplicité. Ce « bloc » apparent que constitue la seconde hypostase plotinienne, bien que séparé du premier principe (ou hypostase), est conçu de telle sorte qu'il puisse être le partenaire de celui-ci ; qu'il puisse tenir, plus précisément, le rôle de récipiendaire de ce que l'incommunicable Un lui transmet tout en préservant les conditions de séparation et d'inconnaissance dans lesquelles l'Un demeure à jamais. Plotin a besoin de démontrer l'unité de la seconde hypostase et d'en définir aussi la teneur qui la qualifie en tant que première et

1. Victorinus, *Ad. Arium*, IV, 25, 31-32 : « J'entends par images les puissances découlant au travers de toutes choses par les lignes de l'âme. » Peut-être pourrait-on traduire aussi : *Je dis des images* [qu'elles sont les] *potentialités inhérentes à toutes les processions* [à partir] *de l'âme*. Et peut-être faudrait-il lire ici les « lignes », ou lignées, de l'âme, comme une expression de la procession qui relie l'âme et l'intellect, de même que les choses sensibles et l'âme. Il s'agirait non d'un lien univoque mais d'une relation de réciprocité et simultanément d'un déploiement asymétrique entre l'image *comme acte* de manifestation ou de révélation, et l'acte *comme image* de la puissance, expression récurrente de la réciprocité entre les hypostases chez Victorinus. Mais avant d'analyser ce raisonnement, avec ses écarts et ses renversements à l'égard du double héritage aristotélicien et plotinien de Victorinus, il nous semble nécessaire de revenir sur la définition de l'intellection telle qu'elle apparaît à travers son rapport exemplaire avec l'Un dans deux livres de l'*Enn.* V de Plotin.

seule hypostase après l'Un à même d'être en lien avec celui-ci. Or la noétique classique dont Plotin est l'héritier présente pour lui certains risques, certains écueils que l'auteur des *Ennéades* cherche à éviter pour ne pas briser l'unité de l'hypostase noétique en compromettant ainsi le seul moyen de penser l'Un. Sans prétendre avoir repéré toutes les précautions prises par Plotin, on peut résumer au moins quatre moyens de contournement des possibles écueils qui se décèlent dans le contexte évoqué et qui font l'objet d'un soin particulier, et parfois étonnant, de la part du philosophe : 1) ne pas laisser entendre que l'acte noétique s'identifie à la forme et se définit donc comme un acte eidétique ; il est capital dans ce contexte de saisir l'acte noétique non pas comme une simple actualisation des *eidê* et comme équivalent à la *theôria*, mais comme l'expression de l'unité primordiale du *noûs* ; la pensée comme « pensée des formes » n'est que la conséquence de cette unité et ne peut satisfaire à sa définition, car la *noêsis* est conçue comme identité d'acte avec le *noûs* non comme une relation à l'objet de l'acte, même si cet « objet » était la pensée elle-même[1] ; 2) établir que la précession de l'*étant* en tant qu'« objet de pensée » est un fait de pensée *a posteriori*, non une prééminence effective et nécessaire de l'être sur l'acte noétique ; autrement dit, distinguer soigneusement et séparer l'*ousia* noétique de l'être propre des choses pensées sans instituer une détermination conséquente à une succession, afin de préserver la possibilité de penser aussi bien ce qui est « au-delà de l'être » que ce qui est « au-delà du *noûs* » ; 3) déloger toute tentation de faire de la pensée un intermédiaire entre la première et la seconde hypostase ; enfin, 4) éviter de définir l'acte noétique par un recours *sine qua non* à la puissance, en établissant un ordre spécifique au statut du *nôus* selon lequel l'acte et la puissance déterminent ou non la possibilité de l'intellection.

La théorie noétique plotinienne naît de ces évitements, de ces précautions, de ces ajustements critiques de l'héritage et des choix qui imposent restrictions et biais philosophiques. La dualité d'actes par laquelle Plotin fait tenir dans leur unité l'intellect et la pensée constitue peut-être l'une des conséquences de ces restrictions et de ces choix. Elle est aussi, peut-être, l'une des réponses les plus originales à l'aporie soulevée par la noétique classique – la possibilité pour la pensée de penser sa propre transcendance –, aporie enfermée pour un long moment dans la résolution de la « divinité » de l'intellect et dans le processus conséquent de l'autoréflexion. Plotin emprunte thèmes et nombre de figures de la noétique

1. Sur cet aspect certains passages du Traité 24 (*Enn.* V, VI), tel que 6, 24-28, sont aussi éclairants que les passages des Traités 5 et 7 qui seront analysés au cours de ce chapitre. Je reviendrai sur le Traité 24.

classique, mais, aussi fidèle à l'esprit qu'étranger à une allégeance d'école, il transforme profondément ce qu'il emprunte à Platon, au Stagirite et à leurs « médiateurs ».

Rappelons brièvement, pour commencer, les deux actes qui, s'« effectuant », « réalisent » l'intellect selon Plotin : pour s'accomplir l'intellect joue simultanément le rôle d'agent et celui du support de l'acte ; en termes modernes, il tient le rôle de sujet et d'objet à la fois[1]. L'un des actes est de l'ordre du « mouvement » par lequel l'intellect se tourne, comme aimanté, vers l'Un sous l'espèce de l'intelligible premier, seule espèce dont l'intellect dispose. Cet acte-mouvement, propre à l'*ousia* du *noûs*, est secondé par l'acte de penser à proprement parler, *noêsis*, acte par lequel la pensée connaît ou reconnaît les intelligibles sans toutefois s'y identifier essentiellement même quand elle connaît ou quand elle se connaît. Contrairement au premier acte selon lequel l'intellect tend à s'identifier avec ce vers quoi il se tourne et aspire, en l'occurrence le premier *noêton* que l'Un dépose comme une « trace » ou un « reflet » dans le *noûs*, l'acte noétique à proprement parler, sans être séparé de l'*ousia* du *noûs*, semble toutefois s'en distinguer et aller vers une relation avec les *noêta*, les intelligibles, sans s'y identifier non plus. En tant que révélateur de la nature du *noûs*, le premier mouvement permet au second acte de s'accomplir en accomplissant ainsi la nature révélée du *noûs* ; la perfection de celui-ci relève de l'accomplissement de ce second acte, l'acte de penser. Ce dernier acte se définit lui-aussi comme un acte véritable, mais son agissement consiste à nouer une relation et à en déterminer la nature, non à produire ou à affecter quelque chose. Le rapport entre le premier acte et le second ne se présente pas comme un rapport causal ; le mouvement initial assure simplement la condition ou la disposition nécessaire à l'acte second, mais n'est pas son moteur. En revanche, le premier acte est, *en quelque sorte*, l'effet de ce que l'Un donne au *noûs* en révélant en lui ce « premier *noêton* ». L'Un semble donc être cause première de l'acte premier, mais comme malgré lui, puisque c'est le *noûs* qui se constitue en récipiendaire d'un « reflet » de l'Un devenu dans le *noûs* le premier *noêton*, identifié

1. On reviendra dans le détail sur ces points en analysant plus loin quelques passages des traités que Plotin consacre à ce sujet. Précisons aussi, s'il le fallait encore, que nous ne cherchons pas à réaliser une étude monographique sur un sujet aussi ardu que la théorie plotinienne de l'intellection. Nous nous limiterons à relever quelques aspects de la noétique plotinienne à même de nous aider sur le chemin qui est le nôtre dans cette étude, celui de définir la possibilité pour la pensée de penser l'impensable soit en se pensant elle-même, soit en se laissant elle-même penser et déterminer par l'impensable. Quant à l'emploi des notions de sujet et d'objet, peu adéquat, on en convient, mais néanmoins éclairant pour la démonstration, on en dénoncera plus loin les dangers en contexte noétique plotinien.

essentiellement au *noûs* et encore séparé des intelligibles. L'acte second, celui de la *noêsis*, a pour mission de dépasser précisément cette séparation entre unicité et multiple dans l'ordre d'une seule et même réalité, celle de l'intelligible, et d'établir la relation de l'intellect avec les entités premières qui sont les intelligibles et qui sont immanentes au *noûs*. Bien sûr, l'analyse plotinienne concerne ici l'acte en soi de l'hypostase noétique, non la faculté noétique de l'homme particulier[1].

Mais pourquoi la pensée, selon Plotin, ne s'identifie-t-elle pas essentiellement aux intelligibles et comment l'intellect lui-même se détermine-t-il en se distinguant de la pensée? La communication qui se produit entre l'acte noétique conséquent à la saisie de quelque chose en provenance de l'Un, chose appelée « reflet » de l'Un ou premier *noêton*, et l'acte noétique portant *sur les réalités essentielles* de ce premier intelligible (*prôton noêton*) et des autres intelligibles (les *noêta*) engendre une connaissance spécifique, propre à chacun de ces actes et adéquate à chacun de ces « objets ». Or cette connaissance spécifique – saisie du « reflet » dans le cas du premier, donc un acte de l'ordre de la vision, et connaissance « formalisée », dans le cas des seconds, donc acte noétique, à proprement parler, idoine à la connaissance des formes universelles ou des nombres – constitue la condition de possibilité pour penser qu'une relation puisse avoir lieu entre la première hypostase, celle considérée comme « au-delà de l'être », et la seconde hypostase, celle des « réalités premières » (*prôta onta*) saisies comme « réalités pensables » (*noêta*). La connaissance qui s'ensuit et que j'appelle, faute de mieux, « formalisée », est, elle, purement théorique aussi bien dans le cas de l'acte premier réduit à la saisie du reflet de l'Un dans le *noûs*, que dans le cas du second, l'acte second du *noûs* étant *de facto* l'acte premier de la pensée elle-même (*noêsis*). C'est cette connaissance qui est théorique, non l'acte noétique lui-même. La connaissance ne porte en effet que sur la réalité noétique non sur l'*ousia* du *noûs* et, en prenant acte des intelligibles, elle se réduit nécessairement à une

1. Cette théorie dite « des deux actes », formulée jadis par C. Rutten (« La doctrine des deux actes dans la philosophie de Plotin », *Revue philosophique*, 146, 1956, p. 100-106) et considérée tantôt de souche aristotélicienne (C. Rutten), tantôt d'inspiration platonicienne et stoïcienne (P. Hadot, *Porphyre et Victorinus*, *op. cit.*, t. I, p. 228-229), est réexposée par E. K. Emilsson dans *Plotinus on Intellect*, Oxford, Clarendon Press, 2007, en part. p. 22-42, et reprise encore récemment par R. Chiaradonna, « Causalité et hiérarchie métaphysique dans le néoplatonisme : Plotin, Porphyre, Jamblique », *Chôra*, 12, 2014, p. 67-85, et de manière typologique par A. Michalewski, *La puissance de l'intelligible…*, *op. cit.*, p. 101-107, p. 123-128 et p. 205-207 (je regrette d'avoir découvert tard cette étude, lorsque la rédaction de ce travail était presque achevée). Je reviendrai plus longuement sur les travaux d'Emilsson, tout en développant et en interprétant différemment cette théorie.

connaissance des formes qui intègre à la fois la séparation et la possibilité d'un lien indéfinissable entre l'Un et l'intellect. De même, cette connaissance spécifique et intime à la noèse intègre un rapport indéterminé (aporétique) d'identité et de différence entre l'intellect et l'intellection, sans avoir besoin de faire appel de manière explicite ni au binôme physique acte-puissance ni au modèle autoréflexif propre à la noétique aristotélicienne, modèle fondé sur la divinité ou l'excellence de l'intellect pensant le meilleur en soi, ainsi que sur l'argument de l'immatérialité comme condition d'unité absolue de l'acte et de l'agent dans le cas de la *noêsis*[1].

Autrement dit, la pensée, selon Plotin, est/serait un acte second qui a lieu dans le *noûs*, se déploie au sein du *noûs* bien que le *noûs* soit en même temps son agent, et s'accomplit comme pensée sans faire appel à des moyens hétérogènes, afin de préserver la condition formelle qui constitue précisément la perfection de la pensée. Mais elle n'est pas pensée de la pensée. Pourquoi ne l'est-elle pas, si elle se réduit à l'enclos des intelligibles ? Parce qu'elle est foncièrement pensée de l'Un, même si elle s'autoconstitue et s'autoreflète. Elle est dominée par l'Un dont le *noûs* porte l'empreinte réflexive. Retenons, en outre, que la connaissance engendrée par cet acte noétique est, elle, d'ordre non seulement formel mais aussi typologique ; elle est reproduite dans la relation qu'entretient l'intellect avec l'âme, relation que l'âme à son tour entretient avec les facultés et les choses sensibles animées ou inanimées. Or c'est ce « modèle » (brièvement décrit avant de l'analyser à l'œuvre dans les traités plotiniens), que Marius Victorinus semble emprunter dans sa quête de moyens logiques pour démontrer la consubstantialité entre le Père et le Fils dans son traité sur la Trinité. Victorinus applique en revanche ce modèle à une réalité ousiologique et utilise pour ce faire aussi les moyens du binôme acte-puissance que Plotin avait, partiellement du moins, écarté.

À plusieurs reprises, et plus particulièrement dans le Livre IV de son traité trinitaire, le théologien romain fait de l'acte de penser un acte d'autoconnaissance en même temps qu'un argument « ousiologique » en faveur de l'unité essentielle entre le Père, dont la triade des actes essentiels *être*, *penser*, *vivre* sont les formes substantielles propres, et le Fils qui les possède aussi mais en tant qu'actes seconds, comme « formes actualisées » bien que toujours parfaites, car actualisées universellement et perpétuellement. Le Fils, puisqu'il est *même essentiellement* mais *autre* en tant qu'il est *au dehors* du Père, se tourne vers celui-ci comme l'intellect vers le premier intelligible et, en le pensant, en existant et en étant vie

1. *Mét.* Λ, 7 et 9, voir *supra*.

(mouvement/repos) en même temps que vivant (animé), simultanément il se *fait acte* (actualise) et *expose* à travers ces trois actes spécifiques le mode de connaissance de celui qui l'a engendré. Étant en dehors du Père, le Fils peut donc *exposer* (montrer et donner) le mode de connaissance comme inhérent au mode d'actualisation des trois actes essentiels, sans nécessité de réduction des trois à un seul, *être* ou *penser*, sans établir une prééminence et sans devoir se plier à la nécessité ontique imposée par le couple acte-puissance dont le risque est d'enfermer la possibilité de l'acte dans une téléologie. Ainsi le Fils se reconnaît-il comme Fils dès lors qu'il s'identifie lui-même à la triade des actes (*penser-être*, *être-penser*, *vivre*) non en raison de l'actualité qui lui incombe par rapport au Père dont l'actualité est conditionnée et déléguée au Fils, mais en raison de la *communauté* reconnue de ces actes avec le Père. Cette *communauté* d'actes fait donc fond sur la communauté de l'essence, l'*ousia* divine que ces actes partagent. Les actes ne sont, *de facto*, que des conditions de la possibilité phénoménale dont l'*ousia* est pourvue eu égard à sa propre actualité comme unicité non-objective et inconditionnelle. Mais les similitudes dans la formulation argumentative ne cachent pas cependant la divergence entre les deux philosophes. Dans ce contexte, c'est la position de chacun à l'égard de cette singulière situation accordée à une *ousia* commune au trois hypostases qui fait la différence, et qui éclaire aussi, par retour, les raisons intimes de l'emprunt philosophique en même temps que de la divergence affichée par le choix de Victorinus de défendre une doctrine, celle du christianisme nicéen.

PENSER L'ACTE À LA MANIÈRE DE PLOTIN, AVEC *MÉTAPHYSIQUE* Θ EN ARRIÈRE-FOND

Revenons à la question : qu'est-ce que l'acte de penser ? Penser est-il un acte, et, comme tel, est-il assorti de la mise en exercice ou en mouvement de la faculté propre à accomplir cet acte ? Partons de cette définition *naïve* – à savoir que « penser » est l'acte propre de la *faculté d'intelliger*, faculté qu'on appelle *pensée* et dont le siège est *l'intellect* – et formulons cette définition de trois manières différentes qui sont équivalentes du point de vue de l'acte mais qui changent chaque fois l'identité du sujet : a) c'est le propre de la pensée de penser ; ou b) l'homme, en tant que vivant doué de pensée, pense ; ou encore c) l'âme qui pense est la partie rationnelle de l'âme.

Cet acte, *penser*, interne à la faculté de penser propre à l'intellect, s'externalise en engendrant un autre acte : penser en vue de connaître ; ou penser en vue de juger ; ou penser en vue d'accomplir une action de production (bâtir une maison, selon l'exemple standard). La mise en acte ou actualisation de la faculté de penser, quel que soit le lieu où elle s'origine ou l'acteur qui l'anime (la pensée tout court, la partie rationnelle de l'âme ou l'homme particulier), s'effectue à travers un *acte second*, lequel agit sous différents modes de *production* : il produit soit la connaissance, soit un jugement, soit la forme d'une chose qui sera fabriquée. Cette actualisation n'est cependant pas le réveil soudain d'une potentialité productrice dont serait douée la faculté noétique elle-même. L'acte de penser ne peut pas être suspendu et n'est pas non plus un acte à même de produire, selon un « art » idoine, des pensées ou des choses. De même que rien et personne ne peut le suspendre, car même pendant le sommeil la pensée pense, ainsi l'acte de penser demeure *actif* mais *indéterminé* tant qu'un acte second n'engendre une *entéléchie seconde* sous le mode d'une externalisation de l'acte de penser. Cette entéléchie seconde de l'acte noétique se manifeste en tant qu'acte de connaître ou action de créer. Mais cet acte second, s'accomplissant dans la connaissance ou dans la production, porte nécessairement sur un « objet » extérieur à la pensée ou du moins séparé artificiellement de la pensée. Même en portant sur une notion ou une représentation, la pensée sépare toutefois la notion ou la représentation en l'actualisant comme altérité de la pensée et en attribuant un référent allogène à cette objectivation fortuite du pensable comme notion, concept ou représentation. Ainsi, la pensée ou l'âme douée de raison s'actualise dans cet acte second et, s'actualisant, se détermine et s'exerce pour connaître, juger ou produire quelque chose en devenant pensée effective ou *actualisée*. D'acte en soi, intransitif, la pensée devient acte transitif, la détermination venant par séparation de soi et par l'entremise de l'altérité de l'« objet » sur lequel porte l'acte effectif, accompli comme une entéléchie seconde de la *noêsis*. Cette effectivité secondaire signifie donc la circonscription par la pensée d'une chose différente de la faculté intellectuelle ou de l'âme qui pense, en l'occurrence d'un objet sur lequel porte l'acte, ou que l'acte réalise, un objet qui reçoit et de fait soutient l'effectuation. Par exemple : en formulant la définition du cercle ou en se représentant la forme ronde d'un vase qui sera modelé, le cercle ou la forme ronde d'un cratère ne s'identifiera pas à la forme absolue de la rotondité que la pensée possède en soi. En revanche, l'acte cognitif produira, outre la connaissance de la construction du cercle ou la connaissance nécessaire au modelage du cratère, l'actualisation d'une pensée qui comporte en elle la forme circulaire absolue. Cette actualisation ne « réveille » pas une forme qui serait en puissance; elle actualise la potentialité réflexive de ce qui est toujours en acte au sein du *noûs*, lequel entretient une actualité permanente avec lui-même, premier *noêton*, et avec tous les intelligibles dans leur totalité et leur multiplicité, mais ne se découvre ou ne se révèle dans cette actualité permanente que par l'entremise de l'acte second et d'un objet nécessairement extérieur.

On peut utiliser le même schéma en prenant aussi un autre exemple d'acte qui comporte, comme « penser », aussi bien une réflexivité propre que la possibilité d'agir de manière à la fois déterminée et indéterminée : a) c'est le propre de l'œil sain de voir; ou b) l'homme, en tant que vivant doué de faculté visuelle, voit; ou encore c) l'âme qui voit est l'âme sensible. À son tour, cet acte, voir, engendre un autre acte : voir en vue de regarder et de saisir ainsi, à distance, quelque chose dans ce qui est donné à voir; ou voir en vue de s'orienter et de décider d'un mouvement ou d'une autre action; ou voir en vue d'imiter pour produire quelque chose. À nouveau, l'acte en tant qu'exercice de la faculté visuelle s'actualise en se déterminant lui-même lorsqu'il engendre un *acte second* de l'ordre d'une action spécifique : regarder, s'orienter, imiter, etc. Cette action détermine et accomplit le propre de l'acte : la vue de l'homme voyant ou la faculté visuelle de l'âme.

Ces deux exemples sont certes privilégiés. Ils entretiennent en outre une relation de quasi complémentarité aussi fondamentale chez Plotin qu'elle était déjà chez Platon ou chez Aristote. Sans étendre l'analyse à d'autres actes, on peut d'ores et déjà retenir ce constat de départ : un acte premier et essentiel constitue la condition de possibilité d'une action seconde sans en être aussi la cause, tandis que de son côté l'action ou l'effectuation propre à cet acte second réalise l'accomplissement, l'entéléchie seconde de l'acte initial. En termes aristotéliciens on dirait que *praxis* est l'*entéléchеia* de l'*energeia* : l'action est l'entéléchie seconde de l'actualisation de l'acte lui-même[1]. L'action accomplit l'acte dont elle est

1. Aristote distingue l'acte et le mouvement à partir des exemples « voit et a vu » ou « pense et a pensé ». Voir *Mét.* Θ, 6, 1048b8-34, dont je rappelle une phrase du début : « car l'acte (ἐνέργεια) est pris tantôt comme le mouvement relativement à la puissance (ὡς κίνησις πρὸς δύναμιν), tantôt comme la substance [formelle] relativement à quelque matière (ὡς οὐσία πρός τινα ὕλην) ». Plus loin, Aristote prend les exemples bien connus des actes de bâtir, dormir, voir pour distinguer l'acte de la puissance propre à la faculté ou au savoir. Sur le rapport acte-entéléchie, voir le chap. 8, 1050a22-24, du même livre : « L'œuvre est, en effet, la fin (τὸ γὰρ ἔργον τέλος), et l'acte, c'est l'œuvre (ἐνέργεια τὸ ἔργον); c'est pourquoi aussi le mot "acte" dérive d'"œuvre" (διὸ καὶ τοὔνομα ἐνέργεια λέγεται κατὰ τὸ ἔργον) et "acte" tend

l'expression et ne peut rien faire d'autre que de l'accomplir puisqu'elle-même est conditionnée dans sa possibilité par l'acte; cependant, c'est elle qui détermine la nature de l'acte dans son expression ou, mieux encore, dans sa réalité d'acte. L'accomplissement de l'acte par l'action est donc stipulé par Aristote et considéré comme étant une détermination. Connaître accomplit l'acte de penser en le déterminant, et cette détermination infléchit ou affecte la faculté non en elle-même mais dans la réalité de son exercice. Penser devient *effectivement* connaître. C'est donc par/dans l'action que l'acte initial « sort » de son identité avec l'organe de la faculté et que, sans le quitter pourtant, il engendre une altérité propre, inhérente à cette identité et entièrement dépendante, mais en même temps différente de l'acte et de la faculté. Cette altérité n'est pas accidentelle puisqu'elle est engendrée et qu'elle partage une nature commune avec ce dont elle provient, et qu'en outre elle donne ou fixe l'expression propre de la faculté en l'accomplissant lors de son exercice en tant qu'acte premier de celle-ci. Selon l'exemple de la pensée, connaître serait ainsi cette « altérité propre », à la fois inhérente et téléologique pour l'acte de penser, bien qu'elle ne soit pas la seule; créer ou concevoir pourrait en être une autre. Ou bien, pour prendre le second exemple, regarder serait l'« altérité propre » à l'acte de voir, en constituant à la fois une action inhérente à l'acte de voir, l'une de ses déterminations spécifiques et simultanément l'un des achèvements possibles du voir. Ainsi, l'altérité de l'action par rapport à l'acte initial permet à l'acte initial d'avoir une ou plusieurs entéléchies secondes et de s'ouvrir ainsi, se réalisant dans plusieurs perfections sans s'aliéner, sans en être affecté, sans quitter le « siège » de son organe et sans s'objectiver non plus. Le statut de cette altérité de l'action est cependant restreint, car, s'externalisant, l'acte intérieur demeure toutefois intérieur à la faculté dont il est l'acte propre et dont il accomplit la fonction par l'action qu'il suscite ou engendre. Celle-ci, bien qu'extérieure à l'organe et à la faculté par son champ d'action, demeure néanmoins collée et dépendante de l'acte premier.

L'apparent schématisme de ce raisonnement à trois termes: organe, acte, action (ou acte second ou encore effectuation en tant qu'entéléchie seconde), ne tente pas de réduire la complexité de la question posée, *qu'est-ce que l'acte*, à la manière d'une branche qui cacherait la forêt. Elle qualifie en revanche cette description préliminaire comme l'esquisse d'un modèle différent du modèle consensuel qui réduit la définition de l'acte au rapport

à signifier la même chose qu'"entéléchie" (καὶ συντείνει πρὸς τὴν ἐντελέχειαν).» (trad. J. Tricot). J'y reviens dans le chapitre suivant.

entre un sujet-actant et l'objet sur lequel porte l'action et qui en devient l'œuvre. En proposant un modèle alternatif à la réduction de l'acte à une cause, en l'occurrence à la cause *efficiente*, et de l'action à une production d'effets, ce raisonnement simplissime suggère aussi une limite de la compréhension du problème si la question est posée en dehors des termes fixés par la philosophie antique. Construit par analogie avec la structure grammaticale sujet-prédicat-objet, le modèle de réduction cognitive fondé sur le rapport sujet-objet trouble la saisie de l'acte. Pourquoi ? Parce que la discursivité inhérente au modèle analogique sujet-prédicat-objet introduit nécessairement une temporalité, une succession de stases temporelles dans ce qui est simultané et essentiellement commun au sujet et à l'acte dans des cas comme « penser » ou « voir » et impose à ces actes un modèle discursif comme seul modèle théorique possible. Penser équivaut alors à penser la pensée comme discours. Or la proximité avec le langage, dans le cas de la *noêsis*, comme d'ailleurs dans le cas de la vision, même si elle fait écho à des comparaisons platoniciennes bien connues[1], obscurcit ici plus qu'elle n'éclaire la définition de l'acte proprement dit.

Cependant, ni la noétique ni la physique ne fournissent une définition de l'acte prête à tout emploi. Au contraire, chacun des domaines concernés soulève des difficultés spécifiques. La plus connue des définitions, la réduction aristotélicienne classique de l'acte à son opposition avec la puissance, réduction qui permet de considérer l'action comme « entéléchie » de la faculté correspondante (l'intellection ou la vue), assigne en même temps une *ousia* à la faculté et un ordre de causalité efficiente (*energeia-dunamis*) qui supposent que le modèle d'effectuation de l'acte est celui d'une production ou celui d'un mouvement. Nécessairement, l'acte précède dans ce cas la puissance (φανερὸν ὅτι πρότερον ἐνέργεια δυνάμεώς ἐστιν)[2], de même que nécessairement l'acte conduit à une

1. Pour Platon l'activité de l'âme ressemble à un discours que l'âme se tient à elle-même (λόγον ὃν αὐτὴ πρὸς αὑτὴν ἡ ψυχὴ) et qui tantôt prend dans l'intimité de l'acte de penser la forme d'un dialogue (διανοουμένη οὐκ ἄλλο τι ἢ διαλέγεσθαι..., *Théétète* 189e4-190a2), et tantôt, muet comme dans un livre, ce discours écrit dans l'âme (ψυχὴ βιβλίῳ) devient audible par les paroles adressées à un compagnon (*Philèbe* 38e1-11). Pour Plotin, c'est à l'âme que reviennent le *logos* et la fonction discursive, mais nous n'engagerons pas l'analyse dans cette direction. Voir à ce sujet plusieurs articles publiés dans *Chôra* 9-10, 2011/2012, dont F. Karfik, « L'âme *logos* de l'intellect... » déjà cité.

2. *Mét.* Θ, 8, 1049b 5-13 : « De nos considérations sur les différentes acceptions de l'antérieur, il résulte clairement que l'acte est antérieur à la puissance (φανερὸν ὅτι πρότερον ἐνέργεια δυνάμεώς ἐστιν). J'entends par puissance (δυνάμεως) non seulement cette puissance déterminée qui est définie le principe de changement (ἀρχὴ μεταβλητικὴ) dans un autre être, ou dans le même être en tant qu'autre, mais en général tout principe de mouvement ou de

altérité objective qui sépare l'œuvre à la fois de l'acte et de celui qui l'accomplit, selon le modèle de la production (*poiêsis*) ou du mouvement (*kinêsis*). Mais l'acte de penser, *noêsis*, peut-il être défini comme une *energeia* sans que l'on soit obligé de trouver aussi un correspondant noétique de la *dunamis*? Ou doit-on nécessairement suspendre la potentialité et se référer à l'activité de l'intellect comme à un acte sans durée ni condition préalable, acte *simple* ou acte *pur* ou encore acte *séparé* d'une action spécifique[1]?

Il y a donc une double détermination négative : d'une part le caractère non temporel puisqu'instantané ou simultané de l'acte, de l'autre l'impossibilité d'établir un ordre univoque d'effectuation dans le rapport entre l'acte et la puissance. Or cette double détermination par négation est récurrente dans la recherche d'un modèle pour la définition de l'acte noétique. Le schéma proposé en marge de la théorie des deux actes formulée par Emilsson dans son analyse de la noétique plotinienne[2] – appelons ce schéma « modèle des actes corrélatifs » – ne prétend évidemment pas apporter une solution à la difficulté de définir l'acte de penser autrement que par la « divinité » de sa nature et par la *noêsis* elle-même, à la manière d'Aristote. Il a cependant le mérite de convenir aux actes qui relèvent, comme dans les deux exemples cités, d'une liaison réflexive avec l'être, ou, plus précisément, avec l'acte existentiel dont *penser*, et subsidiairement *voir*, sont considérés comme des synonymes, bien qu'à leur égard le lien noué par la ressemblance homotétique et par une certaine parenté (*homoiôsis* et *sungeneia*), de même que la réflexivité réciproque structurelle, mais non la synonymie, soient *de facto* déterminant(e)s pour définir l'acte propre dans chacun des cas : *penser* et *voir*. Cet aspect réflexif de la définition de l'acte noétique est d'autant plus problématique que pour lui la détermination de l'acte premier, condition de possibilité pour l'effectuation de l'exercice propre à la faculté d'intelliger, provient de l'Un, dont Plotin affirme la séparation radicale de l'être.

repos. En effet, la nature aussi est dans le même genre que la puissance, car elle est un principe de mouvement, non pourtant dans un autre être, mais dans le même être en tant que même. Pour toute puissance de cette sorte, l'acte est antérieur, tant selon la notion que selon l'essence (προτέρα ἐστὶν ἡ ἐνέργεια καὶ λόγῳ καὶ τῇ οὐσίᾳ) ; mais selon le temps, l'acte en un sens, est antérieur et, en un autre sens, il ne l'est pas. » J'y reviendrai.

1. Un passage du Traité 24 (*Enn.* V, VI), 6, 4-6 éclaire cette condition spécifique de l'acte noétique en situation d'intellection du Bien impassible et immuable (ἀνενέργητον) : « pourquoi faut-il que l'acte agisse ? (τί δεῖ ἐνεργεῖν τὴν ἐνέργειαν ;) ».

2. E. K. Emilsson, *Plotinus on Intellect*, *op. cit.* L'auteur y revient dans un article plus récent que je commenterai plus loin.

« Condition de possibilité », l'expression employée plus haut pour définir le rôle de l'acte à l'égard de l'action suscitée, soulève à son tour une difficulté : elle renvoie au sens kantien et oriente la perspective de la discussion. À la constitution de l'acte premier en condition de possibilité pour l'effectuation d'une action inhérente à cet acte, répondent simultanément la possibilité de l'expérience et l'achèvement, les deux étant assurés par l'action ou l'acte second. L'acte est ainsi réduit aux conditions de réalisation. L'action, dont l'acte est la condition de possibilité, retourne sur l'acte son propre conditionnement et réduit en effet la portée au conditionnement de l'effectuation et au déterminisme de l'effectivité ou de la réalité qui en résulte. Même s'il ne s'agit pas de considérer cette réduction de l'acte à l'expérience de l'acte second de manière empirique, du fait même d'établir les conditions qui en assurent la possibilité, et qui d'ailleurs infèrent sur la nature de l'acte, nous sommes toutefois conduits à y voir une forme d'empirisme générique. Ainsi, lorsque dans la description de l'acte de penser prend place une hésitation entre a) c'est le propre de la pensée de penser ou b) l'homme, en tant que vivant doué de pensée, pense, ou encore c) la partie rationnelle de l'âme pense – avant même de considérer l'action correspondante d'intelliger, de connaître, de juger ou de créer, cette hésitation sur le sujet (*qui pense ?* la pensée, le vivant ou l'âme ?) signale que celui-ci se trouve déjà dans une situation conditionnée, celle d'être *agent* en même temps que *sujet* de l'expérience, situation qui interfère avec son statut propre et qui donne lieu à l'acte, qui « actualise » l'acte, pour ainsi dire. Or cette situation d'expérience *conditionnée* de la faculté qui occulte, voire efface l'identité du sujet au profit de l'acte, assure en même temps la condition de possibilité pour l'acte second ou l'action qui détermine, spécifie ou objectivise l'acte. À terme, c'est connaître ou créer qui l'emporte à la fois sur l'acte de penser et sur l'intellect lui-même en tant qu'agent. L'altérité qui provient de l'acte second ou de l'action semble alors s'insinuer comme conditionnement au sein même de l'acte et impose à l'agent de se constituer lui-même en tant que « sujet » de l'action.

La perspective empiriste et idéaliste contenue dans cette expression, « condition de possibilité », risque donc de fausser l'approche puisqu'elle emploie un modèle de constitution du « réel » et une relation entre réalité, expérience et intellection fondée sur une projection moderne, leibnizienne et kantienne, qui semble renverser la perspective antique des choses. S'il n'y a pas de réalité en dehors de la projection fixée par les « idées », si tout tient donc dans la pensée qui fonde le réel à mesure qu'elle le pense, alors l'acte second ou l'effectuation prend la place de l'acte premier et se retourne nécessairement sur la faculté d'origine. D'emblée, intelliger, connaître, juger ou créer serait à la fois l'acte et la réalité substantielle (*ousia*) de la faculté de penser et de son « objet », la/les pensée(s), « objet » qui, en tant que projection mentale de la chose correspondante, serait situé dans un « ailleurs ». En termes néoplatoniciens, Monade et procession se résorberaient en monisme de la pensée. Mais la perspective d'un monde dont le fondement et la révélation se réduisent à un « phénomène » mental, perspective qui définit l'idéalisme, ne coïncide pas avec la vision antique d'un cosmos dont l'existence s'identifie aux idées « divines » (idées *parfaites* ou *les meilleures* quand elles deviennent paradigmatiques) dans leur déploiement qui structure la totalité, ou aux conséquences de l'action d'un « premier moteur » qui agit en cause efficiente de l'ensemble de l'étant, étant dont le « premier moteur » est toutefois radicalement séparé puisqu'il demeure, lui, immobile. Le déploiement est nécessairement extérieur à la pensée dite « divine » (*parfaite* ou *meilleure*) et son intelligibilité est certes la seule garante de ce qui est réellement (ὄντως ὄν), mais ni ce déploiement, qui parachève dans l'action l'acte de penser, ni son intelligibilité en tant que « phénoménalité » de ce qui est pensable du monde et qui confère réalité à celui-ci, n'interdit l'existence d'étants qui ne sont pas intelligibles soit parce qu'ils sont des purs objets de la perception sans possibilité de résorption conceptuelle, soit parce qu'ils sont au-delà de l'horizon intelligible des formes (*eidê*) ou au-delà du monde des *ousiai*, tel l'Un, le Bien ou Dieu.

Le partage s'opérerait donc sur la condition de l'immanent et du transcendant comme signifiant des choses, des univers ou des phénomènes mentaux déterminés par la seule condition de possibilité qui correspond au pouvoir de connaître ou non l'objet de la pensée. Or ce que l'on désigne ainsi, par les termes d'immanence et de transcendance, ne constitue pas des univers purement mentaux pour les Anciens, ni ne se réduit à de pures conventions nominales. Si à chaque chose correspond son nom et son image, ce nom et cette image ne livrent pas l'identité de l'« idée » mais nomment, montrent et signifient la chose même en tant qu'objet autonome de l'action de voir, de nommer et de connaître la chose en question. *A fortiori*, ce qui est au-delà des *ousiai* et des *noêta* ne peut qu'être autonome de sa détermination conceptuelle en tant qu'intelligible ou pensable. La fonction de l'image me semble à ce titre exemplaire, puisqu'elle fait état à la fois de ce qui *est* et de ce qui *n'est pas* et transpose précisément cette ambivalence ontique sur le plan de la réception et de la définition, de l'ordre du visible et de l'expérience visuelle ou réflexive, contemplative. Or, à ce titre, l'image n'est pas seulement un « objet » immanent de l'expérience, un « produit » de l'acte visuel, mais aussi le révélateur de la différence constitutive entre une identité dévoilée par l'acte, par l'expérience de la vision, et l'altérité de « l'autre objet », modèle en puissance, que l'image actualise en en montrant l'aspect, mais dont l'étantité ne coïncide pas avec celle de son image.

Appuyons-nous encore sur le cas exemplaire de l'image et du visible. Ce que je vois n'est pas vu à cause de sa visibilité ontique, structurelle, mais constitue le résultat de l'acte de voir. C'est ce que Socrate explique à Euthyphron : « Ce n'est pas parce qu'une chose est vue (ὁρώμενον) qu'on la voit (ὁρᾶται) ; tout au contraire (ἀλλὰ τὸ ἐναντίον), c'est parce qu'on la voit (διότι ὁρᾶται) qu'elle est vue (διὰ τοῦτο ὁρώμενον). »[1]. La prééminence de l'acte sur la puissance respecte l'ordre causal de la condition de nécessité spécifique. Cependant, l'image actualise une puissance qui ne tient pas seulement de l'acte perceptif mais provient également de l'objet sur lequel porte l'acte, en l'occurrence de la possibilité de l'objet d'être visible en raison de sa réalité d'existant et de la condition spécifique de visibilité du champ dans lequel se trouve cet objet. Actualisant une potentialité qui n'est pas inhérente à l'acte visuel, l'image révèle du coup une possibilité de l'acte lui-même d'actualiser ce qui provient d'ailleurs, en l'occurrence, de découvrir le champ propre des possibles que réserve l'inattendu d'une chose ou, en termes modernes, l'inattendu d'un événement. — Si je vois cet homme parce qu'en lui et en moi sont réunies les conditions de possibilité qui le permettent, je sais d'emblée en le voyant qu'il est constitutif de mon expérience et qu'il se révèle à moi en tant qu'il est, même si je n'ai accès qu'à son aspect et que cet aspect ne me révèle, pas plus que la connaissance de son nom, « tout » ce que cet homme est dans son immanence et dans sa transcendance à l'égard de mon expérience visuelle de lui. L'image est donc celle de la manifestation ou de la présence ou de l'apparition des choses qui ne proviennent pas de la nécessité perceptive mais sont d'ordre phénoménal, relèvent plus exactement d'une « décision » d'ordre épiphanique, d'une révélation intrinsèque à la condition propre de chaque chose. Là, une visibilité et une évidence en puissance sont celles qui déterminent la possibilité qu'une chose puisse revêtir un aspect, une apparence, et devenir alors une image d'elle-même à partir de ce que révèle l'aspect ou l'apparence de sa manifestation, bien que l'image dont la chose manifestée fait l'objet ne soit qu'un dispositif de médiation à l'égard de l'identité de la chose, être essentiel ou objet en soi. — Le couple acte-puissance ferait donc double jeu : la prééminence de l'acte signale le plan de l'expérience et conditionne celle-ci par la

1. *Euthyphron* 10b7-8, trad. fr. M. Croiset, Paris, Les Belles Lettres, 1946.

nécessité, l'acte jouant un rôle de cause efficiente pour l'action accomplie par l'expérience, tandis que, dans l'ordre inverse, la précession de la puissance signifie le plan ontique et la condition inhérente d'immanence ou de transcendance qui ne s'impose pas à l'objet mais est en revanche opérante pour la possibilité de penser l'objet, voire de le penser autrement qu'en tant qu'objet de la pensée, c'est-à-dire autrement que réduit à la condition de « produit » immanent à l'acte d'intelliger.

Reste néanmoins en suspens le fait que la formule « condition de possibilité » et son corollaire, l'effectivité, n'ont pas un équivalent linguistique et philosophique exact dans la pensée antique, hormis celui fourni par le couple acte-puissance, *energeia-dunamis*. Nous proposons à titre d'hypothèse ce rapprochement, tout en reconnaissant que le décalage sémantique est aussi significatif que l'éventuelle efficacité conceptuelle de la proximité suggérée. Peut-on s'en servir pour définir le rôle de l'acte premier auprès de l'acte second, *penser* à l'égard de *connaître*, ou *voir* à l'égard de *regarder*, en laissant entendre à la fois un conditionnement de l'acte, qui donc n'irait pas de soi, et l'expérience de cet acte qui confirmerait ou infirmerait le lien en le déplaçant du conditionnel et du possible vers l'actualisation d'un modèle unique et univoque? Ou vaut-il mieux revenir à des formules comme « actes corrélatifs » et « altérité de l'action », plus classiques bien que moins explicites pour l'enjeu philosophique de la question? Dans quelle mesure l'acte premier, s'il est toujours acte, peut-il néanmoins être considéré comme « condition de possibilité » de l'action effective? Ne doit-on pas l'appeler plutôt « condition de détermination », voire « condition d'effectuation » et implicitement « d'affection », afin de le distinguer du vocabulaire de la puissance et de l'entéléchie, et, en somme, pour séparer la raison transcendantale des causes ou des principes-agissants du domaine téléologique de la pure physique?

L'ACTE DE PENSER ET L'« IDÉALISME » INTELLECTUALISTE DE PLOTIN

Depuis l'article critique de Myles Burnyeat, « Idealism and Greek Philosophy. What Descartes Saw and Berkeley Missed »[1], publié il y a plus de trente ans et qui reprend des thèses de Bernard Williams disséminées dans ses ouvrages sur Platon, les recherches et les discussions autour de la relation entre idéalisme et pensée grecque ont commencé à animer aussi la communauté des historiens de la philosophie ancienne et non seulement celle des spécialistes de la philosophie moderne, néo-kantiens, hégéliens ou heideggériens. Ces discussions rebondissent régulièrement, signe qu'elles n'ont pas épuisé le terrain des lieux qui se prêtent à une telle interprétation et qu'elles sont en outre nécessaires pour éclairer certains aspects de la pensée ancienne, quitte à l'exposer à d'inévitables, mais parfois féconds, anachronismes. Après le recueil d'articles publié en 2006 par Stephen Gersh et Dermot Moran, *Eriugena, Berkeley and the Idealist Tradition*[2], la discussion revient récemment sur Plotin et la noétique plotinienne, avec un article d'Eyjólfur K. Emilsson intitulé « L'idealismo plotiniano »[3], une réponse à la critique formulée par Andrew Smith dans l'article « The Object of Perception in Plotinus », publié dans le recueil de 2006[4].

Selon le professeur d'Oslo la philosophie de Plotin est « idéaliste » au sens propre du terme non au sens moderne, car Plotin n'associe pas l'empirisme à l'idéalisme dans sa construction noétique. Pourquoi ? Pour Plotin tout étant compris dans la pensée et l'intelligibilité donnant ainsi la mesure exacte de ce qui est véritablement, le monde ne peut pas en conséquence se réduire à un phénomène mental, à une projection ou à une production de la pensée, mais il doit être réellement et véritablement la pensée elle-même. Autrement dit, si ce qui n'est pas intelligible n'est pas réellement et si le monde a une réalité d'existence, alors cette réalité du monde doit correspondre nécessairement à l'*ousia* du *noûs* lui-même[5]. Le cosmos

1. Article publié dans *The Philosophical Review*, XCI/1, 1982, p. 3-40.

2. Volume publié par University of Notre Dame Press, Notre Dame Indiana, en 2006.

3. Article publié dans *L'essere del pensiero...*, *op. cit.*, p. 67-93. Voir aussi E. K. Emilsson, « The Relation between the One and Intellect in Plotinus », *in* J. J. Cleary (ed.), *Tradition of Platonism. Essays in Honour of John Dillon*, Farnham, Ashgate, 1999, p. 271-290, ainsi que *Plotinus on Intellect*, *op. cit.*, p. 129-141 et p. 173-175.

4. A. Smith, article publié dans *Eriugena, Berkeley and the Idealist Tradition*, *op. cit.*, p. 95-104.

5. E. K. Emilsson, « L'idealismo... » art. cit., p. 70.

n'est pas seulement *noêton*, il est le déploiement même du *noûs*. Or, en tant que déploiement, plus exactement rayonnement, il est *acte noétique* et *être* ou *acte d'être* simultanément, et son intelligibilité rend ainsi la connaissance parfaite sans que le *noûs* en soit affecté puisque cet acte ne comporte aucune séparation réelle de son agent. Dans ces conditions, non seulement l'intellect mais aussi la réalité qui en provient, et donc le monde tel qu'il est pensé, est/serait « acte pur » ou « être en soi », dès lors que tout ce qui *est réellement* est pensé par la pensée du *Noûs*, l'acte propre de l'intellect qui se tourne et regarde vers ce dont il provient, c'est-à-dire vers l'intelligible premier qui représente le mode noétique, et le seul mode d'ailleurs, de se référer à l'Un. Cependant, dit Emilsson, la manière dont l'objet de la pensée est présenté comme inhérent à l'intellect et à lui seul puisque l'Un ne pense pas (*dixit* Plotin dans *Ennéade* V, VI [T. 24], 2), n'est que la conséquence de la conception spécifiquement plotinienne concernant la position de l'intellect par rapport à ce qui est[1]. D'une part, l'étant précède l'intellect dans l'ordre de la pensée (τὸ ὂν τοῦ νοῦ προεπινοεῖν ἀνάγκη), c'est-à-dire que l'on pense ou que l'on se représente (*epinoeîn*) l'étant avant l'intellect; de l'autre, une seule et même nature se partagent l'étant et le *noûs* lui-même (μία μὲν οὖν φύσις τό τε ὂν ὅ νοῦς). Les deux assertions, extraites de l'*Ennéade* V, IX ([T. 5] 8, 11-22), sont citées par Emilsson[2].

À l'appui de sa thèse, l'historien de la philosophie néoplatonicienne développe plusieurs observations textuelles, dont certaines correspondent aux échos que l'on retrouve dans la postérité immédiate de Plotin (notamment chez Porphyre et Victorinus). Pour Plotin, l'intellect « pense » et même « parle » à la première personne, comme en son nom, car ce qui le manifeste est aussi ce qu'essentiellement il est. Il y a plusieurs passages concordants dans les *Ennéades* V, III et VI, VII, dans des contextes où il est question à la fois du rapport entre « être » et « penser » et de la possibilité

1. *Ibid.*, p. 81.

2. Plotin, *Traité* 5 (*Enn.* V, IX), trad. fr. A. Schniewind, Paris, Cerf, 2007; Plotin, *Traités* 1-6 (dont le T. 5 traduit par F. Fronterotta), Paris, GF, 2002. Voici le passage 8, 11-22 dans la trad. de F. Fronterotta : « Mais, puisqu'il faut penser que ce qui est est antérieur à l'Intellect, on doit poser que les choses qui sont se trouvent dans ce qui pense (τὸ ὂν τοῦ νοῦ προεπινοεῖν ἀνάγκη), et que l'acte et l'intellection relèvent des choses qui sont [...] Mais ce qui est aussi est un acte : l'acte de ce qui est et l'acte de l'Intellect sont un seul et même acte, ou plutôt ils sont une seule et même chose. Ce qui est et l'Intellect sont une seule et même nature (μία μὲν οὖν φύσις τό τε ὂν ὅ νοῦς); c'est pourquoi les choses qui sont, l'acte de ce qui est et l'Intellect ainsi défini ne font qu'un : de la sorte, les intellections sont la Forme et la figure de ce qui est, c'est-à-dire son acte. Nous, pourtant, nous les pensons l'un avant l'autre, en les séparant. Car notre intellect qui sépare est différent de cet intellect indivisible qui ne sépare pas, qui est ce qui est et qui est toutes choses. »

qu'il y ait une relation entre l'un et le multiple au sein même de ce qui est un et indivisible. Certes, il n'y a pas de distinction entre sujet et objet, car intellect et contenu de la pensée constituent une identité qui non seulement « procède » de l'Un mais est aussi *formellement* pareille à l'Un, c'est-à-dire qu'elle constitue une unité et une identité en soi. Mais, à la différence de l'Un, cette identité en soi est une identité *d'acte*[1], comme si elle était « mouvement absolu » répondant au « repos absolu » de l'Un. L'*ousia* du *noûs* est donc une *ousia d'acte* : l'acte de penser, *noêsis*. Cependant, tout en étant de l'ordre de l'*energeia*, cette identité est une identité *d'acte* et non *« en acte »*. En effet, elle ne connaît nullement la potentialité (*dunamis*) puisqu'à la différence de notre intellect qui sépare et distingue, telle la raison discursive, l'antérieur du postérieur et l'acte de la substance, l'intellect qui vient en seconde hypostase après l'Un est, lui, indivisible et ne sépare pas *ce qui est* de *ce qu'il est*, à savoir « toutes les choses » (*Ennéade* V, IX [T. 5], 8, 20)[2]. Cet intellect est entièrement et perpétuellement « acte de penser », ce qui signifie qu'au niveau de réalité de la seconde hypostase plotinienne (l'intellect) l'agent (ou le sujet), l'acte et l'objet forment une unité, un noyau infracassable, noyau qui partage sa nature avec ce qui *est* à ce niveau de réalité de l'étant, à savoir l' « étant véritable » (ὄντως ὄν). Cet « étant véritable », ce sont les intelligibles (*noêta*) et le *noûs* qui le composent. Bien que, selon notre manière de penser, le *noûs* soit ou semble du moins précédé par les *noêta*, il faut admettre que, selon la condition de sa réalité d'hypostase seconde, le *noûs* partage avec celles-ci son unité propre et substantielle, unité qui est nécessairement une unité d'acte : une actualisation ou une effectuation des pensées qui sont toutes contenues par lui, toutes internes au *noûs*. Cependant, l'identité du *noûs* et des *noêta* n'interdit pas au *noûs* de référer à lui-même et de se connaître lui-même indépendamment de la connaissance inhérente des *noêta*. Cette possibilité ne divise pas le *noûs* bien qu'elle suppose une altérité interne à l'identité entre les actes d' « être » et de « penser », puisque cette identité d'acte est par nature réflexive.

Dans *Ennéade* VI, VII [T. 38], 39, 1-3 la connaissance que l'intellect peut avoir de lui-même s'appuie sur l'argument platonicien de la notion d'altérité (ἑτερότητα) qui intervient, dit Plotin, chaque fois qu'il y a simultanément « intellect » et « être substantiel » (νοῦς καὶ οὐσία). La référence platonicienne pourrait nous renvoyer soit au *Phèdre* (249c), donc à l'âme et à la connaissance par réminiscence imprimée en elle, soit au *Sophiste*

1. E. K. Emilsson, « L'idealismo… », art. cit., p. 84-85.
2. C'est la conclusion du passage plotinien cité n. 2 p. 201.

(254d *sq.*), donc à la théorie de la détermination de l'autre nécessaire à la connaissance de l'être. En revanche, cette auto-connaissance est considérée ailleurs, en *Ennéade* III, IX [T. 13], 1 ou 6, par exemple[1], comme signe d'une nature déficiente, propre à l'hypostase seconde qui comprend à la fois une dualité des genres et la multiplicité des espèces. Elle ne peut donc nullement être assignée à l'Un, et ne peut pas non plus se concevoir à partir de l'unité entre l'acte de la *noêsis* et les *noêta*, mais serait à saisir uniquement à partir d'un dédoublement de l'acte lui-même et d'un partage nécessaire entre deux sortes de *noêta* : un *prôton noêton,* unique, distinct des autres *noêta,* multiples. Il y aurait par conséquent deux intellections ainsi que deux sortes d'intelligibles qui concourent à l'acte second, à savoir à la connaissance que l'intellect a de lui-même. Naturellement, il faudra revenir sur cet aspect capital sur lequel repose à la fois la *noêsis* et la distinction entre cet acte premier, la *noêsis*, et l'acte second ou l'action (connaître, dans ce cas), acte second conditionné par le premier et qui à son tour détermine et accomplit l'acte qui l'engendre.

Emilsson conclut son étude sur cette identité d'acte d'être et d'acte de penser avec l'intellect et avec les pensées. Cette identité-unité est fondatrice, selon Emilsson, de l'ontologie plotinienne et justifie en même temps le qualificatif d'idéalisme *conditionné* qui définit selon lui la philosophie de Plotin, idéalisme *conditionné* puisqu'à la différence de Kant ou de Berkeley, pour Plotin l'intellect ne partage pas une pensée ou une expérience des intelligibles qui seraient en dehors de lui, mais s'y identifie de manière substantielle, rien, en effet, ne demeurant en dehors de lui. Donc l'acte ne s'identifie pas à des formes, mais à la « substantialité » même de l'intellect et des pensées qui ne sont pas des « formes substantielles » mais plutôt des « actes substantiels » : les actes *actualisés* des *actes purs* (« être », « penser »). Plotin entend mener ainsi à son terme le débat sur

1. Voici un extrait particulièrement éclairant de l'*Enn.* III, IX [T. 13], 6 : « En nous pensant nous-mêmes (νοοῦντες αὑτοὺς), nous regardons évidemment (βλέπομεν δηλονότι) une nature qui pense (νοοῦσαν φύσιν) ; [...]. Donc en pensant et en nous pensant nous-mêmes, nous pensons une nature intelligente (φύσιν νοοῦμεν) ; donc, avant la pensée par laquelle nous nous pensons nous-mêmes, il y a une pensée en quelque sorte en repos (νόησις οἷον ἥσυχος). En outre, il y a une pensée qui est pensée de l'être (οὐσίας δὲ ἡ νόησις) et pensée de la vie (ζωῆς νόησις) ; donc antérieurement à cette vie et à cet être [qui est pensée de la vie et pensée de l'être], il y a une autre vie et un autre être (ἄλλη οὐσία καὶ ζωή) ; et ces choses, qui sont des choses en acte (ἐνέργειαι), sont vues par la pensée (εἶδεν). Mais, si l'être en acte que nous pensons lorsque nous nous pensons nous-mêmes, est une intelligence (νόες), nous-mêmes nous sommes réellement un intelligible (τὸ νοητὸν ἡμεῖς οἱ ὄντως). La pensée que nous avons de nous-mêmes présente l'image [de cet intelligible] (ἡ δὲ νόησις ἡ αὐτῶν τὴν εἰκόνα φέρει). » (trad. fr. É. Bréhier, Paris, Les Belles Lettres, 1999, trad. mod.).

l'être, le mouvement et le connaître qui est de l'ordre de l'« agir » ou du « faire » affectant l'objet connu (τὸ γιγνώσκειν εἴπερ ἔσται ποιεῖν τι), débat ouvert par Platon dans le *Sophiste* (248d-e) dans l'épisode dit de la Gigantomachie, la bataille entre les « matérialistes » et les « idéalistes »[1].

Pourquoi cette interprétation de la noétique de Plotin méritait-elle d'être brièvement évoquée ? Pour au moins trois raisons. 1) Elle met en évidence l'enjeu de la conception ousiologique du *noûs* et suggère les limites du modèle sujet-objet qu'elle-même emploie dans l'analyse de l'acte intellectif. 2) Elle renverse ainsi la prééminence classique du noétique sur l'ontologique, ou du moins tente d'y introduire un équilibre. En outre, 3) elle conduit à réfléchir sur l'acte d'une manière qui exclut à la fois la réduction à une perspective purement moniste de la pensée et la réduction de l'exercice noétique à la seule expérience autoréflexive que la pensée ferait du contenu intellectif, en l'occurrence la réduction de la connaissance à la saisie des intelligibles. Prenons autant que possible ces aspects dans l'ordre, bien qu'il soit difficile de séparer l'identité ousiologique du *noûs* plotinien du rapport que l'intellect entretient avec l'intelligible, rapport qui prend l'aspect de ce dédoublement d'actes évoqué plus haut, dédoublement qui se traduit ici par la distinction et le lien entre *penser* et *intelliger*. Ce dédoublement recoupe en effet le modèle théorique de l'acte et de l'action, mais, comme tout modèle que l'on voudrait appliquer à l'interprétation des *Ennéades*, il n'offre pas le gage d'un usage systématique de la part de Plotin.

LE *PREMIER INTELLIGIBLE* ET LES *INTELLIGIBLES MULTIPLES*

Il est bien connu que pour Plotin l'acte de penser ne se réduit pas à penser des formes ou des idées qui seraient « contenues » dans l'intellect. Il est de même bien connu que de l'unité du *noûs* et du *noêton* au sein de la *noêsis*, les notions mêmes d'*energeia*, d'*eidos* ou d'*idea* sont écartées car considérées par Plotin comme irréductibles au statut et au mode d'être des *noêta* et *a fortiori* du premier *noêton* auquel s'identifie l'intellect. Sur ce

1. Rappelons que la question posée par l'Étranger dans ce contexte concerne la nature du « connaître », et donc de l'âme qui connaît, entre action et passion, *poiêma* et *pathos*. Connaître est action ; ainsi, connaître l'existant c'est agir sur lui. Par ailleurs, c'est vraisemblablement cet affrontement entre les « Fils de la terre » et les « Amis des Formes » mis en scène par Platon qui sert de source d'inspiration pour le titre de l'ouvrage de 1713 de Berkeley, *Trois dialogues entre Hylas et Philonous*.

point l’auteur des *Ennéades* est l’héritier d’une longue tradition platonicienne qui remonte au *Parménide*[1] et que les « médio-platoniciens » semblent avoir infléchi partiellement. Rappelons à cet égard la classification des principes et des modes d’intellection proposée par Alcinoos dans le *Didaskalikos*. Sous couvert de « Platon », et le plus vraisemblablement en écho du *Timée*, Alcinoos passe en revue les cinq modalités par lesquelles les idées interagissent avec la pensée afin d’assurer à chacune des réalités (matérielle, sensible, mentale, divine) son mode spécifique de réduction à l’intelligibilité[2]. Seulement dans deux cas, à savoir : l’intellection de Dieu et l’auto-intellection de la pensée elle-même, il s’avère que les idées s’identifient à la *noêsis* et qu’elles comportent elles-mêmes une *ousia*. Dans les autres, cette identité ne se produit pas car la pensée situe les idées en rapport avec leur accomplissement à travers l’acte de penser : les « idées » deviennent tantôt « mesure », tantôt « paradigme », tantôt « premier intelligible ». Les « idées » ne sont donc pas immuables mais constituent des entités noétiques à identité variable selon le mode de leur actualisation. Ce sont en outre des entités dont la perfection n’est pas structurelle à leur *ousia* mais dépend précisément de leur mise en acte par la pensée en situation donnée. Or, si on réduit cet ordre factuel à la seule situation qui concerne la pensée propre à Dieu, alors l’acte noétique s’identifie en effet à l’idée, en l’occurrence à l’intellection de l’ « idée » que Dieu se donnerait de lui-même, puisque Dieu, en se pensant, ne peut se donner ni un principe, ni un modèle, ni une cause. Il s’ensuit qu’en se connaissant comme « idée », Dieu emprunte aussi l’*ousia* de l’idée à laquelle il identifie son intellection ; l’idée comporte une *ousia* et celle-ci est commune avec Dieu et devient donc divine dans le cas de la pensée de Dieu. Mais Plotin réfute cette identification de la pensée à l’acte de saisir de manière adéquate l’idée qui convient. Il refuse aussi bien d’assigner une *ousia* à l’idée, que de réduire l’intellection aux idées ou aux formes intelligibles, comme si cette

1. Voir F. Fronterotta (*Traité 5*, *op. cit.*, p. 220-221) sur la critique formulée à ce sujet par Platon dans le *Parménide* (132b3-4). Il s’agit de l’objection de Socrate contre l’assimilation de chacune des formes (τῶν εἰδῶν ἕκαστον) à la pensée (νόημα).

2. Alcinoos, *Didaskalikos*, 163, 11-17 (éd. J. Whittaker) : « À côté de la matière qui joue le rôle de principe, Platon admet aussi d’autres principes : le premier est le modèle (παραδειγματικήν), c’est-à-dire le modèle des idées (τῶν ἰδεῶν), le deuxième est le dieu père (πατρός) et cause (αἰτίου) de toutes choses. Considérée par rapport à dieu, l’idée (ἡ ἰδέα) est son intellection (πρὸς θεὸν νόησις αὐτοῦ) ; considérée par rapport à nous, c’est le premier intelligible (νοητὸν πρῶτον) ; considérée par rapport à la matière, c’est une mesure (μέτρον) ; considérée par rapport au monde sensible, c’est un modèle (παράδειγμα) ; considérée par rapport à elle-même, c’est une substance (πρὸς αὐτὴν… οὐσία). ». Voir à ce sujet J. Dillon (« The ideas… », art. cit.) et M. Bonazzi (*À la recherche des idées…*, *op. cit.*).

situation n'était pas réservée, selon la classification proposée par Alcinoos, à la seule auto-connaissance de Dieu comme «idée» mais pouvait s'étendre et déterminer tous les cas d'intellection[1]. Pourquoi Plotin réagit-il ainsi ? Réfute-t-il une *doxa* noétique ou une théologie de son temps ? Ou défend-il un modèle alternatif qui assigne au *noûs* seul les prérogatives d'une identité à la fois ousiologique et d'acte ?

L'hypothèse d'une superposition identitaire entre l'acte et la forme, hypothèse inspirée de *Métaphysique* Θ (*ousia* et *eidos* sont des *energeiai*)[2], présente un risque majeur pour la théorie noétique défendue par Plotin. D'une part, cette hypothèse tend à réifier les intelligibles en les enfermant dans la nécessité d'un achèvement objectif comme si chaque *noêton* devenait l'objet même qui est pensé; or, dit Plotin, Dieu ne naît pas ni le mouvement ne s'actualise lorsque Dieu ou le mouvement a été pensé (οὐ γάρ, ὅτ' ἐνόησε θεόν, θεὸς ἐγένετο...). D'autre part, cette téléologie (l'acte comme accomplissement de l'essence et de la forme) oblige à considérer que les hypostases peuvent se plier les unes sur les autres : la première sur la seconde, la seconde sur la troisième, l'intelligible premier sur la *noêsis*, elle-même identifiée à l'intellect, et ce dernier sur la possibilité de subir des affections comme s'il devenait lui-même pareil à l'âme qui connaît[3]. Les hypostases disparaîtraient ainsi, l'une après l'autre, chacune absorbée par la suivante dans et selon l'acte qui incombe à la dernière et qui, en révélant celle qui la précède l'avale en même temps dans son acte. Or, précise Plotin dans le passage signalé du Traité 5, et ceci est capital pour lui, ce n'est pas l'acte de penser qui confirme l'existence de l'objet en

1. Alcinoos, *Didaskalikos*, 163, 14-15; Plotin, *Enn.* V, IX, 7, 14-18.

2. *Mét.* Θ 1050b2-3; voir *infra* pour l'ordre du binôme acte-puissance.

3. Voici le passage résumé : « Mais en tant qu'elles sont des sciences (ἐπιστῆμαι), elles sont chaque [objet] qu'elles pensent (εἰσὶν αὐτὰ ἕκαστα ἃ νοοῦσι), et elles possèdent de l'intérieur autant [l'objet] de pensée (νοητὸν) que l'acte de pensée (νόησιν), parce que l'Intellect est – lui qui est les réalités premières elles-mêmes – à l'intérieur, lui qui est toujours uni avec lui-même et existe en actualité et ne se porte pas sur ses objets comme s'il ne les possédait pas ou serait en train de les acquérir ou les parcourrait discursivement s'ils n'étaient pas à sa portée – car tout cela, ce sont des affections de l'âme – lui qui au contraire, reste en lui-même, en étant *tout ensemble* [Anaxagore, DK 59, B 1], ne se mettant pas à penser, afin de donner existence à chacun des objets. Car ce n'est pas lorsqu'il pensa dieu que dieu advint (οὐ γάρ, ὅτ' ἐνόησε θεόν, θεὸς ἐγένετο), ni lorsqu'il pensa le mouvement que le mouvement advint [Alcinoos, *Didaskalikos*, 9, 163, 14]. C'est pourquoi il est incorrect de dire que les formes sont des actes de pensée (ὅθεν καὶ τὸ λέγειν νοήσεις τὰ εἴδη), si l'on veut dire par là que lorsqu'il pensa, telle forme advint ou telle forme exista. Car il faut que l'objet de pensée soit antérieur à cet acte de pensée (τῆς νοήσεως πρότερον δεῖ τὸ νοούμενον εἶναι). Sinon, comment l'Intellect viendrait-il à le penser? Car ce n'est certes pas selon le hasard ni à l'aventure qu'il s'y porte. » (*Enn.* V, IX [T. 5], 7, 5-18, trad. A. Schniewind).

actualisant ainsi une possibilité, mais bien l'antériorité de l'existant en tant que *pensable* ou « objet pensé » qui constitue la condition de possibilité pour la pensée (τῆς νοήσεως πρότερον δεῖ τὸ νοούμενον εἶναι)[1]. Évidemment, l'ordre inverse est une négation de la procession, donc une impossibilité à la fois logique et ontologique pour l'auteur des *Ennéades*. De surcroît, pour Plotin l'acte de penser est aussi une connaissance simultanée de la pensée, car il s'agit d'un acte toujours *en acte* en même temps qu'identique à l'*ousia* du *noûs*. Si tel est pour Plotin l'acte de penser (*noêsis*), il est clair que cet acte ne peut pas s'identifier à des formes contenues dans l'intellect, même si celles-ci correspondent aux intelligibles et que celles-ci s'identifient à l'*ousia* de l'intellect. C'est la raison pour laquelle Plotin dit qu'il faut « se représenter » les *noêta* comme précédant la *noêsis*, l'« objet pensable » avant même qu'il ne soit pensé, et même avant qu'il n'y ait un intellect, bien qu'il soit impropre d'introduire une relation d'antériorité/postériorité dans un contexte noétique qui est ousiologique et non objectif, topologique ou discursif (séquentiel et donc soumis à l'ordre temporel)[2]. L'acte noétique, bien qu'intransitif en lui-même, peut en revanche engendrer une action transitive; on devrait même dire qu'il engendre simultanément un faisceau d'actions transitives : intelliger, connaître, produire, imiter. L'« objet » de cette action transitive, *i.e.* l'unité absolue de la pensée et du pensable (*noêsis* et *noêton*), est en même temps le fondement de l'acte qui le constitue, son substrat à la fois nourricier, déterminant et productif. La fermeture moniste semble ainsi évitée, car l'action transitive engendrée assure une réciprocité entre l'acte et l'objet et cette réciprocité préserve une différence, même si celle-ci demeure intérieure à l'unité conjoncturelle de la pensée (*noêsis*) et du pensable (*noêton*).

Dans une étude sur le lieu propre et le statut du *noêton* dans les livres 4 et 9 de la cinquième *Ennéade* (respectivement les Traités 7 et 5)[3], Alexandrine Schniewind, qui a d'ailleurs traduit le Traité 5 de Plotin (sur le *noûs*, les idées et l'étant [*ontos*]), propose l'expression « identité réciproque » pour définir la relation entre intellect et intelligibles[4]. Cette relation de réciprocité intime au *noûs*, propre à Plotin bien que l'on puisse lui trouver une source d'inspiration dans la conception platonicienne de l'âme (dans le *Timée* ou dans le *Phèdre*), suppose un modèle noétique

1. Fin du passage cité *supra*.

2. Voir le passage qui suit (chap. VIII), cité *supra*.

3. A. Schniewind, « Où se situe l'intelligible? Quelques difficultés relatives à *Enn.* V, 4 [7], 2 », in *L'essere del pensiero…*, *op. cit.*, p. 29-45.

4. *Ibid.*, p. 30.

structuré sur deux types d'intelligibles et sur deux actes d'intellection. En effet, après avoir affirmé que l'intelligible précède l'acte d'intellection sans qu'il soit pour autant extérieur à l'intellect, Plotin revient sur ce point et assure que cette précession est un *fait* de la pensée qui tente d'établir un rapport pour distinguer l'acte de son objet. Simple « fait de pensée », cette précession n'est toutefois pas une erreur ni un leurre bien qu'elle ne soit pas réelle, puisque *de facto* elle ne relève pas de la pensée elle-même ni même de la manière dont la pensée se pense elle-même[1]. Du point de vue substantiel l'absence de précession est semblable à l'absence de potentialité sur le plan de l'acte, l'acte de penser étant un acte permanent et indistinct d'un « objet » propre. Seule la nécessité de le penser sollicite une alternative à l'absence de puissance ou une altérité à l'égard d'un acte pareil. L'acte de penser a donc bien besoin d'un acte second qui l'accomplisse en le déterminant comme acte de penser. Schniewind y voit une manière « aristotélicienne » de poser le problème[2]. Elle a en partie raison, mais à condition de ne pas considérer toutefois cette détermination, qu'elle appelle « processus inchoatif de l'intellect », comme une entéléchie, car pour Plotin l'accomplissement n'est pas « dans » l'acte lui-même, n'est pas l'aboutissement de l'acte dans sa parfaite actualisation comme acte, mais il est tourné « vers » (*apo* ou *pros*) ce qui le produit comme détermination. L'achèvement de l'acte en tant qu'acte se produit lorsque l'acte recouvre sa détermination, qu'il devient acte second ou action *de* quelque chose..., de connaître ou de produire. Or cette détermination n'est pas interne mais bien externe à l'intellection et elle produit une tension qui externalise l'acte par rapport à la faculté de son agent. On pourrait dire que l'achèvement n'est pas local, propre et intime car ce qu'il *réalise* est de l'ordre d'une relation et que cette relation est nécessairement extérieure à l'agent qu'elle relie à un « objet » produit. En empruntant un terme aux avant-gardes du siècle passé, on qualifierait de « situationniste » cette conception plotinienne de l'acte et de sa détermination par une action qui est comme une sorte de *mise en situation* de l'acte, un *positionnement* nécessairement extraverti de celui-ci car « tourné » *vers* ce qu'il produit. Or cette situation ne fait que reproduire la situation antérieure à cet acte second, le positionnement du premier *noêton* tourné vers la première hypostase, vers l'Un qui se donne ou se laisse saisir comme tel.

1. Rappelons l'exemple classique du mouvement des astres qui est toujours parfait malgré l'impression que certains astres rétrogradent à certains moments de leurs cycles.

2. A. Schniewind, « Où se situe l'intelligible ?... », art. cit., p. 35.

Toutefois, il serait peut-être encore plus avantageux d'associer ce dédoublement d'actes et cette « identité réciproque » qui caractérise leur rapport avec un autre exemple plotinien du même ordre de fonctionnement, l'exemple de la lumière. Plotin ne se sert pas de la comparaison avec l'acte lumineux pour illustrer la définition de la *noêsis*, mais définit l'acte de la lumière dans le traité sur la vue (Traité 29) de manière semblable à la définition de l'acte de penser[1]. Le parallélisme est frappant, à cette différence près que le dédoublement de l'acte lumineux entre un acte intérieur (archétypal, permanent, source de lui-même) et un acte second, extérieur, comporte une relation qui est dans ce cas définie de manière précise : le second est *image* du premier et, tout en étant à la périphérie du premier, il n'en est nullement séparé. Ce dernier révèle et détermine ainsi, en tant qu'image, l'acte intérieur. N'étant pas séparée, l'image que l'acte second donne du premier recouvre nécessairement le statut d'un rayonnement ou d'un reflet. La comparaison de la *noêsis* avec l'acte lumineux est certes encore un topos aristotélicien, mais Plotin ne semble pas référer au troisième livre du *De anima* dans ce contexte, ou du moins, s'il y pense, il infléchit le raisonnement sur lequel repose la comparaison aristotélicienne de l'intellect agent avec la lumière (on y reviendra). Étant donné que le contexte plotinien de ce passage sur la lumière est celui d'un traité sur les facultés de l'âme, si le parallélisme entre les deux actes de la lumière et le modèle de fonctionnement des deux actes noétiques est frappant, Plotin ne compare toutefois ni l'activité de l'âme ni la lumière avec le *noûs* et la pensée.

Cependant, l'aspect le plus frappant de cette dualité noétique structurelle provient de la condition réservée par Plotin à la différence intérieure glissée dans l'intimité même de l'acte de penser. La dualité porte sur les intelligibles : ce n'est que eu égard aux deux sortes d'intelligible (le premier *noêton* et les autres, les *noêta* multiples) que l'identité-unité de l'intellect et des intelligibles intègre aussi la condition d'une possible altérité d'acte, d'un acte qui serait second ou dérivé par rapport à leur acte propre de penser. La condition d'une altérité de l'acte n'est donc pas

1. *Enn.* IV, V [T. 29], 7, 14-16 : « Or, l'activité (ἐνέργεια) qui se trouve en un corps lumineux est de deux sortes : l'une qui est pour ainsi dire la vie surabondante de ce corps lumineux, en quelque sorte le principe et la source de son activité (οἷον ἀρχὴ τῆς ἐνεργείας καὶ πηγή) ; et une autre qui se trouve à l'extérieur des limites du corps en question (μετὰ τὸ πέρας τοῦ σώματος), qui est une image de ce qui est à l'intérieur de lui (εἴδωλον τοῦ ἐντός), une activité seconde qui n'est pas séparée de la première (ἐνέργεια δευτέρα οὐκ ἀφισταμένη τῆς προτέρας). » (trad. fr. L. Brisson, Plotin, *Traités* 27-29, Paris, GF, 2005). Sur le parallélisme avec l'acte noétique, A. Vasiliu, « Toucher par la vue… », art. cit.

requise par une distinction préalable entre des actes différents, mais proviendrait uniquement de la différence entre les deux sortes de *noêta*. Doit-on comprendre alors que la détermination ousiologique de l'intellect ne suffit pas à assumer cette différentiation entre les intelligibles ? Ou que l'acte est le même dans les deux cas alors que l'« objet », ce qui est pensé, est différent selon qu'il est pensé en tant que « premier *noêton* » ou en tant que second (l'un des *noêta*), avec la possibilité pour ce dernier d'être pensé dans le déploiement de la multiplicité, tandis que le premier est au contraire conditionné par la réduction à l'unicité, étant image, trace ou reflet de l'Un ? Ou doit-on voir ici l'esquisse d'une hiérarchie, le premier étant jugé plus digne et plus parfait que les autres, lesquels sont aussi parfaits mais partagent entre eux la dignité puisqu'ils sont multiples (*polla*) ? Le plus et le moins pourraient jouer alors, comme chez Platon (dans le *Sophiste* et le *Parménide*), un rôle de différentiel entre des relatifs qui sont à la fois « mêmes » et « différents », puisque chaque singulier renvoie à l'Un, bien qu'il soit par son genre partie prenante du multiple. Le second chapitre du court *Traité* 7 (« Sur la succession à partir du premier et sur l'Un ») y répond et il faut l'analyser de près car il apporte un éclairage fondamental sur la possibilité spécifiquement plotinienne de penser l'Un [1].

1. Je cite la trad. de A. Schniewind (« Où se situe l'intelligible ?... », art. cit., p. 34-39) que je retouche légèrement et complète avec un passage omis, fondé probablement sur une référence au *Timée*. Comme Schniewind analyse minutieusement ce texte en le divisant selon l'argumentation et en décortiquant finement les propositions de Plotin, je ne m'y attarde pas ; je le cite pour les besoins de ma propre démonstration, orientée non vers le lieu des intelligibles mais vers la définition de l'acte de penser. *Enn.* V, IV [T. 7], 2, 1-19 : « Si donc le générateur (τὸ γεννῶν) était lui-même intellect (αὐτὸ νοῦς ἦν), il faudrait que [l'être engendré] soit *plus* déficient */assujetti/* par rapport à l'intellect (νοῦ ἐνδεέστερον), mais tout près de l'intellect et semblable à lui (προστεχέστερον δὲ νῷ καὶ ὅμοιον δεῖ εἶναι). Mais si le générateur est au-delà de l'intellect (ἐπέκεινα νοῦ τὸ γεννῶν), il est nécessaire que soit l'intellect [*ce qui est généré*] (νοῦν εἶναι ἀνάγκη). Mais pourquoi [le générateur] n'est pas l'intellect, dont l'activité est la pensée ? (διὰ τί δὲ οὐ νοῦς, οὗ ἐνέργειά ἐστι νόησις ;) Or la pensée qui voit l'intelligible (νόησις δὲ τὸ νοητὸν ὁρῶσα) et qui se tourne vers lui (καὶ πρὸς τοῦτο ἐπιστραφεῖσα) et qui reçoit de lui, en quelque sorte, son achèvement (καὶ ἀπ' ἐκείνου οἷον ἀποτελειουμένη [καὶ τελειουμένη]), est elle-même indéterminée comme la vision (ἀόριστος μὲν αὐτὴ ὥσπερ ὄψις), mais déterminée par l'intelligible (ὁριζομένη δὲ ὑπὸ τοῦ νοητοῦ). *C'est pour cela qu'il est dit : de la dyade indéterminée et de l'un proviennent les formes et les nombres* (ἐκ τῆς ἀορίστου δυάδος καὶ τοῦ ἑνὸς τὰ εἴδη καὶ οἱ ἀριθμοί), *et ceci est l'intellect* (τοῦτο γὰρ ὁ νοῦς). *Puisqu'il se manifeste comme composé* (σύνθεσίν τε ἐμφαίνων), *l'intellect n'est pas simple mais multiple* (διὸ οὐχ ἁπλοῦς ἀλλὰ πολλά), *et bien qu'il soit intelligible* (νοητὴν μέντοι), *il se définit comme multiple* (πολλὰ ὁρῶν ἤδη). Il est certainement aussi lui-même un intelligible (καὶ αὐτὸς νοητόν), mais aussi ce qui pense (ἀλλὰ καὶ νοῶν) : c'est pourquoi il est double (διὸ δύο ἤδη). Or il est aussi un intelligible différent par le fait d'être après lui [après le premier intelligible] (ἔστι δὲ καὶ ἄλλο τῷ μετ' αὐτὸ νοητόν).

C'est dans ce contexte que la comparaison avec l'acte de la vision apparaît non comme un parallélisme mais plutôt comme une illustration du mode de fonctionnement propre au *noûs* et définissant l'acte de la *noêsis* à l'égard de l'intelligible premier. L'intellect « regarde » vers l'intelligible « en se tournant vers lui » (ἐπιστραφεῖσα) et, en le « voyant » (ὁρῶσα), le connaît nécessairement ainsi, c'est-à-dire comme différent. Pourquoi? Parce que la pensée, pareille à la vision, demeure indéterminée (ἀόριστος) aussi longtemps qu'elle n'est pas déterminée (ὁριζομένη) par un « objet » surgi dans son champ. Surgi, cet « objet » indique d'emblée qu'il provient d'ailleurs et qu'il est donc différent alors même qu'il endosse le rôle d'« objet » de la pensée accomplie (ἀποτελειουμένη) et qu'il mène ainsi à terme l'acte propre de la pensée déterminée par l'« objet pensé ». Le seul accès de l'intellect à l'intelligible premier serait par conséquent la saisie de la différence. La pensée qui se « tourne » (*epistrephein*) vers l'intelligible se détermine elle-même ainsi, comme différente, et s'accomplit en conséquence, car elle est engendrée par lui dans la proximité et dans la similitude. Il est donc nécessaire que l'intelligible premier soit différent d'un intelligible second et multiple intégré à la pensée et devenu l'« objet » propre de celle-ci à partir (*apo*) de l'intelligible premier, lequel ne provient pas de l'intellect mais de l'Un. On comprend dès lors que les conditions de l'altérité et de la dualité sont les conditions imposées par la nécessité d'accomplir comme une détermination ce qui se trouve après l'engendrant de l'intellect et qui est *assujetti* à celui-ci. Notons cependant que l'intellect est *assujetti* et qu'il apparaît alors comme dépendant et défaillant (ἐνδεές) non par incomplétude[1], par imperfection structurelle, mais simplement

Mais comment cet intellect provient-il de l'intelligible? (ἀλλὰ πῶς ἀπὸ τοῦ νοητοῦ ὁ νοῦς οὗτος;) L'intelligible en restant en lui-même (τὸ νοητὸν ἐφ' ἑαυτοῦ μένον) et n'étant pas dans la déficience */n'étant pas assujetti/*comme [l'est] ce qui voit et ce qui pense (καὶ οὐκ ὂν ἐνδεές ὥσπερ τὸ ὁρῶν καὶ τὸ νοοῦν) – je dis que ce qui pense est dans la déficience */l'assujettissement/* par rapport à celui-là (ἐνδεές δὲ λέγω τὸ νοοῦν ὡς πρὸς ἐκεῖνο) – n'est pas comme quelque chose d'insensible (οὐκ ἔστιν οἷον ἀναίσθητον), mais toutes choses de lui sont en lui et avec lui (ἀλλ' ἔστιν αὐτοῦ πάντα ἐν αὐτῷ καὶ σὺν αὐτῷ); il est entièrement apte à se distinguer lui-même (πάντη διακριτικὸν ἑαυτοῦ); la vie est en lui et toutes choses sont en lui (ζωὴ ἐν αὐτῷ καὶ πάντα ἐν αὐτῷ), et sa saisie de soi est lui-même, par une sorte de conscience de soi (ἡ κατανόησις αὐτοῦ αὐτὸ οἱονεὶ συναισθήσει), en étant en repos éternel et avec une pensée différente de la pensée de l'intellect (… καὶ νοήσει ἑτέρως ἢ κατὰ τὴν νοῦ νόησιν). » (en italiques, retouches et trad. propres). La trad. de J.-F. Pradeau (Paris, GF, 2003, p. 13-33) ne diffère pas essentiellement; pour la question de l'intériorité des réalités intelligibles Pradeau propose deux références médio-platoniciennes: Philon, *De opificio…*, 19 et Alcinoos, *Didaskalikos* X, *op. cit.*, p. 33 n. 47.

1. Pradeau traduit: « ce qui intellige *est dans le besoin* par rapport à l'intelligible » (*Traité 7, op. cit.*, p. 22, je souligne).

tant qu'il n'a pas d'objet propre et qu'il ne se détermine pas par son exercice mais fait l'objet de cet « autre » qui est l'intelligible premier. À ce stade, en effet, l'intellect ne peut pas constituer le *sujet* objectif de son propre acte, ne pouvant pas se penser lui-même comme « pensée » même s'il peut se saisir lui-même et en avoir une sorte de conscience (αὐτὸ συναισθήσει). Cette défaillance apparente propre à l'*ousia* de l'intellect, par différence avec l'intelligible premier qui n'est pas assujetti puisqu'il est acte unifié à son objet, acte pur et non *en acte* (selon la distinction analysée en binôme avec la puissance par Gwenaëlle Aubry dans un contexte plotinien différent)[1], définit l'acte second. Celui-ci actualise la pensée et se présente comme son élan vers… ou son désir mobilisé par…, en un mot, comme expression de son *assujettissement* à ce que l'intellect désire tant qu'il fait l'objet de… et qu'il est donc attiré par ce qui est *hors de lui* et bien sûr *autre que lui*.

Cependant, ce qui engendre l'intellect-pensant et qui est au-delà de lui (ἐπέκεινα νοῦ τὸ γεννῶν) n'engendre toutefois que ce qui lui est proche et semblable (ὅμοιον). Il engendre quelque chose qui est donc pareil à l'intelligible premier sans en être la copie identique puisqu'il n'est pas un double de l'*ousia* du premier *noêton* mais l'hypostase d'une *ousia* propre. Est ainsi engendrée une *totalité* à partir de l'unicité première, puisqu'il est dit que l'intelligible premier recèle tout : « toutes choses de lui sont *en lui* et *avec lui* (ἀλλ' ἔστιν αὐτοῦ πάντα ἐν αὐτῷ καὶ σὺν αὐτῷ) » (je souligne). Est également engendré ainsi un intellect qui n'est pas insensible puisque l'intelligible premier lui-même n'est pas insensible (οὐκ ἔστιν οἷον ἀναίσθητον). Enfin, est engendré ainsi un intellect qui opère la distinction de soi (διακριτικὸν ἑαυτοῦ), la saisie noétique de soi (κατανόησις αὐτοῦ) et la conscience ou la saisie sensible de ce qui est avec soi (αὐτὸ συναισθήσει), conséquence du fait que cet intelligible premier est aussi un vivant (« il a la vie en lui » : ζωὴ ἐν αὐτῷ). Nous avons par conséquent, dans le reflet fidèle qu'apporte ce qui est engendré et qui est donc proche *de* et semblable *à* l'engendrant, l'énumération des caractères propres et des traits spécifiques de la première hypostase en tant qu'elle endosse le rôle de « premier pensable » comme reflet d'elle-même. Ainsi, la première hypostase permet qu'à partir de ce « premier pensable », lequel n'est ni objet ni acte, l'intellect puisse être engendré et soit ainsi le lieu et l'acte des *noêta*, bien qu'il ne s'agisse pas ici de *topos* ni d'*energeia* dans cet

1. G. Aubry, *Dieu sans la puissance.* Dunamis *et* energeia *chez Aristote et chez Plotin*, Paris, Vrin, 2006.

accomplissement de la pensée[1], car l'achèvement de son état « accompli » (ἀποτελειουμένη) vient d'un *ailleurs*, du dehors de la pensée, et n'est pas à proprement parler une « entéléchie » de la pensée étant donné que le « premier pensable » *est par provenance* de l'Un et que l'*ousia* du *noûs* n'est à cet égard qu'un achèvement engendré par l'Un.

La première hypostase agit ainsi comme par délégation, et s'accomplit, pour ainsi dire, ailleurs qu'en elle-même, dans la seconde hypostase, bien que dans sa séparation la première hypostase soit elle-même parfaite. Il s'ensuit que ce qui engendre n'est pas la pensée et l'engendrement effectué n'est pas le résultat d'une activité noétique. Par conséquent, c'est une « réalité » d'un autre ordre qui précède et qui détermine la « réalité noétique » qui en est donnée. Mais si c'est bien une réalité noétique, intelligible, qui peut en être donnée, c'est précisément parce que c'est l'intellect qui en provient et non une autre sorte d'agent avec une autre faculté propre. Cette « réalité » ou « non-réalité » d'un autre ordre se reflète de la manière la plus proche et la plus fidèle dans le « premier *noêton* » et dans ce qui s'engendre. Puisque le « premier pensable » est le reflet de la première hypostase dans sa séparation absolue, et qu'il est différent parce qu'il en est bien le reflet et non l'identité, et qu'il peut donc être l'engendrant du *noûs*, les traits qu'il dévoile sont nécessairement des reflets en provenance de l'Un, non pas en tant qu'Un séparé mais en tant qu'hypostase dont le premier *noêton* est aussi le premier, et d'ailleurs le seul, l'unique, reflet. Le pas que Plotin ne franchit pas explicitement mais qui se laisse néanmoins deviner dans cette relation *par délégation* entre l'Un, le premier *noêton* et le *noûs*, serait celui d'envisager le reflet du premier pensable comme « possibilité » que recèle l'Un dès lors qu'il rend possible un reflet que la *noêsis* peut « *voir* » (νόησις δὲ τὸ νοητὸν ὁρῶσα). Cette « possibilité » serait de l'ordre d'une « puissance », mais d'une « puissance *conditionnée* », c'est-à-dire contenant les conditions de possibilité de son externalisation et de son déploiement comme acte d'engendrement et comme traits (du premier *noêton*) qui assure la détermination conséquente à la constitution de l'être et des « objets » propres de la pensée.

Dans ce contexte, aussi subtil que précis, ce n'est que le caractère indéterminé (*aoristos*) qui joue le rôle du trait qui partage, sépare et différencie le premier intelligible de la catégorie des seconds. Mais d'où provient cette

1. Plotin prend soin de ne laisser aucune possibilité de confusion de l'engendrant et de l'engendrement du *noûs* avec une action ou une activité qui serait de l'ordre de l'*energeia* et qui incomberait à la pensée : « Mais pourquoi [le générateur] n'est pas l'intellect, dont l'activité est la pensée ? (διὰ τί δὲ οὐ νοῦς, οὗ ἐνέργειά ἐστι νόησις;) » (extrait du passage cité *supra*).

indétermination et que signale-t-elle? Plotin répond par une référence pythagoricienne ou platonicienne: c'est la position seconde de la dyade indéterminée par rapport à l'Un qui permet à partir de leur rencontre de produire les formes et les nombres qui sont le contenu de la pensée, à savoir les intelligibles. Indéterminée, la dyade peut donc comporter et comporte d'ailleurs le multiple et la division des singuliers qui va avec le multiple et avec la possibilité de penser les choses individuelles. Or les intelligibles sont multiples et la multiplicité vient après l'unité et donne lieu à la division. S'avère donc que si ce qui est engendré est nécessairement assujetti à ce qui l'engendre, cette situation ne révèle pas un défaut mais constitue un lieu de tension (comme de désir qui provient du manque), et définit ainsi la condition nécessaire à la détermination qui doit accomplir la perfection en faisant coïncider à terme l'acte et l'objet.

Mais la division entre l'intelligible qui engendre et ce qui est engendré et qui coïncide désormais avec la pensée, se reporte aussi sur les actes. À leur tour, deux actes inséparables s'articulent autour de la division des deux sortes d'intelligibles, l'unique premier et les autres qui reçoivent leur détermination en tant que pensées grâce à l'intellect qui « se tourne » et qui « voit » l'intelligible premier. Comme dans le cas de l'acte lumineux, l'un des actes noétiques est et demeure interne (source de lui-même et en repos) tandis que l'autre, non-séparé et semblable à la manière d'une image ou d'un reflet de l'autre, s'externalise *en acte* d'illumination dès qu'il se trouve en situation de détermination, c'est-à-dire dès qu'il est « appelé » à l'acte par la nécessité d'éclairer ou de penser un objet hétérogène[1]. L'acte de penser se présente ainsi comme une coïncidence du *noûs* et du premier *noêton*, tant que cet acte, *noêsis*, demeure intérieur au *noûs*, identifié à l'intellect en tant qu'hypostase seconde, et là il contient tout, il est sensible, il a la vie et en même temps l'intelligence de soi. Plus surprenant encore, cet acte noétique a aussi une sorte de conscience qui ne se confond pas avec la *noêsis* du *noûs* quand celle-ci implique un *hétéron*, en prenant l'acte du *noûs* pour un «objet» de la pensée. Ce *hétéron* de l'acte substantiel du *noûs* constitue alors un acte second, à la fois différent et inséparable de l'*ousia* (ou acte substantiel) du *noûs*, et il se tient à l'extérieur, ou du moins se tourne vers l'extérieur pour accomplir, pour mener à terme la détermination de l'acte premier intérieur. Mais cet ordre de la détermination seconde n'est pas téléologique puisque l'intelligible premier et les autres intelligibles peuvent parfaitement demeurer dans leur état sans

1. Pour une analyse de cette dualité d'actes noétiques en rapport avec des sources aristotéliciennes, voir L. Lavaud, *D'une métaphysique à l'autre. Figures de l'altérité dans la philosophie de Plotin*, Paris, Vrin, 2008, p. 209-221, occ. n. 3 p. 214.

nécessité de s'accomplir en devenant l'objet d'un acte second de détermination, comme dans le cas de la connaissance des choses individuelles. C'est la raison pour laquelle on peut parler dans ce cas de « possibilité » et non de « potentialité » qui s'actualiserait par nécessité. Les intelligibles se maintiendraient alors dans une unité non-déployée, le premier intelligible à cheval entre la périphérie de la première hypostase et la seconde hypostase qu'il « engendre », les autres à l'intérieur de la seconde hypostase avec laquelle ils partagent la même *ousia*, et s'actualisant uniquement lorsqu'ils sont appelés à être des *noêta* par rapport à des « objets de pensée » différents.

En même temps qu'il construit cette structure, Plotin renverse le statut de prééminence accordé par Aristote à la pensée qui se pense elle-même[1]. Ce n'est pas en étant source de lui-même, auto-connaissance et mouvement de soi, que l'acte de penser embrasse toute la pensée et l'active pour la déterminer comme pensée. La connaissance comme action de la pensée n'est propre, elle, qu'à la situation seconde et ne peut parfaire l'acte de penser en le déterminant vis-à-vis de lui-même que dans la mesure où cette connaissance ne coïncide pas avec l'unité ousiologique de l'intellect et des intelligibles propre à la seconde hypostase, mais porte bien sur un *hétéron*. Dans l'unité substantielle de l'acte interne avec lui-même subsiste donc aussi une condition de possibilité pour un acte extérieur : l'acte double et second, qui parfait l'ensemble par la détermination d'un objet connaissable nécessairement différent. Cet acte second se maintient, lui, en marge de la seconde hypostase à l'égard de laquelle il joue à son tour le rôle d'un rayonnement ou d'un reflet. C'est uniquement à ce niveau, à partir de la seconde hypostase et de l'acte second qui « l'entoure » que le fonctionnement récupère partiellement le modèle prioritaire de l'effectuation et de l'entéléchie propre au Stagirite. Mais jusqu'ici, le renversement du modèle aristotélicien, peut-être sous influence stoïcienne, s'appuie sur un échange de place entre *noûs* et *noêton*. Selon Plotin, ce qui vient en premier n'est pas l'intellect (un intellect divin ou donné) mais un intelligible premier, or cet intelligible premier, en condition de séparation de l'intellect, est bien l'hypostase première, l'Un, qui « dépose » dans le *noûs* une trace ou un reflet.

Plotin défend ainsi l'inconnaissance de l'Un en même temps que la condition du premier *noêton* comme condition de détermination de l'intellect, hypostase seconde. La condition ousiologique de l'intellect lui permet de penser le premier *noêton* mais pas de le connaître dans son

1. A. Schniewind, « Où se situe l'intelligible ?... », art. cit., p. 37.

hypostase ontologique propre. L'intellect pense ainsi l'Un *sans le connaître*, plus précisément *sans nécessité de le connaître*. Il le pense sans le connaître en tant qu'Un et sans lui assigner une quiddité, mais ne demeure pas dans cet inachèvement car il le pense comme *noêton*, comme « pensable » qui engendre l'unité de la *noêsis* et des *noêta*; il le pense donc comme principe et le connaît comme condition de détermination noétique de l'indéterminable. On pourrait même dire que l'intellect « détermine » l'Un en le pensant, et que l'Un, à son tour, assure à l'intellect la condition de possibilité (voire d'effectuation) de son acte en s'offrant comme « objet » adéquat : intelligible premier, *i.e.* premier en tant que *pensé* et *étant* à la fois. Mais l'intellect ne connaît pas pour autant l'Un en le pensant lorsqu'il « se tourne » vers l'intelligible premier. Cette inconnaissance n'est pas, me semble-t-il, la conséquence d'une situation apophatique réclamant par nécessité une voie négative pour la connaissance de l'Un. L'Un demeure et demeurera inconnu, et cette inconnaissance signifie la liberté conditionnée de l'Un lui-même qui n'engage pas sa réalité entière dans l'intelligible premier mais offre uniquement cette réalité-là qui peut être pensée. En clair, nous comprenons que pour Plotin la description du processus noétique relève de la métaphysique, que la théorie noétique est même le banc d'essai de *sa* métaphysique, et que l'auteur des *Ennéades* entend répondre sur ce plan aux défis qu'Aristote avait formulés au sujet de l'intellect et de la possibilité de penser la cause première sur le modèle de l'auto-réflexion. À partir de cette définition de l'acte de penser – résumons-le selon l'ordre établi par Plotin : (1) ce qui est réellement, *i.e.* l'intelligible premier; puis (2) ce qui devient, ici les intelligibles en tant que pensées qui coïncident essentiellement avec le *noûs* – le rapport entre l'acte de penser et l'acte second de la connaissance de ce qui est pensé devient le modèle structurel de l'acte tout court : « être », « vivre », « penser », dans leur équivalence essentielle. Il s'agit pour les trois (être, vivre, penser) d'un acte dont l'accomplissement est interne à l'*ousia* de l'étant, du vivant ou de la pensée, comme si ces derniers s'auto-engendraient. Or cet acte n'est pas l'effet d'un rapport causal et ne modifie rien; il révèle en revanche la condition inébranlable de l'*ousia* noétique, condition dans laquelle est inscrite aussi la possibilité de s'auto-transcender comme *ousia* pour pouvoir se tourner vers l'Un. Évidemment, il s'agit d'un modèle alternatif à celui posé par la constitution de la condition de puissance en condition de possibilité pour l'*energeia*.

INTELLECTION ET INTELLIGIBLE(S) EN VERSION LATINE. LA *CONNAISSANCE DIVINE*

Il y a une prédisposition dans ce processus noétique qui ne tient pas seulement de la perspective transcendantale qu'elle ouvrira à l'idéalisme moderne, mais qui entraîne aussi des conséquences historiquement immédiates sur la possibilité de définir l'acte de penser à partir de l'impensable (le cas : *penser Dieu*). Une prédisposition donc, voire une proximité à même d'induire à cet égard une méprise sur les différences fondamentales subsistantes entre la philosophie de Plotin et la pensée théologique qui prendra un essor important quelques décennies après la mort de Plotin dans le contexte du christianisme officiel naissant[1].

Les principaux traits de la philosophie de Plotin – d'une part la relativisation considérable de l'être, et donc de l'ontologie, au profit de la noétique, de l'autre l'invention d'une pensée de l'acte qui met à distance la puissance et fait travailler comme principes agissants les intelligibles en un dédoublement de leur espèce et donc de l'acte noétique correspondant – ont un impact, vraisemblablement indirect, sur les théologiens chrétiens. Indémontrable textuellement, cet impact demeure donc difficile à déceler dans l'écheveau des controverses doctrinales, à quelques exceptions près, dont Victorinus qui est peut-être l'un des représentants les plus proches du caractère spéculatif et intellectualiste des écrits de Plotin[2]. L'objet des traités de Victorinus n'est certes pas l'acte noétique et le statut des intelligibles, mais la connaissance divine et la défense de la Trinité. Cependant, le mécanisme noétique plotinien, brièvement et partiellement esquissé plus haut, se retrouve dans sa recherche de définitions et dans ses arguments. Si la distinction ontologique entre τὸ ὄν et τὸ εἶναι est le principal emprunt fait à Porphyre, en revanche, sur le statut intelligible de l'Un-Dieu et sur les modes de l'intellection Victorinus semble être aussi un fin lecteur de Plotin, à qui il emprunte également la pensée particulière de l'acte et l'association étroite entre intellect et principes de l'être et du vivant. Bien sûr,

1. P. Aubin, *Plotin et le christianisme. Triade plotinienne et Trinité chrétienne* (Paris, Beauchesne, 1992) reste un « classique » pour les convergences et les failles entre la philosophie néoplatonicienne d'avant son propre « tournant théologique » (de Jamblique et Proclus à Damascius) et la pensée chrétienne du IVe s. qui réalise sous la plume de quelques auteurs (d'Origène à Victorinus et aux Cappadociens) une synthèse entre moyens philosophiques et dessein théologique, jetant les bases de la première « scolastique » du christianisme.

2. Signalons la liste des rapprochements entre des occurrences victorines et plotiniennes établie par Hadot ; on constate que tous les textes de Plotin sont mobilisés par Victorinus tout au long de ses traités théologiques. Voir P. Hadot, Marius Victorinus, *Traités théologiques…*, *op. cit.*, « Index des auteurs », p. 1143-1147.

il ne les reproduit pas, mais, fort de sa pratique philosophique bilingue (gréco-latine), il tente de greffer la théorie noétique plotinienne sur la base ontologique fournie doctrinalement à la Trinité chrétienne et qui comporte, rappelons-le, d'une part une « incarnation » au niveau de l'hypostase seconde, l'incarnation du Logos-Verbe appelée « Fils », et de l'autre, un substrat ousiologique, psychologique et physiologique commun aux trois hypostases, substrat commun ou « consubstantialité » que doit défendre le théologien au nom de la foi de Nicée. Propre à la Trinité, ce fond commun, comprenant l'union entre une *ousia* seule et la différence spécifique dont relève chaque hypostase selon sa nature et son acte individuel déterminant, ainsi que selon sa dimension somatique dans le cas du Logos incarné, présente une réalité trinitaire unique qui n'a évidemment rien en commun avec la triade plotinienne des hypostases. Plus que des points de friction pouvant nourrir perpétuellement la discussion, il y a sous ces deux déterminations propres à la Trinité, l'incarnation et la consubstantialité des hypostases, et malgré les efforts logiques, rhétoriques et métaphysiques de Victorinus, une divergence radicale qui résiste à toute tentative d'homologation du christianisme comme « philosophie néoplatonicienne » ou, à l'inverse, d'adaptation forcée du néoplatonisme pour servir de base à une « philosophie chrétienne ». Plus simplement dit, aussi bien le Dieu judéo-chrétien, Dieu unique et Père, que le Fils de Dieu et l'Esprit-Saint propres au christianisme, sont irréductibles aux concepts plotiniens de l'Un, de l'Être et du Vivant.

Cependant, les textes de Victorinus présentent un caractère particulier en la matière. Ce n'est pas tant sa latinité qui renforcerait le trait des quelques accents stoïciens déjà présents (ne serait-ce que de manière polémique) dans la théorie noétique de Plotin, et qui serait responsable de ce caractère particulier des écrits théologiques du rhéteur romain, mais plutôt un attrait constant pour l'interprétation et l'argumentation philosophique des textes bibliques et des doctrines du christianisme. On pourrait dire qu'à l'opposé de ce qui serait une archéologie conceptuelle assortie d'une interprétation allégorique cherchant chez les « philosophes » des arguments en faveur de la doctrine chrétienne, c'est une herméneutique philosophique des « mystères » de la théologie trinitaire que cherche à réaliser Victorinus dans son débat avec Candidus contre l'arianisme : une tentative de théologie rationnelle fondée prioritairement sur des développements ontologico-noétiques et dont le but serait une théorie chrétienne, donc trinitaire, de la connaissance divine[1].

C'est à cet égard que Plotin joue un rôle au moins aussi important que Porphyre parmi les sources et les appuis philosophiques de Marius Victorinus. Le rôle de l'altérité dans la théorie de l'acte double de la pensée et les conditions de l'auto-intellection sont deux des acquis les plus importants empruntés par le théologien romain à la philosophie des *Ennéades*. Victorinus ne cite pas directement des passages plotiniens. En revanche, il emploie relativement souvent des expressions proches, ainsi que des arguments et des développements semblables à ceux que l'on peut rencontrer dans les traités plotiniens centrés sur les questions évoquées : l'intellection, les intelligibles, le statut ousiologique et les réalités actualisées par les hypostases fondamentales. La majorité des proximités textuelles et des similitudes d'expression avec Plotin se concentre dans le livre IV du grand traité *Adversus Arium*, dans les chapitres consacrés à la définition de la relation entre le Père et le Fils sous les modes de la forme consubstantielle et de la procession de la forme (chap. 12-28). C'est dans cette première moitié du quatrième livre que sont définis les actes de la triade « être », « penser », « vivre », et que l'on retrouve toutes les caractéristiques plotiniennes en la matière. On les retrouve toutes ou presque, aussi bien dans l'usage des catégories du mouvement et du repos, que dans le dédoublement entre un acte premier et un acte second, avec un usage réservé toutefois à la puissance, point sur lequel Victorinus ne suit pas à son terme le renversement amorcé par Plotin. Enfin, et c'est peut-être l'emprunt le plus important, on retrouve les acquis plotiniens dans l'auto-réflexion et l'auto-connaissance que la pensée a d'elle-même et qui s'exprime non pas par une coïncidence de l'acte et de la forme, mais par un dédoublement et une externalisation de l'action qui détermine et achève l'acte intérieur.

Les caractéristiques plotiniennes de la triade des actes « essentiels » servent au théologien à définir les rapports entre les deux premières hypostases. Ainsi, la procession sous le mode de l'engendrement, le retournement de la seconde hypostase vers la première, l'inconnaissance préservée malgré tout de cette dernière, et les conditions de détermination

1. Le traité de Victorinus serait comparable sur ce plan avec les traités *Contre Eunome* des deux théologiens cappadociens, Grégoire de Nysse et Basile de Césarée, qui sont quasi contemporains, mais qui présentent plutôt une approche ontologique de la théologie de l'Incarnation et de la Trinité. Peut-être faudrait-il le mettre aussi en rapport avec le traité trinitaire de Basile, *Sur le Saint-Esprit*, écrit une dizaine d'années après l'*Adversus Arium* de Victorinus. Nous y reviendrons.

qui permettent à la seconde hypostase, l'intellect, d'exercer son acte propre prioritairement en pensant la première hypostase sans la connaître toutefois selon son *ousia* propre, deviennent chez le théologien romain des arguments en faveur de la consubstantialité entre le Père et le Fils. La possibilité de la connaissance que le Fils seul assure à l'égard du Père est conditionnée par la consubstantialité, tandis que celle-ci est, pour sa part, révélée par la connaissance réservée au Fils. L'ordre de prééminence entre le noétique et l'ontologique ne suit pas exactement la démonstration de Plotin. Mais Victorinus demeure néanmoins fidèle aux conséquences épistémologiques de la démarche plotinienne : pour le théologien, comme pour le philosophe des *Ennéades*, c'est l'argument noétique qui soutient l'unité ontologique des hypostases; en l'occurrence, ce sont les moyens intellectifs qui permettent au Fils de penser et de connaître le Père en tant qu'engendrant, Père qui lui révèle lui-même la consubstantialité divine dans la mesure où le Fils se pense et se connaît lui-même comme engendré (« premier *noêton* », en termes plotiniens). Cette connaissance double, de soi et du Père en même temps, est une connaissance elle-même « divine » dans la mesure où elle est issue de l'acte essentiel qui relie les deux hypostases, l'engendrement, acte qui est à son tour le fruit de l'unité entre « penser », « être » et « vivre », et qui est par conséquent propre aux deux hypostases de la seule et même *ousia* divine appartenant au deux mais ne se reflétant et ne se révélant que dans le Fils seul. L'Un ne se connaît pas, et le Père non plus, mais le Fils connaît le Père en se reconnaissant comme Fils. Mise en situation spécifique par chacune des hypostases, la connaissance joue ainsi, comme l'image d'ailleurs (nous l'avons vu plus haut), le rôle d'argument en faveur de la consubstantialité du Père et du Fils pour le théologien romain.

Une forme qui procède de la forme, ou l'image qui est l'action non séparée de l'acte intérieur et qui devient elle-même l'action de la puissance[1], de même que la détermination de l'hypostase première comme premier *noêton* pour le *noûs*, dont proviennent par engendrement les *noêta* et l'acte même de penser, sont des thèmes et des expressions qui donnent au lecteur du traité théologique victorinien un sentiment de grande familiarité avec le langage et la problématique des traités plotiniens. Différence de langue mise à part, le goût pour la répétition et pour les formules de dédoublement qui expriment soit une procession soit une précession du même

1. « C'est pourquoi l'acte est l'image (*imago est actio*) de tout ce qui est dans la puissance, spécifiant chacune des choses qui sont dans la puissance et existant par soi-même… », *Ad. Arium*, I, 19, 25. Voir aussi *supra* (chap. précédent), ainsi que la phrase « Imagines dico potentias per omnia lineis animae defluentes » citée en épigraphe de ce chapitre.

par le même, en signalant la différence par un simple décalage grammatical de déclinaison, de conjugaison, de mode actif/passif ou par des prépositions – tel *intellegendo intellegentia*[1] ou *imago imaginis*[2] ou *praeintellegentia*[3] –, ce goût et ces usages sont communs aux deux auteurs et les exemples illustratifs de cette proximité, fréquents à longueur de pages, s'il ne suffisent pas à démontrer des emprunts textuels directs, sont néanmoins la preuve d'une familiarité évidente de Victorinus avec les traités de Plotin.

Niveaux de réalité ou d'étants et genres de connaissance communiquent nécessairement mais ne correspondent pas entre eux selon les échelles qui s'esquissent dans la métaphysique du traité théologique de Victorinus. Pour les premiers, la référence de Victorinus se situerait dans le débat de Platon avec Parménide dans le *Sophiste*, ainsi que dans la lecture porphyrienne des genres de l'être et de l'ontologie qui en découle, tandis que pour les seconds le modèle de la connaissance demeure toujours la *République* et, vraisemblablement, des « adaptations » stoïciennes du modèle platonicien. C'est ce que montre l'étude magistrale de Pierre Hadot consacrée aux rapports étroits, textuels et doctrinaux, qui relient Victorinus à Porphyre[4].

1. « Et lorsqu'il se pense [...] il en résulte que sa pensée elle-même se pense (*intellegentia ipsa se intellegat*). » (*Ad. Arium*, IV, 27, 6). Ou encore : « Et c'est le Fils, c'est le *Logos*, le Fils engendré (*natus filius*), parce qu'il est autre que Dieu (*alius a deo*) et pourtant venant de Dieu (*de deo tamen*) ; c'est-à-dire qu'à partir de celui qui est la pensée existante et vivante qui est Dieu et qui est à l'intérieur (*atque intus*), la pensée, qui est pensée en se pensant (*intellegendo se intellegentia*), s'est manifestée et s'est montrée au-dehors (*foras se protulit atque extitit*), étant alors image du Père, en qui elle était et en qui elle est toujours et étant engendrée par la pensée intérieure qui est être et exister (*esse est atque exsistere*) ; et à cause de cela, elle est image de l'image (*ac propterea imago imaginis, genita*). » (*Ad. Arium*, IV, 28, 16-22).

2. Nous avons vu dans la première partie de cette étude que l'expression *imago imaginis* revient plusieurs fois chez Victorinus, soit en contexte d'exégèse biblique, pour situer l'homme créé à l'image et à la ressemblance de Dieu, soit en contexte noétique et trinitaire, pour situer les pensées engendrées par l'Intellect qui reçoit à son tour l'image de l'acte divin de penser. Voir note *supra*, pour ce dernier type d'usage de l'expression ; pour les usages destinées à qualifier l'homme créé, voir *Ad. Arium*, I, 20, 1-16 ou 61, 1-10, passage cité n. 1 p. 138-139.

3. *Praeintellegentia*, la pensée antérieure à la pensée qui découvre ce qui est en puissance (le Fils dans le Père), par ex. *Ad. Arium*, IV, 26, 10. Ailleurs l'auteur emploie aussi le terme de *praecausa*, avec le sens de cause antérieure à l'activation de l'acte par une cause motrice ou efficiente. « [...] la cause principale est cause et pour soi et pour les autres, étant cause par sa puissance et sa substance [c'est le Fils, Logos, égal à ce titre du Père] (*et potentia et substantia causa exsistens*) – mais le Père est précause (*praecausa autem pater*). » (*ibid.*, I, 3, 18-20).

4. *Porphyre et Victorinus*, *op. cit.*, t. I, p. 154 *sq.*

Mon approche de cette question est partie de l'idée que s'il y a communication il y a aussi, nécessairement, une correspondance essentielle entre le niveau de réalité situé dans le sillage immédiat de l'Un et le genre de connaissance correspondant à l'hypostase seconde, la connaissance réflexive que l'intellect a de l'intelligible premier à travers l'acte de penser. Cette correspondance ne s'impose pas comme conséquence d'une même réalité ontologique qui serait partagée ou de la possibilité d'une relation d'inférence entre des registres distincts de réalités, une « réalité *vraie* » et une « réalité *d'image* », mais elle s'établit à travers la dualité inhérente à la définition de l'acte, sans que nous ayons besoin d'introduire une séparation entre les notions et les réalités, c'est-à-dire sans avoir besoin de référer Plotin ou Victorinus à la théorie stoïcienne d'une séparation inhérente entre *noêta* et *onta*. Fondée sur la théorie noétique plotinienne, cette idée de correspondance s'appuie sur l'argument « ousiologique », celui-là même qui fait de Plotin l'idéaliste premier et peut-être le plus radical : le *noêton* engendre une pensée qui est et qui possède elle-même une réalité correspondante à ce *noêton*, une réalité d'acte qui correspond à celle que la pensée elle-même confère comme détermination à l'Un et qui, auprès d'elle-même et à l'égard d'elle-même, s'identifie aux intelligibles et à la multiplicités des Formes[1]. En même temps, cette pensée déploie aussi un genre de connaissance spécifique, propre à cette réalité de l'intelligible premier ; or, à ce titre, le *noêton* est non seulement la Forme seule et absolue de l'Un, mais constitue aussi le fondement de l'acte de la *noêsis*, ce qui soutient et nourrit de l'intérieur l'acte de penser. Cette correspondance n'est donc pas proprement ontologique, puisque l'intellect ne connaît pas la réalité même de l'Un en le pensant, mais elle est ousiologique, c'est-à-dire essentielle, fondatrice et conditionnelle pour l'acte qui s'y déploie. Elle est donc « essentielle », car l'*ousia* du *Noûs* est définie par Plotin comme acte pur, *energeia* comprenant la *dunamis* mais dépourvue en même temps de la nécessité d'une *suspension* correspondante de la potentialité, laquelle, si elle venait à déterminer l'*energeia* noétique, placerait en effet l'intellect en situation de défaillance par rapport à l'Un. Or l'intellect qui se tourne vers l'Un le voit ; le voit éternellement parce qu'il est à même de se voir lui-même dans l'Un comme hypostase de ce qui est engendré par lui en tant qu'engendrant. « Se voir » désigne se penser comme pensée engendrée par l'intelligible premier ; celui-ci vient nécessairement « en premier », bien que, *de facto*, la pensée engendrée par lui en soit concomitante.

1. *Porphyre et Victorinus*, *op. cit.*, t. I, p. 166.

Le terrain est dès lors tout préparé pour le théologien qui cherche à démontrer la consubstantialité du Père et du Fils. Victorinus s'en sert, évidemment, mais, en développant les conséquences sur le plan de la théologie trinitaire, il dé-radicalise en quelque sorte la position de Plotin. L'une de ces conséquences ne vise pas la définition nicéenne de la Trinité, mais concerne la connaissance spécifique que déploie la Trinité. Cette connaissance spécifique, déterminée par une relation parfaite de réciprocité et de simultanéité entre *acte* et *forme* (ou intelligible), induisant une sorte d'« identité réciproque » et correspondant *stricto sensu* à la mutation plotinienne opérée au sein de la connaissance conditionnée des Formes héritée de Platon (conditionnée par l'irréductibilité acte-*ousia*/forme chez ce dernier), se transforme, chez Victorinus, en possibilité pour la pensée d'avoir une connaissance divine qui la détermine et qui l'accomplit en tant que manifestation de la pensée partant de l'intelligible premier comme d'un principe de penser. Cependant, Victorinus n'entend pas définir ainsi la connaissance propre à l'homme. Pour le théologien, la connaissance proprement divine est réservée à la Trinité.

Si chez Plotin l'intellect est un « vivant » puisqu'il est dit qu'il a la vie, s'il a en outre la totalité et qu'il n'est pas insensible mais sensible en même temps qu'il est pourvu de *diakrisis*, de *katanoêsis* et même de *sunaisthesis* lorsque tous ces actes, et surtout la *katanoêsis*, permettent à l'intellect que son acte propre, qui est aussi son *ousia*, s'exerce sur lui-même comme un acte second, chez Victorinus c'est au Fils que reviennent à la fois tous ces déterminants et cet acte double de penser et de se penser. Pour le Fils le Père est, comme l'intelligible premier, principe engendrant et possibilité donnée de le connaître ainsi, non en lui-même, puisque du point de vue ontique il est séparé, mais en tant que le Fils se connaît lui-même en s'identifiant en tant que Fils du Père. Victorinus se sert du paradigme noétique plotinien comme argument pour la défense de la consubstantialité entre le Père et le Fils, en franchissant un pas vers l'*ousia* de la première hypostase que pourtant Plotin non seulement ne franchit pas mais se fait fort de ne pas franchir afin de préserver une séparation radicale de la première hypostase, de l'Un, une séparation à la fois ontologique et gnoséologique. La seule possibilité admise par Plotin est celle de la détermination réservée à l'acte noétique. Elle s'exprime sous le mode de l'autodétermination de l'intellect comme acte de penser dans les deux opérations à entendre comme *simultanées* et *inséparables*, mais qui sont néanmoins deux opérations distinctes : d'une part le « regard » que l'intellect porte sur l'intelligible premier en se tournant vers lui ; de l'autre les « pensées » qui sont engendrées par ce dernier et qui sont les formes ou les intelligibles en mouvement dans le repos intime de l'intellect à l'égard de lui-même. Ces dernières se déterminent comme pensées intelligentes ou connaissantes à l'égard de tout ce qui est accomplissement à l'extérieur et donc manifestation des pensées identifiées, comme actes propres de la substance, à l'intellect.

CHAPITRE V

PENSER L'ACTE ET LA PUISSANCE SELON L'ORDRE CAUSAL DE LA RÉALITÉ NOÉTIQUE (ARISTOTE, PLOTIN, MARIUS VICTORINUS)

PENSER LA RÉALITÉ COMME ACTUALITÉ N'EXCLUT PAS LA PUISSANCE

Reprenons la question de départ concernant le rapport de détermination entre l'acte premier et l'acte second ou l'action en retournant à Aristote et à la nécessité de penser l'acte dans sa complémentarité avec la puissance. Indéfectiblement associée à l'acte, la puissance que recèle la nature d'un être ou d'une chose se définit comme ce qu'un acte dévoile, révèle, actualise – en un mot, fait être « réellement » en actualisant la potentialité d'un être ou la possibilité pour une chose d'exister. Mais la puissance disparaît-elle pour autant lors de l'accomplissement d'un être ou d'une chose dans la réalité actualisée de son entéléchie seconde, c'est-à-dire dans son état de réalité accomplie par l'acte d'exister selon son action propre? Qu'est-ce qui détermine la « réalité » de ce que l'acte révèle, à savoir ce qui *premièrement est* (τὸ πρώτος ὄν) avant d'être *quelque chose de déterminé* grâce à un acte dont cette chose est l'agent ou fait simplement l'objet? Est-ce l'acte qui doit être considéré comme la réalité effective de tel existant puisqu'en l'actualisant ou en l'engendrant il révèle ainsi l'existant dans sa « réalité » propre? Ou bien est-ce la puissance que recèle telle chose en demeurant sans la nécessité absolue d'actualisation, étant donné que l'acte, dès qu'il rend manifeste une chose la réduit en même temps à être appréhensible en tant que *res* uniquement, *res* de l'acte en question? Autrement dit, selon quelle nécessité l'acte doit-il être considéré comme premier par rapport à la puissance dans la « réalisation » de ce qui relève de l'*effectivité* d'un étant, de ce qui relève donc non de sa nature ou de son genre, ni de son seul fait-d'être, mais précisément de toutes les possibilités d'accomplissement de sa « réalité véritable » d'étant (τὸ ὄντως ὄν) ? Selon cette expression (τὸ ὄντως ὄν), la « réalité » apparaît en effet comme une surenchère à la fois du fait-d'être (de l'étantité de tout existant) et de la nature de ce qu'est « réellement » l'être (ὄντος), la nature déterminable ou définissable d'un existant individuel incluant ainsi, dans la puissance immanente, *la possibilité* de ce dernier de se manifester selon son action spécifique.

Aristote nous apprend que, du point de vue causal, l'acte vient en premier car c'est lui qui actualise la chose, qui rend manifeste son accomplissement en tant que chose immanente à l'acte de sa fabrication, de son engendrement ou de son dévoilement, et qui permet en outre la saisie dans la mesure où, en « terminant » la chose, l'acte finalise la potentialité d'une chose en assurant la condition double de son accomplissement et de sa définition en tant que « cette chose-là, *effective* ». Cependant, du point de vue de ce qui est premier, la prééminence de l'acte sur la puissance ne se justifie que si l'*être* lui-même est entendu comme *acte*, acte premier ou acte essentiel (*ousiologique*), acte qui donne lieu à des actions spécifiques distinctes, propres et accidentelles; par exemple : marcher, voler, engendrer, etc., en tant qu'actes spécifiques des êtres vivants. Cette compréhension de l'*être* comme acte premier, distinct des actions spécifiques, acte essentiellement identique à la puissance du principe, convient aux étants (*ta onta*) et, selon Aristote, c'est lui qui se convertit en définition de l'acte (*energeia*) entendu le plus souvent comme mouvement (*kinêsis*) ou comme transformation (changement, devenir).

Mais la question concernant la primauté de l'acte ou de la puissance, primauté sur les actions et les propriétés, se pose encore différemment dans le cas particulier des étants intelligibles et de la réalité hypostatique des premiers principes que Plotin d'une part, Marius Victorinus de l'autre, abordent sous cet angle précis. L'ordre établi par Aristote, πρότερον ἐνέργεια δυνάμεώς ἐστιν[1], connaît du coup, à tour de rôle, des inversions contextuelles et des inversions radicales chez Plotin et chez Victorinus.

Si la « réalité » d'une chose est dépendante de l'accomplissement de cette chose par un acte second inhérent à son *être*, si elle est, se produit ou est causée de manière efficiente dans/par l'entéléchie de la chose, alors, du

1. *Mét.* Θ, 8, 1049b5 : « … il est clair que (φανερὸν ὅτι) l'acte est antérieur à la puissance (πρότερον ἐνέργεια δυνάμεώς ἐστιν). » (trad. J. Tricot; la trad. récente de M.-P. Duminil et A. Jaulin, *La Métaphysique op. cit.*, p. 304-306 et p. 308-313, ne présente pas ici des écarts significatifs).

point de vue de la chose, sa « réalité » est conséquente à l'acte qui accomplit la puissance inscrite dans sa substance ou dans sa nature de chose. Donc l'acte révèle la « réalité » de la chose dans la mesure où il actualise la potentialité *activable* de la chose, potentialité qui, inscrite substantiellement, précède dans ce cas l'acte, le contient et interagit en quelque sorte avec celui-ci lorsqu'un acte second met en mouvement cette potentialité de l'ordre d'un acte premier, un « acte » passif, un acte-puissance qui demeure intérieur à lui-même, comme en retrait. Prenons un exemple : la « réalité » de l'oiseau tient à l'acte de voler et cette « réalité » immanente s'actualise quand la puissance de voler, inscrite dans la nature du vivant pourvu d'ailes, permet à un moineau de s'envoler en actualisant ainsi sa « réalité » d'oiseau. On peut rétorquer cependant que cet exemple illustre uniquement la réalité de la propriété première du vivant volant et non sa réalité substantielle qui n'a pas besoin de faire se déployer les ailes de l'oiseau pour se rendre manifeste dans un oiseau qui picore, qui sautille ou qui dort. J'ai choisi à dessein un exemple différent de ceux donnés par Aristote dans *Métaphysique* Θ 6 afin de faire tenir en un seul cas l'aspect cinétique et l'aspect substantiel du rapport acte/puissance[1].

La réduction de la « réalité » de l'étant à une effectivité déterminée par l'acte qui agit comme « cause » agente ou efficiente, ou encore comme « acte second » de l'accomplissement, s'appuie aussi sur une sorte de précession de la puissance qui ne laisse aucune possibilité de subsistance à la chose, et donc de détermination de celle-ci, hormis sa « réalisation » en tant qu'*actualisation*. Par conséquent, la seule possibilité qu'une chose soit appréhendée comme « réelle » provient de son acte propre et se reçoit à partir de son déploiement dans l'action inhérente à son entéléchie. Cette situation implique cependant une séparation entre d'une part la « réalité » de la chose *réalisée*, l'appréhension de son *entéléchie*, et de l'autre la conception d'une constitution fondamentale de cette chose en tant qu'*ousia* : la chose selon qu'elle est essentiellement et premièrement en elle-même, ni acte ni puissance mais unité essentielle des deux. L'acte, actualisant la chose, restreint nécessairement la chose à sa « réalité »

1. *Mét.* Θ, 6, 1048b8-9 : « car l'acte [ἐνέργεια] est pris tantôt comme le mouvement relativement à la puissance (ὡς κίνησις πρὸς δύναμιν), tantôt comme la substance [formelle] relativement à quelque matière (ὡς οὐσία πρός τινα ὕλην). » Voir aussi la fin du chap. 6. Une interprétation de ce passage centrée sur la définition de la puissance, avec référence aux différentes « lectures » de la puissance comme *potentialité*, *possibilité* ou *capacité immanente*, a été proposée par D. Lefebvre dans la conférence « Sur la construction du livre Θ de la *Métaphysique* d'Aristote », soutenue en 2016 au *Centre Léon Robin* (Conférences sur la *Métaphysique*) ; voir son ouvrage Dynamis. *Sens et genèse de la notion aristotélicienne de puissance* (Paris, Vrin, 2018) publié quelques mois avant la parution de ce livre.

d'existant et la sépare en quelque sorte des possibilités inscrites dans sa puissance afin de l'individualiser, tout en préservant la spécificité dans la singularité qui se manifeste. Il s'ensuit que, pour Aristote, la « réalité » de la chose ne pourra jamais s'identifier à l'*ousia*, et *a fortiori* ne sera jamais la « réalité » de la puissance (*dunamis*), mais toujours celle d'*une actualisation* à partir de l'*ousia* et de la disposition/possibilité de la puissance à/de s'actualiser grâce à une action seconde inhérente à cette disposition/possibilité à la fois prééminente et prédéterminante, mais insaisissable en elle-même. Cette « réalité » sera d'ailleurs l'unique « réalité » de la chose quand bien même plusieurs possibilités d'achèvement seraient inscrites dans une seule et même étantité substantielle. La puissance peut donc être multiple (comme deux demi-lignes subsistent dans une ligne, selon l'exemple aristotélicien bien-connu), mais l'actualisation réduit nécessairement la chose à une seule « réalité » effectivement accomplie.

Or les conséquences de cette actualisation – en termes aristotéliciens : de cette *entéléchie qui réduit ou qui sépare* (ἡ ἐντελέχεια χωρίζει)[1] et à laquelle sont réduites la « réalité » de la chose dans son accomplissement et nécessairement la définition que nous pouvons en donner – sont précisément celles qui soulèvent des difficultés dans les débats théologiques du IVe s. autour de la « réalité » du Christ, homme et dieu. Elles sont particulièrement visibles chez Marius Victorinus[2] et chez Grégoire de Nazianze dans le débat avec les disciples d'Apollinaire[3], puisque ces deux

1. *Mét.* Z, 13, 1039a3-20 : « Il est impossible qu'une substance provienne de substances (οὐσίαν ἐξ οὐσιῶν) qu'elle contiendrait en entéléchie, car des êtres qui sont ainsi deux en entéléchie ne seront jamais un seul être en entéléchie. Mais si ces êtres sont en puissance, ils pourront être un : par ex., la ligne double se compose de deux demi-lignes, mais seulement en puissance, car l'entéléchie sépare (ἡ ἐντελέχεια χωρίζει). Si donc la substance est une, elle ne pourra provenir de substances contenues en elle [...]. La même conséquence s'appliquera encore évidemment au nombre, si [...] le nombre est une synthèse d'unités (σύνθεσις μονάδων). Car, ou bien la dyade n'est pas l'un, ou bien l'unité n'est pas en entéléchie dans la dyade. »

2. *Ad. Arium*, I, 3-4, 13, 19, 34, passages sur lesquels on s'attardera plus loin.

3. Grégoire de Nazianze, *Lettre* 101, I : « 36. Mais, dit-il, la divinité suffisait et tenait lieu d'esprit. [...] La divinité avec une chair seule n'est pas un homme (Θεότης γὰρ μετὰ σαρκὸς μόνης οὐκ ἄνθρωπος), pas plus qu'avec une âme seule (ἀλλ' οὐδὲ ψυχῆς μόνης), ni non plus avec l'une et l'autre dans l'esprit (οὐδὲ ἀμφοτέρων χωρὶς τοῦ νοῦ), car c'est ce dernier surtout qui constitue l'homme (ὃ καὶ μᾶλλον ἄνθρωπος). Garde donc l'homme tout entier (ὅλον) et mêle-lui la divinité (καὶ μῖξον τὴν θεότητα) [...] 37. Mais, dit-il, il ne pouvait contenir deux êtres complets. Non en effet, si tu regardes les choses de manière corporelle (σωματικῶς σκοπεῖς) : un vase (ἀγγεῖον) d'un médimne ne contiendra pas deux médimnes, et un lieu à la dimension d'un seul corps ne contiendra pas deux ou plusieurs corps ; 38. mais si tu vois les choses en tant que spirituelles et incorporelles (ὡς νοητὰ καὶ ἀσώματα), considère que je contiens, à moi seul, une âme (ψυχὴν), une raison (λόγον), un esprit (νοῦν) et l'Esprit-Saint, et

théologiens se servent précisément de ce vocabulaire aristotélicien dans la défense des doctrines christologiques dans les controverses post-nicéennes. L'entéléchie soulève donc des difficultés évidentes quand il s'agit de défendre la possibilité de la subsistance de deux natures distinctes, toutes deux en entéléchie dans un seul étant, en l'occurrence dans l'unique personne/hypostase du Fils. Mais elle soulève aussi une autre difficulté, car elle s'appuie sur la réduction de la « réalité » de la chose accomplie à l'étantité de la chose considérée déjà comme une sorte d'acte premier, en évacuant la possibilité que cette étantité soit un « fait » de pensée ou une conséquence de la raison et non nécessairement un acte existentiel dont l'entéléchie est immanente. C'est la position critique adoptée à cet égard par Plotin dans sa noétique[1].

La position d'Aristote dans *Métaphysique* Θ (rappel bref)

πρότερον ἐνέργεια δυνάμεώς ἐστιν[2]

L'affirmation tranchante de *Zeta* 13 sur l'entéléchie unique réductrice et séparatrice trouve des appuis dans les explications fournies dans *Theta* 8 en faveur de l'antériorité de l'acte sur la puissance; rappelons trois des arguments d'Aristote permettant de comprendre les modifications opérées sur ce schéma par la postérité tardo-antique.

1) Pour Aristote la puissance se définit selon les critères d'un double principe de changement, principe de mouvement ou principe de transformation : soit dans un autre être (le moteur meut quelque chose d'autre que lui), soit dans le même en tant qu'autre (l'homme adulte à présent par rapport à l'enfant qu'il était). Cependant, sous-jacentes à cette détermination de la puissance sont d'une part la compréhension stricte du principe

qu'avant moi ce monde, je veux dire l'ensemble constitué par "les choses visibles et invisibles", contient le Père, le Fils et le Saint-Esprit. 39. Les choses spirituelles sont en effet de telle nature (τῶν νοητῶν φύσις) qu'elles se mêlent entre elles et aux corps incorporellement et sans être soumises à la mesure (ἀσωμάτως καὶ ἀμερίστως καὶ ἀλλήλοις καὶ σώμασι μίγνυσθαι). » (*Lettres théologiques*, trad. fr. P. Gallay, SC 208, Paris, Cerf, 1974). Pour un commentaire, A. Vasiliu, *Images de soi…*, *op. cit.*, p. 195-204.

1. Sur l'aristotélisme critique de Plotin, voir R. Chiaradonna, *Sostanza, movimento, analogia. Plotino critico d'Aristotele* (Naples, Bibliopolis, 2002) et G. Aubry, *Dieu sans la puissance…*, *op. cit.*, notamment sur l'inversion par Plotin de la dialectique acte/puissance d'Aristote.

2. *Mét.* Θ, 8, 1049b5.

d'acte et de puissance comme principe de mouvement/repos, et d'autre part le glissement vers la compréhension comme « nature » de cette définition de la puissance, « nature » qui, dans le même genre que la puissance, dit Aristote, est un « principe de mouvement non pourtant dans un autre être, mais dans le même être en tant que même » (le mouvement désignant ici le *devenir*). Seule la perspective temporelle, ajoute Aristote, permet d'envisager une succession entre l'acte et la puissance qui ne privilégie pas l'antériorité de l'acte[1].

2) Le modèle dominant du principe du mouvement enferme la puissance et l'acte dans la circularité du principe en vue d'une fin qui caractérise tout ce qui devient. Dans ce cas, l'acte, bien qu'antérieur ou prioritaire à l'égard de la puissance, s'identifie toutefois avec la finalité de la chose, finalité inscrite dans la puissance immanente de la chose dont l'acte « réalise » la perfection en l'actualisant. La conséquence immédiate est que la « réalité » de la chose, si elle est de l'ordre de l'actualisation, réduit nécessairement la chose à sa choséité d'œuvre : « L'œuvre est, en effet, la fin (τὸ γὰρ ἔργον τέλος), et l'acte, c'est l'œuvre (ἐνέργεια τὸ ἔργον); c'est pourquoi aussi le mot "acte" dérive d' "œuvre" (διὸ καὶ τοὔνομα ἐνέργεια λέγεται κατὰ τὸ ἔργον) et "acte" tend à signifier la même chose qu' "entéléchie" (καὶ συντείνει πρὸς τὴν ἐντελέχειαν). »[2]. Si la « réalité » d'une chose relève exclusivement de son actualisation qui représente le « terme » de son perfectionnement – comme la « réalité » de la lumière tient dans l'acte-*energeia* du diaphane, lequel constitue l'entéléchie de la lumière et se « termine » dans les couleurs, ayant pour finalité la visibilité de la chose-vue[3] – si donc la « réalité » se confond avec la fin, alors les intelligibles et les universaux se trouvent d'emblée exclus du domaine régi par le couple acte-puissance, car ce domaine est réservé aux choses seules dont l'effectuation est inscrite dans leur puissance comme finalité propre et comme œuvre, renvoyant toujours et uniquement à leur principe et à leur fin. Mais alors, il va de soi que le principe (*arkhê*) n'est ni acte ni en acte, ni puissance ni en puissance, c'est-à-dire qu'il n'a pas de

1. *Mét.* Θ, 8, 1049b5-13, passage cité n. 2 p. 194-195. La discussion sur l'antériorité de l'acte et la critique des positions dites « théologiques » ou « physiques » qui stipulent l'antériorité de la puissance revient dans *Mét.* Λ 6 (1071b 22-27 et 1072a 4), toujours au sujet du mouvement et du principe du mouvement. Voir à ce sujet F. Baghdassarian, *La question du divin chez Aristote…, op. cit.*, p. 112-134.

2. *Mét.* Θ, 8, 1050a22-24.

3. *De anima* II, 7 (418b9-12 et 419a10-15). On retrouve le même vocabulaire qui associe l'acte (*energeia*) au mouvement (*kinêsis*) bien qu'il ne s'agisse pas à proprement parler de *mouvoir* la lumière et le diaphane. On y reviendra.

«réalité propre» ni n'est souverain à l'égard de la chose qui remonte néanmoins à lui comme à son principe ou à sa cause première. Dans ce cercle, d'ordre téléologique, l'actualisation elle-même peut s'identifier à la fin, comme dans l'exemple de la vue dont la vision est la seule fin, étant exercice (acte actualisant) et œuvre en même temps[1], et peut aussi remonter au premier moteur qui est déjà en acte étant acte (*i.e.* mouvement) par lui-même[2]. Mais pour le principe il n'y a pas d'actualisation puisque le principe n'est pas substantiel, or c'est la substance (*ousia*) ou la forme (*eidos*) qui est acte (*energeia*) selon Aristote[3].

3) Aristote précise toutefois les raisons pour lesquelles il y a incompatibilité entre ce qu'il appelle les «êtres éternels» (*i.e.* les astres) et la puissance[4]. L'antériorité de l'acte sur la puissance est en quelque sorte semblable à l'antériorité, selon la substance (*ousia*), des êtres éternels sur les êtres corruptibles, puisque rien d'éternel n'existe en puissance. Le rapport est donc extrapolé. Cette vision, à cheval entre physique et métaphysique ou science des substances et des principes (comme c'est aussi le cas dans le livre Λ), laisse entendre qu'entre l'acte et la puissance le Stagirite introduit une distinction ontologique. L'explication d'Aristote s'appuie sur un argument qui vise la possibilité d'une racine duale de la

1. Cet exemple est donné par Aristote immédiatement après le passage cité *supra* (*Mét.* Θ, 8, 1050a22-24) et il intervient deux fois à distance de quelques lignes (1050a25 *sq.* et 34 *sq.*) : «Ajoutons que, dans certains cas, la fin cherchée (ἔσχατον) se confond avec l'exercice même : ainsi la vue (ἡ ὅρασις) a pour terme la vision (ὄψεως), sans qu'il résulte de la vision aucune autre œuvre que la vue; pour d'autres facultés au contraire, la fin engendre quelque autre chose, par exemple, de l'art de bâtir dérive non seulement l'action de bâtir, mais la maison. [...] Mais dans tout les cas où rien n'est engendré en dehors de l'acte (μὴ ἐστιν ἄλλο τι ἔργον παρὰ τὴν ἐνέργειαν), l'acte réside dans l'agent même (ἐν αὐτοῖς ὑπάρχει ἡ ἐνέργεια) : c'est ainsi que la vision est dans le sujet voyant (οἷον ἡ ὅρασις ἐν τῷ ὁρῶντι)... ».

2. *Mét.* Θ, 8, 1049b24-27 : «car d'un être en puissance, un être en acte est toujours engendré par un autre être en acte (ἀεὶ γὰρ ἐκ τοῦ δυνάμει ὄντος γίγνεται τὸ ἐνεργείᾳ ὂν ὑπὸ ἐνεργείᾳ ὄντος). Ainsi l'homme est actualisé par l'homme, [...], il y a toujours un moteur premier et le moteur existe déjà en acte (ἀεὶ κινοῦντός τινος πρώτου : τὸ δὲ κινοῦν ἐνεργείᾳ ἤδη ἔστιν). »

3. *Mét.* Θ, 8, 1050b2-3 : «Il est donc évident que la substance ou la forme est acte (ὥστε φανερὸν ὅτι ἡ οὐσία καὶ τὸ εἶδος ἐνέργειά ἐστιν). »

4. *Mét.* Θ, 8, 1050b 7-11 : «Les êtres éternels, en effet, sont antérieurs (πρότερα), selon la substance (τῇ οὐσίᾳ), aux êtres corruptibles, et rien de ce qui est éternel n'existe en puissance (οὐδὲν δυνάμει ἀΐδιον). En voici la raison. Toute puissance est, en même temps, puissance de contradictoires (ἀντιφάσεώς ἐστιν) : ce qui n'a pas puissance d'être dans un sujet ne pourra jamais lui appartenir (τὸ μὲν γὰρ μὴ δυνατὸν ὑπάρχειν οὐκ ἂν ὑπάρξειεν οὐθενί), mais tout ce qui est puissance peut ne pas s'actualiser (μὴ ἐνεργεῖν). Donc ce qui a puissance d'être, peut être et ne pas être (τὸ ἄρα δυνατὸν εἶναι ἐνδέχεται καὶ εἶναι καὶ μὴ εἶναι). »

potentialité essentielle (substantielle ou ousiologique) : il ne peut y avoir de contradictoires à l'égard de ce qui est éternel, or dans la puissance il y a des contradictoires parce que tout ce qui est en puissance ne s'accomplit pas; par conséquent, les êtres éternels ne connaissent pas la puissance en raison de la possibilité de contradiction (être et ne pas être simultanément) qui réside dans la puissance; donc, tous les êtres éternels sont alors, nécessairement, dans une actualité perpétuelle (ἐνεργείᾳ ἄρα πάντα, 1050b19). Pour preuve : les astres se meuvent perpétuellement. Il s'ensuit que le principe n'est ni acte ni puissance puisqu'il n'est pas substantiel, tandis que les êtres éternels sont « acte » perpétuellement, ne connaissent pas la puissance en raison de leur perfection qui n'admet pas de contraire, et se distinguent en même temps des principes et des universaux qui ne sont pas des « êtres » alors que les astres et les étoiles le sont.

Ces trois arguments en faveur de l'antériorité et de la prédominance de l'acte sur la puissance dans la détermination de ce qui réalise l'existant seront constamment reformulés et parfois renversés[1]. Tout en utilisant la distinction conceptuelle ontologique forgée par Aristote, la postérité néoplatonicienne s'écartera de la perspective téléologique défendue par le Stagirite et cet écart entraînera un changement dans le statut de la « réalité » elle-même des choses ou des êtres existants. On constate un éloignement du sens entéléchique de l'effectivité comme accomplissement, en faveur d'un rapprochement entre réalité immanente et identité essentielle, rapprochement censé inclure le statut des intelligibles dans le jeu de la puissance et de l'acte. De même, on constate une position plus ambiguë concernant la puissance, position théorique favorable à en faire le « bien commun » de la réalité immanente de tous les existants, aux dépens ou plus exactement au-delà de l'acte d'être et des actions de production, d'engendrement ou de changement qui infèrent. Reçoit alors une « réalité » aussi ce qui, substantiellement et formellement parlant, n'est pas, ou plus exactement n'est pas acte, ni mouvement ni changement, mais potentialité ou possibilité immanente. *Ousia* et *eidos* comprennent dans ce cas l'acte en soi sans que celui-ci soit nécessairement réduit, comme cela semble être le cas chez Aristote, à une détermination par la seule finalité de la chose actualisée.

1. Sur les différents aspects que revêt la « puissance » chez Aristote, voir M. Crubellier, D. Lefebvre, P.-M. Morel et A. Jaulin (éd.), Dunamis *: autour de la puissance chez Aristote*, Louvain, Peeters, 2008, en particulier D. Charles, « Θ 7 et 8 : quelques questions à propos de la potentialité (*dunamis*) et l'actualité (*energeia*) », p. 353-390.

L'HÉRITAGE THÉORIQUE DE LA DÉFINITION : *RÉALITÉ COMME ACTE*

Tenons pour acquis de ces passages de *Theta* 8 que ce n'est pas la puissance (*dunamis*) mais bien l'acte (*energeia*) qui assure la « réalité » de ce qui est, la « réalité » de ce qui *est* premièrement avant d'être quelque chose, y compris donc la « réalité » de ce qui est en tant que principe (*arkhê*) ou être premier (*to prôton on*). Du point de vue de la « réalité » d'une chose, l'acte vient en premier tandis que la puissance *seconde* l'acte, étant déterminante de la chose *par elle-même* et *en elle-même* (καθ' αὑτὸ, ἐν αὑτῷ), selon la possibilité d'accomplissement, entéléchie signifiant ici l'union entre *possibilitas* et *perfectio*. Cette possibilité d'accomplissement est inscrite dans la chose et se manifeste quand une chose agit sur une autre ou quand elle se mue elle-même en une autre pour accomplir ainsi ce qu'*elle a* ou ce qu'*il y a* en elle-même comme moyen et comme terme de son propre achèvement. L'acte s'identifie dans ce cas à la « réalité » de la chose en récupérant à la fois l'étantité substantielle de la chose *qui est* et les possibilités immanentes d'action de la chose sur elle-même et sur les autres. Mais la chose elle-même ne devient « réelle » qu'à mesure qu'elle *se* réalise, c'est-à-dire à mesure que s'actualise « *sa* réalité » comme si cette réalité était une sorte de chose *seconde* par rapport à la réalité *première* de la chose. Bien que d'ordre second, comme l'effet à l'égard de la cause, cette réalité effective, « entéléchique », *j'insiste* : bien que seconde, coïncide néanmoins avec l'identité de la chose, et c'est à travers cette coïncidence que nous pouvons avoir connaissance de la chose *réelle*, c'est-à-dire de la chose dans/selon le propre de sa « réalité » entière actualisée par l'*energeia* qui lui incombe. Dans ces conditions, la puissance constitue en quelque sorte l'en-soi de la chose, où les possibilités sont inscrites sans donner aucune prise, tandis que l'actualisation offre des *stances* ou des *instances* hypostatiques qui constituent la « réalité » de l'accomplissement, de l'entéléchie, de la possibilité même réalisée comme œuvre (*ergon*). L'acte donne cependant quelque chose de plus. Comme l'actualisation de ce qui devient fait remonter au principe la chose dans son effectivité, *dixit Aristoteles*[1], apparaît de surcroît la possibilité qu'en plein acte la puissance elle-même se laisse saisir par différence entre ce qui s'actualise et ce qui ne s'actualise pas, ainsi que par référence au principe qui rend possible

1. *Mét.* Θ, 8, 1050a7 : « … parce que tout ce qui devient tend vers son principe et sa fin, car le principe est la cause finale et le devenir est en vue de la fin. »

l'actualisation et qui représente en quelque sorte une/la *réalité première* de la chose effective ou actualisée.

Pour Aristote l'acte n'*existe* pas en tant que tel mais *fait* ou *rend* la « réalité » de la chose, et c'est bien cette « réalité » de la chose qui s'identifie avec l'acte d'être et d'agir en conséquence. Ce même acte donne en outre la définition de la chose puisque cette « réalité » – nécessairement complexe car composée à partir de l'actualisation et de la possibilité d'actualisation inscrite dans ce qui *premièrement est* – se porte en même temps garante d'un accès à la propriété essentielle ou première de la chose. Encore autrement formulé : l'acte par lequel un étant se constitue comme tel en faisant une *œuvre* (*ergon*) de cette « réalité » constituée, ou l'acte d'agir propre à un existant vivant (marcher, voler, engendrer) permet à l'étant ou au vivant d'acquérir sa « réalité » d'étant ou de vivant en même temps que cet étant *s*'actualise, et en l'occurrence *s*'individualise comme tel (comme objet ou comme vivant) en actualisant ainsi, comme un *fait*, l'être premier. Dans ces conditions, la puissance vient en premier non pour la « réalité » de la chose mais pour que la chose *soit* elle-même et qu'elle puisse être pensée ainsi, en elle-même, séparée de tout mouvement spécifique de production de réalité ou d'action propre. Mais cela suppose que la puissance, ne comportant pas un statut substantiel, ne soit pas réduite non plus à représenter le non-être de la chose ou à signifier un mode séminal de l'être en tant que *déjà acte* ou « acte inné », comme l'appellera Victorinus.

L'APORIE DU DIAPHANE

Il convient toutefois d'évoquer aussi une autre situation où Aristote comprend la « réalité » en tant qu'acte comme l'unique « réalité » possible de ce qui ne se définit pas comme un étant. L'acte comme seule « réalité » de ce qui est essentiellement séparé définit la situation dans laquelle se trouve la lumière pour le Stagirite. La lumière est en effet un acte sans puissance ni être. Sa seule « réalité » est celle de constituer un acte et de collaborer avec quelque chose déterminé par cet acte et qui, à sa manière, conditionne à son tour l'acte en le révélant et en tenant pour ce faire le rôle de cette puissance dont la lumière est par nature privée. Je viens de décrire ainsi ce qu'Aristote assigne comme rôle et comme statut au diaphane. Or, si on réduit à sa plus simple expression l'équivalence *ousia-energeia-dunamis* telle qu'elle apparaît dans *De anima* (II, 7) pour définir le rôle de la lumière dans la constitution d'un objet visible, on arrive à la situation suivante : d'un côté l'entéléchie du diaphane en tant que diaphane est la lumière; de l'autre, l'entéléchie de la lumière est la lumière elle-même; donc l'*ousia* de la lumière s'identifie à l'essence d'un acte (*energeia*) et s'y réduit[1]. Cependant, cette *energeia* de la lumière ne reste pas confinée à l'*ousia* de la lumière qui est une *ousia* impassible. Elle quitte le périmètre de cette *ousia* parfaite en elle-même et porte sur ce qui la révèle comme « acte » dans quelque chose d'approprié en même temps que de différent de la lumière. L'*ousia* de la lumière se réduit en effet à l'*energeia*, mais l'*energeia* ne s'identifie pas totalement à l'*ousia*.

L'acte de la lumière porte en effet sur le diaphane, or le diaphane, qui n'est pas la lumière, s'identifie toutefois à l'acte de la lumière. Le diaphane n'est ni une *ousia en* lui-même ni un acte *par* lui-même, mais bien le « produit » de l'acte essentiel auquel s'identifie la lumière. De même que la lumière a besoin du diaphane pour accomplir son acte en le rendant manifeste, ainsi le diaphane s'accomplit, lui, en s'actualisant dans tout ce qui est visible (*i.e.* coloré), car tout ce qui est visible est aussi diaphane *plus* ou *moins* et le manifeste par sa visibilité. Nécessairement, le diaphane n'a pas d'*ousia* propre; il n'est ni un corps, ni une partie de corps (comme un effluve), et n'est pas non plus de l'ordre d'une qualité. Il est pourtant quelque chose, *ti*, et cette chose se définit elle aussi comme impassible en elle-même. En tant que produit de l'*energeia* identifiée comme lumière, le diaphane s'actualise en tant qu'entéléchie non de lui-même mais de la lumière. On peut/pourrait dire alors que le diaphane est *dunamis* pure comme la lumière est *energeia* pure. Par « pur » on entend « séparé ». Mais la puissance peut-elle être séparée comme l'acte peut être séparé, être acte en soi, exempt d'action ou d'œuvre? Ou bien l'*ousia* de la lumière, identifiée à l'*energeia*, à l'acte de cette *ousia* séparée à laquelle s'identifie la lumière, serait-elle aussi, par défaut, l'*ousia* du diaphane? Serait-elle l'*ousia* lumineuse de cette *dunamis* pure, révélée comme visibilité essentielle des choses? Il y aurait dans ce cas un montage étrange entre le séparé et l'immanent, entre l'incorporel de la lumière et les choses visibles corporelles, entre l'acte d'un agent qui meut sans être lui-même soumis au changement, et l'effet de cet acte qui actualise une puissance elle-même « délocalisée »; car, précise Aristote, la puissance du diaphane « mu » par la lumière se révèle en dehors ou à la périphérie du diaphane, là où les choses

1. Pour une analyse des principaux passages consacrés par Aristote à la question de la lumière, de la vue, du visible et des couleurs dans *De anima* et *De sensu et sensato*, voir A. Vasiliu, *Du diaphane*, Paris, Vrin, 1997. Je retrace ici à nouveaux frais les rapports de force entre les notions en jeu dans ce contexte et me sers ainsi de la situation singulière que revêt la lumière chez Aristote pour définir l'acte noétique; d'ailleurs, le Stagirite lui-même propose la comparaison.

deviennent visibles en révélant leurs couleurs. Ce montage *étrange* semble alors conçu pour couvrir une articulation nécessairement « contre-nature » entre la phénoménalité physique assurée par le diaphane et la définition métaphysique de la lumière qui actualise quelque chose que la lumière en elle-même n'est et n'a pas.

Il faudrait retenir de cette « aporie du diaphane » un aspect, sur lequel porteront nombre d'interprétations tardo-antiques et médiévales, ainsi que la raison obvie de cette aporie. Le mouvement univoque depuis la lumière vers le diaphane et depuis le diaphane vers la visibilité-des-existants, mouvement que traduit la relation entre l'acte, la puissance et l'entéléchie, est un mouvement à sens unique, visant une perfection extérieure à l'agent. Il se définit en même temps comme un mouvement (*kinêsis*) ou comme un changement (*metabolê*) qui n'est conçu ni comme un rapport strictement causal ni comme une procession. Du point de vue causal, on décèle aisément l'embarras : la lumière n'est ni cause efficiente (bien qu'il soit dit qu'elle met en mouvement le diaphane), ni cause matérielle, ni cause finale du diaphane; elle pourrait en être la cause formelle, mais le texte ne l'affirme pas explicitement. Or cette absence de déterminisme causal ne laisse pas entendre qu'une relation d'un autre ordre serait privilégiée dans ce cas. Aristote n'entend pas non plus établir une hiérarchie entre la lumière et les degrés de luminosité et de transparence des corps. La relation entre la lumière, le diaphane et la visibilité des choses s'inscrit dans un cas physique particulier où l'acte et la puissance, de même que *ousia* et *phusis*, se recoupent et se trouvent à cheval sur deux « réalités » bien distinctes : l'une proprement physique, l'autre théorique. La raison est pour nous évidente. Tant que la lumière n'est pas considérée elle-même comme un corps véritable (c'est-à-dire jusqu'à l'époque moderne), toute tentative de rapporter la vision et la visibilité des existants à la condition de la lumière se heurte à cette aporie (appelée ici « aporie du diaphane ») qui consiste à articuler une hétérogénéité foncière entre l'impassible et le sensible en trouvant une solution qui peut être soit physique (le diaphane est un milieu, *metaxu*), soit métaphysique (la lumière est à sa manière un « moteur immobile »).

Revenons au texte d'Aristote. Tout ce qui *est* est visible en puissance, et tout ce qui est visible l'est grâce à sa diaphanéité en puissance. Comme rien de ce qui est visible et matériel ne peut contenir en lui la lumière, et comme la lumière est essentiellement acte et ne connaît pas la puissance, il s'ensuit qu'il revient au diaphane de tenir alors le rôle de condition de la puissance pour la lumière. Donc l'entéléchie du diaphane est bien la lumière. Cependant, le diaphane lui-même agit en actualisant la puissance de visibilité des choses qui sont. Cette puissance de visibilité n'est rien d'autre que le diaphane *des choses* (des existants matériels et corporels). Mais ce diaphane *des choses* – air, eau, verre, mais aussi tout ce qui est visible, même la pierre la plus opaque qui est visible grâce à sa couleur – ce diaphane donc ne s'identifie pas à l'*ousia* de ces choses. Bien qu'il ne soit que puissance pure, séparée de l'*ousia* des choses, le diaphane *des choses* agit sur celles-ci. Si l'entéléchie du diaphane en tant que diaphane est la lumière, l'entéléchie du diaphane *des choses* n'est pas la lumière mais la visibilité, et en l'occurrence, la couleur des choses. Il faut cependant entendre par la couleur des choses leur puissance de visibilité, identifiée aux diaphane *des choses*, non à une couleur matérielle. Cette puissance de visibilité ne participe pas des choses elles-mêmes, pas plus que la lumière elle-même, mais quand elle rend visible une chose celle-ci est vue dans sa spécificité propre, formelle et colorée.

Un acte comme la lumière peut donc produire deux actualisations simultanées : il « active » le diaphane qui « active » le visible. Le diaphane est la puissance que la lumière actualise en tant qu'elle est à la fois acte et entéléchie du diaphane. Le visible, de son côté, est la puissance du diaphane en tant que celui-ci est à la fois « nature diaphane » des choses et entéléchie de leur visibilité. Y a-t-il identité entre le diaphane *premier*, dont l'entéléchie est la lumière, et le diaphane *second*, dont l'entéléchie se traduit dans la visibilité par les couleurs ? Aristote semble dire qu'il s'agit de la même condition, qu'elle est propre à tout existant et qu'elle constitue la seule condition permettant à l'acte séparé d'une *ousia* parfaite (la lumière) d'agir sur ce qui est soumis aux lois du corporel (l'*ousia* sensible des étants naturels). La seule exception citée par Aristote est celle du « corps supérieur », identifié à l'éther, qui est lumineux par lui-même et impassible, bien qu'il soit un « corps » et non un acte pur.

LE CAS PARTICULIER DU *CORPS SUPÉRIEUR* ET LE PARALLÉLISME AVEC L'INTELLECT AGENT

Face au caractère elliptique du passage concernant le corps supérieur, la comparaison de l'intellect avec la lumière proposée par le Stagirite au livre III du *De anima*, nous suggère une piste pour comprendre la nécessité de maintenir l'ambiguïté théorique et physique de la lumière et en saisir les enjeux. Plus exactement, le cas particulier du corps supérieur et la comparaison de l'intellect agent avec la lumière s'éclairent réciproquement pour donner une évidence à une situation qui ne présente ni réalité ni logique conformes à la vision aristotélicienne du monde naturel. Un parallélisme se dessine en effet, du moins dans les termes employés et dans le phénomène décrit, entre d'une part la nature et le rôle du *diaphane-igné dans* le « corps céleste » – où ce qui met en acte le diaphane proprement dit n'est plus la lumière comme agent extérieur, mais un élément d'ordre lumineux compris dans la nature même de ce « corps supérieur » à la fois lumineux et diaphane – et, d'autre part, la nature et le rôle de l'intellect agent (ὁ δὲ τῷ πάντα ποιεῖν, 430a 15), qui met en acte l'intellect patient en en constituant lui-même l'acte par essence (τῇ οὐσίᾳ ὢν ἐνέργεια, 430a 18), et en se définissant donc, lorsqu'il est « séparé » (ὁ νοῦς χωριστὸς), comme « immortel et éternel » (ἀθάνατον καὶ ἀΐδιον, 430a 23), pareil donc, du moins formellement, au « corps céleste ». Par conséquent, le même processus complexe (à double tour entre acte et puissance) apparaît aussi bien dans le rapport univoque qui relie lumière, diaphane et couleur, et dans le processus similaire reliant un intellect séparé, l'intellect agent, et l'intellect possible, comme s'il y avait une brèche à combler ou un chaînon manquant dont le rôle serait rempli par quelque chose qui est à la fois acte et puissance, lumière et par nature diaphane, semblable au « corps supérieur ». Celui-ci contient en lui-même à la fois l'agent qui active l'entéléchie du diaphane (une lumière-luminosité ou un *feu* qui serait comme une sorte de limite ou de « couleur supérieure » du diaphane)[1], et en même temps le diaphane proprement dit, présent en lui mieux que dans l'air ou dans l'eau, de manière à permettre à la vue de révéler la couleur et donc la forme visible de l'objet regardé. Possédant en lui non seulement la *nature* commune à tout corps visible, mais aussi la *cause* même qui met en acte la visibilité, le « corps céleste » devrait, de ce fait, se rendre par lui-même visible, sans aucun autre intermédiaire *révélateur* – car « le corps

1. La définition des couleurs comme « limites » du diaphane est développée par le Stagirite dans *De sensu*. Voir A. Vasiliu, *Du diaphane*, *op. cit.*, chap. IV.

supérieur» est en même temps *diaphane* et *lumineux*, et par ces deux qualités il possède en effet la condition même de la visibilité. Le «corps supérieur» devrait donc être la chose la *plus visible* de tous les corps; il devrait incarner le cas extrême de visibilité, le cas aveuglant de la lumière en soi ou de l'éclat pur.

Toutefois, bien que diaphane et éternellement rayonnant d'une luminosité impassible ou incorruptible, le «corps supérieur» ne remplit pas proprement la condition d'intervallité requise par la *nature diaphane* des choses qui sont. Donc, bien que diaphane par nature, le « corps supérieur » demeure par essence un « incorporel » et, comme tel, n'est pas visible. Par rapport à l'air ou à l'eau qui ne sont pas eux-mêmes lumineux, mais qui s'offrent seulement comme des *médium*-réceptacles à la lumière afin que celle-ci, en activant en eux le diaphane, révèle la couleur d'un objet (laquelle constitue la limite entre un « diaphane intérieur » et un « diaphane extérieur » à l'objet, diaphane qui ne s'identifie ni à l'air ni à l'eau ni à la nature propre de l'objet dont il révèle la visibilité), le « corps céleste » est, lui, lumineux non pas par réception mais par lui-même, c'est-à-dire par l' « ardeur » de sa propre nature. Cette « ardeur » est lumineuse et s'identifie au diaphane qui est ici en entéléchie éternellement. C'est pour cette raison que le «corps céleste» devrait nous apparaître davantage visible, alors qu'il est au contraire hors de portée pour le regard, proprement invisible par excès de luminosité. Jamais en puissance, le « corps supérieur » s'identifie à une aveuglante «fulgurance» manifestée continuellement. La *diaphanéité* n'est pas elle-même remise en cause par ce paradoxe. En revanche, et c'est dans la nature paradoxale du « corps supérieur », la diaphanéité de ce corps n'assure pas l'*expression visible* de ce «corps» parfaitement «immatériel» et lumineux, car celui-ci est le moins visible de tous les corps. La contradiction semble volontaire. Aristote identifie le «corps supérieur» à la *luminosité* (telle la brillance ignée de l'éther, par exemple) et en même temps au *diaphane*. Or, semblablement au « corps d'en haut », luminosité et diaphane sont des «incorporels». Dans ce cas, l'*ousia* du « corps supérieur » s'identifie non seulement à l'acte (comme dans le cas de la lumière) mais aussi à l'existence du « corps supérieur », l'acte lumineux constituant ici l'essence même du « corps céleste » en train de se manifester éternellement, sans qu'aucun agent *autre* ne soit à l'évidence cause de sa luminosité, ou ne s'ajoute tout simplement à son rayonnement. En d'autres termes, *quid* est l'équivalent parfait du *quomodo* dans le cas du «corps supérieur». Or, en appelant au cas particulier du « corps supérieur » dans la théorie du *diaphane*, le Stagirite entendait, me semble-t-il, non pas une définition du phénomène optique par recours à la physique et à la cosmologie, mais bien une sorte de « réduction » analytique, illustrée par le cas d'une identité singulière de l'*ousia* et de l'*energeia*, en vue du dessein noétique de son traité sur l'âme[1].

Grâce à cette « fiction épistémologique » du *diaphane* s'instaure, en outre, la problématique de l'intermédiaire (de l'intervallité et de ses limites « supérieures » et « inférieures ») qui constituera l'un des thèmes de débat des commentateurs. La théorie aristotélicienne d'une perception déterminée par l'existence du diaphane, ainsi que le rapprochement (voire l'identification) que l'auteur laisse transparaître entre d'une part la nature diaphane de l'intervalle, nature commune à l'air, à l'eau et, par la couleur, à tout objet du monde sublunaire, et, d'autre part, la manifestation révélatrice de cette nature diaphane par participation au « corps supérieur éternel », représentent, avec la théorie de l'intellection, les aspects les plus controversés de l'œuvre. À une ou deux exceptions près (Alexandre d'Aphrodise et Plotin), les commentaires et les interprétations ne garderont toutefois ni l'audace ni la prouesse philosophique du paradoxe aristotélicien – la notion d'acte pur ou séparé et la conception de l'unité *ousia-energeia* et d'une puissance elle-même séparée et pourtant agissante –, mais engageront la lecture du texte soit dans le sens physique (comme théorie optique, en superposant *De anima* et *De sensu*), soit dans le sens cosmologique, voire théologique, en introduisant la procession et une hiérarchie de perfections des corps selon le critère de leur « pureté lumineuse ».

1. C'est ce même schéma qui figure aussi dans *Mét.* Λ 10, 1075b18-28 et 30-33, où Aristote évoque à nouveau le parallélisme entre l'intellect, l'intelligible et les « êtres éternels » (les astres) sur le plan de l'acte séparé de la puissance. Une analyse des enjeux de ce passage du dernier chapitre du livre Λ pour la définition de l'acte et le débat sur la causalité efficiente ou formelle du *noûs*, dans A. Vasiliu, « Platon et l'invention aristotélicienne... », art. cit., en part. p. 150-152.

LES MUTATIONS OPÉRÉES PAR PLOTIN : *RÉALITÉ DES PENSÉES, RÉALITÉ DES CHOSES PREMIÈRES*

καὶ γὰρ ἐνεργείᾳ, οὐ δυνάμει τὸ ὂν ἕκαστον [1]

Selon Aristote, les pensées, et *a fortiori* les idées et les nombres, n'ont pas de réalité substantielle. Pour Plotin, en revanche, si les idées s'identifiaient à des *noêta*, à des intelligibles, alors les pensées en feraient leurs « objets » en leur attribuant ainsi une réalité existentielle, puisque les pensées sont et font acte, sont les expressions agissantes de la *noêsis* et agissent en effet comme des *energeiai*. Mais nous savons que les *noêta*, les intelligibles, ne se confondent pas avec les idées ou les formes pour Plotin. Les *noêta* jouissent d'une existence analogue à celle des « êtres éternels » pour Aristote et relèvent donc de la catégorie des *ousiai*, ce qui n'est pas le cas des idées, des formes ou des nombres. En outre, seule l'intelligibilité assure, selon Plotin, la mesure et la réalité de ce qui est. Si le monde a une « réalité » pour Plotin, c'est précisément parce que la pensée la lui donne : il y a une pensée de la réalité substantielle (οὐσιας δὲ ἡ νόησις) et une pensée de la vie (ζωῆς νόησις), or cette pensée assure que l'être et la vie sont bien antérieurs et substantiellement « autres » (ἄλλη οὐσία) que la pensée, mais que c'est néanmoins dans la pensée que ces choses se constituent en tant qu'actes (ἐνέργειαι), comme si la « réalité » de ces choses n'était assurée que par la pensée qui voit et entend (εἶδεν) tout ce qui est existant et vivant (*Ennéade* III, IX [T. 13], 6)[2]. L'*ousia* universelle s'identifie au *noeîn*, tient en sa totalité dans l'acte de penser, mais ne dépend pas de l'existence des idées et ne se confond ni avec l'intellect lui-même comme hypostase seconde, ni avec la réalité des formes immanentes à la pensée. Du coup, la « réalité » essentielle est bien de l'ordre de l'acte, mais, à l'évidence, ce n'est plus le même acte qui agit *en actualisant* les choses puisque pour Plotin l'acte de penser précède l'être précisément selon l'ordre de l'actualisation, et cet ordre constitue la condition de possibilité de l'être lui-même en tant que « réalité » manifestée. La définition de l'acte reste pourtant la même : il s'agit d'un acte unique, identifié à son substrat essentiel (*ousia*) et produisant un autre acte, dérivé ou second, propre à l'entité existante selon son espèce.

1. Plotin, *Enn.* V, IX [T. 5], 10, 14 : « *Chaque* chose qui est, en effet, est en acte, et non en puissance » (trad. fr. F. Fronterotta, *op. cit.*, je souligne).

2. Plotin, *Enn.* III, IX [T. 13], 6, passage cité n. 1 p. 203.

Cependant, sur l'identité de cet acte second la position de Plotin diverge à nouveau de la théorie aristotélicienne. Pour Plotin il s'agit de l'intelligibilité de la « chose pensée », intelligibilité seconde par rapport à l'intelligible premier puisqu'elle provient des intelligibles multiples et qu'elle agit en quelque sorte avec eux et par division, non par union avec le « pensable premier » (l'Un en tant que premier *noêton* engendrant la *noêsis*, l'acte-*ousia* du *noûs*). Néanmoins, cette intelligibilité seconde est capable de produire à son tour une image de la pensée dans son exercice parfait, comme l'intelligible premier donne une image de la première hypostase et engendre la seconde, c'est-à-dire l'Intellect. Cette image est bien l'image de l'acte noétique lui-même (de la *noêsis*) en tant qu'identifié à l'intelligible premier qui se laisse refléter lui-même dans l'acte de penser (*Ennéade* V, IV [T. 7], 2, 1-19)[1]. Étant l'image de l'acte, cette intelligibilité atteste que ce dont elle est l'image *est essentiellement* : c'est l'*ousia* de l'acte noétique en tant que reflet de l'intelligible premier qui précède l'intellect. En même temps, cette image montre la réalité essentielle de la « chose pensée », son actualité ou son effectivité complète, entéléchique, en tant que produit (*ergon*) de l'acte noétique. Mais cette image ne doit toutefois jamais se confondre avec une image en puissance, une image « dormante » qui se réveillerait quand un objet est pensé (concept, notion ou représentation : *noêma*, *phantasma*, *eikôn*, *indalma*) ou simplement quand quelque chose est perçu (*eidôlon*). Un exemple semblable de partage d'une identité essentielle entre deux actes distincts, un acte premier et une activité seconde, est donné par Plotin dans un autre contexte, dans le traité « sur la vue » (*Ennéade* IV, V [T. 29])[2], le parallélisme avec la situation de l'acte noétique étant particulièrement éclairant.

Dans ces conditions le rapport de l'acte noétique à l'égard de ce qui *est véritablement* présente un double aspect : il est déterminé de manière taxinomique, dépend donc d'un ordre préétabli, et est en outre révélateur d'une nature commune de l'étant premier (l'*ousia* du premier *noêton*) et de l'acte noétique (la *noêsis* du *noûs*). Cette nature commune ne repose pas sur l'argument de l'unité parménidienne entre *einai* et *noeîn*, « être » et « penser », que Plotin cite par ailleurs dans le contexte du traité « Sur l'intellect, les idées et ce qui est » (*Ennéade* V, IX [T. 5])[3], mais signifie plus spécifiquement ici une unité commune d'acte substantiel entre les

1. Voir sur ce passage plotinien A. Schniewind, « Où se situe l'intelligible ?... », art. cit., p. 29-45.

2. *Enn.* IV, V [T. 29], 7, 14-16, passage cité n. 1 p. 209.

3. *Enn.* V, IX [T. 5], 5, 30. Ce n'est pas la seule fois que Plotin cite ce passage du poème de Parménide, mais c'est la seule occurrence dans ce traité.

êtres premiers et la *noêsis*, unité qui se distingue de l'unité existentielle (ou unité d'étantité) des choses qui sont tantôt *en acte* et tantôt *en puissance*. D'une part, l'étant précède l'intellect dans l'ordre de la pensée (τὸ ὂν τοῦ νοῦ προεπινοεῖν ἀνάγκη), c'est-à-dire que l'on pense ou que l'on se représente (*epinoeîn*) l'étant avant l'intellect (*noûs*); « il faut que l'objet de pensée soit antérieur à cet acte de pensée / τῆς νοήσεως πρότερον δεῖ τὸ νοούμενον εἶναι »[1]. D'autre part, une seule et même nature se partagent l'étant et le *noûs* lui-même (μία μὲν οὖν φύσις τό τε ὂν ὅ νοῦς)[2]. Ces assertions sont extraites de deux chapitres du Traité 5 (*Ennéade* V, IX, chap. 7, 13-17 et 8, 11-22), passages dans lesquels apparaissent le plus clairement les mutations opérées par Plotin à l'égard de la théorie aristotélicienne de l'acte et de la puissance. Mais Plotin revient encore sur la théorie de l'acte et de la puissance dans un traité qui lui est entièrement consacré, « Sur le sens de "en puissance" et "en acte" » (*Ennéade* II, V [T. 25]), et qui se présente comme une sorte de commentaire critique de *Métaphysique* Θ. Tout en respectant l'antériorité de l'acte sur la puissance, Plotin déplace cependant la fonction première de l'acte sur le plan de la *noêsis* puisque l'acte de penser est le seul qui peut être simultanément *acte* et *en acte*, donc s'identifier sans reste avec son essence, laquelle est l'image-reflet de l'intelligible premier, c'est-à-dire de l'Un en tant que « pensable ». La réduction de la puissance au profit de l'acte et la détermination de l'acte comme acte noétique pur par l'objet sur lequel il porte essentiellement et qui est l'Un *pensable* ou premier *noêton*, sont les deux opérations à travers lesquelles Plotin engage la définition de la pensée comme définition de la seconde hypostase, définition par l'acte qui est prioritaire par rapport à l'*ousia* du *noûs* lui-même.

En revanche, la nature commune partagée par le *noûs* et l'être-étant (*to on*) montre que le *noûs* possède une constitution essentielle différente de l'acte puisque celle-ci s'accommode d'une potentialité que ne connaît pas, et pour cause, l'acte de penser. Il y a donc bien une double mise en perspective. L'actualisation qui est de l'ordre de la *noêsis*, de l'acte de penser, n'est pas une actualisation existentielle car elle ne produit pas

1. *Enn.* V, IX [T. 5], 7, 13-18 « En effet, il n'est pas vrai que, quand il pense dieu, dieu naisse ; ni plus que, quand il pense le mouvement, le mouvement naisse. Ainsi, il n'est pas exact d'affirmer que les Formes sont des pensées (ὅθεν καὶ τὸ λέγειν νοήσεις τὰ εἴδη), si l'on veut dire par là que, quand l'Intellect la pense, telle ou telle Forme naît ou existe ; car il faut que l'intelligible soit antérieur à cette intellection (τῆς νοήσεως πρότερον δεῖ τὸ νοούμενον εἶναι). Sinon, comment l'Intellect viendrait-il à le penser… » (trad. F. Fronterotta, *Traités* 1-6, *op. cit.* ; cf. *supra* n. 3 p. 206, un extrait plus large dans la trad. de A. Schniewind).

2. *Enn.* V, IX [T. 5], 8, 11-22, passage cité n. 2 p. 201.

ni n'engendre quoi que ce soit en accomplissant la chose produite ou engendrée. Le seul «produit», si on peut parler en termes d'*ergon* et d'entéléchie, est d'actualiser la perfection essentielle de la chose en tant qu'être premier (τὸ πρώτος ὄν). Autrement dit, la *noêsis* est bien *acte* et non *en acte*, car dans ce cas il faudrait concevoir en même temps un agent qui mette en acte une *noêsis* latente et un produit dérivé différent de l'identité entre la pensée et l'objet pensé, ce qui ne convient nullement à la théorie de Plotin concernant les «êtres premiers». Cependant, à la différence de l'être, comme à la différence de toutes les «réalités premières» – dont Plotin affirme aussi bien dans le Traité 5[1] que dans le Traité 25 qu'elles sont toutes «acte d'elles-mêmes et pour toujours»[2] –, l'acte noétique actualise, lui, l'intelligibilité de ce qui «est», c'est-à-dire qu'il actualise la «réalité» elle-même des *ousiai*, laissant ainsi se dégager à la fois la nature commune avec le *noûs* et la coïncidence, qui n'est pas une identité, entre cette nature commune et l'altérité de l'acte en soi, altérité qui signifie dans ce cas la transcendance de l'acte en tant que reflet de l'intelligible premier.

De cette double mise en perspective résulte que la «réalité» donnée aux choses, au monde et à la vie par la pensée qui actualise l'intelligibilité des étants, est elle-même nécessairement double, composée d'une «réalité» substantiellement commune avec la pensée, donc noétique et capable de renvoyer pour cette raison au principe, et d'une «réalité» substantiellement hétérogène, car faisant coïncider l'intelligibilité avec les étants eux-mêmes actualisés par la pensée. En eux-mêmes les étants sont des objets conditionnés par l'entéléchie et constituent à cet égard des produits ou des œuvres (*erga*), tandis que la «réalité» substantiellement commune avec la pensée, correspond à la connaissance de l'acte lui-même qui est *réellement* (τὸ ὄντως ὄν) et qui est ἀληθῆ οὐσίαν, nature substantielle ou être essentiel véritable[3]. Or cette «réalité commune» de toute chose avec la pensée n'est pas conditionnée par l'entéléchie immanente de la chose car, parfaite en elle-même, cette réalité ne provient pas d'une puissance propre actualisée mais tient de l'*ousia* du *noûs* et, au fond, de cette «réalité commune» du

1. *Enn.* V, IX [T. 5], 4, 5-8 : « … comment en effet ce qui est en puissance passerait-il en acte (πόθεν γὰρ τὸ δυνάμει ἐνεργείᾳ ἔσται), sans qu'une cause ne le porte à l'acte ? Car, si c'était le fait du hasard, il serait possible qu'il ne passe pas à l'acte. Il faut donc poser que les réalités premières sont en acte (δεῖ πρῶτα ἐνεργείᾳ τίθεσθαι) et qu'elles sont achevées et parfaites (τέλεια) ; » (trad. F. Fronterotta).

2. *Enn.* II, V [T. 25], 3, 31-33.

3. *Enn.* V, IX [T. 5], 3, 1-4 : «Il faut analyser la nature de cet Intellect, que notre raisonnement désigne comme ce qui est réellement (τὸ ὄντως ὄν), substance/essence/réalité vraie (ἀληθῆ οὐσίαν), après avoir d'abord établi […] qu'une telle nature/chose doit exister (ὅτι δεῖ εἶναι τινα τοιαύτην). » (trad. F. Fronterotta légèrement mod.).

noûs et du premier *noêton* qui est une réalité d'acte parfait et perpétuel. C'est peut-être de cette « réalité commune » que rend en outre compte l'image qui entoure chaque chose, image dont Platon dit, dans le *Sophiste* 265b5-6, qu'elle provient de la double démiurgie divine, des choses en même temps que de leurs images essentielles.

L'articulation de ces deux « réalités » (noétique et d'étantité existentielle) au sein du *noûs* demande de revoir le statut de la puissance, car ces deux « réalités » ne sont pas en procession (étant toutes deux parfaites, l'une ne peut pas provenir de l'autre comme une image d'une image), ni ne subsistent l'une *avec* l'autre dans un étant commun (comme l'intellect, par exemple, qui contiendrait à la fois les formes parfaites et les raisons séminales des choses, les modèles en même temps que les choses en devenir vers leur accomplissement). Les « réalités premières » sont nécessairement en acte (δεῖ πρῶτα ἐνεργείᾳ τίθεσθαι)[1] puisqu'il ne peut pas y avoir de cause à leur égard ; étant en acte, elles sont toujours leur propre perfection et ne seront jamais en puissance. Mais elles sont *en acte* en tant qu'elles *sont essentiellement actes*, et cette condition propre les empêche d'être en même temps en puissance, comme l'une dans l'autre, la puissance dans l'acte, car il est absurde de stipuler qu'un intellect serait dépourvu d'intelligence (en l'occurrence, de l'intelligence des « réalités premières ») lorsqu'il n'est pas ou ne serait pas en acte, bien qu'il soit toujours intellect, et intellect seulement. Cependant, en imposant une identité substantielle à l'acte : « s'il pense par lui-même et à partir de lui-même, il est lui-même ce qu'il pense (αὐτός ἐστιν ἃ νοεῖ) »[2] et plus loin : « il [l'intelligible] est les réalités premières (τὰ πρῶτα), il est toujours avec lui-même et il existe/subsiste en acte (συνὼν αὑτῷ ἀεὶ καὶ ἐνεργείᾳ ὑπάρχων) »[3] – cette

1. *Enn.* V, IX [T. 5], 4, 5-8, passage cité n. 1 p. 244.

2. *Enn.* V, IX [T. 5], 5, 1-9 ; 27-28 : « Il ne faut pas considérer l'Intellect, [...] comme un intellect qui serait en puissance (μὴ τὸν δυνάμει) ou qui passerait d'un état d'absence d'intelligence à l'intellection, car on devrait alors chercher encore un autre intellect avant lui, mais comme un intellect qui est en acte et qui est donc toujours intellect (ἀλλὰ τὸν ἐνεργείᾳ καὶ ἀεὶ νοῦν ὄντα). [...] Et s'il pense par lui-même et à partir de lui-même, il est lui-même ce qu'il pense (αὐτός ἐστιν ἃ νοεῖ). Car si sa réalité/substance (οὐσία αὐτοῦ) et ce qu'il pense étaient deux choses distinctes (ἕτερα), sa réalité serait, en elle-même, inintelligible, et il serait donc encore une fois en puissance (δυνάμει), non pas en acte (οὐκ ἐνεργείᾳ). » « L'intellect est donc les choses qui sont réellement (ὁ νοῦς ἄρα τὰ ὄντα ὄντως), et il ne les pense pas comme si elles étaient ailleurs ; elles ne sont ni avant ni après lui. » (trad. F. Fronterotta).

3. *Enn.* V, IX [T. 5], 7, 7-9 : « En tant que sciences [sciences des intelligibles ou sciences véritables (νοητῶν, ὄντως ἐπιστῆμαι)], elles sont chacune ce qu'elles pensent, et elles ont en elles-mêmes l'intelligible aussi bien que l'intellection, et cela parce que l'Intellect reste en lui-même : il est les réalités premières (τὰ πρῶτα), il est toujours avec lui-même et il existe en acte (συνὼν αὑτῷ ἀεὶ καὶ ἐνεργείᾳ ὑπάρχων). » (trad. F. Fronterotta).

condition suppose aussi que les « réalités » intelligibles des choses et les choses elles-mêmes qui se trouvent dans l'intellect soient toutes en puissance dans l'acte lui-même de la pensée. Les choses présentent, en tant qu'êtres premiers, une identité substantielle en puissance qui est commune avec celle de l'intellect. — Faut-il supposer qu'il s'agisse de paradigmes, de modèles parfaits de toutes les choses que « regarde » le démiurge du *Timée*, ou bien des idées à proprement parler? — Les « réalités » intelligibles, en revanche, constituent la possibilité d'actualisation de ces choses dans (et grâce à) la pensée. Il faudrait dire de manière plus précise que les êtres premiers, de même que leur « réalité » intelligible, ne se trouvent pas *en puissance* dans la pensée mais constituent à proprement parler *la puissance* de celle-ci, puissance d'accomplir sa perfection qui est d'être en acte toujours, en ayant pour « objet » les êtres premiers et pour finalité l'intelligibilité de ces derniers.

À la fin du cinquième chapitre du Traité 5 (*Ennéade* V, IX) Plotin affirme encore, comme en contrepoint, que les étants véritables sont contenus dans l'intellect et qu'ils demeurent en celui-ci tout autant qu'ils font l'objet de l'acte noétique. « L'intellect est donc les choses qui sont réellement (ὁ νοῦς ἄρα τὰ ὄντα ὄντως), et il ne les pense pas comme si elles étaient ailleurs; elles ne sont ni avant ni après lui. »[1]. La raison invoquée par Plotin est que si les « réalités premières » et l'intellect étaient des choses distinctes (*hetera*), alors la réalité de l'acte noétique lui-même serait inintelligible; or cette contradiction est impossible à l'égard de ce dont la réalité substantielle constitue l'acte même par lequel s'actualise l'intelligibilité de tout ce qui est en premier. Si la puissance ne précède pas l'acte, l'acte non plus n'est pas antérieur à la puissance, les deux se trouvant en même lieu et temps dans l'intellect. En revanche, cette identité, purement noétique, ne supporte pas qu'une production réelle de choses existantes s'accomplisse en même temps que l'acte noétique lui-même produit la réalité noétique des choses : « il n'est pas vrai que, quand il [l'intelligible-intellect] pense dieu, dieu naisse; ni plus que, quand il pense le mouvement, le mouvement naisse »[2], précise Plotin. Donc les seules choses avec lesquelles l'intellect s'identifie sont les « réalités premières » (*ta prôta*), c'est-à-dire celles dont les intelligibles multiples (*noêta polla*) rendent l'intelligibilité. Avec les intelligibles multiples le *noûs* partage son identité substantielle, tandis que son accomplissement vient de l'intelligibilité des êtres premiers (*prôta onta*) qui partagent le dévoilement de leur

1. *Enn.* V, IX [T. 5], 5, 27-28.
2. *Enn.* V, IX [T. 5], 7, 13-17, passage cité n. 1 p. 243.

nature commune avec/dans l'exercice de l'intellect, avec/dans la *noêsis*, et qui permettent en outre que l'intellect se connaisse ainsi lui-même dans son unité *indivisible* avec les intelligibles[1]. Cette unité, expression du premier *noêton* qui est reflet de l'Un ou Un *pensable*, est évidemment non topique et non séquentielle (ou temporelle). Nous, nous pensons les choses l'une avant ou après l'autre, mais l'intellect (*noûs*), les choses (*onta*) et l'acte (*energeia*) qui rend intelligible la réalité effective des choses premières, forment en effet une unité et manifestent une simultanéité.

L'unité et la simultanéité définissent ainsi les conditions de possibilité de l'identité noétique (l'hypostase seconde) : identité de l'acte qui comprend la substance (*ousia*) et la puissance (les « réalités premières » ou « étants véritables ») sans que jamais la pensée et l'intellect ne soient eux-mêmes en puissance. Mais en stipulant cette unité indivisible du *noûs*, de la *noêsis*, des intelligibles (*noêta*) et des réalités premières (*ta prôta*), Plotin préserve en même temps la séparation avec l'Un et confère statut d'altérité au seul intelligible premier, car celui-ci s'avère être à la fois l'engendrant de l'acte noétique et celui qui partage une communauté formelle (en l'occurrence, une communauté d'image, de reflet, de trace ou de rayonnement) avec l'intelligibilité de la première hypostase, une communauté de condition qui assure l'unique possibilité du lien.

L'ORDRE DE VICTORINUS OU LA *RÉALITÉ RENVERSÉE* : *LA PUISSANCE*, PUIS *L'ACTE*

imago est actio, unicuique eorum quae in potentia sunt[2]

Dans la défense de la doctrine trinitaire nicéenne contre l'argumentation philosophique des disciples d'Arius, Marius Victorinus s'appuie sur le modèle de la double détermination de l'acte noétique : *mouvement réflexif* assurant l'unité *formelle* de l'acte avec ce qui le produit et avec ce qu'il produit, en même temps qu'*actualisation* du *noûs* comme unité *substantielle* prééminente sur la multiplicité des *noêta*. Or cette double détermination de l'acte par lequel l'hypostase seconde noue son lien avec l'Un, semble relever d'une interprétation de la causalité première devenue courante dans le sillage de Plotin. Mais que défend le théologien latin en recourant au modèle noétique plotinien ? Non seulement la possibilité

1. Même passage cité n. 1 p. 243.

2. *Ad. Arium*, I, 19, 27-28 : « image est l'acte de tout ce qui est dans la puissance » (trad. P. Hadot mod.).

d'une subsistance de deux natures parfaitement accomplies et parfaitement distinctes dans un seul étant, celui de la seconde hypostase de la Trinité, le Logos incarné, mais aussi la possibilité d'un rapport étroit entre la première et la seconde hypostase, rapport double puisqu'il fait fond sur une « communauté » substantielle et se manifeste comme « acte », en l'occurrence : acte d'engendrement qui simultanément unit indéfectiblement le Père et le Fils et les différencie. Ce rapport relève donc de l'unité ousiologique (appelée *homoousion* ou consubstantialité), bien que cette unité soit présentée comme étant concomitante avec la différence, à la fois dans l'acte et dans l'actualisation entéléchique (différence des « opérations », selon le vocabulaire de Victorinus), qui permet de distinguer et de singulariser chacune des trois personnes ou hypostases consubstantielles de la Trinité – la distinction entre l'engendrant et l'engendré, Dieu et le Fils appelé *Logos*, pour ce qui nous intéresse ici. Par conséquent, les modalités d'articulation spécifiques au contexte trinitaire entre la consubstantialité des hypostases, l'acte sous-jacent à l'être-existant et les actions propres qui individualisent chaque hypostase, représentent l'un des thèmes de réflexion du théologien latin, dont les références affichées se trouvent évidemment dans le texte évangélique (plus particulièrement chez Jean et chez Paul), tandis que les arguments philosophiques rejoignent la position critique de Plotin envers Aristote, du moins sur la question de l'acte et de la puissance à l'égard des « êtres premiers ».

Certes, Victorinus ne respecte pas la séparation radicale, ousiologique et noétique, de l'Un plotinien. Le *Père* s'identifie nécessairement à l'*être* pour le théologien chrétien. Cependant, la particularité de l'argumentation à la fois théologique et philosophique de Victorinus concernant la dialectique acte/puissance et la possibilité conséquente de déterminer des niveaux de réalisation des êtres en fonction d'un ordre de prééminence de l'acte ou de la puissance, témoigne clairement de l'usage d'un modèle plotinien de la *causalité*, du *mouvement réflexif* ou *immobile* et de la notion d'*image*. Or, de l'ordre de prééminence que Victorinus établit entre l'acte et la puissance découlent pour lui les distinctions entéléchiques (ou de niveaux de perfection) qui concourent à l'unité divine de la Trinité. Le théologien détermine ces distinctions en fonction de trois critères : 1) le *fondement* à la fois *essentiel* (ousiologique) et *existentiel* (hypostatique) ; 2) l'*action* accomplie à la fois comme *mouvement* et comme *œuvre* ; enfin 3) la *possibilité différenciée d'intellection* qui calque la *possibilité spécifique de manifestation*.

Réputée pour sa complexité, la démarche du théologien latin s'avère moins compliquée si on tient compte du fait que Victorinus ne cherche pas à produire une démonstration d'école. Son but est de mettre en perspective philosophique les affirmations de la doctrine nicéenne et ses arguments évangéliques, afin de pouvoir répondre à des accusations qui se présentent, elles, comme précisément philosophiques. La dispute avec un vrai ou factice arien du nom de Candidus, est donc bien une controverse philosophique portant sur l'identité et le statut des « êtres premiers », à cette différence près qu'elle ne se revendique pas ouvertement d'une école philosophique et laisse à l'historien moderne le soin de rattacher les arguments de Victorinus à des théories plus ou moins déterminées comme néoplatoniciennes, péripatéticiennes, stoïciennes ou gnostiques. Cependant, les arguments du théologien doivent néanmoins tenir compte de quelques impératifs de doctrine, dont celui de l'égalité entre les hypostases, ajouté à celui de la consubstantialité, est peut-être le plus contraignant : d'une part en raison de son extension à la fois formelle et substantielle (bien que cette extension de l'égalité ne convienne qu'aux substances secondes et non aux premières selon Aristote)[1], et d'autre part en raison de la difficulté à saisir l'égalité quand il s'agit de définir l'ordre d'antériorité de l'acte ou de la puissance, ou lorsqu'il s'agit de saisir la différence des actes tels que l'*être* et l'*agir*, par exemple, qui définissent les hypostases individuellement.

Il est difficile de faire l'économie d'une compréhension circonstanciée de la manière dont Victorinus applique aux rapports intra-trinitaires la relation acte-puissance en en faisant une relation causale. Pierre Hadot, dans les notes de l'édition des *Traités théologiques*[2], signale à cet égard l'usage d'une théorie dite « spécifiquement néoplatonicienne » de la causalité, théorie selon laquelle la cause demeure immobile en son être tout en étant présente en ses effets, lesquels se convertissent eux-mêmes vers leur cause. On retrouve cette théorie chez Plotin (*Ennéade* IV, VIII [T. 6], 6, 10), chez Porphyre (*Sentence* 24), plus tard chez Proclus (*Eléments de théologie* 30)[3]. Victorinus se serait servi de cette théorie causale

1. *Mét.* Δ, 15, 1021a9 *sq.* L'égalité définit ce dont la quantité est une, donc les substances qualifiées, secondes.

2. *Traités théologiques…*, *op. cit.*, t. II, p. 829.

3. Les références à Plotin, Porphyre et Proclus sont citées par P. Hadot, *Traités théologiques…*, *op. cit.*, t. II, p. 829. Ajoutons les propositions et gloses 26 et 35 des *Eléments de théologie* encore plus éclairants que la proposition 30 sur la persistance de la cause en elle-même sans déplacement ni amoindrissement, et sur la conversion des effets vers leur cause. Mais remarquons toutefois que chez Porphyre, comme chez Proclus plus tard, cette causalité n'est pas exprimée en termes d'engendrement et de naissance mais en termes de procession. Il en est de même chez Plotin, bien que ce dernier utilise le terme de « semence » pour désigner

spécifiquement néoplatonicienne pour localiser les passions dans les effets tout en sauvegardant l'impassibilité de l'essence divine dans le Père et le Fils[1]. Il est certain qu'il ne s'agit ni de la distinction entre les deux espèces de causes, « divines » et « par nécessité », établie dans le *Timée* (68e-69a), ni d'une adaptation réductrice de la théorie aristotélicienne bien connue, car le théologien ne sépare pas les causes par genre mais se contente de distinguer leurs domaines d'application, leurs modalités et leurs effets. Ainsi, la manifestation de la causalité selon Dieu se traduit comme cause de l'être essentiel (*ousia*), tandis que selon le Logos elle devient cause de subsistance hypostatique, c'est-à-dire détermination de l'être comme existant et donc réduction à la possibilité d'individuation et de différentiation. Par conséquent, la causalité du Logos est plus restreinte que la

le principe supérieur ou premier comme cause dont proviendrait le sensible, mais proviendrait comme le multiple à partir d'un principe qui demeure en lui-même indivisible (*Enn.* IV, VIII [T. 6], 6, 9). Il s'ensuit que le rapport cause-effet n'est pas symétrique comme il tend à l'être chez Victorinus. En outre, la causalité dite « néoplatonicienne » n'est pas exprimée en termes d'acte/puissance et produit, malgré tout, une vision hiérarchique des réalités propres à la cause et à l'effet, ce que ne produit pas d'emblée la distinction ontique substance, espèce, individu dont se sert Victorinus pour définir la Trinité. Citons pour comparaison la *Sentence* 24 de Porphyre, où apparaît clairement la différence entre d'une part la procession des incorruptibles qui établit une hiérarchie dans la subsistance au sein même de la classe des incorporels, et de l'autre l'établissement d'une distinction entre les identités hypostatiques par des actes spécifiques (genèse ou naissance et procession), dans le cas de la Trinité, identités qui sont elles-mêmes incorruptibles mais qui entretiennent néanmoins un rapport de causalité réciproque en raison même des actes qui les déterminent et les spécialisent. « Dans le cas des vies incorporelles, dit Porphyre, les processions (πρόοδοι) ont lieu alors que les réalités qui viennent avant demeurent établies et stables, et sans qu'elles ne corrompent rien d'elles-mêmes pour faire subsister les êtres inférieurs à elles (ὑπ' αὐτὰ ὑπόστασιν), ni ne se transforment, si bien que ni les réalités subsistantes (τὰ ὑφιστάμενα) ne subsistent (οὐδὲ… ὑφίσταται) avec quelque corruption ou changement […], ni ne naissent (οὐδὲ γίνεται) au sens où la naissance participe à la corruption et au changement. Ces réalités ne sont donc soumises ni à la naissance ni à la corruption et, de ce point de vue, elles sont venues à l'être sans naissance (ἀγενήτως) et sans corruption. » (Porphyre, *Sentences*, trad. fr. coll. UPR 76, Paris, Vrin, 2005, t. I, p. 325). La sentence de Porphyre décrit l'advenue à la subsistance des incorporels et ne présente pas la procession des réalités inférieures à partir des « êtres supérieurs » comme l'effet d'un rapport causal. Victorinus, en revanche, définit la distinction des identités subsistantes dans la Trinité précisément en termes de rapport de causalité à partir du Père, en introduisant nécessairement une génération, voire une naissance, même si celle-ci se produit sans corruption, et en établissant en même temps une symétrie et une réciprocité dans la fonction de cause entre le Père et le Fils : le premier est cause du second sur le plan substantiel, le second est cause du premier sur le plan phénoménal. La symétrie et la réciprocité sont évidemment réclamées par l'égalité stricte entre les hypostases stipulée par la doctrine nicéenne.

1. Des passages exemplaires pour cet aspect se trouvent dans les livres I, 13, 11-19 (cité *infra* n. 1 p. 254) et IV, 44, 15-20, des *Traités théologiques*.

causalité divine paternelle puisqu'elle implique la seule « réalité existentielle » (hypostatique) de cet être second parmi les « êtres premiers », mais elle est néanmoins identique ou du moins *égale* à celle du Père puisque ce qui agit comme cause de la *subsistence* provient toujours du fondement unique et commun de l'*ousia* qui est cause substantielle (matérielle ?) pour l'être. S'ensuit que, selon Victorinus, la cause n'agit qu'en référence à l'acte et à la puissance, qu'elle est donc exclusivement « ontique », jamais formelle, et qu'elle ne sert qu'à déterminer un décalage de « réalité ». Plus exactement, elle sert à déterminer la « réalisation » de l'être en tant que réalité *substantielle*, qui est une « réalité de puissance » *commune* partagée par les trois hypostases et qui, en tant que réalité *subsistentielle* (hypostatique ou existentielle), constitue aussi une « réalité d'acte », mais une « réalité » qui est dans ce cas unique et propre à chacune des hypostases, à l'exception du Père dont la « réalité existentielle » est subsumée à la « réalité d'acte » du Fils.

Dans un passage du premier livre du traité, Victorinus définit ce que serait l' « être » du Père (*quod deus est*) comme « cause de *ce qui* est l'être en puissance et cause de tous les existants quant à leur être (*esse potentia est, et omnium quae sunt ad id quod est esse, causa est*) »[1]. L' « être » du Père consiste donc à agir en tant que double cause, parce que le Fils, étant cet « être en puissance » dont le Père est la cause, est à son tour, au titre de Fils ou de Logos, cause de la *subsistence* de l'être, laquelle fait de lui « principe et perfection (*principium et perfectio*) », donc cause et entéléchie, en termes aristotéliciens, de l'existant. Récurrente, signalée quelquefois sous l'expression *causa* et *praecausa*, « cause antérieure » ou « cause de la cause » pour signifier le propre du Père par rapport au Fils, cette cause dédoublée exprime de toute évidence la difficulté du choix

1. *Ad. Arium*, I, 34, 8-20 : « "Toujours est le Père, toujours est le Fils, ils coexistent éternellement." Ainsi donc, tant que le Fils est toujours consubstantiel, coexistant, et un avec le Père, il est dans le Père (*semper consubstantialis, coexsistens, unum exisistens, in patre filius est*). Mais lorsqu'il s'actue il procède (*cum autem operatur, procedit*) ; et lorsqu'il procède, cette fois c'est le Père qui est dans le Fils. … Dieu et le Logos sont un, unis, et à cause de cela *consubstantiels*. Mais ce qu'est Dieu, en tant qu'être Dieu (*sed quod deus, iuxta quod deus est*), est cause de ce qui est l'être en puissance et cause de tous les existants quant à leur être (*esse potentia est, et omnium quae sunt ad id quod est esse, causa est*). Et le Logos, en tant qu'il est Logos, est la puissance issue du Père pour donner subsistence à l'être (*paterna est potentia ad subsistere facere ipsum quod est esse*), il est lui-même l'être originel, et il est principe et fin (*principium et perfectio*). C'est en effet à partir de cet être universel et de l'être qui est au-dessus de l'universel (*esse universale, et supra universale*) que l'universalité de l'être, mais, cette fois, répartie selon l'être des genres, l'être des espèces, l'être des individus, reçoit l'être qui est propre à chacun d'eux. » (trad. P. Hadot).

entre la nécessité logique de l'antériorité causale et le respect doctrinal de l'égalité qui suppose aussi la simultanéité et n'admet pas un rapport temporel entre les « êtres premiers » par définition éternels. En même temps, la causalité qui incombe au Logos est elle aussi double, puisque le Logos est cause pour soi et pour les autres, or cette double activité causale sur le plan de la *subsistence* est précisément la caractéristique des êtres éternels[1]. Réduisant Dieu à l'être, le théologien ne peut toutefois pas admettre une procession qui détruirait l'unité substantielle et l'égalité des hypostases éternelles de la Trinité, et cherche alors à re-sémantiser le vocabulaire de la cause en se servant du rapport acte-puissance. Quelle qu'elle soit, la cause subordonne l'effet ou alors se disqualifie comme cause et se met elle-même à la place de l'effet. L'argument topique utilisé par le théologien vise à parer à cet inconvénient en situant le Fils *dans* le Père en tant que puissance de l'être, et le Père *dans* le Fils (*in filio est Pater*) selon l'acte[2]. À cette même tâche est assigné le vocabulaire de l'image pour faire de l'acte « l'image de la substance » (*substantiae autem dei imago est actio*)[3] et de l'image « l'acte [de manifestation ou de

1. *Ad. Arium*, I, 3, 21-27 : « Car seul le *Logos*, en tant qu'il est *Logos* pour soi-même et pour les autres, donne l'être à tous les existants (*et sibi et aliis ispum quod est esse*). Et à cause de cela, il est, sans doute, égal au Père – car la cause principale est cause et pour soi et pour les autres, étant cause par sa puissance et par sa substance (*causa enim principalis et sibi et aliis causa est et potentia et substantia causa exsistens*) – mais le Père est précause (*praecausa autem Pater*). D'où il suit que le Fils se distinguera du Père en ce qu'il se meut et se met en acte (*quod movetur et operatur*), en vue de la manifestation, tandis que le Père, à cause de sa divinité transcendante, agit d'une manière qui nous est inconnaissable. » Nous pouvons voir dans cette tentative de définir le Logos comme cause principale à la fois pour soi et pour les autres (*et sibi et alliis causa*) un écho de la « cause de soi » (τὸ αἴτιον αὑτῷ) telle qu'elle est évoquée dans *De æternitate mundi* par Philon ou Pseudo-Philon (si on n'accepte pas la paternité philonienne de ce traité). Il s'agit de l'argument péripatéticien (attribué à Critolaos par l'auteur du traité) en faveur de l'éternité : « [...] ce qui est pour soi cause d'existence est éternel (τὸ αἴτιον αὑτῷ τοῦ ὑπάρχειν ἀίδιόν ἐστιν). Or le monde est *pour soi* cause d'existence (αἴτιος δ' ὁ κόσμος αὑτῷ τοῦ ὑπάρχειν), puisque, en vérité, il en est cause *pour tous les êtres* (τοῖς ἄλλοις ἅπασιν) ; en conséquence, le monde est éternel. » (*De æternitate* ... 70, trad. fr. J. Pouilloux, Paris, Cerf, 1969, p. 122-123, je souligne). En revanche, le terme *praecausa* serait emprunté par Victorinus au vocabulaire gnostique où il signifait la « primauté par antériorité » ; voir M. Tardieu, *Recherches sur la formation de l'Apocalypse de Zostrien et les sources de Marius Victorinus*, *op. cit.* ; P. Hadot, *« Porphyre et Victorius ». Questions et Hypothèses*, Bures-sur Yvette, Res Orientales, 1996 et L. Abramowski, « Nicänismus und Gnosis im Rom des Bischofs Liberius : Der Fall des Marius Victorinus », *Zeitschrift für antikes Christentum*, 8, 2005, p. 513-566 (occ. p. 533).

2. *Ad. Arium*, I, 34, 8-12, cité n. 1 p. 251.

3. *Ad. Arium*, I, 34, 1-6 : « Mais l'acte est l'image de la substance de Dieu (*substantiae autem dei imago est actio*) et il est Fils ; [...] Mais parce que ce en quoi elle est image est sa

monstration ?] de ce qui est dans la puissance » (*imago est actio, unicuique eorum quae in potentia sunt*)[1].

On peut considérer que l'usage du vocabulaire de l'image est justifié par l'argument évangélique : le Fils est l'image du Père. Donc ce en quoi l'image est image est la cause de l'image (*Quoniam autem causa ipsi est id in quo est*)[2], puisque si le Père engendre le Fils, c'est au Fils qu'il revient de se connaître en tant qu'image du Père. De même dans le passage précédemment cité[3] où l'action était appelée « image de la puissance » parce que ce en quoi l'acte agit est bien cause de l'action, c'est-à-dire l'*ousia* paternelle unique sous l'hypostase du Fils. Mais dans les deux cas d'utilisation de l'image pour signifier l'acte et pour montrer la cause (matérielle, formelle ou efficiente), comme dans le cas de l'intériorité et de l'extériorité réciproque du Père et du Fils selon la *substance* ou selon la *subsistence*, ce qui est cause de l'acte existentiel, ou de l'action ou de l'agir qui sont propres au Fils, est bien la puissance de l'être qui précède l'acte. Or la puissance ne précède pas l'acte parce que le Père est antérieur au Fils, mais parce que pour Victorinus, comme pour Plotin, la puissance se définit comme ce qui contient la possibilité de l'acte. La puissance se définit donc comme un « acte inné » (*intus insitam operationem*)[4] ou comme un acte qui

cause (*Quoniam autem causa ipsi est id in quo est*), l'image elle-même est donc le Fils de ce en quoi elle est (*imago ipsa filius est eius in quo est*), par une génération ineffable… ».

1. *Ad. Arium*, I, 19, 24-29, 35-39 : « Cet acte [le Logos], possédant tout ce qui est dans la puissance, le fait sortir au-dehors, selon le mouvement, par la vie et l'intelligence (*vita et cognoscentia*), et ainsi toutes les choses sont manifestées. C'est pourquoi l'acte est l'image de tout ce qui est dans la puissance (*imago est actio, unicuique eorum quae in potentia sunt*), spécifiant chacune des choses qui sont dans la puissance et existant par soi-même (*speciem perficiens, et exsistens per semet*) : car aucune substance ne vient du néant (*a nihilo enim nulla substantia*). […] parce que ce qui est l'être donne, à l'espèce, ce qui est l'être, et que l'être de l'espèce est l'image de cet être qui, en tant que cause, est le premier être, l'être est donc, pour tout deux, *consubstantiel* (*esse autem speciei imago est eius quod est esse, quod est iuxta causam primum quod est esse* ὁμοούσιον *ergo esse ipsis duobus*), et le second être est image du premier être (*et secundum esse imago est primi esse*) ; je parle de premier et de second, sans considération du temps (*sine tempore primum et secundum dico*)… ».

2. Passage cité n. 3 p. 252-253.

3. Cité n. 1 p. 253.

4. *Ad. Arium*, I, 4, 1-18 : « L'être, c'est le Père, le Logos, l'agir. Et premièrement est l'être (*prius est quod est esse*), en second lieu, l'agir (*secundo quod est operari*). À la vérité, l'être lui-même possède à l'intérieur, un acte inné (*intus insitam operationem*) ; car sans mouvement, c'est-à-dire, sans acte, quelle possibilité y aurait-il de vie et d'intelligence ? […] l'agir aussi, qui est second, est appelé agir (*operari*), parce qu'il n'agit pas à l'intérieur, mais à l'extérieur. Car lorsque l'acte se manifeste, c'est alors qu'il est réellement acte et qu'on l'appelle acte (*operatio*), et c'est alors que l'on conçoit et qu'il y a réellement une auto-génération de lui-même (*ut generatio sui ipsius et aestimatur et est*). Ainsi donc, cela même

n'agit pas (*quod actio inactuosa*)[1], dit Victorinus (comme d'ailleurs Plotin dans *Enn.* V, VI [T. 24], 6, 4-6), bien que cet « acte inactif » possède toutefois la possibilité d'avancer vers l'agir en touchant ainsi à sa réalisation, à sa fin ou à sa perfection (*ab actione procedens in perfectionem veniens*)[2]. Cependant, en précédant l'acte, la puissance agit non seulement en n'agissant pas (« agit » comme possibilité qui lui incombe de manière inconditionnelle), mais produit aussi un bouleversement du statut même de la « réalisation ». C'est la possibilité d'agir qui devient ainsi la « réalité » de l'être premier en assurant la « réalisation » de ce qui s'actualise à partir de celle-ci. Ainsi, le recours à l'image, bien que référant aux passages évangéliques où le Fils est appelé image du Père ou *eikôn* de Dieu, n'apparaît pas comme un argument en faveur de l'interprétation trinitaire. Tout au contraire, Victorinus semble justifier les relations intra-trinitaires en empruntant l'argument de l'image aux textes philosophiques qui y recourent, en faisant du reflet, de l'image et de la participation iconique les modes spécifiques d'inférence entre la première et la seconde hypostase de la triade des principes ou hypostases premières.

Il s'ensuit que la détermination de la réalité ontique de chaque hypostase en tant qu'actualisation de l'être commun n'est plus assurée par l'acte lui-même (par l'*energeia*) et par l'accomplissement spécifique (par l'œuvre réalisée), mais bien par une puissance dont la plénitude est intrinsèquement « acte », lequel est simultanément unique et partagé. Cet acte s'identifie à l'être premier en tant qu'être substantiel individuel (*ousia*) dont les actions ou les œuvres, qui singularisent et déterminent l'être individuel, ne sont qu'un acte dérivé ou une réalité seconde. On peut aisément, me semble-t-il, rapprocher cette situation, à la fois de distinction et d'inférence, de la théorie plotinienne de l'acte en soi et de l'action[3]. Cette

qui est l'agir a aussi l'être lui-même (*ipsum esse habet*), ou plutôt il ne l'a pas (*magis autem non habet*). Car l'agir lui-même est l'être (*operari esse est*) – ils sont en effet ensemble et simplement une seule chose – [...] Et cela qui est l'être en mouvement est la définition de l'être, en tant qu'acte de l'être (*quod est esse, secundum actionem*). »

1. *Ad. Arium*, I, 13, 11-19 : « [...] il [le Père] est aussi plus grand parce qu'il est acte qui n'agit pas (*quod actio inactuosa*) ; [...] Le Fils, par contre, reçoit le don d'être, et s'avançant par l'acte vers l'agir, parvenant à la perfection (*in id quod est agere, ab actione procedens in perfectionem veniens*), il ne se réalise comme plénitude que dans le mouvement (*motu efficitur plenitudo*), étant devenu tous les existants. [...] il est toujours plénitude et toujours réceptacle ; et pour cette raison, il est à la fois impassible et passible. Donc à la fois égal et inégal. »

2. *Ibid.*

3. Nous avons décrit dans le chapitre précédent cette articulation plotinienne connue depuis C. Rutten (« La doctrine des deux actes dans la philosophie de Plotin », art. cit.) comme « théorie des deux actes », en référant aux travaux plus récents d'E. K. Emilsson (*Plotinus on*

puissance paradoxale, dont la plénitude est acte en soi, demeure néanmoins une puissance selon Victorinus, non un acte, parce qu'elle ne se révèle pas elle-même substantiellement en s'activant perpétuellement dans l'être premier. Le Père ne se révèle comme acte que dans/par le Fils, et non en lui-même : Dieu n'est acte que lorsque le Logos lui-même *est* (s'actualise). L'acte demeure donc dans la puissance non selon un « avant » et un « après », car l'Incarnation n'est que l'acte qui infère, l'acte second, mais il demeure perpétuellement dans la puissance en tant qu'acte de celle-ci, c'est-à-dire comme *image de la puissance* (*imago est actio, unicuique eorum quae in potentia sunt*)[1]. La puissance apparaît donc comme la réalité fondamentale de l'acte, de la même manière que le modèle n'est pas seulement la cause mais constitue la « réalité » même de l'image, la seule « réalité *vraie* » de celle-ci qui en est la copie. L'être premier qui recèle ce paradoxal « acte » de la puissance, joue à son tour le rôle de « cause » à la fois par sa puissance et par sa substance; il est donc cause principale et entière d'une « réalité seconde » qui est celle de l'être existentiel (*causa enim principalis et sibi et aliis causa est et potentia et substantia causa exsistens*)[2]. Ce dernier atteint lui-même sa plénitude lorsqu'il se manifeste comme être existentiel mais, à la différence de l'être premier, il *est* et *se manifeste* ainsi lui-même, se *montre* et *opère* des actions lui-même, *en personne*... c'est le cas de le dire. Cette fois-ci la distinction se situe sur le plan de l'action phénoménale, et elle a pour conséquence une nouvelle possibilité de définir la différenciation, possibilité qui est de l'ordre de l'intellection, car l'acte de l'être premier demeure transcendant et inconnaissable, alors que l'action existentielle meut et se montre, donc affecte et se laisse saisir[3].

Intellect, op. cit. et « The Relation between the One and Intellect in Plotinus », art. cit.), R. Chiaradonna (« Causalité et hiérarchie métaphysique... », art. cit.) et A. Michalewski (*La puissance de l'intelligible..., op. cit.*).

1. *Ad. Arium*, I, 19, 27-28.

2. Passage cité n. 2 p. 252.

3. Victorinus revient sur cette unité d'acte, de puissance et de substance, ainsi que sur la distinction dialectique par le plan de réalisation de l'acte dans le troisième livre. Il définit ainsi la Trinité : « [...] les trois sont un, par leur puissance et substance. Pourtant les deux premiers sont un, tout en étant différents en ce que le Père est existence qui a valeur d'acte, c'est-à-dire substantialité (*actualis exsistentia, id est substantialitas*), tandis que le Fils est acte qui a valeur d'existence (*actus exsistentialis*). Les deux autres, par contre, sont deux, de telle sorte que le Christ et l'Esprit-Saint sont deux en un, c'est-à-dire en un seul mouvement (*in motu*), et ainsi ils sont deux, comme une unité peut être deux (*ut unum duo*). Les deux premiers, par contre, sont comme un "deux" qui est un (*ut duo unum*). Ainsi étant à la fois "deux en un" et "deux un", la trinité est Un (*trinitas exsistit unum*). » (*Ad. Arium*, III, 18, 13-18). On y revient dans le chapitre suivant.

Dans ce contexte, l'appel à la cause signifie donc non la souscription à un modèle régi par la finalité, mais la nécessité d'inscrire sous un modèle ontologique, et en fin de compte comme un « argument ontologique », l'inversion théologique que Victorinus opère dans le rapport acte-puissance. Cette inversion, réclamée par la doctrine trinitaire chrétienne, suppose que la puissance ne puisse pas contenir des contradictions à l'égard de la substance mais soit exclusivement ce qui s'*actualise* toujours, sans limite et sans répit dans le contexte des « réalités véritables », c'est-à-dire des étantités hypostatiques de la Trinité. Mais cette causalité, entièrement fondée sur l'acte et la puissance, n'est pas une vraie causalité. Elle n'est ni péripatéticienne ni de type néoplatonicien, car là où chez Plotin, en contexte noétique, l'acte comporte une puissance puisqu'il peut agir comme « acte essentiel » et s'identifier ainsi à toutes les choses existentielles qui lui sont internes en les accomplissant lorsqu'il s'effectue lui-même en tant qu'intellection séparée, chez Victorinus, à l'inverse, c'est la puissance qui contient l'acte en premier. En l'occurrence, c'est la puissance du Père qui contient l'acte *actué* comme « être premier » et qui s'accomplit existentiellement dans l'hypostase du Fils ou du Logos, en assurant aussi la possibilité de son intellection et en donnant donc une connaissance divine de lui-même à travers *celui* qu'il n'est pas.

LA *RÉALITÉ DES CHOSES* SELON L'ACTE ET LA PUISSANCE DE LA PENSÉE

En simplifiant à l'extrême ces trois démarches (Aristote, Plotin, Victorinus) afin d'en conclure, on arrive au déploiement suivant. Aristote refuse la puissance aux êtres éternels au nom de leur perfection, de même qu'il refuse une « réalité d'être » aux formes ou aux idées. Plotin envisage la possibilité que plusieurs essences ou êtres parfaits (intelligibles ou réalités premières) partagent une seule et même nature ou réalité essentielle, et intègre *de facto* la puissance dans l'acte de la pensée en tant qu'acte premier, substantiel, des « réalités premières » qui sont les expressions d'intelligibilité des intelligibles multiples, déployés à partir de l'intelligible premier (ou l'Un-pensable) qui engendre le *noûs* en s'y reflétant. La « réalité » demeure par conséquent le propre de ce qui est en acte et s'y confond même avec l'acte, sauf que l'acte prend un sens nouveau chez Plotin en contexte noétique. Quant à Victorinus, il renverse l'ordre et accorde antériorité et perfection à la puissance en enlevant aux êtres premiers la possibilité de se trouver tantôt en acte et tantôt en puissance. Mais, en identifiant ainsi puissance et acte sous la couverture unique de la catégorie de l'*être*, Victorinus opère implicitement une réduction de la transcendance. Il détermine ainsi comme inconnaissable puisque divine l'*ousia* commune des trois hypostases, en effaçant la véritable séparation du principe, la séparation absolue dans laquelle se tient l'Un pour Plotin. Donc la « réalité » d'une chose, qui tient de l'*energeia*, de l'actualisation, pour Aristote, prend le sens d'acte noétique actualisant les seules choses « réelles », c'est-à-dire les « premiers existants » (*prôta onta*) qui sont des « réalités de pensée » chez Plotin. Chez Victorinus, en revanche, la « réalité » d'un acte ou d'une effectuation est subordonnée à la puissance sous le mode d'une inférence, à la manière d'une image à l'égard de son modèle, bien que cet acte, défini comme image de la puissance, agisse néanmoins comme une cause à l'égard des « réalités hypostatiques » des êtres premiers en les individualisant.

Dans les trois cas, la « réalité » de ce qui premièrement *est* tient de l'actualisation ou de l'effectivité de la chose dans sa perfection ou dans son accomplissement. Cependant, pour Aristote cette « réalité » est de l'ordre de l'œuvre, et donc immanente à l'acte, pour Plotin elle est d'ordre intelligible, donc immanente à l'acte noétique, et pour Victorinus elle est d'ordre à la fois substantiel et *subsistentiel* ou existentiel, mais selon une relation inversée qui met en avant la puissance d'actualisation et assure son effectivité ou son actualité par un acte contenu et donc immanent à la perfection appartenant à la seule puissance. À cet effet, Victorinus emprunte à Aristote la possibilité d'un acte pur (comme le « premier moteur ») et à Plotin la possibilité de faire tenir l'acte essentiel avec la puissance en un seul étant, c'est-à-dire dans *chaque* intelligible qui détermine l'intelligibilité de *chaque* chose par l'action ou par l'opération qui lui revient en propre. À des titres différents, ces trois mises en situation du binôme acte-puissance décrites font toutes appel à une condition préalable : celle de savoir que ces trois mises en situation du rapport acte-puissance ne caractériseraient que la « réalité » bien spécifique des êtres premiers (les astres ou le « corps supérieur » pour le Stagirite, les principes intelligibles et les premières hypostases pour Plotin et pour Victorinus), seule « réalité » en droit d'être appelée *véritable*, qu'elle soit de pure pensée ou d'existence parfaite et éternelle.

Une leçon plus large semble toutefois se détacher de ces trois situations exemplaires. En fonction des rapports de prééminence ou de détermination conçus entre l'acte et la puissance, la « réalité » d'une chose soit provient de la chose elle-même dans l'accomplissement qui détermine comme perfection son identité, soit elle est donnée par la possibilité de penser et de connaître une chose dans l'ensemble de sa puissance et de son actualité, c'est-à-dire comme chose dont la « réalité » ne dépend pas de l'actualité de son accomplissement en tant que chose particulière mais de la possibilité d'être intelligée. Les rapports entre penser (*noêsis*) et pensable (*noêton*) que Plotin définit en se détachant de la prééminence de l'acte sur la puissance stipulée par Aristote, et l'inversion du rapport de perfection entre l'acte et la puissance formulée par Marius Victorinus dans le cadre des relations intra-trinitaires entre substance commune et être-existant individuel, montrent un clivage dans la conception de la « réalité » d'un étant. Ce clivage est propre au platonisme tardo-antique, qui a fait siennes aussi les leçons aristotéliciennes en matière de causalité et de statut des *ousiai*, et qui se traduira en termes d'opposition « réalisme »/« nominalisme » dans la pensée médiévale [1].

1. Le lecteur aura compris que le terme de « réalité » est ici mis entre guillemets dans la plupart des occurrences en raison de l'absence d'un terme antique spécifique pour désigner le concept moderne de « réalité », dont on a tenté de reconstituer le sens par analogie avec ce qui s'en approche le plus, à savoir le lexique dit « ontologique » et la distinction aristotélicienne entre acte et puissance (voire actualité et possibilité), avec les prolongements noétiques, métaphysiques et théologiques de cette distinction dans la pensée de l'Antiquité tardive. Quant à la postérité médiévale formulée selon la terminologie classique, réalisme *vs* nominalisme, nous renvoyons au livre d'A. de Libera, *La querelle des universaux. De Platon à la fin du Moyen Âge*, Paris, Seuil, 1996.

TROISIÈME PARTIE

SAISIR LE TOUT ET LE SINGULIER

CHAPITRE VI

RELATION ABSOLUE ET RELATION RELATIVE. LE TOUT ET LE SINGULIER SELON L'INDIVIDUATION DES ACTES DANS L'UNITÉ TRINITAIRE (ARISTOTE, BASILE DE CÉSARÉE ET MARIUS VICTORINUS)

Ni envisagé comme individu relevant d'une espèce et d'un genre, ni conçu comme forme universelle déterminante, ni défini comme l'être (τὸ εἶναι) affirmé à l'égard d'une substance séparée – puisque par définition l'entité divine ne connaît pas de genre, est unique et non universelle, n'a ni forme ni existence d'une substance séparée, et n'est en outre pas substantielle mais « principe de substance » (ἀρχὴ τῆς οὐσίας/*substantiae principium*) –, Dieu dans la conception trinitaire chrétienne est pensé à travers la relation. Non par une relation entre Dieu et la pensée, comme entre l'Un, le *noûs* et la *noêsis*, mais à travers une relation entre Dieu et Dieu. Continuité et homogénéité absolues sont requises par la condition propre au Dieu *qui est* et par la Trinité qui est la structure même de sa manifestation. En dehors du cadre trinitaire on ne peut attribuer à Dieu que des négations : Dieu est *hors* (χωρίς) de tout, *sans* (οὐδείς) aucune détermination et *au-delà* (ἐπέκεινα) de l'essence tout autant qu'*au-delà* de la possibilité d'intellection. En revanche, dans l'intimité de la Trinité Dieu se laisse penser de manière affirmative, bien que son identité ne soit saisissable qu'à partir de la catégorie ontologique la plus faible ou la moins déterminante : la relation. En grec on désigne la relation par le mot polysémique σχέσις (à la fois « manière d'être », « disposition » et « relation »). Cependant, les modalités par lesquelles la pensée opère en se servant de la relation comme catégorie de l'être et de la langue sont définies par Aristote non à partir du *mot* même de la relation, mais en faisant appel aux possibilités d'une expression, πρὸς τι..., qui actualise pour ainsi dire la relation. Par l'adjonction d'une préposition et d'un pronom indéfini, *pros ti* comporte un sens double qui convient à la définition de la relation : le sens vectoriel du rapport *avec*... ou *en vue de*..., et le sens réflexif de la conversion simultanée et réciproque des relatifs, sens inhérent à toute identité qui *s'identifie* à la relation qu'elle-même actualise et qui l'expose ainsi.

La définition aristotélicienne de la relation et implicitement de la catégorie des relatifs semble avoir nourri en profondeur la théologie trinitaire chrétienne. Certains des plus éminents représentants du premier siècle officiel du christianisme n'hésitent pas à en faire usage explicitement, sachant qu'ils opèrent sur un terrain théorique particulièrement ardu et qu'ils sont tenus à la fois par les rigueurs de la doctrine (la foi proclamée à Nicée) et par celles de la logique démonstrative, de mise dans leur milieu d'intellectuels rompus à la philosophie et à la rhétorique. Les traités trinitaires sont en effet des démonstrations suscitées par des controverses difficiles à suivre dans la mesure où seul le camp des « gagnants » a gardé, dans la plupart des cas, la trace écrite du débat. De ce fait, tous les arguments, aussi rigoureux soient-ils, ne sont pas justifiés par la seule logique d'une démonstration d'école, certaines subtilités tenant parfois d'un contexte de confrontations doctrinales qui nous échappe à jamais. Mais il n'en demeure pas moins que le thème de la Trinité divine, le plus complexe qui soit en théologie chrétienne, a demandé un effort philosophique considérable et que dans cet effort Aristote fut, pour les orthodoxes comme pour les hérétiques, le premier appui conceptuel et instrumental. Aristote fournit ainsi une intelligibilité de ces débats qui nous éclaire aussi, du moins par défaut. Quelques siècles plus tard, quand les théologiens n'ont plus accès à tout l'héritage antique dont disposaient les théologiens du IV^e^s. formés à Athènes, Rome, Antioche ou Alexandrie, Aristote demeure encore, directement ou indirectement, le repère d'intelligibilité pour les débats de doctrine. Alcuin, par exemple, explique ainsi comment Augustin avait traité du sujet : « les questions les plus profondes de la Sainte Trinité ne peuvent être élucidées qu'à l'aide des raisonnements subtils de la théorie des *Catégories* »[1]. Parmi ces raisonnements subtils, dit le théologien carolingien, se trouvent la conception de la substance, les prédicats substantiels et le rapport essence-accident, auxquels il faudrait ajouter la théorie des relatifs et deux notions étrangères au Stagirite mais fondamentales dans la conception de la Trinité, l'hypostase et le *prosôpon*.

1. J. Barnes, « Les *Catégories* et les Catégories » et J. Marenbon, « Les Catégories au début du Moyen Âge », *in* O. Bruun et L. Corti (éd.), *Les Catégories et leur histoire*, Paris, Vrin, 2005, p. 71 et p. 227.

Il en va de même pour les deux théologiens, Basile de Césarée et Marius Victorinus, dont on analysera plus loin quelques passages des traités consacrés à la Trinité. Ils sont tous deux vraisemblablement lecteurs des *Catégories* d'Aristote et de leurs commentateurs, ainsi que d'autres textes de la philosophie classique et de la postérité péripatéticienne et néoplatonicienne. On y décèle les traces des lectures, parfois des citations textuelles ou de mémoire. Il n'y a pas à démontrer dans leur cas un lien intellectuel et textuel qui est évident, bien que les relais ne nous soient pas pour autant connus[1]. Mais l'usage du langage aristotélicien rend-il plus claires les démarches théologiques ? On peut tout au plus constater que sans les *Catégories* ces démarches risquent de nous demeurer encore plus obscures, et que, d'autre part, l'usage que les théologiens en font peut nous indiquer aussi des pistes pour comprendre certaines des indécisions que le Stagirite lui-même a laissé demeurer dans son texte, le cas des relatifs étant à ce titre exemplaire.

LE PROBLÈME DU RELATIF CHEZ ARISTOTE : *CATÉGORIES* ET *MÉTAPHYSIQUE* Δ

On est frappé de constater l'indécision aristotélicienne entre une définition et une description de la relation dans les *Catégories*, de même qu'entre une position *secundum dici* et une position *secundum esse* à l'égard des relatifs. En outre, de la reconnaissance d'une différence de statut entre les relatifs ressort non une typologie mais l'impossibilité de définir de manière complète les substances correspondantes à travers les degrés différents de relatif : ainsi, deux substances dont le propre est dans le *relatif* de chacune envers l'autre, se disent être relatives sans que le relatif soit lui-même « substantivé » par les rapports articulés de manière indéterminée (τὰ πρός τι) et sans que les substances soient elles-mêmes « relativisées » (changées, affectées). Des substances concernées par la relation c'est la connaissance déterminée ou indéterminée qui est, elle, relative à la

1. Les sources intermédiaires d'inspiration dans l'usage des *Catégories* par les théologiens nicéens ne nous sont pas connues. Je ne m'engage pas ici dans une archéologie textuelle, mais me sers d'une juxtaposition des textes d'Aristote et des traités théologiques dans l'espoir d'éclairer quelques aspects de la démarche présidant à la construction conceptuelle de la Trinité. Il est certain que les commentaires d'Aristote ne manquaient pas et que bon nombre des théologiens du IVe siècle s'en sont servis, soit pour subvenir aux difficultés du texte aristotélicien, soit parce que les commentaires des *Catégories* représentaient un fond intellectuel commun aux chrétiens de tous bords et aux philosophes « païens », bien au-delà des oppositions doctrinales affirmées.

relation. Mais y a-t-il une science des relatifs, se demande le Stagirite dans *Métaphysique* A (9, 15), en marge de la critique des idées platoniciennes des relations, dès lors que pour lui les relatifs ne comportent pas de genre propre. La plupart des analyses récentes du chapitre 7 des *Catégories* insistent sur le caractère aporétique de la démonstration et sur une prédominance de l'aspect linguistique. Prioritaire dans la première définition (λέγεται ... λέγεται, 6a36), cet aspect couvre presque tout le chapitre, jusqu'à la « palinodie remarquable et unique en son genre »[1] de la deuxième définition (8a31) qui restreint le champ aux cas des relatifs identifiés en leur être par la relation. Mais, jusqu'à ce quasi aveu d'impuissance de la fin du chapitre, la relation ne concernerait pour Aristote que les « *prédicats* des substances »[2] non la substance elle-même (οὐδεμία οὐσία τῶν πρός τι λέγεται, 8a13), car ni les « substances premières » (*un homme*, τὶς ἄνθρωπος) ni les « substances secondes » (*l'homme*, ὁ ἄνθρωπος) ne sont des relatifs (8a15-17 et 21-24) et aucune substance n'est dans les relatifs (οὐδεμία οὐσία τῶν πρός τι ἐστιν, 8b21). Ce qui est dit d'un sujet en relation avec un autre est la relation même, ou, selon Caujolle-Zaslawsky, « le relatif est une sorte de commentaire sur les prédicats et tout son être se résume à être ce commentaire même »[3]. Y a-t-il lieu de parler alors d'ontologie de la relation ou d'une approche purement prédicative sous-jacente à la détermination formelle d'un étant par la relation ?

Les ambiguïtés du chapitre consacré aux relatifs dans les *Catégories* n'ont cessé d'attiser la convoitise des interprètes. Elles imposent de réfléchir sur ce lien déterminant du relatif à l'égard des substances secondes et premières, lien qu'Aristote ne se résout pas à situer sur le seul plan de la prédication. Si on peut légitimement affirmer que le philosophe privilégie le critère prédicatif au début du chapitre 7, on peut tout aussi bien considérer que cette position ne fait qu'ouvrir le débat et que ce débat est aussi épistémique, voire métaphysique, et non purement linguistique. *Ce qui se dit de*… révèle aussi que l'on ne peut connaître autrement ce que sont « en elles-mêmes » les choses dont on dit qu'elles sont *telles* (*pareilles* ou *mêmes* – τοιαῦτα) que ce qui « est dit être d'autres » (ὅσα αὐτὰ ἅπερ ἐστὶν ἑτέρων εἶναι λέγεται) ou être de quelque *autre manière* en rapport avec d'autres (ὁπωσοῦν ἄλλως πρὸς ἕτερον). Ainsi, en posant un critère essentiel et non seulement prédicatif, ce *dont on dit être-d'autres...*

1. Aristote, *Catégories*, trad. et comment. F. Ildefonse et J. Lallot, Paris, Points-Seuil, 2002, p. 282.

2. F. Caujolle-Zaslawsky, « Les relatifs dans les *Catégories* », *in* P. Aubenque (éd.), *Concepts et catégories dans la pensée antique*, Paris, Vrin, 1980, p. 194.

3. *Ibid.*, p. 195.

s'identifie *comme par défaut* à cette relation avec les autres, qu'il s'agisse de l'individu subsistant séparé (l'esclave par rapport à son maître) qui confirme le cas des corrélatifs, ou de la partie à l'égard de l'ensemble (l'aile de l'oiseau, le gouvernail du navire) qui l'infirme ou du moins qui établit la nécessité de distinguer des degrés de relatifs selon un mode d'expression adéquat (οἰκείως). Celui-ci, et Aristote insiste sur ce point (6b39, 7a14 *sq.*), peut être un nom (ὄνομα) que l'on attribue pour faire valoir la relation (animal-ailé, engin-pourvu-de-gouvernail), mais constitue aussi un mode de connaissance des relatifs et de la relation qui les lie (comme dans le cas où l'on manque de nom adéquat pour l'un des deux corrélatifs, 7a18-22). La fin du chapitre 7 est entièrement bâtie sur une typologie de la connaissance par le relatif et non sur une typologie de la corrélation : si dans la première définition la relation entre « les choses qui sont rapportés aux autres » n'implique pas que ces choses soient elles-mêmes essentiellement relatives (8a34-35), il en va tout autrement avec la seconde définition (8a31) qui restreint la relation aux choses qui en sont déterminées. Il est clair (δῆλόν) que nous avons une connaissance déterminée des choses qui sont ainsi relatives les unes des autres (τις εἰδῇ ὡρισμένως τῶν πρός τι, 8a36) et que le relatif, déterminé par le fait d'avoir une certaine relation à quelque chose (τῷ πρός τί πως ἔχειν, 8a32), sert à connaître de manière déterminée ce à quoi il est ainsi, essentiellement, relatif. Cependant, cette théorie de la connaissance sous-jacente à la théorie des relatifs, comporte nécessairement une différenciation selon les substances premières et secondes, et selon les cas de possibilité ou d'impossibilité de conversion réciproque et de simultanéité naturelle des relatifs/corrélatifs[1].

Deux chapitres d'un livre récent consacré aux *Catégories* débattent des positions historiographiques complémentaires à l'égard des deux définitions des relatifs et de la relation[2]. Le premier, de Maddalena Bonelli[3], fait le point sur les propriétés des relatifs telles qu'elles ressortent de la première définition et s'oppose à la fois à la théorie des degrés de relativité

1. On peut difficilement comprendre la mutation critique opérée par les Stoïciens si Aristote avait effectivement balayé les genres de l'être des *Catégories* 7 et s'était résolu à la seule analyse linguistique et à la prédication des modes d'être comme des modes de connaissance (résumé de la position stoïcienne à l'égard des *Catégories* chez R. Muller, *Les Stoïciens*, Paris, Vrin, 2006, p. 79).

2. *Studi sulle Categorie di Aristotele*, éd. M. Bonelli et F. G. Masi, Amsterdam, Hakkert, 2011.

3. M. Bonelli, « Aristotele, *Categorie*, 7, 6a36-7b14. La prima definizione dei relativi e alcune loro proprietà », in *Studi sulle Categorie*..., *op. cit.*, p. 173-190.

de David Sedley[1] et à l'hypothèse d'une origine platonicienne de la première définition, identifiée par Richard Bodéüs dans le *Sophiste*[2]. Cette dernière hypothèse est vraisemblablement inspirée par le commentaire de Porphyre[3] et par l'idée, en partie aristotélicienne (*Éthique à Nicomaque* I 6, 1096a21-22), que le relatif n'est qu'un rejeton (*paraphuas*) de l'être et donc un « particulier » dont les propriétés relèvent des autres catégories (substance, qualité, quantité) et dont le fonctionnement serait apparenté à celui des paronymes[4]. Le second article, de Diego Zucca, est consacré au statut aporétique des relatifs[5]. Je m'y attarde parce que cet article, bien que fondé presque exclusivement sur le texte aristotélicien, éclaire un aspect fondamental dans l'usage de la théorie des relatifs par la tradition patristique gréco-latine. On y trouve des analyses de la conversion réciproque des corrélatifs et du rapport de simultanéité. Zucca défend une thèse métaphysique. Il fonde sa démarche sur une quadripartition des substances premières et secondes (empruntée à Simplicius, Olympiodore et Ammonius) qui lui permet de sortir de la distinction *secundum dici/secundum esse* et d'asseoir la détermination des relatifs dans le cadre d'une logique travaillant sur l'inhérence et l'exhibition (ou l'expression) du relatif par rapport au corrélatif substantiel, ou simplement par rapport à la propriété corrélative[6]. L'exégète des *Catégories* relie ainsi les deux définitions des relatifs et, en rappelant aussi des passages des *Topiques* VI 4 (142a26-31) et de *Métaphysique* Δ 15, arrive à statuer une dichotomie ontologique des relatifs partagés entre relatifs en soi et relatifs par accident, dichotomie qui recoupe la typologie de Sedley inspirée par Simplicius, avec des relatifs de nature partiellement relationnelle et des relatifs purement relationnels, identifiés au rapport avec leur corrélatif[7]. Or cette dichotomie a aussi une importante postérité théologique. On la retrouve dans la distinction entre une *relation absolue* et des *relations relatives*, telle que la communauté de la substance d'une part, sur laquelle fait fond l'identité de l'unité divine et qui assure en même temps la possibilité d'une

1. D. Sedley, « Relatività aristoteliche (Parties I et II) », *Dianoia*, 2, 1997, p. 11-25 et *Dianoia*, 3, 1998, p. 11-23; *id.*, « Aristotelian Relativities », *in* M. Canto-Sperber et P. Pellegrin (éd.), *Le style de la pensée. Recueils de textes en hommage à Jacques Brunschwig*, Paris, Les Belles Lettres, 2002, p. 324-352.

2. Aristote, *Catégories*, Paris, Les Belles Lettres, 2001.

3. Porphyre, *Commentaire aux* Catégories *d'Aristote*, Paris, Vrin, 2008.

4. M. Bonelli, « Aristotele, *Categorie*, 7, 6a36-7b14... », art. cit., p. 185.

5. D. Zucca, « Aristotele, *Categorie*, 7, 7b 15-8b24. La status aporetico dei relativi », in *Studi sulle Categorie...*, *op. cit.*, p. 191-212.

6. *Ibid.*, p. 199.

7. *Ibid.*, p. 208-209.

parfaite réflexivité réciproque des hypostases, et d'autre part des relations assurées par des actes, relations déterminantes entre les personnes. Nous analyserons plus loin certains aspects de cette distinction qui apparaît dans les traités trinitaires de Basile de Césarée (*Sur le Saint-Esprit*) et de Marius Victorinus (*Contre Arius*). Mais précisons d'ores et déjà que la conception dichotomique des relatifs permet aux théologiens d'affirmer la relation absolue entre l'essence divine et la subsistance ou l'existence non-séparée des hypostases, et d'introduire en même temps les relations *ad intra* qui sont déterminantes pour le statut singulier de chacune des identités divines de la Trinité, dont l'essence demeure unique alors que les actions sont distinctes sans affecter l'unité divine (la communauté partagée de l'essence) et sans subordonner non plus les hypostases entre elles par inférence ou par procession.

Laissons de côté les critiques de Zucca à l'encontre des hypothèses de Caujolle-Zaslawsky sur la question de savoir si la première définition des relatifs doit être considérée comme purement didactique et la seconde comme une sorte de commentaire méta-logique de la première, ou si elles réfèrent à deux niveaux distincts de relatifs et que seule la synthèse des deux définitions permet de restituer ces niveaux dans leurs caractéristiques « génuines »[1], et en particulier dans la « simultanéité naturelle » des relatifs. Aristote précise que celle-ci vaut dans la plupart des cas (7b15-16), à l'exception des relatifs de type science/objet de la science, ou sensation/objet sensible, le dernier précédant l'exercice du premier. Attardons-nous cependant sur quelques exemples aristotéliciens de relatifs pour délimiter les lieux qui ont pu servir de source ou d'appui argumentatif pour l'usage de cette catégorie par les théologiens du IVe s., sachant que leur appel aux *Catégories*, aussi controversé soit-il, relève néanmoins d'une compréhension substantielle du relatif et donc d'un usage de la relation déterminé doctrinalement par la nécessité ontologique.

Le premier exemple de relatif à retenir en vue de son utilisation théologique est celui du semblable (τὸ ὅμοιον, 6b9) : le semblable est dit semblable à quelque chose (τινὶ). La similitude est donc une relation qui prend acte lorsqu'on dit du semblable qu'il ressemble à quelque chose et que l'on établit ainsi la définition de celui-ci. Aristote y revient d'ailleurs quelques lignes plus bas (6b21-25) : le semblable et le dissemblable sont des relatifs qui admettent le plus et le moins. En revanche, le semblable n'est pas mentionné parmi les exemples de corrélatifs, bien que tous les

1. *Ibid.*, p. 210.

relatifs (πάντα δὲ τὰ πρός τι) ayant leurs corrélatifs (πρὸς ἀντιστρέφοντα, 6b29), le semblable l'ait aussi, nécessairement. De même pour la simultanéité naturelle (7b15) ; elle concerne la plupart des relatifs, à l'exception de ceux mentionnés plus haut (sensation-sensible, etc.). Les semblables sont donc, eux aussi, simultanément relatifs malgré la condition d'antériorité de celui qui sert de modèle. Tous les relatifs étant simultanément relatifs, cette relation prend acte naturellement (φύσει εἶναι). Mais l'acte s'identifie-t-il pour autant à l'essence de ces relatifs ? Il faudrait retenir la suggestion d'une absence d'antériorité paradigmatique caractérisant dans ce contexte la relation de simultanéité, car elle signifie l'impossibilité d'une autonomie des relatifs à l'égard de la qualité. La similitude, bien qu'immanente à la chose elle-même, ne concernerait alors que l'activation simultanée des propriétés communes ou accidentelles des « semblables », et n'impliquerait nullement une forme de dégradation des étants dits « semblables ». On ne pense alors plus à identifier ce qui ferait fonction de modèle parmi ceux qui *simultanément* sont semblables.

Un autre exemple clef, situé cette fois-ci après la seconde définition des relatifs, est celui d'une chose plus belle ou meilleure qu'une autre (ὅτου καλλιόν ἐστιν, 8b8), exemple qui suit celui du double. Si on établissait un parallélisme avec les exemples censés illustrer la première définition, le comparatif qualitatif suit ici le double quantitatif comme le critère du plus et du moins suivait le critère du contraire à la suite de la première définition. L'exemple de la chose plus belle (ou meilleure) est illustratif des conditions de connaissance que suppose la relation essentielle, laquelle fait qu'une chose soit liée à une autre par un certain « degré de relatif » et donc par un type précis de relation. Comme dans le cas du double, la chose plus belle (ou meilleure) sera connue en même temps que ce relativement à quoi elle est plus belle (ou meilleure), et cette connaissance n'est pas indéterminée (οὐκ ἀορίστος, 8b10) et ne conduit pas à retenir une connaissance par conjecture (ὑπόλεψις) mais à obtenir une science (ἐπιστήμη). Cependant, à la différence du semblable qui s'identifie à la relation et qui demeure, lui et son corrélatif, dans la prédication de leur relation réciproque et simultanée, la chose plus belle (ou meilleure) qu'une autre peut être connue comme telle, *per se*, en elle-même en tant que chose belle (ou bonne), en même temps que l'on connaît ce par rapport à quoi elle est plus belle (ou meilleure). Autrement dit, dans le premier cas c'est la relation qui s'exhibe et qui permet ainsi de la connaître en même temps que l'on connaît les termes mis en relation ; dans le second, c'est le relatif qui prend tout sur lui-même.

Pour mieux comprendre l'enjeu de ces deux exemples particuliers de relatifs, redéfinissons-les à partir de deux chapitres du livre Δ de la *Métaphysique* (9 et 15). L'une des sources pour la patristique gréco-latine au sujet de la relation et des relatifs serait en effet à chercher aussi du côté de la *Métaphysique*, dont Δ est perçu par la postérité comme une introduction, ainsi que du côté des *Topiques*, comme l'a démontré Michael Frede pour la patristique grecque[1]. Outre les réticences des théologiens nicéens à l'égard de la logique aristotélicienne, et en particulier des *Catégories* jugées comme un quasi manuel des Ariens[2], on peut supposer que les difficultés que nous rencontrons nous-mêmes dans la compréhension du chapitre sur les relatifs étaient perçues aussi par les lecteurs du IVe s. Or certains passages du cinquième livre de la *Métaphysique* sont à cet égard salutaires. Ainsi avons-nous ici trois définitions pour le cas du « semblable » : dans Δ 9 (1018a16-18) le « semblable » est défini avec le « même », l'« autre » et le « différent » (ταὐτό, ἕτερον, διάφορον, ὅμοιον) par soi ou par accident comme attributs des choses singulières qui représentent des unités d'êtres (substances premières); tandis que dans le chapitre 15 du même livre, le « semblable » se définit aussi comme « relatif » (πρός τι) avec l'« égal » et le « même » (ἴσον et ταὐτό), mais dans ce cas la relation est subordonnée aux catégories de l'être et le semblable est alors soit (a) espèce ou mode spécifique d'être de la substance, de la qualité et de la quantité en rapport avec l'un (1021a9-13), soit (b) il constitue à lui seul, comme le « même » ou l'« égal », la relation en soi à laquelle s'identifient les substances secondes que l'on dit posséder la similitude ou l'égalité (1021b8-9). Empruntées à Platon, ces notions subissent une réduction au fonctionnement des relatifs[3]; elles gardent cependant le rôle de déterminants ontologiques.

La première définition apparaît dans le chapitre 9, faisant suite immédiate au chapitre consacré à la substance (οὐσία) : « "Semblable" se dit (ὅμοια λέγεται) des choses possédant sous tous les rapports les mêmes attributs; de celles qui ont plus de ressemblances que de différences (τὰ

1. M. Frede, « Les Catégories d'Aristote et les Pères de l'Église Grecs », in *Les catégories…*, *op. cit.*, p. 135-173, occ. p. 137-139.

2. Voir les articles déjà cités de J. Barnes et de M. Frede, ainsi qu'A. Kenny, « Les Catégories chez les Pères de l'Église latins », in *Les Catégories…*, *op. cit.*, p. 121-133.

3. Platon utilise la notion d'égalité dans les discussions logiques et cosmologiques consacrées à la définition du changement (*Théétète* 155a-b, *Parménide* 156b-157b, *Timée* 67d). Pour une analyse récente du sens accordé par Platon à la notion d'égalité précisément en rapport avec la théorie platonicienne des relatifs, voir D. O'Brien, « Platon, *Théétète* : le secret de la doctrine "secrète" », *Revue des Études Grecques*, 125, 2012/2, p. 397-424, en part. p. 405-413.

πλείω ταὐτὰ πεπονθότα ἢ ἕτερα) et de celles dont la qualité est une (ποιότης μία). » (1018a16-18).

La seconde définition reprend en Δ 15 (1021a9-13) presque les mêmes termes, mais, en l'étendant au « même » et à l'« égal », Aristote réduit chacun des trois à un rapport propre avec l'un : « le même, c'est ce dont la substance est une (μία ἡ οὐσία); le semblable, ce dont la qualité est une (ποιότης μία); l'égal, ce dont la quantité est une (τὸ ποσὸν ἕν). » Sous l'espèce des modes d'être la relation est alors un cas particulier des autres catégories, celles proprement substantielles, et son rôle se réduit à signifier un rapport numérique.

Enfin, la troisième définition du semblable stipule que : « sont encore relatives par elles-mêmes (καθ' ἑαυτὰ λεγόμενα πρός τι) les notions en vertu desquelles les êtres qui les possèdent sont dits relatifs (λέγεται πρός τι) : par exemple, l'égalité en raison de l'égal (ἰσότης ὅτι τὸ ἴσον) et la similitude en raison du semblable (καὶ ὁμοιότης ὅτι τὸ ὅμοιον) » (1021b4 et 8-9). Il ressort de ce dernier exemple et des définitions précédentes deux types fondamentaux de relations qu'Aristote distingue explicitement à la fin du chapitre sur les relatifs.

Le premier est clairement ontologique et concerne les êtres en actes ou en puissance. La relation numérique entre les êtres appartient à ce type de relation, bien qu'elle ne soit pas en acte (κατ' ἀριθμὸν οὐκ εἰσὶν ἐνέργειαι) dans le sens du mouvement (κίνησιν), précise le Stagirite (1021a20-21). Ce type de relation, numérique puisque renvoyant à l'unité dans les cas du même, du semblable et de l'égal, ou défini selon la puissance et l'acte (l'exemple donné dans ce cas est celui du père et du fils), concerne toutes les choses relatives (πρός τι πάντα) dont l'essence même se définit en rapport à autre chose (ὅπερ ἐστὶν ἄλλου λέγεσθαι αὐτὸ ὅ ἐστιν) et non parce que quelque chose d'autre est relatif à elle (ἀλλὰ μὴ τῷ ἄλλο πρὸς ἐκεῖνο, 1021a26-29). Ce type de relation concerne donc, comme dans le cas déjà cité de la chose plus belle (ou meilleure) qu'une autre, la nature substantielle des relatifs eux-mêmes. Puisque l'essence de la chose comporte la relation, cette relation est alors *absolument* déterminante de la chose et manifeste ou expose la chose en elle-même, au-delà de la conversion réciproque des corrélatifs ou de leur simultanéité naturelle. Cette relation, que j'appelle ici *absolue*, admet une différence entre les relatifs par l'acte ou le mouvement[1]. En outre cette relation, rendant la

1. C'est à ce type de relation que référerait Victorinus en parlant d'acte ou de mouvement *interne* du Père ; cet acte, originel et substantiel, demeure interne alors que le Fils, s'identifiant aussi à un acte substantiel et partageant avec le Père la même puissance et la même essence, est

chose essentiellement manifeste, induit aussi un acte de type réflexif : lorsqu'on dit d'une chose qu'elle est identique à elle-même (λέγῃ αὐτὸ αὐτῷ ταὐτόν), on s'y rapporte comme s'il s'agissait de deux (δυσὶ γὰρ χρῆται αὐτῷ, 1018a9). Bien qu'Aristote n'y insiste pas, ce dernier point a peut-être lui-aussi joué un rôle dans la réflexion théologique ultérieure, néoplatonicienne et chrétienne, consacrée à la monade et visant la possibilité pour celle-ci de comporter deux *un*[1].

Le second type de relation est celui qui rappelle le cas des conversions asymétriques (connaissance/objet-connaissable). Celui-ci ne concerne pas la nature des relatifs mais uniquement leurs liens avec ce qui se rapporte à eux. Les exemples cités (le connaissable, le mesurable, le pensable) sont dit ainsi, presque de manière paronymique, par rapport à l'exercice des facultés respectives, mais ces facultés ne sont pas affectées ni déterminées en elles-mêmes par les objets qui sont pensés, vus, mesurés, connus. Ce second type de relation, appelé ici *relation relative*, ne concerne que la relation elle-même et ce que l'on peut prédiquer des termes qui lui sont inhérents.

Ces quelques aspects de la relation et du relatif chez Aristote apparaissent comme les plus impliqués dans l'usage de la relation par les théologiens nicéens. Mais la question majeure à laquelle devaient faire face les défenseurs du dogme trinitaire nicéen réclamait plus que les définitions ou les descriptions des *Catégories* ne pouvaient fournir, ne serait-ce que pour une raison simple : cette question concerne une situation non prévue par l'ontologie aristotélicienne, celle de Dieu, être sans essence et sans existence propre, unique en son genre et son espèce, et se déployant sous le mode d'une trinité d'hypostases unies en lui et distinctes en même temps. La réflexion aristotélicienne sur les genres et les modes de l'être, sur les substances, les relations et les actes nourrit toutefois et infléchit le débat théologique puisque les défenseurs comme les contradicteurs ou les détracteurs du dogme nicéen s'y appuyaient dans leurs démonstrations.

néanmoins un acte substantiel *externe* comme mouvement, capable d'aller jusqu'aux passions (voir *Ad. Arium*, III, 17, 10-24 ; citation et analyse *infra*).

1. À ce sujet aussi, *Ad. Arium*, III, 18, 13-18.

LA RELATION : HYPOSTASE ET DIFFÉRENTIEL DES SUBSISTANTS DIVINS DANS LA TRINITÉ

Basile de Césarée : identité, égalité *et* semblance *des subsistants divins dans la nature et dans la gloire qui leur sont communes*

Si pour Marius Victorinus la connaissance textuelle des *Catégories* semble certaine selon Cassiodore, puisqu'il serait leur second ou troisième traducteur en latin (après Varron et peut-être Quintilien) et qu'il en aurait aussi écrit un commentaire en 8 livres[1], aucune trace documentaire n'indique en revanche une connaissance textuelle de l'*Organon* par Basile de Césarée. C'est toutefois par lui que je commencerai, et notamment par le traité *Sur le Saint-Esprit.* Cet ouvrage n'est pas analysé par Michael Frede dans son étude sur l'usage des catégories par les Pères grecs, car ce texte ne concerne pas directement les catégories de l'être et en particulier les substances premières et secondes dans le débat sur la consubstantialité du Père et du Fils dans la Trinité, comme les deux traités cappadociens *Contre Eunome*, de Basile et de son frère Grégoire. Le traité sur l'Esprit défend une autre position à l'égard de la relation au sein de la Trinité, une relation sur laquelle le Concile de Nicée ne s'était pas exprimé mais dont la formulation et le statut faisaient l'objet d'âpres débats autour de l'évêque de Césarée dans les années 372-375, en particulier avec les Pneumatomaques (appelés aussi Macédoniens)[2], des semi-ariens ne reconnaissant pas la divinité de l'Esprit-Saint.

Au dire de ses amis, tel Grégoire de Nazianze, comme de ses exégètes modernes (de H. Dörries à B. Pruche et Ph. Rousseau), Basile était un fin connaisseur de la philosophie et un « redoutable dialecticien »[3]. Platon et Aristote, Plotin, Porphyre et les Stoïciens sont parmi ses références philosophiques habituelles, à travers les textes ou les concepts spécifiques de leurs pensées. Ces philosophes « du dehors », comme il les appelle à la suite de saint Paul, sont présents aussi dans le traité *Sur le Saint-Esprit*, plus particulièrement dans les chapitres XIV, XVI, XVII et XXVI consacrés à réfuter la théorie des causes stoïcienne, à critiquer les hypostases-principes plotiniens (*Enn.* V, I), à référer au *logos endiathetos* et au *logos*

1. Voir les études d'A. Kenny et de J. Barnes (citées *supra*), mais la thèse de l'existence de cette traduction et de ce commentaire, acceptée jadis par L. Minio-Palluello et H. Chadwick, et actuellement par Kenny (*Les Catégories…*, *op. cit.*, p. 123 n. 2), a été rejetée par P. Hadot.

2. Voir l'étude historique de B. Pruche en introduction au traité *Sur le Saint-Esprit* de Basile de Césarée, SC 17bis, Paris, Cerf, 2002[2], p. 9-225.

3. B. Pruche, *ibid.*, p. 157. Parmi les monographies : Ph. Rousseau, *Basil of Caesarea*, Los Angeles, California Univ. Press, 1994.

prophorikos pour statuer sur la relation pensée-langage, à commenter l'image de la caverne (*Rép.* VII) ou encore à utiliser la distinction aristotélicienne acte-puissance et la théorie des prédicables de Porphyre pour définir l'unité trinitaire des hypostases. Ces chapitres sont si riches en commentaires philosophiques que certains exégètes, à commencer avec Erasme, ont douté de l'authenticité basilienne de la seconde partie du traité. En réalité, la structure du traité est unitaire malgré sa grande complexité. « Plusieurs thèmes s'enchevêtrent autour d'un motif central [...] qui consiste à induire, au sujet du Père, du Fils et de l'Esprit-Saint, la justesse d'une équivalence pressentie entre leur homotimie et leur consubstantialité. Basile établit d'abord cette équivalence pour le Père et le Fils, puis montre [...] que l'Esprit a bien "même honneur" [*homotimos*] que le Père et le Fils, ce qui suggère sa consubstantialité [*homoousios*] de nature divine avec eux. »[1].

L'équivalence entre « même en-honneur » (ὁμότιμος) et avoir « la même essence » ou « la même nature » (ὁμοούσιος) – *ousia* et *phusis* étant quasi synonymes pour Basile en contexte trinitaire –, représente la thèse centrale de ce traité. Elle fait d'ailleurs aussi son originalité, car le Cappadocien, soucieux d'éviter ici le vocabulaire de la substance-essence, emploie à cet égard les notions de « même », de « semblance » et d'« égalité » qui lui permettent d'une part d'introduire de nouvelles prépositions dans la déclaration de l'unité trinitaire (il remplace en alternance *dia* et *en*, de la doxologie ancienne, par *meta* et *sun*), et d'autre part de défendre la consubstantialité par les arguments de l'honneur partagé (ὁμότιμος) et de l'inséparabilité ou de la non-différence (ἀχώριστον, ἀπαράλλακτον), arguments qui s'appuient sur la relation. Ces arguments, alternatifs à la spéculation théologique sur l'*ousia* unique ou commune, lui permettent d'éviter le vocabulaire du genre et de l'espèce sous-jacent à l'*ousia*, vocabulaire qui pouvait induire l'idée d'une immanence entre l'essence commune et l'existence individuelle (ou entre l'identité propre à l'être et l'étant lui-même), ainsi qu'une situation, doctrinalement inacceptable, de subordination de l'*hupostasis* (ou de l'*hupokeimenon*) à l'*ousia* (ou à la *phusis*), une situation aussi inacceptable que celle engendrée par la procession néoplatonicienne.

Les arguments philosophiques non-substantiels évoqués par Basile pour la défense de l'unité consubstantielle de la Trinité reposent donc sur un usage particulier de la relation aristotélicienne, qui n'a pas fait à ma

1. B. Pruche, *Traité sur le Saint-Esprit*, *op. cit.*, p. 111.

connaissance l'objet d'une étude spécifique[1]. Voulant à tout prix éviter *ousia*, remplacée autant que possible par *phusis* dans tout ce qu'il dit de l'identité divine (nature divine en soi ou existence propre du Père, du Fils, de l'Esprit), Basile s'approprie l'arsenal de la relation non pour définir les termes et qualifier leur relation, puisque ni les hypostases divines ni l'unité de la Trinité ne sont affectées par la relation, mais pour montrer comment agissent les hypostases et comment l'unité se laisse appréhender sans confusion à travers les arcanes de cette catégorie ontologiquement « faible ». Basile se sert ainsi de la relation pour dé-substantiviser en quelque sorte le statut des hypostases par rapport à l'essence divine dans la Trinité. La substance ou l'*ousia* divine est comprise comme un relatif absolu de la *puissance commune*, se définissant dans/par/avec cette relation absolue à l'égard de chacune des hypostases, tandis que les hypostases, relatives et corrélatives en même temps, « hypostasient » les *actes* et s'identifient à des relations spécifiques[2]. La conversion réciproque des corrélatifs et la simultanéité naturelle propre aux relatifs dans les exemples aristotéliciens cités plus haut – le *semblable*, l'*égal*, le *même*, des relatifs numériques qui renvoient tous à l'un, ainsi que l'exemple de la chose plus belle (ou meilleure) qu'une autre – aident à éclairer la démarche du théologien, dès lors que ce sont elles qui ont probablement servi à forger le vocabulaire basilien de l'identité, du même et de l'égal, malgré l'application inhabituelle de ce lexique à des hypostases « connaturelles » et non à des genres et des espèces.

La tentation immédiate serait de simplifier à outrance la démarche de Basile en considérant que l'équivalence suggérée entre l'*homotimie* et l'*homoousion* serait fondée sur une identification forcée de la relation *secundum esse* à une considération des relatifs *secundum dici*. Cette réduction « économique », du substantiel au prédicable, justifierait en outre une réserve théologique à l'égard de l'identité divine, essence ou nature – une réserve, une réticence, voire une manière de suggérer l'apophatisme sans l'affirmer proprement. Mais le texte ne laisse pas de place à une telle interprétation, comme il ne se retranche pas non plus derrière une

1. J. Chevalier, *Saint Augustin et la pensée grecque : Les relations trinitaires*, Fribourg (Suisse), Lib. de l'Univ., 1940, p. 137-138 (cité par B. Pruche, *Traité sur le Saint-Esprit*, *op. cit.*, n. 5 p. 289), évoque Basile à propos du terme *skhesis*, manière d'être par rapport à un autre, signe verbal du relatif, mais ne propose aucun développement. En outre, le terme ne signifie pas la relation au sens aristotélicien strict.

2. On pourrait y voir une situation semblable à celle décrite à partir du passage analysé *supra* du *De opificio mundi* de Philon où Dieu et l'« homme noétique » partagent une puissance commune alors que l'acte de penser est unique et propre à chacun, bien qu'il soit divin.

démonstration logique ou linguistique, pour signifier ainsi sa méfiance récurrente à l'égard de l'*ousia* et du vocabulaire ontologique des théologiens qui l'attaquent. Pour Basile l'*homotimie* n'est pas une manière de parler de la relation mais elle *est* relation en acte, elle est *l'actualisation de l'acte*, de même que le semblable se détermine comme relation puisqu'il n'est semblable qu'en rapport avec l'autre semblable sans qu'il y ait nécessairement antériorité ou postériorité de l'un à l'égard de l'autre. Les chapitres V-VI et XVII-XVIII sont les plus éclairants pour cette originalité basilienne dans l'usage des termes ὁμότιμον et ὁμοούσιον. Le fondement philosophique de leur rapport serait à chercher dans le statut des relatifs dans les *Catégories* en regard avec *Métaphysique* Δ, les parties considérées comme les plus « platoniciennes » de l'instrumentaire proposé par Aristote. Selon Pruche, il y aurait des quasi citations de *Métaphysique* Δ dans ce traité et l'un de ces passages concerne la question de l'antériorité et de la postériorité. Mais on peut y voir aussi un usage plus large des définitions et des exemples de relatifs dont Basile se sert pour court-circuiter la détermination de la déité, de l'essence divine et des propriétés par la seule prédication des genres et des espèces dont se servait la partie adverse à la formule trinitaire de Nicée. Il faut toutefois prendre les choses dans l'ordre pour comprendre les enjeux : se familiariser avec les spécificités du vocabulaire basilien avant de saisir l'argumentation.

Il faudrait donc comprendre d'abord le statut de l'*ousia* et de l'hypostase chez Basile, statut fondé exclusivement sur la compréhension de l'*ousia* à la fois comme substance première et comme ce qui est l'essence concrète de *ce qui est* (τό τι ἐστί), non comme notion abstraite et universelle (τό τι ἦν εἶναι), « ce qu'est "*ce qui est*" », renvoyant au genre. Basile semble appliquer à la lettre la distinction aristotélicienne des deux sens de l'*ousia* formulés dans la *Métaphysique* Δ 8 (1017b23-27) et Z 1 (1028a30-32), ainsi que dans les *Catégories*. Cependant, quand le terme οὐσία est employé, celui-ci prend le plus souvent chez Basile le sens strict de ὄν : il désigne ainsi l'essence ou la substance qui est « concrète » et qui, bien que divine, qualifie d'emblée l'étantité d'une identité individuelle « concrète » (τόδε τι) qui la partage : *l'être en tant qu'il est*, sans en faire nécessairement *l'existant* ou *le vivant*, c'est-à-dire sans le déterminer par la qualité d'existant. Or cette identité individuelle divine se distingue et subsiste dans la mesure où elle comporte, inscrites à même sa nature, les propriétés qualifiantes (χαρακτῆρας) et distinctives pour l'étantité de chaque singularité (ἴδιον) des trois hypostases[1]. Une lettre de Basile à Amphiloque, datée de 376, quelques mois après l'achèvement du Traité, précise cet aspect[2].

Si on suit Basile aux mots près, ni l'incarnation (le Fils) ni la présence sanctifiante (l'Esprit) ne seraient ainsi confirmées comme entités divines hypostatiques du seul et unique Dieu si la substance divine, que le Fils et l'Esprit partagent avec le Père, n'était pas comprise comme première et seconde *à la fois*, ce qui est absurde si on ne remplace pas le vocabulaire des genres de l'être par celui des actes et des relations. Les deux écueils que doit éviter Basile s'appellent arianisme et sabellianisme – en somme : la réduction à une seule hypostase avec trois πρόσωπα ou l'introduction d'une hiérarchie au sein de la Trinité. Face aux exigences imposées par la confession nicéenne de la foi, l'évêque de Césarée écarte ce qu'il appelle « la notion commune de l'être (ἐκ τῆς κοινῆς ἐννοίας τοῦ εἶναι) » au profit d'un rapport d'οὐσία à ὑπόστασις. En outre, il déplace la définition trinitaire du plan substantiel sur le plan catégoriel de la relation et traite la distinction entre les ὑποστάσεις comme une conséquence des caractéristiques propres à leurs relations, elles-mêmes individuantes pour les identités propres. Cependant, les relations expriment le lien propre et actualisent à chaque fois l'unité comme si chaque relation consistait en une forme spécifique de participation à l'unité par la communauté essentielle (paternité, filiation, sanctification). Hormis les actes propres à chacune des entités hypostatiques qui sont des actes de la relation spécifique (engendrement, filiation, sanctification), les relations elles-mêmes entre les

1. B. Pruche, *Traité sur le Saint-Esprit*, *op. cit.*, p. 163 et p. 195; voir *supra* d'autres occurrences aristotéliciennes proches du texte de Basile.

2. « Entre οὐσία et ὑπόστασις il y a la même différence que celle qui est impliquée par ce qui est commun (τὸ κοινόν) par rapport à ce qui est individuel (τὸ καθ' ἕκαστον) : par exemple, l'animal par rapport à tel homme. Pour cette raison, à propos de la déité (ἐπὶ τῆς θεότητος), on confesse d'une part, une οὐσίαν unique (μίαν); ainsi ne rend-on pas compte différemment de la définition de l'être (τὸν τοῦ εἶναι λόγον); et, d'autre part, une ὑπόστασις particularisée (ἰδιάζουσαν), dans le but de rendre sans mélange pour nous et parfaitement réfléchie la notion d'existant [distinct] en soi (ἔννοια ἐνυπάρχῃ) à propos (ἡ περὶ) du Père et Fils et Saint-Esprit. Car si on ne considérait point les caractéristiques distinctives (τοὺς ἀφωρισμένους χαρακτῆρας) de chacun d'eux, tel que paternité, filiation et sanctification, mais qu'à partir de la notion commune de l'être (ἐκ τῆς κοινῆς ἐννοίας τοῦ εἶναι) on confessait Dieu, on se rendrait incapable de donner une définition saine de la foi. » Passage de la *Lettre* 236 (PG 32, 884 AC) cité par B. Pruche, *ibid.*, p. 190-191 ; nous avons modifié aussi bien la traduction de B. Pruche (*ibid.*, 1947) que celle, ultérieure, d'Y. Courtonne de l'édition des *Lettres* de Saint Basile, t. III, Paris, Les Belles Lettres, 1966, p. 53. On reviendra sur le rapport *hupostasis-ousia* chez Basile, ainsi que sur trois autres lettres adressées par Basile à Amphiloque.

hypostases sont distinguées et formulées à l'aide des particules et des déclinaisons spécifiques. Exemples pour le Fils : μετὰ Πατρός et non μετὰ τὸν Πατέρα, dit Basile (VI, 13), « *auprès* et non pas *après* », μετ' αὐτοῦ et non δι' αὐτοῦ, « *avec* et non *par* » (j'y reviendrai). Les caractéristiques de ces ὑποστάσεις sont toutefois confinées entre deux pôles qui sont (1) l'affirmation de l'identité en soi de l'essence ou substance divine qui est unique (οὐσία μία) et (2) la confirmation de l'égalité des subsistants par l'homotimie qui joue ici un rôle capital. L'homotimie confirme d'une part l'égalité des ὑποστάσεις, du moins entre le Fils et l'Esprit, et exprime d'autre part le caractère « concret » de l'οὐσία divine unique dont participent les trois ὑποστάσεις, caractère non-réservé à l'unicité du Père et que Basile définit comme une continuité naturelle, une connaturalité, une contiguïté ou une simultanéité naturelle (συναφεία). Ce terme, employé de nombreuses fois (chap. VI, X, XVI, XXV-XXVII), constitue un argument pour l'absence de distance ou de différence (ἀχώριστον ou ἀπαράλλακτον) entre les trois « existants » ; en signifiant la continuité par contiguïté, voire le contact, il évite le danger du mélange tout en assurant l'unité[1]. Or cette stratégie terminologique semble prévue pour éviter de qualifier de consubstantialité (ὁμοούσιον) ce qui aux yeux de Basile ne peut se définir que par la nature subsistante commune et par des actes caractéristiques propres aux relations spécifiques. Ainsi le Père est paternité, le Fils filiation, l'Esprit sanctification, et les relations sont l'un « avec » (*sun*) l'autre ou l'un « auprès » (*meta*) de l'autre, tous unis, égaux et distincts en même temps, selon le modèle du « même », de l'« égal » et du « semblable » dans les cas des relatifs/corrélatifs numériques définis dans *Métaphysique* Δ 9 et 15, renvoyant chacun à l'unité selon la substance, la quantité et la qualité.

Précisons encore un aspect propre à la conception basilienne de l'*ousia*. Rien ne distingue l'*ousia* divine du Père de l'*ousia* divine du Fils, car il n'y a ni genre ni espèce divine ou divino-humaine qui permettrait d'appeler l'une substance première et l'autre substance seconde. La Trinité comporte

1. Le terme *sunapheia*, considéré comme spécifique au vocabulaire des théologiens, est utilisé dans les milieux chrétiens et néoplatoniciens pour signifier l'unité sans mélange des genres d'être, certifier d'une certaine « parenté » (συγγένεια) et définir aussi le rapport du fidèle à la divinité, la foi assurant un « contact » qui est au-delà de la connaissance intuitive et intellective. Pour l'usage néoplatonicien, voir par exemple Proclus, *Éléments de théologie* 32 ou *Théologie platonicienne*, I, 25 dont je cite un passage : « c'est pourquoi … les théologiens appellent foi le contact et l'union à lui (πρὸς αὐτὸ συναφὴ καὶ ἕνωσις ὑπὸ τῶν θεολόγων πίστις ἀποκαλεῖται) [il s'agit du *bien*] ; et pas seulement les théologiens, mais s'il faut dire notre avis, Platon lui aussi dans les *Lois* prêche la parenté (συγγένεια) qui existe entre cette foi d'une part, la vérité et l'amour d'autre part. » (t. I, livre I, éd. et trad. H. D. Saffrey et L. G. Westerink, Paris, Les Belles Lettres, 2003, p. 112).

des subsistants divins partageant une nature commune et étant égaux, simultanément semblables grâce à leur réflexion réciproque (ἐνεικονίζομαι) et en même temps distincts entre eux, mais sans rapports d'antériorité/postériorité, ni de subnumérations entre eux, ni *a fortiori* d'opposition de natures. De l'*ousia* commune (synonyme ici de *phusis*) les hypostases ne sont pas les prédications ou les substrats de propriétés accidentelles, mais bien les caractères spécifiques des identités en relation – identités qu'exhibent les aspects particuliers ou les expressions spécifiques (πρόσωπα) de ces relations. On pourrait dire qu'il y aurait comme une force d'attraction entre *hupostasis* et *ousia*, comme une tentation d'identification qui se faisait sentir dans ses écrits et contre laquelle Basile s'est senti obligé de réagir dans la lettre à Amphiloque afin de se défendre d'une possible accusation de sabellianisme[1]. Mais on pourrait aussi conclure que Basile défend ainsi une *exposition existentielle* dans la Trinité contre l'abstraction d'une essence divine séparée et monarchiste dont découleraient ou procéderaient par la puissance et la volonté le Logos et l'Esprit.

Revenons à la relation, aux relatifs et aux particules qui qualifient les êtres relatifs chez Basile. Si on faisait abstraction du fond théologique du problème, le traitement des hypostases serait ici une reprise du statut des relatifs à la lumière de l'équivalence entre ὁμότιμος et ὁμοούσιος. Dans un passage du chapitre V cette équivalence est fondée explicitement sur l'égalité et sur la simultanéité du traitement linguistique qui consiste à montrer par l'identité d'expression une identité substantielle des objets de l'expression, et à signaler ainsi une différence à la fois par le nom et par l'expression là où il y a en réalité un changement de nature : « si, en effet, une différence d'expression indiquait un changement de nature (εἰ γὰρ τὸ διάφορον τῆς ἐκφωνήσεως παρηλλαγμένην ἐδείκνυ τὴν φύσιν) ..., que l'identité des termes maintenant les fasse céder à la confusion d'avoir à reconnaître que l'essence ne diffère pas (ἡ τῶν φωνῶν ταυτότης ἀπαράλλακτον νῦν τὴν οὐσίαν αὐτοὺς ὁμολογεῖν δυσωπείτω) »[2]. Basile s'adresse aux Pneumatomaques qu'il accuse au long de deux chapitres (chap. IV-V) d'être non seulement hérétiques mais en outre mauvais

1. « Quant à ceux qui disent que οὐσία et ὑπόστασις c'est la même chose, ils se voient dans l'obligation de ne confesser que les πρόσωπα seulement, et dans leur refus de dire trois ὑποστάσεις, ils passent pour ne point éviter l'erreur de Sabellios. Ce dernier, lui aussi, tout en brouillant la notion (τὴν ἔννοιαν) entreprend de distinguer les πρόσωπα. Il disait que la même ὑπόστασις change d'aspect (μετασχηματίζεσθαι) suivant les besoins de la nécessité. » (*Lettre* 236, trad. B. Pruche, p. 194).

2. *Sur le Saint-Esprit...*, V, 11, 15-20.

philosophes, en contradiction avec la philosophie «du dehors»: les principes de la logique, la démonstration et le lexique des catégories. C'est aussi dans ces chapitres que Basile déploie son analyse de l'usage des prépositions, d'abord dans les Écritures (chap. IV), puis dans le langage philosophique et théologique (chap. V-VI), à travers une démarche argumentative et une proclamation (*kerugma*) des Mystères.

L'égalité de l'honneur (ἰσοτιμία) traduit l'égalité des hypostases dans la communion de leur essence ou nature commune qui est divine. Si on veut préserver cet « acquis » de la foi proclamée à Nicée, alors les prépositions, qui sont comme des indicateurs topiques des hypostases dans la description de la Trinité, doivent respecter le caractère unitif de la relation qui est à la fois égalité, identité substantielle et similitude, et qui se décline par la coordination (*sun*), la réciprocité et la simultanéité. En même temps, les prépositions doivent éviter la prééminence de la puissance, ainsi que la subordination, la subnumération, l'incoordination, la non-réciprocité et la non-simultanéité[1], en somme éviter la hiérarchie et la séparation. Or la relation, dont l'égalité de l'honneur est l'expression (ἰσοτιμία ou ὁμότιμον), joue un double rôle. Elle est d'une part taxinomique et topique, constituant la *relation propre aux relatifs*; les hypostases se distinguent ainsi entre elles par les propriétés spécifiques individuantes qui inhérent à la relation[2]. Mais d'autre part la relation assure aussi la continuité naturelle et l'absence d'intervalle (οὐδὲν διαστήμα) au sein du déploiement trinitaire de l'« essence existentielle » divine (l'*einai* divin pour Basile), et à cet égard elle est *relation absolue* de l'identité divine avec elle-même, relation qui

1. « Or voici ce qui excite leur colère [Basile parle des Pneumatomaques et d'autres ariens et semi-ariens] : ce n'est pas *avec* le Père (μετὰ Πατρός), disent-ils, qu'est le Fils, mais *après* le Père (μετὰ τὸν Πατέρα). Il en résulte que c'est *par lui* qu'on porte gloire au Père (δι᾽ αὐτοῦ τὴν δόξαν προσάγειν τῷ Πατρί), et non *avec lui* (ἀλλ᾽ οὐχὶ μετ᾽ αὐτοῦ). *Avec lui*, en effet, manifeste l'égalité d'honneur (μετ᾽ αὐτοῦ τὴν ἰσοτιμίαν δηλοῖ); *par lui* (δι᾽), au contraire, suggère un office servile. On ne doit pas non plus, affirment-ils, ranger l'Esprit *avec* (σὺν) le Père et le Fils, mais *sous* (ἀλλ᾽ ὑπὸ) le Fils et le Père; il n'est pas coordonné (οὐ συντεταγμένον), mais subordonné (ἀλλ᾽ ὑποτεταγμένον), ni connuméré (οὐδὲ συναριθμούμενον), mais subnuméré (ἀλλ᾽ ὑπαριθμούμενον). » (VI, 13, 13-20). Pour les deux derniers termes du passage cité B. Pruche (*Traité sur le Saint-Esprit*, *op. cit.*, n. 2 p. 288) indique des occurrences du premier chez Platon (*Philèbe* 23d) et chez Aristote (*Éthique à Nicomaque* A, 5, 1097b17), et l'absence des vocabulaires du second terme, dont des formes proches (ὑπαρίθμησις, ὑπαριθμεῖν) apparaissent cependant chez les Pères (Athanase, Jean Chrysostome, Grégoire de Nazianze) et chez Eunome.

2. On peut y reconnaître le second type de relation aristotélicienne, selon l'analyse proposée plus haut.

montre que celle-ci ne peut ni être connue ni se connaître elle-même autrement que par la relation[1].

Basile emploie dans ce contexte à la fois le nom de la relation, *skhesis*, la disposition comme indicatif du « relatif naturel », et le rapport *pros ti* qui vise et implique le corrélatif : *en vue de*… Κατὰ τὴν σχέσιν est à la fois la modalité par laquelle les hypostases sont connues simultanément (σὺν ἀλλήλοις νοεῖσθαι) et celle qui permet de connaître aussi leur identité commune qui *est avec* chacune sous le mode réflexif suggéré par Aristote en *Métaphysique* Δ 9 : « lorsqu'on dit d'une chose qu'elle est identique à elle-même (λέγῃ αὐτὸ αὐτῷ ταὐτόν), on s'y rapporte comme s'il s'agissait de deux (δυσὶ γὰρ χρῆται αὐτῷ, 1018a 9) ». Le passage basilien concernant cette connaissance simultanée de l'identité commune et des hypostases *selon la relation* prend comme argument le rapport antérieur-postérieur[2], or ce passage s'appuie aussi sur une autre occurrence de *Métaphysique* Δ (1018b 18) concernant l'antérieur et le postérieur[3], tirée du chapitre qui fait suite à celui cité. — Que Basile se soit servi des instruments conceptuels et logiques aristotéliciens en recourant aux textes ou qu'il se soit limité à des connaissances de *koinê* philosophique, pour nous il est évident que sans Aristote il serait difficile de comprendre sa démarche, quand bien même on aurait compris les enjeux de la doctrine.

Enfin, Basile s'appuie aussi sur une autre définition du rapport d'égalité (ἀλλὰ τὴν πρὸς τὸ ἴσον σχέσιν, VI, 15, 17) qui implique une disposition locale et corporelle dans l'expression commune de l'honneur : « être assis à droite du Père ». L'exemple est capital dans la démonstration d'une Trinité déterminée presque en exclusivité par la relation, puisqu'il permet au théologien de faire la jonction entre le mode prédicatif et la détermination substantielle séparée des hypostases qui résulte de ce traitement.

1. Bien qu'elle recoupe la typologie de la première relation d'Aristote, celle qui concerne les choses relatives dont l'essence même se définit en rapport à autre chose, chez Basile cette relation absolue n'est pas substantielle puisque l'identité d'essence divine est commune aux hypostases et n'est nullement *affectée* par la relation. Pour Basile cette relation semble être purement paradigmatique.

2. « Mais en vérité nul n'est assez fou (ἀνόητος) pour dire postérieur celui qui a fait les siècles, car aucun intervalle ne vient rompre la continuité naturelle du Fils au Père (οὐδενὸς διαστήματος μεσιτεύοντος τῇ φυσικῇ πρὸς τὸν Πατέρα τοῦ Υἱοῦ συναφείᾳ). Ce n'est certes pas le concept humain (οὔτε τῇ ἐννοίᾳ τῶν ἀνθρωπίνων) qui oblige à dire le Fils postérieur au Père : non seulement pour ce motif qu'ils sont connus simultanément selon la relation (σὺν ἀλλήλοις νοεῖσθαι κατὰ τὴν σχέσιν), mais parce qu'on dit postérieur dans le temps tout ce qui est plus rapproché du présent et, par contre, antérieur ce qui est plus loin. » (VI, 14, 3-11). Or tel n'est pas le cas dans ce contexte, explique Basile, en s'appuyant plus loin à la fois sur des exemples scripturaires et sur des arguments philosophiques (*ibid.*, 20-26).

3. B. Pruche, *Traité sur le Saint-Esprit*, *op. cit.*, n. 1 p. 290.

Ces mots de l'honneur (ἐκ τῶν τιμίων ... ὀνομάτων) rendent manifeste le caractère honorable de celui qui est assis auprès (τῆς προσεδρείας), en l'occurrence le Fils auprès du Père[1]. Si une certaine ambiguïté demeure dans cette expression, « être assis à droite du Père », sur laquelle Basile revient à la fin du chapitre VI (15, 64-81) pour affirmer à nouveau qu'elle montre l'identité de l'honneur en dignité (δηλοῦν τὸ τῆς ἀξίας ὁμότιμον, 79) par la relation d'égalité (ἀπὸ τῆς πρὸς τὸ ἴσον σχέσεως) qui assure le même honneur à ceux qui partagent le même trône (ἡμεῖς τὸν σύνθρονον καὶ ὁμότιμον, 72-73), cette ambiguïté est levée par un argument supplémentaire, résolument appuyé lui aussi sur la relation. Cette fois-ci la relation implique le caractère substantiel unique des relatifs, chacun déterminé ainsi en lui-même.

Avant d'arriver à l'image du trône unique partagé, le théologien avait rappelé les « notions » (*epinoiai*) à travers lesquelles on conçoit le Verbe comme expression intime du Père : Puissance (Θεοῦ δύναμις), Sagesse (Θεοῦ σοφία), Image (εἰκὼν τοῦ Θεοῦ τοῦ ἀοράτου), Rayonnement (ἀπαύγασμα τῆς δόξης). Ces « notions » rappellent les références pauliniennes (I Cor. 1, 24 ; Col. 1, 15 ; Héb. 1, 3) et conduisent le Cappadocien à conclure sur la non-différence entre le Père et le Fils qui sont assis sur le même rang dès lors que le second a été marqué par le sceau du premier et que le premier s'est gravé entièrement en apposant ce sceau dans le second : ὁ Πατὴρ ἐσφράγισεν ὁ Θεός, ὅλον αὐτῷ ἑαυτὸν ἐντυπώσας ; il n'y a pas de différence de rang dès lors que « Dieu, le Père, a marqué de son sceau » celui qui est sa Puissance, sa Sagesse, son Image et son Rayonnement, « en se gravant tout entier en lui »[2]. L'identité en soi de l'essence divine se retrouve ainsi identique à elle-même dans/sur un autre support, dans une hypostase qui partage cette essence ou nature unique et commune en jouant le rôle du *double* sur le plan relatif à cette identité, elle-même entière à l'égard d'elle-même. Cependant, cet autre support partage simultanément avec cette identité une relation de semblable en tout semblable au

1. « Car la droite n'indique pas la place d'en bas – comme ils le disent – mais un rapport d'égalité (ἀλλὰ τὴν πρὸς τὸ ἴσον σχέσιν) ; il ne s'agit pas de la comprendre à l'instar d'une réalité corporelle (οὐ σωματικῶς τοῦ λαμβανομένου) – car alors il y aurait aussi une gauche en Dieu – ; simplement la Parole, par des mots signifiant l'honneur d'être assis auprès de quelqu'un, fait voir le splendide caractère de l'honneur dû au Fils (ἀλλ᾽ ἐκ τῶν τιμίων τῆς προσεδρείας ὀνομάτων τὸ μεγαλοπρεπὲς τῆς περὶ τὸν Υἱὸν τιμῆς παριστῶντος τοῦ λόγου). » (*ibid*, VI, 15, 16-21).

2. *Sur le Saint-Esprit...*, VI, 15, 26-27. L'image du sceau imprimé et de l'empreinte, ainsi que le vocabulaire utilisé dans ce passage rappellent eux aussi le fragment analysé *supra* du traité de Philon consacré à l'exégèse de la création de l'homme (*De opificio...*, 69 *sq.*).

semblable[1], relation qui fait de ce support aussi une unité individuelle caractéristique dès lors qu'elle se rend ressemblante à une forme unique (celle du sceau qui l'a marqué), qu'elle partage l'essence ou la nature divine commune, et qu'en même temps elle possède elle-même une identité individuelle, existant dans sa singularité et dans son unicité.

Dans un autre passage du même traité, passage capital pour sa postérité théologique[2], Basile décrit la relation entre le Père et le Fils à l'aide du verbe ἐνεικονίζομαι (ἐνεικονίζειν) : ils se réfléchissent réciproquement dans l'intimité de leur relation iconique (XVIII, 45, 1-14)[3]. La relation selon le cas du semblable est ainsi étendue à tous les cas de relations numériques renvoyant à l'unité (le même, l'égal, le semblable), étant considérée comme une réflexivité iconique et réciproque totale, sans tenir compte de la différence de support comme dans le cas du sceau. Le terme ἐνεικονίζω est cependant dangereux dans ce contexte[4], puisqu'il risque d'induire l'idée d'une inconsistante communauté d'aspects entre les hypostases si on n'admet pas que l'entre-miroitement est ici réciproque et qu'il renvoie à l'unité sans nécessité d'antériorité puisque le modèle s'identifie au « même », c'est-à-dire qu'il est commun et interne, tenant de l'essence divine unique partagée. Or c'est bien celle-ci qui se reflète dans les deux, le Père et le Fils, quand il est dit que l'un se reflète dans l'autre. C'est aussi pour préserver cette essence commune que Basile écarte en outre la possibilité de définir la relation par le rapport acte-puissance qu'Aristote avait illustré précisément par l'exemple du père et du fils. On comprend maintenant les raisons : d'une part éviter la *substantification* ou l'objectivation des relatifs qui risqueraient d'être affectés par la relation, de l'autre écarter la réduction à la monade et à une prééminence de la puissance – argument des théologiens hostiles à la consubstantialité et qui s'appuyaient sur l'idée de la seule relation de ressemblance (ὁμοιούσιον) pour ne pas assumer que le principe premier, cause de la substance, soit identique à la substance actualisée dans l'existant (hérésie des « homéousiens »). Or, l'évitement du vocabulaire de l'*ousia* au profit de

1. Serait-ce un écho du *Parménide* 132d ? « Si donc […] quelque chose ressemble à une Forme (ἔοικεν τῷ εἴδει), cette Forme (τὸ εἶδος) peut-elle ne pas être semblable à ce qui lui ressemble (μὴ ὅμοιον εἶναι τῷ εἰκασθέντι), […] ? Ou est-il quelque moyen (τις μηχανὴ) par lequel le semblable puisse ne pas être semblable au semblable (τὸ ὅμοιον μὴ ὁμοίῳ ὅμοιον εἶναι) ? » (trad. fr. L. Brisson, Paris, GF, 1994).

2. Pour son utilisation dans la théologie byzantine et surtout comme argument d'autorité dans la défense des images saintes au Concile de Nicée II, A. Vasiliu, Eikôn…, *op. cit.*, p. 194-217 et p. 312-328.

3. Passage cité n. 2 p. 131-132.

4. Sur les usages néoplatoniciens et chrétiens de ce terme tardif, voir *supra* chap. II.

phusis et d'*hupostasis*, de même que la mise à l'écart de toute possibilité de juger la relation comme un rapport acte-puissance, permet à Basile de faire de la relation un argument exclusif de la non-différence (ἀπαράλλακτον). C'est ce choix stratégique qui le conduit aussi à n'employer que parcimonieusement le vocabulaire « officiel » de la consubstantialité (ὁμοούσιον) et à lui préférer soit 1) les formes négatives ἀπαράλλακτον ou ἀχώριστον ou encore οὐδὲν διαστῆμα qui induisent l'unité (qualitative, quantitative, spatiale et temporelle), soit 2) les mots composés avec les prépositions de son choix, comme συναφεία, signifiant la continuité ou la simultanéité naturelle, soit 3) l'argument de la synonymie entre ὁμοούσιον et ὁμότιμον, argument par lequel il opère la réduction des relatifs à la relation pure et absolue de l'identité confirmée par la gloire.

Mais ce dernier passage est encore plus riche d'enseignements. On y démontre que la notion de « semblance formelle », qui manifeste l'identité du Père se réfléchissant dans le Fils, peut aussi faire fonction de différentiel dans la constitution du propre des étants. Entre le Père et le Fils la forme comme telle est unique puisque la forme de l'un est semblable à la forme de l'autre et que cette forme reflète la totalité de l'être simple et unique de Dieu, à la manière dont le sceau de l'un s'imprime entièrement dans l'autre (ἑαυτὸν ἐντυπώσας), selon l'exemple utilisé dans le passage cité plus haut. Cependant, cette « semblance formelle » se distingue de la forme (μορφὴ) comme telle et de l'actualité immédiate de l'aspect (πρόσωπον) pour laisser à ces deux notions la possibilité de signaler à leur tour comment la forme et l'aspect montrent dans leur articulation à la fois le caractère propre (ἴδιον) de chaque hypostase, l'unicité numérique (εἰς καὶ εἰς) et la singularité produite par la synthèse des particularités (ἰδιότης), singularité qui s'exprime comme aspect spécifique (πρόσωπον) actualisé par chaque ὑπόστασις. Autrement dit : comment la similitude, s'exprimant en termes de réflexivité simultanée et réciproque, n'interfère ni avec ce qui détermine la visibilité propre de l'être existant ni avec son portrait *iconique*. Mais, comme chaque fois quand il affirme une distinction de plan entre les formes ou un différentiel entre les singularités, Basile y revient aussitôt, en contrepoint, en insistant sur le trait-d'union indéfectible, le fond commun, la nature ou l'essence unique infracassable partagée par les trois hypostases (on comprendra que chacune la possède entièrement), nature qui est « une » (μία) et dont l'identité de la forme est l'expression. Cette même forme se reflète dans chacune des hypostases et en détermine l'aspect singulier (πρόσωπον) selon la manifestation existentielle propre à chacune d'entre elles : paternité, filiation, sanctification.

Dans ce passage où seuls le Père et le Fils sont évoqués, mais sans recourir (comme Victorinus) à la définition aristotélicienne de la réciprocité par l'acte et la puissance, la préposition privilégiée n'est plus σὺν (« avec ») mais ἐν (« dans »). Traditionnelle dans la proclamation de la foi de Nicée, cette dernière ajoute à la relation de communion par l'identité (substance-forme) l'idée d'un support commun sous-jacent à la relation « contenu-contenant », ainsi que l'idée d'une double ou triple circonscription, avec le sens de περιχώρησις, terme dont se serviront Grégoire de Nazianze pour définir ainsi le rapport Père-Fils, et plus tard Jean Damascène pour désigner la relation intra-trinitaire des hypostases[1]. La formule « le Fils *dans* le Père et le Père *dans* le Fils » correspond au support commun que leur assure soit le σύνθρονον dans l'expression « être assis à droite… », soit l'identité en honneur signifiée par le terme ὁμότιμον. De toute évidence, Basile cherche à éviter le décalage ou le décrochement ou la prééminence qui seraient des arguments en faveur de la séparation radicale entre l'Un absolument divin et des êtres premiers ou des existants qui en participeraient seulement, reflétant cette participation par des degrés différents de manifestation existentielle qui seraient aussi des degrés de similitude. Si l'essence divine demeure pour sa part radicalement inconnaissable, la possibilité de *saisir Dieu*, c'est-à-dire de le penser en le reconnaissant en même temps, est donnée par la Trinité elle-même sous le mode relationnel des hypostases. Ce mode définit pour Basile à la fois l'unité absolue et la singularité effective de chacune des hypostases; celles-ci s'identifient une à une, mais ne se séparent pas et coopèrent à la manifestation complète et parfaite de Dieu dans chacune et dans l'ensemble simultanément. Tout se passe comme si le véritable ennemi de l'évêque de Césarée était la possibilité de confusion de la Trinité avec la triade ontologique néoplatonicienne, la triade des principes ou des êtres premiers, confusion que le théologien soupçonne glissée sous les oripeaux des différentes hérésies issues de l'arianisme et qu'il combat avec des armes « aristotéliciennes » et partiellement « platoniciennes » adaptées à ses besoins.

1. Les premiers usages du terme « périchorèse » dans les écrits chrétiens apparaissent chez Grégoire de Nazianze, *Lettre* 101, 31 et *Discours* 38, 15, et chez Jean Damascène, *De fide*, 8 (293-297), 14 (14-22), 51 (65-72), 91 (61-76). Voir A. Vasiliu, « Périchorèse de la foi dans le *De fide* de Jean Damascène. L'hypostase des choses espérées (πίστις ἐλπιζομένων ὑπόστασις) », *in* C. Grellard, Ph. Hoffmann, L. Lavaud (éd.), *Pistis-Fides*, Paris, Études Augustiniennes (à paraître), où j'analyse certaines sources philosophiques décelables dans les premiers textes théologiques qui utilisent ce vocabulaire.

Marius Victorinus : le relatif comme différentiel dans le « même » par les actes et la puissance

Face à la réduction formaliste de la relation qui caractérise le choix de Basile de Césarée de déterminer les subsistants de la Trinité comme des hypostases de réflexion, des sortes de *dépôts formels* d'une identité essentielle unique dont les propriétés spécifiques s'identifient aux rapports qui les actualisent *ad-intra* (paternité, filiation, sanctification) et qui se manifestent comme des πρόσωπα (visages des rôles tenus), Marius Victorinus, au contraire, assigne à la relation un statut ontologique, en accord avec l'usage du vocabulaire de l'être et de la substance qu'il emploie vertement à l'égard de Dieu. Sans tenir compte de la critique d'Aristote qui signale le danger d'une remontée à l'infini des principes (ἀλλ' ἀεὶ τῆς ἀρχῆς ἀρχή) découlant, comme chez les physiciens et les théologiens[1], d'une absence de prééminence et d'une homologie entre des contraires, Victorinus déclare que l'être est consubstantiel avec ce qu'il est (*esse* ὁμοούσιον *est quod est esse*) puisque rien n'est étranger à Dieu en Dieu[2] et que même les Ariens acceptent que de Dieu vient Dieu selon la formule bien connue (*deum de deo*)[3]. La relation joue donc chez lui le rôle d'un renfort de l'unité, démontrée par les arguments d'une inhérence de l'existant à partir de l'être et d'une identité substantielle fondée sur l'être et l'agir, bien que l'être ou la puissance précède l'acte[4]. Mais quelles sont les relations que Victorinus privilégie dans sa critique des Ariens et des « homéousiens » au sujet de la Trinité ?

Je reprends l'exemple des relatifs par similitude évoqué par Basile et sur lequel s'attarde aussi Victorinus puisqu'il est central dans la dispute sur la consubstantialité entre le Père et le Fils[5]. Si Victorinus accepte la corrélation comme propre à tous les relatifs (*omnia ad aliquid*) et donc la semblance des semblables comme une relation réciproque sans nécessité

1. *Mét.* Λ, 1075b18-27 : « Ceux qui admettent deux contraires comme principes doivent nécessairement reconnaître *l'existence d'un autre principe, supérieur* ; il en est de même des partisans des idées (τὰ εἴδη), qui doivent admettre aussi un *principe supérieur aux idées* ([ὅτι ἄλλη ἀρχὴ κυριωτέρα]). [...] Si d'ailleurs l'on veut qu'il n'y ait pas d'autres êtres en dehors des êtres sensibles, il n'y aura ni premier principe, ni ordre, ni génération, ni mouvements célestes, mais il y aura *principe de principe à l'infini* (ἀλλ' ἀεὶ τῆς ἀρχῆς ἀρχή), comme on le voit chez les théologiens et chez tous les physiciens (ὥσπερ τοῖς θεολόγοις καὶ τοῖς φυσικοῖς πᾶσιν). » Voir aussi n. 2 p. 114-115 (citation partielle).

2. *Ad. Arium*, I, 29, 21.

3. *Ad. Arium*, II, 10, 10-12.

4. *Ad. Arium*, I, 20, 10-16.

5. La question de la consubstantialité a déjà été abordée ici sous l'angle de l'argumentation par l'image et par l'acte et la puissance. Voir *supra* chap. III.

de prééminence[1], conformément à la première définition formulée par Aristote dans *Catégories* 7 (6b29 *sq.*), il ne sépare pas toutefois la relation du statut de la substance ou de l'essence des relatifs, ni ne distingue l'essence de l'existence sur le plan de la similitude réciproque du Père et du Fils. À la différence de Basile, Victorinus aborde donc la relation de manière ontologique, comme affectant les relatifs, et opère en même temps une séparation d'avec la forme qui serait, selon lui, la seule concernée par la relation de *similitudo*. La forme comporte un double sens parce qu'elle est située simultanément sur deux plans: *forma* serait, avec l'image (*imago*) et le caractère (*character*), un moyen d'intelligibilité de Dieu, mais elle n'aurait toutefois que le rôle de l'aspect (d'une *forma* extérieure), car elle serait par ailleurs soumise à l'affection produite par la ressemblance, celle-ci rendant visibles les propriétés accidentelles de l'étant (*colore, habitu, affectione, virtute, forma similitudo est*)[2]. Victorinus opère ainsi une double réduction : d'une part une réduction de *forma* (avec *imago* et *character*) à des moyens économiques propres à la connaissance, alors que le *noêisthai* basilien portait sur la connaissance réciproque des hypostases selon leur disposition à la relation (νοεῖσθαι κατὰ τὴν σχέσιν) et non selon les attributs[3]; d'autre part une réduction de *forma* à l'aspect. Cette dernière réduction, équivalente à une identification entre *hupostasis* et *prosôpon*, apparaît aussi dans un passage consacré à la relation d'égalité, sous la modalité d'une équivalence entre « forme » et « image » identifiées

1. « Toi aussi tu confesses que Dieu est substance; car tu dis que Père et Fils sont ὁμοιούσιον. Mais lequel est semblable, et auquel des deux est-il semblable (*Quis, cui similis*)? Si l'on considère l'honneur (*secundum dignitatem*), l'honneur qui appartient à leurs noms propres, c'est le Fils qui est semblable au Père? Mais pourtant, le Père aussi est semblable au Fils? Car il en va ainsi de tous les relatifs (*sic enim sunt omnia ad aliquid*). Si c'est cela la ressemblance (*similitudo*), si nous confessons (*dicimus*) l'ὁμοιούσιον, nous confessons (*dicimus*) que le Fils est semblable au Père. [...] Le *Logos* (Λόγος) est-il avant Dieu (*ante deum*), après Dieu (*post deum*) ou avec Dieu (*cum deo*)? Avant Dieu. Dieu n'est pas inengendré, Dieu n'est pas Père, Dieu n'est pas principe des principes. Après Dieu? Alors il *n'est pas semblable* (οὐχ ὅμοιος). Mais un Dieu semblable est un "autre Dieu" (*Sed similis, alius deus*). Et s'il en est ainsi, l'ὁμοιούσιον est un sacrilège (*nefas*). Tu dis : "Semblable non seulement en puissance, en honneur, en divinité, mais aussi en substance". Qu'est-ce que cela veut dire : semblable en substance (*Quid est esse substantia simile*)? De la substance même, en tant qu'elle est la substance même, ne peut provenir que de l'identique, non du semblable (*secundum quod ista ipsa substantia est, idem est, non simile*). Car le semblable suppose la qualité. La ressemblance en question ne peut être que ressemblance de couleur, d'état, de disposition, de puissance ou de forme (*colore, habitu, affectione, virtute, forma similitudo est*). » (*Ad. Arium*, I, 29, 34-39–30, 1-10).

2. *Ad. Arium*, I, 30, 9-10.

3. *Sur l'Esprit Saint*, VI, 14, 10-11, cité n. 2 p. 280.

au *logos* : *est autem forma et imago dei* λόγος *et semper* λόγος *ad deum* ὁμοούσιον λόγος *deo ad quem et in principio et semper est* λόγος[1]. Justifiée par le caractère substantiel de l'image et du *logos* (*esse autem imaginem et substantiam et simul cum substantia quod* ὁμοούσιον *dicitur*), cette équivalence, qui concerne prioritairement le Père et le Fils, conduit à considérer que la forme divine est donc, elle aussi, substantielle[2].

Le traitement de la relation d'égalité est l'un des lieux emblématiques pour voir à l'œuvre la différence de traitement des relatifs par Basile et par Victorinus. Chez Basile l'égalité des hypostases est attestée par l'égalité de l'honneur et par l'évocation d'une illustration paradigmatique (le trône partagé) comme une sorte de représentation liturgique de l'égalité des personnes, tandis que le théologien latin définit de manière ontologique la relation[3], bien qu'il utilise le vocabulaire des *Catégories* et de *Métaphysique Delta* qui n'induit pas une détermination ontologique de la relation à l'exception du rapport acte-puissance. Mais Victorinus, qui cherche à démontrer la consubstantialité en faisant même de son

1. « Si donc le Christ est "forme de Dieu" (*forma est dei*), que la forme est substance (*forma autem substantia est*) – car la forme et l'image sont identiques (*idipsum enim forma et imago*) – qu'enfin la forme et l'image de Dieu sont le Logos, le Logos qui est toujours "auprès de Dieu", le Logos est consubstantiel à Dieu, "auprès duquel il est dès le commencement" et toujours Logos. » (*Ad. Arium* I, 22, 7-11).

2. « Or que l'image soit substance et coexistante avec la substance (*Esse autem imaginem et substantiam et simul cum substantia*) – ce qu'on appelle ὁμοούσιον – voilà qui est évident par ceci : l'Apôtre a dit en effet : "Il s'est anéanti, prenant la forme de l'esclave". Est-ce qu'il a en effet pris seulement la "forme", mais non en même temps la substance de l'homme ? » (*Ad. Arium*, I, 22, 10-15).

3. « Et cela : "Étant en égalité avec Dieu" (*aequalia exsistens deo*), qu'est-ce que cela signifie ? Qu'il est de la puissance et de la substance même de Dieu (*quod est eius ipsius et potentiae et substantiae*). Car il a dit : "Être en égalité." En effet, égal est un terme qui définit la grandeur et la quantité. Or la grandeur n'est grandeur que par la masse de la substance. La qualité en effet n'a pas de grandeur, et ne tient pas son être immédiatement de la substance. Seule la quantité est quantité par la grandeur de la substance. Et c'est pourquoi le bienheureux Paul, définissant la substance de Dieu, n'a employé que des termes de quantité : "Afin que vous connaissiez la hauteur, la longueur, la largeur, la profondeur." Donc c'est selon ces dimensions que le Christ est "en égalité avec Dieu" (*aequalia deo exsistit Christus*). Car il n'a pas dit : semblable à Dieu, terme qui ne désigne pas la substance (*similis deo, quod non significat substantiam*), mais quelque chose qui se trouve dans la substance, différent d'elle, à titre d'accident (*sed in substantiam alterum quid ad similitudinem iuxta accidens*), dans un rapport de similitude, comme l'homme peut être par rapport à Dieu "selon la ressemblance" (*sicuti secundum similitudine homo ad deum*), alors qu'une chose est la substance de Dieu, une autre, celle de l'homme (*alia cum sit dei, alia hominis substantia*) ; aussi est-il sacrilège de dire que l'homme est égal à Dieu. » (*Ad. Arium*, I, 21, 39-22, 6).

bilinguisme un instrument de l'argumentation[1], a besoin de considérer la relation comme une implication ontologique des relatifs et non seulement comme une forme d'individuation et de manifestation[2]. L'« égalité » devient dans ces conditions une relation exemplaire puisqu'elle permet de ramener à un seul facteur les deux autres relations relatives à l'un (le « même » et le « semblable ») définies par Aristote, en réduisant les critères de quantité, de qualité et de forme à un seul : l'essence ou la substance commune. Pourtant l'« égalité » ne résout pas, en forçant les subsistants divins à cette réduction, la question de la prééminence à laquelle est reléguée leur essence commune. Chez Victorinus la provenance ne se résorbe pas en identité avec Dieu car celle-ci, contrairement à celle décrite environ dix ans plus tard par le théologien cappadocien, ne se communique pas intégralement; elle est cause ou principe de substance mais ne s'actualise pas elle-même effectivement. Elle fait venir autre chose à partir d'elle, et cette chose, qui n'est ni altérité (*aliud*) ni comme des propriétés accidentelles (*ut accidentia*) puisqu'elle est substantiellement *logos*, substantiellement *image*, substantiellement *semblable*, substantiellement *égale*, est néanmoins *distincte* de ce dont elle provient, Dieu, dès lors qu'elle accomplit un acte existentiel différent dans chacune des hypostases consubstantielles entre elles et consubstantielles à ce qu'est l'être (de) Dieu lui-même (*ipsum Deum esse*).

Victorinus revient plus loin, dans *Adversus Arium*, II, 10, sur le problème de la provenance et sur la distinction entre Dieu et l'être, autour de la formule « Dieu de Dieu », la double circonscription du Père et du Fils.

1. Hormis la citation quasi systématique en grec des termes clés de la controverse, ὁμοούσιον et ὁμοιούσιον, « consubstantiel » et « partageant la ressemblance », de nombreux termes du lexique grec de l'être et de l'image sont fréquents chez lui.

2. « [...] pour renverser l'ὁμοούσιον, tu ne dis qu'une chose : ceux qui confessent l'ὁμοούσιον, doivent nécessairement admettre qu'une substance préexiste et qu'ensuite, le Père et le Fils proviennent d'elle. D'abord, ce n'est pas une conséquence nécessaire de l'ὁμοούσιον. En effet, Dieu lui-même est substance et cause de la substance ; c'est lui qui préexiste à tous les existants (*omnibus quae sunt praeexsistit*), à toute existentialité, à toute essentialité (*et universae exsistentialitati et universae essentialitati*). Car tout vient de lui, les existants aussi bien que les noms. De ce Dieu donc, substance parce que principe de la substance, vient un Fils qui lui est ὁμοούσιον, qui est en lui et avec lui (*in ipso et cum ipso*), étant sa "forme" (*forma*), son "image" (*imago*), son "caractère" (*character*), sans lesquels Dieu reste inintelligible, sans lesquels l'intelligence ne s'élève pas vers lui (*non intellegitur nec intellegentia ascendit*); non point pourtant que Dieu ne soit pas la simplicité même (*simplex*), non point que ces choses soient en lui comme quelque chose d'étranger (*quasi aliud*), ou comme des accidents (*aut ut accidentia*) : non, elles sont cela même qu'est l'être Dieu (*sed istud ipsum Deum esse*). Et l'être de telle manière est ὁμοούσιον à l'être (*Et sic esse* ὁμοούσιον *est quod est esse*). » (*Ad. Arium*, I, 29, 8-21).

Il dénonce, dans ce contexte, l'absence de fondement ontologique chez les Ariens et chez l'homéousien Basile d'Ancyre. La démarche du théologien latin s'appuie, elle, sur la détermination ontologique sous-jacente à cette définition : d'une part la théorie des noms qui recouvrent des substances et des attributs qui expriment la qualité, de l'autre, l'argument aristotélicien du rapport acte-puissance que Victorinus emploie à plusieurs reprises, parfois sur le mode d'une distinction bâtarde entre un acte *intérieur* (le Père) et un acte *extérieur* (le Fils)[1]. Or Basile d'Ancyre, de même que les autres Ariens, refusent obstinément d'admettre cette détermination, bien qu'en nommant « Dieu » à la fois Dieu, les hypostases et les appellations consacrées (*logos*, *lumière*, *esprit*, *puissance*), ils affirment implicitement leur substance et leurs liens réciproques, inconséquence logique et métaphysique aux yeux de Victorinus qui s'appuie ici à la fois sur la tradition biblique de la portée ontologique des noms de Dieu et sur les catégories d'Aristote[2]. En revanche, dans le Livre III (chap. 18) du même traité, dans un long passage consacré à l'unité de singuliers distincts bien que non différents qui forment la Trinité (« "deux en un" et "deux un" »), Victorinus semble infléchir sa position au profit d'une interprétation fondée sur l'inhérence et sur la manifestation dont le relais de différentiation n'est plus substantiel mais est assuré par une relation d'actes propres entre les hypostases.

La première partie de ce passage du livre III du traité antiarien concerne le rapport acte-puissance dans la définition substantielle des personnes divines du Père et du Fils et de leur relation[3]. Victorinus propose une

1. Voir *infra* le passage.

2. « Vous qui n'admettez pas une substance en Dieu (*Vos qui substantiam negatis in deo*) – bien que, sur ce point, Basile [d'Ancyre] triomphe de vous – et toi, Basile, qui confesse une substance de Dieu, les uns et les autres, par vos propres paroles, vous confessez l'ὁμοούσιον. En effet vous dites "Dieu", et ce même Dieu, vous l'appelez "lumière", vous l'appelez "Esprit" (*dicitis* lumen, *eundem* spiritum). Qui dit ces mots, désigne la substance de Dieu (*Qui dicit ista, substantiam dicit dei*). Car si l'on dit "Père", "tout-puissant" ou "bon" ou "infini" et des mots de ce genre (*et talia*), on n'exprime pas la substance, mais la qualité. De même vous appelez le Fils, "Logos", "lumière", "Esprit", et ces termes désignent la substance (*et ista substantiam significat*). Et en outre, lorsque vous dites "Dieu de Dieu" (*deum de deo*), "vraie lumière de vraie lumière", vous réduisez à néant l'argumentation de Basile (*argumentum timoris Basilii tollitis*) qui craint qu'il n'y ait une substance supérieure de laquelle les deux proviennent (*ne sit superior substantia ex qua duo sint*). » (*Ad. Arium*, II, 10, 2-12).

3. « Puisqu'il est donc prouvé que ces trois puissances (*tres istas potentias*), à la fois par la communauté et la propriété de leurs actes, et par l'identité de leur substance (*et communi et proprio actu, et substantiam eadem*), constituent l'unité de la divinité (*unitatem deitatem conficere*), il n'est pas illogique de les ramener à deux : à savoir au Fils et au Père. En effet, puisque le Père lui-même est double en quelque sorte, étant existence et acte (*cum quasi*

version propre qui consiste à appeler les deux personnes « actes » : l'un intérieur (le Père), acte *actualisant* la puissance du fait même d'être substance, et l'autre extérieur (le Fils), acte de *manifestation* qui fait culminer son expression dans les passions, afin que par cette référence commune à la notion d'*acte*, bien qu'à travers deux actes différents, soit évitée une distinction trop nette, voire une séparation, ainsi qu'une prééminence inévitable de la puissance sur l'acte. On peut y voir une application de la relation qui relie des relatifs par inhérence et par exposition, selon les deux sortes de relatifs, l'une par rapport au corrélatif substantiel, l'autre par rapport à la propriété corrélative, application qui correspond à la lecture néoplatonicienne de la catégorie d'Aristote[1]. En revanche, dans la deuxième partie Victorinus soutient clairement des positions spécifiques à la théologie chrétienne et formule même des expressions proches de celles que l'on retrouvera chez Basile de Césarée sur l'unicité et la singularité des « personnes » dans la Trinité[2].

geminus, ipse pater sit : exsistentia et actio), c'est-à-dire substance et mouvement (*id est substantia et motus*), j'entends bien mouvement intérieur (*sed intus motus*), mouvement *autoengendré* (αὐτόγονος *motus*), mouvement par le fait même qu'il est substance, il s'ensuit nécessairement que le Fils est aussi de même substance que le Père, étant lui aussi mouvement et mouvement *autoengendré*. En effet, ceux-ci sont identiques entre eux (*Eadem enim haec inter se*), un sans être le résultat d'une union, simple sans multiplicité (*sine coniunctione unum sunt et sine geminatione simplex*), n'ayant de différence que par la propriété de leur acte d'être (*suo ut proprio existendi [di]versum*), tandis qu'ils sont un et identiques par leur force et puissance, puisque jamais l'un n'est sans l'autre ; ils sont différents seulement par leurs actes, puisque, tandis que l'acte qui est à l'extérieur s'avance jusqu'aux passions, l'autre acte demeure toujours intérieur et éternel, étant originel et substantiel, étant pour cette raison toujours Père, en sorte que, pour la même raison, l'autre est toujours Fils. » (*Ad. Arium*, III, 17, 10-24).

1. On peut aussi y voir un écho de la théorie de l'un et du dédoublement du second dieu-démiurge qui s'autoproduit, conception formulée par Numénius dans le Fragm. 16.

2. « S'il en est ainsi, si Dieu et le Christ sont un, en même temps que le Christ et l'Esprit sont un, on peut dire avec raison que les trois sont un, par leur puissance et substance (*vi et substantia*). ... » (*Ad. Arium*, III, 18, 11-18 ; le passage entier est cité n. 3 p. 255). Concernant les rapprochements terminologiques et théologiques entre Victorinus et Basile de Césarée, surtout autour de l'utilisation des particules pour statuer la fonction individuante des relations pour les hypostases dans la Trinité, voir encore le passage I, 37, 4-14 du traité antiarien, et sur le plan exégétique P. Hadot, *Traités théologiques...*, *op. cit.*, t. II, p. 813-815.

CONCLUSION SUSPENSIVE

L'héritage philosophique de la non-substantialité de Dieu-Un ou du Principe oblige les théologiens chrétiens à composer avec des instruments et des concepts qui ne leur sont pas d'emblée adaptés, mais qui leur offrent toutefois comme point de départ un acquis incontestable à leurs yeux : la possibilité de penser Dieu comme « relation absolue », lui-même à l'égard de lui-même, dans une réflexivité intime opposée à toute relation qui concernerait les attributs seuls, et bien sûr opposée à toute objectivation ou *substantification* du référent. Même en venant à l'être, Dieu est toujours pensé comme « relation absolue », relation à l'être lui-même dans une actualisation perpétuelle de cet acte : relation dans l'identité, relation de soi à soi qui signifie que l'intimité suprême de la monade se réitère dans la singularité de l'acte réflexif en chaque être et se reflète dans la gloire et dans l'honneur que porte à son tour chacun.

Comment deux des théologiens « nicéens » les plus spéculatifs, l'un grec l'autre latin, utilisent-ils la catégorie aristotélicienne de la relation en articulant la définition néoplatonicienne d'un Dieu monade avec la nécessité de concevoir des actes relatifs à l'intérieur même de l'identité divine, correspondant à l'engendrement du Logos-Fils et à la présence de l'Esprit-Saint ? Victorinus répondra que « le Père est existence qui a valeur d'acte, c'est-à-dire substantialité (*actualis exsistentia, id est substantialitas*), tandis que le Fils est acte qui a valeur d'existence (*actus exsistentialis*) »[1]. Basile dira que seule l'égalité de l'honneur (*homotimon*) permet de certifier que la proclamation de Nicée, en définissant l'unité essentielle et la distinction existentielle des hypostases au sein de l'identité divine, formule aussi la condition de possibilité d'un Dieu unique dans trois subsistants divins, et par là la possibilité même de penser Dieu. Certes, la possibilité de le penser ne conditionne pas Dieu, ne le réduit pas à une forme *a priori*, mais, au contraire, c'est cette possibilité qui est déterminée par la structure même du dévoilement à travers lequel Dieu se reflète lui-même en tant qu'acte essentiel d'être dans les hypostases de la Trinité. Mais cette inversion du conditionnement suppose que les hypostases soient définies comme *actualisations existentielles individuantes* de leurs relations internes à l'égard de l'essence divine unique et commune; et suppose aussi que Dieu se reflète lui-même en tant qu'acte pur de penser dans le rapport que l'homme à son tour est à même d'entretenir avec lui par

1. *Cf.* note *supra*.

la gloire et par l'honneur, selon le modèle de ces relations *ad-intra* des hypostases dans la Trinité.

Au cœur de l'analyse des deux types de relations qui dessinent la structure trinitaire selon Basile et Victorinus, se trouvent les notions de « similitude » et d'« égalité ». Cette dernière, dite « relation pure », exprime au plus près l'unité et prend une importance singulière dans les définitions, partiellement divergentes, des relations intra-trinitaires topiques (par les particules) chez ces deux théologiens. Apparaissent ainsi deux sortes d'argumentation théologique fondées sur la relation : par l'acte métaphysique de réflexivité, emprunté à la tradition platonicienne, et par des vertus propres aux catégories de l'ontologie empruntés à Aristote, vertus dont la théologie trinitaire se sert pour adapter à ses besoins la réciprocité de l'acte et de la puissance, ainsi que la simultanéité des relatifs/corrélatifs.

Restent cependant en suspens deux questions importantes. La première, historique, concerne l'accès des deux théologiens au corpus aristotélicien et les médiations qui ont servi à cet accès. Il est évident que chez Basile l'usage des catégories aristotéliciennes est corroboré avec des éléments de vocabulaire logique stoïcien, tandis que chez Victorinus on peut supposer la présence des commentaires porphyrien et plotinien derrière la lecture ontologique du statut de la relation entre les subsistants trinitaires. La seconde question, de théorie philosophique, est corollaire aux relations de similitude et d'égalité, question qui réclame un retour sur le rapport entre le « même » et l'« autre » chez Platon. Nous devons comprendre d'une part la relation par l'image, dite elle-même « consubstantielle » chez Victorinus, comme relation propre à une image qui est la limite que Dieu s'impose à lui-même et par laquelle il se circonscrit et se connaît lui-même : « [le Père] s'est lui-même entouré d'une limite (*ipse enim se ipsum circumterminavit*) » qui est son *imago* identifiée à la lumière et à l'esprit, et par laquelle il se connaît (*tu te ipsum intelligis*)[1]. Et nous avons affaire d'autre part à l'image comprise dans la nature de la relation elle-même, relation de ressemblance réciproque et simultanée, relation miroitante qui s'exprime par le reflet reçu/donné ou par la conversion réciproque et par le moyen d'une relation réflexive de dédoublement (*en-eikonizô*) chez Basile, relation qui rend manifeste l'existence spécifique des hypostases de la Trinité. Mais, *nota bene*, cette relation réflexive de contemplation et de dédoublement intérieur ne donne pas lieu d'emblée à une image visible. Pour celle-ci il faut encore adjoindre à l'hypostase et à la relation de similitude *ad intra* un *prosôpon*, qui fait image de l'union

1. *Ad. Arium* I, 31, 19-20.

entre l'acte propre à chaque hypostase (paternité, filiation, sanctification) et la relation fondatrice de chacune des hypostases à l'égard de l'essence divine commune des identités individuelles.

Ces deux sortes de relation, relative et absolue, comportent donc chacune un rapport spécifique à l'image qui mérite d'y revenir. Par l'image ces relations relèvent-elles d'un dédoublement immanent de la monade qui s'autoengendre et qui se connaît comme éternellement identique à elle-même, simultanément substance et principe de substance[1] ? Ou tiennent-elles plutôt de la catégorie du semblable, de même qu'un relatif relève de la catégorie du relatif/corrélatif (*pros ti* ou *ad aliquid*) qui le renvoie et le lie nécessairement à une altérité ? Dans le premier cas on assigne à l'image le rôle d'un véritable argument ontologique (comme c'est d'ailleurs le cas chez Victorinus) ; dans l'autre on replie l'image iconique sur son statut premier, celui d'objet de la similitude, mais on opère simultanément un rapprochement, voire une identification avec le statut de la forme (*eidos*).

1. « [...] *substantiae principium qui est et ideo qui sit substantia...* » (*Ad. Arium* I, 29, 15). Partiellement étudiés *supra* (chap. « L'argument substantiel »), ces rapports entre les catégories dites « de l'être » et le rôle noétique et métaphysique de l'image reviendront dans le chapitre suivant. Ils seront circonscrits à la fonction de l'hypostase comme moyen de garantir l'unité et de montrer en même temps, par l'acte et par le sceau du caractère, la « face » du singulier qui surgit de l'unité sans s'en séparer.

CHAPITRE VII

HUPOSTASIS. DÉTERMINATION DU SUBSTRAT ET CONDITION DE RÉALITÉ POUR L'IDENTITÉ INDIVIDUELLE (PLOTIN, PORPHYRE, MARIUS VICTORINUS, BASILE DE CÉSARÉE, BOÈCE)

Revenons au terme d'*hypostase*, terme clef dans la définition de la Trinité. Cette définition montre la structure et décrit ainsi dans son effectuation l'acte de penser Dieu en contexte chrétien. Or, dans ce contexte, *hupostasis* joue un rôle double : elle est à la fois révélatrice de Dieu dans le registre existentiel et constitue la modalité par laquelle Dieu se singularise et s'auto-identifie en s'y rapportant à travers une actualisation existentielle mise conjointement sous le signe de l'hypostase paternelle, de l'hypostase filiale et de l'hypostase spirituelle. *Hupostasis* est ainsi une et triple à la fois. Les trois hypostases sont d'une part unies sans mélange entre elles, partageant une essence commune qui est l'essence divine ; d'autre part, elles sont séparées en entités déterminées individuellement par des actes propres, séparation attestée également par la possibilité d'une relation qui fait pendant à l'unité sans mélange et dont le rôle principal est d'assurer la connaissance des hypostases dans leur singularité et dans leur divinité donnée par le partage de l'essence commune qui demeure, elle, inconnaissable en elle-même en raison de sa divinité. Toute hypostase est donc immanente à l'étant existentiel, mais en même temps elle peut ne pas être séparée d'une essence transcendant l'existence. La définition de la Trinité chrétienne table sur ce paradoxe, ainsi que sur celui de la subsistance de trois hypostases sans mélange au sein de la communion d'une unique essence, l'essence divine transcendant toute essence ou, plus simplement, s'identifiant au principe de l'essence. Ce statut ambivalent de l'hypostase, indispensable à la définition trinitaire de Dieu, donne lieu aussi au dépassement du paradoxe d'une pensée limitée par le caractère foncièrement impensable de ce qui ne peut ni s'objectiver (par réduction au langage, en l'occurrence aux noms et à la prédication) ni s'intelliger (par réduction aux intelligibles). Tenir le sens précis de l'hypostase et circonscrire son ambivalence dans le cadre fixé par la définition de la Trinité engage donc, de surcroît, la possibilité de penser Dieu.

Emprunté par les néoplatoniciens au vocabulaire aristotélicien de la physique, plus précisément aux sciences du vivant et à la terminologie de la médecine, si ce n'est tout simplement pris au langage courant, le terme *hupostasis* connaît en effet un revirement philosophique avec Plotin et surtout avec Porphyre, et ne tardera pas à devenir un concept de la détermination existentielle de l'individu en contexte chrétien à partir du IVe s. Comportant un statut fondamental et référant en même temps à un acte, l'hypostase signifie le fondement *à partir* duquel et *selon* lequel un être manifeste qu'il est « réellement » et qu'il est « *tel* ». Mais en elle-même l'hypostase ne se confond pas avec son fondement. Bien au contraire, elle se présente comme ce qui, irréductible à son fondement, demeure comme « debout » (manifeste) dans ce qui advient naturellement, non par accident, depuis ce fondement. Ce qui advient depuis un fondement commun, advient dans quelque chose qui reçoit ce qui advient en tant que support adéquat d'une forme ou d'un acte. L'hypostase surgit de cette disposition propice à recevoir comme support d'une forme ou d'un acte ce qui advient depuis un fondement. Pour ce faire, elle ne se confond ni avec le fondement commun ni avec la disposition propre d'être réceptacle d'une forme ou effet d'un acte ; elle sert, en revanche, de lien et révèle en même temps ce qui se dévoile en s'accomplissant à travers ce lien intime qui associe l'hypostase à l'*ousia*, son fondement commun. À en juger d'après les usages appuyés qui en sont faits et la spécialisation philosophique rapide du terme, le recours à l'hypostase semble motivé par la recherche d'une alternative au paradigme hylémorphique du corps dans la détermination de l'être individuel comme « réalité propre ».

Apparenté à une appropriation lexicale quelque peu forcée, ce recours au terme *hypostasis* (en quasi-binôme avec *ousia*) est exemplaire pour illustrer le cas de ces renversements sémantiques qui se produisent lorsqu'un terme emprunté à une philosophie finit par servir une critique des thèses de son lieu d'origine. La tension de laquelle naît la re-sémantisation orientée de la notion d'hypostase est vraisemblablement celle entre Plotin et Porphyre, avec Aristote en toile de fond. Elle concerne la possibilité de déterminer la « réalisation » d'une essence sans l'affecter ni aliéner sa condition en transformant l'essence en *réalité effective* d'une chose. Bien que chaque *ousia* soit singularisée par rapport à une autre *ousia*, telle l'essence de l'intellect par rapport à l'essence de l'âme, dans le cas de ce que Porphyre a appelé les « premières hypostases » en tête du traité de Plotin sur les « réalités véritables » ou les trois premiers Principes (Traité 10), la *réalité effective* ou *propre* de chaque *ousia* ne se détermine que par un apport extérieur ou par une négation. La tension que signale le recours au terme d'hypostase est donc localisée dans le périmètre de la relation entre identité et altérité. Plus exactement elle se situe dans la relation entre l'identité pure, en soi (*kath'auto*), et l'identité accomplie par rapport à une autre identité. Ainsi localisée, et focalisée sur la question du *commun*, du *propre* et du *déterminant différentiel*, donc sur l'apport des formes au sein de cette relation entre « même » et « autre », l'hypostase agit en n'éclairant pas la quiddité de ces déterminants « eidétiques » mais la différence, et en préservant ainsi l'impassibilité foncière de l'*ousia* dans le cas des réalités premières. Ce faisant, elle évite le recours à la solution hylémorphique, traduite comme adjonction d'un principe extérieur, telle l'imposition d'une forme ou d'un paradigme étranger à cette relation *même-autre*, adjonction assortie de l'apparition ou de la création imminente d'un corps (du monde ou d'un étant particulier)[1]. À la place, entre *ousia* et *eidos*, ou entre ce qui reçoit et ce qui est reçu, l'hypostase signifie, comme une condition inhérente à la réalisation ou à l'actualisation de l'*ousia*, une dimension ou une extension de réalité « existentiale » fondamentale, dimension ou extension propre à la condition ousiologique elle-même. C'est la seule possibilité de saisir l'effectuation sans la conditionner, sans déterminer par l'acte ce qui demeure indéterminable et sans chercher à affecter ce qui est impassible, car l'hypostase ne se présente pas du dehors mais est auto-générée par le *désir d'être*, par une attraction qui n'est pas gravitationnelle (donc agissant comme dans le cas des corps), qui

1. Sur l'opposition de Plotin au modèle hylémorphique et la critique d'Aristote et d'Alexandre d'Aphrodise, ainsi que sur la position de Porphyre, voir R. Chiaradonna, « Hylémorphisme et causalité des intelligibles. Plotin et Alexandre d'Aphrodise », *Les Études Philosophiques*, 2008/3, p. 379-397. En revanche, sur la possibilité de trouver des échos chez Plotin du modèle hylémorphique selon la vision d'Alexandre, et plus précisément des réminiscences de la théorie du sensible en référence aux principes intelligibles et aux incorporels propre à l'exégète d'Aristote qui auraient fécondé la noétique plotinienne, voir V. Cordonier, « Corps, matière et contact. La cohérence du sensible selon Alexandre d'Aphrodise », *ibid.*, p. 353-378. Mais ni Chiaradonna ni Cordonier n'évoque la question du statut de l'hypostase dans l'analyse des usages critiques de l'hylémorphisme dans la constitution du corps et dans les actions dont celui-ci est pourvu.

n'est mue par aucun manque, aucune privation, aucune nécessité prééminente, et qui n'a pas non plus le besoin imminent de produire une présence d'ordre objectif ou corporel.

Cette condition inhérente à l'*ousia* repose cependant sur deux préalables dont l'un, déjà formulé comme *désir d'être*, semble restreindre l'action au domaine de l'être et écarter donc les formes, tandis que le second suppose au contraire qu'une *ousia* capable d'être sujet de cette tension s'auto-constitue elle-même en substrat d'une réception. Si donc toute essence *tend à être*, si donc toute essence est constitutive de son acte, alors l'hypostase est ce qui provient/ressort en premier de cette tension ; ou plus exactement ce qui traduit/exprime en premier cette attraction ou ce désir universel, et qui laisse en même temps apparaître, se manifester ce dessein-d'être de l'identité essentielle en partant (en surgissant à partir) de ce qui radicalement n'est pas, comme la matière première ou le non-être absolu, ou de ce qui au contraire excède l'être comme les réalités premières, l'Un et, pour certains, le *Noûs* assimilé au divin. C'est bien de ce dessein-d'être de l'identité essentielle que l'hypostase représente et atteste en même temps la condition de réalité. L'identité demeure alors parfaitement unie à elle-même et simultanément ouverte par la manifestation hypostatique de sa propre réalité essentielle.

Pour saisir les enjeux de l'introduction de l'hypostase dans le débat sur la possibilité de déterminer l'indéterminable pur (de l'acte premier ou de la matière première, de Dieu ou de l'individu), l'une des pistes serait de prendre l'histoire à rebours. Si l'utilisation ancienne n'est pas d'emblée explicite, elle s'éclaire néanmoins peu à peu, à mesure que la notion d'hypostase intervient dans des contextes philosophiques bien circonscrits et se spécialise ainsi. Il pourrait donc s'avérer judicieux de partir dans son cas depuis le moment où la notion reçoit le contour précis de son sens philosophique et théologique pour éclairer par retour les lieux théoriques où s'était imposée la nécessité première de son choix. Mais avant d'aborder ainsi l'hypostase elle-même, la manière dont a été définie la réalité du support de la réception et, conjointement, la réalité du fondement de la manifestation, demande elle aussi le rappel de quelques passages plotiniens d'inspiration platonicienne tout autant qu'aristotélicienne.

Matière première et réception.
La condition de possibilité du fondement

Pour définir une réalité indéterminée ou informe (ἀόριστόν τι καὶ ἄμορφον) comme la matière, Plotin pose d'entrée de jeu le problème du substrat. « On dit de la matière qu'elle est substrat et réceptacle des formes (Τὴν λεγομένην ὕλην ὑποκείμενόν τι καὶ ὑποδοχὴν εἰδῶν) »[1]. Mais ce discours habituel (κοινόν) – on entend un *logos* qui serait commun aux tenants d'Aristote et à ceux de Platon (sans être synonyme de matière *khôra* fait bien fonction de substrat-réceptacle chez ce dernier) – ne résout pas la véritable question que soulève la définition de la matière comme substrat des étants ou comme réceptacle des formes : de quelle *nature* releverait ce substrat afin qu'il puisse recevoir quelque chose et *comment* reçoit-il de fait (τὶς δέ ἐστιν αὕτη ἡ ὑποκειμένη φύσις καὶ πῶς δεκτικὴ)[2] ? Voici donc la question en même temps que la difficulté sur laquelle s'ouvre la réflexion concernant une réalité indéterminée telle que la matière : qu'est-ce que le *substrat* dans sa nature même ? Plus exactement, comment (πῶς) une réalité dont l'indétermination l'apparente au non-être absolu – puisque Plotin affirme que la matière est « totalement séparée (πάντη χωρισθεῖσα) [de l'être] et incapable de se transformer elle-même (μεταβάλλειν ἑαυτὴν οὐ δυναμένη) »[3] –, se dispose-t-elle à recevoir une chose déterminée qui, de principe, ne l'affecte pas mais, pire, la contraint à être, ou, du moins, à se tenir d'une certaine manière afin de la recevoir ? Autrement dit : la réalité-de-substrat suppose-t-elle une détermination fondamentale, telle une disposition propre à ce qui est supposé recevoir ce qu'elle n'est et n'a pas ? Ou est-elle séparée et conditionnée précisément par la neutralité de sa séparation ? Ou n'a-t-elle aucune réalité hormis celle de l'acte qui accomplit une possibilité existante sans en changer quoi que ce soit ? Selon Plotin, la matière devient substrat ou support dès lors qu'elle reçoit ce qu'elle n'est ou n'a pas, tout en restant elle-même, dans sa nature propre, même lorsqu'elle fait fonction de substrat (*hupokeimenon*) ou de réceptacle (*hupodokhê*) ou encore de siège (*hedra*) d'une chose différente d'elle sans changer et sans intervenir non plus sur ce qui est reçu.

1. *Enn.* II, IV (T. 12), 1, 1-2 et 2, 2-3.

2. *Enn.* II, IV (T. 12), 1, 4-5. La définition de la matière comme substrat revient dans le T. 26 dans la discussion sur l'impassibilité du substrat, qu'il s'agisse de l'âme ou de la matière.

3. *Enn.* II, V (T. 25), 5, 11-12. La matière ne relève pas de la négation relative, comme l'altérité par rapport à l'identité ou le mouvement par rapport au repos, mais elle est hors de l'être. Plotin revient dans *Enn.* III, VI (T. 26) 7, 12-17 sur cette détermination de « négation pure » et sur la comparaison avec le mouvement.

De cette question que Plotin pose en ouverture du Traité 12 et sur laquelle il revient de manière récurrente dans le Traité 25[1] et dans le Traité 26[2], résulte d'emblée une première caractéristique qui permet de préciser et d'orienter la définition de la matière : Plotin place systématiquement la définition de la matière sur le terrain du substrat[3]. Plus précisément il *déplace* la question et ce déplacement signifie, comme dans le cas du non-être, que l'approche discursive de la matière nécessite une substitution : ici le substrat est appelé à jouer ce rôle comme l'image joue chez Platon le rôle d'un moyen de médiation permettant de définir le *même* et l'*autre* sans les opposer et les annihiler par une contradiction. Il s'agit donc d'un type de « raisonnement bâtard » (comme dit Platon dans *Timée* 52b2 à propos de la possibilité de définir la *khôra*), le *logos* fléchi ou indirect étant le seul qui convient au caractère insaisissable de la matière première ou du non-être absolu. Cependant, en faisant appel au substrat ou au réceptacle pour définir la matière, Plotin prend implicitement une position proche d'Aristote qui assimile la matière au substrat premier de chaque chose, substrat inhérent à partir duquel toute chose advient essentiellement (*Physique* I, 9, 192a32-34). Comme Aristote, Plotin assimile à cette définition la *khôra* du *Timée* et sa fonction de réceptacle, bien que Platon ne désigne jamais la *khôra* comme *hulê* (terme réservé encore à la désignation du bois). Mais Plotin ne suit pas Aristote jusqu'au bout, car il se sert de cette assimilation de la matière première à un substrat pour un but contraire à celui du Stagirite. Quoi qu'il en soit, cette première « lumière » sur la matière est négative puisqu'au lieu de faire apparaître quelque chose elle ne

1. Plus de la moitié du T. 25 (chap. 3-5) est consacrée à la question de la matière, avec une référence explicite au T. 12, « à ceux qui admettent aussi une matière là-bas, au sein des intelligibles » (25, 3, 9), comme si Plotin précisait ainsi que la « doctrine » de la matière intelligible qu'il avait exposée dans le T. 12 appartenait à d'autres penseurs, *i.e.* aux Gnostiques.

2. Comme dans le T. 25, une bonne partie des discussions sur le statut de l'impassibilité dans le T. 26 (chap. 6-19) est consacrée à la matière : aux conditions d'impassibilité de celle-ci et à sa définition comme incorporel et comme « troisième genre ». Tout le T. 26 consacré à l'impassibilité de l'âme et de la matière en tant qu'incorporelles, de même que certains passages du T. 25 sur l'acte et la puissance, mettent en perspective le débat de Plotin avec Aristote et Platon au sujet de la matière et du statut composé du corps, et déploient des arguments qui ne sont qu'effleurés dans le T. 12, sur les « deux matières ».

3. Rappelons un passage du dernier texte évoqué (*Enn.* III, VI [T. 26], 7, 1-5) qui résume la position de Plotin sur la manière de définir la matière. « Mais il nous faut revenir au substrat (ὑποκειμένην) qu'est la matière (ὕλην) et à ce que l'on dit reposer sur elle (τὰ ἐπὶ τῇ ὕλῃ εἶναι λεγόμενα), ce qui permet de comprendre le fait que la matière n'est pas et qu'elle est impassible (ἀπαθές). Elle est donc incorporelle, puisque le corps est postérieur et composé et que c'est elle qui, avec autre chose, produit le corps. » (trad. fr. J. Laurent, Paris, GF, 2004, p. 190). Quelques lignes plus loin, la matière est qualifiée de non-être véritable (ἀληθινῶς μὴ ὄν).

fait que souligner des distinctions; agissant comme une lumière *rasante* elle éclaire la double différence dans laquelle se tient le substrat, d'une part à l'égard des êtres accomplis, auxquels le support ne s'identifie pas, et de l'autre à l'égard des formes, que le substrat reçoit sans y prendre partie nécessairement. La matière ne devient pas les êtres ni ne peut être affectée, comme déterminée formellement, par les *eidê*. Pourtant c'est bien elle qui constitue le fondement de la réalité des êtres déterminés. Mais alors *comment*, si elle-même ne peut être ni affectée par une forme ni réduite à des êtres individuels ?

La question concernant la nature du substrat et la modalité de réception vise donc non seulement la possibilité de la réception, mais aussi l'identité de ce qui serait à recevoir en rapport avec ce qui reçoit, qu'il y ait ou non de relation entre les deux. Plotin se démarque de la position qui consiste à établir qu'il s'agit nécessairement et dans tous les cas d'une réception de formes et que cette réception pourrait déterminer de manière topique le substrat. L'expression « lieu des formes (τόπον εἰδῶν) », calquée sur les *topoi noêton* et *aisthêton* de la *République*, bien que la référence thématique soit au réceptacle du *Timée* (52b2), est censée signaler, selon la critique formulée par Plotin dans le Traité 26, que le substrat ou support topique des formes n'est nullement affecté par les formes et que cette expression (qui d'ailleurs ne figure pas littéralement chez Platon) désigne une manière différente (τρόπον ἕτερον) de réception. Comme la condition première du support est celle de l'indétermination *a priori* (τὸ ἀόριστον) de ce qui reçoit et qu'il ne s'agit pas de privation sauf par accident (ἡ ὕλη ἕτερον στερήσεως κἂν συμβεβήκῃ), la privation étant elle-même une forme (*eidos*) tandis que le substrat est quelque chose de différent (ὑποκείμενον ἄλλο)[1], il n'y a pas de nécessité conséquente d'une implication des formes à l'égard de ce qui les reçoit. Ce qui est indéterminé l'est par nature, non comme la conséquence d'un manque. En effet, cette indétermination, affirme Plotin, n'est pas nécessairement propre aux réalités inférieures[2]. Au contraire, elle concerne autant les réalités supérieures que la matière dite « sensible » située au plus bas de l'échelle, pour Plotin. Mais *comment* ce qui est foncièrement indéterminable peut-il demeurer indéterminable même quand il s'agit d'être substrat (*hupokeimenon*) d'une réception ? La détermination qui est donc reçue n'est pas de l'ordre de l'être ni de celui d'une forme, et n'affecte pas la condition de ce qui reçoit. Mais

1. *Enn.* II, IV (T. 12), 14, 9-10; *ibid.*, 15-16. Sur cette définition de la matière comme substrat et son rapport à la privation, voir L. Lavaud, *D'une métaphysique à l'autre…*, *op. cit.*, p. 21-44.

2. *Enn.* II, IV (T. 12), 3, 1-3.

que détermine-t-elle alors? Elle fait apparaître ce qui est reçu tout en permettant au substrat de « coopérer » avec ce qui se manifeste, avec ce qui se montre, avec ce qui apparaît grâce à la détermination. La prémisse de cette mise en condition du support fondamental par une détermination qui ne l'affecte pas, peut donc demeurer négative : l'indétermination foncière de cette réalité de fond, de ce fondement qui joue le rôle de substrat, de siège ou de réceptacle d'altérité, ne relève pas de la passivité, mais constitue, malgré l'impassibilité du fond, une disposition inhérente d'être support et d'assurer donc une condition de possibilité pour l'acte de réception, acte qui se décline selon Plotin sous des modes spécifiques d'agir, différents de celle d'une participation essentielle. Sans désigner un mouvement à proprement parler, Plotin suggère une inclination du réceptacle ou une orientation vers…, assortie de la réception conséquente à cette mise en situation idoine du réceptacle à l'égard de ce qui se donne en vue de la réception.

Pour Plotin cette compréhension quasi « réactive » du support n'est ni métaphorique ni une manière paradoxale de désigner une certaine disposition d'accueil qui déterminerait de manière déguisée l'indéterminable[1]. Elle procède d'une tentative de détournement ou du moins d'évitement du déterminisme et du conditionnement qui fonctionnent sous le mode causal et qui produisent une inévitable objectivation ou choséification de ce qui est ainsi déterminé. C'est bien pour éviter toute objectivation de ce qui se trouve au-delà de l'être et des formes, objectivation nécessairement réductrice à une détermination, que Plotin parle de cette « contorsion » de ce qui devient support et dont la nature réside précisément dans la possibilité de s'incliner, de se tourner, de se plier *vers* et *sur* ce qu'il reçoit. Ou du moins de refléter, tel un miroir, ce dont l'indéterminable devient support et donc condition d'apparition[2]. La comparaison du réceptacle avec un miroir est particulièrement éclairante dans deux chapitres du Traité 26 : ce qui apparaît ainsi, comme *dans* un miroir, n'est certainement pas le support réfléchissant lui-même mais une copie, un reflet ou une image de la forme saisie *à sa réception même* et *telle* qu'elle est reçue, sans que le support

1. On voit Plotin revenir sur cette compréhension « active » (ποιούντων) mais différenciée comme « acte » du support en réponse à l'acte réalisé par ce que le support reçoit, dans le chapitre 12 du T. 26 (*Enn.* III, VI, 12, 47). Là, sur l'exemple du feu et de la matière enflammée, ou de la statue et de l'airain, Plotin affirme que la matière agit par empêchement, par résistance, par opposition, sans être affectée par cet acte.

2. *Enn.* III, VI (T. 26), 7, 17-29 et 13, 35-40.

miroitant pâtisse en raison de cette réception, pas plus qu'un milieu diaphane n'est affecté par ce qu'il fait apparaître à travers lui[1].

Quant au substrat lui-même, il montre en effet une détermination qui n'est pas la sienne et dont il n'est que la condition de possibilité : cette détermination se réalise par le triplet « commun » (κοινόν), « particulier » (ἴδιον), « différence » (διαφορά) qui constitue le caractère propre (οἰκεία) de chaque *forme* qui est reçue (ἐστὶ μορφή), car les formes existent (εἶναι τὰ εἴδη) et elles sont multiples (πολλὰ), dit Plotin, en s'appuyant sur une démonstration faite ailleurs (peut-être pense-t-il à l'existence de la totalité des formes dans l'intellect dont il est question dans le Traité 5 et sur laquelle il reviendra dans le Traité 25)[2]. Il y a donc bien une matière qui reçoit la forme et qui en est toujours le substrat (Ἔστι ἄρα καὶ ὕλη ἡ τὴν μορφὴν δεχομένη καὶ ἀεὶ τὸ ὑποκείμενον). Mais cette possibilité se laisse déduire par analogie, grâce au principe de l'imitation (*mimêsis*). Car, s'il est vrai que le monde sensible est composé d'une forme et d'un substrat matériel, et que ce monde est une imitation du monde intelligible (*kosmos noêtos*), alors, pour que le monde intelligible soit, il est nécessaire de considérer qu'il est lui aussi composé de la même façon[3]. Non seulement la

1. Je cite un des deux passages dans lesquels Plotin évoque la comparaison de la matière à un miroir. Notons que l'évocation des « choses diaphanes » est une allusion explicite à la théorie aristotélicienne de la vue et à la discussion sur l'affectation du milieu par l'entéléchie induite de l'agent. « Et si l'on disait que les miroirs (τὰ κάτοπτρα) et, d'une façon générale, les diaphanes (τὰ διαφανῆ) ne pâtissent pas des images qui y sont vues (ὑπὸ τῶν ἐνορωμένον εἰδώλων μηδὲν πάσχειν), ne proposerait-on pas un exemple dissemblable (ἀνόμοιον) ? Car les choses qui se trouvent dans la matière (τὰ ἐν τῇ ὕλῃ) sont, elles aussi, des images (εἴδωλα) et la matière est plus impassible (μᾶλλον ἀπαθέστερον) encore que les miroirs. » *Enn.* III, VI (T. 26), 9, 16-19 (trad. J. Laurent légèrement mod.).

2. *Enn.* II, IV (T. 12), 4, 1-6 : « Il faut poursuivre notre propos en supposant maintenant que les Formes existent (εἶναι τὰ εἴδη), car on l'a montré en d'autres endroits. Si donc il y a une multiplicité de Formes (πολλὰ τὰ εἴδη), il doit nécessairement y avoir entre elles quelque chose de commun (κοινόν μέν τι ἐν αὐτοῖς ἀνάγκη εἶναι), et naturellement aussi quelque chose de particulier par quoi elles diffèrent les unes des autres (ἴδιον, ᾧ διαφέρει ἄλλο ἄλλου). Ce quelque chose de particulier, par quoi elles diffèrent et qui les sépare (διαφορά ἡ χωρίζουσα), c'est bien sûr la figure qui leur est propre (ἡ οἰκεία ἐστὶ μορφή). Or, s'il y a une figure (μορφή), il y a aussi ce qui possède cette figure (ἐστὶ καὶ τὸ μορφούμενον), ce à quoi s'applique la différence (διαφορά). Il y a donc une matière qui reçoit la figure et qui en est chaque fois le substrat (Ἔστι ἄρα καὶ ὕλη ἡ τὴν μορφὴν δεχομένη καὶ ἀεὶ τὸ ὑποκείμενον). » (trad. R. Dufour légèrement mod.). Au début du chapitre, Plotin ferait référence à *Enn.* V, IX (T. 5), 3-6, selon R. Dufour (Paris, GF, 2003, n. 21 p. 264).

3. *Enn.* II, IV (T. 12), 4, 6-9 : « De plus, si un monde intelligible existe là-bas (εἰ κόσμος νοητὸς ἔστιν ἐκεῖ), si notre monde en est une imitation (μίμημα δὲ οὗτος ἐκείνου), et s'il est composé et constitué à partir d'une matière (οὗτος δὲ σύνθετος καὶ ἐξ ὕλης), il faut qu'il y ait aussi là-bas une matière (κἀκεῖ δεῖ ὕλην εἶναι). » L'expression *kosmos noêtos*, bien que

matière première, bien qu'indéterminable, sert de substrat pour les *eidê* et reçoit leur différenciation avec chaque figure/forme spécifique (*morphê*) dont elle constitue le support, mais elle est en outre structurée comme monde (*kosmos*) en tant qu'elle est perpétuellement (*aei*) substrat des formes, et cette structure se laisse saisir à travers son imitation par le monde immanent qui est le monde de la matière sensible. La condition de substrat de la matière première prend ainsi comme modèle sa propre imitation par la matière sensible, substrat des formes singulières. À la preuve fournie par l'imitation s'ajoute le fait que la matière indéterminable, de même que le non-être absolu, tend néanmoins vers une réalité d'être, vers une réalité hypostatique (ὑποστάσεως ἔφεσις, Traité 26, 7, 16-17)[1], tension ou aspiration qui ne la sépare pas d'elle-même, précise Plotin, tant que cette réalité ne devient pas elle-même une réalité ousiologique et donc un être accompli.

Certes, cette structuration et cette détermination ne sont pas censées révéler la quiddité, puisque la détermination du caractère propre est réservée à la forme reçue, mais elles concernent la manière d'être du support, du substrat ou du sujet en tant que tel; elles concernent donc le *tropos*, le mode, non les identités de l'essence qui donne quelque chose et de celle qui reçoit cette chose. Si la détermination est à même de concerner le mode de réception du propre de chaque forme, la raison est qu'essentiellement une réalité indéterminable comme la matière, qu'elle soit intelligible ou sensible, ne connaît jamais la privation mais qu'elle possède en elle *de facto* toutes les *eidê*. Revenant sur la matière intelligible dans son rapport particulier aux formes dans le Traité 25, Plotin réaffirme que la totalité des formes s'y trouve[2]. Par conséquent, ce que la matière première indéterminable reçoit est quelque chose qu'elle a déjà mais de manière différente (ἕτερον τρόπον), propre à sa nature[3]. Non seulement elle n'agit pas par privation parce qu'elle a déjà ce qu'elle reçoit, mais elle a aussi la possibilité d'activer par ses propres moyens ce qu'elle a lorsqu'elle se

proche du *topos noêton* platonicien, n'apparaît pas chez Platon mais est utilisée pour la première fois par Philon (*De opificio*..., 15, 16 et 19) selon D. T. Runia, « A brief history... », art. cit. Philon insiste sur l'idée que l'imitation par le monde sensible d'un monde parfait exige une symétrie et qu'elle ne peut avoir lieu si la structure n'est pas respectée en même temps que les formes sont elles-mêmes copiées. Comme dans le contexte biblique l'imitation du monde ne peut pas avoir lieu partant du Démiurge lui-même, il faut que le Démiurge fabrique d'abord un monde noétique et le copie/duplique ensuite en créant le monde sensible. La même double création est décrite lors de l'exégèse de la création de l'homme (*De opificio*..., 69 *sq.*).

1. Passage cité *supra*.

2. *Enn.* II, V (T. 25), 3, 28.

3. *Enn.* II, IV (T. 12), 3, 12-15.

trouve en condition de réceptacle ou de support. Or, de ce point de vue, la matière partage cette condition avec l'intellect et avec l'âme qui ne connaissent pas non plus la privation, comportent de manière spécifique toutes les formes et demeurent indéterminables et impassibles tant que leur réalité essentielle, *ousia*, n'est pas en condition de réception (réception de l'Un en tant que premier *noêton* dans le cas de l'intellect, réception de la connaissance des intelligibles dans le cas de l'âme). Ce qui signifie que la possibilité de détermination dans le cas des réalités qui ne sont pas des êtres (matière première, non-être, Un, premier *noêton*), ne peut pas provenir d'une détermination, limitation ou attribution externe mais provient nécessairement d'une disposition ou d'une condition inhérente à leur nature, disposition ou condition que le mode spécifique de la réception par une réalité différente est le seul à pouvoir recouvrir et actualiser. En même temps, l'acte lui-même de la réception se distingue dans ce cas de la disposition inhérente à la condition de réceptacle de ce qui reçoit et qui nécessairement *est*, car cet acte fait fonction de révélateur pour la réalité de quelque chose qui n'est pas de l'ordre de l'être soit parce qu'il s'agit du principe même de l'être, soit parce qu'il est question du non-être, comme dans le cas de la matière.

S'il y a une détermination, elle est donc nécessairement modale. Et si la réception est possible et qu'elle n'enfreint pas le caractère indéterminable de la matière première, la raison tient en deux points : ce n'est pas la réalité indéterminable qui reçoit quoi que ce soit, mais, tout naturellement, c'est le réceptacle qui reçoit; or celui-ci peut recevoir parce que la réalité indéterminable comporte elle-même ce conditionnement ou cette disposition de constituer le substrat ou le réceptacle apte à recevoir, sans que cette disposition soit une détermination propre à la réalité de la matière elle-même (noétique ou sensible) en tant qu'elle devient support[1]. Bien qu'il ne détermine pas la matière en tant que telle, ce conditionnement de la réception est le *propre inhérent* de la matière; tout en gardant son indétermination, celle-ci est à même de s'auto-constituer en tant que réceptacle révélateur d'une réalité qui la transcende et qui la détermine à l'instant même de la réception révélatrice de cette réalité, mais la détermine selon ce que le réceptacle reçoit et non selon ce que lui-même est ou n'est pas en soi. Et, pour une fois, c'est le sensible qui sert de « modèle » pour saisir que ce conditionnement n'est pas une projection mais qu'il provient de la nature paradoxale de ce qui sert de support (substrat, fondement, réceptacle) et qu'il concerne aussi

1. *Enn.* II, IV (T. 12), 4, 6-7. Il faut cependant reconnaître, avec nombre de commentateurs, que Plotin n'est pas totalement clair sur la manière dont se fait la distinction entre la « matière » elle-même et le « support ».

bien la matière sensible que celle dont le monde sensible est/serait l'imitation, à savoir la matière du monde intelligible[1]. Il s'ensuit 1) que l'indétermination n'est pas une qualification ou un attribut réservé aux réalités inférieures (comme la puissance par rapport à l'acte selon Aristote, *Métaphysique* Θ), mais qu'elle constitue un fondement et que ce fondement est celui de la condition inhérente à cette réalité appelée matière-substrat; et 2) que posée ainsi, comme *condition*, la disposition réceptrice propre du substrat indéterminé, représente une tentative de dépassement du déterminisme téléologique et une ouverture qui renvoie à ce qui a été appelé en termes modernes une *condition de possibilité* – relevant, certes, non du plan épistémologique, mais du plan ontique où la *condition de possibilité* opérerait en accord avec la *puissance*. C'est à ce conditionnement inhérent, opérant comme une puissance, que se réduit et s'identifie la possibilité de coopération ou de coordination de l'indéterminable qui, simultanément, acquiert ainsi une identité et devient le support d'une altérité déterminée, définie et définissant à son tour des actions d'engendrement ou de productions d'êtres ou de réalités qui s'identifient à des pensées, à des vivants ou à des choses inanimées.

HUPOSTASIS. RAISON D'ÊTRE ET CONDITION DE LA DIFFÉRENCE

Comment s'opère le transfert depuis le débat sur la nature du support impassible et inaltérable, *hupokeimenon*, substrat de quelque chose qui ne peut guère l'affecter, vers *hupostasis* qui qualifie comme sujet-existant ce dont le principe même est à la fois en soi et différent de soi par ce qu'il reçoit et, le cas échéant, par ce qu'il génère, manifeste ou met tout simplement en évidence par distinction ou négation du substrat?

Certes, nous savons que Porphyre produit une distorsion de la pensée de son maître en appelant l'Un, l'intellect et l'âme les premières et seules vraies *hypostases* ou *réalités propres* des principes[2]. Car si l'hypostase

1. *Enn.* II, IV (T. 12), 4, 7-9. Y aurait-il, sur ce point précisément, une influence du modèle théorique du sensible élaboré par Alexandre d'Aphrodise, selon l'analyse de V. Cordonier (« Corps, matière et contact... », art. cit., p. 356 *sq.*)?

2. Sur la violence sémantique et philosophique exercée par Porphyre concernant l'usage de la notion d'hypostase dans les titres donnés aux T. 10 (*Enn.* V, I) « Sur les trois hypostases qui ont rang de principes » et 49 (*Enn.* V, III) « Sur les hypostases qui connaissent et sur ce qui est au-delà », voir les notices introductives et notes de F. Fronterotta et L. Brisson dans les volumes de la série *Plotin* en GF, Paris 2003 et 2009. Pour l'usage proprement plotinien du terme d'hypostase, avec le sens réduit d'existence propre, voir l'occurrence du T. 2

désigne la « réalité existentiale » d'un étant et que l'existence (ou la subsistance) est nécessairement quelque chose que l'étant possède, qui l'affecte et qui ne provient pas de lui, il va de soi que cette « réalité existentiale » ne peut pas alors qualifier le substrat tel que Plotin l'entend dans le cas des réalités premières; si donc le sens est existential (ou « subsistentiel »), le terme d'hypostase ne convient pas pour désigner ce qui sert d'*hupokeimenon* impassible à quelque chose qui serait reçu. À moins de considérer que le principe de réalité existante est, du moins pour Porphyre, déconnecté de l'être comme tel, et que les premières hypostases sont des existants non seulement incorporels et impassibles, mais aussi autoconstitués comme identités individuelles *sans être*, c'est-à-dire sans la nécessité d'une entité ou corporalité existentielle réelle. Dans ce cas, l'existence, si le substrat en a une, ne provient pas d'un principe engendrant extérieur, comme l'âme qui proviendrait de l'inanimé ou l'ordre à partir du désordre (ce sont des exemples plotiniens analysés de manière polémique dans le Traité 2 « sur l'immortalité de l'âme » dans lequel Plotin emploie lui-même le terme d'hypostase avec un sens existentiel); si le substrat a bel et bien une existence, celle-ci provient nécessairement de lui, comme dans le cas de l'ordre propre de l'âme autogénéré par l'existence de l'âme elle-même (ἐκ τῆς αὐτομάτου τάξεως τὴν ὑπόστασιν εἰληφέναι)[1]. Mais comment ce qui n'appartient pas au régime de l'être ni à celui des formes, et qui *a fortiori* n'a pas de corps, peut-il néanmoins avoir une réalité d'existant tout en gardant son fond d'indétermination[2]?

(*Enn.* IV, VII), 84, 25-26. Notons que Plotin vise ici la définition de l'âme dont l'immortalité ne permet aucune association avec un principe qui lui serait extérieur, et que le terme hypostase apparaît en contexte polémique, contre l'idée de souche pythagoricienne que l'âme serait une harmonie. En employant « hypostase » pour désigner l'*existence effective* dont bénéficie l'âme, Plotin ajoute que cette existence ne provient pas d'ailleurs mais qu'elle lui serait donnée par un ordre auto-généré par l'âme elle-même (ἐκ τῆς αὐτομάτου τάξεως τὴν ὑπόστασιν εἰληφέναι) ; il y a certes une référence à l'argument de l'automotricité de l'âme par lequel Socrate définit l'immortalité de l'âme dans la palinodie du *Phèdre* (245c6). Mais d'autres occurrences (par ex. *Enn.* III, VI [T. 26], 7, 13) montrent que Plotin ne fait pas un emploi spécialisé du terme, comme ce sera le cas chez Porphyre. En ce qui concerne la critique de l'usage porphyrien et l'évolution ultérieure du sémantisme philosophique et théologique de la notion d'hypostase, voir les références bibliographiques citées *infra*.

1. *Enn.* IV, VII, 84 (T. 2), cité *supra*.

2. *Enn.* III, VI (T. 26), 13, 21-29 : « Puisqu'il faut que ce que l'on appelle la nature de la matière ne soit aucun des êtres (ὄντων), mais fuit toute la réalité de ces êtres (τῶν ὄντων οὐσίαν) et en soit totalement différente (πάντη ἑτέραν) – il s'agit là en effet des principes rationnels (λόγοι) et des êtres réels (ὄντως ὄντες) – il est certes nécessaire que par cette différence (τῷ ἑτέρῳ), elle se charge elle-même de préserver cette nature qu'elle a reçu en partage, mais aussi qu'elle ne soit pas capable de recevoir les réalités véritables, et si elle recevait une

Attribuer l'appellation d'« hypostase » à cette existence, en lui accordant du même coup une réalité strictement ousiologique, n'est conforme à la théorie plotinienne de l'impassibilité et de l'indéterminable que si cette réalité existentiale, qui se tient ou qui prend appui sur le fond indéterminable, s'identifie en même temps à la réalité du sujet-substrat lui-même ; s'identifie à celle-ci non comme détermination, car le fond est indéterminable et doit rester ainsi, mais comme expression de la disposition même de substrat, de réceptacle ou de siège, disposition et condition de principe, en deux mots *possibilité inhérente* à la réalité indéterminable du fond. Quelque chose qui est impassible et indéterminable, quelque chose qui est de l'ordre du non-être, s'auto-constitue en principe d'existence propre et fait de celle-ci sa réalité de support ou de siège ou de réceptacle de ce qui viendrait y prendre appui. L'être lui-même reposerait alors sur le non-être, bien qu'il n'en provienne pas. Cette disposition à la réception serait l'entéléchie de la réalité première indéterminable, mais une entéléchie qui ne sépare pas cette réalité première de sa condition de réalisation. Ou alors, en inversant l'ordre puisqu'il n'y a pas de rapport de cause à effet dans ce contexte, la seule *réalité possible* de ce qui est impassible et indéterminable serait d'être support ou sujet de quelque chose de différent. Conférant une *réalité* et non une détermination, une *réalité inhérente* à la nature et non une limitation à une identité particulière, le mode par lequel l'indéterminable devient siège ou réceptacle d'une altérité (forme ou raison, *eidos* ou *logos*) devient aussi le mode par lequel s'établit, à travers la différence, la possibilité de coopérer avec ce qui vient de l'extérieur, bien que cette coopération ou coordination soit un agissement interne à la disposition et ne provienne nullement du fond lui-même inaltérable, impassible et indépendant de toute possibilité de détermination extérieure.

Cependant, l'hypostase, selon les usages faits par Porphyre, ne semble pas correspondre exactement avec ce qui peut en être déduit du contexte plotinien. Porphyre emploie le terme d'hypostase dans deux champs différents de réflexion. L'un suppose l'implication aristotélicienne de cette notion dans la logique de la détermination de l'être comme réalité effective ou existante d'un individu. C'est la détermination par le commun, le propre, la différence – détermination qui ne concerne pour Plotin que le cas

imitation de ces réalités (τι μίμημα αὐτῶν) de n'y voir aucune part en vue de se les approprier (εἰς οἰκείωσιν εἶναι). Ainsi en sera-t-elle entièrement différente (ἑτέρα πάντη). Autrement, si elle donnait accueil à une forme (εἶδος), quelle qu'elle soit, en s'unissant à elle, elle deviendrait autre et elle cesserait d'être différente et d'être un emplacement pour toutes choses (χώρα πάντων) et elle ne serait le réceptacle de rien du tout (οὐδενὸς ὅτου οὐκ ὑποδοχή). » (trad. J. Laurent).

des formes spécifiées reçues par le substrat[1]. L'autre, plus proche d'une inspiration plotinienne, concerne la possibilité de situer « en amont » le principe de *ce qui est*, et de le définir comme un principe inscrit dans l'indétermination foncière du substrat, comportant de manière inhérente ou naturelle la possibilité de sous-tendre *ce qui est* sans le déterminer d'avance par genre et par attributs. Dès lors, *ce qui est* peut non seulement subsister mais aussi apparaître en tant que « tel », l'hypostase désignant précisément cette subsistance propre singularisée par sa manifestation à partir de son fondement. Porphyre utilise le même terme dans les deux champs, logique et métaphysique, comme si son spectre sémantique pouvait assurer sans difficulté un tel écart. Sans doute, le sens commun du terme et sa spécialisation philosophique jouent encore ensemble. Cette dichotomie d'application de la notion d'hypostase se reflète d'ailleurs dans la postérité immédiate à la fois de Porphyre et de la pensée de Plotin lui-même, bien que rien, ou presque, ne prouve explicitement que cet emploi, de plus en plus précis et fréquent, serait conséquent à l'héritage direct des textes néoplatoniciens. Les auteurs du IVe s. qui recourent à ce terme pour son ambivalence tout autant que pour ses vertus philosophiques déjà reconnues, finissent par en faire une marque spécifique de la pensée trinitaire chrétienne.

Une ambiguïté foncière persiste en effet tout au long du IVe s. dans les usages philosophiques et théologiques de la notion d'hypostase[2]. Le terme ne cesse de passer d'une quasi synonymie avec *ousia* et *phusis* à une synonymie avec la « réalité » propre de l'être singulier, la « réalité » de chaque étant ou existant particulier constitué en « sujet » de sa propre manifestation. Il ne cesse, en somme, de balancer conceptuellement entre une compréhension ontique et une compréhension logique et prédicative, preuve qu'il témoigne d'une vraie difficulté de la pensée, celle qui consiste

1. Voir le début du chap. 4 du T. 12 cité *supra*.

2. Pour une approche historique et philologique, voir M. Richard, « L'introduction du mot "hypostase" dans la théologie de l'Incarnation », *Mélanges de Sciences Religieuses*, Lille, 2, 5-32, 1945, p. 243-279 ; H. Dörries, *ΥΠΟΣΤΑΣΙΣ. Wort- und Bedeutungsgeschichte*, « NAWG », 1, 1955, p. 35-92 ; J. P. Anton, « Some logical aspects of the concept of hypostasis in Plotinus », *Review of Metaphysics*, 31, 1977, p. 258-271 ; A. De Halleux, « "Hypostase" et "personne" dans la formation du dogme Trinitaire », *Revue d'Histoire Ecclésiastique*, 79, 1984, p. 311-369 et p. 623-670, repris dans *Patrologie et œcuménisme*. Recueil d'études, Leuven, Leuven UP, 1990, p. 113-214; F. Romano, D. P. Taormina (eds.), *Hyparxis e Hypostasis...*, *op. cit.* ; J. T. Lienhard, « *Ousia* and *Hypostasis* : the Cappadocian Settlement and the Theology of "One Hypostasis" », *in* S. T. Davis, D. Kendall, G. O'Collins (eds.), *The Trinity*, Oxford, OUP, 2001, p. 99-122. Sur quelques significations particulières des termes *hupostasis* et *huparxis* chez Alexandre d'Aphrodise et les connexions avec Plotin et Porphyre, voir G. Guyomarc'h, « Le visage du divin : la forme pure selon Alexandre d'Aphrodise », *Les Études Philosophiques*, 2008/3, p. 323-341, en part. p. 332-334.

à établir et à définir, ou du moins à arrêter conceptuellement, ce que nous appelons habituellement la « réalité » des choses : « réalité » *existentielle* ou « réalité » *universelle*, séparée de l'être et donc de l'existentiel. La « réalité » correspond tantôt à une objectivation de l'apparaissant, à une réalisation conditionnée par la possibilité de réception (sont alors « réelles » seules les substances ou les essences premières, dans le sens aristotélicien), tantôt à une objectivation de l'unité de l'être avec l'essence, assortie d'une réduction aux catégories (c'est la « réalité » dite des substances secondes ou des universaux). Or l'hypostase, traduite le plus souvent par « réalité » ou « existence » déterminée par la propriété spécifique de la chose (appelée aussi *condition de réalité* en raison de ce déterminisme par le propre et la différence), se trouve écartelée, prise dans cette alternative entre ce qui reste d'une réduction, l'ultime fond de la chose séparée de sa condition existentielle, et ce qui s'adjoint à l'essence de la chose du fait de son surgissement dans l'acte de manifestation à partir d'un fond indéterminé et sans cause, ainsi que d'un principe, le plus commun, unique et universel. Pour cette raison, l'hypostase d'une part contrarie l'essence puisqu'elle l'accomplit dans une détermination individuelle, qu'elle identifie plus exactement chaque chose à sa réalité en acte d'être l'étant particulier qu'elle est ; et d'autre part l'hypostase conditionne l'intellection de l'essence en lui étant foncièrement coordonnée. Elle apparaît alors comme une adjonction, mais il ne s'agit pas d'un ajout, à proprement parler ; il s'agit d'une non-séparation *de facto* entre l'hypostase et l'essence (allant jusqu'à la connaturalité ou à la consubstantialité, pour certains philosophes de l'antiquité tardive, quand ce n'est pas le terme même de non-séparation, *aparallakton*, qui est utilisé), non-séparation de l'essence et de l'hypostase qui demeure conditionnelle pour les deux bien qu'il y ait entre elles une différence, signifiée d'ailleurs par l'hypostase elle-même. Cependant, la condition de cette non-séparation entre *ousia* et *hupostasis*, fondamentale dans le cas de toutes les réalités, premières ou secondes, est assurée par le substrat ou le réceptacle dans son indétermination donnée, son impassibilité ou incorruptibilité, et dans sa disposition inhérente à une réception qui le transcende radicalement.

Il va de soi que, dans son double statut de substance déterminée et d'acte qui en assure l'existence par production ou par engendrement, l'hypostase ne fait pas elle-même l'office du substrat. *Hupokeimenon* et, par assimilation, *khôra* en tant que réceptacle matriciel, sont les deux notions qui désignent ce qui se tient en dessous et qui sous-tend ce qui est reçu (les formes, en l'occurrence) sans être affecté ni s'identifier au support. *Hupokeimenon* est toutefois conditionnel pour *hupostasis*, comme le fond est conditionnel pour tout ce qui se montre à partir de lui et qui n'apparaîtrait jamais autrement, tandis que le fond n'est, lui, conditionné par rien et n'est d'ailleurs rien dans l'ordre de l'être et de la manifestation. Retenons toutefois que pour les métaphysiciens de l'antiquité tardive, de Plotin et Porphyre à Boèce, l'équivalent du concept moderne de « fondement » (*Grund*) ne serait pas le substrat (*hupokeimenon*) ou le réceptacle (*hupodokhê*); ceux-ci correspondraient plutôt à un *Ur-grund*, voire à un « fondement sans fond », indéterminable. L'équivalent tardo-antique du « fondement » au sens philosophique moderne se trouverait en revanche dans le champ sémantique couvert par la notion d'*hupostasis* dans la pensée néoplatonicienne et chrétienne, dans ses proximités et ses distances à l'égard de *ousia*, de l'être-existant et des propriétés déterminantes de l'être en tant que « sujet » de sa propre manifestation.

Les Latins, comme Victorinus et Boèce, citent en grec *hupostasis* et s'y attardent en expliquant cette option linguistique et le sens philosophique recouvert selon eux par le terme grec dans ses usages, il est vrai, plutôt tardifs que classiques. Dans ce contexte, c'est Porphyre qui, du moins aux yeux de ces auteurs, semble avoir joué un rôle clef, à la charnière entre une compréhension logique et une conception ontique qui fait de l'hypostase le « sujet » agent de la réalité propre et singulière de ce qui est. Mais, avant de voir comment s'articulent chez Porphyre le sens logique et le sens métaphysique de cette notion, et comment cette articulation engendre la possibilité d'un usage théologique spécialisé, s'impose de souligner aussi un second aspect. L'intérêt n'est pas dans le mot même emprunté à la physique et re-sémantisé, mais bien dans la réflexion qui décide de s'en servir, mobilisée par la recherche des moyens pour penser la possibilité d'individualiser la singularité réelle de chaque chose existante sans enfreindre ni l'indétermination foncière de la condition propre à la réalité matérielle, ni l'unité, la totalité et la transcendance de ce qui fait son essence et qui demeure impassible. Comment rattraper, en d'autres termes, la fuite et la négation de toute « réalité » du principe et de toute « réalité » du commun, en d'autres termes la double négation de l'Un et de l'universel dans ce qui est présent-là ? Ou encore, comment rattraper cette « fuite » des images et des reflets qui apparaissent dans le miroir de la matière dont parle Plotin, et d'ailleurs Platon aussi dans le *Timée*, et qui correspondent aux êtres *en-hypostasiés* ou qui aspirent/tendent à l'être[1] ? Voici donc une réflexion qui fait de l'hypostase une notion centrale de la philosophie, et qui s'oriente vers ce que l'on qualifierait volontiers de phénoménologie *sui*

1. *Enn.* III, VI (T. 26), 7, 18-20, fin du passage cité n. 3 p. 300.

generis. Il y aurait comme une modernité implicite de cette pensée, en marge de la métaphysique et de la théologie traditionnelle, une pensée qui fait de l'hypostase un concept de la manifestation singulière et un lieu théorique ouvert à la possibilité de saisir dans la singularité manifestée à la fois l'indétermination causale de l'essence et l'indicible du particulier.

Fondement de la détermination de l'existant individuel qualifié : le commun et le propre, la composition des différences

L'usage par Porphyre du terme *hypostase* dans l'Introduction aux *Catégories*, bien que réduit à une seule occurrence, est néanmoins particulièrement éclairant. Il surgit en outre dans un contexte théorique de première importance pour son héritage. La composition des différences, relevant de la catégorie de la qualité, conduit à la détermination hypostatique de l'espèce "homme". Ainsi « une différence se compose avec une autre différence : par exemple, "doté de raison" (τὸ λογικὸν) s'est composé (συνετέθη) avec "mortel" pour faire exister "homme" (εἰς ὑπόστασιν ἀνθρώπου/*rationale enim et mortale compositum est in substantia hominis*) »[1]. Cette mention de la réalité existante de l'homme en tant qu'espèce déterminée est de fait formulée en termes de conditionnement de l'existant : *pour* ou *afin* (εἰς) que l'hypostase "homme" soit, il est nécessaire de coordonner le caractère propre (de l'ordre de la qualité) avec ce qui est à proprement parler (l'étantité ou la substance). C'est donc à la suite de la distinction entre le caractère propre (« comment est ? ») et l'espèce (« ce qui est »), différence stipulée par Porphyre au début de ce même chapitre[2], qu'apparaît en effet le conditionnement fondamental du principe de l'existant, principe qui s'actualise au niveau de réalité de l'espèce *en vue de* sa manifestation par le caractère propre dans l'individu existant. Toutefois, en répondant à la catégorie de la qualité (*poion*), le caractère propre ne constitue pas en même temps une qualité de l'existant en soi mais réside dans le rapport que celui-ci entretient avec le genre. L'articulation par laquelle l'homme déterminé existe fondamentalement (ὑπέστησαν αὐτό) est alors celle qui coordonne les différences propres avec le genre, en d'autres termes : le particulier avec le plus universel.

1. *Isagoge*, XVI, 4, trad. latine de Boèce.

2. *Isagoge* XVI, 1 : « Différences entre l'espèce et la différence. Un [caractère] propre de la différence c'est d'être prédiquée relativement à la question : "Comment la chose est-elle ?", tandis que l'espèce l'est relativement à la question : "Qu'est-ce que c'est ?" En effet, même si l'on assume "homme" comme une qualité, il ne saurait être simplement qualité, mais seulement en tant que les différences en s'ajoutant à un genre l'ont fait exister (ὑπέστησαν αὐτό). » (trad. A. de Libera).

L'existence de l'espèce, bien que spécifiée par les caractères propres et les propriétés communes, ne s'entend toutefois pas dans le cas particulier de tel homme, mais se fonde sur l'articulation qui fait exister, *substantiellement* comme traduit Boèce, ou *hypostatiquement* comme dit Porphyre, « homme ». Donc l'hypostase « homme » ne révèle pas la « réalité » individuelle en tant qu'existence d'un individu, mais constitue le fondement existential à partir duquel surgissent à la fois la réalité substantielle « homme » et la possibilité de saisir à partir de cette même réalité le genre auquel « homme » appartient, genre que Socrate, par exemple, rend manifeste en tant qu'homme et vivant à la fois.

C'est sur ce fond, en même temps qu'à partir de lui comme à partir d'une condition *sine qua non*, que se manifeste donc un homme, Socrate par exemple, participant toujours de l'espèce, « homme », et toujours de la différence propre, en l'occurrence « doté de raison »[1]. Mais que l'on ne confonde pas cette coordination exprimée aussi bien en termes de participation égale au caractère propre et au caractère commun, qu'en termes de présence toujours là des différences et de l'espèce, avec le principe de réalité ou principe hypostatique « incarné » par l'existant particulier. Tout au contraire. La présence, tout comme le fait de participer à l'espèce et à la différence, représente une négation de l'hypostase. Ainsi, en son nom d'existant unique et singulier, Socrate manifeste l'hypostase de l'espèce de manière nécessairement coordonnée avec les différences spécifiques, mais il ne s'y identifie pas. L'existant individuel qualifié se montre donc au-delà du croisement des différences et du caractère commun. Il les transcende et en est, dès lors, la négation – mais une négation dialectique puisqu'elle signifie l'acte de s'élancer, de surgir et de se montrer en tant qu'identité individuelle dans la tension entre la participation et la présence, entre le principe de réalité propre de l'espèce et la différence générée par les caractères propres et communs. En s'élançant hors de la composition des différences qualifiantes (propres et communes), l'existant individuel « réalise » à son tour l'espèce dont il manifeste et atteste présentement l'hypostase : celle-ci est la « réalité » dans son acte existentiel, une réalité composée et faisant participer à égalité, dit Porphyre, la différence et

1. *Isagoge* XV. « Caractères communs (κοινωνίας) à la différence et à l'espèce (τῆς διαφορᾶς καὶ τοῦ εἴδους). 1) Un caractère commun à la différence et à l'espèce, c'est d'être participées à égalité (τὸ ἐπίσης μετέχεσθαι) : en effet, les hommes individuels participent à égalité aussi bien à "homme" qu'à la différence de "doté de raison". 2) Elles [différence & espèce] ont encore en commun d'être toujours présentes à ce qui participe d'elles (τὸ ἀεὶ παρεῖναι τοῖς μετέχουσιν) : en effet, Socrate est toujours "doté de raison", et Socrate est toujours "homme". »

l'espèce. Par conséquent, Socrate lui-même ne coïncide pas avec son hypostase, comme il ne s'identifie pas non plus à son portrait ou à son nom. En revanche, Socrate constitue la réalisation et l'aboutissement de l'hypostase « homme », bien qu'il n'y soit pas non plus l'entéléchie ; l'hyspostase, en effet, n'est pas *lui* mais la condition et le fondement de sa vie, et sa vie est le sens existential donné à l'hypostase.

Malgré leur brièveté, ces deux passages de la fin de l'*Isagogê* ont eu un écho immense chez les traducteurs et commentateurs latins. L'un des plus importants à cet égard est sans conteste celui relayé par Boèce et par sa définition de la « personne », définition qui, sur l'exemple de l'espèce « homme », s'appuie sur la description et sur les modes de détermination contenus dans le passage porphyrien. L'hésitation de Boèce sur la traduction par « substance » ou par « *subsistence* », ainsi que les deux définitions du concept de *persona* qui s'ensuivent dans le traité *Contre Eutychès* (chap. II et III) sont bien connues. Il faudrait néanmoins ne pas considérer comme relevant d'une pure coquetterie philologique l'insistance de Boèce sur la terminologie de l'hypostase et du *prosôpon*, de même que la citation du vocabulaire grec de l'essence et du fondement de l'existant, appelé substrat ou sujet à l'égard des propriétés accidentelles qui déterminent toute chose individuelle[1]. Il convient au contraire de souligner cette réflexion boécienne sur le lexique non seulement en raison du maintien symptomatique du terme grec dans un traité latin, mais surtout en raison de la nécessité qui pousse Boèce à chercher dans l'usage des termes grecs ὑπόστασις et ὑφίστασθαι le fondement de la réalité individuelle existante distincte du statut ousiologique de l'étant (ou réduction de l'être à sa substance et à sa *subsistence*). On remarquera alors que Boèce, si proche thématiquement de l'interprétation porphyrienne des *Catégories*, n'est pas pour autant fidèle à la lettre du texte. Pour lui la première détermination,

1. « Car ce que les Grecs appellent *ousiôsis* ou *ousiôsthai*, nous, nous le nommons subsistence ou subsister, et ce qu'ils appellent *hypostasis* ou *huphistasthai*, nous, nous le traduisons par substance ou "se tenir-sous". "Sub-siste", en effet, ce qui par soi-même, pour pouvoir être, n'a pas besoin d'accidents. […] Car la substance se-tient-sous ces accidents aussi longtemps qu'elle est, pour eux, un sujet. / *Nam quod Graeci* οὐσίωσιν *uel* οὐσιῶσθαι *dicunt, id nos subsistentiam uel subsistere appellamus. Quod uero illi* ὑπόστασιν *uel* ὑφίστασθαι, *id nos substantiam uel substare interpretamur. Subsistit enim quod ipsum accidentibus ut possit esse non indiget.* […] *Sub illis enim stat dum subiectum est accidentibus.* » (*Contra Eutychen et Nestorium,* III, 15-19, dans trad. fr. H. Merle, Boèce, *Courts traités de théologie* [*Opuscula sacra*], Paris, Cerf, 1991). Concernant les usages, les traductions et les significations spécifiquement boéciennes de ce vocabulaire (*ousia*, *hupostasis*, *hupokeimenon*), voir J.-F. Courtine, « Note complémentaire… », art. cit., en part. p. 51 *sq.*

aussi bien de l'espèce que de l'existant individuel, est de l'ordre de la nature; *natura* constitue le substrat faisant office du caractère commun et de ce qui le sous-tend, tandis que la différence spécifique introduit la forme sous le mode d'un acte[1]. La différence spécifique « informe », donne sa forme, actualise une forme dans chaque chose relevant d'une espèce naturelle (*rem informans specifica differentia*)[2]. Or dans ce cas, la raison de la recherche que Boèce consacre au vieux mot *persona*, en parallèle avec les notions d'*hupostasis* et de *prosôpon*, ne tient pas, ou pas seulement, de la nécessité d'une définition existentiale et du rôle d'acte propre associé à la réalité subsistante, acte déterminant pour singulariser le subsistant individuel. Boèce cherche en outre à établir un fond pour la manifestation de l'existant et à en déterminer le lien avec ce qui se manifeste: car ce à partir de quoi l'existant individuel se manifeste dans le propre de sa singularité ne doit pas être une objectivation de la chose comprise comme substance et comme sujet d'elle-même, mais doit au contraire permettre le dépassement, voire engendrer la transcendance absolue de cette substance et de ce sujet sur lequel la chose individuelle fait fond et duquel elle surgit puisque ce fond, en retrait, lui est nécessairement différent, mais autrement que la différence spécifique du particulier qui se manifeste.

La « leçon » porphyrienne serait ainsi en partie reformulée par le théologien latin. Cependant, sa ligne philosophique principale serait toujours suivie dans la nécessité de déterminer non l'objectivation de l'existant individuel mais, au contraire, ce que l'existant individuel nie en surgissant et en se manifestant comme apparition. La démarche de Boèce concernerait alors, plus profondément que le statut existential de l'hypostase, la nécessité de désobjectiver la *subsistence*, de faire surgir l'individu de son hypostase d'espèce, et de désamorcer ainsi la possibilité d'une compréhension substantielle de l'existence spécifique au profit de la singularité de

1. Sur cet aspect, A. Vasiliu, « *Nature*, *personne* et *image* dans les traités théologiques de Boèce », *in* A. Galonnier (éd.), *Boèce ou la chaîne des savoirs*, Louvain, Peeters, 2003, p. 481-503.

2. La nature « est la différence spécifique qui donne sa forme à chaque chose / *Natura est unam quamque rem informans specifica differentia* ». « Les choses individuelles [...] non seulement subsistent, mais sont aussi substances; elles, non plus, n'ont pas besoin d'accidents pour être, car elles sont déjà pourvues de leurs différences propres et spécifiques, mais elles donnent aux accidents la possibilité d'exister, en même temps qu'elles sont un substrat pour eux. / *Individua uero non modo subsistum uerum etiam substant. Nam neque ipsa indigent accidentibus ut sint – informata enim sunt iam propriis et specificis differentiis – et accidentibus ut esse possint ministrant, dum sunt scilicet subiecta.* » (*Contra Eutychen*, I, 24 et III, 22-23, trad. H. Merle mod.).

l'individu lui-même. Autrement dit : ne pas réduire l'homme déterminé à constituer le sujet de son seul acte propre d'exister et de le manifester en tant que tel, comme un acte asservi à son principe d'engendrement, comme si l'homme était la propriété, l'esclave en quelque sorte de son propre père, rien qu'un débiteur de son principe ou de la cause efficiente de son existence. Serait ainsi visée, de manière critique, la possibilité d'une compréhension hiérarchique de l'ontologie porphyrienne (une allusion serait d'ailleurs faite au passage 29 du chapitre III du traité)[1] – compréhension néoplatonicienne à laquelle Boèce ne semble pas souscrire et qui l'engage à définir « la personne » comme précisément la chose qui échappe par sa manifestation à la détermination du sujet existant par les propriétés communes, et de l'individu par les accidents. Si l'essence de la manifestation, fondée sur la possibilité de l'existential inhérente au substrat, est *de facto* une négation de l'identité avec l'essence substantielle puisque l'existential provient de l'essence et qu'il n'a donc de cesse de s'en extraire, alors la réalité de l'existant individuel ne peut être elle-même qu'une négation ou une transcendance de ce qui subsiste éternellement en soi. Impuissant à se manifester, ce qui subsiste éternellement en soi fournit cependant le fond ainsi que la puissance de décentrement (cette tension ou aspiration *à être* qui caractérise les réalités/hypostases premières selon Plotin), puissance qui garantit l'apparition, la présence et son propre accomplissement hors de l'identité de l'être avec soi.

Fondement de la connaissance de l'existant par le coordonné et par la forme : *le connaissant demeure en lui et s'y identifie quand il se rend présent à l'objet en son hypostase d'objet de la connaissance* ; hupostasis *en tant que "réalité" ou "propre" du connaissable atteste de la consubstantialité mais tend à se confondre avec* ousia

Revenons à Porphyre, mais cette fois-ci à partir d'un autre angle de réflexion. La terminologie de l'hypostase est employée avec une certaine insistance dans les *Sentences*. L'on y trouve une *hypostase* du corporel et une *hypostase* de l'incorporel, dans une relation réciproque de donation d'existence et de puissance. La diminution et l'accroissement de la puissance se trouvent dans un rapport proportionnel inverse à celui selon lequel l'être et la *subsistence* président au statut des incorporels, seuls êtres

1. « Mais pourquoi le grec ne se sert-il pas d'hypostase (ὑπόστασιν) pour désigner les vivants irrationnels (*irrationabilibus animalibus*), de la même façon que nous, nous leur attribuons le nom de substance ? [...] c'est pour que l'on ait un moyen de distinguer ce qui est très supérieur (*melioribus*)... » (*Contra Eutychen*, III, 29, trad. H. Merle mod.).

qui sont réellement (ὄντως ὄντος), et à leur multiplication par division au niveau de l'individuel (*Sentences* 11 et 39)[1]. Dans les *Sentences* le dessein de Porphyre est tout autre que dans l'*Isagogê*; or le traitement de l'hypostase et de la réalité subsistante rend compte de ce changement fondamental d'orientation de la réflexion. Il ne s'agit plus de saisir la réduction de l'être à l'existence au niveau de l'espèce, ni de la possibilité de déterminer le rapport au genre et à l'individu par le caractère commun et par les propriétés spécifiques, mais de situer au cœur de l'être et de l'existant la possibilité de la connaissance de l'identité et de la différence. L'hypostase joue pleinement son rôle dans ce cadre. C'est la pensée, plus exactement l'intelligence tournée vers la substance (vers *ce qui est*) et vers la nature de ce qui subsiste dans ou à partir de *ce qui est*, c'est donc la pensée dont l'objet se présente comme l'être et l'essence, qui constitue maintenant le relais du fondement à partir duquel surgit et se déploie la manifestation de la connaissance, le « connaissable » émergeant du fond de la pensée. Pour cette raison Porphyre parle à la fois d'une « hypostase des réalités parfaites », incorporelles, *et* d'une « hypostase de la connaissance » qui se positionne à l'égard des réalités parfaites en se réduisant elle-même si elle réalise la connaissance des réalités parfaites par réduction aux catégories (qualité ou mesure, par exemple), ou qui s'auto-réalise elle-même en tant que plénitude propre si, au contraire, elle intègre son statut d'hypostase de la pensée dans la totalité dont participent à la fois les incorporels et sa propre essence noétique[2].

1. *Sentence* 11 : « Les réalités incorporelles (ἀσώματοι ὑποστάσεις), dans leur mouvement de descente, se divisent et se pluralisent jusqu'au domaine de l'individuel (κατὰ ἄτομον) par relâchement de puissance, alors que, dans leur mouvement ascendant, elles s'unifient et, par un mouvement inverse du précédent, elles vont vers leur rassemblement par surabondance de puissance. » ; *Sentence* 39 (5-11) : « [...] pour l'être qui est réellement, c'est-à-dire qui subsiste en soi (ὄντως ὄντος καὶ καθ' αὑτὸ), immatériel, c'est être constamment établi en soi-même de la même façon, c'est demeurer dans le même état, c'est avoir son essence dans l'identité (τὸ εἶναι ἀεὶ ἐν ἑαυτῷ ἱδρυμένον ὡσαύτως, τὸ κατὰ 'ταὐτὰ' ἔχειν, τὸ ἐν ταυτότητι οὐσιῶσθαι), être par essence non soumis au changement, être non composé, ne pas être soumis à dissolution ni être dans un lieu, ni se trouver dispersé dans le volume, ni naître ni périr, et tous prédicats qui leur sont semblables. »

2. *Sentence* 40 (1-10, 15-23, 30-31). Citons un bref passage (17-23) : « Mais si tu ne cherches rien de plus, parce que tu te fondes sur toi-même et sur ta propre essence (Εἰ δ' οὐδὲν ἐπιζητήσεις στὰς ἐπὶ σαυτοῦ καὶ τῆς σαυτοῦ οὐσίας), c'est que tu es devenu semblable au tout (τῷ παντὶ ὡμοιώθης) et que tu ne t'es pas empêtré dans aucune des choses qui viennent de lui. Et tu n'as pas dit, même pas toi : "Je suis de telle grandeur" ; mais, ayant abandonné le "de telle grandeur", tu es devenu tout (γέγονας πᾶς). »

Cette situation particulière de l'*hupostasis*, désignant la réalité à partir de laquelle se manifeste l'entité intelligible singulière ou la présence individuelle d'un étant, permet de comprendre que pour Porphyre *hupostasis*, grâce à sa nature duale d'acte et de substance simultanément, sert à réaliser à chaque niveau de réalité conceptuel ou ontique, réalité de pensée ou réalité d'être, la jonction entre ce qui soutient (le support ou le substrat) et ce qui surgit – jonction qui implique une tension perpétuelle entre l'impassibilité et le mouvement, ce qui est réellement et la présence qui s'arrache et transcende la réalité de ce qui est *réellement* pour être *autrement*, voire pour se manifester corporellement.

Éditeur des fragments de Porphyre[1] et fin connaisseur du philosophe de Tyr, Andrew Smith montre dans une analyse de l'usage porphyrien des notions *hupostasis* et *huparxis*, le jeu dialectique entre *ekstasis* et *hupostasis*[2]. Il insiste sur le glissement, de l'ordre d'une attraction presque gravitationnelle qui touche la notion d'*hupostasis* lorsqu'elle est employée en relation avec la *hulê*, les sensibles et la génération des corps (c'est d'ailleurs le sens premier du terme tel qu'il est employé par Aristote). D'où la binarité des hypostases entre les registres noétique (ἡ νοητὴ ὑπόστασις) et matériel (ἡ ἐνύλη ὑπόστασις)[3], de même qu'entre deux connaissances, celle des incorporels et celles des choses individuelles manifestées. Cette binarité montre bien que pour Porphyre non plus *hupostasis* n'est pas encore un mot véritablement spécialisé. Les différents usages indiquent simplement la recherche d'un lexique approprié, à même de couvrir le registre des ambiguïtés auxquelles se prête le terme d'*hypostase* en faisant tanguer le sens tantôt du côté de l'*eidos* et tantôt du côté de la pluralité des relations ontiques entre l'*être*, *ce qui est-existentiellement* et le substrat, la nature ou l'essence à partir desquels *ce qui est* vient à manifester sa réalité substantielle et à s'accomplir comme existant dans un corps correspondant à cette réalité devenue « réalité propre ». Or, si on met entre parenthèses les applications épistémologiques ou théologiques du mot et que l'on s'attache à décrire le « mécanisme » philosophique dans lequel l'hypostase est appelée à jouer un rôle chez Porphyre ou chez les métaphysiciens et les théologiens qui lui empruntent le mode de réflexion et le vocabulaire, on constate que l'hypostase intervient à chaque fois que la pensée cherche à donner un fondement à un acte qui ne produit pas une altérité mais produit,

1. *Porphyrius Fragmenta*, ed. A. Smith, Stuttgart, Teubner, 1993.

2. A. Smith, « ΥΠΟΣΤΑΣΙΣ and ΥΠΑΡΞΙΣ in Porphyry », in *Hyparxis e Hypostasis...*, *op. cit.*, p. 33-41.

3. Le passage cité par A. Smith (*ibid.*) provient de *L'antre des nymphes*, 10, 5.

ou plus exactement accomplit la réalité ou la nature ou la puissance de son propre agent.

L'hypostase est donc ce fondement à partir duquel surgit en tant qu'accomplissement la chose dont l'hypostase constitue la réalité fondamentale, une réalité qui ne se manifeste pas comme telle, comme hypostase, mais qui est propre à la chose singulière puisqu'elle n'est rien d'autre que son ipséité. Conceptuellement, l'hypostase reste cependant vulnérable; vulnérable plus particulièrement à l'égard d'une confusion, celle avec *ousia*, avec l'essence ou l'être de la chose en soi. D'où la nécessité pour certains philosophes qui se servent de l'hypostase comme d'une notion clef, de dénoncer le danger et de préciser les distinctions entre *hupostasis* et *ousia*. Sur ce terrain Basile de Césarée est l'un des auteurs les plus explicites puisqu'il écrit une « lettre » qui ressemble à un petit traité consacré précisément à ce sujet[1].

Avant de dénoncer les dangers conceptuels et les conséquences théologiques de la collision entre *hupostasis* et *ousia*, il faut toutefois comprendre que cette « confusion », comme l'appelle Basile, ne relève pas d'une erreur de perspective ou d'un manque de précision conceptuelle, mais qu'elle signale un effet de proximité entre *hupostasis* et *ousia*, et que, partant de cette proximité apparente, l'identification ou la divergence de ces notions relèvent d'options philosophiques ou de choix de doctrines. Or, au IVes. celles-ci prennent en outre un aspect passionnel, celui des querelles appuyées sur des « vérités » dites *théologiques*. Deux textes de cette époque, l'un latin l'autre grec, quasi contemporains mais vraisemblablement sans filiation entre eux, débattent de cette question, *ousia-hupostasis*, avec presque les mêmes termes et les mêmes arguments logiques et d'autorité. Leurs conclusions sont opposées, sans être pour autant exclusives.

Pour Marius Victorinus, existence ou *subsistence*, c'est-à-dire le plus manifeste de l'être « formé » et de ce qui est « sujet » de l'être, se dit aussi « substance » (*substantia dicitur*)[2]. Cependant le terme « être » (*esse*) désigne tout autant l'étant (ὄν) – s'appellent ὄντα, dit-il en grec, tous les étants, qu'ils soient éternels (les astres) ou terrestres –, que la forme et l'être premier, sans que tous soient aussi des existants qui subsistent en eux-mêmes ou en tant que « sujets ». On désigne donc par le terme *esse* à la

1. *Lettre* 38, analysée plus loin; sur la paternité basilienne, voir *infra*.
2. *Ad. Arium*, II, 4-6.

fois ὄν, *forma* et *esse* (l'être lui-même)[1]. Il va de soi que l'être sans connexion est simple, unique et pur; lui est donc non composé et non subsistant. En revanche, ce qui apparaît phénoménalement comporte une existence, une *subsistence*, une substance et une forme, et la forme elle-même se dit par homonymie *être* et *substance*, comme il est dit par homonymie de l'être premier qu'il est lui aussi *substance*, bien qu'il soit séparé, unique et pur. Victorinus ne manque pas de rigueur philosophique en affirmant cette superposition conceptuelle dont il précise d'ailleurs qu'elle n'a de sens que *par homonymie*. Il poursuit un but qui se dévoile immédiatement dans son discours, à savoir que la forme peut être considérée comme substance en raison du fait qu'elle est elle-même une *hypostase*, qu'elle partage un statut d'hypostase avec les choses qui existent et qui, se manifestant, font que la forme elle-même subsiste de manière réelle, hypostatique, dans les choses qui se manifestent en tant qu'individus. Or la « forme hypostatique » peut, certes, ressembler à une sorte d'hérésie philosophique si on ne remarque pas l'enchaînement des arguments qui conduisent le théologien latin à faire de la forme un *principe* en même temps qu'une sorte de *substrat* de la réalité subsistante (ou substantielle). Mais ce *substrat formel* ne doit pas s'entendre ni comme un étant (genre ou espèce) ni comme une autre manière de désigner les déterminants : caractère commun et propriétés.

1. « En effet tout ce qui est ὄν, est l'être avec une forme (*esse est cum forma*). Et on l'appelle aussi existence, substance et subsistence (*Hoc et exsistentia dicitur et substantia et subsistentia*) : en effet, ce qui est ὄν existe, subsiste et est sujet (*quod enim* ὄν *est, et exsistit, et subsistit et subiectum est*). Mais ce qu'est l'être sans aucune connexion, cela est simple et un (*quod est esse, sine conexo ullo, quod simplex est, quod unum*). C'est le plus manifesté qui est la subsistence et l'existence, et qui se dit aussi substance (*Manifestior igitur, susbsistentia et exsistentia est et substantia dicitur*). [...] Par homonymie sont alors [considérés comme] être à la fois ce qui a une forme et l'être premier et seul (Ὁμωνύμως *ergo esse formam habens, et primum et solum*). Mais puisque cet être premier est pur (*esse purum est*), il est par excellence substance (*hoc magis substantia est*). Puisqu'à son tour la forme est être (*forma est esse*), elle est aussi substance (*et ipsa substantia est*), mais elle se dit ὑπόστασις (*sed hoc* ὑπόστασις *dicitur*). [...] Donc, c'est à bon droit que [le terme] ὑπόστασις est attribué à Dieu, et à bon droit au Logos, c'est-à-dire au Père et au Fils (*Ergo* ὑπόστασις *iure deo datur, iure* λόγῳ, *id est patri et filio*). Mais par ce terme les Latins entendent substance, parce que, comme nous l'avons dit, substance peut aussi se dire de ce qu'est l'être, et encore mieux de ce qui est formé (*Id autem Latini substantiam dicunt, quia diximus et substantiam dici posse, scilicet id quod esse est, magis formatum esse.*) S'il en est ainsi, ὑπόστασις se lit [dans les occurrences bibliques citées par Victorinus], et celle-ci est οὐσία, comme nous l'avons prouvé (*lecta est* ὑπόστασις, *haec autem est* οὐσία, *sicut probavimus*). » (*Ad. Arium*, II, 4, 30-58, trad. légèrement mod.). Sur l'aspect « existentiel » de l'hypostase telle qu'elle est traduite et glosée par Victorinus, voir la première partie de l'ouvrage de J.-C. Bardout, *Penser l'existence...*, *op. cit.*, dont la publication a coïncidé avec la rédaction de ce chapitre.

Tout ce qui est et tout ce qui existe a ce qu'a l'être lui-même (le premier, séparé et pur). En outre, tout est « formé » (*formatum*), « déterminé par une certaine forme », vient d'affirmer Victorinus[1], bien que l'être premier n'ait pas nécessairement besoin ni de la condition d'existant ni de la forme qui permet à toute chose d'exister individuellement, manifestant à la fois sa singularité et la *subsistence* de l'espèce qui est le fondement conditionnel de sa manifestation. Mais la forme partage une nature substantielle puisqu'elle *informe* tout ce qui est, substantiellement parlant. Cette forme est celle que l'on intellige lorsque l'on connaît l'être, l'existant individuel et l'espèce qui subsiste dans la manifestation de chaque chose qui est. Comme chez Boèce plus tard, la forme joue le rôle du relais entre ce qui est, ce qui se manifeste (comme existant, subsistant ou sujet) et ce qui est intelligé. La condition médiatrice est donc assignée à la forme (*forma* ou *eidos*), et à elle seule, afin de nous faire comprendre que l'hypostase ne constitue pas en elle-même une médiation entre l'essence de l'être et celle de la manifestation existentielle, mais qu'à l'hypostase revient le rôle du *fondement* et de la *condition* pour que la médiation, assurée par l'action de la forme, aboutisse à l'intellection.

Pourquoi Victorinus accorde-t-il ce rôle médiateur à la forme aux dépens de l'hypostase? La forme est doublement constitutive: elle est constitutive de la substance et de la *subsistence* de tous les étants, et en même temps c'est elle qui est constitutive de l'intellection. Ce statut lui permet d'agir en médiatrice immanente de l'action spécifique par laquelle elle détermine en « informant » les existants, en donnant la forme de leur réalité hypostatique, de leur existence, et en accordant en même temps cette forme avec la possibilité d'intelliger cette réalité hypostatique à travers les

1. « Les Grecs appellent ὄντα aussi bien ce qui est éternellement (*ea quae sunt in aeternis*) que ce qui est dans le monde terrestre (*in mundo terrenis*). [...] Mais puisque l'être (*esse*) peut être conçu sans que soit conçue clairement sa quiddité, cet être, à partir du moment où il est compréhensible, s'appelle ὄν, c'est-à-dire qu'il est alors une certaine forme (*forma*) venant se soumettre à la connaissance; cet être, devenu "tel'être" (*tale esse*), s'appelle désormais ὄν et ὕπαρξις. Toute ὕπαρξις a ce qu'est l'être (*habet quod est esse*). Mais ce qu'est l'être n'est pas pour cela nécessairement ce qu'est aussi ὕπαρξις, ni potentiellement ce qu'est ὄν, en tant que non manifesté, à moins que l'on n'appelle ὄν être (*Quod autem est esse, non continuo* καὶ ὕπαρξις *est, neque* ὄν *nisi potentialiter, non in manifesto, ut* ὄν *dicatur*). Car ὄν figure ce qu'est l'être en tant que déterminé par une certaine forme (*Est enim* ὄν *figura quadam formatum illud quod est esse*); et en tant que pur, il n'est conçu comme pur que par la forme – car la forme engendre la connaissance (*tunc purum intellegitur cum intellegitur iam formatum – forma enim intellectum ingenerat*) [...]. Ce qui est formé, c'est l'être (*Quod autem formatum est, hoc est esse*); la forme en vérité est ce qui fait que ce qu'est l'être soit intelligé (*forma vero est, quae intellegi facit illud quod est esse*). » (*Ad. Arium*, II, 4, 3-19, trad. légèrement mod.).

existences individuelles, singulières. Si l'hypostase agit par séparation de l'être premier, la forme, en revanche, réalise une détermination immanente *et* une coordination. Donc la forme assure la *médiation intellective* là même où l'hypostase assure la *condition ontique* de l'arrachement et de la transcendance. Là où l'existant surgit par négation, en « incarnant » par exemple l'incorporel, la forme garde intacte la possibilité de connaître à la fois ce qui est présent-là et ce dont la chose présente provient, étant donné que la forme est commune. La forme se porte donc garante d'un lien légitime puisqu'elle assure une médiation constitutive, une médiation par le *même* (par une identité de/dans l'essence) et non par un tiers ou par une négation.

Victorinus cite en guise d'exemple la parabole du fils prodigue. Le recours est justifié par la recherche d'arguments dits « d'autorité » en faveur de l'hypostase pour asseoir la définition du statut des « existants » de la Trinité sur la base scripturaire de la Révélation. Par ailleurs, il s'agit aussi de défendre l'identité entre *ousia* et *hupostasis*, afin de ne pas laisser s'installer une distance entre la substance divine, commune mais identifiée au Père, et l'hypostase qui est à part égale le statut spécifique du Père, du Fils et de l'Esprit en tant qu'étantités distinctes au sein de la Trinité divine[1]. Or, la collusion entre *ousia* et *hupostasis* ne peut avoir lieu que sous deux conditions que Victorinus met en avant et qu'il cherche à articuler : a) la connaissance se tenant « immobile » dans la substance de la chose, rend connaissable ce qui lui est propre à mesure que la connaissance elle-même s'identifie à la puissance contenue par la substance de la chose visée ; l'argument rejoint la théorie de la connaissance des réalités parfaites sous le mode d'une connaissance *par identification de soi* décrite par

1. « Voyons maintenant si là où nous le lisons (*ubi legimus*), ὑπόστασις signifie autre chose (*aliud significet*) qu'οὐσία. [...] Celui qui connaît une chose est celui qui "se tient" immobile dans la substance de la chose (*Is enim rem intellegit qui in rei substantia* stat), c'est-à-dire dans la source première de cette chose (*id est in primo fonte rei*), afin de connaître tout ce qui est propre à cette chose (*ut omnia quae sunt eius intellegat*). [...] Il est dit [Luc, 15,12] : "Un père de famille divisa son *hypostasis* entre ses deux fils" (*duobus filiis* ὑπόστασιν *suam divisit*). Ici donc nous entendons la fortune et le patrimoine. Mais, s'il faut rapporter cette parabole à Dieu, *hupostasis* ici également désignera la totalité de la puissance et de la vertu (*potentia omnis et virtus*). [...] si le Fils est lui-même dans le Père, c'est lui, ce Fils, qui est les richesses du Père, c'est lui qui est son *hupostasis* (*ipse ergo divitiae patris, ipse* ὑπόστασις *est*). Désormais donc, peu importe que nous entendions par *hupostasis* les richesses ou bien l'*ousia* (*Iam igitur nihil interest, utrum* ὑπόστασιν *divitias intellegamus an* οὐσίαν), pourvu que soit signifié ainsi *ce qu'est Dieu lui-même* (*dummodo id significetur quod ipse deus est*). Donc on lit [dans l'Écriture] au sujet de Dieu, ou bien ὑπόστασις, ou bien οὐσία (*ergo lectum est de deo vel* ὑπόστασις *vel* οὐσία). » (*Ad. Arium*, II, 5, 1-6, 19).

Porphyre dans la *Sentence* 40, 15-31[1]; b) la forme, par ailleurs, est celle qui unifie, car elle est à la fois commune, unique, coordinatrice et médiatrice. Par conséquent, si l'avoir d'un père est divisé entre deux fils, le *propre* demeure néanmoins le *propre* du père et chacun des fils reçoit à égalité le *propre* du père à condition de se tenir à l'intérieur de l'*ousia* commune, car s'il la quitte, l'héritage entier se perd. Cet « avoir » du père est appelé du nom commun d'hypostase. Ici le sens commun du terme grec, celui de fondement ou subsistant constitutif matériel, rejoint le sens philosophique de réalité existante produite par la coordination du caractère commun et de la propriété spécifique. L'exemple sert simultanément d'argument textuel « d'autorité » au théologien et d'argument « logique » au philosophe. Victorinus manie parfaitement les deux plans de son argumentation. Mais la conclusion de la démarche le conduit à affirmer que les deux notions, *ousia* et *hupostasis*, signifient en réalité une seule et même chose : la *substance*, bien que chacune la signifie sous une modalité différente *selon la forme*, puisque par homonymie la forme est tout autant *être* que *substance*, mais qu'elle diffère selon qu'il s'agit du principe ou de l'existant, comme diffèrent le père et le fils en dépit de la forme commune, relevant de la même espèce, et de la similitude donnée par l'engendrement.

L'essence séparée et en retrait, l'hypostase comme empreinte et comme manifestation de la forme. *L'hypostase montre la consubstantialité assurée par l'essence ou par la nature commune, comme le singulier se détermine par une appartenance propre à l'universel et constitue le fondement de la détermination et de la connaissance de l'essence*

L'autre texte consacré explicitement à la distinction entre *ousia* et *hupostasis* est attribué par ses éditeurs (Migne et Courtonne) à Basile de Césarée. Il s'agit d'une lettre adressée par Basile à son frère Grégoire, texte écrit moins de dix ans après le traité trinitaire de Marius Victorinus (le traité victorin est rédigé vers 362, l'épître basilienne vers 369). Certains historiographes attribuent ce texte, connu comme la *Lettre* 38, à Grégoire de Nysse lui-même[2]. Cette attribution retarderait la datation de la lettre d'environ

1. Cité partiellement n. 2 p. 317.

2. R. Hübner, « Gregor von Nyssa als Verfasser der sog. Ep. 38 des Basilius. Zum unterschiedlichen Verständnis der ousia bei den kappadozischen Brüdern », *in* J. Fontaine et Ch. Kannengiesser, *Epektasis*, Mélanges J. Daniélou, Paris, Beauchesne, 1972, p. 463-490; J. Pépin, « ΥΠΑΡΞΙΣ et ΥΠΟΣΤΑΣΙΣ en Cappadoce », in *Hyparxis e Hypostasis...*, *op. cit.*, p. 59-78, occ. p. 64; E. Amand de Mendieta, dans le « Compte rendu » du volume publié par Y. Courtonne (Basile de Césarée, *Lettres*, *op. cit.*), s'opposait déjà à l'attribution basilienne et

dix ans. Mais cet aspect d'histoire des textes n'interfère pas avec la question abordée ici; dans l'analyse qui suit la référence sera faite à Basile comme auteur présumé de cette lettre théologique.

Pour départager *ousia* de *hupostasis*, à savoir ce qui est commun (τὸ κοινὸν τῆς οὐσίας) de ce qui est principe de différence (on pourrait rendre ἀπὸ τοῦ τῶν ὑποστάσεων λόγου par « la raison des hypostases »)[1], Basile part d'Aristote, c'est-à-dire de la distinction scolaire entre nature commune (*koinê phusis*), chose déterminée (τινὰ ἄνθρωπον, un certain homme, en l'occurrence) et genre universel (καθόλου ἄνθρωπον). Il tire cependant une conclusion qui n'est pas aristotélicienne, car le théologien fait l'impasse sur l'*eidos*, et d'une part stipule directement la consubstantialité des étants, qui sont ὁμοούσιοι par le partage de la nature commune de tous ceux que Basile nomme de différents noms d'homme (Pierre, André, Jean, Timothée, etc.), tandis que de l'autre il attribue la différenciation par les caractères propres (*ta idia*) de ce qui est montré, rendu manifeste par/dans les hypostases. Les hypostases correspondent donc à une différenciation des propriétés singulières manifestées, tandis que les noms indiquent une différenciation au sein du multiple, différentiation qui n'empêche pas de reconnaître dans le différent la nature commune, rendue à son tour manifeste en chacun des êtres nommés. On connaît l'homme lorsqu'en distinguant Pierre d'André on reconnaît en même temps leur consubstantialité. C'est ce que Victorinus illustrait par le

considérait que la lettre a été rédigée par Grégoire de Nysse comme « opuscule théologique » à l'adresse de son frère Pierre, évêque de Sébaste (*L'antiquité classique*, 27/2, 1958, p. 477); récemment, une étude fondée sur l'analyse quantitative des expressions utilisées dans ce texte, le réattribue avec « une certitude de 95% » à Grégoire de Nysse (G. Maspero, M. Degli Espositi, D. Benedetto, « Who Wrote Basil's *Epistula 38*? A Possible Answer through Quantitative analysis », *in* J. Leemans, M. Cassin (eds.), *Gregory of Nyssa, Contra Eunomium III. An English Translation with Commentary and Supporting Studies*, Proceedings of the 12th international colloquium on Gregory of Nyssa, Leuven, sept. 2010, Leiden/Boston, Brill, 2014, p. 579-594). Soulignons, toutefois, que malgré les conclusions de l'analyse quantitative l'impression d'homogénéité stylistique et conceptuelle entre ce texte et les œuvres basiliennes nous semble plaider plutôt pour une attribution de cette lettre à Basile lui-même. Ajoutons que dans l'optique de cette étude sur les racines et les enjeux philosophiques de la notion d'hypostase au IVe s., aussi bien l'attribution que la datation à une décennie près sont de relative moindre importance que le contenu même du texte.

1. *Lettre* 38, 1. (1-4, 9-12) : « Comme beaucoup ne distinguent pas [...] la substance qui est commune (τὸ κοινὸν τῆς οὐσίας), du principe des hypostases (ἀπὸ τοῦ τῶν ὑποστάσεων λόγου), et que, pour cette raison, ils retombent dans les mêmes concepts (ὑπονοίαις) et pensent qu'il est absolument indifférent de dire substance ou hypostase [...], à cause de cela, [...] nous avons fait pour toi, sous forme de mémoire, un bref exposé de la question. Voici donc, [...] le sens de ces termes (τοιαύτη τῶν λεγομένων ἡ ἔννοια). » (Basile de Césarée, *Lettre* 38, éd. et trad. Y. Courtonne, Paris, Les Belles Lettres, 1957).

partage d'un héritage qui demeure dans le périmètre unique de l'*ousia* du père puisque cet héritage est le « propre » de celui-ci. En revanche, les hypostases, selon Basile, montrent et indiquent les caractères propres de Pierre et d'André. Autrement dit, les propriétés singulières ne sont pas coordonnées avec le caractère commun pour définir l'espèce. Cependant, les caractères particuliers (*ta idia*), comme les noms propres cités, distinguent les différents existants afin de les rendre connaissables à la fois en eux-mêmes et à l'intérieur d'une substance commune (*ousia*) qui les définit, elle, comme des étants consubstantiels[1]. La consubstantialité court-circuite ainsi le niveau de réalité existentielle de l'espèce en réalisant un lien direct entre genre et existant individuel[2].

Faisant l'impasse sur l'espèce, Basile opère implicitement une réduction du caractère commun (propre à l'espèce) à la nature commune (propre au genre), avec une inversion conséquente de la tendance de rapprochement entre *ousia* et *hupostasis*, assortie d'un déplacement de *ousia* vers l'amont, comme une sorte de retrait de celle-ci, allant jusqu'à une quasi-synonymie entre *ousia* et *phusis*, avec l'avantage d'assigner du même coup à la substance-essence une définition qui intègre la dimension existentielle, voire lui confère une signification de « vivant » – en l'occurrence, de vivant premier, universel. Au bout de ce raisonnement, l'essence du *premier* va vers une définition de celui-ci comme *premier*

1. *Lettre* 38, 2 (1-11, 19-28) « Parmi tous les noms les uns, employés pour plusieurs choses différentes par le nombre, ont une signification en quelque sorte plus générale, comme *homme*. Celui qui l'a dit, en montrant à l'aide de ce nom la commune nature (κοινὴν φύσις), n'a pas, par ce mot, distingué des autres certain homme déterminé (τινὰ ἄνθρωπον), celui qui serait proprement reconnu par ce nom. En effet, Pierre n'est pas plus homme qu'André, que Jean, ni que Jacques. Donc la communauté de la chose signifiée, s'étendant pareillement à tous ceux qui sont rangés sous le même nom, a besoin de la subdivision qui nous fait connaître non l'homme en général (καθόλου ἄνθρωπον), mais Pierre ou Jean. [...] Quand donc deux hommes ou même plus sont pris ensemble, comme Paul, Silvain et Timothée, et que l'on cherche une définition de la substance humaine (περὶ τῆς οὐσίας τῶν ἀνθρώπων), on ne donnera pas une définition de cette substance pour Paul, une autre pour Silvain ... ; mais les termes qui auront servi à montrer la substance de Paul s'adapteront aussi aux autres ; et ils sont consubstantiels entre eux, ceux qui sont désignés par la même définition de la substance (εἰσιν ἀλλήλοις ὁμοούσιοι οἱ τῷ αὐτῷ λόγῳ τῆς οὐσίας ὑπγραφόμενοι). Mais quand, instruit du caractère commun, on se met à considérer les caractères particuliers (τὰ ἰδιάζοντα) par lesquels l'un se sépare de l'autre (χωρίζεται τοῦ ἑτέρου τὸ ἕτερον), la définition propre à faire connaître une chose ... ne s'accordera plus parfaitement avec celle qui est donné de toute autre... ».

2. Basile affirmera ce rapport direct de manière explicite dans la *Lettre* 236 adressée à Amphiloque, de quelques années plus tardive (elle daterait de 376) ; la proximité thématique et lexicale avec la *Lettre* 38 plaide en faveur de l'authenticité basilienne de cette dernière. Un passage significatif de la *Lettre* 236 est cité n. 2 p. 276.

engendrant. Certes, cette réduction n'échappe pas au contrôle de Basile. Il ne s'agit pas d'enfermer *ousia* dans une détermination, ni de lui assigner une fonction particulière, de l'ordre de l'engendrement, fût-il infini et universel comme dans le cas de la *phusis*. Si cette quête de définition et de principe de différenciation est censée répondre, comme dans le cas de Victorinus, à une contrainte spécifique à la détermination des étants différents au sein de l'essence commune de la Trinité divine, elle tente toutefois de s'inscrire dans une logique générale de la détermination et de la connaissance de ce qui *est* par principe et de ce qui seulement manifeste par sa présence individuelle l'*être en soi*.

Dès lors l'hypostase prend pleinement le sens de fondement des propriétés qui se manifestent, de fondement à la fois à l'égard des propriétés et de la détermination de l'indéterminable essence ou nature commune. La définition basilienne est formulée en ces termes :

> Nous affirmons donc ceci : ce qui est dit d'une façon propre est indiqué par le mot hypostase (τὸ ἰδίως λεγόμενον τῷ τῆς ὑποστάσεως δηλοῦσθαι ῥήματι). [...] si la nature (τὴν φύσιν) est indiquée en vertu de ce nom [*homme*], la chose qui se tient dessous (τὸ ὑφεστὸς) et qui est indiquée proprement par son nom (ἰδίως ὑπὸ τοῦ ὀνόματος) n'est pas signifiée. Au contraire, lorsqu'on dit Paul, on montre (ἔδειξεν) la nature subsistant (ὑφεστῶσαν τὴν φύσιν) dans la chose indiquée par ce nom. C'est cela l'hypostase (ἐστιν ἡ ὑπόστασις) : ce n'est pas la notion indéfinie de substance (ἡ ἀόριστος τῆς οὐσίας ἔννοια), qui ne trouve aucune stabilité par suite de la communauté de la chose signifiée, mais cette notion qui délimite et définit ce qu'il y a de commun et d'indécis dans certain objet déterminé, à l'aide de ses propriétés manifestes (διὰ τῶν ἐπιφαινομένον ἰδιωμάτων)[1].

Apparaissent ainsi clairement la fonction de substrat et la possibilité de détermination phénoménale du commun à travers le singulier, qui sont toutes deux propres à la définition basilienne de l'hypostase. Celle-ci garde donc la dualité d'un statut simultanément d'étantité et d'acte. Mais se fait jour en même temps le type de démarche du théologien cappadocien dont les arguments sont à l'évidence des arguments empruntés à la logique stoïcienne des noms et des significations, non à la théorie des catégories dites « de l'être ». On peut encore repérer dans d'autres passages de la lettre cette même logique des signes particuliers dont l'hypostase est le relais et qui s'emploie aussi à différencier les hypostases entre elles dans la mesure où les propriétés distinctives apparaissent grâce au support fourni par

1. *Lettre* 38, 3, 1-12 (trad. Y. Courtonne).

celles-ci, mais apparaissent aussi comme signes distinctifs entre les hypostases elles-mêmes[1]. À l'aide de figures rhétoriques articulant de doubles paradoxes, Basile décrit ces hypostases-signes en train de faire apparaître ce qui est séparé et en retrait (*i.e.* l'*ousia* commune indéterminée), en même temps qu'elles se montrent elles-mêmes et qu'elles apparaissent comme non séparées de ce qui est séparé et en retrait. Il affirme cependant que le rôle de ces hypostases ne se réduit pas à signifier la réalité des choses en tant que « réalités de pensée ». Ces hypostases sont en effet présentes et actives tout autant et pareillement dans le registre des réalités sensibles (ἐν τοῖς αἰσθητοῖς), dès lors que l'hypostase constitue le signe de chaque existence particulière (ἡ ὑπόστασις τὸ ἰδιάζον τῆς ἑκάστου ὑπάρξεως σημεῖόν ἐστι), existence dont elle est en même temps le fondement existentiel non-séparé de l'essence ou de la nature commune[2].

L'évêque de Césarée déclare d'ailleurs lui-même qu'une telle affirmation peut sembler insoutenable à certains esprits : ce qui est *même* est *autre* – comme dans le cas de l'image qui reproduit le prototype dont elle est l'image[3]. L'image montre le prototype mais elle n'est pas ce qu'elle montre. Elle donne à voir, se fait miroir pour ce qu'elle reflète en elle, mais signifie en même temps la différence[4]. Basile s'autorise l'analogie par

1. *Lettre* 38, 4, 39-44 : « [...] dans la communauté de la substance (τῆς οὐσίας κοινότητι), nous déclarerons inconciliables et incommunicables les marques distinctives qui sont considérées dans la Trinité et par lesquelles se constitue la particularité (ἡ ἰδιότης) des Personnes (προσώπων) qui nous ont été transmises dans la foi : chacune est comprise différemment par ses marques distinctives particulières (ἑκάστου τοῖς ἰδίοις γνωρίσμασι διακεκριμένως), en sorte qu'à l'aide des signes que j'ai dits on peut découvrir ce qui sépare les hypostases (ὥστε διὰ τῶν εἰρημένων σημείων τὸ κεχωρισμένον τῶν ὑποστάσεων ἐξευρεθῆναι). »

2. *Lettre* 38, 6, 12-18 : « Si l'hypostase est le signe particulier de l'existence de chacun, et si l'on admet que le propre du Père est d'être inengendré et que le Fils est figuré par les propriétés particulières du Père, il ne reste plus au Père comme caractère éminent qu'on dise de lui qu'il est inengendré, si vraiment l'existence même du Fils Unique est caractérisée (τοῦ Μονογενοῦς χαρακτηρίζεται ὕπαρξις) par la propriété particulière (τῷ ἰδιάζοντι) du Père. » (trad. légèrement mod.).

3. *Lettre* 38, 4, 87-93 : « Et ne t'étonne pas si nous disons que le même est à la fois uni et séparé (τὸ αὐτὸ καὶ συνημμένον καὶ διακεκριμένον εἶναι φάμεν), et si nous concevons, comme dans une énigme (ὥσπερ ἐν αἰνίγματι), une sorte de nouvelle et extraordinaire séparation unie en même temps qu'une union séparée (παράδοξον διάκρισίν τε συνημμένην καὶ διακεκριμένην συνάφειαν). Si l'on n'écoute pas ce discours dans un esprit de dispute et en vue de la calomnie, il est possible de trouver quelque chose de semblable même dans les objets sensibles (ἐν τοῖς αἰσθητοῖς). »

4. *Lettre* 38, 8, 4-18. « En effet la notion d'image ne serait pas conservée si celle-ci n'était pas évidente et non-séparée (ἐναργες ἔχοι καὶ ἀπαράλλακτον). [...] si l'on saisit par la pensée (ἐν περινοίᾳ) ce qui est comme la forme (μορφὴν) du Fils, on se représente l'empreinte de l'hypostase paternelle : on voit celui-là à travers celui-ci (βλέπων διὰ τούτου ἐκεῖνον).

deux citations pauliniennes (Héb. 1, 3 et Col. 1, 15). Ainsi, l'hypostase détermine l'unicité de l'*ousia* qu'elle arrache à son indétermination et, sans s'en séparer, elle poursuit en même temps une négation de l'*ousia* unique et commune en montrant les propriétés singulières de chaque étant dans et selon sa présence même d'être singulier. Cette présence est signifiée par le nom de la même manière que l'hypostase signifie et rend légitime son existence particulière en raison du fait qu'elle est signifiante d'une nature commune dont chaque individu porterait le reflet inscrit dans la forme corporelle (*morphê*) et sur son visage (*prosôpon*)[1]. L'hypostase n'est pas constitutive à l'égard de l'*ousia*, ni médiatrice et coordinatrice à l'instar du rôle que Victorinus assignait à l'*eidos*. Elle est en revanche immanente au principe de communauté puisqu'elle assure, ou donne même, la consubstantialité. Mais il faudrait qualifier son immanence de « transversale », car Basile se montre, lui aussi, hostile à l'insinuation de toute structure hiérarchique au sein de la relation ontique, et en l'occurrence trinitaire.

Par un exemple typologique Victorinus définit l'hypostase comme « héritage » de l'*ousia* paternelle : une forme substantielle déterminée, propre, mais qui ne manifeste la singularité de chacun des « héritiers » que par l'adjonction des propriétés spécifiques à cette réalité d'espèce qui reste dans le giron de la substance essentielle (/existentielle) de l'être. Pour Basile, en revanche, la distinction entre *ousia* et *hupostasis* relève d'une distance structurelle. L'hypostase détermine l'*ousia*, la qualifie de son extension, la leste de son poids et lui confère les visages multiples des présences qui sont consubstantielles entre elles, partageant une communauté de substance ou de nature dans le cadre de leur genre. Cependant, l'hypostase selon Basile ne peut pas s'identifier à l'*ousia* car celle-ci n'a aucune identité et aucune détermination hormis celles accordées par l'hypostase. *Ousia* n'a pas de fond, ne repose sur rien d'autre qu'elle-même ; essentiellement, elle est la négation du fondement et de toute limite et coordination. C'est donc à l'hypostase de chaque étant de donner une détermination à l'*ousia* en la montrant, en la manifestant phénoménalement et en se manifestant en même temps comme condition pour

Ce n'est pas que l'on regarde de manière iconique (ἀπεικονίσματι βλέπων) [...], mais on saisit la beauté inengendrée se reflétant (κατοπτεύσας) dans la beauté engendrée. » (trad. légèrement mod.).

1. *Lettre* 38, 8, 26-30 : « C'est pourquoi l'hypostase du Fils devient comme une forme et un visage (οἱονεὶ μορφὴ καὶ πρόσωπον) qui permettent de reconnaître (ἐπιγνώσεως) le Père, et l'hypostase du Père est reconnue dans la forme du Fils, bien que les particularités (ἰδιότητος) que l'on considère en eux demeure une distinction évidente des hypostases (διάκρισιν ἐναργῆ τῶν ὑποστάσεων). » (trad. légèrement mod.).

l'achèvement de cet acte. Or la chose individuelle comporte dans sa nature la possibilité d'apparaître et de montrer sa singularité, de rendre évidente l'« empreinte » de son caractère dans ce qui apparaît, bien que cette possibilité ne lui incombe pas en réalité, puisqu'en se montrant la chose individuelle ne fait que rendre manifeste l'une des déterminations ou des dimensions hypostatiques de l'*ousia*, à savoir la détermination ou la dimension de cognoscibilité *ekstatique* du principe sans visage et sans fond, le plus universel et le plus commun. La chose individuelle montre, indique et porte ainsi à l'évidence une détermination à l'égard de l'*ousia* qu'en réalité l'*ousia* elle-même lui fournit comme condition de son existence.

En fournissant à la chose individuelle la possibilité de manifester sa singularité, l'hypostase manifeste aussi, simultanément, la transcendance de l'*ousia*, transcendance qui se signale comme retrait et comme puissance séparée, mais qui ne signifie nullement la négation dès lors qu'elle se détermine par la seule différence à l'égard de l'hypostase. L'hypostase, en revanche, se détermine comme négation de l'essence, bien que cette négation ne soit pas gage d'une autoconstitution de l'hypostase. Comme plus tard Boèce, Basile cherche à désobjectiver la compréhension de l'hypostase. À cette fin, Boèce se servira de la *forma*, et c'est l'existant individuel qui est ainsi désobjectivé, réduit à une *subsistence* qui fait de lui le « sujet » des actes et des propriétés. Basile procède autrement : pour lui la désobjectivation vient nécessairement avec la distinction entre *ousia* et *hupostasis*. C'est donc *ousia* qui est séparée, préservée du danger, alors que les existants individuels communiquent et communient en même temps entre eux, manifestant une nature commune qui est de l'ordre de l'espèce et que l'hypostase signifie comme tenant de leur existence et de leur condition même d'individus.

L'HYPOSTASE OU LE FONDEMENT DE LA MANIFESTATION

En tant que quelque chose qui se lève et qui se tient à partir de ce qu'elle est elle-même tout en étant aussi autre chose, l'hypostase se présente en effet comme un surgissement : le surgissement de ce qui, *en reste* de ce qui est, offre l'intuition de ce qui demeure irréductible à l'être. Ce qui se tient en dessous détermine du fond d'où il se tient ce qui apparaît en surface (pour l'expérience) ou ce qui vient à être (pour l'intuition), puisque ce qui apparaît fait apparaître ce qui à la fois le maintient et lui donne la possibilité d'apparaître. C'est le surgissement de ce que l'essence (*ousia*) n'est pas mais qui provient néanmoins d'elle et que l'hypostase donne présentement. À l'hypostase revient alors la tâche d'accomplir la détermination, de la parfaire et d'en faire à terme l'identité de ce que manifeste l'essence quand elle se laisse manifester par l'hypostase : le propre de l'essence dans sa possibilité même d'être déterminée comme essence ou en soi de la chose, c'est-à-dire comme fondement dont l'hypostase assure par son surgissement la condition de sa *réalité existentiale*, manifestée comme telle à travers l'acte même et, comme singularité, dans ce qui apparaît.

Si l'essence de la manifestation est la transcendance, comme l'affirme Michel Henry à partir de la *Phénoménologie de l'Esprit*, la possibilité même du surgissement, ainsi que l'acquisition d'une identité substantielle qui se manifeste en tant qu'hypostase de l'essence, définit alors la condition fondamentale de la détermination comme une condition transcendante[1]. Le surgissement que sous-tend l'hypostase ne signifie donc pas une objectivation de l'identité manifestée ni n'offre sa quiddité, sa définition essentielle. Avec et par l'hypostase se révèlent en revanche les modalités de mise en œuvre de cette condition transcendante de détermination et de réalisation conséquente : la participation égale aux propriétés de l'espèce et de la différence constituante, ainsi que l'effectivité de la présence qui participe au caractère commun entre l'espèce et la différence, mais participe en tant qu'acte du *propre*, acte effectif de présence corporelle et matérielle.

Si la possibilité de détermination hypostatique n'entraîne pas une objectivation automatique de la chose déterminée, la raison n'est pas dans l'hypostase mais tient de la condition même de l'essence, de son impossibilité d'être épuisée par une détermination hypostatique. Manifestée – à titre d'hypostase et comme identité individuelle à partir d'elle –, l'essence de cette manifestation est donnée non par la chose, mais par l'essence de la chose qu'elle-même donne comme manifestation à travers l'apparition de la chose. Les deux essences, celle de la manifestation et celle de la chose, s'identifient, l'essence demeurant tout aussi indéterminée qu'est inaliénable l'identité de la chose-même manifestée dans sa singularité. L'hypostase traduit cette possibilité de détermination non objectivante de l'essence et la traduit de façon inépuisable au sein de chaque chose qui

1. « La négativité est l'essence de la manifestation. Elle est ce qui permet à l'être d'être présent, d'être là. L'être ne nous est donné dans la présence que pour autant qu'il est nié. La suppression dialectique de l'être coïncide avec son propre avènement. [...] L'essence de la négativité [...] est ce qui permet de penser l'essence de la détermination. [...] L'essence de la négativité n'est rien d'autre que l'essence de la présence. » (M. Henry, *L'essence de la manifestation*, Paris, P.U.F., 1963, t. II, p. 868).

relève de cette essence. Par conséquent, chaque chose qui se présente à nous se présente dès lors dans la condition même de sa « réalité » circonscrite à son hypostase et révélant son essence par celle-ci. C'est à ce titre que l'hypostase se tient au fond de la manifestation, dans ce que la chose manifestée requiert de propre et d'objectivement stable, à savoir son essence, et dans ce qu'elle doit également à l'acte même que lui impose la manifestation : manifester suppose un décentrement de la chose en soi, non vers une périphérie mais dans l'affirmation d'une séparation, d'une transcendance, en deux mots : dans l'affirmation d'une négativité qui est celle de son essence même. L'hypostase *active*, c'est-à-dire qu'elle traduit, exprime ou expose l'acte de manifestation, et joue en même temps un rôle de stabilisant du mouvement qu'entraîne la manifestation puisqu'elle définit le substrat et les conditions de détermination unique, propre à chaque « manifesté ».

Comment cette possibilité de détermination non objectivante puisqu'essentiellement existentiale de la chose, s'accorde-t-elle avec la définition de l'hypostase comportant à la fois une assise et le surgissement de ce qui sied substantiellement ? Comportant précisément ce qui se tient et ce qui en provient, ce qui nourrit et ce qui constamment dépasse le déterminisme de la nécessité d'être assis et nourri pour se constituer comme existant de soi, l'hypostase recèle en effet un degré d'autonomie à l'égard de l'essence. C'est sa négativité, dans l'interprétation hégélienne de la manifestation par Michel Henry, et c'est la puissance selon les termes de la pensée antique tardive. Il s'agit, pour cette dernière, de la *dunamis* que l'essence, dans son désir-d'être, communique à la réalité hypostatique de la chose, tandis que l'hypostase coordonnée déploie en acte et en présence ce qui nie et transcende l'essence de la chose en l'accomplissant fondamentalement, au sens de perfection. L'hypostase réalise, autrement dit, sa propre « réalité » comme condition simultanée de l'être et de sa connaissance ou, le cas échéant, de sa possibilité d'être pensée, sans que l'essence en soit affectée ou dévoyée par l'acte existential et/ou par celui de l'intellection.

Selon ses usages métaphysiques et théologiques de la fin de l'antiquité (chez Porphyre, Victorinus, Basile de Césarée, Boèce) l'hypostase est la notion par laquelle le substrat, qu'il soit entendu comme ousiologique, matériel ou formel, se qualifie et se détermine par individuation, devenant ainsi substrat pour la manifestation du caractère commun et de la différence propre, en somme, le substrat de ce qui fait la réalité de l'être singulier sensible ou divin. La « réalisation » d'une manifestation, et donc la *réalité* même de celle-ci, sont donc conditionnées par l'hypostase. Étant substance et acte en même temps, *hupostasis* endosse le rôle de condition fondamentale de la manifestation, mais, ce faisant, elle signifie à la fois son dépassement en tant que manifestation et son accomplissement par la négation implicite. Comme l'espèce, l'hypostase se détermine par la coordination et par le croisement du caractère commun et des propriétés spécifiques. Cependant, l'hypostase ne s'identifie pas avec la chose individuelle qui résulte de cette coordination et de ce croisement de propriétés et de différences, car l'hypostase ne constitue que le fond ou le fondement conditionnel à partir duquel la chose individuelle se distingue et se manifeste en tant que telle. La sépare de cette dernière le fait que l'hypostase ne qualifie pas l'identité de l'individu, bien qu'elle actualise la possibilité pour celui-ci d'être qualifié dans sa singularité, et en outre, le fait qu'elle n'est pas non plus celle qui engendre ou produit à proprement parler l'individu. Avec l'hypostase, comme avec la matière, le régime de détermination de type néoplatonicien est donc de l'ordre du conditionnel, non du causal.

La notion d'hypostase pose toutefois deux difficultés majeures aux philosophes du IVe s. D'une part *hupostasis* se rapproche dangereusement de *ousia* et tend à s'y confondre ; sa signification de « réalité existentiale » réduit alors l'hypostase au seul caractère substantiel de l'essence spécifiée. Cette réduction équivaut à une forme de déterminisme essentiel, d'où la nécessité d'y remédier par un retour à l'acte spécifique et au « caractère » qui donne singularité à chaque apparition. D'autre part, *hupostasis* tend à identifier la « réalité » des choses à la manifestation et à la possibilité de connaître les choses sous l'espèce de leur identité d'hypostase. Ce conditionnement et cette réduction conséquente tendent à signifier, par retour, que seul ce qui peut être connu *est réellement* lorsqu'il se manifeste, puisque tout ce qui est connu l'est en raison d'un lien *ekstatique* indéfectible avec le principe le plus universel. Ces écarts sont néanmoins stimulants, ne serait-ce qu'en raison et à l'aune de leur important héritage latin et byzantin. L'utilisation appuyée de la notion d'hypostase dans les débats trinitaires au IVe s. est philosophiquement et même philologiquement exemplaire pour comprendre que la réflexion n'est pas obnubilée par la seule nécessité de démontrer à tout prix l'unité monadique au sein de la Trinité, mais qu'elle comporte aussi d'autres enjeux. Or l'un des principaux enjeux fut celui d'une recherche consacrée aux modalités par lesquelles ce qui est considéré comme « parfait » comporte dans sa perfection aussi le moyen de négation de la perfection et donc la possibilité d'apparaître phénoménalement et d'être connu ou pensé comme tel. Le recours à l'hypostase répond à cet enjeu métaphysique par excellence, mais répond en le déplaçant et en en faisant le cœur de la réflexion théologique chrétienne.

CHAPITRE VIII

PENSER OU VOIR LA *TOTALITAS* ? MIROIR BRISÉ ET *SUNOPSIS* (DE PLATON AU *LIVRE DES XXIV*)

UN ANACHRONISME IDÉALEMENT PERTINENT

Attardons-nous en fin de parcours sur une autre mise en situation paradoxale de l'acte noétique : penser le tout ou la totalité. La confrontation de la *noêsis* au *holon* et au *panta* a d'ailleurs affleuré souvent dans les tentatives de définir soit l'ensemble ousiologique du *noûs* compris sous la multiplicité des intelligibles, soit dans la manière dont Dieu « pense » le créé (l'homme et le monde). Si tant est que l'on puisse définir le tout sous l'espèce de l'ensemble et sous le genre ou l'idée de la totalité, comment l'acte noétique embrasse-t-il tout et totalité sans les soumettre à la prééminence de l'unité sur la totalité et sans les déployer non plus pour cibler l'unicité ultime dans laquelle le tout se laisse surprendre en s'y reflétant ? Comment pense-t-on le tout : en y comprenant la pensée ou, au contraire, en cherchant les moyens pour la soustraire afin de pouvoir précisément penser le tout ? Si les définitions du tout permettent d'en dégager les conditions d'appréhension et si le rapport entre tout et Dieu s'impose en contexte cosmogonique, la détermination que le *tout* retourne à l'acte noétique pour rendre son accomplissement effectif demande à être éclaircie. Prenons encore une fois des cas exemplaires de cette confrontation dans le rapport de la pensée néoplatonicienne à son héritage classique.

Un miroir antique ne se brise pas. Pour cette raison, la métaphore que j'évoque d'entrée de jeu, celle qui nous donne à voir l'entier reflété comme entier dans chaque fragment d'un miroir brisé – métaphore de la présence du « tout » comme expression de l'unité dans le multiple, ou de la totalité comprenant la multiplicité sans que son unité en soit affectée –, ne devrait pas se trouver *ad litteram* dans un texte antique. Les miroirs antiques sont en argent ou en bronze et, s'ils ont aussi un rôle philosophique, outre leur usage cosmétique, celui-ci est dévolu à la réflexion de ce qui ne se voit pas : à une vue perçante (ὀξὺ βλέπειν) ils font apparaître l'âme, ou du moins un reflet du *daimôn* qui s'y trouve ; d'où la fonction « magique » assignée aux miroirs des philosophes. Mais ce rôle épiphanique n'est précisément pas celui pour lequel j'évoque pour commencer le miroir. Il en va ici autrement : bien qu'il soit difficile d'y associer un objet précis, l'idée qu'évoque un anachronique miroir brisé constitue pourtant un thème précis de la pensée antique, un thème illustré quelquefois par cette métaphore du miroir mis en pièces[1], thème qu'évoque d'ailleurs aussi, de manière spécifique, la référence mythologique à l'histoire de Dionysos jouant, enfant, avec un miroir offert par Héra[2]. Un miroir à surface troublée ne rend plus le

1. Plotin, *Enn.* I, I [T. 53], 8, 17-18 et I, IV [T. 46], 10, 17. Ce dernier passage évoque un « miroir fragmenté » (συγκλασθέντος) pour décrire l'état de l'âme devenue incapable de rendre l'image fidèle de son acte (cette connaissance sensible qui accompagne les actions et que l'on appelle « conscience »), incapacité due à un déséquilibre intérieur, comme une perte de l'harmonie entre l'âme, le corps et l'intellect. Dans le premier passage, en revanche, il est question, dans le sillage du *Timée*, de l'âme indivisible et immobile qui se reflète dans les vivants par démultiplication, comme en de nombreux miroirs, générant des reflets qui engendrent le multiple à partir d'un visage singulier (ὥσπερ πρόσωπον ἐν πολλοῖς κατόπτροις). Il est remarquable que dans les deux passages le miroir et sa capacité de produire images et reflets sont associés à l'âme et servent à la description de sa nature et de ses fonctions. En ce qui concerne l'usage qui sera fait ici de la métaphore du miroir brisé, précisons qu'il se rapproche plutôt des miroirs multiples illustrant le rapport de l'âme indivisible au mélange du « même » et de l' « autre » et à la division des corps, selon le commentaire de Plotin aux passages 35-36 du *Timée*. Mais je ne situerai pas cette image dans un contexte cosmologique. Je m'en sers pour illustrer un thème spécifique de la métaphysique, où l'intellect et l'âme interviennent par un acte spécifique de vision.

2. Le rapport est allusif. Enfant, Dionysos joue avec les jouets-pièges offerts par Héra, dont un miroir ; il est tué et dépecé, mais Zeus reconstitue le corps entier à partir d'une seule partie, le cœur, et le ranime. L'allusion à ce mythe orphique n'a ici d'intérêt que dans la mesure où il est cité par Plotin (*Enn.* IV, III [T. 27], 12, 1-5) dans le cadre de la théorie des deux âmes, de l'homme et du monde, âmes dont le rapport se détermine comme rapport entre le tout et la partie, c'est-à-dire dans la *dunamis* commune qui relie l'un et le multiple ; la partie de l'âme « non descendue » dans le corps individuel est celle qui maintient l'unité du tout par l'acte unique de penser. À la suite de ce passage, Plotin affirme que c'est la part de l'universel en chaque chose qui accomplit la chose individuelle (T. 27, 14, 24-26).

reflet juste et harmonieux de ce qu'il reçoit ou, au contraire, démultiplie le reflet, faisant apparaître ce qu'une vue directe ne peut pas saisir d'emblée. Plotin, en particulier, semble attentif aux enseignements muets que dispensent les surfaces brillantes dans tous leurs états.

Il s'agit donc d'un moyen iconique ou, mieux encore, d'un modèle hypothétique permettant, sous le mode de l'image, de connaître *in se* le *tout* comme *entier infracassable en tant qu'entier*, entier *infracassable* parce que ce *tout* ne constitue pas seulement un ensemble de parties qui ne tiendraient pas par elles-mêmes, ou que ce *tout* serait envisagé comme une pluralité réunie par retour sur soi, renversement de la division et conversion à l'unité, mais parce qu'il se définit surtout comme une *unité* en soi, intégralement homogène à son propre égard et indépendant de ce dont il est « objectivement » composé. Nous ne sommes donc pas loin, en réalité, du miroir qui donnerait à voir ce qui *a priori* ne se voit pas dans ce qui se voit. Brisé formellement, ce « tout » retrouve l'unité dans chaque fragment, et cette unité retrouvée, bien que formelle dans l'exemple du miroir, indique que le « tout » n'est pas une affaire de quantité et ne se détermine pas par des limites mais par des *points de vue*. Si chaque partie réfère comme partie à l'entier en tant qu'unité, cette partie comporte alors, nécessairement, une double identité : celle de partie d'un « tout » et celle de la *totalité* du « tout » – que cette dernière soit la marque du genre et donc la manifestation de l'universel dans le particulier, ou qu'elle soit la manifestation d'un autre lien par lequel l'entier tient en lui-même et peut aussi être saisi comme *entier infracassable*. Autrement dit, avec les mots d'Aristote, la notion de « tout » (ὅλον) comporte aussi une « totalité qui est une sorte d'unité (οὔσης τῆς ὁλότητος ἑνότητός τινος) » (*Métaphysique* Δ, 1023b 37).

Cette comparaison avec l'effet « magique » du miroir brisé est révélatrice de l'un de ces paradoxes que la pensée antique a circonscrits en cherchant à asseoir sur une base rationnelle ce qui, tenant de l'aporie, est par définition indémontrable *more geometrico*. Il s'agit, pour le dire avec encore d'autres mots, de définir la possibilité de ce qui ne connaît pas l'impossibilité ; en l'occurrence, de saisir ce qui *fondamentalement est* sans jamais pouvoir être surpris et défini aussi comme possibilité de suspension ou de négation de l'être, bien que ce qui *fondamentalement est*, ne pouvant pas (et jamais) ne pas être, se définit nécessairement comme au-delà de l'être. Comme « tout » il comprend aussi l'être, mais le « tout » lui-même se définit comme *autre* qu'être – *autre* prenant le plus souvent le sens ontologique d'une éminence, d'un dépassement a-topique, et non le sens d'une altérité, d'un contraire ou d'une différence de genre ou de qualité.

Ce « tout », qui selon Aristote est une espèce d'unité parce qu'il est *plus* qu'un ensemble ou *autre* que la somme de ses parties, sera défini après le Stagirite (nous le verrons plus loin chez Porphyre, par exemple) comme « tout en tout » (πάντα ἐν πᾶσιν) ou « un en l'un » (ἓν ἐν ἑνὶ)[1], entièrement « tout » en chaque point singulier du « tout » – si du moins on pouvait, mentalement, se figurer un point dans ce qui, parfaitement homogène et solidaire, ne peut que transcender le composé en l'avalant en entier. Solidaire de l'unité propre à sa totalité, ce « tout » ne peut pas se séparer de lui-même pour être reçu : il ne peut être perçu ou pensé autrement qu'en tant qu'entièrement et simultanément « tout », parfaitement et le plus simplement « tout », mais en même temps séparé, orphelin des genres, inévident, indémontrable et indéfinissable autrement que par des détours – comme lorsqu'il est dit de lui qu'il est, à l'instar de l'Un, parfait, seul et simple, sans le définir pour autant. Ou, pour emprunter un exemple à la théorie même de la perception : « chaque partie de l'air, dit Plotin, contient l'objet vu dans son ensemble (ἕκαστον μόριον τοῦ ἀέρος ὅλον... τὸ ὁρώμενον ἔχειν) », le visible étant tout entier en situation de visibilité indépendamment des conditions particulières imposées par tel ou tel angle de la vision, partielle et séquentielle[2].

L'exemplarité du paradoxe que soulève la possibilité de penser le « tout » comme *totalité* échappant à l'opération de division et de rassemblement des parties, provient en réalité de la difficile jonction entre d'une part le statut de l'unité en soi, et de l'autre la conception physique, « méréologique », du « tout » qui s'appuie sur l'analyse de la composition et des rapports entre les composants. Au paradoxe de ce « tout » dont la nature serait une sorte de totalité hénotique idéalement homogène, s'enchaîne donc un autre paradoxe, induit par la nature paradoxale de cet « objet » de la réflexion, à savoir qu'à l'égard de ce « tout » irréductible à un ensemble ou à une somme, aucune des catégories n'est opérationnelle pour fournir une définition, hormis la négation systématique de chacune des catégories (substance, qualité, quantité, lieu, temps, relation, etc.), négation qui fournit alors la seule définition possible, la définition par défaut. Une exception parmi les catégories semble toutefois se dessiner : nous avons vu que la relation jouit en effet d'un statut privilégié, bien que, empruntée à l'arsenal du Stagirite, elle opère toutefois sous un mode particulier en

1. Porphyre, *Sentences* 10 et 44 ; on y reviendra.

2. *Enn.* IV, V [T. 29], 3, 35-36, trad. fr. L. Brisson, Paris, GF, 2005. Ici encore Plotin donne comme exemple la vue d'un visage qui serait vu en entier qu'il soit regardé de face, de profil, de près, de loin ou par-derrière.

contexte néoplatonicien, différent de celui qui vise le rapport à l'altérité selon la définition donnée par Aristote.

Mais, à l'exception de la relation, l'inadéquation des catégories pourrait peut-être expliquer le recours constant au reflet, et plus généralement aux moyens de la connaissance indirecte, lorsque l'on vient à parler du « tout ». On ne peut en effet saisir *la totalité* du « tout » qu'en percevant dans chaque partie un reflet de *la totalité*, puisque la saisie est nécessairement successive, soumise à la temporalité qui divise et à l'entéléchie qui sépare l'accompli de l'accomplissant. Or la *totalité*, elle, ne tient pas de l'ensemble des parties qui la composent mais de l'unité absolue et parfaitement simple par laquelle *la totalité* est solidaire avec elle-même au point de se réfléchir ainsi elle-même, toute et entière, dans chaque partie. Ce qui peut recevoir ainsi son reflet, reçoit, en percevant ce reflet qui est un lieu déterminé, *la totalité* du « tout » indéterminé qui se réfléchit. De cette manière, le reflet lui-même circonscrit l'indétermination foncière de la *totalité*, sa nature illimitée identifiée au « tout », mais il ne circonscrit cette nature qu'en tant que *reflet* de la *totalité* et non comme *la totalité* elle-même. La vue peut ainsi saisir (*voir*) le « tout » dans sa *totalité* ou, mieux encore, en tant que *totalité* ; elle peut donc saisir le « tout » en tant que *totalité* du *tenant-ensemble* sans lui imposer sa propre limite comme condition d'appréhension par un parcours des parties successives, car, bien que successivement, la vue saisit (*voit*) en réalité à chaque fois *tout*.

Mais de quelle sorte de vue est-il question dans ce contexte qui semble inaccessible aux moyens spécifiques de la raison ? Plus précisément, la vue court-circuite-t-elle la raison ou simplement prend-elle la relève comme un moyen alternatif au langage, mais toujours intégré au domaine de la raison ? La condition de possibilité de la réception ne peut que se trouver inscrite dans ce qui se donne, non dans ce/celui qui reçoit. Elle ne peut pas provenir de la projection réceptive ou théorique et ne peut pas limiter par conséquent ce qui se donne à constituer un objet de l'expérience, soumis à la condition « subjective » réceptrice, sensitive et intellective, de ce/celui qui le reçoit. L'acte n'appartient-il pas alors à ce/celui qui l'actualise, comme si cet acte provenait d'ailleurs ? Force est d'admettre que c'est en effet par l'accidentel que l'universel se dévoile dans ce cas, si on considère, à partir d'Aristote, que l'universel est en effet implicite à la *totalité* de ce « tout » infracassable qui est une sorte d'unité. Par l'accidentel, par le sensible, par le matériel – dont le miroir est d'ailleurs considéré comme étant le signe ou le symbole – s'actualise en effet, selon la nature du récepteur, ce qui n'est pas dans la nature de celui-ci. Car ce qui se dévoile ainsi n'est précisément pas de l'ordre de l'accidentel. Ce n'est là qu'une condition par laquelle ce qui ne connaît jamais l'accidentel se laisse approcher par des moyens à dessein opposés à ce qu'ils révèlent. Ces moyens, contraires en apparence, sont *de facto* eux-mêmes inscrits dans ce qui se révèle par leur truchement, et la condition même de leur possibilité y est inscrite. Cette dernière se trouve comme condition dans ce qui peut s'actualiser et s'actualise à la mesure exacte de ce qui en provient.

Le processus est donc plus complexe qu'un simple renversement d'opposés avec un dépassement conséquent de la différence des contraires. Au-delà du paradoxe, le recours au reflet et donc à la vue, au visible et à l'image, se trouve néanmoins infléchi par une compréhension restrictive imposée à ces notions mêmes. La vue n'est pas la vue sensible comme telle mais une modalité homonyme de la saisie intellective, de même que le visible n'est pas la qualité de l'étant corporel mais désigne plutôt la condition d'intelligibilité de l'intelligible dans sa nature même. L'image, à son tour, se confond avec ce que peut fournir l'idée du reflet, tel le reflet de l'intellection reçu par/dans l'âme. Ce n'est donc pas une image destinée aux yeux, une image qui se laisse parcourir par une vue qui chemine, mais cette image dont un seul éclair suffit au regard perçant pour saisir d'un simple coup d'œil ce qui vient de se révéler dans son champ. Il convient donc de circonscrire cet usage particulier de la vision et de le définir en rapport avec le contexte éminemment théorique et abstrait de l'intellection. Il faut donc le situer dans le registre des intelligibles partant d'un constat : à savoir que la perception successive dans le temps, dénoncée comme un moyen qui ne convient pas à la *totalité* puisqu'elle introduit une division dans l'unité, n'est de fait pas une perception spécifique à l'image, mais semble plutôt empruntée au caractère séquentiel propre au langage. C'est comme si on imposait à la saisie visuelle le modèle du parcours propre à la « lecture », alors que cette image intellective, par rapport à la construction discursive du langage et de la pensée dianoétique, se caractérise au contraire par l'immédiateté de la saisie d'ensemble de ce qu'elle déploie comme visibilité, même si cette visibilité ne comporte pas une étendue égale à la totalité d'un ensemble. Cette remarque pourrait fournir un indice des sources textuelles hétérogènes qui se croisent dans cet usage préférentiel du reflet, de l'image et de la vue aux dépens des catégories analytiques, dites « de l'être ».

Retenons donc les aspects suivants parmi les questions que soulève la détermination du « tout » en tant que *totalité*, c'est-à-dire du « tout » sous une certaine espèce d'*unité* : 1) la nécessité de trouver un moyen adéquat d'accès, de l'ordre d'une connaissance détournée des moyens conceptuels propres à la pensée, une connaissance qui ne soit pas le résultat d'une déduction ou d'une induction mais soit apparentée plutôt à une appréhension ou à une saisie *immédiate* par la pensée; 2) la référence préférentielle à la possibilité de saisie perceptive, et précisément *visuelle*, qui répond à l'injonction comprise dans le premier aspect mentionné; enfin, 3) le détournement de la vision elle-même au profit d'un modèle impropre, en réalité, à la saisie visuelle et à l'image, à savoir le *modèle séquentiel* de la discursivité. On dirait que la possibilité de penser la *totalité* dépend au fond de la possibilité de détourner de son chemin ou de sa nature chacun des moyens qui sont donnés. Pour ce qui relève du choix de la vision au dépens de la pensée, mais d'une vision qui agirait toutefois de manière discursive, comme la pensée, les raisons du recours à ce modèle concurrentiel aussi bien avec la pensée qu'avec le propre de la vision, pourraient relever de la nécessité a) de justifier le paradoxe par la voie d'un recours impropre en apparence au but visé, b) de souligner que la *totalité* sous l'espèce de l'*unité* comporte une réalité en soi et ne se dit pas ainsi par analogie, et c) d'indiquer que le passage par l'accidentel signifie, du moins de manière référentielle, que la *totalité* (*holotês*) en tant qu'*unité* ne se confond pas avec l'universel (*pantotês*) mais constitue sa transcendance.

UN-UNITÉ, TOUT-TOTALITÉ, DIEU-DÉITÉ

Ces paires de mots, outre leur propre charge sémantique, évoquent par la répétition la possibilité de concevoir une approche à la fois directe et dérivée de ce qui ne connaît aucune séparation de soi et ne comporte aucune différence dans l'intimité de son identité et de sa nature. C'est la répétition qui permet d'ouvrir un chemin là où la racine commune des mots ne laissait entendre qu'une identité stricte et fermée. La répétition permet ainsi d'envisager une relation, même s'il ne s'agit que d'une relation paradoxale puisque sans altérité, une relation auto-référentielle qui ne peut ni produire ni indiquer une modification substantielle ou formelle conséquente à l'approche par la pensée, mais peut du moins en attester la possibilité et en esquisser la forme propre : la réflexion, relation spécifique destinée à servir, en particulier dans ces cas, de condition pour l'approche rationnelle. En d'autres termes : c'est la réflexion qui conditionne dans ces trois cas (*Un*, *Tout*, *Dieu*) l'acte de penser. La répétition, signalant la possibilité d'une relation, crée en outre un lien. Même s'il ne s'agit, là aussi, que d'un lien paradoxal, réduit à relier le *même* au *même* par une sorte de dérivation ou de dédoublement d'un seul et unique « soi » signifié par les deux termes, ce lien endosse néanmoins un rôle déterminant lorsqu'on doit réduire la relation et donner un statut unique à la chose deux fois ainsi nommée. Peut-on qualifier ce lien de paronymique (car la synonymie et l'homonymie sont d'emblée exclues)? Quelle serait en outre la différence signalée par un lien *a priori* structurel, si ces paires de mots, désignant chacune une identité sans fracture, nomment de surcroît la réalité essentielle selon laquelle cette identité s'accomplit, bien que la perfection de celle-ci consiste précisément à ne disposer d'aucune réalité ontologique propre – si tant est que l'*Un*, le *Tout* et *Dieu* se définissent chacun par une forme spécifique de transcendance face à ce qui ne serait qu'immanent à l'être et connaissable par les seules catégories?

La réponse obvie se résume à définir l'*unité* comme propre à la nature de l'*Un*, la *totalité* comme propre à la nature du *Tout*, la *déité* comme propre à la nature d'un ou de *Dieu*. Mais, à cette recherche de précision à l'égard du propre d'une chose par une relation réductive de sa nature à son actualisation ou à sa réalité essentielle, s'ajoute le sens réflexif inhérent à cette auto-qualification solipsiste de la nature par le propre, sens réflexif qui comprend le lien (ou la non-séparation) et porte, avec celui-ci, la charge sémantique de l'accomplissement. C'est bien cette visée entéléchique du réflexif que semble illustrer la *totalité* à l'égard du *Tout*, par-dessus la détermination du *Tout* comme «ensemble indivisible» ou, avec les mots de Plotin qui qualifie ainsi la vie, de «perfection indivisible (τέλος ἀμερές)»[1]. Or ce sens réflexif de la réalisation complète, parfaite pour autant qu'elle comporte une abstraction ou une transcendance et qu'elle le manifeste sous le mode double d'une donation et d'un retour sur soi, est indicatif de la démarche propre de l'âme rationnelle à l'égard de sa nature. Cette démarche de l'âme se distingue de la démarche purement intellective qui est, elle, dans une relation réductive à l'identité, du «tout au tout *exactement*», parce que l'intellection s'identifie à l'objet intelligé en en faisant le propre entier et simultané de l'intellect. Comment comprendre néanmoins ce sens réflexif de réalisation dans le cas de Dieu ou de l'Un, si ce sens correspond en réalité à la démarche de l'âme et signifie à la fois son acte cognitif et sa nature? Ont-ils, eux aussi, Dieu ou l'Un, besoin de la *déité* ou de l'*unité* pour s'accomplir comme perfection par donation et retour sur soi? Certes, non. En revanche, la réflexion et le lien qui se réalisent à travers *déité* ou *unité*, brisent ainsi la coque de la monade absolue. Ici encore, comme dans le cas du *Tout-totalité*, c'est la condition du modèle réflexif propre à l'âme rationnelle qui semble en assurer l'accès. L'exemple du rapport entre *totalité* et *Tout* sert en effet à mettre en

1. *Enn.* III, VII [T. 45], 3, 19. J'y reviendrai.

évidence précisément ce processus. Il est d'ailleurs analysé de manière dialectique par Platon dans le *Théétète* (204a1 *sq.* à propos de la science par division, somme du *tout* et différence par rapport à la *totalité*) et dans le *Parménide* (145b8-e5 et 157c3-158a8, au sujet de la définition de l'un à partir du rapport entre tout et parties vu comme une relation d'exclusion ou d'inclusion entre le soi et l'autre), Aristote étant à l'évidence l'héritier direct de cette analyse en ces termes mêmes dans la *Métaphysique* (j'y reviens tout de suite). Et c'est bien sur le modèle de ce processus d'abstraction et de dédoublement réflexif que *déité* et *unité* peuvent alors être envisagées comme des conditions de possibilité pour concevoir Dieu ou l'Un, sans pour autant réduire ces derniers à de purs « objets de pensée ». L'exemple paradigmatique du *Tout-totalité* n'est cependant pas exempt d'écueils. Un relent de pluralité entoure son vocabulaire et une connivence avec la pensée de l'universel se laisse soupçonner, en qualifiant son usage de moyen hétérodoxe pour une théologie stricte du *Monos* – Dieu *un*, *seul* et *tout* en même temps.

Analysons brièvement deux mises en situation où *totalité* se détermine à la fois en lien et par différence à l'égard du « tout »; analysons-les dans deux passages bien déterminés contextuellement et qui ont d'ailleurs nourri les propos tenus jusqu'à présent. L'un de ces passages est tiré d'un ouvrage latin ou apparaît (serait-ce pour la première fois ?) le latin *totalitas*. L'autre, nous l'extrayons d'un traité aristotélicien où le terme employé est ὁλότης, à supposer que ce dernier soit l'équivalent exact de *totalitas*, ὁλότης étant formé sur ὅλος comme *totalitas* vient de *totus* – bien que la différence de ces termes par rapport à πᾶς, πᾶν, πάντως, τὰ πάντα (utilisés par Platon en alternance avec τὸ ὅλον)[1], de même qu'à l'égard du classique *omnis* ou encore du tardif *totaliter* (Cassiodore) et du médiéval *totalis* (Oresme), ne soit pas aussi claire que l'on puisse justifier d'emblée l'exclusion d'autres contextes où le « tout » se dit et se définit à travers ces derniers termes. Au fond, sous la notion de « totalité » c'est toujours le jeu du *tout*, de l'*universel* et de la possibilité d'un *accès à l'unicité* que mène la

1. Pour la difficile distinction entre *ta panta* et *to holon*, la « somme » et le « tout », ou « l'ensemble des parties » et la « totalité », il faudrait revenir non seulement aux apories de l'un et du multiple exposées dans le *Parménide* (passages cités *supra*), mais aussi à la discussion entre Socrate et Théétète censée déterminer de manière dialectique, par identité et différence à partir de cet exemple précis, les conditions de la connaissance (*Théétète* 204a1-205a8), discussion reprise entre l'Étranger et Théétète (*Sophiste* 243b6-245e5) à propos de la position moniste sur l'un, l'être et le tout. Nous avons toutefois privilégié, pour des raisons détaillées plus loin, l'analyse d'un autre contexte philosophique où le rapport « tout-totalité » se dit et est défini à travers une terminologie fondée sur une racine commune : *holos-holotês*.

pensée à travers les mots. Mais résumons-nous à ces deux contextes : l'un proprement aristotélicien, l'autre tardo-platonicien (qu'il soit encore antique ou proprement médiéval). Ces contextes, aussi éloignés soient-ils, l'un matriciel, l'autre dans l'apogée de l'assertion emblématique, sont néanmoins riches de bon nombre d'aspects propres à ce jeu du *tout*, de l'*universel* et du *singulier*, jeu qui correspond à la recherche depuis Platon d'une solution dialectique à l'opposition trop franche entre l'un et le multiple.

La situation de départ pourrait se résumer ainsi. Soit nous restons, avec le *Parménide*, dans les apories de l'Un et de l'être et nous admettons alors que la distinction entre « tout » (τὸ ὅλον) et « totalité » (τὰ πάντα) se réduit à voir d'un côté l'un en tant que « tout » comme un « en-autre que soi », ἐν ἄλλῳ ἐστίν (puisqu'à ce moment « tout », *holon*, étant une somme de parties, décentre nécessairement l'un de lui-même), et de l'autre côté l'un en tant que « totalité » comme un « en-soi », ἐν ἑαυτῷ (car la totalité se réduit dans ce cas à l'un, faisant fi de la composition des parties). Dans ce cas l'un est à la fois « même » et « autre », conformément à la conclusion du passage 145a1-e8 du *Parménide*. Soit nous extrayons la question du domaine de l'être et nous la situons, avec le *Théétète*, et davantage avec Aristote, sur le plan d'une science théorique qui n'est pas rivée aux genres ou aux catégories de l'être puisqu'elle propose d'aborder la question du « tout » et de la « totalité », et donc de l'un et du multiple, par les moyens stricts de la logique et comme une question purement théorique. Nous assistons alors à une opération de repli entre « tout » et « totalité », repli sur la distinction entre un « tout » comme ensemble (divisible) et une « totalité » sous l'espèce de l'un en tant qu'unité, mais avec la nécessité de retrouver cette « totalité » entière dans l'unicité de chaque partie et cela même en l'absence accidentelle d'une partie. On peut saisir cette « totalité » reflétée dans chaque partie soit comme l'universel du genre, soit comme la forme paradigme. La seconde démarche, qui comprend les conditions de possibilité de la connaissance, est privilégiée aussi bien par Plotin et Porphyre, que par les approches rationnelles du Dieu-*Monos* dans la théologie chrétienne.

Prenons maintenant à rebours le chemin présumé des textes. Une lecture ancienne (tardo-antique ou médiévale) attire parfois l'attention sur des aspects auxquels d'emblée nous ne sommes pas sensibles lorsqu'on reprend, inlassablement, les textes-sources. Dans le *Livre des XXIV philosophes* (selon le titre traditionnel donné par Maître Eckhart) ou des XXIV définitions de Dieu (selon le contenu du recueil)[1], le terme latin *totalitas* vient déterminer dans le commentaire de la définition IX le lien entre la nature divine et le « tout ». Le style elliptique des définitions donne force à l'assertion autant qu'il sème un certain trouble dans la pensée, ou du moins un certain désir d'éclaircissement qu'exprime, presque tout aussi brièvement, le commentaire de la définition.

> DEUS EST SOLI [/ CUI SOLI] PRAESENS QUICQUID CUIUS TEMPORIS EST.
> Haec definitio est secundum formam.
> Totum quidem uno aspectu omnes partes videt, pars vero totum non videt nisi diversis respectibus et successivis. Propter hoc deitas successivorum totalitas. Unde eius intuitus unicus est et non consequenter factus.
>
> DIEU EST, POUR LUI SEUL, LE PRÉSENT DE TOUT CE QUI APPARTIENT AU TEMPS.
> Cette définition est selon la forme.
> Le tout en vérité voit toutes les parties d'un seul coup d'œil, mais la partie ne voit le tout que sous des aspects successifs et divers. C'est pourquoi la

1. *Livre des XXIV philosophes*, édition et traduction de F. Hudry (Paris, Vrin, 2009), reprise avec ajouts et modifications du même texte publié par Hudry chez Jérôme Millon (Grenoble 1989). Nous n'entrons pas ici dans les questions controversées de la datation de ce texte que la plupart des historiographes considèrent comme un texte de la fin du XIIe s. et que F. Hudry, s'appuyant sur une minutieuse étude comparative codicologique, philosophique et philologique, situe au IVe s. Nous formulons quelques hypothèses d'interprétation sur différents aspects de la définition IX et de son commentaire, et suggérons quelques parallèles avec des passages de référence dans les textes de la pensée antique classique et tardive. Quoi qu'il en soit, tardo-antique, proche des écrits de Victorinus, ou médiéval, relevant de ce que l'on appelle le courant de l'avicennisme latin, ce recueil de définitions théologiques comporte clairement des éléments de philosophie antique classique passés au crible de la pensée de Plotin et de Porphyre. Ce sont certains de ces éléments que nous mettons plus loin en lumière. Signalons aussi un article récent de F. Hudry sur d'autres aspects concordants entre ce recueil et des problématiques philosophiques propres au platonisme tardif : « L'*id ipsum* de Marius Victorinus à Porphyre », *in* D. Doucet et I. Koch (éd.), Autos, idipsum. *Aspects de l'identité d'Homère à Augustin*, Aix-Marseille, Presses Universitaires de Provence, 2014, p. 101-113 ; le *Livre des XXIV* est ici explicitement attribué à Victorinus. Les autres principaux éditeurs, traducteurs et exégètes de ce texte penchent nettement vers une datation médiévale. Voir *Il libro dei ventiquattro filosofi*, trad. it. P. Lucentini, Milan, Adelphi, 1999 ; *Was ist Gott ? Das buch der 24 Philosophen*, trad. all. K. Flasch, Munich, Verlag C. H. Beck, 2011 ; *Ce este Dumnezeu ? Cartea celor 24 de filosofi*, trad. D. Coman, Oradea, *Ratio et Revelatio*, 2015 ; Z. Kaluza, « "Comme une branche d'amandier en fleurs". Dieu dans le *Liber viginti quattuor philosophorum* », *in* P. Lucentini, I. Pari, V. P. Compagni (eds.), *Hermetism from Late Antiquity to Humanism*, Turnhout, Brepols, 2003, p. 99-127.

nature divine est la totalité des éléments successifs. Par conséquent, elle a un regard unique, et non façonné en allant d'une chose à l'autre [1].

Dans une telle écriture, relevant du genre des sentences ou des recueils de définitions et commentaires brefs (proche, par exemple, des *Éléments de théologie* de Proclus ou du médiéval *Liber de causis* anonyme), pratiquement tous les mots comptent et sont lourds à la fois de sens et d'échos de textes de référence [2]. L'auteur du recueil de sentences commentées n'hésite pas, d'ailleurs, à faire précéder la série des définitions d'un prologue qui annonce le genre en définissant en quelque sorte la définition et en fixant du coup les règles du jeu. Dans une assemblée de sages, sans doute fictive, chacun à son tour propose « une explication appropriée sur Dieu sous forme de définition (*interpretationes sub definitione*), en vue d'établir d'un commun accord, à partir de leur définitions propres, quelque chose de certain sur lui » [3]. Une première définition – Dieu en tant que monade (*Monos*) – est ensuite proposée *secundum imaginationem primae causae* (selon le mode de la cause première, mode propre à la faculté de représentation ou d'imagination) et toutes les autres définitions suivent en respectant la même structure de présentation à quatre temps : 1) énoncé de la définition proprement dite ; 2) indication modale (*secundum... essentiae*, ou *formam*, ou *modum imaginandi*, ou *speciem*, ou *rationes diversas ipsius essentiae deitatis*, ou encore *sub relatione*, *per effectum,* etc.) ; 3) glose brève ; 4) parallèle ou comparaison – à cette réserve près que la quatrième approche n'intervient pas régulièrement [4]. La définition IX, censée présenter Dieu à travers les notions de « tout » et de « totalité », obéit, elle, à la règle de la définition « selon la forme » et comporte trois des quatre

1. Trad. F. Hudry, *Livre des XXIV philosophes*, *op. cit.*, p. 168-169. Variante de trad. pour la définition : « Dieu est celui pour qui est présent tout ce qui appartient au temps. »

2. Les études de K. Flasch et de D. Coman (citées n. 1 p. 343) sont particulièrement attentives à la présentation formelle propre à ce recueil, en y voyant à la fois les sources d'inspiration possibles (Cicéron, Porphyre, Boèce) et un éventuel indice pour la datation et la contextualisation du texte dans le milieu théologique latin du tournant des XIIe et XIIIe s., notamment en rapport avec les milieux chartrain et porretain, et plus directement avec quelques écrits d'Alain de Lille (*Règles de théologie*, *Summa Quoniam homines*, *Sermon sur la sphère intelligible*) dont certaines propositions et gloses du *Liber* sont particulièrement proches.

3. [...] *singuli de Deo proprias proponerent interpretationes sub definitione, ut ex propriis definitionibus certum id de Deo communi consensu statuerent* (*Livre des XXIV philosophes*, *op. cit.*, p. 148-149).

4. On peut y voir, outre l'appel aux catégories, l'adaptation d'une structure rhétorique classique, mais une analyse de la composition du point de vue strictement rhétorique n'a pas encore été entreprise, à ma connaissance.

approches, *définition*, *mode*, *glose brève*, cette dernière donnant toutefois l'impression d'intégrer aussi une sorte de parallèle ou de comparaison.

Voyons d'abord les raisons du mode choisi. La définition IX installe Dieu dans le rapport au temps. Dieu est en dehors du temps mais, s'il faut le définir à l'égard du temps et nécessairement dans le temps propre à la séquentialité d'une définition, ici sous l'espèce de la forme, *secundum formam*, Dieu est alors le « présent de tout ce qui est [dans] le temps ». Le « présent » (*praesens*), selon la catégorie temporelle, n'objectivise pas Dieu, n'en fait pas l'objet *hic & nunc* d'une *parousia*, mais signale que l'unicité temporelle du présent peut être élevée au rang d'unicité parfaitement identique ou égale à elle-même en tout ce qui est, et que cette compréhension, « sous l'espèce de la forme », s'exemptant à la fois du temps et de l'être, correspond au statut même assigné à Dieu. La non-temporalité de Dieu le qualifie en tant que présence *présente*, actuelle, solidaire et unique, identifiée à chaque unité temporelle comprise comme « présent ». De manière aporétique, par suspension ou retrait, la négation engendrerait toutefois une réalité, voire serait elle-même l'accomplissement de cette réalité. Passé et devenir abolis, le présent devient, dans ces conditions, présent illimité ou perpétuité pour celui qui est éternel. Or, à cette perpétuité du présent, encore distincte de l'éternité, correspond, dans la partie glosée de la définition, la *totalité*. Mais suivons dans leur ordre les étapes serrées du raisonnement qui conduit aux formulations resserrées de l'assertion et du commentaire.

À son compte, le « tout saisit » (*totum videt*) sous « un seul aspect » (*uno aspectu*) toutes les parties (*omnes partes*). Les parties, en revanche, « ne saisissent le tout » (*totum non videt*) que dans le multiple se présentant de manière successive et comme divers (*diversis… et successivis*)[1]. Il est vrai que le multiple n'est pas nommé comme tel, mais il surgit à la fois du pluriel indiqué des parties et de la double qualification de « divers » et de « successif » donnée par l'acte de la saisie, ce qui indique, outre la pluralité, une non-identité essentielle entre les parties. Le « tout » n'est donc « un » que *de son côté*; il est en revanche multiple à partir de ce dont il constitue l'ensemble, à savoir, à partir de ses parties. Le « tout » n'est donc pas de manière univoque une unité solidaire et homogène en soi, mais bien, de manière équivoque, il est *un* et *composé* en même temps. Cependant, cette perspective double ne génère pas une contradiction car elle est la conséquence d'une définition *secundum formam* et d'une analyse de la saisie,

1. Volontairement, je ne reprends pas la trad. de F. Hudry mais la transposition *à la lettre* du texte latin, dans laquelle j'insère, au sens médiéval, une traduction-interprétation de la démarche à laquelle obéit, me semble-t-il, la définition.

appelée ici par le terme correspondant à la faculté visuelle (*videt*). Seule la réciprocité naturelle entre la vue et le visible se trouve infléchie par l'asymétrie de cette perspective double selon laquelle chacun « voit » la même chose autrement : d'une part le *tout-un*, de l'autre le *tout-ensemble-de-parties* diverses et successives. Mais laissons pour l'instant de côté cet aspect, sur lequel il faudra revenir plus longuement à la recherche d'une justification pour ce choix explicite de la vue dans une définition *a priori* opposée au mélange des registres, et concentrons-nous d'abord sur les déterminants du « tout ».

Totum correspond en effet à une somme de parties. « Tout » désigne donc un ensemble et sa nature est bien celle d'un composé. On peut considérer que le temps lui-même est composé de ce à partir de quoi il se déploie tout en y participant (*quicquid cuius temporis est*). Toutefois, si le temps est lui-même un « tout », alors ce « tout » comporte aussi à l'égard du temps une possibilité d'échapper à cette nature composite. Il y a en effet dans le temps quelque chose qui transcende le temps, à savoir ce qui est perpétuellement présent et ne connaît ni le devenir ni la division des parties puisqu'il est seul et unique en tant que présent. C'est sur cette aporie, sur cette vérité indémontrable que s'appuie la formulation de la IXe définition de Dieu (*Deus est soli praesens…*). On voudrait, certes, pouvoir mieux cerner cette notion de « présent », cette sorte d'*actualité* de Dieu conjuguée au présent de « ce qui est dans le temps », mais la définition lapidaire ne donne qu'une seule indication : présent à l'égard de ce qui *est* dans le temps. Le « présent » est donc utilisé pour nier toute détermination temporelle dont Dieu pourrait ici faire l'objet : le « présent » s'exempte en effet du temps et constitue à l'égard du temps une actualité qui se tient hors du temps, comme si le temps lui-même s'auto-transcendait par/dans le présent.

Saisies depuis la position prééminente du *totum*, les parties sont toutes simultanément présentes. L'approche « méréologique » du « tout » par rapport aux parties illustre ce que signifie l'abolition du temps dans la définition de Dieu comme « présent » : si le temps est formellement déterminé par la succession, il ne peut qu'être opposé à la simultanéité existentielle de toutes les parties en présence, qu'elles soient passées ou futures. Le présent temporel est donc, *de facto*, irréductible au temps. Mais, une seconde conséquence apparaît aussi depuis cette position tenue par le « tout », à savoir que le multiple non plus n'existe pas, car il est dit dans le commentaire de la définition que le « tout » embrasse de son regard *tout* simultanément : *totum… omnes partes videt.* Il s'ensuit que Dieu, pour qui est présent tout ce qui est dans le temps, n'est pas lui-même dans le temps et n'est pas, du même coup, multiple. Dieu arrache en effet le moment présent au temps, comme le regard unique et global, en embrassant le « tout-entier », extrait ainsi le « tout » de la multiplicité d'un ensemble composé de parties. Jusqu'ici le parallèle correspond au contenu de la définition de Dieu (1). Mais en réalité, la glose brève (3), qui fait suite à l'indication modale (2), ne s'intéresse plus à Dieu mais à la « déité » (*deitas*)[1], au propre de celle-ci, ainsi qu'à la modalité d'appréhender le « tout » soit comme *un*, soit dans la succession de ses parties différentes, donc comme *ensemble*.

Comment faire alors le lien entre la définition de Dieu pour qui est présent tout ce qui appartient au temps et la glose qui stipule la double saisie du « tout » et définit la déité en relation avec cette double saisie ? C'est la *totalité* (*totalitas*) qui répond précisément à cette interrogation, mais, en répondant, la *totalité* opère une mutation; elle déplace la définition de Dieu sur le plan d'une définition de la « nature » de Dieu, donc, depuis la quiddité vers la propriété. Le propre de la déité s'identifie à la *totalité* des choses successives dont est composé le « tout » en tant qu'ensemble des parties. *Propter hoc deitas successivorum totalitas.* Donc la *totalité* répond à la nécessité de définir la déité, de la même manière que le présent, perpétuellement unique et seul, correspond à Dieu face à ce qui *est* dans le temps. Apparaît ainsi entre « totalité » et « présent singulier » un trait commun d'ordre négatif, à savoir que ni la *totalité* ne recoupe le statut propre du « tout », ni le *présent* n'appartient en propre au temps, mais chacun transcende ce par rapport à quoi il se détermine en s'en extrayant : la *totalité* face à la somme des choses successives, le *présent* comme perpétuité du moment unique par rapport aux choses qui *sont* dans le temps. Cette description correspond à la manière dont Dieu lui-même transcende autant par la quiddité que par la propriété ce qu'il ne peut déterminer qu'en s'en extrayant : le temps et le tout-entier de la pluralité des étants. Il ne faut toutefois pas prendre ce parallélisme pour une analogie, au sens technique de cette figure. Rien dans cette articulation entre définition et glose n'indique une construction analogique, comme rien n'indique non plus une procession et une remontée ou explicitement un principe et sa manifestation causale. Il s'agit plutôt de montrer l'impossibilité d'établir une inférence au sujet des paires conceptuelles de l'être ou de la nature impliquées dans la définition – un/seul-unité, tout-totalité, dieu-déité, présent/éternel-perpétuité –, et de proposer en échange l'usage d'un moyen d'appréhension spécifique, dont l'exercice apparaît comme étant le plus

1. Hudry y voit un terme spécifiquement chrétien parce qu'il est employé par Arnobe, Hilaire de Poitiers, Victorinus, Augustin (*Livre des XXIV philosophes*, *op. cit.*, p. 159 note b). Mais pourquoi ne serait-il pas la traduction « sans étiquette » de la divinité (θειότης) ou de la nature divine (θεῖα, θεῖος), termes du vocabulaire courant des théologies ?

idoine à la saisie de ce qui *a priori* est sans possibilité de saisie ou de connaissance.

De l'unicité singulière du *présent*, comme de la *totalité* qui est, elle aussi, toujours *une* en même temps qu'*expression de l'unité* par rapport à la multiplicité naturelle des choses successives, il n'y a en effet ni genre, ni espèce, ni catégorie adaptée, ni forme universelle. Ce n'est pourtant pas de la négation de celles-ci dont se sert l'auteur du *Liber* mais d'un moyen différent, désigné comme « vue d'ensemble », tel un coup d'œil synoptique. Ce moyen est vraisemblablement emprunté à la philosophie de Platon, mais non à la théorie des formes, au *Parménide* pour ne pas le nommer, piste que semble pourtant indiquer la précision modale (*secundum formam*) qui fait suite à la définition.

Avant de revenir sur ce moyen spécifique deux fois évoqué dans le commentaire de la définition IX par une terminologie empruntée à la vue (*videt, intuitus*), rappelons et analysons aussi, brièvement, l'un des textes grecs fondateurs pour la définition du « tout » et précisément de la *totalité* par rapport au « tout » et de l'*unité* par rapport à l' « un ».

Un chapitre entier du livre Δ de la *Métaphysique* y est consacré, un livre que certains de ses lecteurs de l'Antiquité tardive considéraient comme une introduction à la *Métaphysique* et comme une sorte d'initiation aux *Catégories*. Analysons ce large extrait du chapitre 26.

> Un tout s'entend (ὅλον λέγεται) de ce à quoi ne manque aucune des parties qui sont dites constituer naturellement un tout (ὅλον φύσει). – C'est aussi ce qui contient les composants (τὸ περιέχον τὰ περιεχόμενα) de telle sorte qu'ils forment une unité (ἕν τι εἶναι ἐκεῖνα). Cette unité est de deux sortes : ou bien en tant que *les composants sont chacun une unité* (ὡς ἕκαστον ἕν), ou bien en tant que *de leur ensemble résulte l'unité* (ὡς ἐκ τούτων τὸ ἕν). Dans le premier cas, l'universel (καθόλου) et ce qui est dit d'une façon générale, à titre de tout (τὸ ὅλως λεγόμενον ὡς ὅλον τι ὄν), est universel en tant qu'il embrasse une multiplicité d'êtres, par le fait qu'il est prédicat des composants et qu'ils sont, eux, tous et chacun, l'unité (οὕτως ἐστὶ καθόλου ὡς πολλὰ περιέχον τῷ κατηγορεῖσθαι καθ' ἑκάστου καὶ ἓν ἅπαντα εἶναι ὡς ἕκαστον); par exemple, homme, cheval, dieu (θεόν) [sont un], parce qu'ils sont tous des vivants (ὅτι ἅπαντα ζῷα). Dans le second cas, le continu (συνεχὲς), le limité (πεπερασμένον) est un tout, quand une unité résulte de plusieurs parties intégrantes (ἕν τι ἐκ πλειόνων ᾖ ἐνυπαρχόντων), surtout quand ces parties sont seulement en puissance (δυνάμει), et, à défaut, même quand elles sont en acte (ἐνεργείᾳ). De ces dernières sortes de touts, les êtres naturels (τὰ φύσει) sont plus véritablement tout que les artéfacts (ἢ τέχνῃ), comme nous avons déjà dit à

propos de l'Un (ἐπὶ τοῦ ἑνὸς ἐλέγομεν), *la totalité étant une sorte d'unité* (ὡς οὔσης τῆς ὁλότητος ἑνότητός τινος).
En outre, des quantités ayant un commencement, un milieu et une fin, celles dans lesquelles la position des parties est indifférente sont appelées un total (πᾶν) et les autres, un tout (ὅλον) ; celles qui peuvent réunir les deux caractères sont à la fois tout et total (ὅλα καὶ πάντα) : telles sont celles dont la nature (φύσις) reste la même après le déplacement des parties, mais dont la figure (μορφὴ) varie, par exemple, la cire, un vêtement [...]. Pour les choses auxquelles, en tant qu'une (ἐφ' ἑνί), nous appliquons le terme « total » (τὸ πᾶν), si on les considère comme divisées, c'est alors le terme « tous » (τὸ πάντα) qui s'applique : « ce nombre total » (πᾶς οὗτος ὁ ἀριθμός), « toutes ces unités » (πᾶσαι αὗται αἱ μονάδες)[1].

Il n'est pas difficile de saisir dans ce texte bien connu les raisonnements et les éléments de langage qui rappellent les questions analysées dans la définition IX du *Livre des XXIV*. Entendons-nous bien, toutefois : il ne s'agit pas d'établir une filiation entre ces textes, mais de saisir des mécanismes de réflexion qui ont pu conduire aux formulations aporétiques et aux commentaires lapidaires du *Liber*, ou du moins, qui ont pu les inspirer. Les proximités ou les confluences, de même que les divergences *ad litteram*, n'ont pas nécessairement pour vocation de prouver un lien textuel direct, comme de cause à effet. Elles éclairent en revanche la base d'une connaissance non nécessairement du texte aristotélicien lui-même, mais des réflexions thématiques nourries par les textes classiques et d'un mode de formuler la pensée entretenu par le resourcement continu qu'assure le travail des commentateurs. Du reste, trouver la preuve des sources (ou des origines) est souvent œuvre du hasard.

1. *Mét.* Δ, 26, 1023b27-1024a11, trad. fr. J. Tricot, Paris, Vrin, 1991, trad. légèrement mod., je souligne ; pour le grec, éd. Loeb cit. La récente traduction de R. Bodéüs et A. Stevens (*Métaphysique Delta*, Paris, Vrin, 2014) ne comporte pas de différences notables. Précisons par ailleurs, s'il le fallait encore, que le but n'étant pas d'offrir une étude de la conception « méréologique » d'Aristote, mais une analyse des usages de la « méréologie » en contexte théologique, il ne me paraît pas indispensable d'aborder ici également les chapitres 10 et 11 du livre Z, où la question des parties est posée dans une perspective de définition ousiologique et où l'intérêt du philosophe est mobilisé par le statut des formes et des universaux. Pour un rapprochement du *Liber* avec ces chapitres de Z il serait nécessaire de partir non de la notion de *totalitas*, qui n'y est pas évoquée, mais de l'indication « *secundum formam* » de la définition IX du *Liber*, pour remonter à une analyse de la définition elle-même, des parties (sont-elles antérieures ou prennent-elles acte avec la définition ?) et du rapport entre parties du discours et contenu. Il va de soi que nous ne nous engagerons pas aussi sur cette piste de recherche ; le chapitre est consacré à la notion de *totalitas*, commune à la métaphysique et à la théologie.

Remarquons d'emblée que dans la définition aristotélicienne, comme dans le commentaire de la définition du *Liber*, le « tout » est indissociable de l'« un », de même que la « totalité » est inséparable de l'« unité ». Ces couples conceptuels, *un-tout* et *unité-totalité*, désignent ce qu'on pourrait appeler, ici encore, des « identités différées »[1]. Ce sont des identités imparfaites, comportant un décalage voué à se résorber au terme d'un accomplissement qui, bien que spécifique à chacune des entités (*un* et *tout*), est simultanément propre à l'attraction foncière de l'ensemble (*un-tout*). *Un* et *tout* tendent en effet, chacun, à accomplir l'*unité* et la *totalité* au terme d'une identité réalisée en tant qu'entéléchie de soi. S'actualisant par auto-négation et s'accomplissant comme résorption, la différence est bien celle qui réduit ainsi la pluralité induite à partir de chacune des identités à un seul et même item identique, lequel ne s'identifie pas à l'universel du genre mais le transcende en transcendant le caractère composé d'un ensemble pour donner *unité* à l'« un » et conférer la *totalité* au « tout ». Mais l'« un » ne finit pas par s'identifier au « tout » tandis que « tout » tend toujours vers l'un. La *totalité* tend, elle-aussi, à se résorber dans l'*unité* tandis que l'*unité*, dans sa simplicité, demeure sans attrait pour l'ensemble composé dont la *totalité* doit s'abstraire pour exister[2]. Il s'agit, au fond, de l'asymétrie fondatrice et foncièrement dialectique du rapport entre l'un et le multiple qui s'étend nécessairement sur les définitions du « tout » et de la « totalité »[3].

Qu'il soit question d'une pluralité d'individus dont la réduction passe par l'universel prédiqué de leur genre, ou que les parties elles-mêmes se muent afin d'assurer la perfection du corps qu'elles composent et qui devient à terme l'unité au-delà du composé, ces identités relèvent d'une essence commune qui transcende aussi bien le multiple que l'unité en soi de chaque partie composante. Cette essence commune est déterminante, et les parties d'un « tout » ou les composantes d'un ensemble ne peuvent pas,

1. Expression utilisée dans A. Vasiliu, Eikôn. *L'image..., op. cit.*, pour définir le statut théologique de l'image.

2. Une analyse de ces questions en contexte aristotélicien imposerait de mettre en parallèle les chap. 26 et 6 du livre Δ, et en particulier la partie consacrée dans le chap. 6 à la définition de l'un par essence (1015b36 et *sq.*) : voir, par ex., le passage sur les êtres dont le genre est un (1016a23-30) ou celui sur la définition de l'un indivisible comme principe pour le nombre (1016b17-20). Nous n'entamons pas cette analyse car elle nous éloignerait du but de cette étude.

3. Rappelons que Platon attribuait à la « gent Éléatique » (Ἐλεατικὸν ἔθνος) l'intérêt pour ce rapport entre l'unité et le tout (ἑνὸς ὄντος τῶν πάντων καλουμένων) qui est alternatif à la relation entre l'un et le multiple. Il dénonçait la poursuite de cette question dans les mythes, là encore par une approche indirecte (*Sophiste* 242d5-7 et 242e1-243a2).

par conséquent, constituer une altérité véritable à l'égard de l'entité du « tout » sur le fond de leur différence transitoire. Le « tout » est à la fois l'ensemble et cette essence qui dépasse l'ensemble et qui se trouve inscrite comme identité transcendante dans chaque composant, car, dit Aristote dans le prolongement du chapitre consacré au *holon*, « il faut aussi que l'essence subsiste (καὶ γὰρ τὴν οὐσίαν δεῖ μένειν) » même si une partie du « tout » venait à être retirée ou mutilée[1]. Essentiellement, une coupe tronquée est encore une coupe, cite Aristote en guise d'exemple (1024 a16-17). Dans le cas d'un ensemble de cette nature, le « tout » demeure en tant que « tout » même s'il est modifié, et son essence est présente dans toutes les parties sans pour autant les modifier en tant que parties. Or l'expression de cette réalité essentielle de l'ensemble qui transcende la somme des parties d'un tout-entier est désignée comme « totalité ».

En somme, Aristote établit deux sortes d'unité du « tout » : soit « ensemble » de parties qui sont des unités en soi (de monades ou des individus), soit « tout » à partir d'un ensemble de parties qui ne constituent pas des unités indépendantes en soi (les membres d'un corps, par exemple). Et pour chacune de ces catégories, le Stagirite donne comme exemples privilégiés l'ensemble des vivants (ἅπαντα ζῷα, 1023b33) pour la première, et les êtres naturels (τὰ φύσει, 1023b36) pour la seconde, une priorité axiologique assignée donc aux vivants dans l'acte par lequel la *totalité* s'accomplit comme *unité*. Par la suite, le philosophe prend l'exemple des nombres pour distinguer un ensemble morcelable de parties semblables ou dissemblables, d'un ensemble d'unités et d'un tout naturel continu, tel l'eau ou le feu.

Sans s'attarder davantage sur les difficultés soulevées par le texte aristotélicien, on peut d'ores et déjà retenir, outre la mise en évidence du lien indéfectible entre « tout » et « un », la manière de définir le rapport du « tout » envers les parties et des parties envers le « tout ». Ce rapport est présenté comme asymétrique aussi bien dans la définition IX du *Liber* que dans le livre Δ de la *Métaphysique*, la différence responsable de cette asymétrie provenant dans les deux cas du statut des parties elles-mêmes, même si pour l'auteur du *Liber* ce statut se détermine en fonction de l'accès au « tout » et non selon la nature, autonome ou dépendante, des parties elles-mêmes à l'égard de l'ensemble qui les comprend. *A contrario*, il faudrait également retenir que cette approche des parties est absente de la discussion concernant l'un et les parties selon la première hypothèse du

1. *Mét.* Δ, 27, 1024a15. Au sujet du lien entre les chapitres sur le « Tout » et sur le « Tronqué », voir R. Bodeüs et A. Stevens, *Aristote, Métaphysique Delta*, *op. cit.*, p. 197.

Parménide (137c-d), les parties étant évacuées au nom de la pluralité qui s'oppose à l'unité de l'un. Si *secundum formam* semble indiquer le *Parménide* comme source d'inspiration, la définition IX et sa glose le démentent puisqu'elles traitent le rapport un-tout d'une manière différente de celle présentée dans le dialogue. De même, entre le passage de *Métaphysique* Δ et le commentaire de la définition du *Liber* une concordance semblable se manifeste aussi au sujet de la *totalité*, tandis que cette notion est absente dans le *Parménide* qui se résume à discuter l'opposition *holon/meros*. On désigne par « totalité » (*holotês* ou *totalitas* dans les deux textes ici cités), le propre de l'unité (en l'occurrence, la *deitas* du Dieu un et seul dans le cas du Livre latin), sans toutefois identifier *totalité* et *unité*, car la *totalité* n'est qu'une sorte d'*unité*, *est comme une expression* ou *une manifestation* de celle-ci, de même que l'unité elle-même est le propre de l'un et le sous-tend, sans constituer pour autant son identité. Avec les mots latins : *deitas* n'est pas *Deus*, et *totalitas* livre le propre de la *deitas* mais n'est pas le nom propre de celle-ci ; semblablement en grec : *holotêtos* n'est pas *henotêtos*, chacun ayant son propre nom.

Cependant, ce parallélisme avec le livre de la *Métaphysique* cache aussi un radical écart, tout aussi significatif que les possibles emprunts ou échos signalés. Dans le schéma aristotélicien le tout et les parties sont saisis comme appartenant au seul plan de réalité des étants, la discussion se focalisant sur la possibilité de distinguer entre l'unité des parties indivisibles tenant ensemble par leur appartenance en tant qu'individus à un ensemble avec lequel ils partagent le trait commun d'un genre, et l'unité de parties qui n'ont pas la possibilité d'exister autrement que dans l'ensemble dans lequel elles se trouvent en puissance ou en acte (telles les facultés et les organes d'un corps qui sont des parties mais non des individus d'un ensemble). À ce seul plan de réalité immanente sur lequel porte l'analyse d'Aristote correspond le seul plan de réalité sur lequel porte la glose de la définition IX, mais, de toute évidence, le plan sur lequel se tissent les deux liens entre tout et parties ne peut pas être le même, car l'auteur du Livre latin le réduit à un cas sans genre, le cas unique de Dieu. Si un dieu figure aussi chez Aristote parmi les trois « vivants » cités, celui-ci est *un* participant du multiple puisqu'il est compris sous le genre divin, alors que dans le cas du *Deus* latin, Dieu est seul et unique en son genre, son unicité n'étant pas celle d'une unité arithmétique. Il s'ensuit que l'asymétrie du rapport entre le tout et les parties ne peut pas être considérée de la même manière. Pour le Stagirite elle est structurelle au plan ontologique décrit, tandis que le commentaire de la définition du *Liber*, qui semble partager la description méréologique aristotélicienne, stipule, elle, une asymétrie cognitive et donc une sorte de prééminence de l'un sur le tout inhérente à cette démarche. Notons cependant que cette asymétrie cognitive stipulée dans le commentaire de la définition IX du *Liber* n'apparaît pas comme déterminée *secundum formam*. Elle n'identifie pas, autrement dit, l'un et le tout à des « formes » (*eidê*), ni ne considère la séparation de l'un comme une opération propre à l'intellect. La différence avec l'approche aristotélicienne n'indique pas nécessairement une position parménidienne. Le « tout », dans la glose latine, réclame en effet une succession pour être saisi, alors que la nature divine est unique, simple, indivisible et séparée – qu'elle soit envisagée à partir de sa *totalité* (ici : au-delà de la succession que suppose l'existence relevant du multiple), ou qu'elle soit appréhendée à partir de chacune des parties dans laquelle Dieu est saisi comme ce qui simultanément la détermine et la transcende, à l'instar de l'instant « présent », déterminant mais séparé à l'égard de la succession immanente à la temporalité.

Autrement dit, l'auteur du *Liber* engrange les éléments de la leçon aristotélicienne, y compris l'idée d'un dieu vivant parmi les vivants sous le mode du Dieu présent (*praesens*), mais dispose la démonstration de telle manière qu'une différence absolue puisse remplacer la différence transitive installée par la démarche métaphysique aristotélicienne entre la nature et l'identité du tout et de l'un. Force est d'accepter toutefois qu'une contradiction accompagne dans ce cas la définition du *Liber*, car si Dieu n'est pas « un », comme chez Aristote, mais *Monos* (seul et unique), le propre de la déité ne peut pas être alors qualifié de « totalité des parties successives » sauf si *totalitas* désigne ici la transcendance de l'ensemble des parties, que celles-ci soient réunies en tant qu'entités autonomes dans un ensemble ou qu'elles soient des composantes dépendantes de l'unité. Si le propre de la déité est bien la *totalité*, alors *totalité* est ici synonyme d'unité, l'unité ayant le sens absolument simple et parfait de l'un en tant que principe d'unité. Ou alors, la déité n'est envisageable comme *totalité* qu'à une condition près, à savoir que la déité communique à la *totalité* la puissance de comprendre non pas les parties du « tout » une à une, successivement, mais simultanément le « tout », solution que semble proposer, sous l'appellation de « vue », la glose de la définition IX du *Liber*.

Aristote ajoute encore une distinction à la fin du chapitre 26 du livre Δ, qui concerne l'ordre des parties et l'impact d'un changement de l'ordre sur la forme mais non sur la nature des parties. Cette précision ne semble pas avoir un écho direct dans le commentaire de la définition du *Livre des XXIV*. Elle a en revanche une certaine résonance dans d'autres textes de la fin de l'Antiquité qui traitent de manière plus détaillée de la même question que le *Livre des définitions* du Dieu-Monade, notamment des textes focalisés sur la détermination de la Trinité ou des triades au sein de l'essence divine unique. La question de la succession qu'implique la saisie des parties envisagée à partir de celles-ci et non à partir du tout par lequel l'ensemble est saisi simultanément, ainsi que la circonscription de la relation entre un, tout et partie à la temporalité, ont toutes deux à voir avec cette dernière distinction définie par le Stagirite à partir de l'ordre des parties dans un ensemble. Mais il faut passer par certaines médiations pour surprendre le caractère implicite et les conséquences de ce lien.

TOTALITÉ ET TEMPS

Dans la glose de la définition IX le rapport unité-totalité croise, explicitement, les questions de l'éternité divine et de la temporalité ou séquentialité de la perception. On peut penser que cette approche détournée par le temps, déterminée, certes, par la définition commentée (*Deus est /cui/ soli praesens est quicquid cuius temporis est*), permet de déplacer l'attention d'une trop évidente induction du multiple à partir de l'un. On éviterait ainsi le risque de faire de la définition du Dieu-monade un cas particulier des réalités incorporelles qui proviennent de l'un comme principe et qui, se déployant par la procession à travers laquelle le multiple est engendré à partir de l'un, retournent finalement à l'unité par un renversement du mouvement génératif ou productif[1]. Le caractère ramassé de l'assertion latine laisse en effet place à de multiples conjectures. Mais le fait d'asseoir la question sur le plan temporel n'est en réalité pas sans rapport avec les difficultés que soulève précisément l'aspect partiel et successif qui caractérise l'approche « méréologique » de l'unité en regard avec *une totalité* comportant à la fois le tout et les parties. Là encore, le « tout » en tant que *totalité* tend à échapper à une approche fragmentée, propre au multiple même lors de sa « conversion » vers l'un, mais n'arrive pas à extraire la définition du Dieu un, seul et séparé bien qu'égal au tout-entier, de la

1. Une définition de ce double processus des entités incorporelles, véritable résumé du *topos* néoplatonicien de la procession et du retour, est formulée par Porphyre dans la *Sentence* 11 (citée n. 1 p. 317). En soulignant les expressions ἑνίζονται et εἰς τὸ ὁμοῦ (dans leur mouvement ascendant les réalités incorporelles *s'unifient* et vont *vers leur rassemblement*), on remarque ce double mouvement qui traduit en termes néoplatoniciens l'asymétrie des rapports entre un, tout et les parties, asymétrie signalée dans l'analyse méréologique aristotélicienne de Δ 26 et que l'on pourrait aussi appeler en termes de donation-réduction puisqu'il s'agit ici du domaine de l'être, même si l'un est au-delà.

partialité et donc de l'implacable imperfection de la composition et du multiple qui sous-tendent un ensemble même lorsque celui-ci est saisi par une vision globale.

Voyons maintenant de plus près le paradoxe temporel, celui qui semble arracher le présent au temps et le situer face à tout ce qui participe du temps. Exposé de manière extrêmement condensée dans la définition de la Monade divine, ce paradoxe s'éclaire dans toute sa complexité à travers la juxtaposition de quelques passages que Plotin et Porphyre ont consacrés au sujet de la perception du temps. Encore une fois, il ne s'agit pas d'identifier ainsi les sources textuelles du *Livre des XXIV*, mais de rendre davantage accessibles les définitions en reconstituant les champs philosophiques dont elles relèvent et les thématiques qui se croisent dans les formulations brèves de cet *opus*[1]. L'usage du paradoxe temporel est en ce sens éclairant puisqu'il met en relation trois notions : le *tout*, l'*acte* en tant que mouvement et l'*ordre* (ou la taxinomie des séquences ou des parties), notions auxquelles réfèrent les occurrences textuelles des termes : éternité, moment présent et succession. De cette manière, l'asymétrie qui domine l'approche « méréologique » (la saisie de l'ensemble à partir de sa totalité ou à partir de chacune de ses parties une à une) peut être transposée au temps et donc assimilée à la structure perceptive (intellective et rationnelle) des unités temporelles (le « présent », le « maintenant »). Or ce déplacement est fondamental car il permet d'écarter tout danger de projection d'une structure ontologique objective sur la définition de Dieu et de la déité, et enlève ainsi le soupçon de contradiction dénoncé plus haut, à savoir que la déité comporterait en tant que *totalité* une nature composite et une pluralité.

Certaines *Sentences* de Porphyre (en particulier 10 et 44) et quelques passages des *Ennéades*, en particulier III, VII, 3 (Traité 45), mais aussi VI, IX et VIII (Traité 39), proposent des lumières singulièrement efficaces pour mettre en évidence les grands axes du cadre conceptuel dans lequel s'inscrivent la définition IX du *Liber* et son commentaire. Certes, il s'agit d'un choix, non d'une liste exhaustive. En outre, ce choix est limité à des auteurs qui ont une notoriété certaine parmi les philosophes du IVe s., mais il est exclusif des traités théologiques de Victorinus dont les convergences avec les définitions du *Livre des XXIV* sont abondamment citées par Françoise Hudry, l'éditrice de ce dernier. Si rien ne prouve que l'auteur du *Livre* ait eu sous les yeux les traités de la *Métaphysique* ou les textes de

1. Certains rapprochements sont signalés par Hudry, d'autres non, dans la mesure où le lien lexical ou thématique est moins évident.

Plotin et de Porphyre, faut-il pour autant s'interdire de voir dans les apories et les gloses du *Liber* aussi bien les échos des thèmes classiques de la réflexion, que les traces de l'argumentation philosophique utilisée dans les grands débats du premier siècle de la théologie spéculative chrétienne? Il est difficile de situer le *Livre des XXIV définitions de Dieu* dans le sillage immédiat du néoplatonisme gréco-latin du IVe s. sur la base d'une comparaison de textes issus d'œuvres à vocation et forme si éloignées du *Liber* que les *Ennéades*, les commentaires des *Dialogues* et des *Traités* ou même les *Sentences*. Tout comme il est surprenant de constater dans les choix théologiques du *Liber* l'absence de références explicites aux doctrines chrétiennes, ou du moins la réduction de ces références à de subtiles et plutôt rares allusions trinitaires et christologiques décelables dans certaines définitions ou dans leurs commentaires (I, II, XIV, XXII), allusions qui paraissent suffisantes néanmoins, selon Hudry, pour considérer que « le texte présente une logique interne chrétienne »[1]. Mais, au-delà de toute polémique historiographique et doctrinale, il n'est pas moins vrai que c'est à partir de cette juxtaposition de proximités et d'écarts textuels que l'on peut surprendre, en train de se tisser, les fils d'une certaine continuité entre les champs et les thèses d'une première pensée métaphysique et les théologies spécifiques néoplatoniciennes et chrétiennes, monadiques et structurées de manière triadique ou trinitaire.

Revenons aux rapports entre Dieu-un, tout, totalité et temps. Dieu un et seul du *Liber* est défini essentiellement comme celui pour qui est « présent » tout ce qui relève du temps. Serait-ce une définition analogue à celle de l'être, infinitif et indéterminé, face à la détermination inexorable de l'étant par le devenir? Nous ne pouvons pas aller dans cette direction car Dieu monade est par définition au-delà de l'être. Puisqu'il est « le présent » de tout ce qui appartient au temps, Dieu ne s'identifie pas au temps, lequel se meut selon la succession, ni n'est *dans* le temps qui comporte des moments passés et futurs, à la fois multiples et changeants. Et puisque la déité correspond à la *totalité* du successif, la saisie exercée par celle-ci embrasse « tout » sans devoir passer d'une partie à l'autre selon l'ordre immanent de ce qui est fait ou produit, car, en embrassant « tout », la déité saisit simultanément « le tout » dans chaque partie. Le point nodal de ce processus est révélé par le terme *praesens*, le présent, l'incidence du *maintenant* qui se tient hors, et comme en face du temps. Pareillement,

1. *Livre des XXIV philosophes*, *op. cit.*, p. 109 ; voir p. 101-111 ainsi que p. 25 pour une référence au Dieu *monos* d'inspiration philonienne, selon Hudry. Cette interprétation est longuement discutée par D. Coman, *Ce este Dumnezeu ?...*, *op. cit.*, p. 96-103.

dans la glose, le regard unique saisit « tout » en se tenant hors de tout, et comme « en face » de l'ensemble pour pouvoir le saisir. Ce processus, dont on devine à peine l'esquisse dans les formules elliptiques du commentaire de la définition IX, est en revanche décrit en détail dans deux passages de la *Sentence* 44 (9-28 et 36-52) de Porphyre. Le premier passage de cette longue sentence concerne l'intellection simultanée de l'étendue et du temps par l'intellect qui est éternel, tout entier en tout (ὅλον ὅλῳ) et unique, agissant sous le mode de l'un dans l'un (καθ' ἓν ἐν ἑνὶ), tandis que le second passage décrit le mouvement de l'âme par lequel le temps subsiste, mouvement qui est circulaire, qui fait que l'âme se retourne sur elle-même quand elle connaît, et qui impose en même temps le parcours et la multiplicité des moments présents de la saisie[1]. Or cette description, de souche plotinienne d'ailleurs, permet de comprendre non seulement quelques emprunts qui paraissent incontestables dans le *Livre des définitions*[2], mais aussi les points où l'auteur du *Liber*, de toute évidence un familier de la pensée de Porphyre et de Plotin, se sépare néanmoins de certaines positions défendues par les philosophes (néo)platoniciens.

Analysons la première description, celle qui concerne l'intellection, acte de l'intellect, et l'objet propre de cet acte, l'intelligible, en commençant par souligner que la manière descriptive de Porphyre pourrait signaler une sorte de définition *secundum formam* sans renvoyer nécessairement à l'archétype platonico-parménidien. Cette remarque n'est pas anodine. Elle signifie qu'il faudrait voir dans la modalité descriptive un rappel de la leçon presque méthodologique formulée par Porphyre dans la *Sentence* 10 qui stipule l'adéquation nécessaire de l'approche à l'objet approché, partant de la formule que « tout est en tout » (πάντα μὲν ἐν πᾶσιν)[3] et que c'est la visée et le mode propre de ce/celui qui envisage le

1. Voir *infra* les passages évoqués de la *Sentence* 44.

2. Les proximités avec cette *Sentence* porphyrienne sont signalées aussi par Hudry (*op. cit.*, n. 3 et 5 p. 168,). Pour ma part, outre l'intérêt de certains détails, j'insisterai aussi sur quelques distinctions porphyriennes qui ne se retrouvent pas dans le commentaire de la définition IX du *Liber* et dont l'identification pourrait éclairer des options philosophiques particulières de l'auteur latin. Mais l'énigme de l'identité de ce dernier et de la datation de l'*opus* demeure malgré tout entière.

3. *Sentence* 10 : « *Toutes les choses sont en toutes* (Πάντα μὲν ἐν πᾶσιν), mais sur un mode approprié (οἰκείως) à l'essence de chacune (ἑκάστου οὐσίᾳ) ; elles sont en effet dans l'intellect sur le mode de l'intellection (νοερῶς), dans l'âme sur le mode des raisons (λογικῶς), dans les plantes sur le mode de la semence (σπερματικῶς), dans les corps sur le mode de l'image (εἰδωλικῶς), et dans l'au-delà (ἐν δὲ τῷ ἐπέκεινα) sur le mode de la non-intellection et de la suressence (ἀνεννοήτως τε καὶ ὑπερουσίως). » (*op. cit.*, je souligne). Certaines occurrences lexicales du « tout » (*totus, totum, tota*) du *Livre des XXIV* sont associées à des définitions de Dieu selon les modes et les domaines spécifiques signalés par Porphyre. Voir, par ex., les

« tout » qui assurent à la fois la différence déterminante pour les parties (ἑκάστου οὐσίᾳ) qui composent le « tout » en tant qu'ensemble, et la nature du « tout » lui-même. Il va de soi que cette formule « toutes les choses sont en toutes (πάντα μὲν ἐν πᾶσιν) » indique une approche parfaitement distincte de la similitude homotétique qui gouverne la théorie classique des formes. Par conséquent, la description de l'action propre à l'intellect donne une sorte d'image qui correspond à la nature du *noûs* à partir des *noêta* et de l'acte de la *noêsis*, sans révéler pour autant ce qu'est le *noûs* dans son entité entière et éternelle puisque cette approche essentielle est impossible en dehors de la description du mode de l'intellection (*noerôs*).

> *Sentence* 44 (9-14; 19-28) : Si donc l'intellect est intelligible et non pas sensible, il doit être objet intelligible ; si d'autre part il est intelligible pour l'intellect et non pour les sens, il doit être sujet intelligeant. C'est bien le même (αὐτὸς) qui intellige et qui est objet intelligé *tout entier par lui-même tout entier* (ὅλον ὅλῳ) [...] car il est sans parties, intelligible *tout entier pour lui-même tout entier* (ὅλον ὅλῳ) et intellect aussi *en son entier* (νοῦς δι' ὅλου), ne se pouvant même supposer qu'il ait en soi-même de l'inintelligence. [...] Mais si pour lui ceci ne vient pas après cela, c'est qu'il *intellige toutes choses en même temps* ; puis donc que c'est toutes choses en même temps, et non pas l'une maintenant et l'autre ensuite, c'est *toutes choses en même temps maintenant et toujours* (πάντα ἅμα νῦν καὶ ἀεί). Si donc pour lui il y a le « maintenant », et qu'aient disparu pour lui le passé et l'avenir, le voici dans une condition inétendue du fait de ce *« maintenant » intemporel* (νῦν ἀχρόνῳ), en sorte que c'est le mot « ensemble » (τὸ ὁμοῦ) à la fois sous de la pluralité et sous l'angle de l'étendue temporelle, qui s'applique à lui ; aussi intellige-t-il toutes choses *sous le mode de l'unité* (καθ' ἓν πάντα) dans une *unité à la fois inétendue et intemporelle*. Mais si c'est cela, il n'y a pas dans l'intellect le passage d'un point à un autre, ni par conséquent mouvement, mais *un acte sous le mode de l'un dans l'un* (ἐνέργεια καθ' ἓν ἐν ἑνὶ), soustrait à toute croissance, tout changement, tout parcours[1].

S'il est évident que l'intellect correspond ici au Dieu de la définition IX (et implicitement à la *deitas* du commentaire), Dieu dont la capacité de saisie du « tout » abolit l'étendue et la pluralité des parties de l'ensemble, et

définitions VIII (*sperma quo vita tota*), XVI (Dieu *secundum se totum* selon le mode par lequel le langage signifie ce qu'intellige la *mens*, ou selon le mode exemplaire de l'espèce qui se trouve ou non dans l'âme) ou encore les définitions II et XVIII (sur le mode imagé, sphérique, d'envisager *modum imaginandi* le « tout » sans dimensions de Dieu). Mais force est de remarquer qu'il s'agit plutôt d'échos que d'une application systématique de la *leçon* porphyrienne dans la théologie esquissée par les définitions latines commentées.

1. *Sentences*, *op. cit.* (trad. légèrement mod., je souligne).

dont l'éternité se lit dans le caractère atemporel de son « présent » à lui (le « maintenant toujours », νῦν καὶ ἀεί, νῦν ἀχρόνῳ selon les formules de Porphyre), la saisie unique à partir du « tout » étant quasi identique avec la description de l'intellection, en revanche, le principe qui détermine les conditions spécifiques de l'intellection n'est pas le même dans le cas de la vision synoptique qui caractérise le point de vue de Dieu sur le déploiement du multiple à partir du « tout ». L'intellect ne peut que se connaître lui-même, car rien de ce qui n'est pas intelligible n'est en mesure d'être appréhendé par l'intellection. L'intellect connaît donc ce qui n'a aucune dimension sensible et n'existe pas dans le temps mais dans un présent perpétuel, à l'image de l'éternité du *noûs*, et connaît ainsi du « tout » l'unité parfaite de l'un (comme « un dans l'un ») puisque l'unité aussi est à l'image de sa nature. En somme, l'intemporalité du simultané et l'inétendue, de même que l'unité et l'homogénéité de l'ensemble face à la pluralité, caractérisent le mode par lequel l'intellect saisit en « tout » ce qui *de facto* est en condition d'identité avec lui-même et lui permet ainsi de s'identifier sans amoindrir sa perfection grâce à cette identité entre l'acte, l'actant et l'objet sur lequel porte l'acte. Il y a certes des similitudes frappantes dans cette description avec la définition *secundum formam* du Dieu monade du *Liber*. Cependant, si on cherchait la notion de totalité dans ce contexte, il faudrait se résoudre à constater qu'elle n'est pas présente de la même façon que dans le commentaire formulé par l'auteur latin, voire qu'elle est en réalité absente.

Certes, il est question de « tout » comme unité et d'ensemble homogène qui transcende la pluralité. Mais *totalitas*, nous l'avons vu, n'est pas exactement cela. Porphyre utilise d'ailleurs un mode de désigner le *tout* du « tout » qui ne trompe pas sur la signification assignée. Il utilise, et même deux fois, le dédoublement du même terme par déclinaison : ὅλον ὅλῳ. Sans que l'on puisse voir dans ce dédoublement un usage adapté de la figure rhétorique de l'« épanaphore » qui donnerait à la relation du *même* au *même* que l'intellect entretient avec lui-même le sens fort d'une auto-causalité réflexive[1], force est d'admettre que « tout » signifie ici l'entité complète et entière d'un ensemble qui demeure immanent à lui-même, sans indiquer en même temps l'unicité et/ou l'universalité de cette entité. « Tout » n'a pas pour vocation propre la *totalité* mais reste toujours « tout », enfermant dans cette condition la promesse d'une pluralité de « touts » (comme des *classes* de choses ou de réalités incorporelles ou

1. F. Hudry propose ce rapprochement mais au sujet de la définition XVII, où l'allusion semble en effet transparente (*Sentences*, *op. cit.*, n. 3 p. 186). Pour les significations du dédoublement terminologique dans le discours philosophique antique, voir n. 1 p. 112.

d'intelligibles). La *totalité* en revanche, dont le nom ne répète pas à l'identique le même mot que le nom du « tout » bien qu'il soit issu de la même racine (comme *totalitas* de *totus* ou *holotês* de *holos*), semble esquisser dans la glose latine que la saisie, dont la *totalité* fait l'objet en même temps qu'elle indique la nature de l'agent, n'est pas une saisie de l'identité avec soi mais précisément une saisie de ce qui n'est pas soi. La saisie opérée par le biais de la *totalité* cherche à atteindre ce qui étant différent, étant *autre* que soi, comme la succession propre à la pluralité, peut être converti à partir de chaque partie et ramené à l'unité depuis les parties, en réalisant ainsi que ni l'*unité* ni la *totalité* (qui est une sorte d'unité) ne s'identifie avec l'ensemble réuni des parties composantes. En raison de quoi, la *totalité* signifie en tant qu'unité la transcendance du « tout » et, se distinguant de l'universel dans le cas de Dieu qui ne connaît pas le genre, elle indique aussi que la transcendance du « tout » est *de facto* universelle et rejoint le principe du « tout », sauf dans le cas unique et seul de Dieu qui n'est pas principe mais donateur du principe. On comprend mieux l'écart par rapport à la description de Porphyre en remplaçant *totalitas* par *deitas* : la déité est pourvue d'une vision unique qui saisit l'unité dans la pluralité et à travers la succession des parties, mais cette unité à partir du « tout » n'est pas l'image de la déité, et encore moins une image de Dieu. L'unité à partir du « tout » et de chaque partie indique, en revanche, la manière de transcender le « tout » et constitue en même temps la garantie de la différence absolue par rapport à la pluralité, à la diversité et à la partialité d'une saisie immanente.

La seconde description de la même *Sentence* porphyrienne déploie les conditions du rapport de la connaissance au temps en déplaçant le sujet depuis l'intellect vers l'âme.

> *Sentence* 44 (36-52) : C'est l'âme qui passe d'une chose à l'autre, échangeant pour d'autres les produits de son intellection, non que les premiers s'écartent ni que les autres s'introduisent de quelque côté, mais les uns semblent avoir passé bien qu'ils demeurent en elle, les autres leur succèdent comme s'ils venaient d'ailleurs, alors qu'ils sont arrivés non pas d'ailleurs, mais de l'âme quand elle se meut de soi-même vers soi-même (αὐτόθεν εἰς ἑαυτὴν κινουμένης) et *porte son œil sur ce qu'elle possède à partir de chaque partie* (τὸ ὄμμα φερούσης εἰς ἃ ἔχει κατὰ μέρος) ; car elle ressemble à une source qui ne se déverse pas, mais fait refluer circulairement vers soi-même ce qu'elle possède. Ainsi donc, c'est en dépendance du mouvement de l'âme que subsiste le temps, en dépendance de la permanence en soi-même de l'intellect que subsiste l'éternité, laquelle n'est pas séparée de lui plus que le temps ne l'est de l'âme, puisque même les réalités dont l'existence est dépendante sont unies là-haut. Mais ce qui est en

mouvement, [face à ce qui est en repos] usurpe une éternité qui lui appartienne (διαψεύδεται... αἰῶνα ἑαυτοῦ), – *l'absence de mesure propre à ce mouvement étant prise pour former le concept d'éternité* (τὸ ἄμετρον τῆς κινήσεως εἰς ἔννοιαν λαμβανόμενον αἰῶνος), – et ce qui est en repos, face à ce qui est en mouvement, usurpe un temps qui lui appartienne (τὸ μένον πρὸς τὸ κινούμενον χρόνον ἑαυτοῦ), *comme s'il s'agissait de parcourir et de multiplier son « maintenant » selon le cheminement du temps* (ὥσπερ τὸ νῦν αὐτοῦ καὶ διεξοδεῦον καὶ πολλαπλασιάζον κατὰ πάροδον τοῦ χρόνου)[1].

Nous trouvons ici, dans la suite immédiate du précédent passage cité, le vocabulaire qui manquait pour compléter le tableau des correspondances avec le commentaire de la définition IX du *Liber* : l'œil qui embrasse tout et la vision qui distingue chaque partie; l'articulation conditionnelle entre temps et mouvement, éternité et permanence, présent et multiplicité enchaînée de « maintenant(s) » ; enfin, le mouvement par lequel la faculté d'appréhension parcourt l'étendue en cheminant d'une chose à l'autre. Mais, à travers cette thématique commune se manifeste aussi la divergence de positions entre Porphyre et l'auteur anonyme du *Liber*. Par rapport à l'intellect dont l'exercice consiste à s'identifier essentiellement lui-même, l'âme ne fait que se retourner vers elle-même dans un mouvement circulaire de repli qui succède à une sorte d'épanchement contenu entre des limites idoines à faire refluer vers la source tout ce qui se déploie en même temps à travers son mouvement continu. Ce mouvement simultané de sourcement et de reflux, illustrant la réflexivité de l'âme, a deux effets. L'un consiste à faire de l'âme le relais du temps. Plus précisément, le mouvement circulaire de l'âme donne possibilité d'existence au temps et en assure la forme sous le mode d'un renouvellement cyclique reprenant les traits de l'épanchement et du reflux de l'âme, tandis que la subsistance permanente et identique de l'intellect auprès de lui-même donne et se porte garante de l'éternité. À cet effet temporel du mouvement de l'âme collaborent le mouvement lui-même et l'absence ou la présence d'une mesure qui tantôt fausse le mouvement (par son absence, *ametron*) en laissant ainsi la place au repos et à l'éternité, et tantôt contrarie le repos en laissant s'enchaîner de multiples moments présents, en multipliant, dit Porphyre, les « maintenant(s) » (*nun*), jusqu'à en faire le cheminement propre du temps. Cette multiplication des moments présents semble renvoyer au « présent » auquel s'identifie Dieu unique et seul face à ce qui est dans le temps. Mais la ressemblance est dans son fond mensongère car pour Porphyre l'enchaînement de moments présents est censé donner le temps

1. *Sentences*, *op. cit.* (trad. légèrement mod., je souligne).

en y participant, tandis que dans la définition du *Liber* le présent dans lequel Dieu se tient en retrait par rapport à ce qui est (dans) le temps (*praesens quicquid cuius temporis est*) constitue, au contraire, une mise à l'écart et une manière de signifier la perpétuité du présent dans lequel Dieu se laisse penser, appréhender par opposition au temps. De même, la vision simultanée de toutes les parties signifie la possibilité de la connaissance selon l'étendue, mais nécessairement en opposition avec la multiplicité et le cheminement pas à pas à travers celle-ci. C'est comme si l'auteur du *Liber* avait voulu prendre à contre-pied le raisonnement porphyrien en en faisant une lecture subtile et en le renversant à partir de ses propres mots et arguments, sur le terrain proprement philosophique et non sur celui d'un débat doctrinal[1].

Le second effet du mouvement circulaire de l'âme tient de l'exercice perceptif qui s'actualise ainsi. L'âme voit, selon Porphyre : elle voit tout et se voit en tout. On peut se rappeler, une fois de plus, le passage du traité anthropologique de Némésius qui assignait à Porphyre cette théorie de la vision de l'âme[2], en l'exprimant plus explicitement encore que le texte de la *Sentence* 44. Le mouvement d'extériorisation de l'âme, mouvement comparé au jaillissement d'une source, nourrit en effet comme une source, en continu, tout ce que l'âme perçoit. Cependant, l'accomplissement de la perception tient à la possibilité de l'âme de revenir à elle-même, comme une source qui reflue, n'actualisant que par ce retour sa nature sensible réflexive. L'âme donne et en même temps perçoit ce qu'elle donne en se retournant vers elle; elle voit ainsi le multiple qui provient de son propre sourcement intarissable, mais le perçoit dans l'union par laquelle le multiple se réduit de lui-même en retournant à l'âme et en s'y identifiant. Cette unité pourrait être traduite dans/par l'unité temporelle du « maintenant » qui signifie l'actualisation perpétuelle et parfaite de l'union de l'âme avec elle-même à travers « tout », union qu'exprime la puissance de l'âme et qui est ici illustrée par la métaphore de la source dont jaillissement et reflux sont simultanés puisqu'ils sont perpétuels et qu'ils s'identifient à la source elle-même. Il s'agit en réalité du même mouvement double de donation-réduction, traduisant la simultanéité dans l'âme de la puissance et de l'acte, mouvement que Porphyre décrit dans la *Sentence* 11 en

1. Notons que ce décalage entre la sentence porphyrienne et la glose latine pourrait éclairer les lignes de fracture et les raisons d'un autre décalage qui se fait jour dans ce contexte : l'éloignement, subtil mais net, entre l'usage des genres dits « de l'être », comme le mouvement et le repos, et le développement spéculatif de Porphyre qui ne suit pas ici l'argumentation du *Parménide* ou du *Sophiste*.

2. Némésius d'Emèse, *De natura hominis* VII, passage cité, n. 1 p. 95.

l'attribuant aux réalités incorporelles[1]. Il s'ensuit que ce mouvement parfait ne peut qu'exclure la possibilité d'envisager une *totalité* à l'égard du « tout » en même temps que distincte de celui-ci, si ce « tout » est à la fois donné et réduit à l'unité. Pourquoi ce mouvement de flux et reflux exclut-il cette possibilité ? Parce que l'âme, même si elle n'est pas dans l'identité permanente avec elle-même comme l'intellect, n'a aucune possibilité de connaître quelque chose qui ne provient pas d'elle et ne retourne pas à elle. En donnant « tout » dans son déploiement, elle réduit en même temps « tout » à l'unité avec elle. « Tout » comprend donc « tout », y compris la *totalité* sous l'espèce de l'unité[2].

Or la *totalité*, telle qu'elle apparaît dans le *Livre des XXIV définitions*, de même que dans la définition aristotélicienne, est en effet irréductible au « tout » et ne relève donc pas de la puissance que Porphyre réserve à l'âme. Si la *totalité* constitue une « unité », celle-ci ne provient pas de la somme d'éléments qui composent le « tout » et que l'âme reçoit par résorption du multiple en une identité avec elle-même. Dans la perspective davantage aristotélisante du *Liber*, la *totalité* comme « unité » semble relever de ce que chaque partie d'un ensemble comporte comme puissance propre d'appartenance au « tout ». C'est donc la possibilité de saisir *dans chaque partie* d'un ensemble ce qui transcende à la fois le « tout » et le commun, qui garantit au fond l'existence de la *totalité* et qui en donne la définition. Cette possibilité, en même temps qu'elle ouvre l'accès à la constitution identitaire de chaque entité individuelle, conditionne la distinction qui sépare la *totalité* du « tout ». Elle assure la transcendance de la *totalité* à l'égard du « tout » et dévoile ainsi soit une certaine parenté entre *totalité* et universel dans le cas des classes d'entités déterminées elles-mêmes comme des unités, selon la définition du Stagirite, soit le statut d'expression de la puissance qui donne à la Monade divine la prééminence d'une connaissance apparentée à la vision, telle que celle-ci est définie dans le commentaire de la IXe définition aporétique de l'*opus*. La transcendance de la *totalité* en tant qu'*unité* a donc une double conséquence : elle révèle le statut du singulier, dont la définition comme unicité répond à la possibilité de réduction du multiple à l'unité, et permet en outre le dépassement de la multiplicité comprise dans le « tout » par réduction à l'universel. Si le syntagme *deitas successivorum totalitas* fait suite à la différence de vue à partir du tout et à partir de la partie, il faut alors comprendre que le propre de

1. Texte cité n. 1 p. 317 et n. 1 p. 354.

2. On revient ainsi à la formule « tout est en tout » de la *Sentence* 10 (citée *supra*) et à la nécessité d'établir une distinction modale pour faire place à la différenciation au sein de cette unité parfaitement solidaire de son identité.

la déité, y compris sa puissance de connaître le « tout », s'actualise dans la *totalité* au-delà du successif, et donc au-delà de la multiplicité des entités individuelles saisies par réduction à un ensemble. En s'actualisant dans la *totalité*, la déité se reflète alors dans les entités individuelles dans la mesure où la *totalité*, subsistant en puissance dans chacune des entités, s'actualise lorsque l'unicité propre à chaque être singulier se montre et se parfait elle-même comme *totalité*. Dès lors, la *totalité* doit être comprise comme contraire à la fois à l'étendue du multiple et au déploiement temporel dans lequel s'effectue la saisie. Autrement dit, si la déité peut s'actualiser comme *totalité* en traversant la succession temporelle, l'étendue du sensible et la diversité du multiple, c'est parce que ni la *totalité* ni *a fortiori* la déité ne participe de fait de la succession, de l'étendue et de la pluralité auxquelles *intuitus unicus*, le regard unique (de Dieu ?) a pourtant accès – mais a accès en saisissant la *totalité* dans chaque chose et non la participation de celle-ci à la succession du devenir, à l'étendue de la nature sensible et à la multiplicité des individus de son espèce et de son genre.

Ne participant ni de la temporalité (nécessairement successive), ni de l'étendue, ni de la pluralité des parties ou des entités individuelles, la *totalité* correspond parfaitement à la nature de ce regard unique et seul qui, ouvert sur le successif, le pluriel, l'étendu et le divers, saisit dans la perpétuité de chaque instant parfait en lui-même la totalité *manifestée* dans chaque partie du successif, du pluriel, de l'étendu et du divers. Ce coup d'œil unique saisit donc ce qui correspond à sa nature dans ce qui précisément n'est pas lui. Mais comment comprendre qu'il peut saisir dans ce qui est différent ce qui lui correspond ? Qu'il voit dans ce qui se voit ce qui n'est pas visible à un regard cheminant d'une chose à l'autre comme s'il lisait un livre ? La possibilité de comprendre ce défi se cache peut-être dans le choix, tout sauf anodin, du lexique de la vision. N'est-il pas remarquable que le seul acte nommé dans la glose de la définition IX, hormis l'être prédiqué de Dieu et du temps, est précisément l'acte visuel, *video*, acte qu'exerce le « tout », *totum … videt* ? Et que cet acte est lui-même défini par la possibilité d'un recours double, comme si son exercice était différent selon deux points de vue, l'un de prééminence, l'autre de découverte de l'identité singulière, bien que leur point focal soit le même.

Le recours à Plotin pourrait s'avérer salutaire pour mieux éclairer les questions que soulèvent le rapport intellectif au temps et à l'éternité, l'exercice spécifique d'ordre visuel de la pensée et le rapport de cette « vue » avec la relation unité-pluralité des intelligibles, relation sous-jacente à la recherche d'un accès au *tout* ou à la *totalité* par l'intermédiaire de l'unité dans laquelle réside l'identité de chaque chose avec elle-même. Mais, comme dans le cas d'Aristote ou de Porphyre, les quelques fragments des *Ennéades* que l'on peut évoquer ne sauraient couvrir l'ensemble de ces questions et sont nécessairement le résultat d'un choix. De même, comme à l'égard des *Sentences* de Porphyre, l'auteur du Livre latin des définitions se trouve dans une évidente proximité lexicale et thématique avec certains passages des traités plotiniens, mais la proximité que révèlent son vocabulaire et ses références thématiques sert en même temps à défendre par des écarts contextuels subtils une position philosophique différente de celle prônée par Plotin au sujet du principe de la Monade, de l'être et des conditions de leur saisie. Voyons deux passages du traité plotinien sur l'éternité et le temps :

> Quel est donc le caractère d'après lequel ce monde-là [le monde intelligible] tout entier (καθ' ὃ τὸν κόσμον πάντα τὸν ἐκεῖ) est appelé éternel et perpétuel [perpétuité] (ἡ ἀϊδιότης)? […] C'est selon un seul et même [caractère] (καθ' ἕν), il le faut; mais notre notion (τινὰ νόησιν) [du monde intelligible] n'en est pas moins faite de l'assemblage de choses multiples (ἐκ πολλῶν). Certes, il y a une nature [unique] qui soit les accompagne (ἐπακολουθοῦσαν τοῖς ἐκεῖ) [les êtres intelligibles], soit [leur] est unie (συνοῦσαν), soit est visible (ἐνορωμένην) [en eux]; certes, *tous* [*les êtres intelligibles*] *forment une nature unique* (πάντα δὴ ταῦτα ἐκείνην μίαν μὲν οὖσαν); mais [*cette nature unique*] *a des puissances multiples, et elle est plusieurs choses* (πολλὰ δὲ δυναμένην καὶ πολλὰ οὖσαν).
>
> Et alors, il [celui qui *a aperçu cette puissance à multiples faces* (τὴν πολλὴν δύναμιν εἰσαθρήσας)] *voit l'éternité* (αἰῶνα εἶδεν ἰδών), une vie qui persiste dans son identité (μένουσαν ἐν τῷ αὐτῷ), qui est toujours *présente à elle-même dans sa totalité* (ἀεὶ παρὸν τὸ πᾶν ἔχουσαν), qui n'est pas maintenant ceci (οὐ νῦν μὲν τόδε) puis cela (δ' ἕτερον), mais qui est toute à la fois (ἅμα τὰ πάντα), et qui n'est pas maintenant telle chose puis une autre, mais qui est une *perfection indivisible* (τέλος ἀμερές). Tel un point où s'unissent toutes (πάντων ὄντων) [les lignes], sans qu'elles s'épandent jamais au dehors (οὔποτε εἰς ῥύσιν προιόντων); il [ce point] *persiste en lui-même dans son identité* (μένοντος ἐν τῷ αὐτῷ ἐν αὐτῷ); il n'éprouve aucun changement (μὴ μεταβάλλοντος); *il est toujours dans le présent* (ἐν τῷ παρόντι ἀεί), et il n'a ni passé ni futur; il est ce qu'il est, et il l'est ainsi toujours (τοῦθ' ὅπερ ἔστι, τοῦτο καὶ ἀεὶ ὄντος)[1].

Il est certain que la proximité de certaines figures qui réalisent la synthèse de l'un et du multiple ou qui mettent en rapport éternité, temps et « présent qui est toujours » (παρόντι ἀεί) en identifiant éternité et moment

1. Plotin, *Enn.* III, VII [T. 45], 3, 1-7 et *ibid.*, 16-24 (trad. É. Bréhier mod., je souligne). Le caractère quelque peu elliptique de ce fragment incite à le compléter pour rendre plus explicite la traduction. Une traduction différente est proposée par M. Guyot, Paris, GF, 2009.

présent, trouble la lecture parallèle des textes. En particulier, cette proximité soumet la définition IX et sa glose à une lecture induisant l'idée que la clef de ses formulations paradoxales se trouverait dans la métaphysique de type noétique esquissée par Plotin, dans cette pensée pour laquelle le cosmos se réduit à la relation d'unité instantanée entre l'intellect, l'intellection et ce qui s'y trouve à titre d'objet et de moyen de la pensée, à savoir les intelligibles (désignés comme « parties »), unité dont la perfection s'oppose d'emblée à toute séquentialité temporelle ou discursive. Porphyre, nous l'avons vu dans le premier passage cité du fragment de la *Sentence* 44, transpose cette unité en termes d'identité essentielle et structurelle (formelle) entre l'intellect et tout ce que l'intellect intellige, tandis que l'auteur latin semble traduire la relation d'unité comme une manifestation de la position prééminente qui revient à la Monade. Dieu un et seul joue en tant que présent perpétuel le rôle de l'intellect en train de saisir, de « voir » la *totalité* dans l'identité de tout ce que déploie, comme étendue et dans la succession, l'être dans le temps. Mais dans quelle relation ce Dieu un et seul se trouve-t-il par rapport à tout ce qui se déploie dans son étendue, sa pluralité et sa diversité ? Ce Dieu dont le propre, la *deitas*, correspond à la *totalité*, arrive-t-il à préserver sa perfection en se déployant ou est-il radicalement séparé de ce qui en provient ? Plus précisément : ce « tout » qui « voit » l'ensemble des parties, est-il synonyme de Dieu parce qu'il est essentiellement identique à celui-ci comme à ce/celui dont tout provient, ou bien Dieu un et seul se tient-il hors de tout ce qui procède de lui, préservant ainsi la structure absolue de son essence unique, parfaite et simple, essence à laquelle l'accès est en revanche assuré de manière séquentielle et partielle ?

Secundum formam indique présentement cette seconde approche, mais elle ne la situe pas pour autant dans le sillage de la théorie des formes et des universaux. Si la *totalité* signifie que Dieu selon sa nature se trouve en dehors de la pluralité des parties et de leur succession, sa perfection étant indissociable de sa *totalité* et donc indivisible telle une entité infracassable, du point de vue formel, en revanche, tout ce qui en provient révèle cette *totalité* sous le mode successif et partiel, en la révélant de manière intacte à chaque moment du présent et dans chaque partie. Ce processus, qui comprend bien la *totalité*, ne peut cependant être saisi qu'à travers un cheminement. Le *pas à pas* ainsi suggéré, bien qu'il soit attribué au regard, concerne non la vue d'une image mais celle d'une forme discursive qui se développe par le déploiement de parties successives, inséparables et pourtant distinctes *une à une* comme les mots d'une phrase. Aussi le temps de ce qui est, passé ou futur, induit nécessairement une succession de formes verbales qui présentent, racontent ou décrivent de manière séquentielle un acte, lequel, bien qu'unique et toujours effectif, telle la vie sans cesse en train d'engendrer la vie et de s'actualiser ainsi dans un présent perpétuel, ne peut être saisie qu'à travers des actions passées ou futures, jamais dans un « maintenant » absolu ou dans l'éternité indéterminée.

Pour Plotin la synthèse de l'unité et de la pluralité se réalise dans et selon le modèle du *noûs* et des *noêta*. Plotin conçoit donc un modèle « méréologique » strictement noétique, orienté et structuré de manière à assurer les conditions de l'appréhension, étant donné que l'un est séparé totalement et que seul le « témoignage » de son reflet dans l'intellect assure la possibilité double de la pluralité des intelligibles et de l'unité plurielle des puissances inscrite dans la nature unique des êtres de pensée : « tous les êtres intelligibles forment une nature unique (πάντα δὴ ταῦτα ἐκείνην μίαν μὲν οὖσαν); mais cette nature unique a des puissances multiples, et elle est plusieurs choses (πολλὰ δὲ δυναμένην καὶ πολλὰ οὖσαν) »[1]. Pour l'auteur latin, en revanche, les identités mises en jeu par la relation « méréologique » ne sont pas les mêmes, et la ligne de fracture entre ce qui est dans le temps et ce qui est indéterminé par rapport à l'être et au devenir, elle aussi, ne suit pas le même trajet de la frontière entre le *tout* immanent et la transcendance de *tout*, transcendance dont l'expression est la *totalité* qui fait du « tout » *tout* et *unité* de surcroît. La raison en est que l'auteur latin introduit une relation d'asymétrie et que cette sorte de relation indique qu'à la différence de l'intellect qui ne connaît que ce qui tient de son identité et retourne toujours à celle-ci, Dieu ne connaît que ce qui en lui n'est pas lui et qui, dès lors, l'oblige à se pencher *sur* et *vers* lui comme du dehors. Dieu se tient dans l'équilibre fragile, bien que perpétuel, du présent, du « maintenant » qui se suffit à lui-même pour livrer une image entière de ce qui remplit le moment présent de son étantité. Equilibre fragile vu du dehors, car cela ne représente pas, bien évidemment, Dieu essentiellement, mais circonscrit le propre, la déité, la nature de ce qui fait de Dieu *Dieu*, comme la *totalité* par rapport à *tout* ou l'*unité* par rapport à l'*un*.

Secundum formam indique cependant quelque chose de plus en direction de l'enjeu de la définition elle-même. Ce mode signifie aussi qu'une différence radicale doit être envisagée entre les notions de totalité et d'universel (*kath'olou*). Cette différence, qui sert en quelque sorte de garde-fou, *définit ainsi la définition* proprement dite, en signifiant le plan sur lequel se situe sa validité. Ce plan ne peut être que celui de la métaphysique, non celui de la logique. Sur le plan métaphysique la différence

1. Plotin, *Enn.* III, VII [T. 45], 3, 6-7, fin du premier paragraphe cité *supra*.

signifie dans ce cas la transcendance de la *totalité* par rapport à l'universel, tandis que sur le plan logique les deux paraissent équivalentes du point de vue formel. Non seulement la *totalité* transcende le tout et ne renvoie pas à l'identité qui enferme l'acte par réduction à l'objet dans le cas de l'intellect et de l'unité-pluralité *de nature* des intelligibles, mais elle se distingue tout autant du statut des formes et ne dispose d'aucune universalité, puisqu'étant propre à Dieu (en l'occurrence, à la *deitas*) elle ne peut être définie ni selon l'essence ni selon les propriétés. Par conséquent, la définition, focalisée en effet sur la *totalité*, vise à mettre en évidence que celle-ci ne s'applique dans ce contexte qu'à l'unique et seul Dieu en tant que « présent », mais que cette application restrictive ne fait pas pour autant de la *totalité* une propriété de Dieu ou un nom divin[1]. Dès lors, mettre la définition sous le signe des formes indique en creux, comme par défaut, que la condition formelle ne s'applique, elle, qu'au rôle assigné aux parties et à la saisie du *tout* à partir de celles-ci, c'est-à-dire par la pluralité, l'étendue, la succession, lesquelles renvoient par retour du particulier à l'universel. C'est bien cette condition, en apparence fidèle à la première hypothèse de la théorie des formes (*Parménide* 137c-d) concernant le rôle des parties à l'égard du tout mais non à l'égard de l'un[2], qui ne peut convenir à la *totalité*, *alias* à la déité, et donc au « point de vue » du tout, si celui-ci comporte simultanément la totalité et l'unité. Et dans ce dernier cas l'approche n'est pas formelle, ne fait pas appel aux universaux et n'est pas soumise au règles de la définition discursive propre à la temporalité dans laquelle s'inscrivent les actions de tout ce qui est dans le temps. Plotin indique la vie, en guise d'exemple. Pour lui, la vie n'est pas soumise au temps, bien que tout vivant soit sous le coup de la métamorphose cyclique, car la vie est une perfection indivisible (τέλος ἀμερές), propre à l'âme, et elle est par conséquent

1. Voir la définition VI (*sub relatione*) du *Liber* qui interdit sous peine d'aliénation la circonscription de Dieu à une substance ou à une propriété commune ou accidentelle. Je déroge, en référant à cette définition, à la règle imposée à cette analyse qui consiste à ne pas appuyer une définition sur les acquis d'une autre, sauf lorsque la définition elle-même comporte une référence intertextuelle.

2. « S'il est un, n'est-il pas vrai que l'Un ne saurait être plusieurs ? […] Il ne saurait donc avoir de parties et ne peut être un tout (Οὔτε ἄρα μέρος αὐτοῦ οὔτε ὅλον αὐτὸ δεῖ εἶναι). […] La partie est partie d'un tout. […] Et le tout, n'est-ce pas ce à quoi aucune partie ne manque ? […] Des deux façons donc l'Un serait composé (τὸ ἓν ἐκ μερῶν ἂν εἴη), soit qu'on le dise un tout, soit qu'on lui donne des parties (ὅλον τε ὂν καὶ μέρη ἔχον). […] Donc, de ces deux façons, l'Un serait plusieurs et non plus un (τὸ ἓν πολλὰ εἴη ἀλλ' οὐχ ἕν). […] Or la thèse est qu'il soit, non point plusieurs, mais un. […] Donc si l'Un doit être un, il ne sera point un tout et il n'aura point de parties (ἄρα ὅλον ἔσται οὔτε μέρη ἕξει, εἰ ἓν ἔσται τὸ ἕν). » (*Parménide* 137c4-d4, trad. fr. A. Diès, Paris, Les Belles Lettres, 1950).

expression de l'éternité[1]. Mais l'auteur latin n'emprunte pas non plus cette voie. Sa stratégie est différente à la fois de celle de Plotin (visant l'éternité de l'âme, en l'occurrence) et de celle déployée dans la théorie classique des formes (celle du *Parménide*, visant par hypothèses l'absolue séparation de l'un).

L'anonyme latin introduit, pour sa part, une prééminence comprise sous l'image du regard qui embrasse tout et qui ne se soumet pas à la contrainte du parcours propre à une lecture discursive. Ainsi, sa définition *secundum formam* contient à la fois l'indication d'une définition selon la prédication (induite par la temporalité et suggérée par la succession des parties), et le dépassement de la prédication par une saisie globale, propre à la vision par laquelle Dieu connaît ce qui n'est pas lui en lui. On pourrait dire que la glose de la définition IX comprend ainsi à la fois l'indication de la division et le retour à l'unité, et qu'elle les comprend d'une façon « panoramique », comme une synthèse dont le résultat n'est cependant pas déterminé par le dépassement de l'opposition un-multiple grâce à une tierce voie, mais par une transcendance de l'opposition elle-même à partir de ce qui n'est pas soumis à cette opposition, à savoir, *la totalité* précisément. La prééminence suggérée par la vision à partir du « tout » montre ce dernier aspect de la définition, aspect qu'il convient maintenant d'évoquer.

LE COUP D'ŒIL : *SUNOPSIS* ET TAXINOMIE

Une autre définition du *Liber* est présentée sous le mode de la forme : non *secundum formam* (comme la IXe définition) mais comme *formalis*. Si le commentaire de la définition IX ne fait aucun renvoi à d'autres définitions commentées et impose une lecture prioritairement sans lien intertextuel[2], on peut justifier l'appel à la glose de la définition XI (*haec definitio formalis est*) en marge de l'analyse consacrée au commentaire de la définition IX, par la communauté modale entre les deux et par la nécessité de mieux comprendre ce qu'éclaire le choix déclaré du mode « formel » dans le contexte de cette série de définitions aporétiques de Dieu[3].

1. Passage cité *supra*, lignes 16-17.

2. Contrairement à d'autres gloses des définitions du *Liber* qui s'appuient entre elles, telle la glose de la définition X renvoyant aux commentaires des définitions IV et VII ou la glose de la XVIIIe définition qui fait suite (*sequitur*) à la IIe.

3. Notons que parmi les dernières définitions commentées de la série des XXIV, certaines ne présentent plus la structure : définition, mode, glose, parallèle. L'indication modale

La définition XI aborde la question de la transcendance à l'égard de l'être dans le cas de Dieu[1]. Elle n'est d'ailleurs pas la seule à le faire, l'auteur revenant à plusieurs reprises sur le dépassement de l'être et de la substance (par exemple dans le commentaire de la définition XX), ainsi que sur la différence essentielle et la dissemblance entre Dieu, intellect et langage (commentaires des définitions XVI et XIX – cette dernière, en tandem avec la définition XX, formulant et glosant les figures aristotéliciennes du moteur immobile et de la pensée qui est acte par elle-même, vit en se pensant et est supérieure à l'essence, *superessentialiter*). Or que dit au sujet de la forme la glose de la définition XI de Dieu ? Elle affirme que la forme n'a pas de rapport avec le limité car le limité ou le clos (*clausionem*) est propre à l'être (*esse*), or Dieu est supérieur à l'être. Qu'en outre elle ne connaît pas le mal ; en clair, qu'il n'y a pas de possibilité d'opposition à l'être et qu'il n'y a pas non plus de forme possible du mal. Pourquoi ? Parce que Dieu, en tant qu'illimité, possède la possibilité infinie, tandis que le mal, qui est manque ou privation d'être, n'a aucune possibilité hormis celle d'exercer une attraction conséquente à ce manque. Le mal réduit ou limite donc l'étant à s'identifier à sa finitude comme seule possibilité d'être et ne peut à ce titre avoir une forme (en d'autres termes, il n'y a pas de mal universel), tandis que Dieu, comprenant/contenant l'être, ne connaît pas le manque et a, au contraire, la possibilité de décloisonner l'être à travers son propre dépassement. Ainsi, transcendant l'être, l'universalité de la forme donne en même temps à l'être la possibilité de s'auto-transcender. Enfin, il est dit que la forme ne connaît pas la division, car Dieu, parfaitement simple, ne sépare jamais l'être de lui-même, bien qu'il ne soit jamais

disparaît dans les définitions XVII-XXIII et dans plusieurs cas un renvoi à une définition précédente prend la place de l'indication modale.

1. « *DEUS EST SUPER ENS, NECESSE, SOLUS, SIBI ABUNDANTER, SUFFICIENTER. Haec definitio formalis est, et etiam a quo materia relata : "Esse omne dicit clausionem...". Superest igitur qui non clauditur. Est necesse quia malum non habet, quia non clauditur sed infinita possibilitate nec sic distrahitur suum et esse, cum redeat [a] se in se, et non totum indigenter, sed exabundanter.* / DIEU EST AU-DESSUS DE L'ÉTANT, NÉCESSAIRE, SEUL, À LUI-MÊME EN ABONDANCE, EN SUFFISANCE. Cette définition touche à la forme et se rapporte aussi au thème évoqué : "Tout être dit le caractère clos…". Il "est" donc sur le mode supérieur celui qui n'est pas clos. Il est nécessaire parce qu'il ne connaît pas le mal, parce qu'il n'est pas clos mais qu'il est d'une potentialité sans limite, et que son être même n'en est pas divisé, puisqu'il fait retour de soi sur soi, et non du tout par manque, mais par surabondance de puissance. » (*Livre des XXIV…*, *op. cit.*, p. 174-175). Hudry mentionne en outre que la référence avant la citation ferait allusion à la définition X et que la citation serait le rappel d'un passage du chap. 17 du livre Δ, 1022a8-10 (*ibid.*, n. 8 p. 170). Notons, par ailleurs, que l'évocation du mal dans ce contexte mérite une analyse plus approfondie mais qui nous éloignerait du thème de cette enquête.

réductible à cette identité, et, s'il fait toujours retour sur soi, ce n'est pas par manque ou par nécessité d'identité avec soi, mais par surabondance, puisqu'en tant qu'illimité jamais il ne se quitte lui-même, qu'il s'abaisse ou qu'il se sépare en retournant à son état solitaire et suffisant. Nous comprenons que la division et le retour sont des mouvements qu'exercent les formes des étants, et qu'en raison de sa non séparation Dieu suit lui-même ces actes, mais par surabondance non par manque, nécessité ou désir suscité par la privation. Françoise Hudry cite à cet égard la *Sentence* 11 où Porphyre décrit ce mouvement double en l'attribuant aux réalités incorporelles et en mentionnant que le retour, désigné comme rassemblement (εἰς τὸ ὁμοῦ), signifie la surabondance de puissance substantielle (δυνάμεως περιουσίᾳ) des hypostases incorporelles[1].

La proximité formelle de cette description cache cependant, une fois de plus, une différence de taille. La division et le rassemblement conviennent aux manifestations du composé ou aux natures parfaitement simples qui connaissent toutefois des opposés parce qu'elles relèvent de l'ordre des identités substantielles. Dieu, en revanche, n'est ni composé ni réductible (dans ce contexte) à une hypostase, à la réalité manifestée/actée d'un étant. Par conséquent, il ne retourne pas à soi mais il est toujours en soi – tel « un en l'un », selon le mouvement et l'acte évoqués par Porphyre dans la *Sentence* 44[2]. L'expression de sa puissance surabondante, puissance au-delà de l'acte, se révèle être elle-même acte par correspondance avec le statut de Dieu en tant que seul présent face à ce qui se tient dans le temps. La « leçon » de la définition XI, *formalis*, complète donc la compréhension du commentaire de la définition IX *secundum formam*. Plus précisément, elle écarte la tentation de lire la description « méréologique » comme une allusion à la seule prédication (selon l'exemple des parties du langage qu'Aristote lui-même utilise dans *Mét.* Z 10), et conduit vers une lecture qui assigne à Dieu une place et un rôle hégémonique à l'égard de tout ce qui est en provenance de Dieu sans pouvoir se séparer de lui, alors que Dieu se tient, lui, séparé de tout, dans une transcendance sans lieu ni recours. La description « méréologique » porte donc sur cette réalité qui n'est pas formelle mais est considérée dans son *actualité* même, et tente de déconstruire le paradoxe d'un « présent » qui n'appartient pas au temps et d'un « tout » dont la *totalité* en tant qu'unité est séparée à la fois sur le plan de l'étendue (du tout) et sur celui de la pluralité (des parties). Mais la description

1. Texte cité n. 1 p. 317 et n. 1 p. 354.
2. *Sentence* 44, 28, citée *supra*.

elle-même est orientée : elle assigne aussi un but à cette déconstruction, à ce dévoilement analytique du paradoxe contenu sous l'asymétrie ou la non-réciprocité entre tout et parties. Elle met en lumière la persistance d'un lien immanent qu'elle exprime à l'aide d'une figure empruntée au registre des métaphores de la puissance.

La surabondance de la *dunamis* – *exabundanter* dans la définition XI ayant vraisemblablement le même sens que la surabondance de puissance, δυνάμεως περιουσίᾳ évoquée dans la *Sentence* 11 de Porphyre, même si celle-ci est assignée à des réalités incorporelles et non à Dieu – confère à Dieu une prééminence qui se traduit dans le commentaire de la définition IX par l'attribution au « tout » d'une vue de type synoptique. La puissance se définit donc comme un acte, mais comme un acte de saisie, d'appréhension, non de production. Son caractère prééminent, propre à cette puissance, est confirmé par la possibilité d'exercer cet acte unique, ce regard pénétrant, *intuitus unicus*, sur la *totalité* du « tout ». Or, en s'exerçant ainsi, en faisant acte de la puissance qui incombe à la vision, cet acte prééminent compris *dans* la puissance et *comme* puissance, et qui ne participe pas de la production de l'ensemble des parties sans être toutefois séparé, crée à partir de lui-même ce sur quoi il s'exerce effectivement, à savoir la *totalité* du « tout »[1]. La *totalité* est donc le fruit de ce regard unique et prééminent qui peut voir « tout » simultanément puisque ce qu'il voit comporte un certain « tout », le sien, saisi comme expression formelle de sa nature unique présente en toutes les parties de l'ensemble. L'*un* se reflète comme *un* dans des miroirs multiples, disait Plotin[2]. Ainsi, ce regard ne se voit pas lui-même en saisissant la *totalité*, mais ne voit pas non plus ce qui serait tout autre que lui, à savoir la pluralité.

1. On peut aussi rapprocher cet acte propre à la puissance qui exerce sa maîtrise sur ce que celle-ci est fondamentalement, des analyses que Plotin consacre à la volonté de l'Un à l'égard du Bien dans *Enn.* VI, VIII [T. 39], 9 (l'image du roi qui se possède lui-même sans s'incliner devant la royauté) et 18 (le Bien « est souverainement le maître de ce qui vient après lui et, au premier chef, de lui-même » (trad. fr. L. Lavaud, Paris, GF, 2007).

2. *Enn.* I, I [T. 53], 8, 17-18 : « ὥσπερ πρόσωπον ἐν πολλοῖς κατόπτροις », passage auquel j'avais fait référence *supra* n. 1 p. 334. Dans un contexte différent, où l'intellect et non l'âme constitue l'objet de l'analyse, Plotin utilise le vocabulaire du regard pour désigner l'acte par lequel l'intellect regarde le Beau : « Ainsi, parce qu'il est Intellect il le regarde, et *quand il le regarde, c'est par une partie qui, en lui, n'est pas l'intellect* (ὅτι βλέπει, τῷ ἑαυτοῦ μὴ νῷ). » (*Enn.* V, V [T. 32], 22-23, trad. fr. R. Dufour, Paris, GF, 2006, je souligne). Suit une topologie de l'acte qui met en lumière d'autres parallélismes avec les définitions du *Liber* sur lesquels il faudrait revenir un jour.

Les usages philosophiques du vocabulaire de la vision et en particulier de cette vision globale sont bien connus : σύνοψιν ou πάντα συνιδών se trouvent chez Platon, dans *République* VII (537c2) et dans les livres IX et X des *Lois* (858c3 et 904b3). Bien que le contexte d'origine puisse induire un sens politique dans l'usage de la vue synoptique, la facilité de cette lecture au premier degré doit céder la place à une signification et à une visée d'un autre ordre, aussi bien chez Platon que dans le commentaire de la définition IX du Livre des définitions de Dieu. La *sunopsis*, caractérisant la dialectique, permet à ceux qui en possèdent l'art, d'embrasser à la fois les sciences (en possession des réalités immuables) dans les rapports des unes envers les autres, et de surcroît la nature de l'être (la réalité effective des choses existantes)[1]. Corroboré avec les deux visions qui résultent de la confrontation avec la lumière et les ténèbres selon la direction du cheminement (sortie de la caverne et retour)[2], ce regard, unique et distributif en même temps, actualise par une position qui n'est ni séparée ni topique et immanente à son objet, une position de prééminence à l'égard des opposés ou du multiple. Il actualise ainsi la puissance inscrite dans « tout » ce qu'il tient d'un seul coup, et réalise de ce fait ce « tout » comme *ensemble* puisque ce regard, unique, direct et simultané, s'actualise comme récepteur visuel d'une entité intégrale, solidaire en tant que « tout-entier »[3].

La prééminence du coup d'œil panoramique ne manifeste pas une domination, bien que la centralité et la hauteur par laquelle on imagine l'exercice d'une telle vision, conduisent à y voir une métaphore de la royauté, de l'hégémonie, du contrôle à partir d'un pouvoir unique, total et centralisé. Mais le regard synoptique joue ici un autre rôle. Il est stratège,

1. *Rép.* VII, 537c2-3 : « … εἰς σύνοψιν οἰκειότητος ἀλλήλων τῶν μαθημάτων καὶ τῆς τοῦ ὄντος φύσεως. / […] afin qu'ils embrassent d'un coup d'œil à la fois les rapports que les sciences ont entre elles, et la nature de l'être. » (trad. fr. E. Chambry, Paris, Les Belles Lettres, 1946).

2. *Rép.* VII, 518a1-b5.

3. Sur le rôle du vocabulaire de la vision, des métaphores visuelles et en particulier de la vision synoptique comme moyen d'accès à la connaissance des Formes, en l'occurrence une connaissance directe, totale, intuitive et non-discursive ou séquentielle, voir D. S. Werner, *Myth and philosophy in Plato's* Phaedrus, Cambridge, CUP, 2012, p. 92-93. Bien que l'auteur consacre son analyse à la palinodie de Socrate dans le *Phèdre*, qu'il n'évoque pas les occurrences spécifiques de la *sunopsis* dans la *République* ou les *Lois*, mais se concentre sur les moyens propres dont dispose l'âme pour acccéder à la connaissance des Formes, son propos sur la *sunopsis* comme alternative opposée à la discursivité du langage et plus appropriée à la connaissance des Formes rejoint la fonction que joue dans le commentaire de la définition IX, *secundum formam*, du *Livre des XXIV*, la vue du tout pénétrant et tenant d'un seul coup l'ensemble des parties. De même, la connaissance que l'âme peut avoir des Formes est une vision synoptique réalisée d'emblée par le « pilote » de l'âme, le *noûs*.

juge et condition en même temps, condition par laquelle s'accomplit la connaissance unique de tout ce qui se déploie. S'il est « roi », c'est nécessairement un « roi philosophe » qui exerce alors sa puissance de cette manière et dans ces conditions. Mais rien ne dit pourtant que ce regard incarne ou hypostasie *le roi*. Comme dans le commentaire latin de la définition IX, ce n'est pas Dieu un et seul qui regarde mais le « tout » qui embrasse de sa vue toutes les parties, ce « tout » dont Dieu est le « présent » de ce qui est dans le temps (*quicquid cuius temporis est*) et dont la déité correspond à la *totalité*. En prenant à rebours le raisonnement de la définition et de la glose latine à la lumière de l'image platonicienne du regard synoptique, on pourrait dire que la *totalité* signifie la déité dans sa transcendance à l'égard du « tout », et que le « présent » face au temps signifie Dieu en tant qu'instant seul et unique comprenant d'un seul tenant le temps, tout autant qu'il est séparé et prééminent face à la succession et à la division qui caractérisent le déploiement de l'être dans le temps et dans la multiplicité des étants. Du reste, pour les philosophes Dieu, comme l'Un des néoplatoniciens ou comme le roi de Platon, n'a pas un regard propre. Le regard, en revanche, tient le rôle de l'hégémon propre à chaque entité qui exerce les fonctions de l'intellect et de l'âme rationnelle et qui par conséquent voit tout : τὰ πάντα ὁρῶν[1]. Chez Platon cette vue synoptique est d'ailleurs comparée au statut même des lois (κατὰ φύσιν μᾶλλον ἡμῖν ἡ σύνοψις τῶν νόμων)[2]. Une conformité entre *notre* vue de l'ensemble et la nature des lois signifie, pourrait-on dire, à la fois la possibilité d'une adéquation de l'universel à servir l'unicité de chaque être singulier, un à un, en même temps que la possibilité qui revient à chacun de reconnaître par l'exercice d'une telle vision son lien avec l'ensemble (en l'occurrence, le respect des lois). Dans un cas, cette vue panoramique est unique, par voie de synthèse, dans l'autre, elle va d'une chose à l'autre par voie de consécution et de déduction. C'est à ce regard unique que semble référer dans la glose de la définition IX la saisie globale qui s'exerce à partir du « tout » (*totum... omnes partes videt*), et donc la condition d'accès à la *totalité* à travers l'ensemble des parties successives, de même que la simultanéité par laquelle le présent se tient, comme *maintenant*, face au temps et hors de lui. Mais l'instant présent qui comprend « tout » et qui demeure séparé de la

1. Rappelons cette analogie entre l'intellect-guide et la vue du tout dans *De opificio...*, 69 de Philon au sujet de l'homme créé comme reflet de la pensée de Dieu. « Le rôle que joue le guide suprême dans le monde entier, il semble que l'intellect humain le joue dans l'homme (ὁ ἀνθρώπινος νοῦς ἐν ἀνθρώπῳ). Il est lui-même invisible alors qu'il voit tout (ἀόρατός τε γάρ ἐστιν αὐτὸς τὰ πάντα ὁρῶν). » (passage analysé *supra* chap. I).

2. *Lois* IX, 858c2-3.

procession immanente au « tout », n'a pas ou, plus précisément, ne comprend pas aussi la connaissance du particulier, tandis que le particulier a ou du moins se tourne *vers* et vise cet unique « présent » en vue d'une certaine connaissance dont la condition de possibilité est inscrite en lui-même.

Mais Platon, toujours dans les *Lois*, indique aussi un autre aspect propre à la vision synoptique, en lien direct avec le rapport entre le « tout » (πᾶν) et les parties : il s'agit de l'ordre ou de la disposition dans laquelle se tient chacune des parties dans le multiple pris comme un ensemble (πάντα συνιδών... ποῦ κείμενον ἕκαστον τῶν μερῶν)[1]. Bien que brève, et aussitôt appliquée par Platon au domaine éthique (à la recherche d'une implication efficace du regard unique agissant dans la confrontation des vertus et des vices), cette indication est cependant salutaire pour une compréhension plus large du rôle assigné au regard en marge de la pensée réflexive et de l'acte cognitif. Elle permet de saisir, au-delà des implications éthiques et des vertus politiques associées, que l'accès par la vue à une certaine taxinomie de la multiplicité détermine en effet la structure de l'ensemble en en faisant un « tout » ou en éclairant son unité par la saisie de l'ensemble comme *totalité*. Qu'il s'agisse de l'ordre selon lequel les parties se trouvent effectivement au sein de l'ensemble ou de celui selon lequel les parties sont simplement perçues, l'accès au « tout » définit le « tout » soit par une pensée de l'universel, soit par une approche globale, par une vision elle-même créatrice de la *totalité* à partir de l'ensemble que chaque regard unique embrasse. Aristote, à la fin du chapitre 26 de *Mét.* Δ[2], prend appui sur le rôle joué par la position des parties pour établir la nature du « tout » et distinguer entre l'« ensemble » (*pan*) et le « tout-entier » (*holon*). Le premier convient au rassemblement du multiple, le second à l'entité d'un « tout-entier » dont l'identité est double, à la fois multiple et donnant lieu à une unité. Dans le *Livre des XXIV* cette distinction, de même que la question topologique et taxinomique des parties, n'intervient qu'indirectement dans le commentaire de la définition IX, à supposer que l'asymétrie des points de vue, évoquée plus haut, implique aussi une disposition des parties, chacune en lien avec l'autre et avec l'ensemble auquel toutes participent à la fois comme partie de l'ensemble et comme unité en soi, unique et singulière. En revanche, dans la mesure où *totalité* est remplacée par « communauté » dans les traités de théologie trinitaire[3], la taxinomie,

1. *Lois* X, 904b3-c3.

2. Dernier paragraphe du passage cité *supra* p. 349.

3. Pour le rapport entre « communauté » (remplaçant la *totalité*) et « déité », voir un passage du *Traité sur le Saint-Esprit* de Basile de Césarée : « Et de même que, en art (ἐπὶ τῶν

comme expression de la relation entre les parties, joue un rôle de premier ordre. Elle sert d'appui pour la relation auto-définissante de l'essence commune et des actions qui individualisent les hypostases, actions qui les situent les unes à l'égard des autres et qui constituent en même temps une expression spécifique du lien qui unit indéfectiblement les hypostases à travers leur réflexion réciproque. Position et ordre des hypostases prennent peu à peu le pas sur le statut des hypostases elles-mêmes dans la définition de la Trinité. Mais force est de souligner que cette question, bien que cruciale, est absente des XXIV définitions commentées du Dieu-Monade. Est-ce symptomatique de l'époque de composition de ces gloses ou révélateur de la relative discrétion de l'auteur du *Liber* sur les options doctrinales de sa théologie ? Si tant est que définitions et commentaires soient deux entités textuelles aux origines bien distinctes.

Nous ne sommes pas en mesure de répondre à cette question et donc de trancher le débat sur les origines exactes des définitions de Dieu et de leurs commentaires lapidaires qui forment le mystérieux recueil intitulé *Livre des XXIV*… philosophes ou apories sur Dieu. L'ambition n'était d'ailleurs pas d'y apporter des éléments de réponse philologique ou historique, mais de reconstituer l'épaisseur théorique d'une notion, la *totalité*, à partir de son usage dans le commentaire de la définition IX du *Liber*. En inversant la perspective de la recherche, en remontant depuis cet usage particulier vers des significations plus larges, on peut en effet dessiner le contour d'un vaste domaine de la spéculation philosophique dans lequel se croisent et s'enrichissent mutuellement des thèmes de la métaphysique d'Aristote et des figures propres à la philosophie de Platon qui nourrissent la pensée et en particulier la théologie des néoplatoniciens. Placée entre les miroirs des différents textes relevant tantôt de la physique et des catégories de l'ontologie, tantôt de la noétique incluant la vision et la connaissance, la notion de *totalité*, jamais théorisée comme telle dans les textes anciens, émerge toutefois dans des circonstances précises où elle est appelée à répondre à un besoin spécifique de la théologie de la Monade, à savoir la nécessité de réduire le multiple sans détruire la spécificité de chaque singulier.

Ainsi, la transcendance de la *totalité* par rapport au « tout », qui semble se dégager des différents contextes de définition et d'usage de la notion de *totalité*, traduit le besoin de reconstituer et de préserver l'unité non

τεχνικῶν), la ressemblance se prend sur la forme (κατὰ τὴν μορφὴν ἡ ὁμοίωσις), ainsi, pour la nature divine, qui est simple (ἐπὶ τῆς θείας καὶ ἀσυνθέτου φύσεως), *c'est dans la communauté de la déité que réside le principe d'unité* (ἐν τῇ κοινωνίᾳ τῆς θεότητός ἐστιν ἡ ἕνωσις). » (149C 21-23, trad. B. Pruche).

seulement par le mouvement double d'épanchement et de conversion entre l'un et le multiple, mais aussi par un acte immobile et comme donné. Cet acte est illustré ici par la prééminence de la vision capable d'embrasser « tout » et de saisir à travers « tout » la *totalité* que recèle chaque entité en soi ou chaque partie. Cette capacité de saisie par un regard unique ne tient pas de la vision elle-même, qu'il s'agisse d'un organe spécifique ou du raisonnement à proprement parler, mais relève de ce qui détermine cette vision, de ce qui fait qu'elle puisse avoir lieu. Or la condition dont il est question ne s'identifie pas à Dieu, ne réduit pas Dieu au rôle d'une cause ou d'un agent, mais se présente ici à travers un acte d'abstraction illustré par le rapport de l'instant présent au temps. Le présent s'abstrait du temps puisqu'il le contient sans participer à son déploiement et donc sans jamais déroger à sa condition de présent. La saisie de la *totalité* par un regard unique constitue l'application logique (sous le mode « méréologique ») de la définition de l'unicité propre au Dieu *monos*, tandis que l'abstraction ou la séparation à l'égard du temps par le recours au « présent » représente de manière topique l'un des enjeux métaphysiques de la question théologique de la Monade. Les deux niveaux textuels du *Liber*, celui de la définition et celui du commentaire, relèvent dans ce cas des deux approches de la théologie, métaphysique et logique, le commentaire utilisant les moyens de la logique pour circonscrire, voire dépasser, les limites des apories métaphysiques que chaque définition présente de manière succincte.

CONCLUSION

PENSER DIEU. CONDITION DE POSSIBILITÉ ET POSSIBILITÉ SANS CONDITION

῞Οτι καλὸν μεν ὁ νοῦς καὶ ἐν τούτῳ ἔχομεν
τὸ κατ' εἰκόνα τοῦ κτίσαντος[1]

LA POSSIBILITÉ ET LA CONDITION

Précisons, une dernière fois, qu'aucune condition ne pèse sur ce qui fait grammaticalement fonction de complément d'objet dans le syntagme *penser Dieu*. La condition concerne l'acte, exclusivement. Dans *penser Dieu* seule la possibilité de penser est concernée et cette possibilité comporte aussi une condition; elle conditionne en effet l'acte au plus haut degré puisqu'elle le confronte avec ce sur quoi rien n'a de prise hormis précisément cette unique possibilité que la pensée, au lieu d'en faire son objet, soit elle-même l'« objet » de son propre acte lorsqu'elle touche la limite de l'impensable avec *penser Dieu*. La condition de cette possibilité tient à la capacité propre de l'acte noétique de ne pas s'annihiler en touchant à sa limite mais, au contraire, à s'auto-générer comme acte et à s'accomplir en pensant précisément son impossibilité, en pensant donc

1. « Que l'intelligence est une belle chose et que nous avons en elle ce qui est à l'image du Créateur » (Basile de Césarée, *Lettre* 233, 1, trad. Y. Courtonne, *op. cit.*, t. III, p. 39). La phrase ouvre la lettre de Basile comme si elle répondait à une interrogation dubitative formulée par Amphiloque. On retrouve explicitement l'interprétation philonienne de Gen. 1, 26 dans *De opificio…*, 69.

l'impensable et en renversant dès lors en pensable son impossibilité sans exercer la réduction à l'intelligible ou à une idée puisque c'est bien cette réduction, spécifique à la *noêsis* et à toute condition *a priori,* qui est impossible dans ce cas unique. Pensant sa possibilité face à l'impensable, la pensée ne se pense pas elle-même mais pense ce qui radicalement la dépasse à la fois comme acte et comme pensée.

C'est dans la nature de cet acte qui n'est pas un mouvement ni une action pratique (telle une *poiêsis* ou une *praxis*) mais un acte essentiellement réflexif, que se trouve inscrite cette possibilité ultime : la *possibilité de l'impossible* exprimée sous le syntagme *penser Dieu*. De cette possibilité paradoxale résulte non la connaissance de ce qui est impensable mais la certitude que l'acte ainsi qualifié, par la seule condition de la réflexivité, est d'emblée et essentiellement un acte, et qu'il est, dans la condition révélée par cette épreuve-limite, un acte unique puisqu'il est l'acte même de son *ousia*. La réception d'un reflet constitue en effet l'acte de l'intellect quelle que soit la nature de ce qui s'y reflète : nature immanente à l'esprit et donc réductible à l'intelligible, ou irréductible parce que transcendante au titre de son étrangeté radicale à l'égard du *noûs* et du monde tout court. Dieu ou l'Un, tout autant qu'un étant particulier sensible dont la pensée ne dispose pas *a priori* de médiation spécifique (vue, ouïe, toucher, etc.), s'y reflète et actualise ainsi l'acte noétique – rend plus précisément actif, donc conscient et actuel, l'acte de penser. Cependant, seul Dieu ou l'Un peut révéler au *noûs* sa capacité réflexive puisqu'à l'égard de Dieu ou de l'Un l'intellect agit au nom de la radicale séparation dans laquelle il se tient et qui le définit essentiellement. Le reflet de Dieu ou de l'Un n'est que le reflet du *noûs* lui-même, le reflet par lequel l'intellect se manifeste en agissant face à ce qu'il tient lui-même pour être au-delà de la pensée. L'agir est alors tout autant une mise à disposition, l'activation, en d'autres termes, d'une possibilité sans condition, d'une possibilité donnée pour que la pensée ne soit jamais accomplie que par l'atteinte de sa limite : non par l'entéléchie d'une action propre à sa nature, mais toujours par ce qui la dépasse absolument.

La condition de possibilité de l'acte noétique s'identifie à la forme même que prend l'exercice de cet acte unique ; elle en est l'*eidos*, l'*eidos* de son *ousia*, *ousia* qui se définit comme réflexivité pure et absolue, autant d'elle-même que de tout ce qu'elle n'est pas. Cette réflexivité est pure et ne s'impose pas comme une condition *a priori* dans la mesure où elle est séparée de ce qui s'y reflète, y compris dans le cas de l'auto-réflexion (appelons-le paradoxe de l'auto-séparation). En même temps elle est absolue dans sa possibilité de tout refléter dès lors qu'elle reflète aussi ce qui dépasse la condition propre à l'acte noétique, à savoir la capacité de détermination de la pensée comme connaissance de ce qu'elle reflète. La pensée peut refléter et penser ce qu'elle ne connaît pas, ce qu'elle sait ne pas pouvoir définir par réduction aux catégories ou aux idées. Si la condition concerne donc l'acte, et le concerne essentiellement, la possibilité elle-même de l'acte n'est en revanche pas conditionnée. La possibilité ne dépend pas de la nécessité (ontologique ou logique) et ne reconnaît comme limite que sa transcendance dont elle (la possibilité) constitue en même temps le révélateur ou le témoin. Si la possibilité en matière de penser n'est pas conditionnée, c'est parce qu'elle fixe elle-même les traits qui déterminent la condition et qu'elle en constitue la « matière essentielle » : la possibilité se présente comme ce dont est pourvu l'acte dans sa condition formelle d'acte noétique et ne se réduit pas à l'existence d'un objet et d'un agent. Cette possibilité, pliée formellement sur l'acte, est en elle-même ouverte; elle est donc infinie, comprenant aussi sa transgression, l'impossibilité comme possibilité d'être pensée, donc comme possibilité de l'acte de s'auto-transgresser, sans réduction nécessaire ni aliénation de la part de l'exercice noétique effectif. Selon ce statut, conditionnant la condition même de l'acte noétique, la possibilité s'identifie en réalité à la puissance, bien qu'elle ne soit pas puissance mais ce qui permet à la puissance de se réaliser, en réalisant ainsi la possibilité dans et par l'acte.

Ainsi, *penser* se tourne vers *connaître*, mais ne réduit pas nécessairement la pensée en connaissance du pensable. Le pensable demeure dans la possibilité ouverte de l'acte de penser, possibilité d'un acte qui s'atteste ainsi lui-même, semblable à l'acte de vie, indépendamment de la connaissance qui peut ou non circonscrire le pensable en le définissant selon les catégories. La possibilité serait donc la puissance inscrite à même la condition de l'acte, mais, même en s'identifiant ainsi à la puissance, elle demeure en tant que possibilité perpétuelle et infinie. Du coup, la possibilité n'étant nullement soumise à la condition, elle porterait, comme dit Jean-Luc Marion, la « trace de l'impossibilité »[1], donnant lieu tout naturellement à la révélation de l'impossible, et aussi à la possibilité de réaliser l'impossible à travers l'acte de *penser Dieu*. Selon la condition propre à l'acte noétique qui comporte cette possibilité comme puissance, la situation ultime dans laquelle se trouve la pensée confrontée à l'impensable et à l'inconditionnel (la pensée qui pense Dieu), met l'acte en

1. J.-L. Marion, *Certitudes négatives*, *op. cit.*, p. 108-109, dans le chap. intitulé « La possibilité sans conditions » dont s'inspirent à la fois le titre de notre chapitre final et les réflexions sur lesquelles s'ouvre ce chapitre de conclusions.

condition de découvrir cette possibilité de l'impossible comme puissance de sa propre condition. La puissance et la condition qui en assure la forme et donne la possibilité d'actualisation, se révèlent ainsi à la pensée lorsque l'impensable à la fois réalise et réfléchit l'acte même de penser. Nous savons alors que tout est possible, comme nous savons aussi que dans ce « tout » tout n'est pas nécessairement bon… La condition comporte donc une puissance d'absolu (la possibilité de penser l'inconditionnel), en même temps qu'une foncière liberté à l'égard de cette puissance – la liberté du possible d'être colporteur et témoin de l'impossible, y compris de ce qui est/serait irréductible à la puissance, ainsi que la liberté d'exercer ou non un acte second (connaissance, jugement, délibération).

La possibilité inconditionnée, ou « possibilité *absolue* » dans les termes de Marion[1], répond ainsi à l'inconditionnel pensable. Répond, ou plus précisément rend possible, selon la condition propre à l'acte noétique, de penser l'inconditionnel, de penser l'impensable sans le réduire à l'état d'objet de l'acte noétique, ni en faire un concept, une idée ou une représentation médiatrice. Cette réponse n'est nullement de l'ordre de la nécessité (ontologique ou de raison suffisante), mais de l'ordre du perfectionnement possible, de l'accomplissement de la condition même de la pensée. Or cette condition propre de la *noêsis* et cet accomplissement relèvent d'une possibilité pour la pensée de se réaliser hors de soi, ou hors de l'immanent – possibilité qui est pour l'Antiquité révélatrice de la condition transcendante qui sous-tend la pensée. La réflexivité et l'autodépassement propres à la *noêsis* se révèlent comme conditions de celle-ci à travers l'épreuve absolue, la possibilité de l'impossible, à savoir : la possibilité de penser Dieu, l'Un, le Bien ou le Tout. Cette possibilité, nous l'avons vu, est inscrite comme puissance et elle est partagée par la *noêsis* en même temps que par Dieu dans l'indistinction, pour ce dernier, entre l'acte, l'agent et l'effet. L'indistinction de l'acte, de l'agent et de l'effet, formulable aussi comme unité essentielle de la puissance et de la possibilité sans condition, constitue la réponse à la question « comment pense Dieu ? » – question évoquée plus haut, en préambule de l'exégèse philonienne de la création de l'homme et du cosmos.

1. J.-L. Marion, *Certitudes négatives*, *op. cit.*, p. 116.

Penser Dieu, *vue d'ensemble*

Le pari, insensé à première vue, du syntagme *penser Dieu* repose sur la double détermination que l'Antiquité a assignée à l'acte noétique : sa divinité et sa nature réflexive. Avant de voir se définir l'acte noétique par ce qui le dépasse, comme chez Plotin dans le rapport du *noûs* avec la première hypostase, l'Un, qui s'y reflète sous le mode d'un premier *noêton*, ou, chez certains théologiens chrétiens du IVe s., par Dieu qui créé la faculté noétique en la « pensant » à son image, il s'imposait de partir des textes séminaux pour cette double détermination, divine et réflexive, du *noûs* et de l'acte de penser. Ainsi avons-nous évoqué en introduction le *Timée* d'une part, avec sa partie finale consacrée à l'origine, à la structure et à la finalité de l'âme rationnelle, la *Métaphysique* d'autre part, avec les derniers chapitres du livre Λ sur le principe du mouvement, l'intellection du meilleur et l'auto-réflexion de la pensée. À ces textes classiques nous avons ajouté, toujours en guise d'ouverture, un troisième texte séminal, plus inhabituel peut-être à l'égard de cette problématique mais pour nous très éclairant : un fragment du *De opificio mundi* de Philon d'Alexandrie redevable au double, sinon triple héritage de Platon, d'Aristote et du stoïcisme.

C'est la relation de réciprocité qu'il nous a fallu surprendre à l'œuvre en premier, réciprocité active en même temps qu'asymétrique, inhérente pour autant qu'elle fait fond sur le partage d'une puissance commune, et en même temps exempte de division puisqu'elle apparaît au travers d'un acte unique, l'acte de penser[1]. Cette relation de réciprocité est le gage d'une union et n'a pas pour vocation l'échange. Elle joue en revanche sur la complémentarité induite par la réflexivité propre à l'acte de penser et à la nature même de l'intellect. La réflexivité noétique constitue en effet la condition de possibilité de l'unité réciproque entre ce qui se projette dans la pensée et la pensée qui se détermine elle-même à travers l'acte de réception d'un reflet qui la sépare de son immanence et la porte, pour ainsi dire, ailleurs. Induite mais pas conditionnée formellement par la réflexivité, la réciprocité constitue la possibilité infinie qui s'ouvre grâce au jeu entre le reflet et ce qui s'y reflète. Elle est, en d'autres termes, la possibilité sans condition ni nécessité du jeu de dédoublement et de dépassement entre l'image et la ressemblance qui transparaît en révélant ce/celui dont l'image est à la fois produit et moyen donné à l'intellection. Or c'est sur le mode opératoire de cette relation de réciprocité née de la réflexivité noétique que

1. Chap. « La condition de réciprocité… ».

Philon construit son exégèse du premier passage biblique de l'anthropogenèse (Gen. 1, 26). Mais l'Alexandrin ajoute aussitôt une mise en garde contre le danger d'anthropomorphisme qui guette l'institution d'une réciprocité inhérente à la réflexivité noétique. Dieu ne pense pas pour autant; il créé l'homme noétique et donc la pensée à même de le penser, lui, Dieu. En pensant, l'homme reflète (en) lui-même la pensée de Dieu qui le porte (ou l'a porté – si on respecte la dimension narrative induite par l'usage de l'aoriste dans le contexte); l'homme reflète selon sa disposition noétique ce que Dieu dépose en lui. L'acte divin consiste à donner à l'homme son reflet sans qu'aucune condition ne limite la possibilité inscrite dans ce don, même pas la détermination du reflet de Dieu comme intellectuel et intellectif. Le *noûs* en revanche, recevant ce reflet et comportant par conséquent la possibilité foncière de réflexivité, possibilité actualisée comme relation de réciprocité, se mue dans l'homme en condition de possibilité pour penser Dieu. Se mue, se meut ou se dispose à constituer cette perpétuelle condition de possibilité, à l'égard de laquelle l'homme garde aussi l'entière liberté de l'actuer ou non comme le meilleur de la pensée.

Dans le sillage de cette interprétation de l'exégèse philonienne consacrée à la création noétique de l'homme, l'analyse du lien de la réciprocité et de la condition réflexive de l'intellect s'est orientée par la suite vers deux champs particuliers d'application, tous les deux déployant la potentialité sémantique et les vertus d'équivocité de l'image et de la ressemblance. Le choix a été toutefois restreint à deux seules mises en situation, l'une tenant d'une enquête philologique, l'autre d'une approche métaphysique, choix volontairement restreint au profit d'une recherche approfondie des enjeux que révèle un tel usage de l'image. Dans l'analyse des contextes où l'expression « image de l'image » prend son sens et dans la recherche des raisons qui conduisent à faire usage d'une telle répétition, c'est la définition du principe et la mise en question du lien causal qui surgissent de l'apparent dédoublement de l'image[1]. Il s'est avéré que ce dédoublement ouvre la voie aux actes propres de l'image : *ressembler* et en même temps *montrer* – montrer la possibilité de porter en soi cette ressemblance comme un reflet, une icône, une statue, en en prenant conscience (en s'y réfléchissant) et en rendant gloire à cette « chose », signe qu'elle est reconnue comme transcendante à l'égard de celui qui la porte. De souche platonicienne et d'usage aristotélicien (adapté aux besoins noétiques tout autant qu'à la critique formulée par le Stagirite dans la *Métaphysique*), le thème des actes de l'image, reconnue sous l'expression du

1. Chap. « L'image divine et son reflet… ».

dédoublement, est largement exploité de Philon d'Alexandrie à Plotin, Porphyre, Marius Victorinus, Basile de Césarée et Grégoire de Nysse.

Le second aspect abordé au sujet des vertus philosophiques de l'image est celui du rapport que l'image entretient dans la pensée ancienne avec l'*ousia* de ce dont l'image est image en donnant simultanément un reflet, une ressemblance, voire une idée de celle-ci[1]. L'image a-t-elle et ouvre-t-elle un accès à l'*ousia* de son modèle ? L'analyse est restreinte aux usages faits par un seul auteur, Marius Victorinus, et focalisée sur les écrits théologiques de celui-ci consacrés à la défense du dogme nicéen de la Trinité. On y découvre le rôle « actif » de l'image à l'égard de l'être, de l'acte de penser et de la relation entre les hypostases de la Trinité qui est définie comme une relation d'identification et d'unité par miroitement réciproque de l'acte et de la puissance. Penser Dieu est la possibilité ouverte par les « actes » de l'image, « actes » qui révèlent à la fois la puissance essentielle et les formes de manifestation du Dieu *qui est*. D'une part l'acte est appelé par Victorinus « image de la puissance », de l'autre, il y a une « image de l'acte » dans Dieu *qui est*. Considéré du point de vue du christianisme défendu par Victorinus, penser Dieu est en effet l'acte même inscrit comme possibilité dans la manifestation de la déité *comme* et *dans* l'existant. Victorinus est redevable pour cette conception autant à la tradition doctrinale instituée par la théologie nicéenne qu'à la noétique plotinienne, un croisement sur lequel il nous a fallu revenir par la suite.

La suite de l'analyse laisse pour un moment de côté l'exploration des usages anthropologiques et théologiques de l'image et de la réciprocité pour s'engager dans le domaine noétique proprement dit. Là, au cœur même du sujet de l'ouvrage, ce n'est pas l'image mais l'un des effets de ses « actes », le reflet, qui surgit en premier et joue un rôle fondateur autant comme possibilité d'établir un rapport avec l'Un, qu'en tant que révélateur de la réalité essentielle de l'intellect. Chez Plotin, en effet, et comparativement chez Victorinus, le rapport que le philosophe décèle entre l'Un et le *noûs*, ainsi que les moyens par lesquels l'intellect arrive à intelliger en lui-même l'Un et tout (dans la séparation pour le premier et sans division pour le second), sont d'une part qualifiés comme reflet et comme réflexivité, et rassemblés d'autre part sous la définition d'un intelligible unique et distinct (*prôton noêton*), seul correspondant dans le seul récepteur possible de l'Un qui est, lui, radicalement séparé de tout. L'acte de penser naît selon Plotin de ce premier mouvement du *noûs* qui reçoit le reflet de l'Un qui est

1. Chap. « L'argument substantiel… ».

au-delà de l'être et du penser[1]. La possibilité d'appréhender ce reflet de l'Un comme *noêton* constitue la condition de possibilité de l'acte de penser, sans la nécessité de distinguer un « objet » différent de la pensée. L'Un, qui est au-delà de la pensée, donne au *noûs* la possibilité unique et double à la fois de le penser et de penser tout court. Ainsi, l'Un ne quitte pas son unicité et sa séparation, et la pensée ne se trouve pas non plus déterminée *a priori* par la multiplicité des intelligibles et par la nécessité de la réduction réflexive de l'acte à son « objet » et de l' « objet » aux conditions de possibilité d'un étant pensable. De cette situation particulière et unique, Victorinus fera la condition qui permet à l'intellect d'avoir la connaissance divine.

Mais la situation noétique mise en scène par Plotin dans les Traités 5 et plus particulièrement 7 est en quelque sorte unique dans la noétique plotinienne elle-même. Plotin y revient et la dément ou du moins l'infléchit en affirmant l'impossibilité pour l'Un de penser (nous nous arrêterons là-dessus plus loin). Il fallait cependant tenter d'étayer métaphysiquement la thèse du lien noétique entre l'Un et le *noûs* avec les arguments dont Plotin lui-même se sert, à savoir le jeu de prééminence entre l'acte et la puissance[2]. La critique qui viendrait troubler le paradoxe posé par la possibilité de penser l'impensable, ici sous le mode d'une appréhension de l'Un par le *noûs* grâce à l'Un lui-même (lequel n'est cependant ni cause ni principe de la pensée), prendrait en effet appui sur le statut selon lequel les intelligibles seraient une sorte d'étants présents en puissance dans l'intellect. Or leur subsistance en puissance est incompatible à la fois avec le statut unique et séparé de l'Un et avec la réduction qui s'opérerait si on faisait de l'Un un « objet » pensable *a priori*, selon les conditions de la raison. Plotin a néanmoins besoin du couple aristotélicien acte-puissance lorsqu'il définit le *noûs*, les intelligibles et l'intellection. Il s'en sert pour distinguer les pensées des choses, mais, en renversant en même temps l'ordre de prééminence de l'acte établi par le Stagirite, il met l'acte et la puissance dans une concomitance exemplaire pour le domaine noétique et rétablit ainsi le statut ontique particulier du *noûs* et des intelligibles, statut sur lequel ni Platon dans le *Timée* ni Aristote dans les livres III du *De anima* et XII de la *Métaphysique* n'avaient dit le dernier mot selon Plotin. C'est de ce même statut et de ce même type de renversement que se sert aussi Victorinus, mais, en stipulant la précession absolue de la puissance sur l'acte, il fixe la pensée divine comme puissance dans le Verbe-*Logos* dont

1. Chap. « Penser. Condition de possibilité et détermination de l'acte… ».
2. Chap. « Penser l'acte et la puissance selon l'ordre causal… ».

il fait la manifestation entière et non séparée (en l'occurrence, du Père, Un et *Noûs*). Bien que l'emprunt à la fois noétique et métaphysique soit circonscrit à une démonstration de la Trinité, Victorinus jette à partir de cette démonstration les bases d'une conception ontologique de la théologie chrétienne d'inspiration néoplatonicienne (et par ce biais aristotélicienne) qui, reprise par Augustin et Boèce, déterminera pour des siècles la pensée médiévale.

Ayant fait le choix d'analyser la noétique plotinienne selon l'acte et la puissance, bien qu'à partir de l'épisode singulier du reflet de l'Un comme premier *noêton*, le déploiement des aspects qui découlent d'une étude des *Catégories* s'imposait comme une suite logique à l'affirmation du statut ousiologique du *noûs* et de l'intellection comme acte. Mais ce même choix appelait de ses vœux un autre choix, celui de se pencher plus particulièrement sur l'usage tardif et partiel des *Catégories*. Les trois chapitres qui s'enchaînent sont en effet consacrés à trois lectures tardives qui s'approprient les *Catégories* et s'en servent pour définir les modalités de singulariser une identité substantielle et la saisir selon sa singularité et dans son unicité. La relation, l'hypostase et le tout (ou la totalité) à partir de l'accès à la partie à la fois en elle-même et non-séparée, sont les trois « catégories » sur lesquelles se sont penchées les analyses de certains textes des mêmes auteurs évoqués plus haut, Plotin et Marius Victorinus, auxquels s'ajoutent Aristote en toile de fond, ainsi que Porphyre, Basile de Césarée et Boèce dans le même sillage que Plotin et Victorinus[1]. S'il n'est pas nécessaire de résumer en conclusion ces trois approches qui tentent, chacune par un biais distinct, de montrer le rapport de la catégorie évoquée avec l'acte de penser, il n'est peut-être pas superflu de circonscrire à partir des trois les enjeux d'une analyse des catégories pour le paradoxe massif que pose le syntagme *penser Dieu*. Car, même s'il s'agit au fond d'un acte impossible et donc d'une mise en situation de la possibilité de penser l'impensable en prenant précisément acte à la fois de son impossibilité selon les conditions de la raison suffisante et néanmoins de son actualité qui se réalise autrement que selon ces conditions, *penser Dieu* pose un paradoxe à valeur simple, première et universelle, et résout en même temps l'impossibilité sous-jacente au genre en lui donnant une solution particulière. Autrement dit, *penser Dieu*, bien que donné au genre en tant que possibilité de l'impossible, ne s'effectue et ne se réalise *de facto* que dans chaque individu. Ce faisant, chaque individu prend acte à travers cet

1. Chap. : « Relation absolue et relation relative… », « *Hupostasis*. Détermination du substrat… » et « Penser ou voir la *totalitas* ?… ».

« acte » infinitif, primordial et fondateur, de la puissance inscrite dans son unicité. Chaque individu révèle, en d'autres termes, son hypostase; se révèle dans l'intimité de son hypostase unique et singulière en s'auto-transcendant. Or penser Dieu relève précisément de la puissance commune de cette auto-transcendance de l'individu qui ne s'annihile pas mais, au contraire, s'accomplit lui-même en l'actualisant. La catégorie de la relation, utilisée dans la définition des relations intra-trinitaires, montre les deux aspects de cette mise en situation : le rapport d'identification à soi par l'acte spécifique (ici : engendrement, procession) et le rapport avec l'altérité qui est une relation doublement fondatrice, à la fois de l'unité (miroitement réciproque et amour-louange) et de la distinction (auto-constitution conséquente à la transitivité et au retrait de chaque hypostase au profit de l'autre). L'hypostase comme telle, dont on cherche la définition telle qu'elle se spécialise peu à peu dans les discours néoplatoniciens et chrétiens, montre à son tour son rapport au fondement et à la donation ou manifestation de soi. Tandis que la dialectique du rapport *partie-tout* et la condition de possibilité d'une saisie de la *totalitas*, remettent dans ses droits la recherche de l'accès noétique (ainsi que le rôle du reflet et de la vision dans ce cadre) après le détour « ontologique » de l'analyse par les catégories de la relation et de la substance sous l'espèce de l'hypostase.

Après ce parcours – depuis la complémentarité conceptuelle réciprocité-réflexivité qui, faisant fond sur l'affirmation d'un lien sous le mode de l'image et de la ressemblance, pose la possibilité d'une expérience noétique sous des conditions données par l'unité réciproque et assoit donc la thèse du paradoxe *penser Dieu* dans le domaine d'une philosophie anthropologique, vers une approche proprement philosophique (*i.e.* métaphysique) de l'acte noétique à travers la complémentarité acte-puissance et l'usage de certaines catégories – il nous reste à esquisser une ouverture et à montrer une dernière possibilité, celle des limites d'une telle démarche.

L'ouverture qui m'apparaît, et qui mérite peut-être que l'on y revienne un jour, est celle d'une autre transitivité assurée spontanément lors d'un acte qui « réalise » son impossible. Penser l'impensable ne renvoie pas la pensée à elle-même de manière solipsiste. Au contraire, si penser l'impensable comporte une auto-réflexivité, celle-ci donne à l'acte de penser la pensée dans le cas d'espèce une ouverture au statut essentiel, ousiologique, du *noûs* et de la *noêsis*, statut prouvé dans le feu de l'action, c'est-à-dire dans le dépassement de l'impossible puisque la pensée le pense et puisque l'acte noétique se met ainsi lui-même en cause en se découvrant comme support d'une référence irréductible à la pensée seule et à ses conditions propres de discours et de raison. Deux sortes de limites sont cependant à prendre en compte. D'une part, la limite inhérente à l'aporie sur laquelle on voudrait appuyer le paradoxe, à savoir la possibilité d'auto-transcendance inscrite dans la nature du *noûs*, dans sa « divinité ». Mais ne faisons-nous pas alors du divin le principe et le moteur de l'acte, en retournant ainsi à la position du Stagirite ? D'autre part, en opposition avec cette dernière, se dévoile la limite imposée par l'une ou l'autre des approches théologiques qui voudraient garantir la séparation, la simplicité et l'unité absolue de l'Un ou de Dieu. En donnant la pensée, Dieu donne ce qu'il n'a pas. En effet, ni l'Un ni Dieu ne pense, et l'on pourrait dire que la séparation de l'Un, selon Plotin, est davantage radicale puisque l'Un non seulement ne pense pas mais ne donne rien, ne connaissant strictement aucun acte. Son reflet dans le *noûs* est un fait du *noûs* lui-même pour qui le premier *noêton* représente son accès à la fois à lui-même et à ce qu'il n'est pas, puisque le premier *noêton* est dit provenir d'ailleurs, le seul « ailleurs » et le seul « autre » par rapport au *noûs* étant l'Un. Ainsi, d'un certain non-être puisqu'au-delà de l'être, de toute *ousia* et de toute subsistance, provient quelque chose qui contient à la fois l'être et le penser, outre l'unité et le multiple, donc la possibilité de l'étant[1]. Voyons de plus près la nature de la limite posée par le non-être et le non-penser de l'Un ; voyons-la comme un contre-point final, et comme en miroir, de la possibilité de penser Dieu.

L'UN NE PENSE PAS. ET DIEU ?

Revenons à cette phrase inaugurale d'une lettre de Basile de Césarée à Amphiloque qui sert d'épigraphe à ce chapitre de conclusion : « Que l'intelligence (ὁ νοῦς) est une belle chose et que nous avons en elle ce qui est à l'image du Créateur (τὸ κατ' εἰκόνα τοῦ κτίσαντος) ». La *Lettre* 233, de même que deux autres lettres adressées par Basile au même évêque, révèle, quasi textuellement par moment, l'héritage de la noétique aristotélicienne et plotinienne[2]. Se présentant comme de relativement longues réflexions théologiques étayées par des arguments majoritairement

1. Sur l'arrière fond aristotélicien des cas logiques et métaphysiques de provenance de ce qui est à partir du non-être, voir D. Kapantaïs, « "Cet étant n'a pas été généré en tant qu'étant" ? », *in* G. A. Xenis (ed.), *Literature, Scholarship, Philosophy, and History. Classical Studies in Memory of Ioannis Taifacos*, Stuttgart, Franz Steiner Verlag, 2015, p. 355-399, en part. p. 392-397.

2. Les *Lettres* 233-235 sont presque des petits traités théologiques consacrés à la noétique et à la connaissance divine rédigés par Basile en réponse à des questions adressées par l'évêque Amphiloque.

philosophiques (les références bibliques sont plutôt rares), cette série épistolaire prouve en outre l'actualité du débat sur la divinité et sur la réflexivité de l'intellect dans son rapport constitutif avec l'image de Dieu et sa distinction à l'égard de la foi. L'acte du *noûs*, défini comme mouvement éternel (καλὸν τοῦ νοῦ ἡ ἐνέργεια, ... ἀεικίνητος)[1], est aussi beau que le *noûs* lui-même qui est à l'image de son créateur, plus précisément à l'image de Dieu en son hypostase de démiurge. Penser est donc semblable à un acte divin de création fondatrice (*ktisis*). Cependant, bien qu'à l'image de Dieu, le *noûs* est pourvu, dit Basile, de deux puissances (διτταὶ δυνάμεις) : l'une, mauvaise, est la « part du *daimôn* » (le théologien emploie le pluriel), l'autre, « plus divine » (θειοτέρα), conduit à la ressemblance avec Dieu (πρὸς τὴν Θεοῦ ὁμοίωσιν ἡμᾶς ἀνάγουσα)[2]. Tant que l'intellect demeure en lui-même, il appréhende les choses dans une sorte de « symétrie » avec lui-même (τὰ ἐμαυτῷ σύμμετρα) ; il intellige alors par une commune mesure ou à travers une adéquation qui mesure les choses aux intelligibles dont l'intellect est pourvu. Il voit juste, mais il peut aussi se tromper, en assignant alors aux choses qu'il saisit une identité fausse[3]. En revanche, si le *noûs* ne demeure pas auprès de lui mais se détache (de tout) pour rejoindre en lui-même la partie la plus divine, il peut alors saisir des réalités encore plus divines et qui sont à sa portée, dans une autre symétrie ou adéquation avec sa nature (τότε γίνεται τῶν θειοτέρων καταληπτικός ὅσον αὐτοῦ τῇ φύσει σύμμετρον). Basile pose une condition à cette seconde possibilité noétique : la disposition de recevoir la grâce de l'Esprit (τὰς τοῦ Πνεύματος ὑποδέξηται χάριτας)[4]. Mais le rôle qu'il assigne à ce dernier est celui d'un révélateur non d'un donateur ; en recevant cette grâce, le *noûs* actualise ou réalise ce dont sa nature est essentiellement et le plus hautement (ou divinement) pourvue puisqu'elle est à l'image du Créateur. Est-elle cependant à l'image de la nature même du Créateur ? Non. N'ayant pas accès à l'*ousia* de Dieu[5], la nature divine de

1. *Lettre* 233, 4.

2. *Ibid.*, 7-11.

3. *Ibid.*, 12 *sq.* Notons que les deux exemples choisis par Basile pour illustrer comment l'intellect se trompe en assignant une identité fausse, sont de l'ordre de l'idolâtrie : prendre le bois pour Dieu (statue-idole) ou l'or pour un objet d'adoration (σεβάσματα).

4. *Ibid.*, 16-19.

5. Basile précise cette limite de la connaissance possible de Dieu dans la *Lettre* 234, 1, 30-31 et 2, 12-14. Dans le second passage cité c'est la perception de l'incompréhensibilité de Dieu qui est désignée comme connaissance de l'*ousia* divine (ἄρα τῆς θείας οὐσίας ἡ αἴσθησις αὐτοῦ τῆς ἀκαταληψίας), car, dit-il, « on honore non pas ce dont on a compris la substance, mais ce dont on sait que la substance existe (ἀλλ' ὅτι ἐστὶν ἡ οὐσία). » (trad. Y. Courtonne). Voir aussi *Lettre* 235, 2, 10-11.

l'intellect s'avère ne pas être une image de l'*ousia* divine. Elle est, par contre, à l'image de l'acte par lequel Dieu crée (fonde) le *noûs* en s'y projetant. La symétrie avec le meilleur ou la commune mesure dans laquelle l'intellect peut retrouver ce qu'il y a de plus divin, met en rapport l'acte de penser avec Dieu en son propre acte. En même temps, cette situation éclaire aussi la nature de l'intellect qui est essentiellement une nature d'acte créateur et fondateur de réalité. Ainsi, la possibilité de penser, et en l'occurrence de penser Dieu, n'est pas conditionnée par la connaissance de Dieu mais par la possibilité sans condition de l'acte lui-même, de l'acte noétique comme tel.

Un peu plus loin dans la même épître, Basile se sert de l'exemple de la vue et des visibles : bien que les yeux soient pourvus de la disposition de percevoir les choses visibles, toutes les choses visibles ne tombent pas sous le regard[1]. On se rappelle le passage d'*Euthyphron* cité plus haut : « Ce n'est pas parce qu'une chose est visible (ὁρώμενον) qu'on la voit (ὁρᾶται); tout au contraire (ἀλλὰ τὸ ἐναντίον), c'est parce qu'on la voit (διότι ὁρᾶται) qu'elle est visible (διὰ τοῦτο ὁρώμενον). »[2]. L'exemple montre comment la possibilité et la puissance se rejoignent. Mais il ne s'arrête pas sur le seuil de cette unité induite par les conditions de possibilités d'une faculté sans en montrer aussi les raisons : l'actualisation n'intervient qu'à travers un saut qui impose à la possibilité et à la puissance, en somme à la faculté concernée, une transcendance à l'égard d'elle-même, une auto-transcendance ou, le cas échéant, simultanément une auto-réflexivité et une auto-transitivité si l'acte correspond à la meilleure partie de la nature qui s'exerce à travers la faculté impliquée. Or Basile assoit la distinction entre foi et connaissance divine dans le sillage précis de cette actualisation de la faculté noétique à partir de la pensée (*ennoia*) qui atteste que Dieu *est* (τῇ περὶ Θεοῦ πίστει ἡγεῖται μὲν ἡ ἔννοια ἡ περὶ τοῦ ὅτι ἐστὶ Θεός), attestation qui précède toute distinction entre foi et connaissance et qui provient de la possibilité sans condition établie à travers l'acte divin par excellence, la démiurgie comme donation (ἐκ τῶν δημιουργημάτων συνάγομεν)[3].

Peut-on y voir aussi une certaine proximité avec Porphyre au sujet de l'effet de la pensée de Dieu dans l'homme ? Chez ce dernier l'*ennoia* de Dieu « purifie » l'homme (καθαίρεται μὲν ἄνθρωπος ἐννοίᾳ θεοῦ)[4], le rend en quelque sorte à lui-même. Penser Dieu rend l'homme à lui-même

1. *Lettre* 233, 2, 7-9.
2. *Euthyphron* 10b7-8 (trad. mod.).
3. *Lettre* 235, 1, 9-11.
4. *Lettre à Marcella*, 11, 11-12, passage commenté *supra*.

en le transportant en même temps ailleurs. L'acte précède la foi et la connaissance sans les déterminer et sans en être la cause efficiente, ni l'entéléchie ou la cause finale, car cet acte noétique comporte à la fois un complément qui l'arrache à la faculté (il réalise de manière infinie et indéterminée l'impossible), et un effet qui n'est pas induit par la spécificité de l'acte puisque penser donne chez Porphyre purification (que j'interprète comme condition pour retrouver l'identité avec soi) et louange qui est la forme de la relation induite à l'égard de ce qui tient dans l'expression *penser Dieu* le rôle du complément d'objet. Or, pour revenir une dernière fois à Basile, l'*ennoia* de Dieu chez le Cappadocien précède par son attestation de l'être la connaissance de ce qui premièrement *est*, connaissance qui précède elle-même la foi, tandis que l'adoration suit à son tour la foi (ταύτῃ τῇ γνώσει ἡ πίστις ἀκολουθεῖ καὶ τοιαύτῃ πίστει ἡ προσκύνησις)[1]. Une tenace proximité m'apparaît dans cette distinction et cet enchaînement *noêsis-gnôsis-pistis-proskunesis* entre le propos épistolaire de Basile et celui de Porphyre, inscrit dans le même genre épistolaire, à quelques différences près de lexique concernant l'adoration et la réflexivité iconique de Dieu dans l'âme. Pour Porphyre, dans le sillage de Platon, une statue vivante (ἐμψύχῳ ἀγάλματι τῷ νῷ) est portée dans l'âme rationnelle en même temps que le reflet de Dieu, et dans le temple (*hieron*) intime ainsi constitué s'inscrivent à la fois l'acte de culte et l'acte de penser. Une partie de ce lexique porphyrien est d'ailleurs employé aussi par Basile, mais dans un contexte discursif différent[2].

Si le débat sur la nature du *noûs*, nature réflexive et «divine», ou «à l'image de Dieu», semble encore actuel à l'époque de l'échange épistolaire entre les évêques Basile et Amphiloque, et si la distinction entre penser, connaître et les autres actes qui incombent à l'intellect (délibérer, juger, louer, etc.) semble commune aux philosophes et aux théologiens de tous bords, le trouble persiste néanmoins lorsque l'acte noétique est désigné, et le cas échéant défini, en lien avec ce qui transcende à la fois le pensable et l'étant. Plus frappante, et donc davantage efficace, par l'usage de l'infinitif juxtaposé sans aucune détermination à un complément d'objet qui renverse l'acte même dans sa formulation générique, l'expression *penser Dieu* résume à elle seule ce trouble de la raison face à un lien impossible et donc face à un acte en contradiction avec lui-même, voire absurde. *Qui* pense en effet quand la pensée pense le divin ou Dieu ? La pensée en elle-même, pensant le meilleur, se pensant donc elle-même dans et à

1. *Lettre* 235, 1, 16-17.
2. Dans le *Traité sur le Saint-Esprit*, dont nous avons analysé certains passages *supra*.

travers son propre acte ? Ou un homme, donc chaque individu pourvu de la faculté de penser ? Ou bien Dieu, à la fois séparé et se projetant dans l'homme qu'il crée au point de penser en lui ? Bien que sur des positions différentes, les réponses d'Aristote et de Plotin se rejoignent : il s'agit d'un acte du *noûs* essentiellement, lequel, se pensant lui-même, comprend dans cette pensée soit l'Un soit l'Intellect divin tout en évitant la rupture qu'entraînerait leur connaissance comme des « objets » étrangers à la pensée. Cependant, pour Aristote et Plotin, comme pour Platon (à l'exception notable du *Timée*), l'acte intellectuel référant à lui-même réfère *de facto* à l'Un ou à l'Intellect divin comme auto-transcendance du *noûs*, mais ne renvoie pas à un Dieu démiurge, ni même à un principe de l'acte de penser.

Qu'il nous soit permis un dernier retour à Platon dans ce contexte. Un passage du livre X des *Lois* éclaire les enjeux de l'acte noétique lorsque celui-ci revient à l'intellect divin et s'y identifie. Paradoxalement, cet acte n'est pas spécifiquement celui de la pensée : l'intellect n'intellige rien mais se manifeste par un mouvement-immobile qu'il induit et qui vise à garantir la bonne marche et l'unité rationnelle du tout. Cette non-appréhension qui caractérise l'acte du *noûs* en tant que « divin » prendra d'ailleurs de l'ampleur chez Plotin et, traduit comme non-pensée propre à la séparation absolue de l'Un, deviendra une caractéristique majeure dans la théologie néoplatonicienne tardive, de Proclus à Damascius. Mais regardons pour l'heure le passage des *Lois* qui reprend visiblement la leçon du *Timée* en dégageant l'intellect du mythe artisanal, cosmologique, pour donner au *noûs* une autre dimension, à la fois métaphysique et théologique. Tous les mouvements de l'âme, dit l'Athénien, y compris ceux de l'âme raisonnable sont justes, droits et heureux lorsque l'âme réfère à l'intellect divin et devient elle-même divine en le prenant pour guide de tout et pour appui (...νοῦν μὲν προσλαβοῦσα ἀεὶ θεῖον ὀρθῶς θεὸς οὖσα ὀρθὰ καὶ εὐδαίμονα παιδαγωγεῖ πάντα)[1]. Mais l'intellect divin auquel se fie ainsi l'âme individuelle est-il en acte de penser, ou s'agit-il d'un acte différent qui correspond à ce que l'âme peut/doit recevoir de lui ? Platon procède par une énumération et une analyse de dix sortes de mouvements afin de définir le type précis de mouvement qui correspond à l'intellect : « τίνα οὖν δὴ νοῦ κίνησις φύσιν ἔχει »[2]. De fait, il installe la possibilité d'une substitution de fortune entre l'âme universelle et l'intellect, ou du moins montre une identité de manifestation entre les deux grâce au mouvement parfait

1. *Lois* 897b1-3. Je glose le texte édité et traduit par A. Diès (Paris, Les Belles Lettres, 1956, n. 2 p. 160), qui reconnaît les difficultés grammaticales de ce passage.

2. *Lois* 897d3.

qu'entraîne leur union et qu'il décrit ainsi : mouvement qui tient en un seul lieu (ἐν ἑνὶ τόπῳ), tel le mouvement immobile de la sphère dont le centre est immuable et les distances aussi, seule la translation d'un point à un autre sur la périphérie assurant sa définition comme mouvement[1]. Par ce mouvement l'intellect se rapproche ainsi de l'âme, laquelle meut de cette manière, parfaite et infinie, l'univers ; il s'en rapproche le plus possible par parenté et ressemblance (ὡς δυνατὸν οἰκειοτάτην τε καὶ ὁμοίαν), assure l'Athénien selon une formule platonicienne bien connue, en citant encore un *topos* cher à Platon, la comparaison avec les sphères tournées au tour. L'âme s'identifie à ce mouvement tout en étant sa cause puisqu'elle est auto-motrice universelle autant qu'individuelle ; or l'intellect peut, ou doit, se définir comme un acte de la même nature et de la même forme ou espèce. Se produit ainsi une sorte d'unité réciproque entre l'âme, qui meut et se meut, et l'intellect, qui guide l'âme et suit en même temps son mouvement, se révélant et se laissant ainsi définir. Comme les « yeux mortels » ne peuvent ni voir ni connaître l'intellect, c'est à travers une image (τὴν εἰκόνα)[2] que l'on y accèdera, le mouvement universel en fournissant « l'objet ». C'est une belle image du discours (λόγῳ καλῶν εἰκόνων, 898b3-4), précise encore l'Athénien, que de décrire le mouvement immobile de la sphère en considérant que le mouvement de l'âme universelle est à son image et en y voyant en outre l'acte de l'intellect. Le télescopage sème évidement l'équivocité tant décriée entre l'âme psychique et la raison, en somme, l'équivocité propre à Platon entre une vision physique et la conception métaphysique de la causalité du monde, monde dont l'âme assure la nature mobile éternelle tandis que l'intellect constitue la raison tenant par et dans sa forme parfaite.

L'âme est donc moteur universel. En prenant l'intellect comme guide, elle meut en imprimant à tout ce qui est un mouvement parfait, et en mouvant ainsi tout, elle meut en même temps chaque chose en particulier (εἴπερ ψυχὴ περιάγει πάντα, ἆφ' οὐ καὶ ἓν ἕκαστον ;)[3]. Dans le mouvement de chaque chose se reflète par conséquent le mouvement

1. *Lois* 897e4-898b4.

2. *Lois* 897e1 et e5. « N'allons pas [...] nous imaginer faire cette réponse [sur la nature du mouvement de l'intellect] en hommes capables de voir l'intellect de nos yeux mortels et de le connaître en son fond. Regarder vers l'image de ce qui est en question sera plus sûr pour notre vue (πρὸς δὲ εἰκόνα τοῦ ἐρωτωμένου βλέποντας ἀσφαλέστερον ὁρᾶν). » (trad. A. Diès mod.). L'Athénien avait commencé par mettre en garde contre le danger d'aveuglement, comme lorsqu'on tente de regarder le soleil en face. L'image est la modalité de saisie indirecte de ce qui ne se laisse pas approcher par les moyens de l'expérience sensorielle. Plus loin sera précisée la nature de l'*eikôn* évoquée : cette image est un produit du *logos*.

3. *Lois* 898d3-4 ; l'Athénien utilise la forme interrogative.

universel animé par l'âme cosmique et, en surcroît, le rôle éminent que tient l'intellect auprès de l'âme dans ce mouvement parfait et global. Saisi, perceptible à l'œil, ce mouvement est cependant une image, une conjecture, une *eikôn* de l'acte propre ou de la nature de l'intellect. — On se souvient de la formule en boucle de Victorinus pour lequel l'acte est une image de la puissance et l'image de toute chose existante une image de l'acte d'être reflété par/dans la pensée. — Ce mouvement qui articule sous une forme unique l'universel et le particulier n'est en même temps qu'une image par laquelle sont saisis l'âme motrice et l'intellect. Or, en faire une « image » (*eikôn*) ne signifie-t-il pas qu'il n'en est rien en vérité? Ne signifie-t-il pas que la traduction en mouvement de l'acte, et que l'acte lui-même en fin de compte, ne seraient dans ce contexte que des conjectures, qu'une manière d'exprimer par la raison ce qui échappe aux lois communes de la saisie directe et de la logique par la nécessité ? L'Athénien en convient, puisqu'à ce point précis de la démonstration, à ce point névralgique de l'articulation entre l'universel et le particulier sous le régime unique d'une cause, il ajoute le contre-point d'un accès purement intellectuel au fond de la question.

> Par l'intellect seul (νοητὸν δ' εἶναι νῷ μόνῳ), donc, et par la pensée (διανοήματι), concevons à son sujet ce qui suit. [...] Si c'est une âme qui meut le soleil...[1].

L'intellect est par conséquent le seul à pouvoir distinguer et saisir la marche universelle et la cause de celle-ci (appelée « cause divine » dans le *Timée*), puisque l'intellect, en tant que divin lui-même, est l'inspirateur (formel ?) de celle-ci, en l'occurrence, de l'âme qui anime cette marche et la nourrit. Le pouvoir du *noûs* s'exprime à travers le mode privilégié de distinction entre l'universel et le particulier, mode catégoriel par lequel c'est la radicale séparation entre l'unité et le multiple qui est en réalité désignée. C'est d'ailleurs sur l'accès à ce rapport que Platon établissait dans le *Timée* la différence qui sépare les possibilités entre l'intellect humain à même de saisir ce qui procède par démultiplication de l'unité, et le « divin » qui peut remonter du multiple à l'unité et de là à l'Un partant de ce qui demeure insaisissable à l'homme : l'unicité de la moindre partie d'un ensemble comme expression immanente (et peut-être image) de la singularité transcendante de l'Un dont rien ne provient, puisque l'Un est séparé

1. *Lois* 898e2-5 ; « par l'intellect seul » est une expression récurrente chez Platon et dans son sillage.

de tout, mais vers lequel tout, en revanche, tend[1]. De cette approche « intellectuelle » du rapport dialectique entre l'Un et le multiple ne ressort cependant pas que le divin lui-même pense comme le ferait un philosophe – dialecticien ou platonicien. De même que de l'image par laquelle l'universel « se reflète » dans le particulier à travers un mouvement commun, ne ressort pas non plus que le mouvement parfait et éternel est un acte de l'intellect et que cet intellect pourrait être un organe et une faculté de Dieu. Le fait que l'intellect seul est capable de penser qu'une âme meut le soleil, relève de la nature du *noûs* et de la commune mesure ou de sa « symétrie » avec la rationalité du cosmos, mais ne dit pas que Dieu lui-même pense, ni ne révèle l'identité et la nature de ce que le démiurge du *Timée* contemple en prenant pour paradigme de son œuvre quelque chose dont la séparation radicale de l'univers à naître est la seule détermination qui se laisse déduire du discours mythologique de Timée. La « divinité » du *noûs* semble relever, dans les *Lois* comme dans le *Timée*, de la possibilité de sa coopération avec la puissance de l'âme, relation d'éminence dont l'effet se dévoile dans la forme rationnelle de l'univers, forme qui se traduit à son tour par le mouvement immobile ou non-translationnel (ou encore autotransitif), opposé au devenir et donc éternel. Or cette conjugaison d'âme-puissance et d'intellect se réitère perpétuellement à travers l'ensemble de l'univers en validant, au dire de l'Athénien, l'adage des Anciens : « tout est plein de dieux »[2].

Lorsque Plotin aborde lui-aussi, dans le Traité 24 (*Ennéade* V, VI), la question de ce qu'intellige ce/celui qui intellige en premier (τὸ μὲν πρώτως νοοῦν – l'expression rappelle le *prôton noêton* du Traité 7)[3], il note, comme Platon, la nécessité de démarrer l'enquête en partant de l'âme et conclut que ce/celui qui intellige en premier n'intellige rien, car il ne s'agit tout simplement pas d'un acte d'intellection à proprement parler[4]. Le principe de l'acte noétique ne pense pas, puisqu'en tant que principe il est parfait et que sa perfection provient de sa réalité essentielle, or cette réalité (*ousia*) est nécessairement parfaite avant d'intelliger. L'acte de penser est donc second par rapport à cette perfection première du principe identifié à

1. C'est le passage 68d2 *sq.* du *Timée* sur la différence de perception et d'intellection entre les natures humaine et divine dans la saisie du rapport dialectique entre l'un et le multiple, suivi de la présentation des deux sortes de causes, nécessaire et divine.

2. *Lois* 899b8. L'affirmation, attribuée à Thalès, illustre le rapport entre l'intellect divin et l'âme universelle.

3. Plotin, *Enn*, V, VI (T. 24), 2, 1. Ce lexique renvoit vraisemblablement à *Mét.* Λ et à la question de l'intellect comme « premier moteur », mais le traitement de la question du principe non agissant de la pensée demeure profondément platonicien dans ce contexte.

4. *Traité* 24, 1, 14-15 et 2, 14-16. De même *Enn.* V, III (T. 49), 12, 25-40.

l'*ousia* du *noûs*, même quand l'intellection prend ce qui vient en premier pour « objet » de son acte. Plotin accorde donc au principe de l'intellection le statut d'une transcendance absolue à l'égard de l'acte (il est aussi bien au-delà de l'être que du penser) et lui assigne en même temps la possibilité de donner ce qu'il n'a pas ou n'exerce pas, à savoir la possibilité de penser, possibilité de ce qui lui est à lui impossible non par impuissance mais par éminence et perfection. En outre, même si l'acte était premier, il n'est pas nécessaire qu'il agisse, dit Plotin[1], car s'il agissait, sur quoi porterait son activité, puisqu'il n'y a rien qui soit avant ce qui est premier. La rigueur de Plotin à ce sujet va au-delà de la frontière métaphysique posée par Platon en *République* VI (509b9). Ce qui se trouve au-delà de toute réalité par sa perfection, est également au-delà de la dualité que lui imposerait l'acte de penser, même celui de se penser et de se connaître ainsi soi-même. Plotin franchit ainsi le pas théologique que Platon avait amorcé et laissé en suspens. Comme le Maître, il enferme la divine perfection de l'Un à l'abri de la dualité, du changement et du multiple, mais il lui donne en même temps la possibilité absolue d'appartenir à tout. Ne pensant pas et ne connaissant rien, ni même ce qu'il est, le principe de l'intellection, identifié au Bien, donne, outre la pensée qu'il n'a pas, la possibilité à tout ce qui lui est inférieur de l'atteindre à la mesure de ce que chacun peut[2].

Penser l'Un, le Bien ou Dieu n'est donc possible, du point de vue de Plotin, que pour ce qui est inférieur et s'y réfère, à la mesure de son possible, selon la condition posée par le statut assigné à l'Un, au Bien ou à Dieu. Cette condition préserve l'impassibilité, la transcendance et le caractère impensable de l'Un, du Bien ou de Dieu, mais fait en même temps de cette condition la condition même de possibilité de cet acte, l'acte de penser, simultanément second selon l'ordre des réalités premières et premier par son objet. Par nature, cet acte est ici avant tout l'acte de réfléchir (à) ce qui vient en premier : son propre principe ou le reflet d'un premier *noêton*.

1. Traité 24, 6, 4-5 et toute la suite de ce dernier chapitre du T. 24.

2. Traité 24, 6, 35. Pour l'expression *kathoson dunatai*, autant que l'on peut, ou, dans le texte, « dans la mesure où elles [les choses] le peuvent », rappelant la formule du *Théétète* 176a7-b3, voir L. Lavaud et la longue liste d'occurrences plotiniennes (Plotin, *Traités* 22-26, Paris, GF, 2004, n. 59 p. 128).

ÉPILOGUE

Du mouvement parfait de la sphère à la réflexivité qui manifeste l'unité réciproque du reflet avec ce qu'il reflète, l'acte noétique se définit par ce qu'essentiellement il n'est pas. Ou, à la limite, il se définit en référant à ce qui ne pense pas, l'Un ou Dieu, tout en leur attribuant de ce même pas la non-pensée, le non-acte, l'impassibilité et la séparation conséquente de tout. Penser en premier, avant de se convertir en connaissance de quoi que ce soit, revient à penser « le premier », à penser ce qui précède la pensée et dont la pensée, ne pouvant pas en provenir, se constitue en répondant à ce qu'elle découvre en elle comme une altérité absolue. La principale leçon autour de laquelle tournent les pages de cet ouvrage tient en ce paradoxe. L'acte noétique est l'acte manquant de son principe. Penser fait acte, par conséquent, de répondant actif, révélateur de ce qui ne se manifeste pas; car, étant au-delà de tout, ce qui ne se manifeste pas laisse se manifester le tout et laisse ainsi le tout le manifester selon la possibilité propre à chacun. Or la puissance révélatrice de la pensée qui révèle en le pensant son principe, provient de l'unité réciproque dans laquelle la pensée se révèle à elle-même lorsqu'elle se découvre comme image de ce/celui qui ne pense pas, ou lorsqu'elle découvre imprimé en elle un reflet de l'Un. Même lorsque Dieu crée l'homme noétique en faisant de la faculté hégémonique l'image ressemblante qu'il dépose dans sa créature, Dieu ne pense pas mais s'accorde la liberté de se laisser penser à partir de son image, le *noûs* de l'homme. Et il accorde cette liberté à l'homme aussi, puisqu'il s'agit d'un choix et que la possibilité du choix fait partie de la condition noétique, réflexive et dianoétique à la fois.

Ce paradoxe, *penser Dieu* le tient dans une formule ramassée qui n'affirme pas et ne détermine rien en conditionnant l'existence de Dieu par la possibilité de la soumettre au crible d'un raisonnement, d'une démonstration ou d'une définition. Car *penser Dieu*, le lecteur patient l'aura déjà compris, ne vise pas Dieu mais ce que *penser* veut ou peut signifier en tant qu'acte en soi à l'égard de l'impensable absolu. *Penser Dieu* est donc une manière de désigner l'acte de penser qui, en suivant la leçon des Anciens, a perpétuellement besoin de référer au meilleur et ne se contente pas de se penser sans en découvrir la raison. La raison ne lui appartient pas; elle est universelle, et l'acte noétique, bien que divin et hégémonique, peut en être l'expression, mais s'avère ne pas en avoir l'exclusivité.

INDEX DES ŒUVRES CITÉES

INDEX DES AUTEURS

AUTEURS ANCIENS

AUTEURS MODERNES

TABLE DES MATIÈRES

DEUXIÈME PARTIE

L'ACTE ET LA PUISSANCE DE LA *NOÊSIS*

TROISIÈME PARTIE
SAISIR LE TOUT ET LE SINGULIER

Achevé d'imprimer par Corlet Numéric, Z.A. Charles Tellier, 14110 Condé-en-Normandie
N° d'Imprimeur : 150613 - Dépôt légal : septembre 2018 - *Imprimé en France*